TRABALHO EM AMBIENTE VIRTUAL

CAUSAS, EFEITOS E CONFORMAÇÃO

CÉLIO PEREIRA OLIVEIRA NETO

TRABALHO EM AMBIENTE VIRTUAL

CAUSAS, EFEITOS E CONFORMAÇÃO

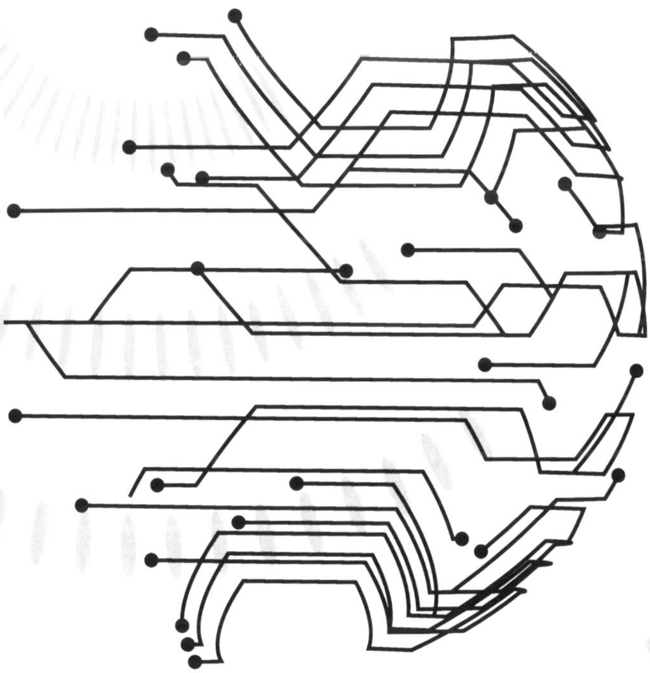

2ª EDIÇÃO

REVISADA, ATUALIZADA E AMPLIADA

LTr

LTr®

LTr Editora Ltda.

Rua Jaguaribe, 571
CEP 01224-003
São Paulo, SP — Brasil
Fone (11) 2167-1101
www.ltr.com.br
Favereiro, 2022

Produção Gráfica e Editoração Eletrônica: RLUX
Projeto de capa: Danilo Rebello
Impressão: Edições Loyola

Versão impressa — LTr 6364.2 — ISBN 978-65-5883-117-4
Versão digital — LTr 9844.3 — ISBN 978-65-5883-140-2

Dados Internacionais de Catalogação na Publicação (CIP)
(Câmara Brasileira do Livro, SP, Brasil)

Oliveira Neto, Célio Pereira
Trabalho em ambiente virtual : causas, efeitos e conformação / Célio Pereira Oliveira Neto. — 2. ed. Revisada, Atualizada e Ampliada — São Paulo : LTr, 2022.

Bibliografia.
ISBN 978-65-5883-117-4

1. Ambientes virtuais compartilhados 2. Direito do trabalho 3. Direito do trabalho — Brasil 4. Inovações tecnológicas — Aspectos econômicos 5. Inovações tecnológicas — Aspectos sociais 6. Tecnologia da informação I. Título.

21-89998 CDU-34:331.82(81)

Índice para catálogo sistemático:

1. Brasil : Trabalho em ambiente virtual : Direito do trabalho 34:331.82(81)

Cibele Maria Dias — Bibliotecária — CRB-8/9427

Agradeço ao Professor Doutor Paulo Sergio João, por me conceder a oportunidade ímpar do trabalho conjunto no Programa de Doutorado da PUC/SP. Obrigado pelos seus ensinamentos e amizade.

Aos Professores Doutores Renato Rua de Almeida e Tércio Sampaio Ferraz Júnior, nos quais me apoiei para desenvolver o raciocínio para as investigações do presente trabalho.

Aos Professores Doutores Pedro Paulo Teixeira Manus e Nelson Mannrich, onde sempre encontrei o conforto da amizade e do bom conselho.

Aos colegas das diferentes turmas com os quais convivi e muito aprendi em debates profícuos, dedicando-os especial carinho e amizade.

Ao apoio na fase final, por parte do então presidente da Sociedade Brasileira de Teletrabalho e Teleatividades, advogado Wolnei Tadeu Ferreira, que municiou a investigação com dados atuais do teletrabalho, além de ser conselheiro e amigo.

Aos sócios do escritório, sobretudo Rafael Mosele, pela troca de ideias nas questões envolvendo a proteção de dados, aos demais colegas de escritório, especialmente Cristiane de Carvalho Salcedo e Marjorie Karoline Farias que contribuíram com pesquisas em âmbito geral. Agradecimentos a todos por estarem ao meu lado. À Professora Doutora Nadia Regina de Carvalho Mikos pelo incentivo e apoio incondicional.

*Ao meu grande mestre na vida profissional, Luiz Felipe Haj Mussi (*in memoriam*), por quem nutro sentimento de admiração profunda e perene.*

Ao meu pai Lucas, pela educação rígida, e por ter me ensinado o caminho da dedicação e da perseverança. Agradeço a minha mãe Judy, por sempre demonstrar confiança e orgulho nas atividades que exerço.

***À minha esposa Anna e aos meus filhos Arthur e Laura, por mais uma vez serem compreensivos quanto aos períodos em que estive ausente, ou mesmo quando presente — dedicado às pesquisas, por vezes deixando de conviver com aqueles que são o grande amor da minha vida. Espero, todavia, ter passado mensagem positiva de dedicação e perseverança na busca da concretização de sonhos*.**

SUMÁRIO

APRESENTAÇÃO

Leon Tolstoi lembra que a ociosidade era condição de bem-aventurança, no Jardim do Éden, pela ausência de trabalho, mas com a queda, embora não tenha perdido aquele desejo de não fazer nada, por exigências morais o homem não consegue ser feliz na ociosidade. Para o autor, há um sentimento de culpa pelo simples fato de se estar ocioso. E, na sua genialidade, Tolstoi arremata: "se o homem pudesse encontrar um estado em que, embora sem fazer nada, pudesse sentir-se útil e ter a impressão do dever cumprido, encontraria alguma coisa de sua bem-aventurança primitiva"[(1)].

Lembrei-me dessa passagem, enquanto lia a 2ª edição do livro "Trabalho em ambiente virtual. Causas, efeitos e conformação", de autoria de Célio Pereira Oliveira Neto. Isso porque a tecnologia coloca em um mesmo pacote avanços e retrocessos, como ocorre com o trabalho em ambiente virtual. A sensação de liberdade e de pretensa privacidade têm muitas vezes o preço do excesso de trabalho e de exposição não imaginada, não apenas pela suposta culpa inata da ociosidade, mas pelo excesso de carga imposta ao trabalhador ou pela dificuldade que este tem de enfrentar desafios.

A questão do limite de trabalho vai além do necessário equilíbrio com lazer e se apresenta apenas como uma faceta de um mesmo caleidoscópio. Os desafios impostos pelo trabalho em ambiente virtual não se limitam a quantidade de horas, mas implica qualidade de vida. Envolvem, nesse sentido, diversas esferas como ergonomia, ambiente seguro de trabalho e saúde mental, bem como diversas implicações decorrentes do lugar da prestação do serviço, legislação aplicável, entre tantas outras.

Nesse processo veloz de transformações, à medida que essas novas realidades vão impactando a vida do homem em sociedade, mentes brilhantes e aguçadas não apenas conseguem antever novos cenários e fazer alertas dos perigos imanentes, como antecipar o encaminhamento das soluções ou ao menos externalizá-las para facilitar seu enfrentamento.

Percebe-se facilmente essa visão aguda e atenta das realidades que cercam o trabalho em ambiente virtual, na leitura da 2ª edição do livro de Célio Neto. Ao fazer a apresentação da 1ª edição, já tive oportunidade de falar do autor e de sua trajetória acadêmica, bem como da atualidade do tema do livro, sua arquitetura, metodologia e síntese de sua tese de doutorado, defendida na Pontifícia Universidade Católica de São Paulo (PUC/SP). Agora, fui novamente honrado com o convite para fazer a apresentação da 2ª edição não retomarei esse tema, embora seja tentado a tanto.

---

(1) TOLSTOI, Leon. Guerra e paz. V. 1. Rio de Janeiro, Nova Fronteira, 2019. p. 577.

Nessa nova edição, o autor, atento às novas mudanças retoma seu projeto inicial e o aperfeiçoa, acrescentando temas novos, que discute em cinco capítulos, comprovando não apenas o acerto inicial da escolha do tema e sua atualidade, como sua revisitação, em tão curto tempo. Esses temas novos foram captados com perspicácia pelo autor, em face das mudanças que vêm ocorrendo com tanta velocidade. A obra fica assim mais atual e mais valorizada, embora já esteja consagrada.

Ainda não se conseguiu captar as mudanças profundas que o trabalho em ambiente virtual vem provocando na vida das pessoas e das organizações, tampouco se tem ideia de seus desdobramentos, como não se consegue ainda fazer um balanço mais afinado de seus aspectos positivos e negativos. Apesar disso, Célio Neto antecipa o debate em torno de novas questões e desde logo sugere soluções. Nesse contexto, examina temas como teletrabalho transregional e transnacional, além da representação dos teletrabalhadores. Não bastasse, inclui entre os novos capítulos um dos temas mais sensíveis ao Direito do Trabalho: a proteção de dados em ambiente virtual.

Junto com a facilidade para o deslocamento do trabalhador e redução de custos para a empresa, vieram algumas incertezas: quando o empregado se desloca, para outra região ou mesmo para outro país, como resolver a questão do foro competente e da legislação aplicável? Célio Neto apresenta soluções razoáveis e equilibradas. Quando o deslocamento é transregional, entre ajuizar eventual ação no local da celebração do contrato ou de sua execução, prefere, no lugar de possível foro concorrente, a solução analógica do § 1º do art. 651, da CLT. Já, quando o deslocamento é transnacional, as incertezas são maiores, em vista de possível aplicação das leis de determinado país com menor proteção em detrimento de outro, mais favorável. Neste caso, seria razoável concluir que a desterritorialização "desvincula o local de onde está o trabalhador", devendo-se levar em conta o "elemento de conexão mais próximo com o local em que se situa o tomador dos serviços". Para propor tais soluções, o autor examina com acuidade não apenas a legislação estrangeira, como a jurisprudência e a doutrina pertinentes, nos rigores do Direito Comparado. De qualquer forma, como há riscos de serem agravados os efeitos do chamado *dumping social*, há um vácuo que desafia a todos. Essa perspectiva não foi desprezada pelo agora celebrado Célio Neto.

Cumprimento Célio Neto por mais essa obra — mais que 2ª edição, trata-se de novo livro. Com isso, ganham os leitores e todos os estudiosos que precisam de informações seguras e confiáveis e, acima de tudo, atualizadas.

Boa leitura a todos!

São Paulo, 6 de janeiro de 2022.

Nelson Mannrich

Mestre, Doutor e Livre-Docente em Direito, pela USP. Professor Titular de Direito do Trabalho, da Faculdade de Direito do Largo São Francisco (USP). Presidente honorário e membro da Academia Brasileira de Direito do Trabalho. Secretário Geral da Academia Ibero-americana de Direito do Trabalho e Seguridade Social. Coordenador do grupo de estudos GETRAB-USP, vinculado à Faculdade de Direito, da USP (Largo São Francisco)

PREFÁCIO

Já tive a honra de ser convidado pelo autor, Dr. Célio Pereira Oliveira Neto, para elaborar o prefácio da primeira edição desta obra. Naquela oportunidade já manifestei minha satisfação, pois o trabalho era recém-saído da tese do doutorado, da qual tive a enorme felicidade de ser o orientador do Dr. Célio.

A renovação do convite para a segunda edição tem prazer dobrado por ser lembrado e poder figurar entre as pessoas consideradas pelo Dr. Célio Neto em seu círculo, demonstrando que o convívio dos tempos de escola fortaleceu nossa amizade acadêmica e pessoal com profundo e mútuo respeito.

Tenho acompanhado a atividade acadêmica do Professor Célio Neto que tem sido chamado para palestrar em diversos eventos em instituições e organizações renomadas, exemplificativamente a Escola da Magistratura da 9ª Região (Ematra IX), o curso de Especialização da Pontifícia Universidade Católica de São Paulo — PUC/SP; na Universidade Cândido Mendes — UCAM/RJ; na Pontifícia Universidade Católica do Paraná — PUC/PR; na Federação das Indústrias do Estado do Paraná — FIEP; na Academia Brasileira de Direito Constitucional — ABDConst; Instituto Superior de Administração e Economia do Mercosul — ISAE no Centro Universitário Curitiba — Unicuritiba; Escola Superior da Advocacia; na ESA-OAB/PR; Faculdade de Campinas — FACAMP e na Faculdade de Direito da Universidade do Porto - FDUP.

Seu nome tem sido considerado como presença obrigatória quando se pretende efetivamente discutir as transformações nas relações trabalhistas com seriedade, pois, além de estudioso, é profissional renomado e extremamente atuante no direito laboral, alçando nível internacional como pós-doutorando na Universidade do Porto — FDUP.

Esta 2ª edição da obra "Trabalho em Ambiente Virtual — causas, efeitos e conformação", como não poderia deixar de ser, considerando a seriedade e honestidade profissional do Dr. Célio Neto, está carregada de novas informações, fruto da dinâmica vivida pelas relações de trabalho desde sua primeira edição e com ampliação de temas que naquele momento de outrora ainda eram incipientes.

Além disso, a pandemia do Coronavírus ou Covid-19 nos empurrou, naquele momento crítico vivido por todos, sem resistência possível e sem fronteiras, para a adoção do trabalho a distância como forma de sobrevivência das empresas e dos empregos e, que, com o retorno gradual à forma de trabalho presencial, se transformou numa cultura organizacional em alguns setores de atividade econômica e profissional. Pode-se afirmar que, após este período nefasto, a reorganização de postos de trabalho nas empresas vem passando pela análise da prestação de serviços por meio remoto, com especial valorização dos profissionais em razão da qualidade de vida que o trabalho a distância pode sugerir.

Trata-se de obra com 12 capítulos que recebeu mais *5 novos capítulos* em relação à edição anterior e relativos ao Teletrabalho e a Representação de Trabalhadores; Teletrabalho Transregional e Teletrabalho Transnacional; Teletrabalho Transnacional na Prática; Covid-19 e Teletrabalho; Proteção de Dados do Trabalhador em Ambiente Virtual.

Deverá chamar a atenção do leitor estudioso que o Dr. Célio nos apresenta estudo comparativo de legislação estrangeira, no caso, a portuguesa que, guardadas as proporções, traz exemplos paradigmáticos para que no Brasil tenhamos um referencial de procedimentos.

De se assinalar, igualmente, o enfrentamento de tema controvertido decorrente da prática do teletrabalho que rompe fronteiras regionais e nacionais com forte reflexo na aplicação da lei e determinação do foro competente.

Ainda se encontra atualizado o estudo com os efeitos da Covid-19 nas relações trabalhistas, somando-se os impactos e cuidados especiais do teletrabalho na aplicação da legislação que trata da proteção de dados do trabalhador em ambiente virtual.

O que se poderia mais dizer a respeito desta obra não caberia neste prefácio e, certamente, os leitores e jurisconsultos terão muito a ganhar com a obra que coloca o Dr. Célio Neto dentre os juristas da nova geração de maior relevância no Direito do Trabalho brasileiro.

Paulo Sérgio João

Professor Doutor, Coordenador do Núcleo de Pesquisa em Direito do Trabalho da PUC/SP.

NOTA DO AUTOR À 2ª EDIÇÃO

A 2ª edição tem o acréscimo de 5 (cinco) novos capítulos, nomeadamente: Teletrabalho Transnacional e Teletrabalho Transregional (cap. 6); Teletrabalho Transnacional na Prática (cap. 7); Teletrabalho e Representação de Trabalhadores (cap. 8); Covid-19 e o Teletrabalho (cap. 9); Proteção de Dados do Trabalhador em Ambiente Virtual: Indagações Iniciais (cap. 10).

As novidades, no entanto, aparecem a partir do capítulo 4, mediante apresentação de novas legislações relativas ao teletrabalho e direito à desconexão editadas no curso da pandemia, tais como a Lei Argentina 27.555 e a Lei 21.220 no Chile.

Também não passaram desapercebidas as recentes alterações na legislação espanhola, fruto da Lei 10/2021 que entrou em vigor em 01.10.2021, e no Código de Trabalho de Portugal, cuja alteração decorreu de Decreto da Assembleia da República, promulgado pelo Presidente ao final de novembro de 2021, não publicado até o início de dezembro, embora já prevista a vigência para janeiro de 2022.

As novas legislações foram inseridas no tópico pertinente, nomeadamente: reversibilidade do regime, ônus da atividade, controle de jornada, direito de desconexão, doenças, acidentes e fiscalização, além de representação de trabalhadores em ambiente virtual.

A edição atual contempla as contribuições do teletrabalho em prol da Agenda 2030 (item 4.5), procurando demonstrar o quanto o trabalho a distância por meio da telemática contribui com os 17 Objetivos de Desenvolvimento Sustentável, favorecendo trabalhadores, empresas e organizações, e, especialmente, a sociedade em geral.

No capítulo relativo ao teletrabalho transnacional e teletrabalho transregional, são abordados os diversos critérios utilizados na busca do elemento de conexão mais estreito para efeito de eleição da legislação aplicável, e, nessa mesma linha, outro capítulo destacado e destinado tão somente à análise prática de hipótese de teletrabalhador que altera seu domicílio por vontade própria, mediante mera concordância do empregador.

Pela importância que o assunto ganhou, a representação de trabalhadores passa a contar com capítulo próprio, assim como inseriu-se capítulo relativo à Covid-19 e o Teletrabalho, onde tratou-se sobretudo do regime precário de teletrabalho, além de comentários sobre a legislação de emergência.

Com a entrada em vigor do General Data Protection Regulation (GDPR) na Comunidade Europeia, e da Lei Geral de Proteção de Dados (LGPD) no Brasil, outro tema que ganha capítulo e relevância diz respeito à proteção de dados do trabalhador, assim como são inseridas novas disposições adaptadas às transformações quando se trata da prevenção empresarial em ambiente virtual.

Ao final, são apresentados, separados por assunto 25, projetos de lei, assim como inseridas novas disposições no projeto de lei proposto a partir dos ensinamentos da Covid-19 e dos diversos projetos analisados.

Boa leitura!

INTRODUÇÃO

O presente estudo tem por objeto tratar do trabalho em ambiente virtual, compreendendo principalmente o teletrabalho (trabalho a distância realizado por meio das tecnologias das comunicações e informática), mas não só este.

A opção por envolver o trabalho virtual de forma mais ampla deriva da intenção de enfrentar temas recentes, contemplando também o trabalhador presencial, quando se trata de relações em ciberespaço.

Afinal, o espaço virtual passa a fazer parte da vida das pessoas, em ambiente de interação instantânea, sem limites de fronteiras. O homem, assim, alcança lugares geograficamente distantes sem sair do lugar, sendo "atingido" pela informação a todo tempo, sem trégua.

Nesse sentido, a escolha do tema se deu dadas as profundas mudanças que a tecnologia gerou e está provocando nas relações do trabalho, e tem por escopo apresentar singela contribuição, acompanhada de propostas de conformação, a fim de que seja dada concreção aos direitos fundamentais dos trabalhadores, mediante o adequado sopesamento quando da existência de conflitos com outros direitos de ordem constitucional.

Se, no passado, os empregos tinham a intenção de eternidade, na sociedade atual tudo é efêmero, líquido, dissolve-se no tempo e no espaço. A aceleração da sociedade da informação muda o modo de viver, trabalhar e se relacionar, e a fusão das tecnologias digital, física e biológica gera transformações até então inimagináveis, não se podendo estimar para onde a humanidade será levada.

A sociedade funciona em rede, conectada *full time*. Logo, não poderia ficar de fora da abordagem o direito a não fazer uso da tecnologia, quando esta carrega consigo o trabalho nos momentos de gozo do lazer e descanso, ou seja, o respeito ao direito de desconexão.

O fato é que a tecnologia foi criada pelo homem, e, portanto, tem de ser utilizada como aliada, deixando às máquinas a realização do trabalho impensado, enfadonho, repetitivo e de más condições, próprio das primeiras revoluções industriais.

As relações do trabalho foram e estão sendo em grande parte modificadas, passando a ser exercidas em ambiente virtual, de sorte que se faz necessário avaliar como o teletrabalho, a internet, as redes sociais e as comunicações eletrônicas têm gerado consequências no ambiente laboral, se há necessidade de conformar situações, e até que ponto.

A combinação da evolução tecnológica vivida com o que está por vir reserva mutações profundas, provocando necessária reflexão acerca do que esperar para as relações do trabalho.

Mas, a inquietação não permite a inércia, movendo para a pesquisa a respeito do que ocorreu ao longo das anteriores revoluções industriais (capítulo 1), refletindo sobre as transformações que geraram a sociedade da informação (capítulo 2) e alteraram inclusive a forma de exercício dos direitos da personalidade, seja no uso das redes sociais, seja provocando abalo ao gozo da desconexão do trabalho (capítulo 3).

O avanço das tecnologias da comunicação e da informática, combinado com o perfil dos trabalhadores das gerações Y e Z, insere uma nova dinâmica no mundo do trabalho, empoderando o regime de trabalho a distância por meio da telemática.

O teletrabalho representa forma especial de prestação dos serviços, sendo estudado quanto aos seus aspectos conceituais, origem e desenvolvimento, vantagens e desvantagens, além do quanto contribui para o alcance dos 17 Objetivos de Desenvolvimento Sustentável contemplados pela Agenda 2030 da ONU (capítulo 4).

Os aspectos formais do teletrabalho, a mudança de regime de trabalho e a reversibilidade são temas abordados, conjuntamente com o ônus da atividade no exercício do labor, e as temáticas de jornada e descanso, sobretudo desconexão das atividades laborais. Igualmente, há abordagem quanto aos riscos relativos às doenças e acidentes em teletrabalho, e mesmo às dificuldades de fiscalização (capítulo 5).

O teletrabalho transregional e o teletrabalho transnacional são avaliados à luz dos diferentes critérios para adoção da legislação a ser aplicada (capítulo 6), assim como apresenta-se ensaio prático do teletrabalho transfronteiriço aplicando-se as diferentes teorias e levantando-se algumas das principais celeumas (capítulo 7).

Por sinal, as transformações na prestação do trabalho, sobretudo o ambiente virtual, impõem aos representantes dos trabalhadores um novo papel, de modo a efetivamente contribuir para a necessária conformação de questões diversas, tais como qualificação e (re)capacitação, integração, adaptação, custeamento do teletrabalho, jornada (controle/ausência), observância ao direito de desconexão, proteção de dados, dentre outras (capítulo 8).

Os sinais deixados pela Covid-19 de algum modo se fazem presentes em toda obra, contudo, de forma direta é abordada a experiência precária do regime do teletrabalho levado a efeito de supetão, sem planejamento, durante a pandemia, analisando-se a legislação de emergência (capítulo 9).

A proteção de dados pessoais como direito fundamental e autônomo, a ser exercido tanto em ambiente virtual, quanto físico, mas que ganha especiais contornos diante do volume e facilidade como se coletam dados, e mesmo potencial de monitoramento do trabalhador a distância não poderia ser olvidada (capítulo 10).

E todas essas transformações não podem ficar sem a atuação do empregador, que deve implementar políticas de prevenção empresarial em ambiente virtual, seja em ambiente presencial, seja em regime de teletrabalho, tratou-se de políticas empresariais preventivas, de sorte a conformar as relações do trabalho a uma nova dinâmica de produção e da própria sociedade (capítulo 11).

E, por fim, coube a exposição de 25 projetos de lei que tramitam nas casas legislativas, apresentando proposta com o escopo de que a Academia contribua para a conformação do trabalho em ambiente virtual (capítulo 12).

1. AS REVOLUÇÕES INDUSTRIAIS

Inicia-se em célere sobrevoo histórico, com o objetivo de observar que antes da Primeira Revolução Industrial, durante milhares de anos, o ser humano viveu em pequenos grupos, subsistindo do plantio, pesca, caça e pastoreio, valendo-se de fontes de energia renováveis, tais como florestas, rios e vento, ou outras fontes naturais de que são exemplos o barro e a madeira.

Não havia possibilidade de ascensão social. A terra era a base da economia, vivia-se em aldeias, e o nascimento determinava a trajetória imutável de *status* social a ser ocupado.

As pessoas viviam aglutinadas, em grandes famílias, compostas por parentes de diferentes graus, de forma bem mais ampla do que a atual, produzindo tudo o que consumiam em unidade econômica de subsistência. Vieram, contudo, as diferentes revoluções industriais que modificaram esse aparentemente pacato cenário.

1.1. A Primeira Revolução Industrial

Iniciada na Inglaterra, aproximadamente na metade do século XVIII, a Primeira Revolução Industrial conheceu a máquina a vapor, dando início à produção mecânica.[(2)] O período de duração pode ser datado, de modo aproximado, entre 1760 e 1860.

A partir da máquina a vapor, o desenvolvimento tecnológico começa a provocar efeitos significativos nas relações do trabalho, extinguindo a economia de tipo feudal, e gerando grandes empreendimentos fabris, do que é exemplo a fábrica de Owen, na Escócia, que em 1804 possuía 3000 empregados.

A Primeira Revolução Industrial caracterizou-se pelo uso da ferramenta, que representava a extensão da mão do homem. Esse mundo ferramental dependia da ação do homem, que se enxergava como o que produzia, ou seja, o carpinteiro não só fazia mesas, se fazia carpinteiro.[(3)]

---

(2) SCHWAB, Klaus. *A Quarta Revolução Industrial*. Tradução Daniel Moreira Miranda. São Paulo: Edipro, 2016. p. 15.

(3) FERRAZ JUNIOR, Tércio Sampaio. *O direito, entre o futuro e o passado*. São Paulo: Noeses, 2014. p. 62.

A Guerra Civil Americana, que teve início em 1861, no fundo não decorreu de aspectos morais relativos à escravidão, mas representou uma disputa pelo modelo de país que os norte-americanos desejavam construir, na forma agrícola do sul, ou uma nação industrializada defendida pelos vencedores do norte. Tal se repetiu em diversos outros países, como a Restauração Meiji, que teve início em 1868, no Japão.(4)

O período marca o início da separação da família, pois em regra os homens vão para as fábricas e as mulheres ficam no lar, já não mais na condição de camponesas extraindo sua subsistência de fontes primárias, mas cuidando da casa e dos filhos, dando origem à histórica diferença entre homens e mulheres no mercado de trabalho, que persiste no plano fático até os dias atuais.

Nesse momento fixa-se a fábrica na vida das pessoas, ocasionando a separação do ambiente e rotinas de trabalho e da casa. Ao mesmo tempo, nesse novo local, o chefe não coincide com o familiar, mas insere-se o empresário como detentor do poder de comando, dando-se origem à histórica digladiação entre capital e trabalho.

1.2. A Segunda Revolução Industrial

Em seu início, a Segunda Revolução Industrial extraía energia de carvão de pedra, gás e petróleo, portanto, combustíveis fósseis não renováveis, marcando uma mudança de paradigma. Pela primeira vez, a sociedade estava consumindo a natureza ao invés de valer-se dos rendimentos que esta proporcionava.(5)

A invenção da máquina, que deu origem às fábricas, passa a representar no final do século XIX uma extensão do homem, que se torna dependente da máquina, e deixa de ser o que faz, tornando-se o homem-máquina, substituível.

As máquinas passaram a dar origem a novas máquinas, multiplicando-se as máquinas-ferramentas. No curso da Segunda Revolução Industrial, entre meados dos séculos XIX e XX, a produção em massa era a tônica, baseada em linhas de montagem e beneficiando-se da invenção da eletricidade.

A Segunda Revolução Industrial é caracterizada pela padronização taylorista na produção de milhões de produtos idênticos visando o aumento da produtividade por trabalhador. Frederick Winslow Taylor(6) sustentava que o trabalho poderia ser padronizado, buscando uma maneira e uma ferramenta ideal para a realização

(4) TOFFLER, Alvin. *A terceira onda*. 5. ed. Trad. de João Távora. Rio de Janeiro: Record, 1980. p. 37.
(5) *Ibidem*, p. 39.
(6) Taylor já nasceu rico, tinha o estudo da organização do trabalho como *hobby* e paixão. Conforme DE MASI, Domenico. *Ócio criativo*. Entrevista a Maria Serena Palieri; tradução de Léa Manzi. Rio de Janeiro: Sextante, 2000. p. 52.

de cada tarefa, assim como um tempo próprio para cada tarefa,[7] pregando a separação entre gerência, concepção, controle e execução.

As lições de Taylor ganharam destaque mundial ao ponto de serem aplicadas na então União das Repúblicas Socialistas Soviéticas, por Lênin, que procurou reverter o declínio da produção industrial.[8]

Na produção, o destaque ficou para o modelo da Ford, denominado Fordismo, que se baseava no Taylorismo, acrescendo a administração conjunta dos tempos e movimentos, abastecendo o trabalhador com peças e componentes por meio de esteiras.[9] No modelo fordista, havia forte controle do trabalhador dentro da fábrica, a linha de produção era em série, homogênea, as tarefas repetitivas e os tempos exatos, acreditando-se que quanto mais vezes um movimento fosse reproduzido, mais exata e ágil seria a sua execução.[10]

Para oferecer uma noção de quanto o trabalho era enfadonho e repetitivo, quando da inauguração da fábrica da Alfasud, na Itália, pesquisa demonstrou que cada trabalhador realizava uma operação, e esta demandava 75 segundos,[11] ou seja, tal era repetida em média 384 vezes ao longo de uma jornada de 8 horas diárias de trabalho.

A especialização era a tônica, dividindo-se o trabalho para cada especialista cuidar da sua parte, gerando aumento da profissionalização. Tal, no entanto, não deve ser vista como especialização no sentido de formação de especialistas, profundos conhecedores de sua área de atuação, mas de trabalhadores mecanizados em movimentos repetitivos e impensados.

Nessa rotina, o trabalhador não tinha qualquer controle sobre o projeto, ritmo ou organização do processo de produção, ao ponto de, por vezes, sequer ter a ciência da atividade que era desempenhada pelo colega que laborava ao seu lado.[12]

O conceito era de "uma máquina — um homem", inserido no modelo de que a grande fábrica tudo deveria produzir. Para se ter uma ideia, nesse período, no ano de 1908, a Ford lançava o modelo T, que demandava nada menos do que

---

(7) TOFFLER, Alvin. *A terceira onda*. 5. ed. Trad. de João Távora. Rio de Janeiro: Record, 1980. p. 60.
(8) SILVA TOSE, Marilia de Gonzaga Lima e. *Teletrabalho*: a prática do trabalho e a organização subjetiva dos seus agentes. Tese de Doutorado em Ciências Sociais, Pontifícia Universidade Católica de São Paulo, 2005. p. 13.
(9) *Idem*, p. 13.
(10) CASTRO, Maria do Perpétuo Socorro Wanderley de. *Terceirização*: uma expressão do direito flexível do trabalho na sociedade contemporânea. 2. ed. São Paulo: LTr, 2016. p. 29.
(11) DE MASI, Domenico. *Ócio criativo*. Entrevista a Maria Serena Palieri; tradução de Léa Manzi. Rio de Janeiro: Sextante, 2000. p. 20.
(12) FOGLIA, Sandra Regina Pavani. *Lazer e trabalho*: um enfoque sob a ótica dos direitos fundamentais. 1. ed. São Paulo: LTr, 2013. p. 87.

7.882 operações até que fosse concluído,[13] e foi produzido 16.000.000 de vezes com mínimas variações, observado o *slogan*; "Os americanos podem escolher carros de qualquer cor. Desde que seja preta".[14]

Essas diferentes operações, repetidas milhares de vezes pelo mesmo trabalhador, eram sincronizadas no tempo a fim de que as máquinas não ficassem paradas à espera de uso, o que acaba por expandir o uso dos relógios pela civilização, delimitando tempos de trabalho, intervalos para alimentação, finais de semana e feriados.

O homem trabalha em turnos na fábrica, e faz dela a extensão da sua morada em uma relação casa/trabalho/casa, dominado pela fábrica. As famílias sentem a pressão da mudança, precisando deixar o campo e migrar para as cidades, tornar-se mais leves e móveis, sendo a educação da criança entregue à escola, que deveria preparar cidadãos para a nova economia, ou seja, com noção de pontualidade em seus compromissos, obedientes às determinações superiores e prontos a executar trabalho repetitivo.[15]

A sociedade se organiza para atender ao desenvolvimento das cidades, surgindo hospitais, prisões, clubes desportivos, câmaras de comércio, bibliotecas, sindicatos operários, e tantos outros — seguindo a mesma ordem de organização, divisão de trabalho e hierarquia que caracterizava a grande fábrica, conduzida pela nova figura do executivo.[16]

Assim, as escolas seguiam um calendário padrão, os hospitais acordavam seus pacientes no mesmo horário, a família levantava, trabalhava e dormia em horários padrões e, assim por diante, a sociedade estava sincronizada, obedecendo ordens de tempo de acordo com o relógio.

Na ordem da concentração,[17] a nova era dava origem a grandes cidades. Para se ter uma ideia, em 1800 Londres possuía 800 mil habitantes, ao passo que em 1910 já tinha 7 milhões de habitantes. No mesmo período, Nova Iorque passou de uma população de 60 mil para 4 milhões.[18]

As diversas novas cidades, movidas pelas suas aptidões, produziam milhares de produtos idênticos, em série. No cenário mundial, Detroit transformou-se na capital do automóvel, Lille e Manchester destacaram-se na produção têxtil.

---

(13) TOFFLER, Alvin. *A terceira onda*. 5. ed. Trad. de João Távora. Rio de Janeiro: Record, 1980. p. 62.
(14) DE MASI, Domenico. *Ócio criativo*. Entrevista a Maria Serena Palieri; tradução de Léa Manzi. Rio de Janeiro: Sextante, 2000. p. 63.
(15) TOFFLER, Alvin. *A terceira onda*. 5. ed. Trad. de João Távora. Rio de Janeiro: Record, 1980. p. 37 e 42.
(16) *Ibidem*, p. 44 e 74.
(17) O modelo industrial gerava a concentração das pessoas, caracterizado pelas grandes fábricas, exigindo enorme volume de capital, gerando receio de investimento pelas perdas que daí poderiam decorrer. Nesse cenário, nasce o conceito de responsabilidade limitada, a fim de que o investidor só perdesse o capital investido, e não todo o seu patrimônio. In: TOFFLER, p. 43-44.
(18) DE MASI, Domenico. *Ócio criativo*. Entrevista a Maria Serena Palieri; tradução de Léa Manzi. Rio de Janeiro: Sextante, 2000. p. 167.

A marca da Segunda Revolução Industrial era a grandeza. Nesse cenário, no início do século XX surgiu a primeira companhia de bilhões de dólares, United States Steel. Com ela, após pouco menos de duas décadas, já havia meia dúzia dessas grandes fábricas. Ao final da Segunda Revolução Industrial, a General Motors sozinha mantinha como empregados um verdadeiro exército de 595.000 trabalhadores, e a AT&T possuía 736.000 empregados.(19)

Com as novas tecnologias da época, mormente a combinação do vapor e o carvão de pedra com a energia elétrica,(20) a produção multiplicou-se a tal ponto que o mercado local já não poderia absorver tudo o que se produzia, de modo que as indústrias passam a atender mercados em outros países.

Pela primeira vez na história humana, se vê a possibilidade de ascensão social, rompendo com os privilégios dos ricos de berço, e democratizando a chance de vencer a pobreza, fome e tirania. Rompe-se, no entanto, com a coletividade no sentido que marcou o período agrícola, inserindo-se a individualidade e, com esta, o direito aos próprios interesses.(21)

Para que o modelo industrial funcionasse mediante produção em massa, havia rígida hierarquia piramidal, onde a cobrança de disciplina e subordinação ia muito além dos níveis atuais, desconhecendo os direitos da personalidade, em uma terra habitada pelo gênero masculino.

O capital necessitava do trabalho, que era massificado, sem nenhuma especialização, e mecanizado, mas exercia papel principal, colocando o homem como protagonista:

> [...] "na moderna ambição de submeter, encilhar e colonizar o futuro, a fim de substituir o caos pela ordem e a contingência pela previsível (e portanto controlável) sequência dos eventos. Ao trabalho foram atribuídas muitas virtudes e efeitos benéficos, como, por exemplo, o aumento da riqueza e a eliminação da miséria; mas subjacente a todos os méritos atribuídos estava sua suposta contribuição para o estabelecimento da ordem, para o ato histórico de colocar a espécie humana no comando de seu destino."(22)

---

(19) TOFFLER, Alvin. *A terceira onda*. 5. ed. Trad. de João Távora. Rio de Janeiro: Record, 1980. p. 44 e 68.

(20) No período, também merecem destaques diversas outras invenções, dentre as quais a fissão do átomo de urânio em 1934 por Enrico Fermi, inaugurando a era nuclear; a primeira transmissão televisiva em 1935 em Berlim; a descoberta da estrutura do DNA em 1953, por Watson e Crick, inaugurando a biologia molecular; e a fotografia do Planeta Terra, feita pelo satélite russo Sputnik em 1957 que permitiu enxergá-la como um todo a um só tempo.

(21) TOFFLER, Alvin. *A terceira onda*. 5. ed. Trad. de João Távora. Rio de Janeiro: Record, 1980. p. 49 e 119.

(22) BAUMAN, Zygmunt. *Modernidade líquida*. Tradução Plinio Dentzien. Rio de Janeiro: Zahar, 2001. p. 172.

Trabalho e capital andavam juntos, inseparáveis — mesmo que em conflito — seguiam a ordem do casamento eterno, não cogitando de separação, "o ideal era o de atar capital e trabalho numa união que — como um casamento divino — nenhum poder humano poderia, ou tentaria desatar".[23]

Acreditava-se que "tudo deveria ser para sempre", desde a construção mais sólida até a relação de emprego indeterminada. "Meu pai trabalhou nesta fábrica, eu trabalho, e se Deus permitir, meu filho assim o fará".[24] O grande prêmio era o relógio entregue pela empresa depois de muitos anos de trabalho em reconhecimento à dedicação do obreiro.

"Os trabalhadores dependiam do emprego para sua sobrevivência; o capital dependia de empregá-los para sua reprodução e crescimento",[25] e assim todos viviam e pensavam que isso seria eterno.

A Segunda Revolução Industrial criou a separação entre produção e consumo, que tanto afeta a sociedade dos dias atuais. Com efeito, nesse período, com as produções em massa, havia necessidade de consumidores também em massa, impulsionando a aquisição e uso dos bens produzidos nas grandes fábricas, criando um mercado de consumo e, por consequência, a sociedade consumista.

Tanto assim o é que Alvin Toffler aponta que a sociedade consumista não é característica do capitalismo, mas do industrialismo, que criou excessiva preocupação com o dinheiro e mercadorias, rompendo valores e elos caros para as sociedades anteriores, tudo em prol de interesses baseados em elos contratuais:

> [...] "a preocupação obsessiva com o dinheiro, as mercadorias e coisas é um reflexo não do capitalismo ou do socialismo, mas do industrialismo. É um reflexo do papel central do mercado em todas as sociedades em que a produção está divorciada do consumo, em que todo o mundo é dependente do mercado mais do que de suas próprias aptidões produtivas para as necessidades da vida."[26]

Cumpre observar que a produção em massa também fez nascer a necessidade de uniformização de moeda e valor, dando origem a estruturas ditas integrativas, tais como, em 1944 o Fundo Monetário Internacional (FMI) e o Banco Mundial. O primeiro compeliu as 44 nações membro do FMI a adotarem o dólar e o ouro como paradigma de valor.[27]

Já ao Banco Mundial coube financiar a reconstrução dos países europeus afetados pela Segunda Grande Guerra, o que se estendeu num segundo momento

---

(23) BAUMAN, Zygmunt. *Modernidade líquida*. Tradução Plinio Dentzien. Rio de Janeiro: Zahar, 2001. p. 182.

(24) Força de expressão do autor, tentando reproduzir o pensamento do período.

(25) BAUMAN, Zygmunt. *Modernidade líquida*. Tradução Plinio Dentzien. Rio de Janeiro: Zahar, 2001. p. 182.

(26) TOFFLER, Alvin. *A terceira onda*. 5. ed. Trad. de João Távora. Rio de Janeiro: Record, 1980. p. 54.

(27) *Ibidem*, p. 102.

aos países não industrializados. Logo, surgiu o Acordo Geral sobre Tarifas Aduaneiras e Comércio (GATT — *General Agreement on Tariffs and Trade*), que tinha por escopo proteger economias menores.[(28)]

A sintonizada combinação de FMI, Banco Mundial e GATT ditava a ordem econômica mundial, ficando o Banco Mundial impedido de financiar os países que não participassem do FMI ou que não obedecessem às regras do GATT.[(29)]

Insere-se o estado do bem-estar social,[(30)] idealizado pelo presidente norte-americano Franklin Roosevelt,[(31)] cabendo ao Estado permitir que o capital pudesse continuar "adquirindo" trabalho, sempre existindo uma reserva representada pelos desempregados, que estariam prontos a assumir o posto assim que chamados, como se jogadores aquecidos, sentados no banco de reservas, de prontidão, ávidos a entrar em campo e buscar a titularidade.

O cenário era de crescimento econômico contínuo, mas o trabalhador pouco ou nada participava da vida empresarial, salvo no cumprimento da sua obrigação mecanizada de produção.

A Segunda Revolução Industrial não teria como continuar, na medida em que chegou a um ponto insustentável de ataque contra a natureza, valendo-se de combustíveis de fonte não renovável.[(32)] Nesse cenário, nos países desenvolvidos, as grandes indústrias começaram a perder força a partir de 1950, migrando para países em desenvolvimento aonde a mão de obra era mais barata. Por consequência, nesse período, no Brasil, houve incremento do processo de produção industrial, mediante a instalação do parque industrial do ABC Paulista.[(33)]

1.3. A Terceira Revolução Industrial

A Terceira Revolução Industrial prepara o terreno, ara e começa o plantio para a criação da sociedade da informação, e, por consequência, o trabalho em ambiente virtual.

---

(28) TOFFLER, Alvin. *A terceira onda*. 5. ed. Trad. de João Távora. Rio de Janeiro: Record, 1980. p. 102.
(29) *Idem*, p. 102.
(30) "Também conhecido por *Welfare State*, o Estado de bem-estar social corresponde à designação de um Estado assistencial, que propicia garantia de padrões mínimos de educação, saúde, habitação, renda e seguridade social à população. É uma corrente que surgiu após a Segunda Guerra Mundial e se desenvolveu ligada ao processo de industrialização, como tentativa de resposta aos problemas sociais gerados a partir desse processo. "As origens do Estado do bem-estar estão vinculadas à crescente tensão e conflitos sociais gerados pela economia capitalista de caráter 'liberal'. BRASIL. *Estado do bem-estar social*. Disponível em: <https://educacao.uol.com.br/disciplinas/sociologia/estado-do-bem-estar-social-historia-e-crise-do-welfare-state>. Acesso em: 24 jul. 2017.
(31) DE MASI, Domenico. *Ócio criativo*. Entrevista a Maria Serena Palieri; tradução de Léa Manzi. Rio de Janeiro: Sextante, 2000. p. 101.
(32) TOFFLER, Alvin. *A terceira onda*. 5. ed. Trad. de João Távora. Rio de Janeiro: Record, 1980. p. 130.
(33)BRASIL. *Transformações socioeconômicas*. Disponível em: <http://brasilescola.uol.com.br/sociologia/transformacoes-socioeconomicas-no-brasil-decada-50.htm>. Acesso em: 8 maio 2017.

Pode ter o seu início apontado a partir da década de 1960, conhecida como revolução digital ou do computador, impulsionada pela computação em *mainframe*[(34)] em sua primeira década, seguida do início da computação pessoal a partir da década de 1970.[(35)]

Houve a democratização do uso do computador, mediante barateamento dos produtos e elevação da capacidade do software, em nível de progressão mais do que geométrica, de forma inimaginável.

> "Os custos caíram tão vertiginosamente e sua capacidade subiu tão espetacularmente que, de acordo com a revista Computerworld, 'se a indústria de automóveis tivesse feito o que tem feito a indústria dos computadores nos últimos 30 anos, um Rools-Royce custaria 2,50 dólares e faria cerca de 3.000.000 de quilômetros com um galão (3.785 litros) de gasolina.'"[(36)]

O período é marcado pelo constante lançamento de novos produtos e máquinas, aliados ao crescimento da informática e robotização. Há integração entre ciência e produção, também chamada de revolução tecnocientífica.

O modelo de produção de Henry Ford começa a perder força a partir de 1973, ganhando espaço o Toyotismo. Com efeito, a linha de produção em série, homogênea, com movimentos cronometrados (característica da produção fordista), perde terreno, pois, à produção parcelada, fragmentada em funções, gerada de acordo com o padrão de interesse do consumidor, própria do modelo criado pelo engenheiro Ohno, da Toyota.[(37)]

Questiona-se o conceito de "uma máquina — um homem" próprio do Fordismo, valoriza-se o operador multifuncional da fábrica da Toyota e outras montadoras japonesas, que deve ser altamente produtivo operando várias máquinas ao mesmo tempo.

Ou seja, troca-se o trabalhador com pouca qualificação, mecanizado, pelo trabalho polivalente e investe-se em treinamento e qualificação, dando-se espaço para que o trabalhador seja mais participativo, permitindo a apresentação de sugestões na forma de realização do trabalho,[(38)] visando melhoria da qualidade e produtividade.

---

(34) *Mainframe* é um computador de grande porte, dedicado normalmente ao processamento de um volume grande de informações. Os *mainframes* são capazes de oferecer serviços de processamento a milhares de usuários através de milhares de terminais conectados diretamente por meio de uma rede. (O termo *mainframe* se refere ao gabinete principal que alojava a unidade central de processamento nos primeiros computadores). Disponível em: <http://www.dicionarioinformal.com.br/significado/mainframe/4950/>. Acesso em: 24 ago. 2017.

(35) SCHWAB, Klaus. *A Quarta Revolução Industrial*. Tradução Daniel Moreira Miranda. São Paulo: Edipro, 2016. p. 15 e 16.

(36) TOFFLER, Alvin. *A terceira onda*. 5. ed. Trad. de João Távora. Rio de Janeiro: Record, 1980. p. 143.

(37) ANTUNES, Ricardo. *Adeus ao trabalho?* ensaio sobre as metamorfoses e a centralidade do mundo do trabalho. 16. ed. São Paulo: Cortez, 2015. p. 35-42.

(38) O que, para a época, era uma grande inovação.

Com essas medidas, aumenta-se a produção, observada a nova visão de diversificação de produtos, sem acréscimo do número de trabalhadores, produzindo-se somente o necessário, apenas no momento imprescindível *(just in time)*, mediante o modelo *kanban*.[39]

No Toyotismo, a fábrica funciona como unidade central, mas convive com inúmeros fornecedores satélites, reduzindo, assim, por meio da terceirização, o âmbito de participação da montadora, não mantendo o modelo fordista da grande fábrica, que tudo deveria produzir.

Para se ter uma noção da mudança, no modelo fordista, a fábrica se encarregava da produção de 75% do produto e o controle era absoluto sobre a matéria-prima, a ponto de Henry Ford ter adquirido plantações de seringueiras para a produção de pneus e navios para transporte de carros;[40] no Toyotismo ocorre o inverso, cabendo 25% à fábrica, sendo os outros 75% contratados junto a terceiros e fornecedores.[41]

Os estoques, a seu turno, passam a representar o mínimo necessário, baseados na necessidade do consumidor, ou seja, atrelados às vendas e não à produção.[42]

A flexibilização do trabalho ganha força, orientada pelas necessidades de mercado, seja pela terceirização de parte da produção, seja pelo estabelecimento de contratos temporários, mantendo-se na fábrica o número mínimo necessário de trabalhadores.

A produção é orientada por luzes, que ditam o ritmo a ser adotado (verde = velocidade normal; laranja = intensidade máxima; e vermelho = a produção deve ser retida).[43]

O sistema precisa funcionar como um todo, razão pela qual são compostos grupos de oito trabalhadores, onde o comprometimento é coletivo. Se um apresenta falha, ou não comparece ao trabalho, todos perdem o aumento, de sorte que a própria figura do gestor fica minimizada, na medida em que cada qual "vigia" o outro do grupo, e, ao mesmo tempo, toma a cautela de não prejudicar ao colega.[44]

---

(39) Importação de técnica de reposição dos supermercados norte-americanos, que consiste na reposição dos produtos na prateleira depois da venda.

(40) FOGLIA, Sandra Regina Pavani. *Lazer e trabalho*: um enfoque sob a ótica dos direitos fundamentais. 1. ed. São Paulo: LTr, 2013. p. 87.

(41) ANTUNES, Ricardo. *Adeus ao trabalho?* ensaio sobre as metamorfoses e a centralidade do mundo do trabalho. 16. ed. São Paulo: Cortez, 2015. p. 231.

(42) FOGLIA, Sandra Regina Pavani. *Lazer e trabalho*: um enfoque sob a ótica dos direitos fundamentais. 1. ed. São Paulo: LTr, 2013. p. 89.

(43) ANTUNES, Ricardo. *Adeus ao trabalho?* ensaio sobre as metamorfoses e a centralidade do mundo do trabalho. 16. ed. São Paulo: Cortez, 2015. p. 46-47.

(44) *Ibidem*, p. 48.

Com o modelo do engenheiro Ohno, há diminuição das hierarquias e maior inserção do trabalhador num padrão mais participativo, onde este é parte integrante não só física, mas intelectual, oferecendo sugestões e contribuindo com o seu *know-how*, do que são exemplos os Círculos de Controle de Qualidade.

Tal representa um primeiro avanço nas relações do trabalho, não só mitigando a subordinação, mas tornando o labor mais humano, pensativo, substituindo as ordens quase ditatoriais, pela implementação de regras empresariais.

O Toyotismo ganha reconhecimento em nível internacional e se espalha pelo globo, oferecendo maior produtividade, e, portanto, ensejando menos homens para o desempenho da atividade, o que começa a representar uma decisiva aquisição do capital sobre o trabalho, que teria o condão de gerar o desemprego estrutural a nível mundial.(45)

Na França, em 1962, os trabalhadores da indústria representavam 39% da população, ao passo que em 1989 esse número baixou para 29,6%; na Itália, em 1980, 40% dos trabalhadores atuavam na indústria, ao passo que 10 anos depois esse percentual caiu para 30%. Nos principais países industrializados, 40% dos trabalhadores atuavam na indústria nos anos 1940, ao passo que nos anos 1990 esse percentual caiu para aproximadamente 30%.(46)

Aponta-se ainda que entre 35 e 50% dos trabalhadores ingleses, franceses, alemães e norte-americanos foram alçados a condições de desemprego e trabalho precário durante a Terceira Revolução Industrial.(47)

É claro que o volume de trabalho na indústria também migrou em parte para o setor de serviços, que teve forte crescimento. De toda sorte, fácil constatar que as significativas mudanças representaram perda quantitativa de postos de trabalho.

A década de 1980 foi palco de grandes transformações diante do salto tecnológico, automação, robótica e microeletrônica que invadiram as fábricas,(48) e incrementaram ainda mais o setor de serviços. Prova disso é que em um período de apenas 6 anos (1980 a 1986), o setor de serviços nos Estados Unidos da América quase dobrou de tamanho, passando a abarcar mais de 60% de todas as ocupações de trabalho naquele país.(49)

O início da década de 1990 marca a chegada — ainda tímida — da internet e o começo da revolução digital, caracterizando-se pela produção de equipamentos menores e mais poderosos, barateados pelo aumento de demanda na produção.

---

(45) ANTUNES, Ricardo. *Adeus ao trabalho?* ensaio sobre as metamorfoses e a centralidade do mundo do trabalho. 16. ed. São Paulo: Cortez, 2015. p. 52.

(46) *Ibidem*, p. 62-65.

(47) *Idem*, p. 62-65.

(48) *Ibidem*, p. 33, 39

(49) *Ibidem*, p. 67.

O trabalhador menos qualificado, de fácil substituição, passa a não ser tão interessante, até porque a mão de obra é abundante e oscila, podendo migrar para as empresas satélites de apoio e outras formas de contratação precárias, terceirizadas ou subcontratadas, quando não incrementando o mercado informal.(50)

O período também assinala indelevelmente o primeiro *insight* de que o capital não seria tão dependente do trabalho. Um dos exemplos iniciais pode ser encontrado na fábrica automatizada Fujitsu Fanuc, onde, na década de 1990, mais de 400 robôs fabricavam outros robôs *full time*, e os operários (cerca de 400) trabalhavam durante o dia consertando as máquinas, que quebravam à razão de 5% (ou seja, 8 robôs/mês).(51)

A diminuição das fábricas modifica o cenário industrial. Não só as grandes empresas fragmentam a produção com o escopo de buscar maior efetividade, mas também as pequenas e médias empresas se desenvolvem e passam a empregar boa parte de mercado do trabalho. Para se ter uma ideia, em 1971, 22% dos empregos na indústria italiana estavam em empresas com menos de 19 trabalhadores.(52)

Fábricas menores aonde as pessoas se conhecessem e interagissem passam a fazer parte da técnica de gestão adotada por alguns empresários, tal como o fez Roberto Gore,(53) que organizava as suas fábricas com 150, no máximo 200 pessoas. Sofreu críticas por isso, pois se o número de trabalhadores aumentasse, montava outra fábrica, o que em tese duplicava os custos.(54)

Entendia ele que, para o funcionamento ótimo da fábrica, não poderia haver mais do que o número estabelecido, que permitia aos trabalhadores se conhecerem e se relacionarem, e a sinergia do grupo unido se mostrava muito mais eficiente para a produção.

Entre 1984 e 1997, no coração do Vale do Silício, na cidade de Santa County, aumentou a contratação de trabalho temporário em 159%. Também nesse período aumentou em 53% o trabalho autônomo, e em 21% os empregos em tempo parcial.(55)

Na Holanda foram ajustadas formas flexíveis de emprego, em especial trabalho em tempo parcial e contratos temporários, em um regime de segurança, mantendo-

---

(50) ANTUNES, Ricardo. *Adeus ao trabalho?* ensaio sobre as metamorfoses e a centralidade do mundo do trabalho. 16. ed. São Paulo: Cortez, 2015. p. 73.

(51) *Ibidem*, p. 72.

(52) *Ibidem*, p. 179.

(53) Em 1969, descobriu o tecido transpirante que permitia que o suor transpassasse, porém bloqueava a chuva.

(54) MARCHIORI, Massimo. *Meno Internet Più Cabernet*. Itália: Rizzoli Etas, 2015. p. 236.

(55) CASTELLS, Manuel. *A sociedade em rede*. Tradução Roseneide Venancio Majer. Atualização para 6. ed.: Jussara Simões (A era da informação: economia, sociedade e cultura; I. 1). São Paulo: Paz e Terra, 1999. p. 337.

-se a proteção de planos de saúde, invalidez, desemprego e pensão, o que ocasionou a queda no índice de desemprego de 9% para 3% no período de 1980 a 1999.

Aliás, as economias com menor índice de desemprego, no período, foram aquelas que adotaram o regime de tempo parcial, de que são exemplos: Holanda com 36% da população ativa; Inglaterra com 22%; e Estados Unidos da América com 20%.(56)

O regime conhecido como flexi-segurança, dos países escandinavos, em que o tempo parcial é um dos instrumentos legais, ficou notabilizado como paradigma de flexibilização negociada, envolvendo iniciativa privada, apoio governamental e ajustes de condições de trabalho combinados com responsabilidade fiscal e sistemas sólidos de previdência social.(57)

A substituição do modelo de Henry Ford pelo Toyotismo, no Brasil, com mais intensidade a partir de 1990, gerou a reorganização da produção e, com isso, a redução dos postos de trabalho, migração de plantas industriais em busca de maiores incentivos, e a terceirização de serviços e produção de bens, para além do trabalho temporário de que tratava a Lei n. 6.019/74, cuja contratação também se avolumou.

O período baliza uma primeira onda de flexibilização, vivida pelo Brasil e regulamentada por uma série de medidas legislativas, que instituíram, dentre outros, nova possibilidade de contrato por prazo determinado, modalidade de banco de horas, suspensão dos contratos de trabalho para qualificação profissional e a contratação a tempo parcial (Lei n. 9.601/1998, Medida Provisória n. 1.702-2/98, Medida Provisória n. 2.076/2001).

Para efeitos do presente estudo, o que marca aquele momento é que a partir da Terceira Revolução Industrial houve relativização da subordinação (na prática), ao mesmo tempo em que o novo perfil do trabalhador de fábrica exigia preparação para a multifuncionalidade de atividades e funções, em um processo incessante de geração de novos métodos de gestão iniciados com maior ênfase a partir do Toyotismo.

1.4. A Quarta Revolução Industrial

Em 2012, por ocasião da Feira de Hannover, na Alemanha, inicia-se o movimento que forneceria os contornos da Quarta Revolução Industrial — também conhecida como Indústria 4.0.

---

(56) DE MASI, Domenico. *Ócio criativo*. Entrevista a Maria Serena Palieri; tradução de Léa Manzi. Rio de Janeiro: Sextante, 2000. p. 110.

(57) CASTELLS, Manuel. *A sociedade em rede*. Tradução Roseneide Venancio Majer. Atualização para 6. ed.: Jussara Simões (A era da informação: economia, sociedade e cultura; l. 1). São Paulo: Paz e Terra, 1999. p. 338.

Em janeiro de 2017, no Fórum Econômico Mundial — também conhecido como Fórum Econômico de Davos, foram apresentados alguns dos elementos marcantes da Revolução 4.0, com destaque para as nanotecnologias, neurotecnologias, biotecnologias, robôs, inteligência artificial, drones, sistemas de armazenamento de energia e impressora 3D.

Em 2018, o principal tema das discussões foi "Criando um futuro compartilhado em um mundo fragmentado"[(58)], ao passo que, em 2019, dentre as discussões centrais do Fórum Econômico Davos, figuraram: inteligência artificial, sustentabilidade e futuro do trabalho. Os temas eleitos para 2020 foram: Como salvar o planeta, Sociedade e futuro do trabalho, Tecnologia para o bem, Economias mais justas, Melhores negócios, Futuros saudáveis e Geopolítica.[(59)]

Após três adiamentos, o evento presencial do Fórum Econômico de Davos foi cancelado[(60)] em 2021 em razão do avanço do Coronavírus[(61)], assim como adiado o encontro que deveria ocorrer entre 17 e 21 de janeiro de 2022 devido ao avanço da variante ômicron.[(62)]

A Quarta Revolução Industrial tem um potencial muito mais violento do que as anteriores de mudar o rumo da sociedade, das coisas, das relações e do próprio sentido da vida, a começar pela diminuição dos postos de trabalho, ao menos no que se refere às atividades que exigem pouca qualificação.

Nas palavras do fundador do Fórum Econômico Mundial, então Presidente, Klaus Schwab, "estamos no início de uma revolução que afetará profundamente a maneira como vivemos, trabalhamos e nos relacionamos",[(63)] e "a escala e amplitude da atual revolução tecnológica irão desdobrar-se em mudanças econômicas, sociais e culturais que chega a ser impossível prevê-las".[(64)]

A combinação e fundição das tecnologias dos mundos físico, digital e biológico é a grande novidade,[(65)] e produz efeito exponencial que tem a força de mudar

---

(58) Disponível em: <https://jornal.usp.br/atualidades/davos-e-palco-de-mais-um-forum-economico--mundial/>. Acesso em: 20 dez. 2021.

(59) Disponível em: <https://epocanegocios.globo.com/Forum-Economico-Mundial/noticia/2020/01/forum-economico-mundial-saiba-quais-serao-os-temas-discutidos-em-davos-em-2020.html>. Acesso em: 20 dez. 2021.

(60) Ocorrendo uma série de encontros on line. Disponível em: <https://es.weforum.org/events/past>. Acesso em: 20 dez. 2021.

(61) Disponível em: <https://g1.globo.com/economia/noticia/2021/05/17/forum-economico-mundial-cancela-reuniao-anual-de-2021.ghtml>. Acesso em: 20 dez. 2021.

(62) Disponível em: <https://g1.globo.com/economia/noticia/2021/12/20/forum-economico-mundial-de-davos-e-adiado-devido-a-omicron.ghtml>. Acesso em: 20 dez. 2021.

(63) SCHWAB, Klaus. *A Quarta Revolução Industrial*. Tradução Daniel Moreira Miranda. São Paulo: Edipro, 2016. p. 10.

(64) SCHWAB, Klaus. *A Quarta Revolução Industrial*. Tradução Daniel Moreira Miranda. São Paulo: Edipro, 2016. p.11.

(65) *Idem*.

o curso da humanidade, de forma tão célere como nunca se viu, reformulando conceitos relativos à produção, consumo, transporte, logística, e mesmo quanto à maneira de exercer os direitos da personalidade.

As transformações são avassaladoras, isso porque as novas tecnologias têm o condão de gerar outras novas tecnologias ainda mais qualificadas, que se combinam entre si, transformando sistemas e países. A partir daí, Klaus Schwab aponta três elementos — velocidade, amplitude e impacto sistêmico — que distinguem a Quarta Revolução Industrial das demais, a descolando da terceira, como uma nova e irrefreável mudança de paradigmas.

A título comparativo, vale observar que enquanto o tear mecanizado demorou 120 anos para conquistar a Europa, a internet obteve igual proeza em menos de 10 anos.(66) Um *tablet* dos dias atuais possui capacidade de processamento equivalente a 5 mil computadores *desktop* de 30 anos atrás, ao passo que nos últimos 20 anos, o custo de armazenamento caiu de 10 mil dólares para 3 centavos de dólar por ano.(67)

A geração da Segunda Revolução Industrial viveu em modo analógico, o que soa atualmente como antiquado; os canais de televisão eram poucos e abertos, ao passo que os atuais, no modo digital, são quase infindáveis, não se podendo consumi-los.

O livro que dura de 500 a 1000 anos e ocupa muito mais espaço, primeiro é substituído pelo DVD que permanece íntegro de 2 a 5 anos, e depois pela memória digital, ficando na nuvem, eternamente talvez.

O mundo era muito mais lento no passado, com a máquina a vapor começou a se tornar acelerado, até que assume velocidades inimagináveis, numa proporção que se torna difícil de conceber até onde o "progresso" vai levar.

A Terceira Revolução Industrial conviveu com as plataformas puramente digitais, ao passo que a Quarta Revolução Industrial cria as plataformas globais, unindo o digital às experiências dos seres humanos em ambiente físico. A diferença entre saber e inteligência, no mundo virtual, se torna tênue, eis que um clique pode oferecer a resposta necessária.

Até a sociedade atual, em que tudo é líquido e parece dissolver-se (tal como o matrimônio, que muitas vezes já não tem a intenção de eternidade), capital e trabalho andavam juntos, brigando, mas dependentes, casados, na alegria e na tristeza.

Todavia, o capital parece ter se tornado mais independente, quer flertar livremente, vagar pelo mundo sem a mesma necessidade do trabalho que marcou

---

(66) SCHWAB, Klaus. *A Quarta Revolução Industrial*. Tradução Daniel Moreira Miranda. São Paulo: Edipro, 2016. p. 13 e 17.
(67) *Ibidem*, p. 20.

os ciclos anteriores, mormente a Segunda Revolução Industrial. Tal condição, entretanto, cria a possibilidade de o trabalho tornar-se mais livre da subordinação do modelo taylorista, abrindo espaço para a produção de ideias, em ambiente de labor virtual, descentralizado da empresa.

1.4.1. Avanços Tecnológicos e a Economia

O crescimento econômico no passado parecia inacabável, era contínuo e as economias totalmente protegidas, inclusive por políticas internas dos diferentes países. Atualmente, afora um surpreendente crescimento da China, que apontou o índice médio de 7,5% nos últimos anos, tornando-se a segunda maior economia do mundo (atrás, apenas, dos Estados Unidos)[(68)], o cenário é de reduzido crescimento econômico.

Grande parte dos países do continente velho (europeu) já experimentou há ainda mais tempo esse desacelerado processo de crescimento econômico, forjado principalmente pela Crise Financeira Internacional de 2008. Havia, entretanto, expectativas de melhorias nesse quadro, especialmente verificando-se o índice de crescimento da Espanha (3,2%) e Irlanda (4,3%) em comparação à Itália (0,9%) e França (1,2%).[(69)]

Em se tratando do Brasil, nota-se que o crescimento econômico, levando em conta o PIB *per capita* e a produtividade no trabalho de 1992 até 2000, foi, em média, equivalente. Contudo, a partir do início da década de 2000, houve crescente deslocamento entre essas duas variáveis,[(70)] ocorrendo desaceleração da economia.

Klaus Schwab preleciona que o impacto da Quarta Revolução Industrial na economia será inimaginável, afetando todas as variáveis macroeconômicas, tais como PIB, investimento, consumo, emprego e inflação. Dentro das previsões, divide os economistas em tecnopessimistas e tecno-otimistas. No primeiro grupo, insere os que sustentam que as principais contribuições digitais já foram realizadas e que quase não haverá mais impactos sobre a produtividade. No outro grupo, os tecno-otimistas que defendem que haverá aumento da produtividade e maior crescimento econômico.

---

(68) BRASIL. *Economia da China*. Disponível em: <http://www.suapesquisa.com/geografia/economia_da_china.html>. Acesso em: 13 jul. 2017.

(69) GUERRA. Wesley S. T. *Crescimento na Europa*: Economia e tensões em alta. Disponível em: <http://www.jornal.ceiri.com.br/crescimento-na-europa-economia-e-tensoes-em-alta/>. Acesso em: 20 jul. 2017.

(70) NEGRI, Fernanda; CAVALCANTE, Luiz Ricardo. *Produtividade no Brasil*: desempenho e determinantes. Disponível em: <http://www.brasil-economia-governo.org.br/2014/12/15/produtividade-no-brasil-desempenho-e-determinantes/>. Acesso em: 21 jul. 2017.

O então Presidente Executivo do Fórum Econômico Mundial reconheceu que o capital deverá ser valorizado em detrimento do trabalho, espremendo salários e o consumo, muito embora os produtos devam ser produzidos por valor inferior e o consumo tenda a ser levado a efeito de forma sustentável, até mesmo diante do crescimento da economia colaborativa.(71)

A economia colaborativa ou de compartilhamento insere-se, pois, definitivamente no comportamento global dos consumidores, que passam a gozar de bens sem deter a propriedade.

O modelo deixa de ser "pegar-fazer-eliminar", mas torna-se responsável, mediante fluxo eficaz e integrado de informação, matéria-prima, energia e trabalho, permitindo a otimização do uso, coleta, restauração e regeneração do produto.(72) A economia passa a ser de plataforma e produtos disruptivos.

A mudança de paradigma é tão abrupta e voraz, que se acredita firmemente na possibilidade de que, até o ano de 2025, globalmente, se verifique a existência de mais viagens ou o cumprimento de trajetos por meio de compartilhamento do que mediante o uso de carros particulares.(73)

No momento, a Zipcar(74) já permite o compartilhamento de veículos por espaço de tempo bem mais curto do que oferecem as locadoras de automóvel, assim como a RelayRides possibilita o empréstimo de veículo de outro proprietário por meio de plataforma digital.(75)

Deverá ocorrer redução da geração de poluentes decorrentes da produção maciça de bens e descarte, somada ao decréscimo da poluição gerada por veículos de transporte, em uma economia sob demanda.

Os próprios veículos autônomos deverão ser uma realidade em curto espaço de tempo,(76) e possivelmente, por suas características, gerarão maior compartilhamento. No mínimo, é de se reconhecer que inexistirá a necessidade do motorista de táxi ou mesmo do Uber, que até poderá oferecer o serviço, porém, sem a condução humana.

---

(71) SCHWAB, p. 35-36.

(72) SCHWAB, p. 70 e 71.

(73) Segundo pesquisa do Fórum Econômico Mundial.

(74) BRASIL. *Zipcar*. Matéria sobre o conceito de *car sharing* utilizado pela Zipcar. Disponível em: <http://destinonegocio.com/br/casos-de-sucesso/conceito-de-car-sharing-utilizado-pela-zipcar-ealternativa-a-locacao-de-carros/>. Acesso em: 13 jul. 2017.

(75) SCHWAB, Klaus. *A Quarta Revolução Industrial*. Tradução Daniel Moreira Miranda. São Paulo: Edipro, 2016. p. 145 e 146.

(76) A estimativa, segundo pesquisa realizada pelo Fórum Econômico Mundial, é de que, na ótica de 79% dos entrevistados, até 2025, 10% dos automóveis em uso nos Estados Unidos da América serão autônomos, não necessitando de motorista. Conforme SCHWAB, p. 138.

Esse potencial vai bem além, ao se observar que as estradas deverão ganhar caminhões autônomos, e o espaço aéreo tende a ser povoado por aviões igualmente autônomos.

Novos materiais utilizados na indústria, representados pelos nanomateriais, também causarão grandes mudanças, ampliando-se a resistência e maximizando o tempo de uso e reuso. Isso se dá principalmente diante de novos modelos operacionais, mediante a utilização de sensores que monitoram o produto, permitindo a manutenção proativa e análise constante.

As diferentes *expertises* enredadas na junção das tecnologias — envolvendo o fabricante do produto e do fornecedor da tecnologia — tendem a promover a ampliação da inovação colaborativa, que consiste no compartilhamento de recursos pelas empresas visando maior valor agregado ao produto, as forçando a ser cada vez mais criativas no oferecimento de experiências diferenciadas aos clientes, fundindo os mundos físico e virtual.(77)

Salutar observar que os novos materiais proporcionam a redução de risco ambiental e ampliação da economia circular, porém, combinados com as novas tecnologias, acabam por reduzir a necessidade de fabricação de novos produtos, o que no mínimo não gera a necessidade de maior demanda de trabalho para produção de bens.

De toda sorte, mesmo a economia tradicional sofre substancial mutação, não só pela alteração na forma de produção, como também no relacionamento com o cliente, que se amplifica no campo virtual, podendo o comprador escolher entre diferentes marcas e serviços, de modo quase ilimitado por meio da internet das coisas.(78)

As compras *online* crescem diuturnamente, tendo atingido em um único dia mais de 14 bilhões de dólares de transações, sendo 68% destas por meio de dispositivos móveis. Mero exemplo das comodidades do mundo digital, é que, atualmente, é possível escolher o livro ou a música de desejo, sem deslocamento, por meio das plataformas do Kindle Store e do Spotify, respectivamente.(79) Acresça-se o recentíssimo Metaverso, cujo uso pelo Walmart pretende permitir a diferenciada experiência de compra de produtos como se dentro do supermercado se estivesse.(80)

Os produtos na área da tecnologia, a seu turno, parecem não ter sido criados com a intenção de eternização, muito pelo contrário, quanto mais rápida for a

---

(77) SCHWAB, p. 61-63.

(78) *Ibidem*, p. 59-60.

(79) SCHWAB, Klaus. *A Quarta Revolução Industrial*. Tradução Daniel Moreira Miranda. São Paulo: Edipro, 2016. p. 60-63.

(80) Disponível em: <https://twitter.com/DigitalisHomo/status/1478094074909540354?s=20>. Acesso em: 03 jan. 2022.

substituição, antes terá o consumidor a oportunidade de acesso a uma tecnologia de ponta. As linhas da Apple quase se sobrepõem umas às outras, demarcando a sociedade da informação, líquida, própria da Quarta Revolução Industrial.

> "Se a modernidade sólida punha a duração eterna como principal motivo e princípio da ação, a modernidade 'fluida' não tem função para a duração eterna. O 'curto prazo' substituiu o 'longo prazo' e fez da instantaneidade seu ideal último".[(81)]

Para a sociedade da tecnologia, "manter as coisas por longo tempo, além de seu prazo de 'descarte' e além do momento em que seus 'substitutos novos e aperfeiçoados' estiverem em oferta é, ao contrário, sintoma de privação".[(82)]

A insatisfação própria da natureza humana, sempre à espera de uma conquista melhor, no caso um produto que embarque mais tecnologia, leva a filas intermináveis para o lançamento do novo produto da Apple, tornando os produtos fluidos, fugazes, líquidos a fim de atender a uma sociedade que assim se comporta.

A produtividade representa fator essencial para o crescimento econômico e melhora da qualidade de vida, e tende a ser crescente na Quarta Revolução Industrial diante dos ganhos de eficiência que devem ser gerados pelas novas tecnologias. De forma conflitante, entretanto, essa mesma produtividade — capaz de melhorar a qualidade de vida — possivelmente permitirá o agravamento do quadro social, em razão da perda de postos de trabalho que serão automatizados.[(83)]

No panorama de incrível velocidade tecnológica, o *software* assume papel central na economia, seja servindo as empresas que se valem do *know-how* de outras, seja impulsionando ainda mais o crescimento das empresas de tecnologia.

Importante asseverar que o *software* é responsável pela geração de uma economia de escala sem precedentes, eis que uma vez produzido o programa, o custo é o mesmo para um usuário ou um milhão. Ademais, as formas de geração de resultado são as mais diversas, podendo iniciar no modo de fabricação e passar para a prestação de serviços presenciais ou a distância, assim como o produto pode ser padronizado, personalizado ou customizado.[(84)]

Na seara da revolução digital, surge o *blockchain,* espécie de livro contábil compartilhado, criptografado, não controlado por único usuário, porém passível

---

(81) BAUMAN, Zygmunt. *Modernidade líquida*. Tradução Plinio Dentzien. Rio de Janeiro: Zahar, 2001. p. 158.

(82) *Ibidem*, p. 159.

(83) SCHWAB, Klaus. *A Quarta Revolução Industrial*. Tradução Daniel Moreira Miranda. São Paulo: Edipro, 2016. p. 39-41.

(84) ANTUNES, Ricardo; BRAGA, Rui (Coord.). *Infoproletários*: degradação real do trabalho virtual. São Paulo: Boitempo, 2009. p. 22.

de fiscalização por todos, que representa protocolo seguro por meio do qual uma rede de computadores faz a verificação coletiva de um negócio antes da sua aprovação e registro.

O uso do *blockchain* no cenário atual, em que existem bilhões de dispositivos conectados à internet (tendendo a aumentar, estimando-se 1 trilhão de dispositivos móveis em rede), só aumentará a economia compartilhada ou sob demanda, facilmente utilizável via *smartphone*, agregando a vantagem de reduzir os custos de transação em até 20 bilhões de dólares.(85)

Pesquisa do Fórum Econômico Mundial revela que, em um universo inferior a 10 anos, é possível que 10% do produto interno bruto (PIB) mundial seja armazenado na forma de *blockchain*, e que, nesse mesmo decurso de tempo, é provável que ocorra a primeira arrecadação de impostos via *blockchain*.(86)

Tal cenário demonstra que diminuirá a necessidade de intermediadores financeiros, já que o *blockchain* dá conta da parte financeira das transações, com o possível acréscimo de bens negociáveis — afinal, tudo pode ser hospedado e representar troca de valor. Já há contratos programáveis fixados no *blockchain*, do que é exemplo o *site* www.smartcontract.com.(87)

O fato a ser considerado é que a economia já está sofrendo profundas transformações em vista da evolução tecnológica, mormente no que tange aos ambientes virtuais.

1.4.2. Avanços Tecnológicos e a Empresa

O empregador já não é mais representado — em sua esmagadora maioria — pela toda poderosa multinacional que tinha todas as condições de subjugar o trabalhador, mas, pelo contrário, o perfil do novo empregador é de pequenos e médios empreendedores, que, na maior parte pagam impostos e encargos a duras penas, especialmente no Brasil.

Na Itália, 90% dos empregos estão em empresas com até 15 empregados. Nos Estados Unidos, 50% dos empregos foram criados pelas pequenas e médias empresas, e 64% dos novos empregos são gerados por estas, existindo 18.500 grandes empresas e 27,9 milhões de pequenas e médias, ou seja, 99,7% das empresas americanas são pequenas e médias.

---

(85) SCHWAB, Klaus. *A Quarta Revolução Industrial*. Tradução Daniel Moreira Miranda. São Paulo: Edipro, 2016. p. 28, 68 e 129.
(86) *Ibidem*, p. 145.
(87) BRASIL. Disponível em: <https://www.smartcontract.com>. Acesso em: 18 nov. 2017.

No Brasil, 84% dos empregos são gerados pelas micro e pequenas empresas[88]. No cenário nacional, há 5,7 milhões de pequenas e médias empresas, que representam 99% do total, e cerca de 9 mil grandes empresas. No último trimestre de 2013, 92% dos novos empregos nacionais foram criados pelas pequenas e médias empresas.[89]

As empresas da Revolução 4.0 possuem características 6D's, ou seja, são digitalizadas, disfarçadas (seu objeto social e modo de produção podem alterar rapidamente), disruptivas, desmaterializadas, desmonetizadas e democratizadas.

Não têm a intenção — mercadologicamente falando — de abater o concorrente, mas parte das vezes de subjugá-lo ao ponto de incorporá-lo em processos contínuos de aquisição de marcas e *know-how*.

As alterações tecnológicas geradas pela Quarta Revolução Industrial modificarão as formas da liderança, organização e administração da empresa. O talento deverá ser ainda mais valorizado em nome da própria sobrevivência do negócio, haja vista a constante necessidade de inovação.

As hierarquias ficam relativizadas, a métrica da recompensa sofre mutações com valorização da inovação, e as equipes de trabalho tendem a ser distribuídas entre o regime presencial e o teletrabalho.

As empresas com seu capital imaterial se tornam mais leves e podem mudar de localização em semanas, ao soprar do melhor vento no cenário econômico, tornando-se mitigadas as fronteiras territoriais em uma economia globalizada, digitalizada e conectada.

Também são modificadas as formas das empresas produzirem bens ou entregarem serviços, valendo-se da quantidade e qualidade de informações sobre os clientes que estarão acessíveis. Exemplo disso é a economia compartilhada, que requer alto grau de informação sobre o comportamento, tendências e necessidade dos usuários que devem ser atendidos de imediato.

As empresas — desejosas ou não — estão pressionadas a aderir às inovações tecnológicas, sob pena de perderem competitividade. Nesse cenário, tendem a produzir mais com menos empregados. As informações, ideias e inovações passam a ter valor ainda maior do que na Terceira Revolução Industrial.

Insere-se o processo de produção mediante custo bem menor, com reduzidos investimentos de recursos e mão de obra, permitindo a produção de um bem por meio de simples sobreposição de diferentes peças impressas, colocadas umas sobre as outras.

---

(88) BRASIL. *Transformações econômicas no Brasil*. Disponível em: <http://brasilescola.uol.com.br/sociologia/transformacoes-socioeconomicas-no-brasil-decada-50.html>. Acesso em: 13 jul. 2017.
(89) BRASIL. *Um mundo de pequenas e médias empresas*. Disponível em: <http://revistapegn.globo.com/Colunistas/Jack-London/noticia/2013/07/um-mundo-de-pequenas-e-medias-empresas.html>. Acesso em: 13 jul. 2017.

O processo de produção em tecnologia 3D é inverso ao utilizado até o momento. Com efeito, ao invés de tomar-se uma matéria-prima e subtrair parte desta até que se dê a forma desejada, o artifício é de inserção de camadas a partir de um modelo digital, até que se obtenha o resultado desejado.

A previsão é de que essas impressoras trabalhem com diferentes materiais, tais como aço, plástico e alumínio, fazendo o trabalho que antes passava por toda uma linha de produção na tradicional fábrica. Acredita-se firmemente, segundo pesquisa do Fórum Econômico Mundial, que, até 2025, será produzido o primeiro carro impresso em 3D, como também que 5% dos produtos consumidos já serão fruto dessa tecnologia.[(90)] Inclusive, na ótica de Daimler Benz,[(91)] de forma ainda bem mais expansionista, até 2027, 10% de tudo o que for consumido será impresso em 3D.

A redução do custo da tecnologia combinada com a potencialização de resultados é tendência, tanto que a impressora 3D mais barata já pode ser adquirida por U$ 400,00, sendo que 10 anos antes esse valor era de U$ 18.000,00. E mais, nesse período a impressora se tornou 100 vezes mais rápida — fatores que, combinados, já levaram as indústrias de calçados a produzirem mediante o uso de impressão 3D.[(92)] Na China, por meio da impressão em 3D, foi construído um edifício comercial de 6 andares.

Há notícias inclusive de estudos quanto à impressão em 4D, o que permitiria a conformação automática dos materiais utilizados a fatores como calor e umidade, e que viria a incrementar o uso de implantes no corpo humano, ou mesmo roupas auto-ajustáveis para maior conforto de acordo com as condições meteorológicas.

A tecnologia passa a ser elemento imprescindível na vida de qualquer empresa, tanto na prestação de serviços quanto na entrega de bens. Mesmo as tradicionais marcas correm riscos frente às inovações, do que é exemplo a indústria automobilística, onde as desejadas marcas alemãs passarão a dividir mercado com a Tesla, Google, Apple e Amazon.

---

(90) SCHWAB, Klaus. *A Quarta Revolução Industrial*. Tradução Daniel Moreira Miranda. São Paulo: Edipro, 2016. p. 148 e 153.

(91) BRASIL. *Entrevista com o CEO da Mercedes-Benz*. Disponível em: <https://www.pragaseeventos.com.br/administracao-e-associativismo/como-nossa-vida-ira-mudar-pelo-ceo-da-mercedes-benz/>. Acesso em: 13 jul. 2017.

(92) A *startup* israelense Invertex disponibiliza, por meio da digitalização 3D, a escolha do tamanho perfeito do sapato. O Instituto de Biomecânica de Valência, também chamado Sunfeet, permite, por meio da digitalização, que o consumidor tire fotos dos pés pelo aplicativo no *smartphone*, que servirá de base para a impressão 3D de palmilhas personalizadas. Já a *startup* americana Prevolve "lançou um sapato esportivo chamado BioRunner, com design personalizado com base no formato do pé do usuário e fabricado usando uma impressora 3D". Disponível em: <http://www.stylourbano.com.br/tecnologia-3d-esta-revolucionando-a-industria-de-calcados/>. Acesso em: 18 nov. 2017.

Nesse sentido, o CEO da Mercedes, Daimler Benz concedeu entrevista,[93] no mês de julho de 2017, pregando que "os *softwares* irão quebrar a maioria das indústrias tradicionais nos próximos 5-10 anos".

Segundo Daimler Benz:

> [...] "em 2018 os primeiros carros de autocondução estarão disponíveis para o público. Por volta de 2020, a indústria completa vai começar a ser interrompida. Você não vai querer ter um carro mais. Você vai chamar um carro com o seu telefone, ele vai aparecer no seu local e levá-lo ao seu destino. Você não vai precisar estacioná-lo, você só pagará pela distância percorrida e pode ser produtivo durante a condução. Nossos filhos nunca irão ter uma carteira de motorista e nunca vão possuir um carro."

O automóvel definitivamente se torna tecnologia embarcada, e certamente os componentes tecnológicos possuem maior valor agregado.

A maioria das companhias de carro provavelmente vão falir. Companhias de carro tradicionais tentam a abordagem evolutiva e apenas construir um carro melhor, enquanto as empresas de tecnologia (Tesla, Apple, Google) fazem a abordagem revolucionária e constroem um computador sobre rodas.

Não precisa ir longe, nesse novo mundo, onde tudo é imediato, escritórios de advocacia terão que oferecer respostas bastante céleres e *due diligences* serão realizadas de maneira muito mais rápida mediante o uso da tecnologia, em especial inteligência artificial.

Nesse contexto de avanço tecnológico, a terceirização iniciada a partir do Toyotismo, e com maior ênfase no Brasil a partir da década de 1990, representa realidade inegável, e que não possuía normativa legal até há pouco tempo no cenário nacional.

Com efeito, somente com a edição da Lei n. 13.429, em março de 2017, e especialmente com a modificação do art. 4º desta por meio da Lei n. 13.467, ficou expressamente autorizada a terceirização da atividade-fim, acabando com a distinção criada pela Súmula n. 331 do TST, cuja aplicabilidade era de difícil compreensão, já que no nível tecnológico atual fica difícil separar o que é atividade-meio e o que é atividade-fim.[94]

---

(93) BRASIL. *Entrevista com o CEO da Mercedes-Benz*. Disponível em: <https://www.pragaseeventos.com.br/administracao-e-associativismo/como-nossa-vida-ira-mudar-pelo-ceo-da-mercedes-benz/>. Acesso em: 13 jul. 2017.

(94) "A autorização do legislador ordinário já não parecia estar sujeita à declaração de inconstitucionalidade pelo Supremo Tribunal Federal. Tal se extraía do julgado, RE 760931/DF, onde se discutia a responsabilidade da administração pública na terceirização das suas atividades. Na oportunidade, em acórdão de trezentos e cinquenta e cinco folhas, ainda que não julgasse a terceirização de

O importante neste momento do estudo é demonstrar que os processos de produção alteraram drasticamente, e que a terceirização representa apenas uma das modificações, que ainda parecem pequenas frente ao que está por vir diante do uso de novos materiais combinados com a automação e a inteligência artificial.

1.4.3. *Avanços Tecnológicos e o Trabalhador*

Esclarece-se que o trabalhador foi colocado no terceiro plano de apresentação por uma questão metodológica, haja vista que, como elo mais fraco, submete-se aos interesses da economia e das empresas.

Como se extrai do até aqui exposto, cada vez serão necessários menos trabalhadores nos processos de produção ou entrega de bens e serviços, haja vista a automatização, robotização e, mais recentemente, a inteligência artificial aplicada nos processos.

Para se ter uma noção do potencial de redução dos postos de trabalho em uma economia altamente produtiva, vale o registro da Fiat que em quinze anos reduziu o tempo de produção de determinado segmento em mais de 90% do período gasto anteriormente.

Domenico de Masi observa que, "cada produto que usamos hoje traz consigo menos fadiga humana: com quatorze horas de trabalho humano, a Fiat fabrica, atualmente, o mesmo produto que, há quinze anos, fabricava em cento e setenta horas".(95)

Dados demonstram que em Detroit no ano de 1990, as três maiores montadoras, somadas, faturavam 250 bilhões de dólares ao ano, gerando 1,2 milhão

---

atividade-fim, a Corte Constitucional fez transparecer a sua posição consoante se extrai do trecho exemplificativo que segue: "[..] A dicotomia entre "atividade-fim" e "atividade-meio" é imprecisa, artificial e ignora a dinâmica da economia moderna, caracterizada pela especialização e divisão de tarefas com vistas à maior eficiência possível, de modo que frequentemente o produto ou serviço final comercializado por uma entidade comercial é fabricado ou prestado por agente distinto, sendo também comum a mutação constante do objeto social das empresas para atender as necessidades da sociedade, como revelam as mais valiosas empresas do mundo." É bem verdade que não se firmou tese de repercussão geral para a terceirização de atividade-fim, e nem poderia, na medida em que não era o objeto da demanda. Resta inequívoco, contudo, que o STF deu importante mostra do seu posicionamento, além de ter firmado tese quanto à responsabilização da administração pública, conforme se extrai da ementa do julgado." OLIVEIRA NETO, Celio Pereira. Terceirização e trabalho temporário. In: DALLEGRAVE NETO, José Affonso; KAVALKIEVICZ JÚNIOR, Ernani (Coord). *Reforma Trabalhista ponto a ponto*: estudos em homenagem ao professor Luiz Eduardo Gunther. São Paulo: LTr, 2018. p. 411-418. Posteriormente, esse posicionamento foi confirmado quando do enfrentamento das ADIs 5.735, 6.695, 5.687, 5.686, 5.685 e ADPF 324.

(95) DE MASI, Domenico. *Ócio criativo*. Entrevista a Maria Serena Palieri; tradução de Léa Manzi. Rio de Janeiro: Sextante, 2000. p. 107.

de empregos. Atualmente, as 3 empresas gigantes da área de tecnologia, no Vale do Silício, juntas, faturam 1,09 trilhão de dólares ao ano, propiciando, no entanto, somente 137 mil empregos.(96)

É inequívoco que a natureza do trabalho sofreu e sofrerá drástica mudança, e que a maioria das ocupações dos dias atuais será extinta, do que é mero e fácil exemplo a posição de *telemarketing* — que tende a ser totalmente substituída por computadores.

A maior preocupação com os empregos é que a produção das grandes fábricas, de trabalhadores lado a lado, não tem volta. O Mundo mudou e as tecnologias, em grande parte do processo de produção, tornaram desnecessária a presença do homem.

O fato é que o aumento da produtividade durante a Quarta Revolução Industrial tende a extinguir, substituir ou minimamente reduzir postos de trabalho de inúmeros campos atuais.

> "Para cada nova vaga há alguns empregos que desapareceram, e simplesmente não há empregos suficientes para todos. E o progresso tecnológico — de fato, o próprio esforço de racionalização — tende a anunciar cada vez menos, e não mais, empregos."(97)

Pesquisa realizada nos Estados Unidos da América concluiu que, diante das inovações tecnológicas, 47% dos empregos atuais estão em risco dentro de uma ou duas décadas. No topo da lista das profissões que devem ser extintas figura não só o operador de *telemarketing*, mas também o avaliador de seguros, o responsável por cálculos fiscais, árbitros desportivos, secretários jurídicos, corretores de imóveis e mensageiros.(98)

Segundo Daimler Benz, 70 a 80% dos empregos desaparecerão nos próximos 20 anos, e, claro, haverá grande quantidade de novos postos de trabalho. O que não se sabe, é se estes empregos serão quantitativamente suficientes.(99)

As profissões mais tradicionais não estão livres desse risco. No mínimo, serão significativamente abaladas, tal como a de advogado. Já há casos no Brasil de dispensa de profissionais da advocacia por conta da maior produtividade gerada pela IA (inteligência artificial) mediante o uso do Watson.

---

(96) SCHWAB, Klaus. *A Quarta Revolução Industrial*. Tradução Daniel Moreira Miranda. São Paulo: Edipro, 2016. p.18.
(97) BAUMAN, Zygmunt. *Modernidade líquida*. Tradução Plinio Dentzien. Rio de Janeiro: Zahar, 2001. p. 202.
(98) SCHWAB, Klaus. *A Quarta Revolução Industrial*. Tradução Daniel Moreira Miranda. São Paulo: Edipro, 2016. p. 44.
(99) BRASIL. *Entrevista como CEO da Mercedes-Benz*. Disponível em: <https://www.pragaseeventos.com.br/administracao-e-associativismo/como-nossa-vida-ira-mudar-elo-ceo-da-mercedes-benz/>. Acesso em: 13 jul. 2017.

O Watson — computador lançado pela IBM, e que desafiou e venceu os campeões mundiais de Jeopardy[(100)] — usava até então uma base de dados. Passou a demonstrar o seu potencial de aprendizado, mediante o recebimento das informações que lhe são armazenadas e que permitem a entrega de trabalho mais célere e qualificado (na maior parte das vezes) do que o humano.

Nos Estados Unidos da América foi criado um robô advogado que dá conselhos legais gratuitamente, e que, após vencer mais de 375 mil contestações de multas de trânsito relacionadas a estacionamento em alguns poucos Estados, passa a atuar em todo o país, já preparado para análise do caso e fundamentação à luz das diferentes legislações.[(101)]

Também há notícia de robô que leva segundos para cumprir tarefa que um advogado demoraria 360 mil horas para executar,[(102)] e de robôs jornalistas que transformam simples dados em textos, que são encaminhados às redações.[(103)]

Tal como exposto, a Quarta Revolução Industrial retira do homem, ao menos do trabalhador, o papel central do trabalho. O trabalhador terá de concorrer não só com outros seres humanos, mas, principalmente, com a inteligência artificial que tenderá a diminuir muito mais os postos de trabalho disponíveis no mercado.

Domenico de Masi fala de uma sociedade não mais fundada no trabalho, mas no tempo livre.[(104)] Tal se observará desde drones realizando tarefas simples de empregos pouco qualificados, passando por veículos sem motoristas, chegando a conselhos de empresa com a presença de um membro IA (inteligência artificial). Em pesquisa realizada pelo Fórum Econômico Mundial, 45% dos entrevistados acredita que até 2025 haverá uma máquina IA compondo o conselho de administração de uma empresa.[(105)]

A tendência, por sinal, é que até o ano de 2025, 30% das auditorias sejam realizadas por meio de inteligência artificial. Segundo a Federação Internacional de Robótica, hoje já são 1,1 milhão de robôs em funcionamento, sendo que as

---

(100) Jeopardy é um jogo de perguntas e respostas baseado em um programa de televisão norte-americano, que tem o mesmo nome. O programa, e consequentemente o jogo, é semelhante a alguns existentes no Brasil, como o Show do Milhão. Vai ao ar ininterruptamente desde 1984, tratando-se do *game show* mais popular dos Estados Unidos. Disponível em: <games.tecmundo.com.br/jeopardy>. Acesso em: 30 maio 2017.

(101) BRASIL. *Olhar Digital*. Disponível em: <https://olhardigital.com.br/noticia/nos-eua-um-robo-advogado-oferece-conselhos-legais-gratuitos-para-todos/69690>. Acesso em: 13 jul. 2017.

(102) BRASIL. *EngenhariaE*. Disponível em: <http://engenhariae.com.br/mercado/robo-faz-em-segundos-o-que-um-advogado-demorava-360-mil-horas/>. Acesso em: 13 jul. 2017.

(103) BRASIL. *UOL Economia*. Disponível em: <https://economia.uol.com.br/noticias/efe/2016/06/16/robos-jornalistas-que-transformam-dados-em-textos-chegam-as-redacoes.htm>. Acesso em: 13 jul. 2017.

(104) DE MASI, Domenico. *Ócio criativo*. Entrevista a Maria Serena Palieri; tradução de Léa Manzi. Rio de Janeiro: Sextante, 2000. p. 18.

(105) SCHWAB, Klaus. *A Quarta Revolução Industrial*. Tradução Daniel Moreira Miranda. São Paulo: Edipro, 2016. p. 140.

máquinas estão aptas à realização de 80% do trabalho na fabricação e montagem de um carro. Para se ter uma noção do avanço tecnológico, acredita-se que até 2025 os Estados Unidos da América terão o primeiro farmacêutico robótico.[106]

Como se nota, a humanidade não caminha a passos muito largos, mas corre desenfreadamente rumo a futuro incerto, especialmente em razão das perdas de postos de trabalho, que, acredita-se, não serão substituídos em outras atividades na mesma proporção da perda.

É possível ainda que a Quarta Revolução Industrial atinja de modo diverso homens e mulheres, até mesmo diante da compleição física e outras características que em regra conduzem à contratação predominante de um dos gêneros.

Os homens tendem, pois, a ter os empregos diminuídos na manufatura, construção e montagem, diante da produção/digitalização em impressoras 3D, ao passo que as mulheres devem ser mais afetadas em *call centers* e atividades administrativas.[107]

Em condição de emprego, ou não, o Uber e outras plataformas digitais semelhantes já servem para incrementar a renda das pessoas mediante o uso de seus próprios recursos.

Ou seja, cidadãos que nunca se imaginaram fornecedores de serviços, já passaram a executar atividades por meio de plataformas digitais, dirigindo carros ou alugando a sua moradia. Tal condição só tende a ser ampliada ao ponto de se cogitar o contato direto sem o intermediador (*v. g.* Uber) na prestação dos serviços em breve futuro.

Aliás, é possível que haja maior migração de parte dos postos de trabalho para as plataformas digitais, transmudando as consagradas condições e características do trabalho prestado ao final da Segunda e durante a Terceira Revolução Industrial, para uma prestação de serviços em uma economia sob demanda, que atribui vantagem competitiva às empresas de plataformas digitais, se comparadas com outras empresas que pagam salários e benefícios — condições das quais o trabalhador de plataforma fica desprovido, vinculado a uma programação de algoritmo, sendo avaliado pelo usuário, recebendo em troca liberdade para se autogerenciar.

Não há mais tempo para reclamos, a necessidade de enxergar a realidade é premente. "O Mundo mudou bem na minha vez",[108] nesse novo cenário, e quando

---

(106) SCHWAB, Klaus. *A Quarta Revolução Industrial*. Tradução Daniel Moreira Miranda. São Paulo: Edipro, 2016. p.143.

(107) *Ibidem*, p. 50.

(108) Título de palestra: *O Mundo mudou ... Bem na minha vez*, proferida em Curitiba, no dia 10 de agosto de 2017, por Dado Schneider. Também disponível em: <https://www.youtube.com/watch?-v=UPDEFYOG60Q>. Acesso em: 30 maio 2017.

ausentes os requisitos da relação de emprego,[109] duas são as possibilidades: os trabalhadores se valem das plataformas digitais para ajustar trabalho e ganhos de acordo com as suas conveniências, sem as regras rígidas dos tradicionais contratos de emprego instituindo-se o mundo do precariado, onde o trabalhador subsiste por meio da realização de diferentes tarefas não regulamentadas,[110] ou a mais difícil delas, porém mais gratificante, o trabalhador se qualifica e também é qualificado para esse novo mercado.

O progresso, imagina-se, deve trazer prosperidade e deixar as pessoas mais felizes, mas, e se a evolução tecnolológica representar uma desenvolução, que caminho tomar? Definitivamente, não o medo, mas a busca pela promoção dos ajustes necessários.

É certo que a era do emprego não volta, infelizmente, e, quanto mais se lute pela preservação, maior pode ser a desilusão e o efeito tende a ser inverso, afinal,agora o capital já não tem amarras, vaga livre, leve e solto. Necessário, pois, que o trabalho também ganhe autonomia, se empoderando mediante maior qualificação.

O trabalho, em meio à Quarta Revolução Industrial, pode estar perdendo seu papel central, na medida em que o capital já não é tão dependente como outrora. A própria identidade do trabalhador — para não dizer da sociedade — fica em suspense, afinal, acostumou a apresentar-se pela atividade profissional desenvolvida.

Tal se mostrou até o momento a principal característica da sociedade que reconhece no trabalho um de seus mais valiosos bens, diretamente atrelado à dignidade da pessoa humana.

Mas, e agora:

> [...] "o trabalho perdeu a centralidade que se lhe atribuía na galáxia dos valores dominantes na era da modernidade sólida e do capitalismo pesado. O trabalho não pode mais oferecer o eixo seguro em torno do qual envolver e fixar autodefinições, identidades e projetos de vida." [111]

Desejando ou não — o fato é que a sociedade da informação está deixando o trabalhador à margem do trabalho. Ao final, o que será do trabalhador sem o trabalho, que identidade será a de quem vive a Quarta Revolução Industrial sem o gozo do direito social de acesso ao trabalho?

---

(109) A prestação de serviços pessoal, habitual, mediante contraprestação pecuniária e de modo subordinado deverá continuar conduzindo ao reconhecimento da relação de emprego. As regras básicas do direito do trabalho não mudaram e nem podem ser alteradas, sob pena de extinção do próprio Direito do Trabalho — essencial ao equilíbrio econômico.

(110) SCHWAB, Klaus. *A Quarta Revolução Industrial*. Tradução Daniel Moreira Miranda. São Paulo: Edipro, 2016. p. 54.

(111) BAUMAN, Zygmunt. *Modernidade líquida*. Tradução Plinio Dentzien. Rio de Janeiro: Zahar, 2001. p. 174.

É bem verdade que a evolução tecnológica sempre retirou postos de trabalho, porém, gerou outros, face à demanda por novos bens e serviços, conduzindo à criação de novos mercados, e, por consequência, empresas, inovações e profissões.

Como esperança, vale observar que, segundo Manuel Castells, "o número de empregos começou a aumentar na Europa em 1997-9, no momento em que os países europeus aceleraram a difusão das tecnologias",[(112)] assim como "os EUA, em meio a uma impressionante reinstrumentação tecnológica, registrou em novembro de 1999 seu mais baixo índice de desemprego em trinta anos, a 4,1%".[(113)]

Para Manuel Castells, o incremento produtivo gerará redução de emprego em alguns setores, porém, o superávit de outros campos pode ser utilizado para investir e criar novos postos de trabalho em outros setores. Nesse sentido, o autor cita estudo realizado na Alemanha, na década de 1980, denominado *Meta Study*, que prevê "a substituição de empregos que não exigem qualificação, mas o resultado do aumento da produtividade seria a criação de emprego a longo prazo".[(114)]

Também é fato que a tecnologia acaba melhorando a produtividade e aumentando a riqueza, assim como que as necessidades humanas são infinitas, sempre renovando-se a busca por novos produtos e gerando-se novas pseudo-necessidades.

Além disso, não se pode deixar de reconhecer que o trabalhador atual exerce as suas atividades cada vez menos com as mãos e mais com o cérebro, o que dignifica a atividade laborativa, na medida em que não se reproduz a mesma exploração corporal própria especialmente da Primeira Revolução Industrial e mesmo da Segunda Revolução Industrial, que a tantos trabalhadores mutilou.

A tecnologia deve funcionar como aliada do homem, permitindo melhor qualidade de vida. Nesse sentido, Nicholas Negroponte aduz que, "no futuro, vamos dispor de tecnologia necessária em termos de telecomunicações e realidade virtual para que um médico em Houston faça uma delicada operação num paciente no Alasca",[(115)] e em lugares de pouco desenvolvimento econômico onde a medicina local não teria condições de salvar a vida numa condição extrema.

Nessa linha de que a tecnologia serve ao homem, salutar a lição de Domenico de Masi:

> "Não excluo os perigos do progresso tecnológico, porém dou maior peso aos seus aspectos positivos. Por exemplo, o fato de o homem

---

(112) CASTELLS, Manuel. *A sociedade em rede*. Tradução Roseneide Venancio Majer. Atualização para 6. ed.: Jussara Simões (A era da informação: economia, sociedade e cultura; l. 1). São Paulo: Paz e Terra, 1999. p. 318.

(113) *Ibidem*, p. 319.

(114) *Ibidem*, p. 321.

(115) NEGROPONTE, Nicholas. *A vida digital*. Tradução: Sergio Tellaroli. Supervisão Técnica Ricardo Rangel. São Paulo: Companhia das Letras, 1995. p. 158.

ter conseguido duplicar a duração da própria vida me parece uma conquista extraordinária. E como teria realizado tal feito sem o auxílio tecnológico?"

Vale também observar que a automação cada vez mais tem deixado para as máquinas o trabalho repetitivo, insalubre e perigoso, permitindo uma melhora nas condições de trabalho.

O *Singularity University Global Summit 2017*, evento sobre o futuro dos negócios, da tecnologia e da humanidade, que ocorreu nos Estados Unidos da América, na cidade de São Francisco, indicou que a automação e inteligência artificial criarão empregos.

Em um cenário otimista, é possível pensar que a sociedade da Quarta Revolução Industrial será rica, diante da otimização e eficácia dos meios de produção, possuindo condições de enfrentar o desemprego estrutural. Nesse sentido, o escólio de Adam Schaff:

> [...] "a sociedade enriquecerá rapidamente como consequência do aperfeiçoamento da automação da produção. O fato de que este mesmo processo venha a ser causa do desemprego estrutural não contradiz a correção das informações que acabamos de fazer: será uma sociedade rica que deverá enfrentar o problema do desaparecimento do trabalho no sentido tradicional, mas que, graças à sua riqueza poderá resolvê-lo mais facilmente, pelo menos nos seus aspectos materiais."[(116)]

Estando Adam Schaff correto ou não, o fato é que não se pode aguardar deitado em berço esplêndido o correr dos acontecimentos. Assim, diante da tendência de diminuição dos postos de trabalho, deve ser buscada a minoração dos efeitos do desemprego estrutural, mediante qualificação e requalificação do trabalhador.

De toda sorte, como pontos positivos já se pode assinalar a melhor condição da prestação de trabalho, o possível barateamento de produtos e serviços, a democratização da informação e a virtualização das atividades laborais.

Há de se observar, pois, que por meio do ambiente virtual, não só o capital, mas o trabalho também pode vagar livre, leve e solto, sem amarras, o que muda radicalmente o modo de trabalhar, viver, investir, empreender e até o de ser.

---

(116) SCHAFF, Adam. *A sociedade informática*: as consequências da segunda revolução industrial. Tradução Carlos Eduardo Jordão Machado e Luiz Arturo Obojes. São Paulo: Brasiliense, 2007. p. 105.

2. A SOCIEDADE DA INFORMAÇÃO

2.1. Construção da Sociedade da Informação

A comunicação sempre foi essencial para o ser humano, embora muito limitada antes da Segunda Revolução Industrial. No passado remoto, há relato de que os persas construíam torres para que homens com voz alta e estridente subissem ao topo e gritassem aos homens das torres seguintes, a fim de que a informação se propagasse.

Por volta do início do século XVII, a Casa de Táxis se destacou por levar informação por meio de serviço expresso a cavalo por toda a Europa, chegando a empregar vinte mil homens.[117]

A sociedade da informação tem o seu desenvolvimento em um cenário pós-industrial, entendendo-se como tal a predominância do setor de serviços em relação às demais áreas produtivas, o que ocorreu pela primeira vez nos Estados Unidos em 1956.

Em razão da difusão da tecnologia e da comunicação, a informação ganha lugar de destaque, sendo digitalizada e armazenada, mormente a partir da década de 1970.[118]

O que marca o período pós-industrial é o crescimento da importância e fluxo da informação, combinado com a predominância do setor de serviços em relação ao industrial, e o quase desaparecimento do emprego rural, mormente nas economias mais avançadas.

Na visão de Manuel Castells:

> [...] "as teorias do pós-industrialismo e informacionalismo utilizam como maior prova empírica de mudança do curso histórico o aparecimento de uma nova estrutura caracterizada pela mudança de produtos para serviços, pelo surgimento de profissões administrativas e especializadas,

---

(117) BRASIL. *História do táxi*. Disponível em: <http://www.taxi24horassaopaulo.com.br/sao-paulo/sessao/11599/historia-do-taxi->. Acesso em: 20 ago. 2017.

(118) CARMO, Paulo Sérgio do. *Sociologia e sociedade pós-industrial*: uma introdução. São Paulo: Paulus, 2007. p. 153/154.

pelo fim do emprego rural e industrial e pelo crescente conteúdo de informação no trabalho das economias mais avançadas."(119)

O autor fala em fim do emprego rural e industrial, todavia, se trata de uma forma mais exasperada de expressão, já que há significativa mudança não só na geração de postos de trabalho, como também na forma de prestação do trabalho, mas não extinção dos postos na indústria.(120)

Tanto assim o é que mais adiante complementa:

> [...] "é um fato óbvio que a maior parte dos empregos nas economias avançadas localiza-se no setor de serviços e que esse setor é responsável pela maior contribuição para o PNB. Mas não quer dizer que as indústrias estejam desaparecendo..."(121)

Com efeito, as linhas de produção das fábricas, em grande parte, são substituídas, e, quando não, convivem com ampla rede de conexões e fluxos de dados que atravessam o globo, abastecendo os mercados de consumo e informação, do que é exemplo Hong Kong que já não é "sede de fábricas propriamente ditas, mas centros de comando e controle de redes de valores distribuídos geograficamente".(122)

O resultado do trabalho é maximizado num ambiente de cooperação mútua, em equipe, gozando o trabalhador de maior autonomia e responsabilidade, e aliando tais fatores com a tecnologia da produção e da informação.

A sociedade da informação goza de oportunidade ímpar, no sentido de estar liberta do trabalho primário anterior às revoluções industriais, ao mesmo tempo em que fica livre do labor de rígida subordinação, e isso graças ao avanço tecnológico.

Com base em apreciação da experiência dos países do G-7,(123) Manuel Castells apresenta algumas características básicas da sociedade da informação, dentre

---

(119) CASTELLS, Manuel. *A sociedade em rede*. Tradução Roseneide Venancio Majer. Atualização para 6. ed.: Jussara Simões (A era da informação: economia, sociedade e cultura; I. 1). São Paulo: Paz e Terra, 1999. p. 266.

(120) Em fl. 316, o autor traz informação que corrobora com o exposto: "Desse modo, na Grã-Bretanha entre 1780 e 1988, a força de trabalho rural foi reduzida pela metade em números absolutos e caiu de 50% para 2,2% do total de trabalhadores; no entanto, a produtividade *per capita* aumentou por um fator de 68, e o aumento da produtividade possibilitou o investimento de capital e trabalho na indústria, depois em serviços, de forma a empregar uma população cada vez maior. A extraordinária transformação tecnológica da economia norte-americana durante o século XX também substituiu trabalhadores rurais, mas o total de empregos criados pela economia dos EUA subiu de 27 milhões em 1900 a 33 milhões em 1999".

(121) CASTELLS, Manuel. *A sociedade em rede*. Tradução Roseneide Venancio Majer. Atualização para 6. ed.: Jussara Simões (A era da informação: economia, sociedade e cultura; I. 1). São Paulo: Paz e Terra, 1999. p. 268.

(122) MITCHELL, William J. *E-topia*: a vida urbana, mas não como a conhecemos. Ana Carmem Martins Guimarães, tradutora. São Paulo: SENAC São Paulo, 2002. p. 167.

(123) Oito países mais ricos do mundo: Estados Unidos da América, Canadá, Inglaterra, Alemanha, Itália, França, Rússia e Japão (formam o G8).

as quais destacam-se: (i) eliminação gradual do emprego rural; (ii) declínio do emprego industrial tradicional; (iii) aumento dos serviços relacionados à produção; (iv) diversificação das atividades de serviços; (v) formação de proletariado em funções administrativas de escritório.(124)

Vê-se, pois, as condições para a passagem da economia da produção de bens à produção de serviços, aumentando-se a importância de profissionais liberais e técnicos, valorizando-se o conhecimento e a gestão da tecnologia e da informação.

Com o fluxo da informação e as novas tecnologias, já não há necessidade do mesmo controle sobre o trabalhador que marcou especialmente a Segunda Revolução Industrial, empoderando o empregado na execução de suas atividades, mitigando-se a subordinação.

2.1.1. Informação Massificada

A informação não era democratizada, sendo privilégio de nobres, representando inclusive meio de manutenção da ordem dominante. Todavia, a produção em massa das grandes fábricas fez nascer a necessidade da comunicação também massificada, ou seja, produção para "uma multidão de pessoas sem identidade reconhecível, incapazes de se expressar como indivíduo".(125)

Estimulou-se a criação de correios nos diferentes países.(126) Em 1837, o correio inglês transportava 88 milhões de correspondências anualmente. Contudo, para se ter uma ideia da lerdeza da viagem da informação — se comparada aos dias atuais — em 1865, foram necessários 12 dias para que Londres tomasse conhecimento do assassinato do presidente norte-americano Abraham Lincoln.(127) Pois bem, releva observar que o número de correspondências transportadas na Inglaterra, em 1960, já era de 10 bilhões/ano.

Mas, a informação deveria ser enviada ao destinatário de modo mais célere e atingir maior número de pessoas ao mesmo tempo, até porque o grande industrial não teria condições de dar tratamento individualizado a cada um dos seus milhares de empregados.

Foi nesse contexto, ao final da Primeira Revolução Industrial, quando o italiano Ciro de Campo — que se tornou conhecido como Cyrus Field — pensou em unir diferentes pontos da terra via cabos submarinos, obtendo o primeiro intento em 1850, ligando a Inglaterra à França.

---

(124) CASTELLS, Manuel. *A sociedade em rede*. Tradução Roseneide Venancio Majer. Atualização para 6. ed.: Jussara Simões (A era da informação: economia, sociedade e cultura; l. 1). São Paulo: Paz e Terra, 1999. p. 293-294.

(125) CARMO, Paulo Sérgio do. *Sociologia e sociedade pós-industrial*: uma introdução. São Paulo: Paulus, 2007. p. 119.

(126) TOFFLER, Alvin. *A terceira onda*. 5. ed. Trad. de João Távora. Rio de Janeiro: Record, 1980. p. 46.

(127) *Ibidem*, p. 47 e 81.

Em 1858, após estabelecida a ligação por cabos aquáticos entre a América e a Europa, são trocadas as primeiras mensagens que atravessam o oceano, via telégrafo, protagonizadas pela Rainha Vitória e o Presidente Buchanann, mas o sonho dura pouco e o cabo não demora a romper.

O persistente Cyrus Field não desistiu, reiniciando o seu projeto, até que em 1886, já no curso da Segunda Revolução Industrial, não havia uma linha de comunicação subaquática, mas duas, iniciando, assim, uma nova era, que serviu de condutor à atual sociedade da informação.(128)

Em 1892, o agente funerário Almon Strowger, usando a presilha dos cabelos da sua mulher, pensa em uma conexão telefônica que poderia ser feita pessoa a pessoa. A partir dessa ideia, funda a sua companhia, nascendo a telefonia em massa, com o sistema de discagem telefônica automática.(129)

Em 1935 na Alemanha, ocorreu a primeira transmissão televisiva, que, por sinal, ainda que limitada a poucos televisores em exposição nas lojas, tinha por objetivo a propaganda do regime nazista, sendo que à época o rádio fazia as vezes de propaganda massificada.(130)

A sociedade da informação democratizou a informação, permitindo que as camadas sociais menos abastadas pudessem ter conhecimento dos fatos relevantes, o que, no passado, era privilégio de nobres.

A informação, por outro lado, passou a representar ainda mais poder em uma sociedade massificada e consumista, conduzida à uniformização de gostos, hábitos e pensamentos, o que se revelava muito conveniente para um modelo de produção taylorista, estandardizado, cronometrado e rotinizado.

2.1.2. *Informação Personalizada — Adrenalina social*

No curso da Terceira Revolução Industrial, a informação se torna desmassificada. Ou seja, mesmo atingindo grande número de pessoas, começa um processo de informações de interesses voltados a este ou àquele grupo, com crescimento de revistas especializadas para o público-alvo, diminuindo a circulação de jornal.

A *web*(131) nasce em 1991, fruto da genialidade de Tim Berners-Lee — inspirado nos escritos de 1945 de um cientista visionário chamado Vannevar Bush

(128) MARCHIORI, Massimo. *Meno Internet Più Cabernet*. Itália: Rizzoli Etas, 2015. p. 28-35.

(129) *Ibidem*, p. 248. Vale o registro que após o estrondoso sucesso que representou um salto na comunicação humana, o criador vendeu os seus direitos e voltou a cumprir o seu ofício. Veja-se também: <http://www.almonstrowger.com/>.

(130) DE MASI, Domenico. *Ócio criativo*. Entrevista a Maria Serena Palieri; tradução de Léa Manzi. Rio de Janeiro: Sextante, 2000. p. 80-81.

(131) Nome pelo qual a rede mundial de computadores internet se tornou conhecida a partir de 1991, quando se popularizou devido à criação de uma interface gráfica que facilitou o acesso e estendeu seu alcance ao público em geral.

—, baseada na ideia de unir páginas de informações, indexando-as em uma rede de colaboração.

No início, a organização se dava como uma biblioteca, por categoria e em índice alfabético. Com o tempo, começa a se observar que a quantidade de informações tornará a gestão impossível, catastrófica, surgindo, então, o motor de busca que foi se sofisticando cada vez mais, e as informações permitindo uma busca universal pelo conhecimento.(132)

A *web* passa a se tornar uma extensão da sociedade, parte da existência humana, surgindo um novo sistema social. A ideia de conexão se expande, primeiro pela via de personagens virtuais, onde as pessoas poderiam escolher as suas roupas, comprar a sua casa, enfim, ter uma vida virtual por meio do jogo Second Life, que logo se torna um extraordinário sucesso.

Mas, e por que não sermos nós mesmos? E aí surge o Facebook, o livro da face, onde as caras são mostradas, onde interatuamos como somos, que em pouco tempo permite não só a apresentação da face, mas de álbuns de fotos, representando uma janela de exposição para o mundo, e para ver o mundo, interagindo com os nossos amigos, na qualidade de protagonistas.(133)

> "Adrenalina sociale pura, doping coletivo che ha portato Facebook quasi ovunque, nelle vite di tutti, evocando l'eroe dentro di noi."(134)

Sequer é necessário fazer comentários, basta colocar um "*like*", e posteriormente, outras manifestações como risos, espanto, tristeza ou irritação. Como bem observa Massimo Marchiori, "lassù nel nuovo cielo di Facebook. Che non a caso, è di colore blu".(135)

A ideia de um motor de busca começa a ser criada a partir de um gênio matemático de nome Alan Turing, que, dentre seus feitos, já havia auxiliado os ingleses a decifrar os códigos usados pelos alemães na Segunda Grande Guerra.

O Google pesquisa e separa tudo o que encontra na rede, a respeito da demanda que lhe foi apresentada, porém, com a prevalência de apresentação de dados com base nos assuntos mais pesquisados, desprovido de senso crítico.

Nos dias atuais, o indivíduo recebe ou busca a informação que lhe interessa, personificada, *full time*, durante as 24 horas do dia, e a produção de bens e serviços lhe é igualmente direcionada, a fim de atender aos seus gostos, anseios

---

(132) MARCHIORI, Massimo. *Meno Internet Più Cabernet*. Itália: Rizzoli Etas, 2015. p. 38-58.

(133) *Ibidem*, p. 64-84.

(134) MARCHIORI, p. 85. Em tradução livre: "Adrenalina social pura, doping coletivo que trouxe o Facebook em quase todos os lugares, na vida de todos, evocando o herói dentro de nós".

(135) MARCHIORI, p. 88. Em tradução livre: "Lá no novo céu do Facebook. O que não por acaso, é de cor azul".

e desejos. Deslocam-se, pois, a informação e a produção massificadas para as dirigidas, segmentadas, atendendo a cada tipo de diferente consumidor.

Se a economia industrial se voltava ao produto, a sociedade pós-industrial está mirada nos interesses do mercado, representados pela identidade de cada grupo em um cenário globalizado, porém, isoladamente analisado.

Nicholas Negroponte explica como se dá o processo de individualização da informação, que permite conhecer e atender ao indivíduo em suas características mais particulares.

> [...] "parte-se de um grupo grande para um grupo pequeno; depois, para um grupo menor ainda; por fim, chega-se ao indivíduo. Quando você tiver meu endereço, meu estado civil, minha idade, minha renda, a marca do meu carro, a lista de compras que faço, o que costumo beber e quanto pago de imposto, você terá a mim: uma unidade demográfica composta de uma só pessoa."(136)

Em outro destaque sobre a informação personificada, o autor aduz que "o 'nobre' do horário nobre será a nossa opinião sobre ele, e não aquela de uma massa demográfica e abstrata de potenciais consumidores de um novo carro de luxo ou detergente para máquina de lavar pratos".(137)

A sociedade parece ter cansado do paradigma homogêneo que marcou a geração industrial, desejando diferenciar-se por meio da liberdade de escolhas, de acordo com o seu próprio gosto ou atração.

Nicholas Negroponte oferece alguns exemplos do que acredita que ocorrerá no futuro com base na informação personificada, a começar pela máquina sugerir um restaurante na cidade para onde a pessoa tem uma viagem marcada em 10 dias; passando pela sala inteligente que sabe se o morador está na mesa, foi dormir ou passear com o cachorro; chegando a onipresença do computador que reprograma o despertador com base na informação de que o voo das 6h, que a pessoa irá embarcar, está atrasado.(138) Isso será possível mediante a unificação e conversação entre os diferentes microprocessadores, que hoje não interagem.

Durante a Quarta Revolução Industrial, o conhecimento das diferentes *expertises* não bastará, se fará necessária a combinação destas com o domínio da tecnologia em processo de constante inovação, cada vez mais voltada aos interesses de grupos menores e homogêneos, e não das grandes massas que não gozavam da liberdade de escolha.

---

(136) NEGROPONTE, Nicholas. *A vida digital*. Tradução: Sergio Tellaroli. Supervisão Técnica Ricardo Rangel. São Paulo: Companhia das Letras, 1995. p. 158.
(137) *Ibidem*, p. 164.
(138) *Ibidem*, p. 159.

2.1.3. *Reflexão sobre Imaterial, Virtual e Líquido*

O mundo atual é de diversidade, onde o ambiente de inovação é contínuo. A cada dia se conhecem novas tecnologias de mídia, a comunicação é instantânea, e o imaterial chega a superar o material.

Vale aqui reflexão semântica sobre a imaterialidade, na lição de Tércio Sampaio Ferraz Junior,[(139)] que explica que matéria deriva da palavra latina *hylé* — tentativa dos romanos traduzirem a *hylé* grega, que na origem significava madeira. Já o vocábulo madeira (português) ou *madera* (espanhol) representa reminiscência do latim *materia*, que dizia respeito à madeira estocada na oficina dos carpinteiros, ainda algo amorfo, à espera da forma que o carpinteiro lhe daria.

Forma ou matéria lembra *stoff* (alemão — *stopfen;* inglês — *to stuff;* português — estofar) — mundo que só se realiza com o preenchimento de algo (estofado), de onde mundo material representa aquele que preenche as formas. Ou seja, mundo material como recheio (francês — *farce*; alemão — *füllsel*, inglês — *farcing*).

O universo retratado materialmente era reconhecido por casas, móveis, cadeiras, livros, enfim, coisificado, de modo que os seres humanos se moviam entre coisas, que eram classificadas como corpóreas/incorpóreas, móveis/imóveis, materiais/imateriais, e por aí vai. O espaço, a seu turno, era regulado, limitado, dividido em meu, teu, seu, nosso, deles.

Os dias atuais conduzem ao sentido de não coisa, representado pela forma virtual de produção da informação, ou seja, inserem-se os ambientes virtuais descoisificados, ausentes de matéria, de sorte que códigos numéricos fazem aparecer mundos de outras formas.

> "Bens e serviços fluem de novas maneiras em um mundo conectado e mediado eletronicamente, no qual os tradicionais fatores de riqueza — terra, trabalho e capital — estão unificados e algumas vezes são superados pelo rápido fluxo de informação."[(140)]

Hologramas, dados e imagens não podem ser agarrados com as mãos, mas compreendidos, provocando sentimentos dos mais reais. Passam a conviver com o mundo material ao ponto de gerar confusão entre mundos, mormente para aqueles vidrados na energia dos ambientes virtuais, onde se destaca a geração Z que já nasceu conectada. Nesse cenário, tudo parece ser efêmero e se liquefazer, em uma sociedade líquida.

Líquida porque, na explicação de Zygmunt Bauman, "...os líquidos, diferentemente dos sólidos, não mantêm sua forma com facilidade". Os fluidos, por assim

---

(139) FERRAZ JUNIOR, Tércio Sampaio. *O direito, entre o futuro e o passado*. São Paulo: Noeses, 2014. p. 33.

(140) MITCHELL, William J. *E-topia*: a vida urbana, mas não como a conhecemos. Ana Carmem Martins Guimarães, tradutora. São Paulo: SENAC São Paulo, 2002. p. 157.

dizer, não fixam o espaço nem prendem o tempo..., "os fluidos não se atêm muito a qualquer forma e estão constantemente prontos (e propensos) a mudá-la",... os fluidos se movem facilmente..., "diferentemente dos sólidos, não são facilmente contidos — contornam certos obstáculos, dissolvem outros e invadem ou inundam seu caminho"..., "a extraordinária mobilidade dos fluidos é o que os associa à ideia de leveza".(141)

O imaterial, na forma virtual, toma a vida das pessoas. Os espaços da fábrica perdem importância diante da diminuição da convivência fabril, havendo deslocamento de amplas massas para fora das grandes indústrias.

Sai o capitalismo pesado, caracterizado por sedes portentosas, máquinas enormes, equipes cada vez maiores — aquele do modelo fordista em que tudo era ditado e deveria ser seguido à risca pelo trabalhador sempre vigiado. Entra o capitalismo leve, que não é sem normas — absolutamente —, porém se mostra mais flexível, até porque não há tanta necessidade de rigidez nas regras, eis que o trabalhador já exerce suas atividades com relativa autonomia.

O elegante, agora, é não ostentar, o empresário busca leveza no movimento, já não mais deseja grandes fábricas muradas, muito menos um "exército" de trabalhadores, mas quer diminuir de tamanho e peso, movendo-se facilmente, não estando fixo ou restrito a qualquer lugar.

> "Gigantescas plantas industriais e corpos volumosos tiveram seu dia: outrora testemunhavam o poder e força de seus donos; hoje anunciam a derrota na próxima rodada de aceleração e assim sinalizam a impotência."(142)

A sociedade da informação dissolve casamentos com muito mais simplicidade; "até que a morte nos separe" já não é senso comum. O novo lema parece ser "até que nos seja conveniente". Assim como pequenos desacertos levam à ruptura do matrimônio, greves ou dificuldades de mercado conduzem ao fechamento de fábricas e mudança de modelo de negócios. Nada mais é eterno, pois, que seja bom enquanto dure.(143)

O mundo é a sua casa, não há porque fixar-se em um endereço. A pequena bagagem tem de estar sempre à mão para facilmente migrar. O capital viaja em um clique, não necessita mais do trabalho como no passado, se tornou menos dependente.

> [...] "o tempo intemporal parece ser o resultado da negação do tempo — passado e futuro — nas redes do espaço de fluxos. Enquanto isso

---

(141) BAUMAN, Zygmunt. *Modernidade líquida*. Tradução Plinio Dentzien. Rio de Janeiro: Zahar, 2001. p. 8.
(142) *Ibidem*, p. 148.
(143) *Ibidem*, p. 147.

o tempo cronológico, medido e avaliado diferencialmente para cada processo de acordo com sua posição na rede, continua a caracterizar as funções subordinadas e locais específicos."[144]

Desaparecem, pois, as fronteiras da comunicação em um mundo conectado. O homem se torna dependente do aparelho telefônico, vive em rede, carrega no bolso o seu ciclo de amizades e relacionamentos, e se torna um dependente-eletrônico.

As redes passam a representar o modo adequado de se relacionar — redes de relacionamento, contatos, produção, empresas, capital — em meio a uma economia globalizada baseada na inovação, *know-how,* tecnologia e informação.

A comunicação passa a ser instantânea, o tempo todo em um ciclo de dependência, que representa horas perdidas (para alguns, ganhas ou investidas) em inúmeros aplicativos de conversação. Se insere uma nova forma de reprodução, representada pela digitalização, tudo passa a viver na grande nuvem, que armazena dados, lembranças, memórias, alegrias e desilusões. O mundo se liquefaz e descoisifica.

A era até então vivida era do *hardware*, em que tudo era sólido e pesado, e a nova é representada pelo *software*, em que a internet de todas as coisas torna a viagem imediata, "o espaço pode ser atravessado, literalmente, 'em tempo nenhum'; cancela-se a diferença entre 'longe' e 'aqui'. O espaço não impõe mais limites à ação e seus efeitos, e conta pouco, ou nem conta".[145]

> "La più spettacolare combinazione tra spazio e tempo di cui disponiamo al giorno d'oggi è senza dubbio internet, la rete dele reti, come é stata chiamata. Um progresso que ha alterato la forma del nostro pianeta, cambiando la percezione dello spazio e del tempo."[146]

A existência passa a ser um espetáculo, a ser apresentado em cada momento nas redes sociais, demonstrando o que se faz, o que se pensa, como se comporta, abrindo ou dando margem de abertura de intimidades ou aspectos familiares para o mundo.

A produção se realiza por meio de não coisas, representadas pelos programas, e a memória fica fora do alcance das mãos, enclausurada em *chips* ou na nuvem que armazena mais do que simples dados, mas a vida, o trabalho e as experiências de cada um.

---

(144) CASTELLS, Manuel. *A sociedade em rede*. Tradução Roseneide Venancio Majer. Atualização para 6. ed.: Jussara Simões (A era da informação: economia, sociedade e cultura; l. 1). São Paulo: Paz e Terra, 1999. p. 505.

(145) BAUMAN, Zygmunt. *Modernidade líquida*. Tradução Plinio Dentzien. Rio de Janeiro: Zahar, 2001. p. 149.

(146) MARCHIORI, p. 15. Em tradução livre: A combinação mais espetacular de espaço e tempo que temos hoje é sem dúvida a internet, a rede de redes, como se chamou. Este progresso alterou a forma do nosso planeta, alterando a percepção de espaço e tempo.

A negação, impedimento ou temporária ausência de conexão à rede passa a ser vista — especialmente nas gerações mais novas — como negação do ser, ao menos impedimento de realização, dada a privação da comunicação, face à impossibilidade de revelar o que se está a fazer ou a pensar naquele dado momento, ou ainda o que os outros estão fazendo, ou pensando.

Bit não é negação do tangível (tangere tocar com os dedos); não tangível, nem intangível, mas não coisa, virtual [produto de lúdico, conforme um código (o que se faz ´aparecer´ no computador)], mas reprodução dos dados mediante impressão como algo tangível, e o armazenamento virtual de informações, inserindo três elementos técnicos — digitalização, compressão e meios de transmissão virtual[(147)] — aproximando o homem cada vez mais da busca por uma inteligência artificial.

Na sociedade da informação, revisa-se a noção clássica de liberdade, que passa a ser exercida na forma virtual, sem limitação física e sem materialidade. Isso faz com que o uso da informação seja compartilhado, de sorte que o acesso de um não exclui o outro, revisando-se o espaço de ação que passa a ser da coletividade.

A sociedade se torna líquida, conectada *full time*, sem qualquer limite territorial, liberada das amarras do espaço, como se "almas vagando, voando, descobrindo" na infinita complexidade desse novo mundo (imaterial) que se confunde com o mundo real.

Os negócios jurídicos passam a ser firmados sem a necessidade de presença física, as vontades são externadas e convoladas a distância, depoimentos judiciais são prestados por meio virtual, trabalhos são entregues em tempo real num milésimo de segundo para qualquer lugar do planeta.

A sociedade da informação, transformada em líquida, conhece e passa a valorizar e dedicar preciosas horas ao ciberespaço, que não é material, nem mesmo imaterial, mas virtual, voltado à comunicação, sem o que perde sentido.

Os direitos da personalidade passam a ser exercidos em ambiente virtual, compartilhado, onde a liberdade se dá não de forma autônoma, mas por intermédio — para não dizer dependente dos outros — de tal arte que a comunicação virtual se dá em reciprocidade como meio para a realização individual, e a dignidade passa a ser compreendida como o livre convívio eletrônico com o outro.

E esse espaço, em que o homem só ocupa um lugar em rede, que cambia a escrita pelo dígito, e os conceitos pela imagem, não exclui o espaço real, mas, passa a conviver num universo alternativo e paralelo ao supostamente dado, em que o sujeito se torna morador de vários mundos, de tal arte que, por vezes, o mundo virtual passa, ao menos culturalmente, a superar o real.[(148)]

---

(147) FERRAZ JUNIOR, Tércio Sampaio. *O direito, entre o futuro e o passado*. São Paulo: Noeses, 2014. p. 40.

(148) Essa visão foi adaptada a partir dos preciosos ensinamentos do Professor Tércio Sampaio Ferraz Junior, em suas aulas durante o Curso de Doutorado na Pontifícia Universidade Católica de São Paulo, e colhidas em grande parte de um de seus livros — obra já referenciada.

2.2. Características das Novas Gerações da Sociedade da Informação

O trabalhador das novas gerações não tem a empresa contratante como porto seguro, onde ancora projetos e desenha toda a sua vida, seja porque a empresa se torna volátil, podendo desaparecer de uma hora para outra, seja porque o trabalhador parece ser movido a desafios, de forma diferente que os seus antepassados, não desejando manter-se em local único, mas almejando participar de novos projetos, novas ideias, novos conceitos e diferentes desafios.

E isso se torna muito mais forte nas gerações Y (nascidos entre 1980 e 1990) e Z (nascidos entre 1990 e 2010). A geração Z está chegando ao mercado, e quer parecer que as empresas não estão preparadas para recebê-la e nem os sindicatos para representá-la.[(149)]

Tanto a geração Y (atualmente com até 40 anos) quanto a geração Z (que vai de 10 a 30 anos)[(150)] são conhecidas como juventude digital, geradas em uma sociedade da informação avançada, que teve o seu início na geração X (atualmente de 41 a 56 anos).

Ao se referir à geração Y, tratando da capacidade de exercício de diversas tarefas ao mesmo tempo, Maximiliano Meyer aponta que:

> [...] "jovens desta geração têm como hábito ser tão multitarefa quanto seu *smartphone*, podendo, ao mesmo tempo trabalhar em mais de um projeto, responder *e-mails*, acompanhar as notícias através de algum *site*, conversar com os colegas de trabalho, conversar com os amigos *online*, ouvir música e dar atenção às redes sociais.[(151)]

A geração Z, também conhecida por nativa digital ou geração digital, é retratada com igual fidelidade por Maximiliano Meyer, que leciona:

> "As pessoas da geração Z são conhecidas por serem 'nativas digitais', estando muito familiarizadas com a *World Wide Web*, com o compartilhamento de arquivos, com os *smartphones, tablets*, e o melhor de tudo. Sempre conectadas, se pensarmos um pouco, vamos perceber que integrantes desta geração nunca viram o mundo sem computador. Outra característica essencial dessa geração é o conceito de mundo que possui, desapegado das fronteiras geográficas."

---

(149) BRASIL. *Gerações Y e Z*. Disponível em: <http://www4.ibope.com.br/download/geracoes%20_y_e_z_divulgacao.pdf>. Acesso em: 20 jul. 2017.

(150) BRASIL. *Diferenças entre as gerações X, Y e Z*. Disponível em: <https://www.oficinadanet.com.br/post/13498-quais-as-diferencas-entre-as-geracoes-x-y-e-z-e-como-administrar-os-conflitos>. Acesso em: 20 jul. 2017.

(151) BRASIL. *Diferenças... Idem.*

As diferenças são significativas mesmo entre as gerações Y e Z. Pesquisa do IBOPE apurou que a geração Y tem por principais *hobbies* ir a bares tomar cerveja; é responsável pelo maior consumo mensal de *fast foods;* e busca a informação na televisão. Ao passo que a geração Z "curte" jogar *games*; é a maior consumidora de música, mormente por aplicativos; tem na internet a maior fonte de entretenimento; e quando assiste televisão busca distração.[(152)]

Maximiliano Meyer apresenta quadro comparativo com expressivas diferenças entre as gerações, onde observa que a geração Y entende que o trabalho é o meio de vencer financeiramente, respeita o cargo ainda que seja relutante à hierarquia, faz uma leitura das coisas e acontecimentos com detalhes, e mescla a comunicação direta e pessoal com o correio eletrônico.

Quanto à geração Z, ressalta que esta busca satisfação no trabalho, entende que a hierarquia deve ser legitimada pela postura do líder, espera velocidade em tudo e trata de seus assuntos de trabalho por meios virtuais.[(153)]

O chargista João Montanaro captou de modo ímpar como as novas gerações, especialmente a Z, incorporaram a tecnologia em suas vidas, ao retratar uma criança chamando um pequeno pássaro de Twitter.

(152) BRASIL. *Diferenças entre as gerações X, Y e Z*. Disponível em: <https://www.oficinadanet.com.br/post/13498-quais-as-diferencas-entre-as-geracoes-x-y-e-z-e-como-administraros-conflitos>. Acesso em: 20 jul. 2017.
(153) BRASIL. *Gerações... Idem.*

A geração Z valoriza marcas divertidas e inovadoras,[(154)] o que desde logo desnuda o seu espírito inovador e criativo. A liberdade de escolhas, por sinal, é outra característica marcante, que tem demonstrado a mudança de perfil de consumo dos programas prontos e padronizados da televisão pelos canais fechados de tevês a cabo, e, principalmente, o uso da internet para entretenimento, pesquisa ou procura de algo que desejam.

Não cabem mais os modelos repetitivos e engessados próprios de uma rotina de ordem taylorista, vai-se além também do modelo participativo do Toyotismo, encontrando-se um novo trabalhador conectado, que convive com a tecnologia desde cedo, muito mais flexível do que nos paradigmas anteriores.

A geração da sociedade da informação deseja o resgate do belo, ao revés das linhas únicas e padronizadas, reinserindo o gosto pela estética que ficou restrito a uma pequena elite no curso das revoluções industriais antecedentes.[(155)]

Essa geração se relaciona de modo diferente com o trabalho e com as pessoas, tem as suas próprias prioridades. Representa, em suma, uma geração com característica empreendedora bastante forte, que ao mesmo tempo não parece interessada em ter o trabalho como base da sua vida.

Sem dúvida dá valor ao trabalho, mas não supremo e nem limitador das suas liberdades de escolha voltadas à qualidade existencial, dentre as quais se insere modelo de produção baseado no conhecimento, com liberdade para criar e inovar, estabelecendo o seu próprio modo para a realização de cada tarefa.

A geração da sociedade da informação não parece disposta a assistir o que está ocorrendo no Mundo, mas deseja atuar como protagonista, modificadora, externando seus próprios desejos e impondo o seu modo de viver. "Na nova sociedade, nada é inatacável ou perene. Tudo se discute: da defesa do meio ambiente à clonagem humana, do homossexualismo ao sistema de proteção social".[(156)]

O tédio gerado pelo trabalho cronometrado, impensado e repetitivo do modelo fordista não tem lugar em meio a uma geração que busca a autorrealização em ambiente menos hierarquizado, mais colaborativo e onde o interesse no trabalho é mais qualitativo do que quantitativo.

Trata-se de uma geração que tem a exata dimensão da sua responsabilidade no que tange à sustentabilidade do planeta, onde por evidente se insere com ênfase o meio de produção virtual que representa empoderamento do trabalhador,

---

(154) BRASIL. *Gerações Y e Z*. Disponível em: <http://www4.ibope.com.br/download/geracoes%20_y_e_z_divulgacao.pdf>. Acesso em: 20 jul. 2017.

(155) DE MASI, Domenico. *Ócio criativo*. Entrevista a Maria Serena Palieri; tradução de Léa Manzi. Rio de Janeiro: Sextante, 2000. p. 33.

(156) CARMO, Paulo Sérgio do. *Sociologia e sociedade pós-industrial*: uma introdução. São Paulo: Paulus, 2007. p. 167.

levando o trabalho de volta para casa ou locais descentralizados, e ainda poupando recursos naturais preciosos ao substituir a impressão pela digitalização e o físico pelo virtual.

2.2.1. Liberdade: Quebra de Paradigmas

As gerações Y e Z desejam muito mais autonomia e menos controle, o que é das suas essências. A título de exemplo, em 2017, quando da participação de assembleia de trabalhadores em uma empresa de tecnologia, foi possível observar a liberdade que os jovens trabalhadores, especialmente da área de tecnologia, almejam.

Com efeito, naquela empresa, a jornada foi negociada de modo bastante flexível, empoderando o trabalhador na escolha de seus horários, observados os limites legais, vedando o labor noturno, de sorte que o início poderia se dar entre 7h e 10h, e o final da jornada entre 16h e 19h, cabendo ao empregado estar na empresa entre 10h e 12h e entre 14h e 16h (períodos de integração da equipe), cumprindo jornada de 8h dentro dessas variações, e quando não, lançando as horas em banco de horas negativo, ou em caso de acréscimo em banco positivo sempre limitado a 10h.

Na oportunidade, houve severo questionamento por um trabalhador, que logo foi acompanhado por outros, que acusaram a empresa de se dizer liberal e flexível, mas que não era nada disso, pois o trabalhador da área de tecnologia deseja fazer os seus próprios horários e não ter controle de jornada. Outro trabalhador nessa mesma assembleia questionou por que teria que encerrar a jornada às 19h, ou após 10h de trabalho, se tivesse um "*insight*" e quisesse levar adiante aquela ideia para o seu projeto naquele mesmo momento.[157]

Cada vez mais, gestores, operadores do direito e empresários serão questionados por que o trabalhador não pode gozar de maior liberdade. A geração Z, com absoluta certeza, "não quer ser café com leite".[158]

Por que preocupar-se com o número de horas trabalhadas, se o trabalho foi entregue, se a produtividade é adequada ou mesmo crescente. A jornada não é mais, ou não deve ser quantitativa, mas qualitativa, mitigando-se ou eliminando-se, conforme o caso, a necessidade de fiscalização.

---

(157) Assembleia realizada na empresa Smartgreen, em Curitiba, no dia 24 de julho de 2017.

(158) Nas brincadeiras entre crianças, os mais fracos, geralmente mais novos, são "café com leite" — o que significa que não têm as mesmas responsabilidades dos demais, e não podem sofrer as consequências de não atingir o intento, de modo que "o café com leite" se perde a bola não passa a ser o "bobinho", se é pego na brincadeira de pega-pega, não passa a ser o "pegador", e por aí vai. Por outro lado, também nunca se sente realmente parte de algo enquanto não cresce, não vê a hora de ser reconhecido como alguém importante e não mais um mero "café com leite".

Durante o modelo fordista, das máquinas pesadas — nominada por Zygmunt Bauman como a era do *hardware* —, o tempo precisava ser administrado para que houvesse retorno do capital investido; ao passo que na sociedade líquida, da era do *software*, também denominada modernidade leve, o tempo é imediato, não precisa mais ser controlado, já foi "aniquilado" ou "suicidou-se",(159) afinal, a produção não é mais em linha, tempo a tempo, rotinizada, perdendo sentido a sua medição.

As novas gerações não pretendem permanecer horas em congestionamentos ou desperdiçar grande parte da sua vida no caminho casa/trabalho/casa, valorizam a qualidade de vida, pretendem gerir seu tempo e sabem lidar com a desestruturação do espaço criada pelo ambiente virtual.

A sociedade industrial introduziu a lei da eficiência baseada no tempo necessário para a realização do trabalho, onde o relógio demarcava as operações, no entanto, a sociedade da informação usa da tecnologia para ganhar mais anos de vida, e, porque não, mediante maior produtividade obter mais tempo para viver, concretizando seus direitos da personalidade com maior eficácia.

Na sociedade da informação, o homem está liberto do relógio, a criatividade não se encontra mais aprisionada dentro de um regime em que deveria ser exercida no horário de funcionamento da fábrica.

Claro que, assim como a resposta dada àquele grupo de trabalhadores em assembleia, há de se respeitar os limites legais, representados pelo cumprimento da jornada máxima diária constitucional, assim como as regras que visam tutelar a saúde e segurança do trabalhador.

Contudo, os questionamentos postos não devem ser deixados de lado. Isso porque já não cabem as hierarquias e rotinas rígidas do Fordismo, e nem mesmo o modelo da Toyota. A flexibilidade tem de ser mais ampla para essa sociedade que já nasceu conectada e tem a informação sempre à mão, mantendo-se antenada com os acontecimentos globais.

O que se quer agora é liberdade para criar, e a gestão tem de ser diversa do passado, até porque "as tecnologias da informação exigem maior liberdade para trabalhadores mais esclarecidos atingirem o pleno potencial da produtividade prometida".(160)

Independente da atividade ou ramo, as novas gerações trabalham conectadas, são menos egoístas, parecem ser menos voltadas a uma competição destrutiva

---

(159) "Teria o tempo, depois de matar o espaço enquanto valor, cometido suicídio? Não teria o espaço apenas a primeira baixa na corrida do tempo para a autoaniquilação?" — Conforme BAUMAN, p.150-151.

(160) CASTELLS, Manuel. *A sociedade em rede*. Tradução Roseneide Venancio Majer. Atualização para 6. ed.: Jussara Simões (A era da informação: economia, sociedade e cultura; l. 1). São Paulo: Paz e Terra, 1999. p. 306.

e mais a um trabalho solidário,(161) colaborativo. Não estão dispostas ao mesmo estilo de gestão baseado num trabalho subordinado, cronometrado e rígido, nos moldes de outrora.

A sociedade da informação se alimenta da inovação e permite cenários em que o subalterno detenha o conhecimento, trabalhando em cooperação com o superior hierárquico.

Tal não só mitiga a subordinação, como também permite a organização por projetos, havendo até mesmo rodízio da liderança, mormente quando de trabalhadores em mesmo nível de hierarquia.(162)

Insere-se, pois, a liderança compartilhada, reconhecendo-se como chefe a autoridade do momento, ou seja, o que dirige determinado projeto, havendo rodízio de acordo com os diferentes conhecimentos aplicáveis às diferentes concepções.

Quando questionado sobre os valores emergentes na sociedade pós-industrial, aqui tratada como sociedade da informação, Domenico de Masi aponta "intelectualização, emotividade, estética, subjetividade, confiança, hospitalidade, feminização, desestruturação do tempo e do espaço e virtualidade".(163)

O autor passa então a defender a mudança dos métodos pedagógicos, baseados nos valores emergentes, sustentando que:

> [...] "se para educar um jovem a lutar por dinheiro e poder adotava-se uma pedagogia que premiava o egoísmo, a hierarquia e a agressividade, para educar os jovens para os valores emergentes, os métodos a serem usados deverão valorizar mais o diálogo, a escuta, a solidariedade e a criatividade."(164)

Essa visão de mundo mais colaborativo e solidário à que Domenico de Masi se refere está totalmente em consonância com uma sociedade democrática de direito, pluralista e solidária, tal como prevê a CF de 1988, que elenca o princípio da solidariedade, consoante art. 3º, inciso I.

O ambiente de trabalho foi e está sendo em grande parte substituído, ou convive com o mundo virtual, de sorte que é necessário avaliar como a internet, redes sociais e comunicações eletrônicas têm gerado consequências nas relações do trabalho, se há necessidade de conformar situações, e até que ponto.

---

(161) DE MASI, Domenico. *Ócio criativo.* Entrevista a Maria Serena Palieri; tradução de Léa Manzi. Rio de Janeiro: Sextante, 2000. p. 281.
(162) *Ibidem*, p. 289-290.
(163) *Ibidem*, p. 293.
(164) *Idem*, p. 293.

Massimo Marchiori conta que estava a observar uma carta geográfica, que no primeiro momento parecia errada, toda ela bagunçada, mas, na verdade, era a mesma de sempre, que, no entanto, precisava ser revista sob outra perspectiva, e complementa:

> [...] "come vedremo, a volte non è il mondo a essere così strano e complesso, o magari poco interessante: come per quella strana mapa geografica, spesso basta semplicemente cambiare punto di vista, e girar ela testa nella giusta direzione."(165)

A proposta, aqui, pois, é girar a mente, mudar a direção, para buscar a conformação, afinal, os estudos até aqui apresentados demonstraram profunda mudança, que justifica a conformação das relações do trabalho às portas da Quarta Revolução Industrial, a fim de que os trabalhadores estejam preparados para as incipientes demandas e o novo mercado.

De igual modo, as empresas devem mudar a forma de gestão, se adaptando a fim de receber, treinar, qualificar e requalificar o novo trabalhador que possui perfil muito diverso do obreiro da Terceira e mais ainda da Segunda Revolução Industrial, assim como as representações de trabalhadores (sindicatos e comissão de empresa) deverão cumprir papéis diferentes dos que até então desempenharam.

Na visão de Klaus Schwab:

> [...] "devemos iniciar a reestruturação de nossos sistemas econômicos, sociais e políticos para tirar o máximo proveito das oportunidades apresentadas. Está claro que nossos modelos dominantes de criação de riqueza e os atuais sistemas de tomada de decisão foram projetados e evoluíram de modo incremental ao longo das três primeiras revoluções industriais. Esses sistemas, no entanto, já não estão equipados para cumprir as necessidades da geração atual e, particularmente, das futuras gerações no contexto da quarta revolução industrial. Claramente, isso exigirá uma inovação sistêmica e não pequenos ajustes ou reformas marginais."(166)

Não desejando entrar em terreno movediço, que não se revela como objeto deste estudo, mas como se está a tratar das gerações Y e Z não se pode deixar de questionar até que ponto se revela justificável manter a estrutura tradicional do direito do trabalho(167) de empregos quase "definitivos" se o comportamento da sociedade hoje é diverso.

---

(165) MARCHIORI, p. XI. Em tradução livre: "como veremos, às vezes não é o mundo tão estranho ou complexo, ou talvez pouco interessante: assim como esse estranho mapa geográfico, muitas vezes basta mudar o ponto de vista e virar a cabeça na direção certa".

(166) SCHWAB, Klaus. *A Quarta Revolução Industrial*. Tradução Daniel Moreira Miranda. São Paulo: Edipro, 2016. p. 113.

(167) Vale o alerta de Nelson Mannrich: "Estou convencido de que o Direito do Trabalho, cá entre nós, não será mais o mesmo nos Tribunais Trabalhistas nem no chão de fábrica. Deu-se início a uma

Estudos mostram que os jovens da geração Z pensam em ter "n" vezes mais experiências no mercado de trabalho do que seus pais, não fincando suas bases em uma ou poucas empresas, mas sim dando-se a oportunidade de atuar e experimentar diversas empresas.

Segundo Zygmunt Bauman, "um jovem americano com nível médio de educação espera mudar de emprego 11 vezes durante a vida de trabalho — e o ritmo e frequência da mudança deverão continuar crescendo antes que a vida dessa geração acabe".[168]

O fato é que as novas gerações que chegam ao mercado de trabalho já nascem com as características da sociedade líquida, não se fixando em um lugar, mas, desejosas por experimentar, viver diferentes sensações, e, nessa linha, trocar de emprego muitas vezes.[169]

2.2.2. Inovação e Flexibilidade

Klaus Schwab afirma ser difícil indicar as competências que se esperarão do profissional da Quarta Revolução Industrial, todavia, presume o interesse por trabalhadores que tenham a capacidade de construir e projetar ao lado dos sistemas tecnológicos, e também por profissional que demonstre capacidade de fácil e contínua adaptação aos novos paradigmas, sendo certo o crescimento das desigualdades sociais entre aqueles que compreendem e conhecem a tecnologia e os usuários passivos.[170]

A produção imaterial ganha destaque ainda maior, revelando-se necessário não só o conhecimento, mas alto grau de inovação, na medida em que as ideias representam valor agregado e a matéria-prima mera *commodity*.

O grau de tecnologia é tanto que a criatividade terá de ser colocada em constante processo de inovação, na medida em que todas as atividades repetitivas — mesmo as intelectuais — poderão ser delegadas às máquinas.

---

nova forma de pensar o Direito do Trabalho e de aplicá-lo em vista de sua eficácia." MANNRICH, Nelson. Reforma Trabalhista. Que Reforma? In: AGUIAR, Antonio Carlos (Coord.). *Reforma Trabalhista*. Aspectos jurídicos relevantes. São Paulo: Editora Quartier Latin, 2017. p. 231.

(168) BAUMAN, Zygmunt. *Modernidade líquida*. Tradução Plinio Dentzien. Rio de Janeiro: Zahar, 2001. p. 185.

(169) Nesse sentido, não parece fora de propósito o art. 484-A da CLT, que inseriu a possibilidade de distrato consensual nas relações de emprego. É claro que se poderá argumentar que tal disposição levará a fraudes — como se o modelo até então vigente não fosse cotidianamente burlado. Difícil pensar em cobrir todas as possibilidades de violações legais, que devem ser combatidas na prática, e não em abstrato. Ademais, é fato que a nova disciplina legal dá maior transparência às rescisões contratuais, tendo o condão de tornar menos práticas as rescisões com devolução do FGTS, ou mesmo os assédios que têm por escopo o pedido de dispensa pelo empregado.

(170) SCHWAB, Klaus. *A Quarta Revolução Industrial*. Tradução Daniel Moreira Miranda. São Paulo: Edipro, 2016. p. 51 e 77.

A sociedade da informação, da fase pós-industrial, passa a expressar-se com a mente, de modo criativo, e não repetitivo, libertando o corpo dos movimentos cronometrados do processo industrial, e dando mais relevância à estrutura tecnológica do que à própria estrutura física da empresa.

Domenico de Masi leciona que "a sociedade industrial permitiu que milhões de pessoas agissem com o corpo, mas não lhes deixou a liberdade para expressar-se com a mente"(171), já "a sociedade pós-industrial oferece uma nova liberdade: depois do corpo, liberta a alma".(172)

Em outro trecho, o autor sustenta que "o trabalho pode ser um prazer se, justamente, for predominantemente intelectual, inteligente e livre"(173). E, ainda, defende que no trabalho intelectual a motivação é tudo, entrega alimento não só ao corpo, mas à alma.

Sustenta que a criatividade e a inovação não possuem terreno fértil para brotar em uma organização administrada por tempos, métodos e sistemas de controle concebidos há mais de um século, voltados puramente à execução.(174)

No que se refere às corporações, a leveza das empresas — já não mais representadas em sua maioria pelas grandes corporações — modifica o cenário de trabalho, inserindo a motivação como gerador de criatividade no ambiente organizacional, em detrimento da burocracia que tolhe liberdade.

A inovação é e será cada vez mais fator diferencial, do que é exemplo os Estados Unidos da América, que não por acaso possuem elevado desenvolvimento econômico, observando Klaus Schwab, que a "América do Norte está na vanguarda de quatro revoluções tecnológicas sinergéticas: inovação na produção de energia, alimentada pela tecnologia; fabricação avançada e digital; ciências biológicas; e tecnologia da informação".(175)

O Vale do Silício, em Palo Alto, na Califórnia, reúne talentos de tecnologia da informação, e o mérito do polo de desenvolvimento é não só a atração, mas a retenção desses recursos humanos que possuem ideias inovadoras, mediante a manutenção de ambiente de desafio, estímulo e desenvolvimento.

A grande maioria dos trabalhadores da geração Z se ativará em profissões que inexistem no mercado de trabalho no momento, devendo-se manter atualizados e em constante inovação.

---

(171) DE MASI, Domenico. *Ócio criativo.* Entrevista a Maria Serena Palieri; tradução de Léa Manzi. Rio de Janeiro: Sextante, 2000. p. 20.
(172) *Idem*, p. 20.
(173) *Ibidem*, p. 230.
(174) *Ibidem*, p. 336.
(175) SCHWAB, Klaus. *A Quarta Revolução Industrial.* Tradução Daniel Moreira Miranda. São Paulo: Edipro, 2016. p. 79.

Para Manuel Castells:

> [...] "uma vez que as duas características principais da forma organizacional predominante (a empresa em rede) são adaptabilidade interna e flexibilidade externa, as duas características mais importantes do processo serão: capacidade de gerar tomada de decisão estratégica flexível e capacidade de conseguir integração organizacional em todos os elementos do processo produtivo."(176)

É importante observar que tais características não serão exigidas somente de níveis hierárquicos mais elevados, mas da maioria dos trabalhadores que atuarão em meio à Quarta Revolução Industrial.

Sobre a necessária flexibilidade, de modo a permitir adaptação nesta sociedade líquida da era informacional, perspicaz se revela a lição de Zygmunt Bauman:

> [...] "Num mundo em que coisas deliberadamente instáveis são a matéria-prima das identidades, que são necessariamente instáveis, é preciso estar constantemente em alerta; mas acima de tudo é manter a própria flexibilidade e a velocidade de reajuste em relação aos padrões cambiantes do mundo 'lá fora'".(177)

A flexibilidade que se nota, mormente na indústria do *software* — desde o local de trabalho, forma de trabalho, e até os tempos —, é combinada com forte espírito colaborativo, que se observa desde a interdependência das funções até o compartilhamento do desenvolvimento de ferramentas, regras, processos de formação e conhecimento.(178)

Como se percebe, diante das recentes tecnologias e das novas gerações no mercado de trabalho, as formas de gestão devem também ser inovadoras e flexíveis, em uma empresa conectada, aberta ao diálogo e voltada ao empoderamento do trabalhador, inserindo-se o trabalho a distância como poderosa ferramenta de autogestão de métodos, horários e tempo das tarefas.

O mundo atual exige olhar mais atento para as individualidades, implantando a inovação e a flexibilidade como elementos de competitividade interna e meio de melhores resultados externos. A ótica deixa de ser da repetição e rotina, e passa a ser da variação e adaptabilidade, inserindo-se a administração por objetivos em um cenário de autocontrole.

Isso porque, com a Quarta Revolução Industrial, os processos de produção passam por profunda transformação, fazendo-se necessária não só a constante atualização e adaptação às novas culturas, mas a criatividade para lidar com as dinâmicas mutações, dentre as quais o crescimento do trabalho em ambiente virtual.

---

(176) CASTELLS, Manuel. *A sociedade em rede*. Tradução Roseneide Venancio Majer. Atualização para 6. ed.: Jussara Simões (A era da informação: economia, sociedade e cultura; I. 1). São Paulo: Paz e Terra, 1999. p. 307.

(177) BAUMAN, Zygmunt. *Modernidade líquida*. Tradução Plinio Dentzien. Rio de Janeiro: Zahar, 2001. p. 110.

(178) ANTUNES e BRAGA, p. 30 e 35.

3. DIREITOS DA PERSONALIDADE NA SOCIEDADE DA INFORMAÇÃO

O presente estudo revelou, até aqui, as modificações que a tecnologia gerou nas empresas, no modo de trabalhar, na vida dos empregados e na economia.

As causas de geração do ambiente virtual estão, pois, demonstradas. O que se deve analisar agora são os efeitos, e o primeiro deles é na personalidade do ser humano, já que as alterações foram muitas, e a sociedade da informação concretiza os seus direitos fundamentais de modo diferente do que as suas antecessoras.

Faz-se mister, pois, iniciar tal abordagem pela conceituação dos direitos da personalidade e fundamentos dos direitos de liberdade de expressão, privacidade e intimidade.

3.1. Direitos da Personalidade: Origem, Conceito e Fundamentos

Os direitos da personalidade decorrem da natureza humana, ou seja, são inerentes à condição de ser humano, acompanham a espécie por toda vida e representam alicerce para o reconhecimento de todos os demais direitos fundamentais. Portanto, seja qual for a geração, esse direito é inato.

Nessa condição qualquer pessoa é titular, assumindo caráter de indisponibilidade, imprescritibilidade e natureza extrapatrimonial. Por meio da personalidade, a pessoa é titular de direitos e obrigações, nos limites da sua capacidade jurídica.

Na lição de Paulo Sergio João, "são direitos da pessoa e não permitem sua disponibilidade para terceiros e, dado que se vinculam de forma própria à pessoa, cabe ao Estado a responsabilidade de reconhecê-los, atribuindo-lhes uma forma adequada de proteção".(179)

Quanto ao aspecto da proteção, a título histórico, cumpre observar que os direitos da personalidade foram tratados inicialmente, de modo expresso, na Constituição da **Alemanha** de 1949, em seu art. 2, inciso I, no sentido de que: "...

---

(179) JOÃO, Paulo Sérgio. O direito de imagem e o contrato de trabalho na Lei n. 13.467/17. In: AGUIAR, Antonio Carlos (Coord.). *Reforma Trabalhista*. Aspectos jurídicos. São Paulo: Quartier Latin do Brasil, 2017. p. 275.

todos têm o direito ao livre desenvolvimento da sua personalidade, desde que não violem direitos de outrem e não se choquem contra a ordem constitucional ou a lei moral".[180]

A Constituição da República de **Portugal** traz disposição a respeito, no art. 26, ao tratar no capítulo I, dos Direitos, liberdades e garantias pessoais, do reconhecimento do direito ao desenvolvimento da personalidade.[181]

Também garante a liberdade de expressão e divulgação do pensamento,[182] exemplificativamente de forma oral ou de imagem, permitindo outros meios, bem como regula o direito de se informar e ser informado, sem impedimento nem discriminações, consoante se infere do art. 37, item 1.[183]

De igual modo, diante da preocupação com a censura, a constituição lusitana determina que o exercício dos direitos de liberdade de expressão e informação não pode ser impedido ou limitado, por qualquer tipo ou forma de censura, conforme redação do art. 37, item 2.[184]

A Constituição da **Espanha**, em seu título I, por meio do art. 10, ao tratar dos direitos e deveres fundamentais, não só garante o respeito ao livre desenvolvimento

---

(180) *(1) Jeder hat das Recht auf die freie Entfaltung seiner Persönlichkeit, soweit er nicht die Rechte anderer verletzt und nicht gegen die verfassungsmäßige Ordnung oder das Sittengesetz verstößt. (2) 1Jeder hat das Recht auf Leben und körperliche Unversehrtheit. 2Die Freiheit der Person ist unverletzlich. 3In diese Rechte darf nur auf Grund eines Gesetzes eingegriffen werden.* Disponível em: <https://dejure.org/gesetze/GG/2.html>. Acesso em: 24 nov. 2017.

(181) **Art. 26. Outros direitos pessoais.** 1. A todos são reconhecidos os direitos à identidade pessoal, ao desenvolvimento da personalidade, à capacidade civil, à cidadania, ao bom nome e reputação, à imagem, à palavra, à reserva da intimidade da vida privada e familiar e à protecção legal contra quaisquer formas de discriminação. 2. A lei estabelecerá garantias efectivas contra a obtenção e utilização abusivas, ou contrárias à dignidade humana, de informações relativas às pessoas e famílias. 3. A lei garantirá a dignidade pessoal e a identidade genética do ser humano, nomeadamente na criação, desenvolvimento e utilização das tecnologias e na experimentação científica. 4. A privação da cidadania e as restrições à capacidade civil só podem efectuar-se nos casos e termos previstos na lei, não podendo ter como fundamento motivos políticos.

(182) **Art. 37. Liberdade de expressão e informação.** 1. Todos têm o direito de exprimir e divulgar livremente o seu pensamento pela palavra, pela imagem ou por qualquer outro meio, bem como o direito de informar, de se informar e de ser informados, sem impedimentos nem discriminações. 2. O exercício destes direitos não pode ser impedido ou limitado por qualquer tipo ou forma de censura. 3. As infracções cometidas no exercício destes direitos ficam submetidas aos princípios gerais de direito criminal ou do ilícito de mera ordenação social, sendo a sua apreciação respectivamente da competência dos tribunais judiciais ou de entidade administrativa independente, nos termos da lei. 4. A todas as pessoas, singulares ou colectivas, é assegurado, em condições de igualdade e eficácia, o direito de resposta e de rectificação, bem como o direito a indemnização pelos danos sofridos. In: PORTUGAL. *Parlamento*. Disponível em: <https://www.parlamento.pt/Legislacao/Paginas/ConstituicaoRepublicaPortuguesa.aspx>. Acesso em: 30 jul. 2017.

(183) PORTUGAL. *Parlamento*. Disponível em: <https://www.parlamento.pt/Legislacao/Paginas/ConstituicaoRepublicaPortuguesa.aspx>. Acesso em: 30 jul. 2017.

(184) *Idem*.

da personalidade, como também atrela diretamente a interpretação das normas relativas a direitos e liberdades fundamentais aos termos da Declaração Universal dos Direitos do Homem, assim como aos tratados e acordos internacionais sobre a mesma matéria quando ratificados pela Espanha.(185)

A Constituição da Espanha também reconhece, por meio do art. 20, dentre outros, o direito à expressão e difusão dos pensamentos, ideias e opiniões, por meio da palavra, escrita ou qualquer outro meio de reprodução.(186)

A Constituição da **Itália**, em seu art. 21, disciplina o direito de livre manifestação do pensamento, de forma oral, escrita ou por qualquer outro meio de difusão, não sujeitando a imprensa a autorizações ou censuras.(187)

---

(185) **Artículo 10.** 1. La dignidad de la persona, los derechos inviolables que le son inherentes, el libre desarrollo de la personalidad, el respeto a la ley y a los derechos de los demás son fundamento del orden político y de la paz social. 2. Las normas relativas a los derechos fundamentales y a las libertades que la Constitución reconoce se interpretarán de conformidad con la Declaración Universal de Derechos Humanos y los tratados y acuerdos internacionales sobre las mismas materias ratificados por España. In: ESPANHA. *Agencia Estatal Boletín Oficial Del Estado*. Disponível em: <http://www.boe.es/buscar/doc.php?id=BOE-A-1978-31229>. Acesso em: 30 jul. 2017. **De los derechos y deberes fundamentales**

(186) ESPANHA. **Artículo 20.** 1. Se reconocen y protegen los derechos: a) A expresar y difundir libremente los pensamientos, ideas y opiniones mediante la palabra, el escrito o cualquier otro medio de reproducción. b) A la producción y creación literaria, artística, científica y técnica. c) A la libertad de cátedra. d) A comunicar o recibir libremente información veraz por cualquier medio de difusión. La ley regulará el derecho a la cláusula de conciencia y al secreto profesional en el ejercicio de estas libertades. 2. El ejercicio de estos derechos no puede restringirse mediante ningún tipo de censura previa. 3. La ley regulará la organización y el control parlamentario de los medios de comunicación social dependientes del Estado o de cualquier ente público y garantizará el acceso a dichos medios de los grupos sociales y políticos significativos, respetando el pluralismo de la sociedad y de las diversas lenguas de España. 4. Estas libertades tienen su límite en el respeto a los derechos reconocidos en este Título, en los preceptos de las leyes que lo desarrollen y, especialmente, en el derecho al honor, a la intimidad, a la propia imagen y a la protección de la juventud y de la infancia. 5. Sólo podrá acordarse el secuestro de publicaciones, grabaciones y otros medios de información en virtud de resolución judicial.

(187) ITALIA. *Constituição*. (tradução livre). Disponível em: <http://www.casacultureivrea.it/costituzione/portoghese.pdf>. Acesso em: 13 jul. 2017. Art. 21. Todos têm direito de manifestar livremente o próprio pensamento, mediante forma oral ou escrita, e qualquer outro meio de difusão. A imprensa não pode ser sujeita a autorizações ou censuras. Pode-se proceder ao sequestro somente por determinação da autoridade judiciária em caso de delitos, para os quais a lei de imprensa o autorize expressamente, ou em caso de violação das normas que a própria lei estabeleça, para a indicação dos responsáveis. Em tais casos, quando houver absoluta urgência e não for possível a oportuna intervenção da autoridade judiciária, os quais devem, imediatamente e nunca além de vinte e quatro horas, apresentar denúncia à autoridade judiciária. Se esta não o aprovar nas vinte e quatros horas sucessivas, o sequestro entender-se-á revogado e nulo para todos os efeitos. A Lei pode impor, mediante normas de caráter geral, que sejam revelados os meios de financiamento da imprensa periódica. São proibidas as publicações impressas, os espetáculos e todas as demais manifestações contrárias ao bom costume. A lei estabelece medidas adequadas para prevenir e reprimir as violações.

A Primeira Emenda da Constituição dos **Estados Unidos da América** trata expressamente da liberdade de expressão, ou de imprensa, vedando ao congresso restringi-la. O mesmo dispositivo cuida do impedimento ao congresso de legislar ditando a religião, proibindo o seu exercício, ou mesmo de vetar o direito de as pessoas se reunirem pacificamente e de apresentarem requerimento ao governo para que sejam feitas reparações de queixas.[(188)]

Enfim, inúmeras são as constituições contemporâneas democráticas que tratam expressamente da garantia dos direitos da personalidade, sendo as acima apresentadas meramente elucidativas.

No plano das **declarações e convenções internacionais**, destacam-se os arts. 12 e 19 da Declaração Universal dos Direitos do Homem,[(189)] o art. 11 da Convenção Americana dos Direitos Humanos (Pacto de São José da Costa Rica)[(190)] e o art. 8º da Convenção Europeia dos Direitos do Homem.[(191)]

---

(188) "Congress shall make no law respecting an establishment of religion, or prohibiting the free exercise thereof; or abridging the freedom of speech, or of the press; or the right of the people peaceably to assemble, and to petition the Government for a redress of grievances." — O Congresso não legislará no sentido de estabelecer uma religião, ou proibindo o livre exercício dos cultos; ou cerceando a liberdade de palavra, ou de imprensa, ou o direito do povo de se reunir pacificamente, e de dirigir ao Governo petições para a reparação de seus agravos (tradução livre). Disponível em: <http://www.direitoshumanos.usp.br/index.php/Documentos-anteriores>. Acesso em: 20 nov. 2017.

(189) [...] Art. 12. Ninguém será sujeito a interferências na sua vida privada, na sua família, no seu lar ou na sua correspondência, nem a ataques à sua honra e reputação. Todo o homem tem direito à proteção da lei contra tais interferências ou ataques. [...] Art. 19. Todo o homem tem direito à liberdade de opinião e expressão; este direito inclui a liberdade de, sem interferências, ter opiniões e de procurar, receber e transmitir informações e ideias por quaisquer meios, independentemente de fronteiras. In: Declaração Universal dos Direitos do Homem. BRASIL. *Declaração Universal dos Direitos do Homem*. Unicef. Disponível em: <http://pfdc.pgr.mpf.mp.br/atuacao-e-conteudos-de-apoio/legislacao/direitos-humanos/declar_dir_homem.pdf>. Acesso em: 30 jul. 2017.

(190) BRASIL. *Decreto n. 678*, de 6 de novembro de 1992. Ementa: Promulga a Convenção Americana sobre Direitos Humanos (Pacto de São José da Costa Rica), de 22 de novembro de 1969. O texto do Pacto de São José da Costa Rica, em seu art. 11, estabelece: Art. 11. Proteção da honra e da dignidade. 1. Toda pessoa tem direito ao respeito da sua honra e ao reconhecimento de sua dignidade. 2. Ninguém pode ser objeto de ingerências arbitrárias ou abusivas em sua vida privada, em sua família, em seu domicílio ou em sua correspondência, nem de ofensas ilegais à sua honra ou reputação. 3. Toda pessoa tem direito à proteção da lei contra tais ingerências ou tais ofensas. Disponível em: <http://www.pge.sp.gov.br/centrodeestudos/bibliotecavirtual/instrumentos/sanjose.htm>. Acesso em: 30 jul. 2017.

(191) [...] **Art. 8º (Direito ao respeito pela vida privada e familiar).** 1. Qualquer pessoa tem direito ao respeito da sua vida privada e familiar, do seu domicílio e da sua correspondência. 2. Não pode haver ingerência da autoridade pública no exercício deste direito senão quando esta ingerência estiver prevista na lei e constituir uma providência que, numa sociedade democrática, seja necessária para a segurança nacional, para a segurança pública, para o bem-estar económico do país, a defesa da ordem e a prevenção das infracções penais, a protecção da saúde ou da moral, ou a protecção dos direitos e das liberdades de terceiros. Disponível em: <http://www.pge.sp.gov.br/centrodeestudos/bibliotecavirtual/instrumentos/sanjose.htm>. Acesso em: 30 jul. 2017.

A Declaração Universal dos Direitos do Homem, consoante redação do art. 3º, enuncia a liberdade como direito de todo ser humano.[192] O art. 13 trata da liberdade de locomoção e residência, e o art. 18 pronuncia:

> "Todo ser humano tem direito à liberdade de pensamento, consciência e religião; esse direito inclui a liberdade de mudar de religião ou crença e a liberdade de manifestar essa religião ou crença pelo ensino, pela prática, pelo culto em público ou em particular."

A liberdade é parte indissociável do exercício do direito à vida privada, sendo que o art. 12 proclama: "ninguém será sujeito à interferência na sua vida privada, na sua família, no seu lar, ou na sua correspondência, nem a ataque à sua honra e reputação. Todo ser humano tem direito à proteção da lei contra interferências ou ataques".

Para fins do objeto em estudo, o maior destaque da Declaração Universal dos Direitos do Homem deve ser atribuído ao art. 19 que enuncia:[193]

> "Todo ser humano tem direito à liberdade de opinião e expressão; esse direito inclui a liberdade de, sem interferência, ter opiniões e de procurar, receber e transmitir informações e ideias por quaisquer meios e independentemente de fronteiras."

O art. 4º da CF/88, ao tratar das relações internacionais, consigna de modo expresso o princípio de prevalência dos direitos humanos. Logo em seguida, o título II tutela os Direitos e Garantias Fundamentais, elencando rol de direitos inerentes à condição de pessoa.

A doutrina brasileira classifica os direitos da personalidade como direito à integridade física, à integridade intelectual e à integridade moral.[194] No que interessa a esta pesquisa, a integridade moral "abrange o direito à intimidade, à privacidade, à honra, à imagem, à boa-fama, à liberdade civil, política e religiosa"[195]; a integridade intelectual consiste na liberdade de pensamento, autoria artística e científica, assim como a invenção; e a física consiste na preservação das condições e higidez das saúdes física e mental, o que insere o direito de desconexão, que será objeto de estudo em separado nos itens 3.3 a 3.5.

A concretização dos direitos da personalidade decorre do princípio da dignidade da pessoa humana — princípio este que, na leitura da Carta Maior, representa norma hipotética fundamental de natureza kelseniana.

Significa dizer que a nação brasileira elegeu a dignidade da pessoa humana como fundamento da República, de tal arte que todas as ações do Estado e dos particulares devem observar o respeito à dignidade da pessoa humana.[196]

---

(192) [...] **Art. 3º** Todo ser humano tem direito à vida, à liberdade e à segurança pessoal. *Idem.*

(193) BRASIL. *Declaração Universal dos Direitos Humanos*. Disponível em: <https://www.unicef.org/brazil/pt/resources_10133.htm>. Acesso em: 20 nov. 2017.

(194) BARROS, Alice Monteiro de. *Proteção à intimidade do empregado*. 2. ed. São Paulo: LTr, 2009. p. 25.

(195) *Ibidem*, p. 27.

(196) OLIVEIRA NETO, Célio Pereira. *Cláusula de não concorrência no contrato de emprego*: efeitos do princípio da proporcionalidade. São Paulo: LTr, 2015. p. 53.

Para os fins do presente trabalho, destaques para o art. 5º, especialmente no que tange à livre manifestação do pensamento (inciso IV); direito de resposta proporcional ao agravo, além da indenização por dano material, moral ou à imagem (inciso V); intimidade, vida privada, honra e imagem, assegurado o direito à indenização em caso de violação (inciso X); inviolabilidade da casa (inciso XI) e inviolabilidade da correspondência (inciso XII).(197)

Robert Alexy reconhece na liberdade, "ao mesmo tempo, um dos conceitos práticos mais fundamentais e menos claros. Seu âmbito de aplicação parece ser quase ilimitado".(198) De toda sorte, explica que "só se falará em liberdade jurídica quando o objeto de liberdade for uma alternativa de ação".(199)

A liberdade de pensamento, prevista pelo art. 5º, inciso IV da CF, significa ausência de impedimento de a pessoa ter as suas convicções e respeito ao seu modo de ver o mundo. A seu turno, a liberdade de pensamento informa a liberdade de expressão, pela qual o homem se expressa no seu modo de ser.

A liberdade de expressão não somente se encontra garantida nos dispositivos constitucionais supramencionados, como também reiterada na forma do art. 220 (CF, Capítulo V, dirigido à Comunicação Social).

O art. 5º, inciso XLI da CF, a seu tempo, orienta e dirige os dispositivos constitucionais que tratam do respeito às liberdades, prevendo que "a lei punirá qualquer discriminação atentatória dos direitos e liberdades fundamentais".

Tanto a liberdade de pensamento, como a sua exteriorização por meio da liberdade de expressão, são direitos naturais, eis que se revelam essenciais para a plenitude do exercício da personalidade, na medida em que se projetam sobre os aspectos da vida.

Não importa se o pensamento externado está correto ou não, e nem é admissível que se faça este juízo de valor. A cada um é dado acreditar em seus

---

(197) BRASIL. *Constituição Federal*. [...] Art. 5º Todos são iguais perante a lei, sem distinção de qualquer natureza, garantindo-se aos brasileiros e aos estrangeiros residentes no País a inviolabilidade do direito à vida, à liberdade, à igualdade, à segurança e à propriedade, nos termos seguintes: ...IV — é livre a manifestação do pensamento, sendo vedado o anonimato; V — é assegurado o direito de resposta, proporcional ao agravo, além da indenização por dano material, moral ou à imagem; ...IX — é livre a expressão da atividade intelectual, artística, científica e de comunicação, independentemente de censura ou licença; X — são invioláveis a intimidade, a vida privada, a honra e a imagem das pessoas, assegurado o direito à indenização pelo dano material ou moral decorrente da sua violação; XI — a casa é asilo inviolável do indivíduo, ninguém nela podendo penetrar sem consentimento do morador, salvo em caso de flagrante delito ou desastre, ou para prestar socorro, ou, durante o dia, por determinação judicial; XII — é inviolável o sigilo da correspondência e das comunicações telegráficas, de dados e das comunicações telefônicas, salvo, no último caso, por ordem judicial, nas hipóteses e na forma que a lei estabelecer para fins de investigação criminal ou instrução processual penal.

(198) ALEXY, Robert. *Teoria dos direitos fundamentais*. Trad. Virgilio Afonso da Silva. 2. ed., 3ª tiragem. São Paulo: Malheiros, 2014. p. 222.

(199) *Ibidem*, p. 218.

valores, não cabendo ao Estado ou terceiros interferir nas crenças, ideologias, maneiras de ver o mundo e ideias pessoais.

Tais diretrizes constitucionais se revelam essenciais não só para a plenitude do exercício dos direitos da personalidade, que se atrelam diretamente à dignidade da pessoa humana, mas também para a construção e manutenção de uma sociedade democrática de direito, pois de modo diverso, imperaria a vontade do Estado ou daqueles que detêm o poder, ficando rechaçado o pluralismo das opiniões e ideologias.

E ainda, o § 1º do art. 5º da CF/88 trata da aplicação imediata dos direitos fundamentais, que permitem a ampliação dos direitos da personalidade positivados, haja vista que o § 2º do art. 5º da CF cuida da não exclusão de direitos e garantias previstos em tratados internacionais, ou seja, a ampliação dos direitos expressamente previstos na Carta Magna.

Todos os dispositivos elencados devem ser lidos em conjunto com o art. 1º da CF, respeitando-se a dignidade da pessoa humana e os valores sociais do trabalho e da livre-iniciativa. Isso porque, no desenvolvimento do trabalho, o empregado não perde a condição de pessoa humana, que se mantém íntegra, de tal modo que o poder diretivo e de fiscalização do empregador tem de ser coordenado de sorte a preservar os direitos de personalidade do empregado.

Nessa condição, ganha relevo também a aplicação do art. 170, *caput*, da CF/88, que enuncia que a ordem econômica tem por fim assegurar existência digna a todos, conforme os ditames da justiça social.

Além dos já mencionados artigos, Alice Monteiro de Barros cita outros dispositivos constitucionais de destaque para a proteção dos direitos da personalidade, dentre os quais o art. 3º, IV, que visa promover o bem de todos, sem preconceitos ou discriminação de qualquer espécie; o art. 5º, *caput*, que traz o princípio da isonomia de tratamento, garantindo o direito à vida, liberdade, igualdade, segurança e propriedade; o art. 7º, *caput*, que trata de implementar como objetivo a busca da melhoria da condição social do trabalhador; o art. 7º, incisos XXX, XXXI que se preocupam em evitar a discriminação de trabalhadores; e o art. 7º, inciso XXXII que proíbe a distinção entre trabalho manual, técnico e intelectual.[(200)]

Seguindo a ordem constitucional de 1988, o Código Civil de 2002 passou a tratar da matéria, dedicando o capítulo II ao tema, sob o título *Direitos da Personalidade*.

Nos termos do art. 11 do Código Civil, por serem inerentes à dignidade da pessoa humana, os direitos da personalidade são reconhecidos na legislação infraconstitucional com seu caráter de irrenunciabilidade e intransmissibilidade.

---

(200) BARROS, Alice Monteiro de. *Proteção à intimidade do empregado*. 2. ed. São Paulo: LTr, 2009.

O art. 12 do Código Civil, a seu turno, permite que se exija a cessação de ameaça ou lesão a direitos da personalidade, bem como a reclamar perdas e danos. Os arts. 16 a 19 tratam da proteção do nome e pseudônimo, ao passo que o art. 20 preserva o direito de imagem, e o art. 21 garante a inviolabilidade da vida privada.

A I Jornada de Direito Civil, por meio do Enunciado 5,[201] preconiza que a cessação da ameaça ou lesão a direitos da personalidade, bem como o reclamo por perdas e danos, de que trata o art. 12, sejam aplicados também na preservação da imagem de que trata o art. 20.

Os dispositivos que cuidam dos direitos da personalidade devem ser lidos, pois, à luz do ordenamento constitucional, e combinados, quando cabível aos arts. 186, 187, 927 e 932 — todos do Código Civil — relativos, respectivamente: ao ato ilícito; abuso de direito; obrigação de indenizar pelo ato ilícito; e responsabilidade do empregador por atos de seus prepostos.

3.2. Liberdade de Expressão em Ambiente Virtual

Em uma visão de direito privado constitucionalizado, a própria forma de enxergar a atividade empresarial mudou, ficando a empresa vinculada ao respeito aos direitos fundamentais de seus trabalhadores, não olvidando do seu papel na sociedade.

Hodiernamente, pois, as empresas carecem ter propósitos e valores claros, que por evidente não devem ser voltados unicamente ao lucro, mas inserindo o conceito de empresa ética e cidadã, que no exercício da atividade econômica cumpre a sua função social, na forma do art. 170, inciso I da CF/88.

A condição de trabalhador não afasta o direito ao gozo dos direitos da personalidade. Com efeito, o trabalhador já não mais se despe da sua condição de cidadão enquanto labora, mantendo seus direitos personalíssimos íntegros no curso da prestação de serviços em prol do empregador. Ou seja, o trabalhador entrega a sua força de trabalho e não a sua dignidade, que não pode ser violada.

---

(201) BRASIL. *I Jornada de Direito Civil*. Conselho da Justiça Federal. 1) As disposições do art. 12 têm caráter geral e aplicam-se, inclusive, às situações previstas no art. 20, excepcionados os casos expressos de legitimidade para requerer as medidas nele estabelecidas; 2) as disposições do art. 20 do novo Código Civil têm a finalidade específica de regrar a projeção dos bens personalíssimos nas situações nele enumeradas. Com exceção dos casos expressos de legitimação que se conformem com a tipificação preconizada nessa norma, a ela podem ser aplicadas subsidiariamente as regras instituídas no art. 12. Disponível em: <http://www.cjf.jus.br/cjf/CEJ-Coedi/jornadas-cej/Jornada%20de%20Direito%20Civil%201.pdf/view>. Acesso em: 30 jul. 2017.

Significa dizer, ao mesmo tempo em que o trabalho é essencial para o pleno exercício da dignidade da pessoa humana, também é inperioso que os direitos da personalidade sejam preservados no curso de uma relação de emprego.

Nas palavras de José Antônio Peres Gediel,

> [...] a noção de indissociabilidade entre trabalhador e trabalho retirada dos direitos da personalidade, passa a ser extremamente relevante para a defesa da irrenunciabilidade aos direitos fundamentais, pelo trabalhador.(202)

O empregador remunera o empregado para o trabalho, gozando do poder de direção das atividades, mas não da vida privada do empregado. Significa dizer, o poder de direção que decorre do contrato de trabalho não atinge a esfera privada do empregado, mantendo-se íntegros os direitos laborais inespecíficos.

A questão é a preservação da liberdade de expressão do trabalhador frente às novas realidades da sociedade hodierna diante das tecnologias da comunicação e da informática, respeitando também aos direitos do empregador. O *post* em rede toma proporção que não pode ser comparada com mero comentário entre amigos, mas ganha o mundo, podendo ferir sentimentos e denegrir o bom ambiente de trabalho.

Conforme Paulo Sergio João:

> [...] "a publicação de ofensas em redes sociais é particularmente gravosa para empresas devido ao seu alcance. Um usuário médio do Facebook, por exemplo, possui um alcance de algumas centenas de pessoas. Caso a publicação 'viralize', não há limites para o alcance da ofensa."(203)

Se, no passado, a liberdade de pensamento era expressada de modo a alcançar um número muito menor de pessoas, na sociedade da informação, os meios tecnológicos, mormente a internet, permitem o alcance de uma quantidade inimaginável de pessoas, o que já faz refletir sobre os cuidados maiores a serem tomados no exercício desse direito.

Recente exemplo de como uma manifestação pessoal pode ganhar o mundo é o do jogador de vôlei que defendeu a seleção brasileira, Maurício Souza, que acabou sendo "cancelado" das redes sociais, assim como não convocado para a

---

(202) GEDIEL, José Antônio Peres. A irrenunciabilidade a direitos da personalidade pelo trabalhador. In: SARLET, Ingo Wolfgang (Org.). *Constituição, direitos fundamentais e direito privado*. 3. ed. Porto Alegre: Livraria do Advogado, 2010. p. 152.

(203) JOÃO, Paulo Sérgio. O direito de imagem e o contrato de trabalho na Lei n. 13.467/2017. In: AGUIAR, Antonio Carlos (Coord.). *Reforma Trabalhista*. Aspectos jurídicos relevantes. São Paulo: Quartier Latin do Brasil, 2017. p. 275 e ss.

seleção e dispensado do clube que defendia em razão de ter expressado a sua opinião no que tange a tema delicado, de modo, s.m.j. inapropriado.(204)

Aqui não se entra no mérito da manifestação, que parece não ter sido adequada, até porque tal julgamento não é o objeto deste estudo.

O fato é que a interação no espaço virtual é instantânea, em tempo real, não conhece limites de fronteira. Quando se está na rede, se está no globo, e as postagens nas redes sociais(205) fogem ao controle de quem a veicula.

Os dados do setor(206) são crescentes e atingem números impensáveis há uma década. Para se ter uma ideia da dimensão, se o Facebook fosse um país seria o terceiro mais populoso do Mundo. Já se somados os três *sites* mais populares de mídia social, a população destes teria 1 bilhão de pessoas a mais do que a China.(207)

Acresça-se que o Wechat (Weichin) — serviço chinês de mensagem de texto e voz para aparelhos móveis — em apenas 12 meses, no ano de 2015, teve acréscimo de 150 milhões de usuários, o que representou 39% de crescimento sobre o seu nada modesto número de usuários.(208)

E ainda, 96% da geração Y (nascidos entre 1980 e 1990) utilizam as redes sociais, sem falar que um em cada oito casais norte-americanos se conheceu por meio de uma rede social.

Nesse cenário, cada vez mais são corriqueiros os conflitos envolvendo a expressão de um trabalhador nas redes sociais ou outros veículos de comunicação virtual, a respeito do trabalho em si, ou em razão de menção a clientes, colegas, fornecedores e chefes, o que leva a colisões entre a liberdade de expressão e o poder diretivo.

A Lei n. 12.965/2014, conhecida como Marco Civil da Internet, a teor do art. 1º, estabelece princípios, garantias, direitos e deveres para o uso da internet no Brasil, determinando as diretrizes a serem seguidas para a atuação da União, Estados, Distrito Federal e Municípios no trato da matéria.(209)

---

(204) Disponível em: <https://www.gazetadopovo.com.br/opiniao/editoriais/o-cancelamento-de-mauricio-souza-e-a-liberdade-de-expressao-agredida/>. Acesso em: 15 nov. 2021.

(205) Elina Nora Dabas conceitua redes sociais como "sistema aberto que, por meio de intercâmbios dinâmicos entre seus integrantes e com integrantes de outros grupos sociais, possibilita a potencialização dos recursos que possuem. DABAS, Elina Nora. *Red de Redes* — Las práticas de la intervención em redes sociales. Buenos Aires: Paidós, 1998. p. 21.

(206) Dentre os tipos mais conhecidos figuram Facebook, Orkut, Linkedin, Twitter, MSN, Youtube, Whatsapp, Instagram e *blogs*. A geração Z também se utiliza do Kik Messager, Viber e Snapchat, dentre outros.

(207) SCHWAB, p. 119.

(208) SCHWAB, p. 60.

(209) BRASIL. *Lei n. 12.965/2014*. Ementa: Estabelece princípios, garantias, direitos e deveres para o uso da internet no Brasil. Disponível em: <http://www.planalto.gov.br/ccivil_03/_ato2011-

No art. 2º, a Lei n. 12.965/2014 enuncia que a disciplina da internet no Brasil tem como fundamento o respeito à liberdade de expressão, bem como, dentre outros, "os direitos humanos, o desenvolvimento da personalidade e o exercício da cidadania em meios digitais", consoante se infere do inciso II.

Por escolha didática, pela importância do tema em tela neste momento do estudo, primeiro se fez referência expressa ao inciso II, já que este elenca como fundamentos o desenvolvimento da personalidade e o exercício da cidadania, o que ocorre no atual momento tecnológico também mediante a inclusão digital.

Todos os demais incisos são de suma importância,[210] guardando intensa relação com o tema em estudo. Com efeito, o art. 2º, inciso I trata do reconhecimento da escala mundial da rede.

Os demais incisos cuidam ainda de fundamentar o Marco Civil da Internet na pluralidade e na diversidade (inciso III), abertura e a colaboração (inciso IV), livre-iniciativa, livre concorrência e defesa do consumidor (inciso V) e finalidade social da rede (inciso VI).

Os princípios da disciplina da internet no Brasil, elencados no art. 3º da Lei n. 12.965, guardam total correspondência com os fundamentos que a embasam, fazendo-se mister a transcrição na íntegra:

> Art. 3º A disciplina do uso da internet no Brasil tem os seguintes princípios:
>
> I — garantia da liberdade de expressão, comunicação e manifestação de pensamento, nos termos da Constituição Federal;
>
> II — proteção da privacidade;
>
> III — proteção dos dados pessoais, na forma da lei;
>
> IV — preservação e garantia da neutralidade de rede;
>
> V — preservação da estabilidade, segurança e funcionalidade da rede, por meio de medidas técnicas compatíveis com os padrões internacionais e pelo estímulo ao uso de boas práticas;
>
> VI — responsabilização dos agentes de acordo com suas atividades, nos termos da lei;
>
> VII — preservação da natureza participativa da rede;
>
> VIII — liberdade dos modelos de negócios promovidos na internet, desde que não conflitem com os demais princípios estabelecidos nesta Lei.

2014/2014/lei/l12965.htm>. Acesso em: 30 jul. 2017. Art. 1º Esta Lei estabelece princípios, garantias, direitos e deveres para o uso da internet no Brasil e determina as diretrizes para atuação da União, dos Estados, do Distrito Federal e dos Municípios em relação à matéria.

(210) BRASIL. *Código Civil*. Disponível em: <http://www.planalto.gov.br/ccivil_03/_ato2011-2014/2014/lei/l12965.htm>. Acesso em: 20 nov. 2017. Art. 2º A disciplina do uso da internet no Brasil tem como fundamento o respeito à liberdade de expressão, bem como: I — o reconhecimento da escala mundial da rede; II — os direitos humanos, o desenvolvimento da personalidade e o exercício da cidadania em meios digitais; III — a pluralidade e a diversidade; IV — a abertura e a colaboração; V — a livre-iniciativa, a livre concorrência e a defesa do consumidor; e VI — a finalidade social da rede.

Parágrafo único. Os princípios expressos nesta Lei não excluem outros previstos no ordenamento jurídico pátrio relacionados à matéria ou nos tratados internacionais em que a República Federativa do Brasil seja parte.

Inobstante a importância capital de todos os incisos do art. 3º, para efeitos do presente estudo destaque especial para o inciso I, que reverberando valores constantes do art. 5º da Carta Maior, elenca como princípio a garantia da liberdade de expressão, comunicação e manifestação de pensamento.

Nota-se que, para o amplo cumprimento de seu escopo, os princípios relacionados pela Lei n. 12.965/2014 podem ser complementados pela legislação nacional mediante diálogo com outras fontes do direito, ou por meio de tratados internacionais ratificados pelo Brasil.

O objeto perseguido pelo legislador, nos termos do art. 4º da Lei n. 12.965/2014, é a promoção do direito de acesso à internet a todos (inciso I); acesso à informação, ao conhecimento e à participação na vida cultural e na condução dos assuntos públicos (inciso II); a inovação e o fomento à ampla divulgação de novas tecnologias e modelos de uso e acesso (inciso III); e a adesão a padrões tecnológicos abertos que permitam a comunicação, acessibilidade e a interoperabilidade entre aplicações e a base de dados (inciso IV).

O escopo da lei, por evidente, deve ser combinado aos seus fundamentos, de modo que se pode dizer que o Marco Civil da Internet tem por objeto a promoção dos itens e direitos elencados no art. 4º, garantidos os direitos relacionados no art. 3º, tendo como alicerce os direitos humanos, o desenvolvimento da personalidade e o exercício destes direitos em ambiente virtual, em uma sociedade plúrima, diversa e que deve gozar da possibilidade ampla de conexão.

O direito à informação que está disponível na rede consta dos direitos e garantias dos usuários, consoante se extrai da redação do *caput* do art. 7º da Lei n. 12.965/2014, que disciplina que "o acesso à internet é essencial ao exercício da cidadania".

Os incisos do art. 7º do Marco Civil da Internet dispõem acerca de uma série de direitos, destacando-se para fins desta fase da presente pesquisa: inviolabilidade da intimidade e da vida privada, sua proteção e indenização pelo dano material ou moral decorrente de sua violação (inciso I); inviolabilidade e sigilo do fluxo de suas comunicações pela internet, salvo por ordem judicial, na forma da lei (inciso II); inviolabilidade e sigilo de suas comunicações privadas armazenadas, salvo por ordem judicial (inciso III).[211]

---

(211) Art. 7º O acesso à internet é essencial ao exercício da cidadania, e ao usuário são assegurados os seguintes direitos: I — inviolabilidade da intimidade e da vida privada, sua proteção e indenização pelo dano material ou moral decorrente de sua violação; II — inviolabilidade e sigilo do fluxo de suas comunicações pela internet, salvo por ordem judicial, na forma da lei; III — inviolabilidade e sigilo de suas comunicações privadas armazenadas, salvo por ordem judicial; IV — não suspensão da conexão

A preocupação do legislador ordinário é tamanha — com razão de ser — que o art. 8º da Lei n. 12.965/2014 torna a tratar da garantia do direito à privacidade e à liberdade de expressão nas comunicações, como condição para o pleno exercício do direito de acesso à internet.(212)

O art. 9º que diz respeito à neutralidade da rede, em seu § 3º volta a tutelar a privacidade na rede, preocupando-se com a preservação dos conteúdos, ao determinar que "na provisão de conexão à internet, onerosa ou gratuita, bem como na transmissão, comutação ou roteamento, é vedado bloquear, monitorar, filtrar ou analisar o conteúdo dos pacotes de dados, respeitado o disposto neste artigo".

Veja-se que a Lei n. 12.965/2014, reverberando valores constitucionais, em sua essência tutela a liberdade da expressão de pensamento, entretanto, inexiste direito absoluto, de modo que no capítulo 11 se fará proposição de conformação desse direito, mediante regramento empresarial, e no capítulo 12 se apresentará proposta de projeto de lei para regrar o tema no que tange à relação empregado/empregador.

3.3. Impacto do Ambiente Virtual

O alimento passa a ser a informação conectada e a participação em todas as discussões. A falta de informação gera angústia, o prato de comida, pois, convive e é substituído por um aparelho móvel que tem o enganoso propósito de alimentar a alma.

à internet, salvo por débito diretamente decorrente de sua utilização; V — manutenção da qualidade contratada da conexão à internet; VI — informações claras e completas constantes dos contratos de prestação de serviços, com detalhamento sobre o regime de proteção aos registros de conexão e aos registros de acesso a aplicações de internet, bem como sobre práticas de gerenciamento da rede que possam afetar sua qualidade; VII — não fornecimento a terceiros de seus dados pessoais, inclusive registros de conexão, e de acesso a aplicações de internet, salvo mediante consentimento livre, expresso e informado ou nas hipóteses previstas em lei; VIII — informações claras e completas sobre coleta, uso, armazenamento, tratamento e proteção de seus dados pessoais, que somente poderão ser utilizados para finalidades que: a) justifiquem sua coleta; b) não sejam vedadas pela legislação; e c) estejam especificadas nos contratos de prestação de serviços ou em termos de uso de aplicações de internet; IX — consentimento expresso sobre coleta, uso, armazenamento e tratamento de dados pessoais, que deverá ocorrer de forma destacada das demais cláusulas contratuais; X — exclusão definitiva dos dados pessoais que tiver fornecido a determinada aplicação de internet, a seu requerimento, ao término da relação entre as partes, ressalvadas as hipóteses de guarda obrigatória de registros previstas nesta Lei; XI — publicidade e clareza de eventuais políticas de uso dos provedores de conexão à internet e de aplicações de internet; XII — acessibilidade, consideradas as características físico-motoras, perceptivas, sensoriais, intelectuais e mentais do usuário, nos termos da lei; e XIII — aplicação das normas de proteção e defesa do consumidor nas relações de consumo realizadas na internet.

(212) Art. 8º A garantia do direito à privacidade e à liberdade de expressão nas comunicações é condição para o pleno exercício do direito de acesso à internet. Parágrafo único. São nulas de pleno direito as cláusulas contratuais que violem o disposto no *caput*, tais como aquelas que: I — impliquem ofensa à inviolabilidade e ao sigilo das comunicações privadas, pela internet; ou II — em contrato de adesão, não ofereçam como alternativa ao contratante a adoção do foro brasileiro para solução de controvérsias decorrentes de serviços prestados no Brasil.

No entanto, a tecnologia não existe — pelo menos assim será durante um tempo — sem o homem. Logo, não pode o homem ser aprisionado pela tecnologia que lhe permite estar em espaços diversos, compartilhando o mundo físico e o virtual.

Essa tecnologia que, ao invés de servir ao homem, o faz trabalhar mais horas, não permitindo a desconexão das atividades laborais, é chamada por Massimo Marchiori de "la coperta torta":

> "La confortevole coperta del progresso ha portato l'uomo a sconvilarsi dal bello o cattivo tempo, dai problemi dele stagioni e dalla luce del sole, certo, ma ha anche lasciato un lato scoperto: ha fato si che próprio per questo in generale oggi si lavori di più che in passato."(213)

A sociedade conectada está levando a dúvidas sobre a própria identidade, invadindo a privacidade das pessoas, alterando os conceitos de pertencimento, e mesmo de propriedade. Um jovem da geração Z, habituado à participação em uma rede social se sente afetado em seu direito de personalidade se o seu responsável lhe aplica uma reprimenda, tomando-lhe o celular.

As relações se dão com cada vez mais intensidade no ambiente virtual, chegando a parecer que as novas gerações estão se esquecendo do mundo físico. O fato é que os mais jovens precisam lutar consigo mesmo para dar atenção a outros seres humanos em conversa presencial, sem descuidar os olhos do sempre aparente aparelho móvel.

Já há um fenômeno denominado *phubbing*, que combina os vocábulos *snubbing* (esnobar) e *phone* (telefone) para a conduta da pessoa que, em meio a uma conversa, saca o celular como se o interlocutor não existisse.

Nesse contexto, é claro que as dificuldades de relacionamento se ampliam, mas, o fato objetivo aqui a ser tratado é a conformação dos interesses da geração que atuará durante a Quarta Revolução Industrial e as regras empresariais, respeitando-se o direito ao lazer e descanso.

Exemplos e números já apresentados nesta pesquisa demonstram o impacto das tecnologias na sociedade atual. A questão é que isso deverá ser potencializado ainda mais, já que nessa fusão de mundos virtual e físico fica um pouco difícil uma clara separação entre trabalho e lazer.

O avanço das tecnologias, ao invés de permitir mais tempo para a vida privada, tem consumido o tempo de lazer e descanso ou mesmo interrompido, provocando

---

(213) MARCHIORI, p. 186. Em tradução livre: A confortável manta de progresso levou o homem a ficar mimado pelo mau tempo, pelos problemas das estações e pela luz do sol, é claro, mas também deixa um lado descoberto: o destino é que, hoje em dia, você trabalha mais do que no passado.

uma conexão constante ao trabalho. "Nosso cérebro, ligado aos instrumentos digitais que nos conectam 24 horas por dia, corre o risco de se tornar uma máquina de movimento perpétuo que requer um frenesi incessante",[214] levando à exaustão.

Mesmo o trabalhador *workaholic*, que deseja de tudo participar, deve ter o momento de livre gozo do descanso e lazer, afinal, o trabalho, ao mesmo tempo que alimenta e dignifica, pode, a contrassenso, também retirar a dignidade do homem, quando se avança sobre aspectos da vida privada e intimidade, privando-o do lazer, descanso e desligamento (ao menos formal) das suas atividades diuturnas de labor.[215]

Diz-se desligamento formal, pois não se olvida da dificuldade de desconexão plena das questões de labor, mesmo nos períodos fora do trabalho. Ou seja, o empregado sai da empresa, mas o trabalho o persegue em casa, na praia ou aonde for, ao menos em sua mente. Com as novas tecnologias, essa perseguição pode se tornar implacável, fazendo o trabalhador prisioneiro das informações.

> "Releva notar que se a tecnologia proporciona ao homem uma possibilidade quase infinita de se informar e de estar atualizado com seu tempo, de outro lado, é esta mesma tecnologia que, também, escraviza o homem aos meios de informação, vez que o prazer da informação transforma-se em uma necessidade de estar informado, para não perder espaço no mercado de trabalho."[216]

A informação globalizada torna o homem escravo da atualização, requerendo um constante processo de conexão a fim de não perder a informação mais nova, com o escopo de manter-se constantemente por dentro de um novo artigo relevante a ser estudado, um novo livro ou o mais recente processo de produção.

Vive-se em um mundo acelerado, em que tudo é dinâmico e imediato, gerando um processo vertiginoso de informações e demandas, em que a pessoa está a desenvolver uma atividade já com a mente voltada para o passo seguinte, ou pior, preocupada com o que não está tendo condições de fazer.

Pesquisa do Fórum Econômico Mundial[217] aponta que 82% dos entrevistados acreditam que até o ano de 2025 estará disponível no mercado o primeiro telefone

---

(214) SCHWAB, Klaus. *A Quarta Revolução Industrial*. Tradução Daniel Moreira Miranda. São Paulo: Edipro, 2016. p. 104.

(215) OLIVEIRA NETO, Célio Pereira. *Direito de desconexão frente às novas tecnologias no âmbito das relações de emprego*. Arquivos do Instituto Brasileiro de Direito Social Cesarino Júnior, v. 39, 2015. p. 79 e ss.

(216) SOUTO MAIOR, Jorge Luiz. *Direito à desconexão do trabalho*. Disponível em: <http://nucleotrabalhistacalvet.com.br/artigos/Do%20Direito%20%C3%A0%20Desconex%C3%A3o%20do%20Trabalho%20%20Jorge%20 Luiz%20Souto%20Maior.pdf>. Acesso em: 29 abr. 2017.

(217) SCHWAB, Klaus. *A Quarta Revolução Industrial*. Tradução Daniel Moreira Miranda. São Paulo: Edipro, 2016. p. 115.

celular implantável. Ora, como exercer o direito de desconexão do trabalho com um telefone celular implantado no corpo?

Não se está aqui nem a tratar do desejo ou não de a pessoa implantar o dispositivo, partindo do pressuposto de que só o farão os que desejarem, mas, e estes aficcionados por tecnologia e/ou trabalho poderão usufruir do direito de desligamento do trabalho ou sofrerão as mais diversas interrupções nos seus momentos de lazer e descanso? Imagine-se a invasão do ambiente profissional na vida pessoal e mesmo na intimidade do empregado, independente do escalão.

Como fica a privacidade daquele que se dispuser a implantar um celular no próprio corpo, considerando o risco de invasão por *hacker*? O pior é que o implante tenderá a se tornar moda, olvidando que um *smartphone* possui mais tecnologia embarcada do que a primeira nave que levou o homem à lua,[218] expondo os momentos mais íntimos da privacidade daquele que realizar a "aquisição".

O ser humano não é um robô e a tal não pode ser equiparado. Logo, nunca se pode perder de vista o princípio maior da Constituição Federal de 1988, e que representa a base fundadora de todas as constituições contemporâneas democráticas, representado pelo princípio da dignidade da pessoa humana.

Portanto, seja qual for a condição do empregado — alto escalão, manutenção, ou outro —, o fato é que este não poderá estar conectado ao trabalho como se fosse uma máquina, levando o labor consigo para onde for. A tecnologia deve servir ao homem e não escravizá-lo. Não se pode abrir mão do tempo livre.

3.4. Direito de Desconexão

Compreender, gerir e ampliar o grau de informação representa a fundamental característica da sociedade atual, que armazena cada vez mais dados, os gere e os aumenta exponencialmente. *"La cosa stupenda e terribile allo stesso tempo è che avremo sempre cose nuove da scoprite, da ascoltare, da sapere, da leggere, da inventare, e non avremo mai finito"*.[219] Nesse cenário, fica mais complexo o desligamento do trabalho.

O primeiro fundamento do direito de desconexão, no plano internacional, é a **Declaração Universal dos Direitos do Homem**, de 1948, que enuncia, em seu art. 24, "todo ser humano tem direito a repouso e lazer, inclusive à limitação razoável das horas de trabalho e a férias remuneradas periódicas".

---

(218) Informação veiculada no Programa Domingo Espetacular 60 Minutes, de 7 de agosto de 2016, na Rede SBT.

(219) MARCHIORI, p. 5. Em tradução livre: O maravilhoso ao mesmo tempo é que sempre teremos coisas novas para descobrir, ouvir, saber, ler, inventar e nunca teremos terminado.

A Declaração Universal dos Direitos do Homem(220) possui outras disposições que também emprestam fundamento ao direito de desconexão, de que são exemplos maiores: o art. 25 que, dentre outros, trata do direito ao bem-estar;(221) e o art. 29 que se refere aos deveres do ser humano para com a comunidade, na qual o livre e pleno desenvolvimento da personalidade é possível.(222)

O direito de desconexão nada mais representa do que o direito ao lazer e descanso, em oposição ao trabalho, de forma livre, privada, sem qualquer interferência.(223) Trata-se, pois, do momento em que o empregado desliga-se de suas atividades laborais para dedicar-se ao lazer e descanso, tal como o período do descanso semanal, do gozo dos intervalos e o pleno exercício do direito de férias.

Na lição de Sandro Nahmias Melo,

> o direito à desconexão do ambiente de trabalho é inerente a todo e qualquer empregado e consiste no "desligamento", na desconexão, como o próprio nome sugere, tanto físico ou mental, do empregado ao ambiente em que trabalha. O direito à desconexão é antes de tudo fator de resgate da natureza humana que na era da conexão em tempo integral encontra-se comprometido pelo uso indiscriminado no ambiente laboral das ferramentas telemáticas.(224)

No **Brasil**, o direito de desconexão não está expressamente positivado. Todavia, tal não significa que o direito inexista. Seu fundamento é constitucional e detém valor de direito fundamental, até porque fundado no direito social ao lazer e descanso.

---

(220) BRASIL. UNICEF. Disponível em: <https://www.unicef.org/brazil/pt/resources_10133.htm>. Acesso em: 10 nov. 2017.

(221) **Art. 25.** 1. Todo ser humano tem direito a um padrão de vida capaz de assegurar a si e à sua família saúde, bem-estar, inclusive alimentação, vestuário, habitação, cuidados médicos e os serviços sociais indispensáveis e direito à segurança em caso de desemprego, doença, invalidez, viuvez, velhice ou outros casos de perda dos meios de subsistência em circunstâncias fora de seu controle. 2. A maternidade e a infância têm direito a cuidados e assistência especiais. Todas as crianças, nascidas dentro ou fora do matrimônio, gozarão da mesma proteção social.

(222) **Art. 29.** 1. Todo ser humano tem deveres para com a comunidade, na qual o livre e pleno desenvolvimento de sua personalidade é possível. 2. No exercício de seus direitos e liberdades, todo ser humano estará sujeito apenas às limitações determinadas pela lei, exclusivamente com o fim de assegurar o devido reconhecimento e respeito dos direitos e liberdades de outrem e de satisfazer as justas exigências da moral, da ordem pública e do bem-estar de uma sociedade democrática. 3. Esses direitos e liberdades não podem, em hipótese alguma, ser exercidos contrariamente aos objetivos e princípios das Nações Unidas.

(223) FOGLIA, Sandra Regina Pavani. *Lazer e trabalho*: um enfoque sob a ótica dos direitos fundamentais. São Paulo: LTr, 2013. p. 101-105.

(224) Disponível em: <https://juslaboris.tst.jus.br/bitstream/handle/20.500.12178/123429/2019_melo_sandro_teletrabalho_controle.pdf?sequence=6&isAllowed=y>. Acesso em: 16 nov. 2021.

Tal como visto, a dignidade da pessoa humana prevista pelo art. 1º, inciso III da Carta Maior informa todo o ordenamento jurídico brasileiro, sendo que não se pode pensar em dignidade sem o gozo dos direitos de lazer e descanso, acima de tudo com liberdade.

Ainda no campo constitucional, fundam o direito de desconexão: o direito à saúde, vida social, intimidade, privacidade e liberdade. Também o art. 217, § 3º da CF, ao dispor que "o Poder Público incentivará o lazer, como forma de promoção social", e o art. 227 da CF que trata dos direitos da criança, adolescente e jovem, elencando, dentre outros, o direito ao lazer.

Visando o resguardo do direito ao descanso, o constituinte expressamente fez constar o direito à jornada diária de 8h e jornada semanal de 44h (art. 7º, XIII), jornada de 6h para o labor em turnos ininterruptos de revezamento (art. 7º, XIV), repouso semanal remunerado (art. 7º, XV), direito ao lazer (art. 6º), e o direito à redução dos riscos inerentes ao trabalho, por meio de normas de saúde, higiene e segurança (art. 7º, XXIV) — dispositivos estes que devem ser combinados com o princípio da solidariedade (art. 3º, I), que prevê o homem como destinatário da norma.

No campo infraconstitucional, a título geral e exemplificativo, a norma consolidada trabalhista prevê o respeito aos intervalos intrajornada (art. 71), interjornadas (art. 66), o gozo do descanso semanal de 35h (11h de intervalo interjornadas + 24h de descanso remunerado) e as férias remuneradas (art. 142).

Já o direito ao lazer deve ser entendido não só como oposição ao trabalho, mas no sentido de completa libertação das obrigações, a fim de permitir o amplo desenvolvimento da personalidade em conformidade com o estilo de vida pessoal e social escolhido.[225]

Seu fundamento implícito remonta à busca da felicidade — *"pursuit of hapiness"* — inspirada na Declaração de Independência dos Estados Unidos da América de 1776, que enuncia: *"... **certain unaliebable Rights**, that among these are life, Liberty and the **pursuit of Happiness**"*.[226]

A exemplo do descanso, o direito ao lazer também está embasado no direito à vida sadia e à liberdade previstos na Carta Maior, acrescendo-se o direito à felicidade, e podendo-se enumerar diversos dispositivos de ordem constitucional.

Com efeito, o direito ao lazer consta expressamente do rol de direitos sociais enunciado pelo art. 6º da Carta Magna. O art. 7º da CF é expresso ao

---

(225) FOGLIA, Sandra Regina Pavani. *Lazer e trabalho*: um enfoque sob a ótica dos direitos fundamentais. São Paulo: LTr, 2013. p. 101.

(226) Em tradução lvire: Certos direitos são inalienáveis, como aqueles que dizem respeito à vida, à liberdade e à busca da felicidade.

garantir, ao menos em tese, o salário mínimo capaz de atender às necessidades básicas do trabalhador e de sua família, propiciando, dentre outros direitos, o direito ao lazer.

Aliás, o direito ao repouso semanal remunerado (art. 7º, XV) tem por escopo permitir o gozo do lazer e descanso, assim como o já mencionado art. 217, § 3º da CF, prevê que o poder público incentivará o lazer. De igual modo, o art. 227 da CF prevê o direito ao lazer da criança, que não se dissocia, por evidente, do gozo desse direito em companhia de seus pais.

Dentre outras previsões que abarcam o direito ao lazer, no campo constitucional, pode-se citar os direitos à participação em cultos e crenças (art. 5º, VI), à livre expressão intelectual e artística (art. 5º, IX), e à inviolabilidade da casa (art. 5º, XI).

Mas, a exemplo do Brasil, o cenário estrangeiro não é diferente, em regra inexistindo regulamentação a tutelar o direito de desconexão, limitando-se a iniciativas esparsas no campo privado e sindical, ressalvada a legislação francesa de 2017, assim como mais recentemente novas leis editadas no curso da pandemia da Covid-19, do que Portugal, Espanha, Argentina e Chile são exemplos, consoante será abordado no capítulo 5, item 5.5.

Antes da pandemia, no entanto, em Colômbia, a Lei n. 1.221, em seu art. 6º (5) já determinava que as tarefas repassadas aos trabalhadores deveriam ser cumpridas de maneira a garantir o direito ao descanso de caráter criativo, recreativo e cultural.(227)

O Código do Trabalho de Portugal, em seu art. 170 (1) igualmente previa que o empregador deve respeitar os tempos de descanso e repouso do teletrabalhador.(228)

Na Alemanha, em 2010, a Deutsche Telekom se comprometeu a não solicitar a contínua disponibilidade de seus empregados. Em 2013, o Ministério do Trabalho alemão firmou acordo a fim de respeitar o tempo livre de seus servidores, que só poderiam ser acionados em situações excepcionais.(229)

---

(227) 5. La asignación de tareas para los teletrabajadores deberá hacerse de manera que se garantice su derecho a contar con un descanso de carácter creativo, recreativo y cultural. COLOMBIA. *Gobierno*. Disponível em: <https://www.mintic.gov.co/portal/604/articles-3703_documento.pdf>. Acesso em: 20 nov. 2017.

(228) Art. 170º Privacidade de trabalhador em regime de teletrabalho. 1 — O empregador deve respeitar a privacidade do trabalhador e os tempos de descanso e de repouso da família deste, bem como proporcionar-lhe boas condições de trabalho, tanto do ponto de vista físico como psíquico. PORTUGAL. *Governo*. Disponível em: <http://cite.gov.pt/asstscite/downloads/legislacao/CT25092017.pdf#page=64>. Acesso em: 15 nov. 2017.

(229) BRASIL. *Direito de desconexão*. Disponível em: <https://br.noticias.yahoo.com/direito-%C3%A0-desconex%C3%A3o-ao-fim-expediente-ganha-for%C3%A7a-185802394.html>. Acesso em: 24 nov. 2017.

Em 2014, ainda em terras germânicas, a Volkswagen implementou regras de modo a impor a desconexão de parte de seu quadro de empregados, bloqueando o acesso de *e-mails* via celular entre 18h15min e 7h.[(230)] A medida, ao início, era destinada a 1.000 dos 255.000 empregados do grupo, e três anos após foi ampliada para 5.000 empregados.[(231)]

Partindo do dado que 12% dos trabalhadores franceses sofriam em razão de esgotamento provocado pelo trabalho, conhecido como síndrome de *burnout*, em 2014 as federações patronais francesas dos setores de engenharia, informática, consultoria e estudos de mercado pactuaram com os principais sindicatos representantes dos trabalhadores acerca do direito de os trabalhadores se desconectarem das ferramentas de comunicação a distância, durante os períodos legalmente previstos para descanso.[(232)]

Desde o início de 2017, o Código do Trabalho francês passou a determinar que toda empresa com mais de 50 empregados negocie com estes um acordo sobre o direito de desconexão, estabelecendo regras quanto aos horários de encaminhamento, resposta de *e-mail*, WhatsApp, e outras formas de contato virtual a distância. Caso não haja consenso, a própria empresa deverá elaborar um código de boas práticas, estabelecendo a forma de exercício do direito de desconexão.

A legislação francesa confere ampla autonomia negocial às partes, que devem se autoregulamentar. Nesse sentido, a explicação do advogado trabalhista francês Patrick Thiébart: "não há determinações concretas para sua aplicação. Cada empresa deve encontrar as suas próprias soluções".[(233)]

Em Portugal, no início de 2017, a Santa Casa de Misericórdia do Porto reconheceu o direito de desconexão de seus empregados, ao permitir que estes se mantivessem *offline*, sem responder *e-mails* ou responder telefonemas fora do horário de trabalho.[(234)]

O então Ministro Vieira da Silva, respondendo pelo Ministério do Trabalho e da Segurança Social, ao ser questionado se o direito de desconexão constava da pauta a ser encaminhada à Comissão Permanente de Concertação Social, e a respeito da intenção em alterar a legislação lusitana no particular, respondeu que o tema deve ser ajustado em sede de negociação coletiva.[(235)]

---

(230) BRASIL. Disponível em: <https://brasil.elpais.com/brasil/2017/01/03/economia/1483440318_216051.html>. Acesso em: 16 nov. 2017.

(231) Disponível em: <https://br.noticias.yahoo.com/direito-%C3%A0-desconex%C3%A3o-ao-fim-expediente-ganha-for%C3%A7a-185802394.html>. Acesso em: 24 nov. 2017.

(232) BRASIL. Disponível em: <https://www.publico.pt/2017/01/06/economia/noticia/devemos-ter-o-direito-a-desligar-do-trabalho-governo-abre-debate-1757288>. Acesso em: 24 nov. 2017.

(233) Disponível em: <https://brasil.elpais.com/brasil/2017/01/03/economia/1483440318_216051.html>. Acesso em: 16 nov. 2017.

(234) BRASIL. Disponível em: <http://quartarepublica.blogspot.com.br/2017/02/o-caminho-do-direito-desconexao.html>. Acesso em: 24 nov. 2017.

(235) Disponível em: <https://www.publico.pt/2017/01/06/economia/noticia/devemos-ter-o-direito-a-desligar-do-trabalho-governo-abre-debate-1757288>. Acesso em: 24 nov. 2017.

O trabalhador, independentemente de o regime ser presencial ou a distância, diante dos instrumentos da tecnologia presentes em sua vida, pode ter o seu direito ao lazer e descanso violado por meio de correspondências eletrônicas, redes sociais e outros dispositivos eletrônicos de uso da sociedade da informação.

Como se sabe, em ambiente virtual a tecnologia acompanha o trabalhador durante as férias, tornando complexa a tarefa de se desvencilhar da leitura dos *e-mails* quando se está com o celular à mão, ou mesmo deixar de se remeter ao trabalho quando navegando nas redes sociais. A própria informação encontrada na rede social, seja de um cliente, seja da empresa, colegas ou o mercado, já tem força suficiente para encaminhar a mente do trabalhador diretamente ao trabalho.

O mundo está em um *click*, os *smartphones*, *e-mails* e outras formas contemporâneas de comunicação estão fazendo com que a sociedade da informação trabalhe mais do que os antepassados, e pior, sem a desconexão com o trabalho, gerando prejuízo direto à saúde, além de diversas patologias modernas, do que a depressão e especialmente a ansiedade representam formas típicas.

Não se pode permitir que a tecnologia piore a vida do homem, deve ocorrer o contrário. Nesse sentido, a Quarta Revolução Industrial deve vir acompanhada da evolução do direito visando a preservação dos direitos fundamentais dos trabalhadores.

Dessume-se, pois, que o direito de desconexão não pode ser vilipendiado pelas novas ferramentas comunicacionais que permitem trabalho móvel em qualquer lugar do planeta.

3.5. Dano Existencial

A violação ao direito de desconexão, ou seja, do direito ao lazer e descanso, pode levar ao dano existencial, entendido como tal espécie de dano imaterial que lesiona a vítima, a impossibilitando de executar, dar prosseguimento ou reconstituir o seu projeto de vida, de modo parcial ou totalmente, e a dificuldade de retomar sua vida de relação, comparando-se com a situação anterior.[236]

Trata-se de dano que "abrange todo conhecimento que incide, negativamente, sobre o complexo de afazeres da pessoa, sendo suscetível de repercutir-se, de maneira consistente — temporária ou permanentemente — sobre sua existência".[237]

---

(236) OLIVEIRA NETO, Célio Pereira. *Direito de desconexão frente às novas tecnologias no âmbito das relações de emprego*. Arquivos do Instituto Brasileiro de Direito Social Cesarino Junior. V. 39, 2015. p. 79-84.

(237) SOARES, Flaviana Rampazzo. *Responsabilidade civil por dano existencial*. Porto Alegre: Livraria do Advogado, 2009. p. 44.

Os elementos do dano existencial são danos ao projeto de vida, ou danos à vida de relações. Sem que haja violação a um destes direitos não se cogita de dano existencial.

Quanto ao projeto de vida, a lesão não pode ter sido causada pela escolha do trabalhador, mas sim atingir a própria liberdade de alternativas, voltada à sua autorrealização.[(238)] Trata-se de alterações substanciais, injustas e arbitrárias que o impedem de manter ou retomar o curso de vida escolhido, privando-o de suas aspirações e vocações, provocando frustração.

Diante da lesão ao projeto de vida, a pessoa é obrigada a conformar-se, sofrendo frustração na dimensão familiar, afetiva, sexual, profissional, artística, desportiva, educacional, religiosa, dentre outras.

Já os elementos que compõem danos à vida de relações são representados, como o próprio nome pronuncia, pelos prejuízos nos relacionamentos, privando o lesado do convívio e das experiências humanas, impedindo-o de compartilhar pensamentos, sentimentos, emoções ou mesmo discutir ideologias e opiniões.[(239)]

Há impedimento quanto à realização de hábitos e comportamentos, privação de participação em atividades culturais, religiosas, desportivas, recreativas, dentre outras, ocorrendo dano em dimensão familiar, profissional ou social.

A necessidade de interação humana é salutar, sem o que não se cogita de vida de relação ou projeto de vida, haja vista que o ser humano, por sua natureza, só se realiza em sociedade.

Destarte, o dano existencial decorre da violação ao projeto de vida ou à vida de relações em razão de abusiva privação, portanto involuntária, que usurpa a felicidade ou a paz de espírito do lesado. A violação possui caráter não patrimonial e independe de lesão física ou psíquica.

Embora tenha a mesma natureza extrapatrimonial do dano moral, com este não se confunde. Com efeito, enquanto o dano existencial se dá no exterior da pessoa, na sua vida de relações ou projeto de vida, o dano moral se dá no íntimo de cada indivíduo.[(240)] A constatação do dano moral é de dimensão subjetiva, pressuposta, ao passo que o dano existencial se constata de modo objetivo, porque

---

(238) ALMEIDA NETO, Amaro Alves de. Dano existencial: a tutela da dignidade da pessoa humana. *Revista dos Tribunais*, São Paulo, v. 6, n. 24, p. 48, out./dez. 2005.

(239) OLIVEIRA NETO, Célio Pereira. *Direito de desconexão frente às novas tecnologias no âmbito das relações de emprego*. Arquivos do Instituto Brasileiro de Direito Social Cesarino Junior. V. 39, 2015. p. 79 e ss.

(240) OLIVEIRA NETO, Célio Pereira. *Direito de desconexão frente às novas tecnologias no âmbito das relações de emprego*. Arquivos do Instituto Brasileiro de Direito Social Cesarino Junior. V. 39, 2015. p. 79 e ss.

"os elementos que o constituem são plenamente factíveis e adequados à realidade, mormente se a compreensão for feita à luz dos ideais constitucionais".(241)

O dano existencial tem origem na privação de fazer, decorrente de renúncia involuntária, que impede a pessoa de agir de outra forma, ocorrendo o dano em ambiente externo ao labor, causado pela ausência de gozo do direito ao lazer e descanso, como oposição ao trabalho.

Antes de chegar à esfera trabalhista, o dano existencial foi reconhecido no âmbito penal, decorrente de precedentes de cortes internacionais. Caso marcante foi Cantoral Benavides *vs* Peru,(242) em que Luis Alberto Cantoral Benevides foi preso aos 20 anos de idade, confundido com o seu irmão procurado pela polícia antiterrorista. O acusado ficou quatro anos encarcerado, de forma ilegal, quando ainda estudante de biologia, sofrendo abuso físico e psicológico, o que lhe ocasionou problema psiquiátrico, levando-o a refugiar-se no Brasil após a soltura.

Outra questão foi julgada na Corte de Apelação de Gênova, que analisou o caso de Daniele Barillà,(243) acusado de tráfico de drogas, ficando 7 anos injustamente preso, sendo privado do convívio da família e da noiva, renunciando aos hábitos que tinha na vida, sofrendo privações e preconceito como suposto traficante de drogas.

No campo juslaboral, o dano existencial:

> [...] "decorre da conduta patronal que impossibilita o empregado de se relacionar e de conviver em sociedade por meio de atividades recreativas, afetivas, espirituais, culturais, esportivas, sociais e de descanso, que lhe trarão bem-estar físico e psíquico e, por consequência, felicidade; ou que impede de executar, de prosseguir ou mesmo recomeçar os seus projetos de vida, que serão, por sua vez, responsáveis pelo seu crescimento ou realização profissional, social e pessoal".(244)

Tal se dá mediante imposição de volume excessivo de trabalho ao empregado (jornadas extenuantes) que o impossibilita de ter uma vida social, familiar, afetiva, recreativa, o privando de seus projetos de vida nas esferas pessoal, profissional

---

(241) MIKOS, Nádia Regina de Carvalho. *Desjudicialização do dano extrapatrimonial laboral*. Curitiba: Juruá, 2018.

(242) Disponível em: <http://www.corteidh.or.cr/docs/casos/articulos/Seriec_69_esp.pdf>. Acesso em: 20 jul. 2017.

(243) ITALIA, La Repubblica. *Archivio*. Brasillà, um inocente in cárcere la sua storia diventa uma fiction. Disponível em: <http://ricerca.repubblica.it/repubblica/archivio/repubblica/2005/02/18/barilla-un-innocente-in-carcere-la-sua.html>. Acesso em: 20 jul. 2017.

(244) BOUCINHAS FILHO, Jorge Cavalcanti. *O dano existencial e o direito do trabalho*. Disponível em: <http://www.lex.com.br/doutrina_24160224_O_DANO_EXISTENCIAL_E_O_DIREITO_DO>. Acesso em: 29 abr. 2017.

e social. Não é qualquer jornada, mas aquela suficiente para gerar uma lesão de monta ao lazer ou substancial ao direito de descanso.

Assim, a prestação de horas extras, ainda que habitual, não tem o condão de gerar o dano existencial, se não atingido o projeto de vida ou a vida de relações. Nesse sentido a jurisprudência se posiciona.(245)

Surge, no entanto, o direito ao dano existencial, quando a jornada cumprida se revela sequencialmente extensa a ponto de não permitir ao trabalhador outra vida além da laboral, tal como no cumprimento de jornada de 2ª à 6ª feira, das 7h30min às 20h, com 40min de intervalo.(246)

Caracteriza-se quando o empregado passa quase o tempo todo dedicado ao trabalho, sem período livre. Caso típico de dano existencial decorre de jornada de

---

(245) DANO EXISTENCIAL — LABOR EM HORAS EXTRAS — AUSÊNCIA DOS REQUISITOS — INDENIZAÇÃO INDEVIDA — "Indenização. Danos existenciais. Labor em horas extras. Não caracterização. O dano existencial é espécie de dano imaterial, que, como o próprio nome sugere, refere-se ao impacto gerado pelo ato ou omissão que provoca um vazio existencial no indivíduo pela perda do sentido da vida. Nessa espécie de dano, sua existência não se apresenta como dano *in re ipsa*, devendo haver comprovação do dano alegado. Ademais, o não cumprimento da legislação trabalhista decorrente da prestação de jornada extraordinária enseja tão somente o pagamento da verba, não repercutindo em ofensa à honra, à imagem ou à sua dignidade profissional asseguradas pelos incisos V e X do art. 5º da Constituição Federal, capaz de justificar a condenação do empregador ao pagamento da indenização por dano existencial. Recurso não provido." (TRT 24ª R. — RO 575-88.2012.5.24.0003 — Rel. Des. Ricardo G. M. Zandona — DJe 27.11.2012 — p. 22)

(246) DANOS EXISTENCIAIS. JORNADA EXTENUANTE. DEVER DE INDENIZAR. ARBITRAMENTO DO VALOR. Para que se caracterize o dano existencial, o ato ilícito deve implicar prejuízos ao projeto de vida ou à vida de relações da vítima. Dois aspectos fundamentais devem ser considerados: primeiro, quando a pessoa tem inviabilizada a possibilidade de realizar seus projetos de vida, de desenvolver suas aspirações e vocações em diversas áreas quanto ao desenvolvimento pessoal, profissional e social, quando a liberdade de escolha para direcionar suas ações encontra-se tolhida e a vítima tem impedida a sua autorrealização, o que gera frustrações; e segundo, quando as relações interpessoais da vítima são atingidas e ela se vê impedida de se relacionar em diversos ambientes e contextos, notadamente o convívio social e familiar, seja em atividades culturais, espirituais, recreativas, afetivas, esportivas, o que afeta sua vida pública e íntima, causa isolamento social e obsta que se desenvolva de forma socialmente saudável. Ao se reconhecer o cumprimento de jornada extenuante de forma contínua (a exemplo da reconhecida em juízo, "de segunda à sexta-feira das 7h30 às 20h00, já computado o tempo gasto nas atividades desenvolvidas em casa, com 40 minutos de intervalo intrajornada) é imperativo reconhecer, também, que o empregador impõe ao trabalhador ônus excessivo o de prestar trabalho além dos limites de suportabilidade humana e de suas horas extras permitido em lei. A conduta do empregador, nessas condições, implica impor condição indigna de vida ao trabalhador e provocar dano existencial por ter inviabilizado projetos de vida e atingido a vida de relações deste. Há danos imateriais, tanto morais em sentido estrito, como existenciais, o que implica o dever de indenizar. A gravidade do dano, o tempo que perdurou a ofensa, o grau de comprometimento à vítima e a condição econômica do empregador devem ser considerados no valor a ser arbitrado. Provimento que se dá ao recurso da autora para deferir indenização por danos existenciais. (TRT-PR-15204-2014-012-09-00-0-ACO-05286-2017. 2ª Turma. Relatora: Marlene Teresinha Fuverki Suguimatsu. Publicado no DET em 21.02.2017)

12h por dia, de 2ª à sábado, inclusive feriados, e três dias da semana jornada de 14h, sempre com 30min de intervalo.(247)

Tal como exposto, no entanto, a renúncia deve ser involuntária, de sorte que vale observar decisão que indeferiu pleito de executiva que escolheu a ascensão profissional e o conforto financeiro ao invés do direito ao lazer e descanso.(248)

O dano existencial não se presume, estando sujeito à demonstração da existência do abalo concreto ao projeto de vida e à vida de relações, tal como a prova da impossibilidade de convívio com a família e com os amigos.(249)

A realização de horas extras, pois, acima do limite máximo permitido ou outras violações de direitos de lazer e descanso não representa, por si só, o reconhecimento do dano. Necessária a prova do ato ilícito do empregador, do dano efetivo e do nexo de causalidade.(250)

---

(247) JORNADAS DE TRABALHO EXAUSTIVAS — DANO EXISTENCIAL — INDENIZAÇÃO — A realização pelo empregado, por longos períodos, de jornadas de trabalho exaustivas acarreta limitações em relação à sua vida fora do ambiente de trabalho e viola direitos fundamentais, configurando o chamado dano existencial. Hipótese em que restou reconhecida a unicidade do contrato de emprego mantido entre o reclamante e a primeira reclamada no período de 02.07.2001 a 19.12.2010, tendo sido também confirmada a decisão de primeiro grau que acolheu a jornada de trabalho apontada na petição inicial: de segunda-feira a sábado, inclusive em feriados, das 6h às 18h, e até as 20h em três dias da semana — Segunda, quarta e sexta-feira — , sempre com 30 minutos de intervalo. Sentença mantida no aspecto. (TRT 04ª R. — RO 0000620-36.2011.5.04.0019 — 5ª T. — Relª Juíza Conv. Brígida Joaquina Charão Barcelos Toschi — DJe 13.12.2013)v105.

(248) DANO EXISTENCIAL — ASCENSÃO PROFISSIONAL — AUSÊNCIA DE CONSTRANGIMENTO — INDENIZAÇÃO INDEVIDA — "Indenização por danos existenciais. Caso em que resta inviável o deferimento de indenização por danos existenciais à reclamante, já que ela teve ascensão profissional na empresa em que laborava. Na análise do contexto de projeto de vida da autora, deve ser levada em consideração não só a redução do tempo destinado ao lazer e ao convívio social que a demandante teve, mas também a ascensão profissional pela qual ela passou. **A realização profissional também integra o projeto de vida de quem vive do trabalho**. Ocorre que, em muitas vezes, **a escolha por um projeto acaba relativizando a realização de outros**. No caso, a reclamada não pode ser responsabilizada por esta relativização, já que a reclamante não foi obrigada, nem coagida a exercer função de confiança. Indenização por dano moral. Assédio moral. Caso em que o contexto da prova documental e testemunhal produzida evidencia que a reclamante foi vítima de agressão verbal praticada por superior hierárquico, em um contexto de cobrança excessiva por metas, conduta que afronta os arts. 1º, III e IV, 5º, III e X, e 170, todos da Constituição Federal." (TRT 04ª R. — RO 0001137-87.2010.5.04.0015 — 7ª T. — Rel. Des. Marcelo Gonçalves de Oliveira — DJe 19.07.2012).

(249) OLIVEIRA NETO, Célio Pereira. *Instituto...*, p. 79 e ss.

(250) DANO EXISTENCIAL — LABOR EM HORAS EXTRAS — AUSÊNCIA DOS REQUISITOS — INDENIZAÇÃO INDEVIDA — "Indenização. Danos existenciais. Labor em horas extras. Não caracterização. O dano existencial é espécie de dano imaterial, que, como o próprio nome sugere, refere-se ao impacto gerado pelo ato ou omissão que provoca um vazio existencial no indivíduo pela perda do sentido da vida. Nessa espécie de dano, sua existência não se apresenta como dano *in re ipsa*, devendo haver comprovação do dano alegado. Ademais, o não cumprimento da legislação trabalhista decorrente

O dano existencial encontrou a sua positivação, ainda que tímida no direito brasileiro, por força da Lei n. 13.467/2017, que inseriu a letra "B" na redação do art. 223 da CLT, com a seguinte redação:

> Art. 223-B. Causa dano de natureza extrapatrimonial a ação ou omissão que ofenda a esfera moral ou existencial da pessoa física ou jurídica, as quais são as titulares exclusivas do direito à reparação.

Em sendo cabível o direito à indenização por dano existencial, duas poderão ser as posições do julgador. Uma é a aplicação do título II-A, arts. 223-A a 223-G da CLT, fruto da Lei n. 13.467/2017, que prevê o tabelamento do dano extrapatrimonial, em valores que variam de 3 vezes a 50 vezes o último salário contratual do empregado(251), podendo chegar ao dobro em caso de reincidência(252) das mesmas partes; a outra é a declaração incidental de inconstitucionalidade da nova lei por violação ao princípio da dignidade da pessoa humana, vez que a pessoa não pode ter os seus valores tarifados, devendo o juiz avaliar as circunstâncias de cada caso para aplicar a indenização que entender justificável à espécie.

---

da prestação de jornada extraordinária enseja tão somente o pagamento da verba, não repercutindo em ofensa à honra, à imagem ou à sua dignidade profissional asseguradas pelos incisos V e X do art. 5º da Constituição Federal, capaz de justificar a condenação do empregador ao pagamento da indenização por dano existencial. Recurso não provido." (TRT 24ª R. — RO 57588.2012.5.24.0003 — Rel. Des. Ricardo G. M. Zandona — DJe 27.11.2012 — p. 22)

(251) Art. 223-G, § 1º. Se julgar procedente o pedido, o juízo fixará a indenização a ser paga, a cada um dos ofendidos, em um dos seguintes parâmetros, vedada a acumulação: I — ofensa de natureza leve, até três vezes o último salário contratual do ofendido; II — ofensa de natureza média, até cinco vezes o último salário contratual do ofendido; III — ofensa de natureza grave, até vinte vezes o último salário contratual do ofendido; IV — ofensa de natureza gravíssima, até cinquenta vezes o último salário contratual do ofendido.

(252) Art. 223-G, § 3º. Na reincidência entre partes idênticas, o juiz poderá elevar ao dobro o valor da indenização.

4. TELETRABALHO

4.1. Origem e Desenvolvimento

A origem remota do teletrabalho aponta para o ano de 1857, quando a Pennsylvania Railroad Company, proprietária da estrada de ferro Pennsylvania Railroad geriu equipes de trabalho a distância, fazendo uso do sistema de telégrafo. Tem-se notícia ainda que, no ano de 1950, um arquiteto supervisionou, a partir da Europa, a construção de imóvel nos Estados Unidos, mediante o uso do aparelho de fac-símile.(253)

Historicamente, o teletrabalho viveu três grandes momentos de desenvolvimento.

O **primeiro** deles ocorreu diante da crise do petróleo, na década de 1970. Na oportunidade, Jack Niles — apontado como o pai do teletrabalho — foi bastante influente com a sua obra "Fazendo do teletrabalho uma realidade", onde propôs trazer o trabalho para casa, ao invés de o trabalhador deslocar-se para a sede da empresa.

Na década de 1980, ao tratar da mudança do local de trabalho da fábrica ou escritório para os lares, Alvin Toffer apresentou uma série de objeções que teriam de ser enfrentadas, tais como:

> [...] as pessoas não gostam de trabalhar em casa, mesmo que pudessem. Vejam todas as mulheres que lutam para sair de casa e ir para um emprego! "Como se pode fazer qualquer trabalho com crianças correndo em redor da gente? As pessoas não ficarão motivadas se não houver um chefe a vigiá-las. As pessoas precisam de contato face a face uns com os outros, para desenvolverem a segurança e a confiança necessárias para trabalharem juntas. A arquitetura da casa mediana não oferece condições para uso".(254)

Na mesma década de 1980, com as novas tecnologias da época, o gerente industrial Dar Howard, já havia estimado que a grande fábrica da Hewlett Packard, de Colorado Springs, poderia ter de 35% a 50% da sua força de trabalho atuando em casa.(255)

---

(253) PINEL, M. Fatima de L. *Teletrabalhador*. Disponível em: <http://www.teletrabalhador.com/origem.html>. Acesso em: 15 nov. 2017.
(254) TOFFLER, Alvin. *A terceira onda*. 5. ed. Trad. de João Távora. Rio de Janeiro: Record, 1980. p. 200.
(255) TOFFLER, p. 201.

Nos Estados Unidos da América, após uma breve queda no índice de sua utilização, a edição do *Clean Air Act* (em 1994) recomendou a diminuição da circulação dos carros, incentivando a utilização do teletrabalho (*telework*) como alternativa para atingimento das metas estabelecidas na medida.[(256)]

O uso das novas tecnologias da telemática proporcionou diversificação do lugar de trabalho, mediante descentralização produtiva e novas formas de trabalhos atípicos, dos quais é exemplo a contratação de trabalhadores de partes longínquas do mundo para a realização e entrega da atividade em tempo real, tal como nas contratações de indianos da área de tecnologia por empresas americanas e de outras partes do mundo.

O teletrabalho permite também o manejo do fuso horário como aliado da produção e fator competitivo, do que é exemplo a contratação de profissionais de talento no Soho de Londres, na pós-produção de vídeos e filmes sediados em Hollywood. Isso porque, em razão do fuso de 9h, ao final de um dia de trabalho de filmagens, as cenas são encaminhadas para Londres, aonde os *experts* trabalham em seus lares à luz do dia, enquanto Los Angeles dorme. Ao iniciar o novo dia de trabalho, Hollywood já tem o material do dia anterior editado.[(257)]

Nota-se, pois, que se o capital pode vagar livre e migrar em um clique, o trabalho também não precisa fixar-se. Por meio da telemática, o trabalho pode igualmente viajar e ignorar as fronteiras da distância, desestruturando os conceitos de tempo e espaço.

Modelo clássico de teletrabalho, e que faz parte do cotidiano da sociedade já fazem largos anos, é o prestado por correspondentes de jornais e revistas em diferentes locais do mundo, especialmente nas principais capitais e metrópoles.

Nos Estados Unidos da América — berço do teletrabalho — em 1990, havia 3 milhões de teletrabalhadores. Esse número subiu para 10 milhões em 1997. No entanto, o **segundo** estouro de desenvolvimento veio a partir do dia seguinte aos atentados de 11 de setembro de 2001, quando grande parte das empresas atingidas pelos ataques terroristas já estavam atendendo aos seus clientes por meio da instituição do regime de teletrabalho.

Mesmo antes da pandemia da Covid-19, nos estados norte-americanos estimava-se que mais de 70 milhões de pessoas trabalhassem ao menos uma parte do tempo em regime de teletrabalho, com índice de crescimento significativo em poucos anos, de 39% em 2013 para 43% em 2016.[(258)]

---

(256) JARDIM, Carla Carrara da Silva. *O teletrabalho e suas atuais modalidades*. São Paulo: LTr, Biblioteca Digital, 2004. p. 33.

(257) MITCHELL, p. 162-163.

(258) ESTADOS UNIDOS DA AMÉRICA. *5 Reasons remote work is most definitelt on the rise*. Disponível em: <https://www.flexjobs.com/blog/post/reasons-remote-work-is-not-in-decline/>. Acesso em: 20 jul. 2017.

A multinacional AT&T indicou que possuía 35.000 teletrabalhadores, ao passo que a IBM italiana transformou 3.500 de seus postos em trabalho a distância por meio da telemática.(259)

De acordo com a OIT, antes do surto pandêmico, a incidência do teletrabalho regular ou ocasional era da ordem de 30% ou mais na Dinamarca, 10% nos países baixos e Suécia, menos de 10% na Repúplica Checa, Grécia, Itália e Polônia, até 20% da força de trabalho nos Estados Unidos da América, 16% no Japão e somente 1,6% na Argentina.(260)

Segundo a Associação Brasileira de Recursos Humanos, Seção Rio de Janeiro (ABRH/RJ), até o final do ano de 2000, 15% da força de trabalho nacional estaria laborando em regime de teletrabalho. De acordo com estimativa da Sociedade Brasileira de Teletrabalho e Teleatividades (SOBRATT), em 2008, o número de teletrabalhadores no Brasil deve ter atingido a casa dos 10.600.000, tendo em 2018(261) alcançado 15 milhões de teletrabalhadores.(262) Em maio de 2016, a SOBRATT divulgou pesquisa que revelou que 68% das empresas já praticavam alguma modalidade de teletrabalho no Brasil.(263) A maior parte estava nos setores de serviços e indústria de transformação, assim como no setor de tecnologia da informação e telecom. Outra parte menor ainda se dividia nas atividades química, petroquímica e agroquímica, nos setores de serviços de suporte e provimento, bens de consumo e nas atividades de máquinas/equipamentos e automação.(264)

O **terceiro** e maior desenvolvimento do teletrabalho também se deu na crise, e foi diante do surto pandêmico da Covid-19 que, pelo alcance e magnitude, será tratado de modo separado no capítulo 9, após a apresentação dos aspectos conceituais, enquadramento legal, vantagens e desvantagens, formalidades e prática, teletrabalho transregional, transnacional e a representação de trabalhadores em regime de teletrabalho.

A metodologia escolhida tem por escopo primeiro apresentar as disposições gerais sobre o tema, para depois tratar do regime precário instituído no curso da pandemia de forma emergencial, sem prejuízo, contudo, de inserção de fatos e legislações editadas no curso da pandemia ao longo dos itens e capítulos que seguem.

---

(259) DE MASI, p. 197.

(260) Disponível em: <https://www.ilo.org/wcmsp5/groups/public/—ed_protect/—protrav/—travail/documents/publication/wcms_758007.pdf. Acesso em: 15 nov. 2021.

(261) Segundo o TST, o número em 2012 seria de 12 milhões de brasileiros teletrabalhando. Disponível em: https://www.tst.jus.br/web/guest/-/novidades-trazidas-pelo-teletrabalho-sao-destaque-no-programa-jornada?inherit Acesso em: 30 nov. 2021.

(262) BRASIL. *Sociedade Brasileira de Teletrabalho* — SOBRATT. Disponível em: <http://www.sobratt.org.br/index.php/15032017-pl-678716-reforma-trabalhista-brasilia-df/>. Acesso em: 20 nov. 2017.

(263) BRASIL. *Sociedade Brasileira de Teletrabalho.* — SOBRATT. Disponível em: <http://www.sobratt.org.br/site2015/wp-content/uploads/2016/05/Estudo_Home Office_Consolidado_2016.pdf>. Acesso em: 24 ago. 2017.

(264) BRASIL. SOBRATT.

4.2. Aspectos Conceituais

O teletrabalho pode ser conceituado como trabalho prestado, ao menos em parte a distância, fora da sede da organização empresarial, mediante o uso da telemática, ou seja, comunicação mais informação e/ou informática. Na sua essência, o teletrabalho, especialmente antes da pandemia da Covid-19, era realizado com flexibilidade de jornada e ausência de fiscalização direta, empoderando o teletrabalhador diante da auto-organização e autonomia de gestão do tempo, e em certa medida de suas atividades.

Jack Nilles conceitua o teletrabalho como:

> "Qualquer forma de substituição de deslocamentos relacionados com a atividade econômica por tecnologias da informação, ou a possibilidade de enviar o trabalho ao trabalhador, no lugar de enviar o trabalhador ao trabalho".(265)

Para Domenico de Masi, trata-se de:

> [...] "um trabalho realizado longe dos escritórios empresariais e dos colegas de trabalho, com comunicação independente com a sede central do trabalho e com outras sedes, através de um uso intensivo das tecnologias da comunicação e da informação, mas que não são necessariamente sempre de natureza informática".(266)

Essa modalidade se diferencia, pois, do trabalho prestado no âmbito interno da empresa, especialmente pela inexistência de controle físico e contato direto, pessoal e contínuo com o empregador, possibilitando a adoção de jornada e horários flexíveis.(267)

Bem antes da Covid-19, as inovações tecnológicas já estavam levando o trabalho de volta aos lares, ou a outros pontos descentralizados da sede da empresa. Exemplo disso é que:

> [...] "muitos dos velhos prédios de bolsa de valores — como o Palais de la Bourse, em Paris — literalmente tornaram-se museus. A Bolsa de Valores de Nova York ainda tem uma atividade fervilhante até a hora do fechamento, mas o ciberespaço furtivamente substituiu a Wall Street como a nova capital do capital."(268)

---

(265) NILLES, Jack M. *Fazendo do teletrabalho uma realidade*. São Paulo: Futura, 1997. p. 15.

(266) DE MASI, Domenico. *Ócio criativo*. Entrevista a Maria Serena Palieri; tradução de Léa Manzi. Rio de Janeiro: Sextante, 2000. p. 204.

(267) OLIVEIRA NETO, Célio Pereira. *Direito de desconexão frente às novas tecnologias no âmbito das relações de emprego*. Arquivos do Instituto Brasileiro de Direito Social Cesarino Junior, n. 39, 2015. p. 79 e ss.

(268) SILVA TOSE, Marilia de Gonzaga Lima e. *Teletrabalho*: a prática do trabalho e a organização subjetiva dos seus agentes. Tese de Doutorado apresentada à Pontifícia Universidade Católica de São Paulo, 2005.

Nos dizeres de Domenico de Masi:

> [...] "estamos às vésperas de uma revolução nova e, igualmente drástica: a da reorganização informática, graças ao teletrabalho e ao comércio eletrônico, que trarão de volta o trabalho para dentro dos lares e, assim, nos obrigarão a rever toda a organização prática da nossa existência."(269)

A partir do momento em que o trabalho está na nuvem, podendo ser acessado de qualquer lugar, não há necessidade de deslocamento para a sede da empresa a fim de executar as atividades, nem o mesmo controle rígido que marcou as anteriores revoluções industriais.

Nessa esteira, Fabiano Zavanella e João Carmelo Alonso pontuam que:

> [...] pela primeira vez, o trabalho a ser feito não está mais vinculado somente a um local específico. O trabalho é algo que se faz, e não o local de sua realização. Por outro lado, além da realização de um trabalho em um local específico, o teletrabalho permite, sem a necessidade de se deslocar, sair instantaneamente de uma escala espacial para outra e assim realizar outras missões que não estão necessariamente relacionadas ao local onde se está. Essa simultaneidade na qual se baseia a flexibilidade do modo de teletrabalho torna possível subordinar o espaço, seja ele qual for, aos imperativos do tempo.(270)

Teletrabalho em sua tradução literal significa trabalho a distância (do grego *têles* = longe, distante). Portanto, pela própria etimologia, qualquer trabalho prestado a distância, cujo resultado seja entregue por meio da telemática, configurará teletrabalho.

Também costumeiramente utiliza-se a denominação *home office*, o que ganhou grande projeção durante a pandemia da Covid-19.

Teletrabalho até pode se misturar com o conceito mais moderno de *home office*, desde que o domicílio seja o local escolhido para prestar o labor a ser entregue mediante uso de equipamentos de informática e comunicação (telemática).

Ou seja, o teletrabalho é sempre prestado a distância, de modo que o *home office* só é enquadrado no teletrabalho quando entregue mediante o uso da telemática.

O trabalho em domicílio,(271) em sua nomenclatura, sem o título americanizado, historicamente remete ao trabalho manufatureiro, tendo como exemplo clássico

---

(269) DE MASI, Domenico. *Ócio criativo.* Entrevista a Maria Serena Palieri; tradução de Léa Manzi. Rio de Janeiro: Sextante, 2000. p. 62.

(270) ZAVANELLA, Fabiano e ALONSO, João Carmelo. Novas tecnologias e o futuro do direito do trabalho. In: MANNRICH, Nelson. (Coord.). *Diretrizes da OIT em seu centenário:* Qual o futuro do Direito do Trabalho? Porto Alegre: LexMagister, 2020.

(271) Por trabalho em domicílio, segundo o art. 1º, item "a", da Convenção n. 177 da OIT, entenda-se aquele realizado por uma pessoa em seu domicílio ou em outros locais de sua escolha, que, em troca de remuneração, elabora um produto ou presta um serviço, conforme as especifica-

a atividade das costureiras em prol da indústria têxtil, principalmente no curso da Segunda Revolução Industrial, ao passo que o *home office* passa a ideia de um trabalho mais intelectualizado.

Contudo, por evidente que o trabalho em domicílio, quando prestado mediante o uso de recursos informáticos e de comunicação, se configura como teletrabalho. Nos ensinamentos de Mauricio Godinho Delgado:[272]

> [...] 1) o tradicional trabalho no domicílio, há tempos existente na vida social, sendo comum a certos segmentos profissionais, como as costureiras, as cerzideiras, os trabalhadores no setor de calçados, as doceiras etc.; b.2) o novo trabalho no domicílio, chamado *home office*, à base da informática, dos novos meios de comunicação e de equipamentos convergentes; b.3) o teletrabalho, que pode se jungir ao *home office*, mas pode também se concretizar em distintos locais de utilização dos equipamentos eletrônicos hoje consagrados (informática, internet, telefonia celular etc.).

A **OIT** conceitua teletrabalho[273] como "forma de trabalho efetuada em lugar distante do escritório central e/ou do centro de produção, que permita a separação física e que implique o uso de uma nova tecnologia facilitadora da comunicação".[274]

Já a **Fundação Europeia para a Melhoria das Condições de Vida e de Trabalho** define o teletrabalho como:

> [...] qualquer forma de trabalho desenvolvida por conta de um empresário ou de um cliente, por um trabalhador dependente, um trabalhador autônomo ou um trabalhador em domicílio, efetuada regularmente e durante uma parte importante do tempo de trabalho de um ou mais lugares distintos do ponto de trabalho tradicional, utilizando tecnologia de informática e/ou telecomunicações."[275]

A **Comissão Europeia** define teletrabalho como:

> "um método de organização e/ou prestação de trabalho em que o trabalho prestado por uma pessoa singular no quadro de uma relação

---

ções do empregador, independentemente de quem proporcione material, equipamentos ou outros elementos necessários para esse trabalho, a menos que essa pessoa tenha grau de autonomia e independência necessários para ser considerado autônomo, dada a legislação nacional ou decisões judiciais. Tal convenção não foi ratificada pelo Brasil, de sorte que não tem efeito vinculativo, servindo como mero subsídio de aplicação.

(272) DELGADO, Mauricio Godinho. *Curso de direito do trabalho*. 16. ed. São Paulo: LTr, 2017. p. 1023.

(273) No capítulo 9 que trata da Covid-19 e o Teletrabalho, item 9.2, serão apresentados os novos conceitos trazidos pela OIT no curso da pandemia.

(274) BRASIL. *Organização Internacional do Trabalho*. Disponível em: <www.ilo.org>. Acesso em: 20 nov. 2017.

(275) Veja-se, desde logo, que o teletrabalho pode ser realizado por empregado, autônomo, ou empresário, o que o caracteriza é a realização a distância, por meio da telemática.

de trabalho, durante uma parte considerável do tempo de trabalho seja prestado a distância (relativamente às instalações do empregador ou ao local onde se espera o resultado do trabalho) através da utilização de tecnologia de informação e transmissão de dados, e em especial da internet."(276)

O **Acordo Quadro Europeu sobre Teletrabalho** conceitua como:

"Uma forma de organização e/ou realização do trabalho, utilizando as tecnologias da informação, no contexto de um contrato ou de uma relação laboral, na qual um trabalho, que também poderia ser realizado nas sedes dos empregadores, se executa fora dos locais regulares."(277)

O direito **lusitano** trata da conceituação do teletrabalho, nos termos do art. 165 do Código do Trabalho:

"Considera-se teletrabalho a prestação laboral realizada com subordinação jurídica, habitualmente fora da empresa e através do recurso a tecnologias de informação e de comunicação."(278)

A Assembleia da República de Portugal aprovou decreto no mês de novembro de 2021 que altera o Código de Trabalho de Portugal. O texto foi sancionado pelo Presidente da República no último dia 25.11.2021,(279) e altera o conceito de teletrabalho, com destaque para a exclusão do vocábulo habitualmente, de sorte que qualquer trabalho prestado em regime de subordinação jurídica, em local não determinado pelo empregador, por meio da telemática se configura como teletrabalho, nos seguintes termos:

Noção de teletrabalho e âmbito do regime:

1. Considera-se teletrabalho a prestação de trabalho em regime de subordinação jurídica do trabalhador a um empregador, em local não determinado por este, através do recurso a tecnologias de informação e comunicação.

2. As disposições contidas nos artigos 168º, 169º-A, 169º-B, 170º e 170º-A aplicam-se, na parte compatível, a todas as situações de trabalho a distância sem subordinação jurídica, mas em regime de dependência económica.

---

(276) BETTENCOURT, Pedro Ortins de. *Os regimes do teletrabalho in* Estudos Jurídicos em homenagem ao Professor António Motta Veiga. Coimbra: Almedina, 2007. p. 258.
(277) Telework is a form of organising and/or performing work, using information technology, in the context of an employment contract/relationship, where work, which could also be performed at the employers premises, is carried out away from those premises on a regular basis. This agreement covers teleworkers. A teleworker is any person carrying out telework as defined above.
(278) PORTUGAL. *Código do Trabalho*. Disponível em: <http://cite.gov.pt/asstscite/downloads/legislacao/CT25092017.pdf#page=64>. Acesso em: 15 nov. 2017.
(279) Atualidade – Página Oficial da Presidência da República Portuguesa (presidencia.pt). Acesso em: 30 nov. 2021.

Em **França**, o teletrabalho encontra a sua definição no art. 1.222-9, do Código do Trabalho:

> "Toda forma de organização do trabalho em que o trabalho que também poderia ter sido realizado nas instalações do empregador, é desempenhado por um empregado fora dessas instalações de forma regular e voluntária, utilizando tecnologias de informação e comunicação, no âmbito de um contrato de trabalho ou relativo a este."(280)

A **Colômbia**, por meio do art. 2º da Lei n. 1.221, de 2008, define teletrabalho como:

> "... uma forma de organização laboral, que consiste no desempenho de atividades remuneradas ou prestação de serviços a terceiros utilizando como suporte as tecnologias da informação e a comunicação — TIC para o contato entre o trabalhador e a empresa, sem a necessidade da presença física do trabalhador na sede da empresa."(281)

Em **Espanha**, a Lei n. 10/2021 em sua exposição de motivos elenca o teletrabalho como subespécie do trabalho a distância:

> El trabajo a distancia, entendido como trabajo que se realiza fuera de los establecimientos y centros habituales de la empresa y del que el teletrabajo es una subespecie que implica la prestación de servicios con nuevas tecnologías, ha sido objeto de regulación tanto en el ámbito interno como en el ámbito comunitario e internacional.(282)

E apresenta as definições para trabalho a distância, teletrabalho e trabalho presencial, elencando o primeiro como realizado no domicílio ou no lugar eleito pelo trabalhador, o teletrabalho como realizado a distância mediante uso exclusivo ou prevalente da telemática, e o presencial como o que se presta no local de trabalho ou determinado pela empresa.

a) "**Trabajo a distancia**": forma de organización del trabajo o de realización de la actividad laboral conforme a la cual esta se presta en el domicilio de la persona trabajadora o en el lugar elegido por esta, durante toda su jornada o parte de ella, con carácter regular.

b) "**Teletrabajo**": aquel trabajo a distancia que se lleva a cabo mediante el uso exclusivo o prevalente de medios y sistemas informáticos, telemáticos y de telecomunicación.

---

(280) *Article L-1222-9 du code de travail*: Toute forme d'organisation du travail dans laquelle un travail qui aurait également pu être exécuté dans les locaux de l'employeur est effectué par un salarié hors de ces locaux de façon régulière et volontaire en utilisant les technologies de l'information et de la communication dans le cadre d'un contrat de travail ou d'un avenant à celui-ci. FRANÇA. Disponível em: <https://www.entreprises.cci-paris-idf.fr/web/reglementation/developpement-entreprise/droit-social/le-teletravail>. Acesso em: 24 nov. 2017.

(281) *Teletrabajo. Es una forma de organización laboral, que consiste en el desempeño de actividades remuneradas o prestación de servicios a terceros utilizando como soporte las tecnologías de la información y la comunicación — TIC para el contacto entre el trabajador y la empresa, sin requerirse la presencia física del trabajador en un sitio específico de trabajo*. Disponível em: <https://www.mintic.gov.co/portal/604/articles-3703_documento.pdf>.

(282) Disponível em: <https://www.boe.es/buscar/doc.php?id=BOE-A-2021-11472>. Acesso em: 3 dez. 2021.

c) "**Trabajo presencial**": aquel trabajo que se presta en el centro de trabajo o en el lugardeterminado por la empresa.(283)

Na **Itália**, o teletrabalho está conceituado na Lei n. 191, relativa aos serviços na administração pública:

> "Prestação de trabalho, realizada por trabalhador de um lugar considerado idôneo, localizado fora da empresa, onde a prestação seja tecnicamente possível, e com o suporte de uma tecnologia da informação e da comunicação que permita a união com a administração que depender".

A seu turno, por meio da Lei n. 81 de 2017, capítulo II, a Itália criou o **trabalho ágil**, tendo por escopo incrementar a competitividade e permitir a conciliação de vida pessoal e trabalho. Trata-se de modalidade de execução de contrato entre as partes, sem obrigação de horário ou lugar de execução do trabalho, com a possibilidade de uso dos instrumentos tecnológicos para o desenvolvimento das atividades. A prestação ocorre em parte interna, na empresa, e outra externa sem local fixo, somente limitada pela duração máxima de jornada diária e semanal, observadas a lei e a negociação coletiva.(284)

Alberto Levi(285) explica que o teletrabalho deve ser considerado distinto do trabalho ágil, observando as diferenças entre estes, e já contemplando a figura do *smart work*, o que em apertada síntese(286):

a) o **teletrabalho** é uma modalidade de execução da prestação de trabalho que necessariamente implica na utilização das tecnologias da telemática (comunicação + informática), sendo realizado de forma remota;

b) o **trabalho ágil** representa em certo sentido o *smart work*, embora não sejam a mesma figura, caracterizando-se o trabalho ágil por três elementos: (i) implica alternância entre trabalho desenvolvido na empresa e trabalho descentralizado, fora da sede; (ii) o trabalho fora da sede não possui vínculo de tempo, estando o trabalhador livre para se autogerir, observados os tempos máximos de duração da jornada diária e sema-

---

(283) Disponível em: <https://www.boe.es/buscar/doc.php?id=BOE-A-2021-11472>. Acesso em: 3 dez. 2021.

(284) Art. 18. *Lavoro agile*

1. Le disposizioni del presente capo, allo scopo di incrementare la competitività e agevolare la conciliazione dei tempi di vita e di lavoro, promuovono il lavoro agile quale modalità di esecuzione del rapporto di lavoro subordinato stabilita mediante accordo tra le parti, anche con forme di organizzazione per fasi, cicli e obiettivi e senza precisi vincoli di orario o di luogo di lavoro, con il possibile utilizzo di strumenti tecnologici per lo svolgimento dell'attività lavorativa. La prestazione lavorativa viene eseguita, in parte all'interno di locali aziendali e in parte all'esterno senza una postazione fissa, entro i soli limiti di durata massima dell'orario di lavoro giornaliero e settimanale, derivanti dalla legge e dalla contrattazione collettiva...

(285) LEVI, Alberto. Le Prospettive del Telelavoro in Italia. (Coord. ZAVANELLA, Fabiano e PINTO, Luis Otávio Camargo). *22 anos da SOBRATT*: A Evolução do Teletrabalho: Tomo I: Aspectos Jurídicos. Campinas, SP: Lacier Editora, 2021, p. 111-114.

(286) Com a licença da inserção da compreensão por parte do ora autor.

nal; (iii) não há obrigação quanto ao lugar de execução das atividades quando descentralizadas, estando o trabalhador liberado das amarras territoriais.

c) o ***smart work*** é figura relativa aos trabalhadores com alto grau de autonomia operacional, que não necessita de constantes diretrizes patronais, possivelmente perseguindo objetivos traçados pelo empresário, pronto a resolver problemas e encontrar soluções. Na tradução literal: trabalho inteligente.(287)

Elucidando o trabalho ágil, Alberto Levi oferece o exemplo de trabalhador que atua nos primeiros três dias da semana internamente na empresa, e os dias restantes de forma descentralizada, fora da empresa, cabendo às partes consensualmente estabelecer em contrato individual, denominado "contrato de trabalho ágil".

> Un esempio: per i primi tre giorni della settimana il lavoratore deve lavorare all´interno; per i restanti giorni della settimana deve lavorare all´esterno. Il quantum di lavoro prestato all´interno e all´esterno viene deciso consensualmente dalle parti el raporto (il datore di lavoro, da un lato e il lavoratore, dall´altro lato), in un contratto individuale (non colletivo), chiamato 'patto di lavoro agile'.(288)

Em seguida, Alberto Levi indica a principal diferença entre o trabalho ágil e o teletrabalho, apontando que neste necessariamente há uso da telemática, além de pressupor uma estação fixa de trabalho; ao passo que o trabalho ágil não implica em uso dos instrumentos da informática e telemática e nem há posto fixo de trabalho.

> La differenza principale tra il telelavoro e il lavoro agile: Il primo implica necessariamente l´utilizzo degli strumenti informatici e telematici, mentre Il secondo no. Inoltre il telelavoro pressupone una postazione fissa di lavoro; al contratio, il lavoro agile — come si è detto — è per deffinizione sensa una postazione fissa.(289)

---

(287) Veniamo ora allo smartwork, figura in riferimento alla quale è stato sottolineato l´alto grado di autonomia operativa del lvoratore, capace di muoversi senza la necessità di direttive datorialei costanti e puntuali, magari perseguendo obietivvi fissati dall´imprenditore, attraveso un approccio, appunto, smart del lavoratore, pronto a risolvere le problematiche e a trovare le soluzioni applicative. In: LEVI, Alberto. Le Prospettive del Telelavoro in Italia. (Coord. ZAVANELLA, Fabiano e PINTO, Luis Otávio Camargo). *22 anos da SOBRATT*: A Evolução do Teletrabalho: Tomo I: Aspectos Jurídicos. Campinas, SP: Lacier Editora, 2021.

(288) LEVI, Alberto. Le Prospettive del Telelavoro in Italia. (Coord. ZAVANELLA, Fabiano e PINTO, Luis Otávio Camargo). *22 anos da SOBRATT*: A Evolução do Teletrabalho: Tomo I: Aspectos Jurídicos. Campinas, SP: Lacier Editora, 2021, p. 113.

(289) LEVI, Alberto. Le Prospettive del Telelavoro in Italia. (Coord. ZAVANELLA, Fabiano; PINTO, Luis Otávio Camargo). *22 anos da SOBRATT*: A Evolução do Teletrabalho: Tomo I: Aspectos Jurídicos. Campinas, SP: Lacier Editora, 2021. p. 114.

E ao final explicita que o trabalho ágil até goza de certa autonomia operacional, mas, de outro lado, no *smart work* não há alternância entre trabalho interno nas instalações da organização e fora da empresa, o que definitivamente diferencia as duas figuras.[290]

Rotineiramente, o teletrabalho é prestado mediante o uso de internet e/ou telefone, tal como expressamente previsto no Código do Trabalho francês, embora possam ser utilizadas outras tecnologias, desde que se enquadrem no conceito de trabalho a distância entregue por meio da telemática.

Cabe, pois, ser oferecido a partir de diversos locais, dentre os quais merecem destaque: a) domicílio; b) telecentros públicos ou privados; c) oficinas satélites; d) móvel, onde se enquadram, *v. g.*, hotéis, aeroportos, ônibus,[291] aviões, trens, clientes; e) nômade, representado pela maior parte do tempo fora da empresa; f) misto, onde coexiste a combinação de dois ou mais métodos.

Recentemente surgiu um novo conceito, o *third place*, ou seja, terceiro lugar, para designar todos os espaços que não a casa ou o escritório. Nele se enquadram cafeterias, espaços de *coworking*, bibliotecas e outros.[292] Por sinal, em França, o acordo nacional interprofissional adota essa nova definição, consoante explica Marcel Zernikow:

> "A esse propósito, convém ressaltar que o acordo nacional interprofissional adota uma nova definição, que convém comparar com aquela do artigo L — 1222-9 do código do trabalho ... na prática o teletrabalho pode ser realizado no local de residência do assalariado ou em **terceiro lugar**, como espaço de *coworking*, diferente das instalações da empresa, de forma regular, pontual ou em circunstâncias excepcionais ou de força maior."[293]

Outro termo que tem sido experimentado é Workation, que deriva dos vocábulos work (= trabalho) + vacation (= férias), que consiste numa espécie de viagem para férias, sem a possibilidade de desconexão do trabalho, de sorte que as

---

(290) Consistente nel fatto che sia il lavoratore agile che lo smart worker possono godere di un certo margine di autonomia operativa, D´altro canto, tuttavia, nello smart work non c´è quella necessaria alternanza tra lavoro all´esterno dei local aziendali e lavoro svolto all´interno, tipica invece del lavoro agile. LEVI, Alberto. Le Prospettive del Telelavoro in Italia. (Coord. ZAVANELLA, Fabiano e PINTO, Luis Otávio Camargo). *22 anos da SOBRATT*: A Evolução do Teletrabalho: Tomo I: Aspectos Jurídicos. Campinas, SP: Lacier Editora, 2021.

(291) Domenico de Masi dá o exemplo de ônibus de equipe de políticos durante a disputa eleitoral. In: DE MASI, p. 221.

(292) Disponível em: <https://www.archdaily.com.br/br/962163/o-futuro-espaco-de-trabalho-nao-sera-um-espaco-de-trabalho>. Acesso em: 15 nov. 2021.

(293) ZERNIKOW, Marcel. As perspectivas do teletrabalho na França. In: (Coord. ZAVANELLA, Fabiano e PINTO, Luis Otávio Camargo). *22 anos da SOBRATT*: A Evolução do Teletrabalho: Tomo I: Aspectos Jurídicos. Campinas, SP: Lacier Editora, 2021, p. 163.

duas atividades (lazer e trabalho) acabam se unindo e se misturando, parte férias, parte trabalho. Por sinal, a penúltima parte da revisão deste livro foi realizada em viagem de uma semana, onde se misturaram atividades de lazer, descanso, participação em audiência, reunião com clientes e reexame da obra.

4.2.1. Enquadramento do Teletrabalho na CLT

O art. 83 da CLT trata do pagamento do salário mínimo legal ao trabalhador em domicílio, hipótese que não trata necessariamente do teletrabalho, só podendo assim ser considerado se o trabalho for realizado mediante o uso da telemática.

Em nível pátrio, a primeira disciplina legal do trabalho remoto (categoria na qual se insere o teletrabalho) foi trazida pela Lei n. 12.551, de 15 de dezembro de 2011, que deu a seguinte redação ao art. 6º da CLT:

> "Art. 6º Não se distingue entre o trabalho realizado no estabelecimento do empregador, o executado no domicílio do empregado e o realizado a distância, desde que estejam caracterizados os pressupostos da relação de emprego.
>
> Parágrafo único. Os meios telemáticos e informatizados de comando, controle e supervisão se equiparam, para fins de subordinação jurídica, aos meios pessoais e diretos de comando, controle e supervisão do trabalho alheio."

Na prática juslaboralista, nada se modificou — somente se deixou clara a aplicação da regra legal. Trabalho subordinado, prestado mediante contraprestação pecuniária, de modo habitual e não eventual, implica em relação de emprego, seja qual for o meio tecnológico utilizado. Tanto assim o é que a jurisprudência já reconhecia há tempos o vínculo de emprego em uma relação de teletrabalho, quando preenchidos os requisitos do art. 3º da CLT.(294)

A Lei n. 13.467/2017, conhecida como Reforma Trabalhista, inseriu os arts. 75-A a 75-E da CLT. O primeiro deles(295) remete o regime de cumprimento do teletrabalho às disposições legais constantes do Capítulo II-A do Teletrabalho,

---

(294) 114000003196 JCLT.3 — RELAÇÃO DE EMPREGO — A prestação de serviços na residência do empregado não constitui empecilho ao reconhecimento da relação de emprego, quando presentes os pressupostos exigidos pelo art. 3º da CLT, visto que a hipótese apenas evidencia trabalho em domicílio. Aliás, considerando que a empresa forneceu equipamentos para o desenvolvimento da atividade, como linha telefônica, computador, impressora e móveis, considero caracterizada hipótese de teletrabalho, visto que o ajuste envolvia execução de atividade especializada com o auxílio da informática e da telecomunicação. (TRT 03ª R. — RO 977/2009-129-03-00.7 — Rel. Juiz Conv. Jesse Claudio Franco de Alencar — DJe 26.11.2009 — p. 97)
107001376 — CONTRATO DE EMPREGO — TRABALHO NO DOMICÍLIO — TELETRABALHO — É empregado e não trabalhador autônomo o técnico em contabilidade que trabalha, com habitualidade e mediante remuneração, em seu próprio domicílio (teletrabalho) e nos estabelecimentos da empresa. (TRT 08ª R. — RO 1208/2002 — 3ª T. — Rel. Juiz José Maria Quadros de Alencar — J. 24.04.2002)

(295) Art. 75-A. A prestação de serviços pelo empregado em regime de teletrabalho observará o disposto neste Capítulo.

inserido no título II da CLT — o que de início já demonstra que as regras estabelecidas nos arts. 75-A a 75-E da CLT, pela especificidade, devem prevalecer sobre outras, quando relativas à mesma matéria.

O teletrabalho está conceituado no art. 75-B da CLT, nos seguintes termos: "Considera-se teletrabalho a prestação de serviços preponderantemente fora das dependências do empregador, com a utilização de tecnologias de informação e comunicação que, por sua natureza, não se constituam como trabalho externo".

Por força do parágrafo único do art. 75-B da CLT,[(296)] o comparecimento do empregado às dependências do empregador para realizar atividades específicas, que exijam a sua presença física, não descaracteriza o regime de teletrabalho — o que é salutar para diminuir o sentimento de isolamento do trabalhador a distância, gerando maior integração.

Nota-se que tanto o parágrafo único, quanto o *caput* do art. 75-B, se referem às dependências do empregador. Logo, em tal conceito ficam enquadradas não só a sede, mas as filiais e qualquer unidade de negócio, produção, apoio ou similar.

Tal alerta é importante para dizer que, à luz dos dispositivos analisados, se o empregador montar uma unidade de teletrabalho descentralizada, esta não será considerada como apta a inserir o trabalhador no regime de exceção do teletrabalho, haja vista que poderá ser considerada como dependência do empregador.

Não que o empresário fique tolhido de montar oficinas de teletrabalho — de forma alguma — mas, tais unidades deverão ser consideradas como dependências do empregador, e, nessa condição, os empregados que ali laboram farão jus aos direitos do capítulo II da CLT, que trata da duração do trabalho, na íntegra, de sorte a serem devidas horas extras, horas por supressão de intervalos, adicional noturno, dentre outros.

Importantíssimo ainda observar que, se aplicada a letra fria do art. 75-B da CLT, o regime híbrido de teletrabalho ficaria sem o regramento do título II-A, quando não preponderante.

No entanto — rememorando os conceitos introdutórios —, o fato de a atividade laborativa ser prestada por meio da telemática, de forma descentralizada em percentual inferior à realizada presencialmente na sede da empresa, não faz com que deixe de configurar labor em teletrabalho. Com efeito, o trabalho realizado duas vezes por semana (*v.g*) a distância por meio da telemática também

(296) Art.75-B. Parágrafo Único. O comparecimento às dependências do empregador para a realização de atividades específicas que exigem a presença do empregado no estabelecimento não descaracteriza o regime de teletrabalho.

merece regras próprias à medida em que na acepção técnica se estará em regime de teletrabalho, em que pese o legislador assim não o literalmente enquadre.

Melhor teria sido se o legislador reformista tivesse enunciado que não se aplica a regra do art. 62, III da CLT quando o regime de teletrabalho não for preponderante, mantendo a aplicabilidade do restante do capítulo II-A da CLT.

Por conta desse possível equívoco ou escolha legislativa, é que o Projeto de Lei n. 5.581(297) de autoria do Deputado Ricardo Agostinho, fruto de atuação conjunta de diversos juristas e pesquisadores, coordenados pelo Professor Ricardo Calcini, propôs, logo no art. 1º, a exclusão do vocábulo "preponderantemente".

A proposição é, pois, no sentido de caracterizar teletrabalho sempre que a atividade seja exercida de forma descentralizada, por meio da telemática. Claro que, se o teletrabalho não for preponderante, inexistirá a isenção do controle de jornada.

A título meramente exemplificativo, nota-se que a recente Lei n. 21.220, editada no Chile durante a pandemia da Covid-19, contempla expressamente o teletrabalho em caráter total ou parcial, consoante se extrai dos seus arts. 152-G e 152, Quáter K, 1.(298)

No mesmo sentido, a Argentina, forte da Lei n. 27.555, que enuncia a existência de contrato de teletrabalho quando a realização dos atos, execução das atividades ou prestação dos serviços, seja efetuada total ou parcialmente no domicílio do teletrabalhador ou em lugares distintos do estabelecimento do empregador, mediante uso das tecnologias de informação e comunicação.(299)

O fato é que o teletrabalho em regime híbrido, quando as atividades a distância por meio da telemática não forem preponderantes, não se enquadra, ao menos diretamente, no conceito de teletrabalho — o que vai de encontro à etimologia

---

(297) Por ocasião da apresentação, generosamente o deputado autor do projeto manifestou: *"agradecimento especial ao Prof. Ricardo Calcini, que esteve à frente da coordenação geral do grupo de trabalho que analisou minuciosamente as questões relacionadas ao teletrabalho, bem como, aos renomados especialistas e acadêmicos, cito: Dr. Célio Neto, Dr. Guilherme Feliciano, Dra. Fernanda Perregil, Dr. Luis Otávio Camargo Filho, Dr. Patrick Maia Merisio, Dra. Cristiane Araújo, Dr. Carlos Eduardo Dantas, Dr. Leonardo Bello e Dra. Nadia Demoliner Lacerdaque; e, cujas sugestões estão consubstanciadas nesta proposição"*.

(298) *1. Indicación expresa de que las partes han acordado la modalidad de trabajo a distancia o teletrabajo, especificando si será de forma total o parcial y, en este último caso, la fórmula de combinación entre trabajo presencial y trabajo a distancia o teletrabajo.* Disponível em: <https://www.bcn.cl/leychile/navegar?idNorma=1143741>. Acesso em: 24 out. 2021.

(299) Artículo 102 bis: Concepto. Habrá contrato de teletrabajo cuando la realización de actos, ejecución de obras o prestación de servicios, en los términos de los artículos 21 y 22 de esta ley, sea efectuada total o parcialmente en el domicilio de la persona que trabaja, o en lugares distintos al establecimiento o los establecimientos del empleador, mediante la utilización de tecnologías de la información y comunicación.

do termo teletrabalho e poderia deixar o regime híbrido (não preponderante) possivelmente à mercê das regras próprias do título II-A da CLT.

A partir daqui, dois possíveis caminhos passam a ser analisados na aplicação (ou não) prática e sequencial dos arts. 75-C, 75-D e 75-E da CLT, com a licença do raciocínio em voz alta.

Quanto ao **art. 75-C**, na **literalidade**, se ninguém é obrigado a fazer ou deixar de fazer algo senão em virtude de lei (art. 5º, II, CF), o empregador não necessitará aditar o contrato de trabalho alterando o regime de contratação, afinal, não estará sujeito às regras do título II-A da CLT face à redação do art. 75-B da CLT. Continua, na **prática**, no entanto, necessitando da concordância do trabalhador para que este passe a atuar em labor a distância por meio da telemática (ainda que não enquadrado em teletrabalho), diante da regra do art. 468 da CLT, já que o empregado poderá sustentar a alteração unilateral do contrato de trabalho. Quer parecer, pois, que a aplicação da regra do art. 75-C confere maior segurança jurídica, mesmo que o regime de trabalho a distância não seja preponderante.

No que tange ao **art. 75-D**, lembra-se vez mais do art. 468 da CLT, o que leva ao questionamento se o trabalho realizado duas vezes por semana a distância poderia ser custeado pelo empregado quanto aos equipamentos e infraestrutura, diante da eventual não aplicação do art. 75-D, ensejada pela possível não caracterização do regime de teletrabalho previsto no art. 75-B da CLT.

Como fica a regra do art. 75-D de que as disposições relativas à aquisição, manutenção ou fornecimento dos equipamentos tecnológicos e da infraestrutura necessária à prestação do trabalho remoto devem ser disciplinadas em contrato, se o título II-A da CLT vier a não se aplicar diante da literalidade do art. 75-B da CLT?

Na **literalidade**, de um lado, poderá o empregador sustentar que nada necessitará disciplinar em contrato (art. 5º, II, CF), mas de outro, na **prática**, há de lembrar que tal poderá ser considerada alteração unilateral do contrato de trabalho em possível prejuízo ao empregado, se este custear equipamentos, manutenção ou tiver gastos adicionais com o trabalho. Se a alteração não for unilateral, mas derivada da vontade das partes, se poderá sustentar os benefícios do teletrabalho que conduziram à escolha do trabalhador, mas não olvidando da possível ampliação do risco relativo ao ônus da atividade na ausência de regra relativa à autorização, manutenção ou fornecimento de equipamentos e infraestrutura. A exemplo do art. 75-C, quer parecer que também haverá maior segurança jurídica no uso das regras do art. 75-D, ainda que a atividade não se enquadre no art. 75-B da CLT.

Quanto ao **art. 75-E**, a esteira de raciocínio segue a mesma linha, pois se de um lado, na **literalidade** as regras do art. 75-E não ensejariam aplicação diante do regime não preponderante, de outro, o art. 75-E nada mais faz do que reverberar os valores constitucionais do direito do empregado ao meio ambiente do trabalho seguro e saudável, cabendo ao empregador atuar com base no princípio da prevenção e precaução (art. 7º, II, art. 7º XXII, art. 225, *caput* e art. 200, VIII — todos da CF e art. 157, CLT).

Assim, na **prática**, o desprezo à regra do art. 75-E da CLT talvez não seja a melhor alternativa, afinal, na hipótese de doença ou acidente decorrente da atividade laboral, sequer o empregador terá elementos para demonstrar que atuou de modo a orientar o empregado, conscientizando-o dos riscos e capacitando-o para enfrentá-los.[300]

Em conclusão, o regime híbrido pode não estar literalmente enquadrado no art. 75-B da CLT, e por conseguinte fora do título II-A da CLT, o que traz insegurança jurídica e possível ausência de regras para um modelo de suma importância que deverá prevalecer pós-Covid, sendo recomendável a alteração legislativa proposta no PL 5.581, e, enquanto, isso parece adequado aplicar todas as disposições do título II-A da CLT para o regime híbrido, observando-se é claro, que, se o regime de trabalho a distância por meio da telemática não for preponderante, deve ser mantido o controle de jornada.

4.3. Espécie de Teletrabalhador

Teletrabalhador é aquele que exerce o trabalho a distância com o uso prevalente das ferramentas da telemática. Com as informações até aqui passadas, já é possível traçar as primeiras linhas para o enquadramento do teletrabalhador, na condição de empresário, autônomo e empregado.

O **teletrabalhador empresário** detém a propriedade dos meios telemáticos, assim como dos demais instrumentos e meios utilizados na execução dos trabalhos, além de gozar do poder ilimitado de auto-organização e assunção integral dos riscos do negócio. A prestação do serviço é realizada por si ou por meio de seus empregados, parceiros ou colaboradores, à sua livre escolha e gerência.

O **teletrabalhador autônomo** realiza as atividades de modo pessoal, embora com autonomia. Pode servir a vários tomadores, utilizando-se de *software* próprio, não estando sujeito à fiscalização do *modus operandi*, mas somente a entrega do resultado final ou etapas contratadas.

Em regra, o autônomo elege o programa com o qual vai trabalhar — ressalvada eventual contratação que preveja determinada plataforma — e sem conexão direta com os tomadores, ou seja, *offline*, assumindo integralmente os riscos do negócio.

Normalmente não possui exclusividade, estando livre para recusar clientes e estabelecer/negociar livremente os prazos de entrega dos serviços, observadas

---

(300) Consoante será abordado ao longo deste estudo, destacando-se os itens 5.6, 8.3, 11.2 e 11.3.

evidentemente as regras de mercado, sob pena de ficar sem cliente. Insere-se, pois, nos termos do art. 442-B da CLT, que conceitua autônomo, afastando-se da aplicação do art. 3º da CLT.

Aqui pede-se vênia para dizer que muito se falou no sentido de que as disposições do art. 442-B da CLT representariam o fim do direito do trabalho, e que todos seriam autônomos daqui por diante. Entretanto, basta uma leitura atenta e sistêmica, para se perceber que assim não o é.

O dispositivo legal analisando enuncia que na contratação de autônomo devem ser cumpridas todas as formalidades legais, com ou sem exclusividade, de forma contínua ou não, e que se assim for afasta-se a qualidade de empregado.

Ora, fazendo-se um diálogo das diferentes fontes do direito, bem se percebe que o art. 4º, letra "c" da Lei n. 5.890/1973 conceitua segurado autônomo como o que:

> [...] exerce habitualmente, e por **conta própria**, atividade profissional remunerada; o que presta serviços a diversas empresas, agrupado ou não em sindicato, inclusive os estivadores, conferentes e assemelhados; o que presta, **sem relação de emprego**, **serviços de caráter eventual a uma ou mais empresas**; o que presta serviço remunerado mediante recibo, em caráter eventual, seja qual for a duração da tarefa.[301]

Portanto, como se nota, autônomo é aquele que detém o ônus da atividade, sem relação de emprego. Não se entra no mérito se a Reforma Trabalhista gera efeitos positivos ou negativos, o fato é que autônomo continua sendo autônomo, e, para o jurista, nada mudou, aplicando-se as regras do art. 3º da CLT, combinadas doravante com o art. 442-B da CLT e art. 4º do Regulamento Geral da Previdência Social.

Destarte, para o teletrabalhador valem as mesmas regras, para efeito de verificação da existência ou não de relação empregatícia, quando da contratação na qualidade de autônomo.

Teletrabalhador empregado é o que presta serviços de modo habitual, pessoal, subordinado e mediante contraprestação pecuniária, nos exatos termos dos arts. 2º e 3º da CLT, somente com a característica até então não usual de laborar em local descentralizado da sede da empresa ou escritório central, mediante uso de instrumentos de telemática. A subsmissão ao poder diretivo, na espécie, toma a denominação de telessubordinação.

Para a análise da existência ou não de vínculo empregatício, deve-se partir do caso concreto, verificando os aspectos fáticos da relação em atenção ao princípio

---

(301) BRASIL. *Lei n. 5.890*, de 8 de junho de 1973. Ementa: Altera a legislação de previdência social e dá outras providências

da primazia da realidade. A questão do ônus da atividade deve, pois, começar a ser perquirida por meio da apuração da existência ou não de dependência tecnológica do teletrabalhador.

Todavia, a propriedade do *software* é só um elemento para corroborar a prova, devendo ser conjugada com outros elementos a serem apreciados pelo julgador. Nesse particular, nota-se que existem trabalhadores especializados em programas que não são de sua propriedade, mas licenciados por outras empresas, cujo contratante figura como usuário.

Aliás, a Convenção n. 177 da OIT — não ratificada pelo Brasil, servindo como mero subsídio no plano nacional —, embora se refira a trabalho em domicílio, não leva em consideração quem detém a propriedade dos equipamentos necessários para a realização das atividades, para efeito de reconhecimento da relação de emprego.

Ou seja, segue uma linha ainda mais ampliativa para não elidir a relação de emprego, no sentido de que não é porque o empregado detém os equipamentos tecnológicos para a produção que não se formará o vínculo de emprego.

Para a apreciação da subordinação, além das tradicionais ordens e controle do empregador, em se tratando de teletrabalho, deve-se verificar a existência ou não de monitoramento, o tipo de conexão adotada e a existência ou não de intranet e pauta indicativa de atividades.

Com efeito, como o trabalho a distância tem por característica a entrega das informações por meio da telemática, o tipo da conexão que se estabelece pode ser decisivo na hora de reconhecer a existência de uma relação de emprego ou outros tipos de relação de trabalho.

Nesse sentido, importante ter em mente que o teletrabalho *offline* não possui qualquer conexão eletrônica; ao passo que o denominado teletrabalho *one way line* é realizado mediante o uso de *software* de suporte, e o resultado entregue mediante correio eletrônico; ao passo que o teletrabalho *online* possui característica bidirecional, ou seja, ocorre a conexão permanente entre a base e o computador central.

No que tange ao monitoramento, mister salientar que, nos dias de hoje, a telemática permite aferir em tempo real o número de toques no teclado, a produção e produtividade, a realização ou não do serviço, a emissão de relatórios e o oferecimento de instruções.

Possibilita ainda a verificação da entrada e saída de dados, os horários de uso do sistema e dos programas, assim como o último acesso ao teclado. Tais aspectos serão relevantes para o julgador apreciar o tipo de relação estabelecida entre tomador dos serviços e teletrabalhador.

Insta observar que havendo a prestação de serviços, sempre será ônus do tomador a produção da prova, caso a relação não seja de emprego — consequência da regra do art. 373 do CPC, que impõe o ônus a quem alega fato modificativo, extintivo ou modificativo do direito vindicado, combinado com o art. 818 da CLT.

4.4. Vantagens e Desvantagens

O teletrabalho traz inúmeras vantagens ao teletrabalhador e às empresas. Todavia, também emergem desvantagens tanto para o teletrabalhador quanto para as empresas. Este tópico tem por objetivo, pois, fazer considerações no que tange às vantagens e desvantagens para empresa e empregado, lançando as primeiras luzes sobre as contundentes vantagens para a sociedade.

O **empregado** goza da comodidade de não se deslocar para o trabalho e de se auto-organizar com os horários de acordo com o seu biorritmo. Em geral, é senhor da sua agenda. Se possui maior adaptação ao trabalho noturno, exerce as suas atividades à noite; se prefere o dia, assim o faz.

Faz-se um parêntese para reconhecer que, durante a pandemia da Covid-19, grande parte das vezes não se observou tal autonomia, permanecendo o teletrabalhador vinculado aos horários do empregador — tema que será tratado no capítulo seguinte, no tópico relativo à isenção ou não do controle de jornada.

Retomando, o teletrabalhor em regra detém também autonomia dos tempos e métodos, organizando o trabalho de acordo com a sua conveniência e oportunidade, observadas as suas particularidades e hábitos pessoais. Se aprecia um café a cada 50 minutos, assim o faz; se gosta de dar uma pausa para colocar as redes sociais em dia, procede deste modo.

A autonomia é do trabalhador, a quem cabe a gerência das atividades, sem perder de vista, por evidente, a responsabilidade para com a realização dos trabalhos objeto da contratação. Essa é uma característica marcante do teletrabalhador, que é possibilitada em razão do amplo avanço da tecnologia e da informação, combinados com o maior empoderamento do trabalhador no que tange à mitigação da subordinação, se comparada aos modelos de produção taylorista, fordista ou mesmo toyotista.

Em regra, é o teletrabalhador quem faz as suas escolhas, mormente quanto às horas e intensidade do trabalho, poupando-se de longas horas de congestionamentos, especialmente nos maiores centros urbanos, livrando-se do *stress* causado pelo trânsito cotidiano, e minimizando os efeitos da violência urbana — situações que por si só já têm o condão de melhorar sensivelmente a qualidade de vida do teletrabalhador.

Está normalmente, ao menos na essência do regime, desatrelado do relógio da empresa ou da sociedade, distribuindo os seus horários com liberdade. Com isso, pode melhor utilizar o seu tempo em prol de atividades com a família, aproveitando momentos com filhos, cônjuge ou demais parentes, ou mesmo gozar de lazer e saúde individual, praticando atividades físicas — situações parte das vezes impensáveis quando se gasta de 1h a 4h diárias nos percursos de ida e retorno ao trabalho, mormente nas grandes cidades.(302)

Antes do Coronavírus, a combinação do ambiente virtual como um todo já tinha potencial para reduzir a quantidade de viagens para reuniões, que passaram em escala exponencial a ser realizadas por meio de teleconferências durante o surto pandêmico.

Isso sem mencionar a economia gerada pela diminuição de gastos com combustíveis e transporte, além da minimização de risco de acidentes no trajeto casa/trabalho/casa. Relevante notar que, no ano de 2014, mais de 100.000 trabalhadores sofreram alguma espécie de acidente no trajeto de ida ou retorno para o trabalho.(303)

A própria qualidade da alimentação pode melhorar, se o teletrabalhador em domicílio tiver o cuidado de manter uma nutrição saudável ante a facilidade de caminhar à cozinha e pegar algo, de acordo com o seu relógio biológico e tipo de alimentação que escolheu.

Nessa autogestão do tempo, com flexibilidade, o teletrabalhador pode reservar parte do seu tempo para afazeres que lhe deem prazer, mesmo em horários ordinariamente destinados às atividades laborativas, ou ainda durante os períodos usualmente dedicados ao percurso de ida ou retorno à sede da empresa.

Soma-se a possibilidade de labor a distância após as licenças maternidade e paternidade, gerando maior convívio com o recém-nascido e aumentando o período de amamentação.

Nesse particular, o teletrabalho se revela como instrumento hábil a consertar injustiça histórica quanto à inserção da mulher no mercado de trabalho, mormente em postos de maior hierarquia. Com efeito, se as primeiras revoluções industriais deixaram a mulher em casa dependente do homem, a atual permite o reequilíbrio desse desvio de tratamento de gênero no mercado de trabalho, possibilitando inclusive o elastecimento do tempo de dedicação da genitora ou adotante ao recém-nascido ou adotado.

---

(302) Segundo dados do Instituto de Pesquisas Econômicas Aplicadas — IPEA, todos os dias um morador da capital paulista gasta, em média 42,4 min, no trânsito, no percurso casa/trabalho. Disponível em: <http://www.ipea.gov.br/portal/>. Acesso em: 30 ago. 2017.

(303) Segundo dados da *Revista Você S.A.* RH, edição 35, p. 64, dez. 2014/jan. 2015.

Acresça-se que o regime de trabalho em domicílio, por meio da telemática, facilita a vida daqueles que são responsáveis por cuidar de um familiar enfermo ou de idade avançada, podendo fazê-lo sem prejuízo das atividades laborais a partir da própria residência.

O teletrabalho também permite a maior inserção no mercado de trabalho, quando se trata de pessoas com dificuldade de locomoção, em razão da desnecessidade de deslocamento. Tal vantagem consta dos considerandos de regulamentações estrangeiras, tal como o Decreto 37695-MPT-MTSS, da Costa Rica.(304) Permite também diminuir o fluxo migratório decorrente de transferências de sede de trabalho, propiciando ao trabalhador manter-se onde tem as suas raízes fixadas, afinal, o que migra é a informação, por meio virtual.

Outro ponto bastante interessante que enseja reflexão é que o teletrabalho tem o condão de gerar a redução do *overtime*,(305) entendido como tal o tempo em que o trabalhador permanece na empresa após o horário quase que somente para não ser taxado, ou mesmo sentir-se como o empregado que "só" cumpre a jornada contratual. O tema tem origem cultural, regido pela crença de que quanto maior a permanência no local de trabalho, mais se produzirá.(306)

Ademais, esse tempo não é cobrado das empresas, especialmente quando se trata de empregados de confiança que ficam a mais em seus locais de trabalho em detrimento do convívio familiar, muitas vezes sem necessidade.

Por evidente que tal cultura é perniciosa e não gera o resultado que se acredita, até porque a forma da execução de boa parte dos trabalhos mudou, não é mais repetitiva, porém pensante, de sorte que se faz mister que o trabalhador esteja com a mente limpa para a produção de ideias.

Já em regime de teletrabalho pode-se até estimular o encerramento antecipado do labor, diante do cumprimento das atividades, até porque estima-se que a produção em regime não presencial — sem as interrupções próprias da sede empresarial — seja superior, o que enseja maior tempo livre.

Segundo Domenico de Masi, "as tarefas que na empresa requerem de oito a dez horas para serem realizadas, em casa se realizam, comodamente, na metade do tempo: de quatro a cinco horas, no máximo".(307)

---

(304) X — *Que la implementación del Teletrabajo como organización innovadora del trabajo, aumenta la posibilidad de inclusión en la esfera laboral del sector público, de personas con alguna condición especial de discapacidad, mujeres jefes de familia, adultos mayores activos laboralmente, entre otros, los cuales por alguna razón no pueden estar lejos de sus lugares de domicilio por tiempo prolongado.* Disponível em: <http://www.ilo.org/dyn/natlex/docs/ELECTRONIC/94875/111506/F313548990/CRI94875.pdf>. Acesso em: 14 nov. 2017.

(305) Tradução livre: além do tempo.

(306) DE MASI, Domenico. *Ócio criativo.* Entrevista a Maria Serena Palieri; tradução de Léa Manzi. Rio de Janeiro: Sextante, 2000. p. 179.

(307) DE MASI, Domenico. *Ócio criativo.* Entrevista a Maria Serena Palieri; tradução de Léa Manzi. Rio de Janeiro: Sextante, 2000. p. 180.

Diante das condições favoráveis apontadas, o teletrabalho tem aptidão para melhorar o quadro de vida do trabalhador, propiciando maior felicidade, cumprindo o objetivo maior de elevar a dignidade da pessoa humana, afinal o que mais esperar da vida senão a felicidade, cujo objetivo está inserido na Declaração de Independência dos Estados Unidos da América — *pursuit of happiness*[308].

Todavia, não se pense que tal modalidade só gera situações agradáveis. Há diversas dificuldades que terão de ser enfrentadas pelos teletrabalhadores. Com efeito, o teletrabalhador pode ser tomado por sentimento de isolamento, como se estivesse sozinho no trabalho e no mundo, sem ninguém para ajudar no cumprimento das tarefas e sem a visão global da empresa.

Há uma máxima cultural: "quem não é visto, não é lembrado", que aumenta o sentimento de isolamento, reduz as chances de promoção e ascensão na carreira, conduzindo em não raros casos à discriminação do teletrabalhador.

Soma-se que parte dos trabalhadores não possui o perfil necessário para atuar em regime de teletrabalho, pois passa a confundir o papel de trabalhador com o que desempenha em família, deixando de ter horário para atender familiares e/ou trabalhar, misturando as atividades de modo a manter-se alerta 24 horas como trabalhador e na qualidade de pai/mãe de família, o que acaba por trazer um desgaste emocional incomparável devido ao sentimento de que não cumpriu de modo satisfatório qualquer dos papéis a que se propôs.

Há os que trabalharão incessantemente durante todo o tempo, como se não houvesse amanhã, em total desrespeito às necessidades decorrentes da personalidade, tais como lazer, convívio familiar e saúde no ambiente de trabalho, bem como aqueles que, quando do labor em casa, verão a "sessão da tarde", e a cada meia hora buscarão algo para beliscar com potencial para acrescer o número de obesos no cenário nacional, criando problemas de saúde para si e aumentando as já enormes dificuldades de gestão da saúde pública.

O trabalho repetitivo, a inadequação ergonômica, as doenças da visão decorrentes de horas de uso do computador são temas de extrema relevância, dada a preocupação que se deve ter com as condições em que o trabalho será realizado a distância, a fim de evitar que o teletrabalhador adoeça em decorrência da atividade profissional, ou mesmo pelo sentimento de isolamento.

Tanto assim o é que a Reforma Trabalhista traz preocupação manifesta, na forma da redação do art. 75-E da CLT, que prevê orientação expressa e ostensiva pelo empregador a fim de prevenir doenças do trabalho.

---

(308) *We hold these truths to be self-evident, that all men are created equal, that they are endowed by their Creator with certain unalienable Rights, that among these are Life, Liberty and the pursuit of Happiness*. Disponível em: <http://www.ushistory.org/declaration/document/>. Acesso em: 10 out. 2017. Tradução livre: Nós acreditamos que essas verdades sejam óbvias, que todos os homens são criados igualmente, que todos sejam dotados pelo seu criador com certos direitos inalienáveis, e que dentre eles está a vida, a liberdade e a busca pela felicidade.

Ainda na linha das desvantagens ao teletrabalhador, figura a precarização da organização sindical, haja vista o distanciamento com os demais colegas e o sindicato.

Todos os temas aqui apontados como desvantagem têm soluções de maior ou menor complexidade, consoante será abordado no capítulo 11, que trata das políticas de prevenção empresarial em ambiente virtual.

As **empresas**, a seu turno, têm redução dos custos de infraestrutura, economizando com salas, mobiliário, luz e outras despesas de ordem administrativa, além da aquisição ou locação de sede, já que no mínimo diminui a quantidade de espaço necessário para o desenvolvimento da atividade. Soma-se a redução de gastos com transporte, hospedagem e alimentação, considerada a possibilidade de redução do número de viagens para reuniões de trabalho.

Na ordem administrativa, no que se refere à redução de despesas menores, pode-se citar a minimização dos gastos com cafezinho e água, e até mesmo despesas maiores como o uso do telefone e a refeição oferecida no local de trabalho.

Com isso, diminui-se o custo de produtos e serviços, e mesmo da mão de obra necessária para manutenção do ambiente de trabalho, além de gastos com o transporte dos trabalhadores ao local de trabalho e de retorno ao final do expediente.

Soma-se a minimização de riscos de acidentes de trajeto — acidentes estes que, afora a degradação humana, têm diminuído quantidade considerável de horas de labor de trabalhadores brasileiros,[309] fazendo com que o empregador perca força produtiva durante determinado tempo, que, quando superior a 15 dias, implica em estabilidade provisória de 12 meses pós-retorno ao trabalho, e ainda impõe ao empregador a responsabilidade de pagar pelos 15 primeiros dias de afastamento.

A contratação de trabalhadores em qualquer local do mundo também permite às empresas contarem com talentos até então distantes, sem arcar com elevado custo de transporte, hospedagem e alocação de recursos. Parte das empresas, inclusive, acaba utilizando essa facilidade para contratar mão de obra mais barata em países onde os salários são bem menores e a qualidade acentuada.

E esse trabalho é entregue em tempo real, como se tivesse sido prestado na sala ao lado do gestor que o solicitou. As vantagens até então postas já mexem com a organização empresarial, a tal ponto que o teletrabalho já vinha numa crescente em todo o mundo muito antes do surto da Covid-19.

Boa parte dos autores que abordam o tema também mencionam a redução do trabalho ocioso e do absenteísmo, bem como aumento da produtividade e

---

(309) Consoante já mencionado, o número de acidentes de trajeto foi superior a 100.000 no ano de 2014.

criatividade. Nesse sentido, pesquisa na modalidade *home office*, realizada no Brasil no ano de 2016, apontou aumento da produtividade, crescimento da satisfação e engajamento do teletrabalhador.[310]

Nota-se o diferencial competitivo que o teletrabalho representa quando se trata da retenção de talentos, dada a maior flexibilidade e demais vantagens que o regime oferece.

Se o trabalho for menos pesado e propiciar algum prazer, dada a maior liberdade de gestão de tempos e métodos, combinada com ampliação do engajamento, é de se esperar maior motivação e, por consequência, incremento da produtividade. Logo, em tese, produz-se mais e com maior eficácia, entregando resultados melhores ao empregador.

A maior produtividade no plano objetivo está diretamente atrelada à minimização das interrupções próprias do ambiente de trabalho, dentre outros fatores como a autogestão dos métodos e tempos. Pensa-se, contudo, que o acréscimo de produtividade não é certo, pois depende da adaptação e do perfil do trabalhador. O teletrabalho, principalmente em tempo integral, não é para qualquer um.[311]

Os gestores de recursos humanos devem buscar profissionais com o perfil adequado para trabalhar sem fiscalização direta, com capacidade de concentração e pouco desvio de atenção, e igualmente capacitar os demais sujeitos ao teletrabalho, pois caso contrário, o teletrabalhador poderá se envolver em tarefas domésticas, ou mesmo divagar na sua produção, diminuindo o resultado final, no que tange à qualidade e produtividade do trabalho. Nesse sentido, a Lei n. 13.467/2017 permite o retorno ao ambiente físico no prazo de 15 dias após a convocação do empregador.[312]

No que se refere às desvantagens com elevado potencial de dano, cita-se a ampliação do risco de invasão de segredos do negócio e divulgação de informações confidenciais atinentes às políticas estratégicas, de gestão das empresas, ou mesmo relativas ao *know-how*, e, mais recentemente, os próprios dados pessoais protegidos pela Lei n. 13.709/2018.

Igualmente complexa é a tarefa de fiscalizar o cumprimento das regras de ergonomia no ambiente de trabalho, quando o teletrabalhador desenvolve as suas atividades em domicílio. Dá-se aqui o conflito entre o direito do empregado ao meio ambiente do trabalho seguro e saudável somado ao dever do empregador de fiscalização em contraponto aos direitos da personalidade, aqui representados pelo direito à privacidade e à intimidade.

---

(310) SOBRATT, s/p.
(311) OLIVEIRA NETO, Célio Pereira, IBDSCJ, p. 79-84.
(312) Nos termos do art. 75-C, § 2º da CLT.

Pode-se mencionar ainda a perniciosa destruição do sentido de coletividade face o distanciamento do teletrabalhador dos demais colegas, o que causa a falta de visão global da empresa.

A **sociedade** tem as maiores vantagens no regime de teletrabalho, diante da diminuição do fluxo de pessoas e veículos nas ruas, avenidas e estradas, especialmente nas grandes cidades; seja para possibilitar maior mobilidade urbana, seja pela diminuição do gasto de fontes não renováveis de energia; seja para minorar a poluição do meio ambiente para níveis aceitáveis — obtendo como resultado melhora da qualidade de vida para as gerações presentes e futuras.

Isso sem falar na minimização de risco de acidente de trajeto, já mencionado como vantagem também para empregado e empregador. Tomando por base o ano de 2013, os cofres da Previdência Social despenderam quase 2,3 bilhões de reais somente com o pagamento do auxílio decorrente de acidentes de trajeto casa/trabalho/casa.[313]

Considere-se ainda que, só com internações o custo é de 200 milhões de reais, sem mencionar danos físicos e materiais decorrentes dos acidentes. Pior do que isso, em decorrência do aumento do tráfego urbano, os números de acidentes são crescentes, tanto que aumentaram em 5% do ano de 2012 para o ano de 2013.[314]

Aliás, o número de lesionados no trânsito vem aumentando ano após ano, consoante dados do SUS que indicam 95.160 pessoas feridas no trânsito em 2008 contra 170.800 em 2013.[315]

Tal qual mencionado na forma de vantagem ao teletrabalhador, por evidente a sociedade também ganha com a maior inserção das pessoas com deficiência física.

Se invertida a operação, ou seja, se o trabalho for levado às pessoas, pode-se obter melhor organização do território, propiciando desenvolvimento de regiões desfavorecidas ou de cidades satélites. Para tanto, os governos podem criar telecentros comunitários de trabalho, ou os empresários têm condições de unir forças formando telecentros compartilhados.

Nada disso é utópico. A questão é ter a política estratégica definida e as empresas, a seu turno, possuírem programas claros de gestão envolvendo o trabalho em ambiente virtual.

Pois bem, em um cenário de profundas transformações nas relações de trabalho, em que o trabalhador já não possui o mesmo grau de subordinação

---

(313) Conforme consta no sítio oficial da Previdência Social. Disponível em: <http://www1.previdencia.gov.br/aeps2006/15_01_03_01.asp>. Acesso em: 3 dez. 2017.

(314) BRASIL. *Revista Proteção*. Anuário Brasileiro de Proteção. Disponível em: <http://www.protecao.com.br/materias/anuario_brasileiro_de_p_r_o_t_e_c_a_o_2015/brasil/AJyAAA>. Acesso em: 14 nov. 2017.

(315) Segundo dados da *Revista Você S.A.* RH, edição 35, p. 64, dez. 2014/jan. 2015.

do passado, atuando com maior liberdade, bem se percebe que o teletrabalho representa uma das maneiras de permitir ao trabalhador a autogestão das suas atividades, assim como ganhos de produtividade e redução de custos para as empresas, combinadas com grandes vantagens para a sociedade.

No âmbito dos **tribunais, na esfera administrativa**, antes da Covid-19, o teletrabalho já havia ganho o reconhecimento de que representa ferramenta de gestão com potencial para melhora da qualidade de vida dos servidores, aumento da produtividade e evolução socioambiental.

Segundo nota de 2017, da Anajustra — Associação Nacional dos Servidores da Justiça do Trabalho, o teletrabalho já figurava como realidade crescente nos tribunais, havendo relatos de significativo aumento da produtividade dos servidores que atuam em diversos tribunais nessa modalidade de trabalho.(316)

A Anajustra cita o Tribunal Regional Federal da 4ª Região que iniciou o programa em 2013 com limite de 30% da lotação efetiva de servidores por unidade, mas, devido aos bons resultados, ampliou o percentual para 40% por meio da Resolução n. 53/2015 — número que ainda pode ser majorado quando apresentado plano de gestão e demonstração, por escrito, de que a medida não comprometerá o funcionamento da unidade.

O TRF-4 estabelece meta ao teletrabalhador de desempenho igual ou superior a 10% da meta estipulada aos demais servidores em regime presencial, e ainda permite o teletrabalho *part time*, de que é exemplo o trabalho a distância em dois dias na semana.

A Anajustra menciona ainda o exemplo do Tribunal de Justiça de Pernambuco, cujo teletrabalho foi regulamentado pela Instrução Normativa TJPE n. 6, e fixa condições e metas de produtividade. No regime de trabalho a distância *full time*, o servidor deve incrementar a produtividade em no mínimo 30% da meta, ao passo que, em se tratando de teletrabalho *part time* (durante 2 ou 3 dias na semana), a meta é 10% mais elevada que a presencial.

O Tribunal Superior do Trabalho, em âmbito interno, editou a Resolução Administrativa n. 1.499/12, apresentando considerandos que merecem ser reproduzidos pela pertinência com o tema em estudo, o que se faz na forma que segue:

> "CONSIDERANDO que motivar e comprometer as pessoas, bem como buscar a melhoria contínua do clima organizacional e da qualidade de vida são objetivos estratégicos a serem perseguidos pelo TST, a teor do Plano Estratégico 2010-2014;

---

(316) BRASIL. ANAJUSTRA. Associação Nacional dos Servidores da Justiça do Trabalho. Disponível em: <https://www.anajustra.org.br/noticia/11482/19/Normatizado-ha-um-ano-teletrabalho-agrada tribunaise-servidores>. Acesso em: 30 out. 2017.

CONSIDERANDO que o avanço tecnológico, notadamente com a implantação do sistema de processo eletrônico, possibilita o trabalho remoto ou a distância;

CONSIDERANDO a necessidade de regulamentar o teletrabalho no âmbito do TST, de modo a definir critérios e requisitos para a sua prestação, mediante controle de acesso e avaliação permanente do desempenho e das condições de trabalho;

CONSIDERANDO as vantagens e benefícios diretos e indiretos advindos do teletrabalho para a administração, para o servidor e para a sociedade;

CONSIDERANDO que a Lei n. 12.551/2011 vem de reconhecer tais vantagens em relação aos trabalhadores que prestam serviço sob vínculo empregatício;

CONSIDERANDO o trabalho realizado pela Comissão instituída pelo ATO.TST.GP. N. 346/2011, com o objetivo de realizar estudos e propor medidas destinadas ao aperfeiçoamento do modelo de Gestão de Pessoas do TST."

Conforme considerandos apresentados, dessume-se que o TST reconhece que: a) o regime de teletrabalho tem o potencial de motivar e comprometer as pessoas, além de melhorar o clima organizacional e a qualidade de vida; b) o avanço tecnológico permite o trabalho a distância; c) o regime de teletrabalho atribui vantagens para a administração, servidor e sociedade — o que pode ser transposto para a iniciativa privada, no sentido de que há vantagens para empresa, trabalhador e sociedade.

O art. 1º dispõe que as atividades dos seus servidores podem ser executadas fora do TST, na forma de teletrabalho, observadas as disposições contidas no corpo da Resolução Administrativa n. 1.499/2012.

O art. 2º faculta o regime de teletrabalho ao interesse do servidor, vinculado à apreciação do gestor, que considerará a possibilidade de as tarefas serem cumpridas a distância, mensurando objetivamente o desempenho do servidor, que deverá nos termos do art. 3º ter metas diárias, semanais e/ou mensais de desempenho.

Tais metas, assim como os prazos, devem ser, sempre que possível, firmados em consenso com o servidor, o que de fato empodera o servidor que executará as tarefas tornando-o mais senhor da gestão de seu tempo, observando que o art. 4º estabelece que "a meta de desempenho do servidor em regime de teletrabalho será, no mínimo, 15% (quinze por cento) superior à estipulada para os servidores que executarem as mesmas atividades nas dependências do TST", facultando-se, nos termos do parágrafo único, ao servidor, sempre que entender conveniente, executar as mesmas atividades nas dependências do TST.

Para o servidor do TST, pois, figura como requisito obrigatório a entrega de maior produtividade em regime de teletrabalho, o que no mínimo demonstra que administrativamente a Corte Superior Trabalhista reconhece a maior produtividade própria do regime de trabalho a distância.

O resultado positivo das experiências de tribunais, dentre os quais nomeadamente TST, CSJT e TRF4, levou o Conselho Nacional da Justiça (CNJ) à edição da Resolução n. 227, de 15 de junho de 2016, com o objetivo de regulamentar o teletrabalho no âmbito do Poder Judiciário e dar outras providências.

Em meio aos considerandos apresentados pelo CNJ, destaques para a vinculação do teletrabalho ao princípio da eficiência para a Administração Pública (art. 37, CF) e ao aprimoramento da gestão de pessoas, compreendendo a necessidade de motivar e comprometer o trabalhador, buscando a melhoria do clima organizacional e da qualidade de vida das pessoas.

O art. 1º da Resolução n. 227 autoriza a execução das atividades pelos servidores fora das dependências dos órgãos do Poder Judiciário, de forma remota, sob a denominação de teletrabalho, de acordo com as diretrizes e condições contidas na própria resolução.

O art. 3º elenca, dentre os objetivos do teletrabalho: aumento da produtividade e qualidade do trabalho (inciso I); economizar tempo e reduzir custos de deslocamento para o trabalho (inciso III); contribuir para a melhoria de programas socioambientais (inciso IV); ampliar a possibilidade de trabalho aos servidores com dificuldade de deslocamento (inciso V); aumentar a qualidade de vida dos servidores (inciso VI); respeitar a diversidade dos servidores (inciso IX).

O art. 5º da Resolução n. 227 do CNJ estabelece que compete ao gestor da unidade indicar, entre os servidores interessados, os que atuarão em regime de teletrabalho, observada série de diretrizes de que tratam os incisos I a V. Toma-se a liberdade de destacar o seguinte: a) verificada a adequação do perfil, a preferência para os servidores com deficiência, ou que tenham filhos, cônjuge ou dependentes com deficiência; gestantes e lactantes; b) a preferência pelos que demonstrarem comprometimento e habilidades de autogerenciamento do tempo e organização; c) a preocupação de que o regime não deve obstruir o convívio social e laboral, a cooperação, a integração e a participação, incluída a pessoa com deficiência, nem represente embaraço do tempo livre do teletrabalhador.

O art. 6º, *caput*, estabelece como requisito para início dos trabalhos a estipulação de metas de desempenho diárias, semanais ou mensais, assim como plano de trabalho individualizado para cada servidor, sendo que o § 2º determina que a meta será sempre superior à dos servidores que executam a mesma atividade nas dependências do órgão.

Vê-se, pois, que o CNJ também reconhece a prática do regime de teletrabalho como fator de ampliação da qualidade de vida do trabalhador, maior produtividade para o Poder Judiciário e condições socioambientais mais satisfatórias em prol da sociedade.

4.5. Contribuições do Teletrabalho em prol da Agenda 2030

Meio ambiente é um complexo que envolve não só a natureza e o clima, mas o conjunto interativo de diversos elementos, cuja harmonização se presta ao desenvolvimento em equilíbrio de todas as formas de vida. A Constituição Federal inclui o meio ambiente do trabalho no conceito de meio ambiente, o que se extrai da combinação dos seus arts. 200, inciso VIII e 225.

É notório que o meio ambiente, mormente no que se refere aos recursos da natureza, não foi tratado com o respeito que se esperaria de quem se preocupa com as gerações presentes e futuras.

A tentativa de resgate da deteriorada relação do homem com o meio ambiente é recente e tem importante marco inicial na Conferência de Estocolmo em 1972, mesmo ano do relatório "Os Limites do Crescimento Econômico".

Sem deixar de lado a importância do relatório "Nosso Futuro Comum" de 1987, destaques para o Pacto Global e os Objetivos de Desenvolvimento do Milênio firmados em 2000, tendo o último inspirado a Agenda 2030, constituída em 2015.

O teletrabalho colabora firmemente para o cumprimento da Agenda 2030, que contempla 17 Objetivos de Desenvolvimento Sustentável (ODS) traçados pela Organização das Nações Unidas (ONU).

4.5.1. Contexto e Desenvolvimento da Agenda 2030

Notícia veiculada pela BBC News[(317)] dava conta de que "o príncipe Harry e sua mulher, Meghan Markle, estavam no centro de uma polêmica por terem usado um jato particular para ir a Nice, no sul da França, onde ficariam em uma casa do cantor Elton John".

A crítica do mês de agosto de 2019 baseava-se no impacto ambiental causado por esta e outra viagem, ambas em jato privado. No caso da viagem à França, a aeronave foi emprestada por Elton John, que inclusive pagou pela compensação das emissões de carbono da viagem.

Segundo a matéria, no entanto, "ainda não está claro o volume de emissões em uma situação assim", e as emissões de gás carbono quase dobraram em viagens de negócios realizadas pela família real britânica no ano que passou.

A notícia que ganhou o mundo dá bem a dimensão que a preocupação ambiental ganhou, mas, nem sempre foi assim. A tentativa de resgate da

(317) Disponível em: <https://www.bbc.com/portuguese/internacional-49402610>. Acesso em: 20 out. 2019.

deteriorada relação do homem com o meio ambiente é recente e tem importante marco na Conferência de Estocolmo em 1972, cuja temática estava voltada ao reaprendizado do homem no convívio com o planeta — *(UN Conference on the Human Environment).*

No mesmo ano, o Clube de Roma — sob a coordenação de professores do Massachusetts Institute of Technology — publicou o relatório denominado "Os Limites do Crescimento Econômico".[(318)]

Contudo, o desenvolvimento sustentável só ganhou *status* de protagonista quando, em 1987, a Organização das Nações Unidas (ONU) — por meio da presidente da Comissão Mundial para o Meio Ambiente, a médica Gro Harlen Brundtland — apresentou o relatório "Nosso Futuro Comum".

Na definição do relatório: "desenvolvimento sustentável é aquele que busca as necessidades presentes sem comprometer a capacidade das gerações futuras de atender suas próprias necessidades".

Em 1992, o Brasil sediou a primeira conferência sobre meio ambiente e Desenvolvimento, conhecida por Rio 92.

As empresas preocupadas com o meio ambiente adotaram o conceito *Triple Botton Line* (3P, *People*, *Profit*, *Planet*), criado por John Elkington, em 1994, que prevê 3 dimensões para a sustentabilidade: social, econômica e ambiental.

No ano de 2000, em Nova Iorque, foi lançado o Pacto Global[(319)], que advoga dez princípios universais derivados da Declaração Universal de Direitos Humanos (1948), da Declaração da Organização Internacional do Trabalho sobre Princípios e Direitos Fundamentais no Trabalho, da Declaração do Rio sobre Meio Ambiente e Desenvolvimento e da Convenção das Nações Unidas contra a Corrupção.[(320)]

Embora sejam transversais e interajam, por questão didática, os dez princípios foram divididos nas áreas de: Direitos Humanos; Trabalho; Meio Ambiente; e Anticorrupção, visando assegurar o crescimento econômico, observados interesses dos demais atores sociais, em especial empregados, investidores, consumidores e a comunidade em geral.

O ano de 2000 também foi marcado pelo estabelecimento dos Objetivos de Desenvolvimento do Milênio (ODM): 1) acabar com a fome e a miséria; 2) educação básica de qualidade para todos; 3) igualdade entre sexo e valorização da mulher; 4) reduzir a mortalidade infantil; 5) melhorar a saúde das gestantes; 6) combater a

---

(318) OLIVEIRA NETO, Célio Pereira. Contribuições do teletrabalho em prol da Agenda 2030. In: MANNRICH, Nelson. (Coord.). *Diretrizes da OIT em seu centenário*: Qual o futuro do Direito do Trabalho? Porto Alegre: LexMagister, 2020.

(319) Disponível em: <http://pactoglobal.org.br/10-principios/>. Acesso em: 10 out. 2019.

(320) *Ibidem*.

aids, a malária e outras doenças; 7) qualidade de vida e respeito ao meio ambiente; 8) todo mundo trabalhando pelo desenvolvimento.(321)

Em 2002, na África do Sul foi realizada a Conferência Mundial sobre Desenvolvimento Sustentável, também conhecida como Rio+10. Na ocasião, foi reafirmado o compromisso com o desenvolvimento sustentável e seus três pilares: desenvolvimento econômico, ambiental e social.(322)

Em 2012, o Brasil voltou a ser protagonista ao sediar a Conferência Rio+20, tendo dois temas como centrais: a economia verde no contexto do desenvolvimento sustentável e da erradicação da pobreza; e a estrutura institucional para o desenvolvimento sustentável.(323)

Em 2015, líderes mundiais se reuniram na sede da Organização das Nações Unidas (ONU), com o objetivo de constituir uma agenda global voltada à edificação de um mundo sustentável.

A partir de consulta popular e com o olhar voltado aos ODM, foi constituída a Agenda 2030, mediante a adoção de 17 Objetivos de Desenvolvimento Sustentável (ODS).

Os ODS pela ordem, visam: 1) erradicação da pobreza; 2) fome zero; 3) saúde e bem-estar; 4) educação de qualidade; 5) igualdade de gênero; 6) água limpa e saneamento; 7) energia acessível e limpa; 8) emprego digno e crescimento econômico; 9) indústria, inovação e infraestrutura; 10) redução das desigualdades; 11) cidades e comunidades saudáveis; 12) consumo e produção responsáveis; 13) combate às alterações climáticas; 14) vida de baixo d'água; 15) vida sobre a terra; 16) paz, justiça e instituições fortes; 17) parceria em prol das metas.(324)

Os objetivos traçados têm caráter uno e indivisível, integrando as dimensões econômica, social e ambiental em prol do desenvolvimento sustentável.

Em que pese as tentativas de resgate, permanece o cenário de maus tratos com o globo terrestre, fazendo-se mister revisitar a relação do homem com o meio ambiente, alterando posturas empresariais, conformando-as para uma relação mais solidária e humanista, demonstrando preocupação com as gerações presentes e futuras.

---

(321) Disponível em: <http://www.odmbrasil.gov.br/os-objetivos-de-desenvolvimento-do-milenio>. Acesso em: 10 out. 2019.

(322) Disponível em: <https://www.infoescola.com/desenvolvimento-sustentavel/declaracao-de-joanesburgo/>. Acesso em: 10 out. 2019.

(323) Disponível em: <http://www.rio20.gov.br/sobre_a_rio_mais_20.html>. Acesso em: 30 jan. 2019.

(324) Disponível em: <http://www.itamaraty.gov.br/pt-BR/politica-externa/desenvolvimento-sustentavel-e-meio-ambiente/134-objetivos-de-desenvolvimento-sustentavel-ods>. Acesso em: 10 out. 2019.

Imperiosa, pois, a adoção de práticas empresariais de respeito ao meio ambiente, assim como cogente que a atuação governamental esteja voltada à preservação do ecossistema.

4.5.2. Teletrabalho e Agenda 2030

A falta de acesso à informação produz analfabetos sociais, que ficam alijados de combustível representado pela informação. A inclusão digital é um meio de exercício da cidadania, diretamente atrelado à dignidade da pessoa humana, tal como prevê a Lei n. 12.965/2014 (Marco Civil da Internet) e a Lei n. 13.709/2018 (Lei Geral de Proteção de Dados).

A Agenda 2030 contempla o **ODS 9**, que em seu **item 9.c.** almeja:

> **"Aumentar significativamente o acesso às tecnologias de informação e comunicação e se empenhar para oferecer acesso universal e a preços acessíveis à internet nos países menos desenvolvidos, até 2020."**

Veja-se que o teletrabalho é entregue por meio das tecnologias da comunicação e informação, normalmente fazendo uso da internet. Logo, de início já se percebe que a própria tecnologia envolvida na prestação do teletrabalho se encontra em conformidade com os Objetivos de Desenvolvimento Sustentável.

Em linha semelhante, e de maneira ainda mais atrelada à telemática, ao tratar da igualdade de gênero, a Agenda 2030, por meio do **ODS 5.b.**, pretende: **"Aumentar o uso de tecnologias de base, em particular as tecnologias de informação e comunicação, para promover o empoderamento das mulheres"**.

Abre-se um parêntese para dizer que — consoante matéria do periódico Correio Brasiliense de 12 de maio de 2019[(325)] — metade das mulheres grávidas são demitidas após o retorno da licença-maternidade, o que inclusive implica na dificuldade de retorno ao mercado de trabalho, tornando complexa a tarefa de obtenção de igualdade material, de modo a ser efetivo o direito a iguais salários e ascensão profissional.

Pois bem, consoante já mencionado no item 4.4, o teletrabalho pós-licença-maternidade tem o condão de permitir a ampliação do convívio da mãe com o recém-nascido (inclusive adotado), e até mesmo possibilita que a criança seja amamentada por mais tempo, contribuindo de sobremaneira para a manutenção da mulher no mercado de trabalho. Por sinal, deve inclusive vir combinado com o teletrabalho pós-licença-paternidade — por evidente ambos nas atividades em que assim seja possível.

---

(325) Disponível em: <https://www.correiobraziliense.com.br/app/noticia/economia/2019/05/12/internas_economia,754492/metade-das-mulheres-gravidas-sao-demitidas-na-volta-da-licenca-materni.shtml>. Acesso em: 02 nov. 2019.

O teletrabalho pós-licença-paternidade justifica-se a fim de que o homem efetivamente divida as tarefas domésticas e de atenção com o recém-nascido e/ou adotado, e não seja mero apoio, com o escopo de se buscar uma igualdade material.

Com efeito, a pandemia da Covid-19 mostrou o quanto as mulheres ficaram esgotadas com o acúmulo das tarefas domésticas e de atenção à família, conjuntamente com o trabalho, consoante exemplifica matéria do Globo.com:[(326)]

> Não é de hoje que muitas mulheres vivem **jornadas de trabalho duplas ou triplas,** acumulando tarefas profissionais, da casa e dos filhos. A pandemia, no entanto, escancarou a **divisão desigual** entre os sexos. Para Hildete Pereira, professora da Universidade Federal Fluminense (UFF) e pesquisadora de gênero e economia, a sobrecarga é reflexo da crença estrutural de que o cuidado é uma responsabilidade apenas do sexo feminino.

No mesmo sentido, matéria do Correio Braziliense, de 26.04.2020:

> Acordar, preparar o café da manhã da família e a lancheira das crianças, lavar a louça, encaminhar os filhos para a escola, ir para o trabalho, encerrar o expediente, voltar para casa, cuidar da janta e da limpeza do lar, colocar os meninos para dormir; E, no dia seguinte, a maratona começa de novo. A rotina de muitas brasileiras, que já era intensa antes da pandemia de coronavírus num cenário em que as atividades domésticas e familiares se concentram desigualmente sobre as mulheres, ficou pior.

Ana Beatriz Ramalho de Oliveira faz referência ao aumento da dupla jornada, apresentando poderosos argumentos[(327)], dos quais se pinçam os seguintes:

> a) as mulheres com filhos foram as que mais trabalharam em horas pouco convencionais, segundo o relatório Global Gender Report 2021;
>
> b) a ONU Mulheres, OIT, Comissão Econômica para a América Latina e o Caribe (CEPAL) apresentaram o documento Trabalhadoras Domésticas Remuneradas na América Latina e no Caribe em face da Covid-19, onde constataram, em apertada síntese: i) que as mulheres foram obrigadas a conciliar a jornada de teletrabalho remunerado com serviços domésticos e cuidados aos familiares; ii) a casa se tornou o lugar de atuação como trabalhadora, mãe e dona de casa; iii) as mães foram responsáveis por maior esforço para continuidade dos estudos dos filhos a distância; iv) que em regra foram as mulheres que cuidaram de pessoas que adoeceram.

---

(326) Disponível em: Mulheres estão mais sobrecarregadas na pandemia por desigualdade na divisão de tarefas domésticas (globo.com). Acesso em: 30 out. 2021.

(327) Disponível em: <https://empreendedoresdoparana.com.br/a-ampliacao-da-dupla-jornada-de-trabalho-da-mulher-na-pandemia-e-o-direito-a-desconexao/>. Acesso em: 30 nov. 2021.

Nada mais justo, pois, do que ajustar o curso da história doravante, a fim de adotar medidas que possam contribuir no alcance da igualdade real, justificando-se a inserção de programas empresariais, governamentais e via negociação coletiva estimulando o teletrabalho pós-licença-maternidade e pós-licença-paternidade.

No que tange à inclusão do portador de deficiência, é fato que ainda inexiste infraestrutura adequada nas edificações, o que se soma às dificuldades no deslocamento.

Assim e considerada a desnecessidade de deslocamento em regime de teletrabalho, percebe-se a relação com o **ODS 10**, que trata da Redução das Desigualdades, em especial **item 10.2**: **"Até 2030, empoderar e promover a inclusão social, econômica e política de todos, independentemente da idade, gênero, deficiência, raça, etnia, origem, religião, condição econômica ou outra"**.

E tal situação não é local, mas presente em nível internacional, consoante bem demonstrou a conferência climática COP 26, evento do qual a ministra de energia de Israel, Karine Elharrar, não pôde participar por falta de acessibilidade.(328)

Quanto ao trabalho decente de que trata o ODS 8, permite-se conjugá-lo com o **ODS 3**, Saúde e Bem-Estar, que intenta: **"Assegurar uma vida saudável e promover o bem-estar para todas e todos, em todas as idades"**.

Com efeito, consoante abordado no item 4.4, o teletrabalho permite a maior concreção de direitos fundamentais ao possibilitar a prestação das atividades alforriada do relógio da fábrica, de acordo com o biorritmo do trabalhador, que tem liberdade de horários, sendo senhor do seu tempo e organização.

Acresça-se o tempo que é poupado na ausência de locomoção à empresa, podendo-se usar este período em prol da ampliação do convívio familiar, ou mesmo para atividades que ofereçam prazer ou aperfeiçoamento, até porque o teletrabalhador não sofrerá com o desgaste de horas em trânsito, mormente nas grandes metrópoles, consoante anteriormente mencionado.

O brasileiro, por sinal, passa 37 dias no trânsito, segundo noticia o Correio da Paraíba, em pesquisa realizada pelo Serviço de Proteção ao Crédito (SPC) para a Confederação Nacional de Dirigentes Lojistas (CNDL).

E mais, o tempo perdido só nos deslocamentos para o trabalho nas regiões metropolitanas devido às más condições de mobilidade urbana gera custo adicional de 62,1 bilhões de reais por ano à economia, dinheiro que por certo poderia ser utilizado no desenvolvimento econômico e social do país.(329)

---

(328) Disponível em: <https://www.cnnbrasil.com.br/internacional/ministra-israelense-nao-participa-da-cop26-por-falta-de-acessibilidade/>. Acesso em: 15 nov. 2021.

(329) Disponível em: Jornal Correio da Paraíba, 7 jan. 2018. Acesso em: 30 out. 2021.

Segundo a mesma pesquisa:

> "Entre as regiões do País, os recordistas de tempo total por ano gasto em deslocamentos são os moradores do Centro-Oeste, com 40 dias por ano em trânsito. Para o morador do Sudeste o tempo cai para 38 dias. No Sul, 37 dias e no Nordeste, 33 dias por ano."(330)

Soma-se que, durante a pandemia da Covid-19, o teletrabalho, na modalidade *home office*, foi utilizado como medida de salvaguarda da saúde, diante das medidas de isolamento adotadas, corroborando firmemente com o cumprimento do ODS 3, que trata de saúde e bem-estar.

O rol de vantagens para as empresas também é estimulante, a começar pela retenção de talentos, aumento da produtividade e criatividade, e isso com trabalhadores menos desgastados, tal como abordado no item 4.4, ora fazendo-se mera remissão para efeito de se estabelecer a ligação com os ODS.

Por sinal, o aumento da produtividade está previsto na Agenda 2030, por meio do **ODS 8**, que trata do **Trabalho Decente e Crescimento Econômico**.(331)

Ademais, diante da desnecessidade de deslocamento ao trabalho, por evidente há redução do número de pessoas transitando nas vias públicas, o que por consequência amplia a possibilidade de melhora da segurança pública.

Logo, se cogita da redução aos riscos da violência urbana, que bem se relaciona com o previsto pela Agenda 2030 no **ODS 16**, que trata da Paz, Justiça e Instituições Eficazes, almejando em seu **item 16.1**: **"Reduzir significativamente todas as formas de violência e as taxas de mortalidade relacionada em todos os lugares"**.

A sociedade começa a ganhar de forma significativa com a contribuição do teletrabalho com o **ODS 11**, que trata de Cidade e Comunidades Sustentáveis, com destaque para o **item 11.6**, que almeja: **"Até 2030, reduzir o impacto ambiental negativo *per capita* das cidades, inclusive prestando especial atenção à qualidade do ar, gestão de resíduos municipais e outros"**.

Na mesma esteira, o **ODS 12**, que trata de Consumo e Produção Responsáveis, e pretende, em seu **item 12.2**: **"até 2030, alcançar a gestão sustentável e o uso eficiente dos recursos naturais"**.

---

(330) Disponível em: Brasileiro passa quase 40 dias por ano no trânsito nas capitais | Rede Família de Televisão (<redefamilia.com.br>). Acesso em: 30 out. 2021.

(331) 8.2: "Atingir níveis mais elevados de produtividade nas economias por meio da diversificação, modernização tecnológica e inovação, inclusive por meio de um foco em setores de alto valor agregado e dos setores intensivos em mão de obra."

Veja-se que os ODS em questão possuem correspondência com o teletrabalho, na medida em que o desenvolvimento das atividades a distância, sem o deslocamento à sede, permite a redução de poluentes, além da diminuição de consumo de fontes de energia não renovável, não só relativa aos veículos que deixarão de transitar, mas também aos que não ficarão parados em longos congestionamentos, reduzindo assim o impacto ambiental negativo, prestando especial atenção à qualidade do ar.

O incentivo ao regime de teletrabalho se atrela diretamente ao Consumo e Desenvolvimento Sustentável, previsto pela Agenda 2030, em especial, no **ODS 12, item 12.8**, **"até 2030, garantir que as pessoas, em todos os lugares, tenham informação relevante e conscientização para o desenvolvimento sustentável e estilos de vida em harmonia com a natureza"**.

Cumpre, por sinal, mencionar que o descuido com o meio ambiente chegou a tal ponto que, no dia 29 de julho de 2018, a humanidade já tinha consumido tudo aquilo que tinha condições de repor no mesmo ano, o que ficou conhecido por "*Earth Overshoot Day*" – o dia em que a demanda da humanidade por recursos naturais e serviços em um dado ano excede o que a Terra pode regenerar naquele mesmo ano.[(332)]

Tal gerou um movimento denominado "*Move the Date*", que consiste na adoção de práticas sustentáveis que tenham o condão de empurrar adiante essa data, de sorte que cada vez a humanidade possa ir mais longe no calendário anual no que tange ao momento em que consome os recursos naturais que tem capacidade de regenerar no mesmo ano.

Acresça-se ainda que, com o teletrabalho, pode-se promover o desenvolvimento de regiões menos favorecidas e inclusive melhor organizar o território, o que se relaciona diretamente com o previsto pela Agenda 2030, no **ODS 11** que trata de Cidades e Comunidades Sustentáveis, em seu **item 11.7.a.**: **"Apoiar as relações econômicas, sociais e ambientais positivas entre áreas urbanas, periurbanas e rurais, reforçando o planejamento nacional e regional de desenvolvimento"**.

Para ilustrar, vale mencionar que muito antes da pandemia da Covid-19, o governo do Japão já visualizava no teletrabalho uma opção para evitar o caos durante os jogos olímpicos.[(333)]

---

(332) Disponível em: <https://www.overshootday.org/newsroom/press-release-junho-2019-portugues/>. Acesso em: 30 out. 2021.

(333) ***Teletrabajo, una opción para evitar el caos durante los Juegos de Tokio.*** *Los expertos esperan un aumento del 10% en el número de pasajeros en los trenes y temen un alza del 20% del número de automóviles en las carreteras, lo que podría provocar retrasos importantes y atascos muy peligrosos.* Disponível em: <http://www.rfi.fr/es/contenu/20190722-el-teletrabajo-una-opcion-para-evitar-el-caos-durante-los-juegos-de-tokio>. Acesso em: 02 nov. 2019.

Em Espanha, no curso da exposição de motivos da Lei n. 10/2021 que regulamenta o trabalho a distância, o legislador consignou que o trabalho remoto é essencial para reverter o despovoamento, especialmente de áreas rurais e pequenos municípios.

> Además, el trabajo a distancia es fundamental para favorecer el asentamiento y la fijación de población en el medio rural, tal y como se señala en las Directrices Generales de la Estrategia Nacional frente al Reto Demográfico, aprobadas por Consejo de Ministros el 29 de marzo de 2019. Esta norma ha de servir para hacer factible la oportunidad de revertir la despoblación, de acuerdo con las características de los territorios que sufren el declive demográfico, como zonas rurales y remotas, o pequeños municipios.[334]

No Brasil, todavia, Fabiano Zavanella e João Carmelo Alonso observam que:

> "certo desrespeito à lei é evidenciado pelo fato de apenas 15 dos 5 mil municípios brasileiros terem completado os projetos previstos na Lei Nacional de Mobilidade Urbana (Lei n. 12.587/12), ratificada em janeiro de 2012, estipulando que, até 2015, cidades com mais de 20.000 habitantes deveriam ter um plano de mobilidade. A associação Greenpeace Brasil realiza campanhas *online* para monitorar a elaboração de planos de mobilidade.[335]

Quando se reflete, pois, acerca do crescimento sustentado e sustentável, percebe-se que o Poder Público pode e deve voltar-se, assim como as empresas, à implementação de telecentros em cidades-dormitórios, a fim de evitar o deslocamento de milhares de trabalhadores diariamente para grandes centros.

Tanto assim o é que o então Secretário Nacional de Telecomunicações e Políticas Digitais do Ministério de Ciências, Tecnologias, Inovações e Comunicações, Vítor Menezes, se pronunciou no sentido que:

> [...] **cidade inteligente sustentável é uma cidade inovadora que utiliza as tecnologias da informação e da comunicação** (TICs), além de outros meios para melhorar a qualidade de vida, a eficiência da operação dos serviços urbanos e a produtividade sustentável, garantindo que sejam atendidas as necessidades das gerações atuais e futuras em relação aos aspectos econômicos, sociais, ambientais e culturais.[336]

No que se refere à Educação de Qualidade, a Agenda 2030 trata do tema por meio do **ODS 4**, almejando a **construção e ampliação de instalações físicas**

---

(334) Disponível em: <https://www.boe.es/buscar/doc.php?id=BOE-A-2021-11472>. Acesso em: 3 dez. 2021.

(335) ZAVANELLA, Fabiano e ALONSO, *João Carmelo. Novas tecnologias e o futuro do direito do trabalho.* In: MANNRICH, Nelson. (Coord.). *Diretrizes da OIT em seu centenário:* Qual o futuro do Direito do Trabalho? Porto Alegre: LexMagister, 2020

(336) Disponível em: <https://www.mobiletime.com.br/noticias/23/07/2019/mctic-apresenta-o-programa-nacional-de-estrategia-para-cidades-inteligentes/>. Acesso em: 25 out. 2019.

que proporcionem ambiente de aprendizagem seguro e não violento. Há de se verificar o *target*, e não o meio, de modo que o ambiente virtual pode contribuir para o alcance da meta, já que, diante das dificuldades financeiras e operacionais, o ensino e capacitação podem ser ampliados mediante o uso de canais virtuais, cumprindo ao objetivo de maior inclusão.

Acresça-se o **item 8.6 do ODS 8**, que trata de Trabalho Decente e Desenvolvimento Econômico, pretendendo: **"Até 2020, reduzir substancialmente a proporção de jovens sem emprego, educação ou formação"**.

Sem embargo de que boa parte da população não dispõe de recursos tecnológicos, em que pese a inclusão digital figure como meta, vale a reflexão sobre a possibilidade de redução de deslocamentos.

Isso sem falar na possível **ampliação do contingente de professores qualificados por cursos a distância, inclusive por meio de cooperação internacional**, atingindo assim o escopo do **item 4.c. da Agenda 2030**.(337)

Como se nota, pela força de todo o exposto, o trabalho a distância, por meio da telemática, permite a construção de um futuro mais sustentável, prestando importante contribuição em prol da Agenda 2030.

---

(337) "Até 2030, substancialmente aumentar o contingente de professores qualificados, inclusive por meio de cooperação internacional para a formação de professores, nos países em desenvolvimento e pequenos Estados insulares em desenvolvimento."

5. FORMALIDADES E PRÁTICA DO TELETRABALHO

Consoante anteriormente abordado, o teletrabalho está regrado no título II-A da CLT, cujas parcas regras constam dos arts. 75-C a 75-E, observado o enquadramento do art. 75-B [(338)] e a regra de exceção prevista pelo art. 62, inciso III — todos dispositivos da CLT.

Passa-se a abordar a aplicação prática dos dispositivos legais, divididos por questão metodológica nos seguintes itens: descrição das atividades; mudança de regime e reversibilidade; ônus da atividade; controle de jornada/ausência; desconexão; e instruções quanto às doenças e acidentes.

5.1. Descrição das Atividades

O art. 75-C da CLT[(339)] disciplina que o regime de teletrabalho deve constar expressamente do contrato de trabalho, especificando as atividades que serão realizadas pelo empregado. Ou seja, não basta a previsão contratual de labor em regime de teletrabalho, faz-se cogente a indicação das atividades que serão prestadas pelo trabalhador.[(340)]

Na falta da indicação das atividades em regime de teletrabalho, dois poderão ser os caminhos. O primeiro deles, e que parece mais adequado, ante a aplicação do princípio da primazia da verdade sobre os fatos, é que o vício possa ser sanado mediante a prova de que as atividades contratadas eram passíveis, e de fato o eram realizadas a distância mediante o uso da telemática — ônus que competirá à empresa contratante demonstrar, na hipótese de demanda trabalhista.

A segunda conjetura é de que a ausência de cumprimento do requisito legal invalidaria o regime de exceção de teletrabalho, e, por consequência, não se aplicariam as regras dos arts. 75-A a 75-E da CLT.

---

(338) Tratado no item 4.2.1.

(339) Art. 75-C. A prestação de serviços na modalidade de teletrabalho deverá constar expressamente no contrato individual de trabalho, que especificará as atividades que serão realizadas pelo empregado.

(340) A Recomendação n. 184 da OIT, no item 7 prevê a entrega ao trabalhador de cópia do registro destinado ao controle do teletrabalho aonde constam, dentre outras informações, a fixação de prazo para a realização do trabalho, o valor ajustado, os custos assumidos pelo trabalhador em domicílio e os reembolsos correspondentes, além das deduções efetuadas com base na legislação nacional.

5.2. Mudança de Regime e Reversibilidade

O trabalhador presencial pode passar a laborar em regime de teletrabalho, somente se firmado termo aditivo, por mútuo acordo, não se admitindo a imposição pelo empregador, nos termos do art. 75-C, § 1º da CLT.[341] Tal disposição obedece a regra do art. 468 da CLT, que não permite a alteração unilateral do contrato de trabalho em prejuízo do empregado.

Esclareça-se, quando se aborda a aplicação do art. 468 da CLT, que não há ambiguidade com as alegações de que o teletrabalho traz uma série de benefícios, pois não são todas as pessoas que têm fácil adaptação ao regime de trabalho a distância, ou mesmo que dispõe de espaço físico compatível para a realização das atividades com saúde e segurança.

Portanto, não se encontra dentro do poder diretivo do empregador a imposição de que o empregado já contratado presencialmente passe a laborar em regime de teletrabalho, fazendo-se mister a concordância expressa do empregado, a ser firmada mediante termo aditivo.

Por outro lado, não há qualquer direito de manutenção na condição de teletrabalho, caso a empresa deseje ou necessite trazer o teletrabalhador novamente para o seio da sede, bastando que seja firmado aditivo, dando-se prazo de 15 dias para que o labor passe a ser prestado de modo presencial, consoante art. 75-C, § 2º da CLT.[342]

A legislação do **Peru** que rege o teletrabalho, Lei n. 30.036 de 2013, possui semelhante diretriz à brasileira, deixando a reversão do regime de teletrabalho ao presencial no âmbito do poder diretivo do empregador, sem a necessidade de aquiescência por parte do trabalhador.[343]

---

(341) Art. 75-C, § 1º. Poderá ser realizada a alteração entre regime presencial e de teletrabalho desde que haja mútuo acordo entre as partes, registrado em aditivo contratual.

(342) Art. 75-C, § 2º. Poderá ser realizada a alteração do regime de teletrabalho para o presencial por determinação do empregador, garantido prazo de transição mínimo de quinze dias, com correspondente registro em aditivo contratual.

(343) *Artículo 4º. Carácter voluntario y reversible del teletrabajo*

Por razones debidamente sustentadas, el empleador puede variar la modalidad de prestación de servicios a la de teletrabajo, previo consentimiento del trabajador.

El cambio de modalidad de prestación de servicios no afecta la naturaleza del vínculo laboral, la categoría, remuneración y demás condiciones laborales, salvo aquellas vinculadas a la asistencia al centro de trabajo.

Sin perjuicio de lo dispuesto en el primer párrafo, el teletrabajador puede solicitar al empleador la reversión de la prestación de sus servicios bajo esta modalidad. El empleador podrá denegar dicha solicitud en uso de su facultad directriz.

El empleador puede reponer al teletrabajador a la modalidad convencional de prestación de servicios que ejecutaba con anterioridad si se acredita que no se alcanzan los objetivos de la actividad bajo la modalidad de teletrabajo. Disponível em: <https://www.informatica-juridica.com/anexos/ley-no-30-036-de-4-de-junio-de-2013-ley-que-regula-el-teletrabajo/>. Acesso em: 15 nov. 2021.

O raciocínio aqui, quando se trata de convocação para retorno ao regime presencial, não obedece a mesma regra de limitação do poder diretivo, dados os termos do dispositivo legal em comento. Isso porque o ordinário é o trabalho em regime presencial, sendo o teletrabalho regime de exceção, de sorte que faz parte do pacto laboral o exercício das atividades junto ao empregador, sob sua fiscalização e controle, até mesmo por uma questão histórica, conforme já abordado.

Contudo, a regra de sujeição do teletrabalhador de retorno ao regime presencial pode ser alterada, se a contratação já tiver sido levada a efeito no modelo de exceção do teletrabalho, ou mesmo se o termo aditivo trouxer a expressa garantia de manutenção do regime de trabalho a distância — hipóteses de aplicação da regra do art. 468 da CLT.

Como se sabe, as partes podem negociar individualmente condições de trabalho, de forma a manter ou alargar os direitos legalmente previstos, portanto, se o contrato de trabalho trouxer disposição ampliativa diversa da legal, aplica-se o contrato, de modo a garantir a manutenção do regime de teletrabalho, especificamente na conjetura desenhada.

De toda sorte, sob o viés prático é recomendável que o regime de teletrabalho seja ajustado mediante cláusula de reversibilidade, a fim de verificar as condições de adaptação também do trabalhador.

Nessa esteira, em âmbito interno, a Resolução Administrativa n. 1.499/2012 do TST, em seus arts. 13 e 14, permite a reversibilidade do teletrabalho para o presencial a qualquer tempo, no interesse da administração ou do servidor, sem a necessidade de concordância mútua.

Na mesma linha, a Resolução n. 227 do CNJ, por força dos arts. 15 e 16, permite o retorno do servidor, ou o cancelamento do regime de teletrabalho, a qualquer tempo, por vontade de uma das partes.

No mesmo sentido, a legislação **colombiana**, que disciplina a voluntariedade ao regime de teletrabalho, tanto para o empregador, quanto para o empregado, garantindo ao teletrabalhador o direito de retornar ao trabalho presencial a qualquer momento.[(344)]

O Decreto n. 3.7695-MPT-MTSS, em **Costa Rica**, prevê a voluntariedade do servidor em aderir ao regime, cabendo à instituição pública o oferecimento do regime e posterior revogação (se for caso), podendo o trabalhador solicitar o retorno ao trabalho presencial em qualquer tempo.[(345)]

---

(344) 10. *La vinculación através del teletrabajo es voluntaria, tanto para el empleador como para el trabajador. Los trabajadores que actualmente realicen su trabajo en las instalaciones del empleador, y pasen a ser teletrabajadores, conservan el derecho de solicitar en cualquier momento, volver a la actividad laboral convencional.* Disponível em: <https://www.mintic.gov.co/portal/604/articles-3703_documento.pdf>. Acesso em: 20 jul. 2017.

(345) e) *La incorporación a la modalidad del teletrabajo es voluntaria por parte del servidor. La institución tiene la potestad para otorgar y revocar la modalidad de teletrabajo, cuando así lo considere*

Em **Portugal**, há uma limitação ao período de 3 anos para os trabalhadores presenciais que passarem a atuar em regime de teletrabalho, sendo possível a reversão a pedido de qualquer das partes nos 30 primeiros dias de execução do trabalho a distância.(346) A nova legislação portuguesa a ser publicada contempla período indeterminado para o teletrabalho, e quando determinado limitado a 6 meses, alterado período de cessação com pré-aviso de 60 dias, e mantida a possibilidade de denúncia durante os 30 primeiros dias — tudo nos termos da nova redação do art. 167º, item 2 do Código de Trabalho.(347)

O *PROPET — Programa de Promocion del Empleo en Teletrabajo* de adesão voluntária das empresas argentinas(348) também prevê a reversibilidade a qualquer tempo.

Na **Argentina**, a recente Lei n. 27.555/2020, forte da redação dos arts. 7º e 8º, prevê não só a necessidade de consentimento para exercício do teletrabalho, como também a revogação do consentimento, com o que o trabalhador poderá retornar ao regime presencial sem a necessidade de concordância do empregador.(349)

---

conveniente y con fundamento en las políticas y lineamientos emitidos al efecto. El teletrabajador, siempre y cuando se siga un procedimiento elaborado al efecto, tiene el derecho para solicitar la restitución a su condición laboral habitual. Disponível em: <http://www.ilo.org/dyn/natlex/docs/ELECTRONIC/94875/111506/F313548990/CRI94875.pdf>. Acesso em: 20 jul. 2017.

(346) PORTUGAL. *Codigo do Trabalho*. Art. 167º Regime no caso de trabalhador anteriormente vinculado ao empregador. 1 — No caso de trabalhador anteriormente vinculado ao empregador, a duração inicial do contrato para prestação subordinada de teletrabalho não pode exceder três anos, ou o prazo estabelecido em instrumento de regulamentação coletiva de trabalho. 2 — Qualquer das partes pode denunciar o contrato referido no número anterior durante os primeiros 30 dias da sua execução. 3 — Cessando o contrato para prestação subordinada de teletrabalho, o trabalhador retoma a prestação de trabalho, nos termos acordados ou nos previstos em instrumento de regulamentação coletiva de trabalho. 4 — Constitui contraordenação grave a violação do disposto no número anterior. Disponível em: <http://cite.gov.pt/asstscite/downloads/legislacao/CT25092017.pdf#page=64>. Acesso em: 15 nov. 2017.

(347) Art. 167º Duração e cessação do acordo de teletrabalho

1. 0 acordo de teletrabalho pode ser celebrado com duração determinada ou com duração indeterminada.

2. Sendo o acordo de teletrabalho celebrado com duração determinada, este não pode exceder seis meses, renovando-se automaticamente por iguais períodos, se nenhuma das partes declarar por escrito, até 15 dias antes do término, não pretender a sua renovação.

3. Sendo o acordo de duração indeterminada, qualquer das partes pode fazê-lo cessar mediante comunicação escrita à outra, que produzirá efeitos no 60º dia posterior.

4. Qualquer das partes pode denunciar o acordo, de duração determinada ou de duração indeterminada, durante os primeiros 30 dias da sua execução.

5. Cessando o acordo de teletrabalho no âmbito de um contrato de trabalho de duração indeterminada, ou cujo termo não tenha sido atingido, o trabalhador tern o direito de retomar a atividade em regime presencial, sem prejuizo da sua categoria, antiguidade e quaisquer outros direitos reconhecidos aos trabalhadores em regime presencial com funções e duração do trabalho idênticas.

6. [anterior n. 4].

(348) ARGENTINA. Tal programa, criado em 2007, gerou inclusive o *Manual de Buenas Práticas en Teletrabajo*. Disponível em: <trabajo.gob.ar/downloads/teletrabajo/manual_buenas_practicas_2011.pdf>. Acesso em: 20 jul. 2017.

(349) *Artículo 7° — Voluntariedad. El traslado de quien trabaja en una posición presencial a la modalidad de teletrabajo, salvo casos de fuerza mayor debidamente acreditada, debe ser voluntario y prestado por escrito.*

De forma semelhante, o **Chile** que disciplina a matéria em seu art. 152, Quáter I, permitindo a reversibilidade por qualquer das partes, desde que respeitado o prazo mínimo de pré-aviso de 30 (trinta) dias.[350]

Em **Espanha**, a reversibilidade é em parte remetida à norma coletiva. Com efeito, a Lei n. 10/2021 prevê a voluntariedade e reversibilidade, nos termos do art. 5,[351] condicionando-a aos termos do acordo coletivo de trabalho, e, na falta deste, ao que foi inicialmente previsto como período de pré-aviso no acordo de trabalho a distância, consoante alínea "g" do art. 7.[352]

5.3. Ônus da Atividade

O art. 75-D da CLT[353] outorga às partes contratantes estabelecer condições para aquisição, manutenção ou fornecimento da tecnologia e infraestrutura necessárias para o desenvolvimento do teletrabalho. Não impõe diretamente tal obrigação ao empregador.

Artículo 8° — Reversibilidad. El consentimiento prestado por la persona que trabaja en una posición presencial para pasar a la modalidad de teletrabajo, podrá ser revocado por la misma en cualquier momento de la relación. Disponível em: <https://www.boletinoficial.gob.ar/detalleAviso/primera/233626/20200814>. Acesso em: 15 nov. 2021.

(350) *Artículo 152 quáter I. — En caso de que la modalidad de trabajo a distancia o teletrabajo se acuerde con posterioridad al inicio de la relación laboral, cualquiera de las partes podrá unilateralmente volver a las condiciones originalmente pactadas en el contrato de trabajo, previo aviso por escrito a la otra con una anticipación mínima de treinta días.*
Si la relación laboral se inició conforme a las normas de este Capítulo, será siempre necesario el acuerdo de ambas partes para adoptar la modalidad de trabajo presencial. Disponível em: <https://www.bcn.cl/leychile/navegar?idNorma=1143741>. Acesso em: 15 nov. 2021.

(351) Artículo 5. Voluntariedad del trabajo a distancia y acuerdo de trabajo a distancia.
1. El trabajo a distancia será voluntario para la persona trabajadora y para la empleadora y requerirá la firma del acuerdo de trabajo a distancia regulado en esta Ley, que podrá formar parte del contrato inicial o realizarse en un momento posterior, sin que pueda ser impuesto en aplicación del artículo 41 del Estatuto de los Trabajadores, todo ello sin perjuicio del derecho al trabajo a distancia que pueda reconocer la legislación o la negociación colectiva.
2. La negativa de la persona trabajadora a trabajar a distancia, el ejercicio de la reversibilidad al trabajo presencial y las dificultades para el desarrollo adecuado de la actividad laboral a distancia que estén exclusivamente relacionadas con el cambio de una prestación presencial a otra que incluya trabajo a distancia, no serán causas justificativas de la extinción de la relación laboral ni de la modificación sustancial de las condiciones de trabajo.
3. La decisión de trabajar a distancia desde una modalidad de trabajo presencial será reversible para la empresa y la persona trabajadora. El ejercicio de esta reversibilidad podrá ejercerse en los términos establecidos en la negociación colectiva o, en su defecto, en los fijados en el acuerdo de trabajo a distancia al que se refiere el artículo 7.

(352) g) Duración de plazos de preaviso para el ejercicio de las situaciones de reversibilidad, en su caso.

(353) Art. 75-D. As disposições relativas à responsabilidade pela aquisição, manutenção, ou fornecimento dos equipamentos tecnológicos e da infraestrutura necessária e adequada à prestação do trabalho remoto, bem como ao reembolso das despesas arcadas pelo empregado, serão previstas em contrato escrito.

Nesse sentido, o pensamento de Mauricio Godinho Delgado, que leciona: "relativamente ao teletrabalho e despesas usuais correspondentes (aquisição de aparelhos tecnológicos e instalações de suporte; assinatura de telefonia e/ou internet etc.), a nova Lei estabelece regra algo imprecisa".(354)

Na mesma esteira de raciocínio, Homero Batista Mateus da Silva aponta:

> "d) o art. 75-D toca num ponto bastante sensível do teletrabalho — de quem são os custos dos equipamentos e, sobretudo, da manutenção dos insumos, como a conta de energia elétrica e da rede de dados — mas ficou longe de apresentar uma solução: apenas prevê a necessidade de ajuste escrito a respeito e, caso o empregador concorra com as despesas, os bens corpóreos e incorpóreos não assumem natureza salarial; essa solução já constava do art. 458, § 2º, I, da CLT, desde 2001."(355)

Seguindo as regras mais comezinhas do direito do trabalho, para que não haja transferência do ônus da atividade, se revela adequado que o empregador arque com o fornecimento de *hardware, software* e demais gastos com implementação e manutenção do posto de trabalho.

Ao apreciar a disposição de regulação em contrato, na forma do art. 75-D, Ricardo Guimarães pontua: "cabe aqui destacar, que não nos parece possível — sob pena de negar um dos elementos da relação de emprego — qualquer transferência de risco da atividade econômica desenvolvida pelo empregador. Nesse sentido, não obstante a permissão legal, ela deverá ser avaliada com reservas".(356)

Sustentando a impossibilidade da transferência desse ônus, ainda que sem efetivo vinculativo, o Enunciado 70 da 2ª Jornada de Direito Material e Processual do Trabalho da Anamatra(357) e o Enunciado 25 da Comissão 3 do XIX Conamat(358).

---

(354) DELGADO, Mauricio Godinho; DELGADO, Gabriela Neves. *A Reforma Trabalhista no Brasil com os comentários à Lei n. 13.467/2017*. 1. ed. São Paulo: LTr, 2017. p. 139.

(355) SILVA, Homero Batista Mateus da. *Comentários à reforma trabalhista* (livro eletrônico). 1. ed. São Paulo: Revista dos Tribunais, 2017, s/p.

(356) GUIMARÃES, Ricardo Pereira de Freitas. *CLT comentada*. 2. ed. Rev.atual. e ampl. São Paulo: Thomson Reuters, 2018. p. 295.

(357) Enunciado 70: **TELETRABALHO: CUSTEIO DE EQUIPAMENTOS**. O CONTRATO DE TRABALHO DEVE DISPOR SOBRE A ESTRUTURA E SOBRE A FORMA DE REEMBOLSO DE DESPESAS DO TELETRABALHO, MAS NÃO PODE TRANSFERIR PARA O EMPREGADO SEUS CUSTOS, QUE DEVEM SER SUPORTADOS EXCLUSIVAMENTE PELO EMPREGADOR. INTERPRETAÇÃO SISTEMÁTICA DOS ARTS. 75-D E 2º DA CLT À LUZ DOS ARTS. 1º, IV, 5º, XIII E 170 DA CONSTITUIÇÃO DA REPÚBLICA E DO ART. 21 DA CONVENÇÃO N. 155 DA OIT.

(358) Enunciado 25 (Comissão 3): **25. TELETRABALHO**. A INTERPRETAÇÃO DO ART. 75-D DA CLT DEVE SER FEITA DE FORMA SISTÊMICA, SENDO QUE O CONTRATO ESCRITO PODE DISPOR SOBRE A FORMA DE CUSTEIO DOS EQUIPAMENTOS E DA INFRAESTRUTURA NECESSÁRIOS AO LABOR PELO EMPREGADOR, BEM COMO SOBRE A FORMA DE REEMBOLSO DAS DESPESAS EVENTUALMENTE

A Recomendação 184 da OIT[359] é nesse sentido, consoante parte VI, número 16, prevendo que os trabalhadores em domicílio (não necessariamente em regime de teletrabalho) devem ser reparados pelos gastos relacionados ao trabalho, tais como consumo de energia e água, comunicações e manutenção de máquinas e equipamentos, assim como pelo tempo dedicado à manutenção das máquinas e equipamentos e outras situações similares.[360]

O Acordo Quadro Europeu sobre Teletrabalho prevê, como regra geral, que o empregador é responsável por fornecer, instalar e manter os equipamentos necessários para o teletrabalho regular, salvo se o teletrabalhador fizer uso de seus próprios equipamentos. No entanto, nessa condição de uso de equipamentos pessoais, se realizado regularmente, impõe ao empregador a compensação ou reparo dos gastos relativos ao teletrabalho, especialmente comunicação, assim como reparo decorrente de perdas ou danos aos equipamentos pessoais.[361]

A **Costa Rica** disciplina que os servidores em regime de teletrabalho devem, em regra, ter os equipamentos de trabalho propiciados pela instituição pública, salvo se o servidor voluntariamente oferecer seus próprios equipamentos e instrumentos necessários para o cumprimento das atividades contratadas, mediante acordo escrito.[362]

FEITAS PELO EMPREGADO, NÃO SENDO POSSÍVEL TRANSFERIR AO EMPREGADO OS CUSTOS DO LABOR REALIZADO EM REGIME DE TELETRABALHO, EM ATENÇÃO AO DISPOSTO NO ART. 2º, *CAPUT*, DA CLT.

(359) Observa-se que as recomendações internacionais não ensejam ratificação, até porque possuem mero efeito orientativo, não vinculando o Estado Membro.

(360) 16. *Los trabajadores a domicilio deberían percibir una compensación por: (a) los gastos relacionados con su trabajo, como los relativos al consumo de energía y de agua, las comunicaciones y el mantenimiento de máquinas y equipos; (b) el tiempo dedicado al mantenimiento de máquinas y equipos, al cambio de herramientas, a la clasificación, al embalaje y desembalaje y a otras operaciones similares.*

(361) ALL QUESTIONS concerning work equipment, liability and costs are clearly defined before starting telework.
As a general rule, the employer is responsible for providing, installing and maintaining the equipment necessary for regular telework unless the teleworker uses his/her own equipment.
If telework is performed on a regular basis, the employer compensates or covers the costs directly caused by the work, in particular those relating to communication.
The employer provides the teleworker with an appropriate technical support facility.
The employer has the liability, in accordance with national legislation and collective agreements, regarding costs for loss and damage to the equipment and data used by the teleworker.
The teleworker takes good care of the equipment provided to him/her and does not collect or distribute illegal material via the internet. Disponível em: https://www.etuc.org/en/framework-agreement-telework. Acesso em: 5 dez. 2021.

(362) *Corresponderá a cada institución participante, determinar las medidas necesarias para garantizar el equipamiento de trabajo, definir el* ámbito *de responsabilidades, y la estimación de costos, previo al inicio de los programas de teletrabajo. La obligación que recae en la institución en el suministro de equipo de trabajo, sólo podrá ser dispensada cuando voluntariamente el teletrabajador ofrezca equipo y herramientas de su propiedad para el cumplimiento de las funciones asignadas,*

Portugal prevê que, inexistindo previsão contratual, presume-se que cabe ao empregador fornecer os equipamentos relativos à tecnologia da informação e da comunicação, assim como instalação, manutenção e custeamento das despesas inerentes.(363)

A recente alteração da legislação lusitana(364) — ainda não publicada — disciplina de forma pormenorizada a questão dos gastos com a realização do teletrabalho.(365) Excluiu a disposição relativa à inexistência de previsão contratual, impondo

---

situación que deberá quedar debidamente consignada en el acuerdo suscrito por las partes. Disponível em: <http://www.ilo.org/dyn/natlex/docs/ELECTRONIC/94875/111506/F313548990/CRI94875.pdf>. Acesso em: 20 jul. 2017.

(363) Código do Trabalho. Art. 168º Instrumentos de trabalho em prestação subordinada de teletrabalho. 1 — Na falta de estipulação no contrato, presume-se que os instrumentos de trabalho respeitantes a tecnologias de informação e de comunicação utilizados pelo trabalhador pertencem ao empregador, que deve assegurar as respetivas instalação e manutenção e o pagamento das inerentes despesas. 2 — O trabalhador deve observar as regras de utilização e funcionamento dos instrumentos de trabalho que lhe forem disponibilizados. 3 — Salvo acordo em contrário, o trabalhador não pode dar aos instrumentos de trabalho disponibilizados pelo empregador uso diverso do inerente ao cumprimento da sua prestação de trabalho.

(364) Atualidade — Página Oficial da Presidência da República Portuguesa (presidencia.pt). Acesso em: 30 nov. 2021.

(365) Art. 168º Equipamentos e sistemas

1. O empregador é responsável pela disponibilização ao trabalhador dos equipamentos e sistemas necessários à realização do trabalho e à interação trabalhador-empregador, devendo o acordo a que se refere o art. 166º especificar se são fornecidos diretamente ou adquiridos pelo trabalhador, com a concordância do empregador acerca das suas características e preços.
2. São integralmente compensadas pelo empregador todas as despesas adicionais que, comprovadamente, o trabalhador suporte como direta consequência da aquisição ou uso dos equipamentos e sistemas informáticos ou telemáticos necessários à realização do trabalho, nos termos do número anterior, incluindo os acréscimos de custos de energia e da rede instalada no local de trabalho em condições de velocidade compatível com as necessidaades de comunicação de serviço, assim como os os custos de manutenção dos mesmos equipamentos e sistemas.
3. Consideram-se despesas adicionais, para os efeitos deste artigo, as correspondentes à aquisição de bens e/ou serviços de que o trabalhador não dispunha antes da celebração do acordo a que se refere o artigo 166º, assim como as determinadas por comparação com as despesas homólogas do trabalhador no mesmo mês do último ano anterior à aplicação desse acordo.
4. O pagamento da compensação mencionada no n. 2 é devido imediatamente após a realização das despesas pelo trabalhador.
5. A compensação paga ao trabalhador para custear as despesas inerentes ao teletrabalho é considerada, para efeitos fiscais, custo para o empregador e não constitui rendimento para o trabalhador.
6. Sendo os equipamentos e sistemas utilizados no teletrabalho fornecidos pelo empregador, as condições para o seu uso para além das necessidades do serviço são as estabelecidas pelo regulamento interno a que se refere o n. 9 do art. 166º.
7. No caso de inexistência do regulamento interno ou de este omitir as condições mencionadas no número anterior, elas são definidas pelo acordo previsto no art. 166.°.
8. Constitui contraordenação grave a aplicação de qualquer sanção ao trabalhador pelo uso dos equipamentos e sistemas para além das necessidades de serviço, quando esse uso não esteja expressamente condicionado nos termos dos números anteriores.

de forma indene de dúvidas ao empregador a responsabilidade pela disponibilização ao trabalhador dos equipamentos e sistemas necessários ao trabalho, devendo o acordo de teletrabalho especificar se os equipamentos são fornecidos diretamente ou não pelo empregador. Quando adquiridos pelo empregado, sujeitos a concordância do empregador acerca das suas características e preços.

Disciplina também que todas as despesas, inclusive adicionais, contemplando acréscimo de custos de energia e da internet, devem ser compensadas pelo empregador, assim como a manutenção dos equipamentos e sistemas. Outrossim, disciplina que o regulamento interno poderá disciplinar o uso dos equipamentos e sistemas para além das necessidades do trabalho.

Em **Espanha**, a recente Lei n. 10/2021 estabelece no art. 7, alínea "b" que deve ser consignado no acordo de trabalho a distância a relação das despesas que o trabalhador pode ter, bem como a forma de quantificar a indenização e o momento dessa compensação, que deverão corresponder com a norma coletiva, se existente(366), assim como o art. 12, intitulado Direito ao pagamento de despesas e compensação, deixa expresso que as despesas com equipamentos, ferramentas e meios utilizados nas atividades laborais não poderão ser assumidos pelo trabalhador, podendo os acordos coletivos tratar da matéria.(367)

A **Venezuela**, ao tratar do trabalho em domicílio (não necessariamente em regime de teletrabalho), por meio do art. 213 da Lei Orgânica do Trabalho, prevê o ressarcimento pelos gastos relacionados com o trabalho, assim como manutenção de máquinas e equipamentos de trabalho.(368)

A **Colômbia**, por meio da Lei n. 1.221, de 2008, igualmente prevê que cabe ao empregador prover e garantir a manutenção dos equipamentos, conexões, programas, energia, e o que for necessário para o desempenho das funções.(369)

---

(366) b) Enumeración de los gastos que pudiera tener la persona trabajadora por el hecho de prestar servicios a distancia, así como forma de cuantificación de la compensación que obligatoriamente debe abonar la empresa y momento y forma para realizar la misma, que se corresponderá, de existir, con la previsión recogida en el convenio o acuerdo colectivo de aplicación.

(367) Artículo 12. El derecho al abono y compensación de gastos.

1. El desarrollo del trabajo a distancia deberá ser sufragado o compensado por la empresa, y no podrá suponer la asunción por parte de la persona trabajadora de gastos relacionados con los equipos, herramientas y medios vinculados al desarrollo de su actividad laboral.

2. Los convenios o acuerdos colectivos podrán establecer el mecanismo para la determinación, y compensación o abono de estos gastos.

(368) *Artículo 213. Compensaciones por gastos conexos. El patrono o patrona deberá pagar a los trabajadores y trabajadoras a domicilio, compensaciones por los gastos relacionados con su trabajo, como los relativos a consumo de servicios* públicos y *mantenimiento de máquinas y equipos de trabajo*. Disponível em: <http://adm-asecon.com.ve/normativas/leyorganicadeltrabajo.pdf>. Acesso em: 20 jul. 2017.

(369) *7. Los empleadores deberán proveer y garantizar el mantenimiento de los equipos de los teletrabajadores, conexiones, programas, valor de la energía, desplazamientos ordenados por él,*

E consoante apontado por Wolnei Tadeu Ferreira, após a aprovação do Projeto de Lei n. 352/2020, inseriu-se disposição no sentido de transformar o direito ao subsídio transporte em custeio à conectividade.(370)

Na **Argentina**, o *PROPET — Programa de Promocion del Empleo en Teletrabajo* também prevê a compensação de gastos em regime de teletrabalho, além da concessão de meios para a execução das atividades.(371)

Por sinal, a recente Lei n. 27.555/2020, no país vizinho, segue a mesma diretriz, não repassando tal ônus ao trabalhador, consoante disciplinado no art. 10.(372)

Na mesma esteira, a previsão do art. 3º da Lei n. 30.036/2013(373) do **Peru**, que é dividido em duas possibilidades: a) o empregador fornece os equipamentos, ficando o empregado responsável pela conservação; ou b) o empregado usa seus próprios equipamentos, cabendo ao empregador compensar a totalidade dos gastos, incluídos gastos com comunicação, sem prejuízo de pactuação de maiores benefícios por acordo individual ou coletivo.

---

necesarios para desempeñar sus funciones. Disponível em: <https://www.mintic.gov.co/portal/604/articles-3703_documento.pdf>. Acesso em: 20 jul. 2017.

(370) FERREIRA, Wolnei Tadeu. Teletrabalho e a Covid-19. Repercussões no direito do trabalho dos países vizinhos. In: (Coord. ZAVANELLA, Fabiano e PINTO, Luis Otávio Camargo). *22 anos da SOBRATT: A Evolução do Teletrabalho: Tomo I: Aspectos Jurídicos*. Campinas, SP: Lacier Editora, 2021. p. 102.

(371) 9. *Compensación por gastos: "LA EMPRESA" se compromete a compensar al TELETRABAJADOR por eventuales gastos que pudiere incurrir en ocasión del Teletrabajo, el mismo será proporcional al tiempo teletrabajado en el mes. Esta compensación será asimismo actualizable en similar proporción a los aumentos salariales colectivamente acordados en el sector de actividad y/o Empresa el que resulte aplicable*. Disponível em: <http://www.trabajo.gob.ar/downloads/teletrabajo/res_595-2013_PROPET.pdf>.

(372) *Artículo 10. Compensación de Gastos. La persona que trabaja bajo la modalidad del teletrabajo tendrá derecho a la compensación por los mayores gastos en conectividad y/o consumo de servicios que deba afrontar. Dicha compensación operará conforme las pautas que se establezcan en la negociación colectiva, y quedará exenta del pago del impuesto a las ganancias establecido en la ley 20.628 (t. o. 2019) y sus modificatorias*. Disponível em: <https://www.boletinoficial.gob.ar/detalleAviso/primera/233626/20200814>. Acesso em: 15 nov. 2021.

(373) ***Articulo 3º Reglas sobre el uso y cuidado de los equipos***
Cuando los equipos sean proporcionados por el empleador, el teletrabajador es responsable de su correcto uso y conservación, para lo cual evita que los bienes sean utilizados por terceros ajenos a la relación laboral.
Cuando el teletrabajador aporte sus propios equipos o elementos de trabajo, el empleador debe compensar la totalidad de los gastos, incluidos los gastos de comunicación, sin perjuicio de los mayores beneficios que pudieran pactarse por acuerdo individual o convenio colectivo. Si el teletrabajador realiza sus labores en una cabina de internet o en un equipo proporcionado por terceras personas, el empleador asume los gastos que esto conlleva.
El Reglamento establece la forma como se efectuará esta compensación de condiciones de trabajo. Disponível em: <https://www.informatica-juridica.com/anexos/ley-no-30-036-de-4-de-junio-de-2013-ley-que-regula-el-teletrabajo/>. Acesso em: 15 nov. 2021.

A **Bolívia**, por meio do Decreto Supremo n. 4.218/2020, forte do art. 8º, impõe ao empregador o ônus de fornecer equipamento e *software* necessários ao cargo[(374)], ressalvada a hipótese prevista no art. 9º, inciso II, se o empregado fizer uso de equipamento próprio.[(375)]

O **Chile**, em sua Lei n. 21.220/2020, igualmente dispõe que o empregador não poderá exigir o equipamento do empregado, devendo custeá-lo, nos termos do art. 152, Quáter L.[(376)]

Retornando ao **Brasil**, observa-se que, em sentido oposto, a Resolução n. 227 do CNJ, de âmbito interno do Poder Judiciário, dispõe no art. 13, que "o servidor é responsável por providenciar e manter estruturas física e tecnológica necessárias e adequadas à realização do teletrabalho".

O TST anteriormente já havia, por meio da Resolução Interna n. 1.499/12, em seu art. 7º, determinado que os servidores públicos que desejam atuar em regime de teletrabalho arquem com os custos de instalação e manutenção dos equipamentos necessários ao desempenho da função.[(377)]

---

(374) *Artículo 8º (Obligaciones del empleador o entidad pública) En el marco del presente Decreto Supremo, el empleador o entidad pública tendrá las siguientes obligaciones: a) Proveer al teletrabajador, cuando corresponda, el equipamiento y el software requeridos para la adecuada prestación de los servicios contratados; b) Capacitar al teletrabajador para el adecuado manejo y uso del equipamiento y software necesarios para desarrollar sus funciones; c) Establecer medios de comunicación formales, para comunicar y hacer el seguimiento correspondiente a las tareas asignadas al teletrabajador.* Disponível em: <https://www.ilo.org/dyn/natlex/docs/ELECTRONIC/110283/137110/F1400292675/DEC%204218%20BOL.pdf>. Acesso em: 15 nov. 2021.

(375) *Artículo 9º (Obligaciones del teletrabajador) I. En el marco del presente Decreto Supremo el teletrabajador, tiene las siguientes obligaciones: a) Cumplir con los protocolos de seguridad establecidos para salvaguardar la información, equipos informáticos y otros bajo su custodia; b) Permitir al empleador o entidad pública el libre acceso a la información relacionada con el Teletrabajo; c) Informar en un plazo no mayor a vienticuatro (24) horas al empleador o entidad pública cuando el equipamiento y/o software que se encuentre bajo su custodia, sufra algún daño, extravío, robo, destrucción o cualquier otro imprevisto que impida su utilización. El teletrabajador coordinará con la instancia técnica que corresponda las acciones a seguir para garantizar la continuidad de sus labores; d) Guardar confidencialidad respecto a la información de propiedad del empleador o entidad pública, o bien, a los datos que tenga acceso como consecuencia del teletrabajo. II. El teletrabajador que disponga del equipamiento suficiente utilizará el mismo para la realización de sus actividades, eximiendo de responsabilidad al empleador o entidad pública sobre su uso.* Disponível em: <https://www.ilo.org/dyn/natlex/docs/ELECTRONIC/110283/137110/F1400292675/DEC%204218%20BOL.pdf>. Acesso em: 15 nov. 2021.

(376) *Artículo 152 quáter L. — Los equipos, las herramientas y los materiales para el trabajo a distancia o para el teletrabajo, incluidos los elementos de protección personal, deberán ser proporcionados por el empleador al trabajador, y este último no podrá ser obligado a utilizar elementos de su propiedad. Igualmente, los costos de operación, funcionamiento, mantenimiento y reparación de equipos serán siempre de cargo del empleador.* Disponível em: <https://www.bcn.cl/leychile/navegar?idNorma=1143741>. Acesso em: 15 nov. 2021.

(377) **Art. 7º** Compete exclusivamente ao servidor providenciar as estruturas físicas e tecnológica necessárias à realização do teletrabalho, mediante uso de equipamentos ergonômicos e adequados.

Embora a posição do órgão judicial trabalhista superior seja relevante, na esteira da cautela, não se recomenda a adoção de igual procedimento por parte do setor privado, ao menos não sem a ciência do risco de a questão ser interpretada de modo diverso ante o comando de que cabe ao empregador o custeamento da atividade, não podendo repassar tal ônus ao empregado.

Isso porque a regulação em âmbito administrativo não produz impactos legais na esfera das relações de emprego, até porque a atividade pública se encontra sujeita a outras normas e regulada por princípios diversos, muito embora possa ser mencionada para reflexão.

Vê-se, aliás, que a parte final do art. 75-D da CLT trata de a possibilidade das partes pactuarem expressamente o reembolso das despesas enfrentadas pelo empregado.

Nessa esteira, é salutar pensar no estabelecimento de regras relativas aos gastos com instalação, luz, internet, telefone, equipamentos de informática, seguro dos equipamentos, manutenção e avarias, e até mesmo na ocupação exclusiva do espaço, tomando a cautela de não lançar todos os valores juntamente com o salário, mas sim discriminá-los.

Porém, igualmente relevante regrar o uso dos equipamentos eletrônicos, deixando claro que se destinam à execução do trabalho e que o mau uso é passível de punição — situações que inclusive reforçam a inexistência de caráter salarial da concessão dos equipamentos, nos termos do parágrafo único do art. 75-D da CLT.(378)

Antes do recente decreto que alterou a legislação portuguesa relativa ao teletrabalho, Duarte Abrunhosa e Sousa apontou a preocupação com certo açodamento no andamento dos projetos na Assembleia da República, legislando-se com base em experiências emergenciais, que não retratam o contexto normal, apresentando questionamento quanto ao eventual prejuízo do trabalhador em razão do uso de equipamentos próprios, o que fez nos seguintes termos:

> "A obsessão por este tema pode, no limite, ser prejudicial para o próprio trabalhador. Assim, para uma melhor abordagem a esta ideia, vamos ter em conta os seguintes exemplos:
>
> a) O Trabalhador A, em circunstâncias normais, teria de se deslocar ao escritório por este ser o seu lugar de trabalho. Este fator implica custos com (i) combustível e (ii) com a realização das refeições fora de casa. Suponha-se que a despesa aproximada era de € 250 por mês.

Parágrafo único. O servidor, antes do início do teletrabalho, assinará declaração expressa de que a instalação em que executará o trabalho atende às exigências do *caput*, se necessário, solicitar a avaliação técnica do Tribunal.

(378) Art. 75-D. Parágrafo único. As utilidades mencionadas no *caput* deste artigo não integram a remuneração do empregado.

> b) O Trabalhador A passou a desempenhar as suas funções em teletrabalho derivado da pandemia Covid-19. Este Trabalhador dispunha de ligação à internet privada em casa e utilizava o computador portátil disponibilizado pelo empregador, assim como o telemóvel com comunicações pagas. Estando a trabalhar a partir de casa, deixou de ter a despesa de € 250 por mês acima referida;
>
> c) Todavia, estando em casa, passou a ter um consumo acrescido de energia, que ronda os € 40 por mês. Relativamente ao serviço da internet, não foi necessário fazer qualquer upgrade ao pacote de dados de que já dispunha para utilização pessoal, uma vez que não tinha consumos adicionais."(379)

A partir daí, Duarte Abrunhosa e Sousa aponta uma poupança de € 210, não sendo possível reconhecer acréscimo de despesas. Mais adiante, sustenta que, se houve acréscimo de custos, este deveria ser descontado da poupança levada a efeito, verificando-se eventual diferença em favor do trabalhador, considerada inclusive a proporcionalidade na hipótese de agregado familiar compartilhar.

> "Não obstante, temos que ter em conta que nem todas as situações têm as mesmas características, havendo que ter em consideração os casos em que houve uma efetiva aquisição de internet, um aumento da potência contratada com a utilização de equipamentos pessoais, em que se suportava os respetivos custos. Assim, para o apuramento de um eventual complemento salarial destinado a fazer frente a um eventual aumento de custos, há que ter em consideração tanto as novas despesas, como a poupança que o trabalhador teve e ponderação face ao agregado familiar."(380)

É fato que na sociedade da informação a maioria dos empregos são gerados por empresas menores(381), e o custeamento do teletrabalho por parte da organização empregadora em regime híbrido pode inviabilizar a adoção do modelo, já que teria de ser mantida a estrutura interna, e ainda arcar com o trabalho a distância. E, se assim o for, o trabalhador poderia perder a possibilidade de atuar em teletrabalho.

---

(379) SOUSA, Duarte Abrunhosa e. Não Matem o Teletrabalho! – Uma perspectiva do teletrabalho em Portugal em 2021. (Coord. ZAVANELLA, Fabiano e PINTO, Luis Otávio Camargo). *22 anos da SOBRATT*: A Evolução do Teletrabalho: Tomo I: Aspectos Jurídicos. Campinas, SP: Lacier Editora, 2021, p. 142.
(380) SOUSA, Duarte Abrunhosa e. Não matem o teletrabalho! – uma perspectiva do teletrabalho em Portugal em 2021. (Coord. ZAVANELLA, Fabiano e PINTO, Luis Otávio Camargo). *22 anos da SOBRATT*: A Evolução do Teletrabalho: Tomo I: Aspectos Jurídicos. Campinas, SP: Lacier Editora, 2021. p. 143.
(381) Consoante abordado no item 1.4.2.

Feita essa ponderação, talvez na prática possa fazer sentido cogitar da possibilidade de o empregado arcar com o custo extra para a realização do teletrabalho em modelo híbrido, quando o exercício do teletrabalho decorrer de interesse e a requerimento inequívoco do trabalhador, ou mesmo em razão de adesão à programa de teletrabalho em modelo híbrido estruturado pela empresa.

De igual sorte, vale observar o modelo colombiano que prevê a transformação do direito ao subsídio transporte em subsídio à conectividade.

5.4. Controle de Jornada/Ausência

O regime de teletrabalho pode ser prestado em tempo integral fora da empresa, em parte do tempo de modo descentralizado, ou eventualmente. Daí as derivações *teleworking* e *telecommuting*.

Teleworking representa "qualquer forma de substituição da viagem ao local de trabalho pelas tecnologias da informação — tais como meios de telecomunicações e computadores —, movimentando-se o trabalho ao trabalhador ao invés de moverem-se os trabalhadores ao local de trabalho".[382]

Telecommuting significa "trabalho periódico realizado fora do escritório principal — durante um ou mais dias da semana — em casa do trabalhador, no local do cliente ou em um centro de teletrabalho".[383]

Usualmente se denomina teletrabalho *full time* quando prestado todo o tempo fora da empresa; teletrabalho *part time* ou híbrido, uma parte do tempo fora; ou teletrabalho ocasional, em situações eventuais fora da empresa.[384]

Ressalva-se que a Consolidação das Leis do Trabalho (CLT), por força do art. 75-B, considera como teletrabalho *"a prestação de serviços preponderantemente fora das dependências do empregador, com a utilização de tecnologias de informação e de comunicação que, por sua natureza, não se constituam como trabalho externo"*.[385]

Portanto, e tal como exposto no item 4.2.1, para efeitos de enquadramento no plano jurídico trabalhista nacional, na literalidade do art. 75-B, não se considera regime de teletrabalho quando em organização descentralizada montada e gerida pelo empregador, nem em atividade externa, assim como na hipótese de o trabalho não ser preponderantemente a distância.

---

(382) NILLES, Jack M. *Fazendo do teletrabalho uma realidade*. São Paulo: Futura, 1997. p. 53.

(383) NILLES, Jack M. *Fazendo do teletrabalho uma realidade*. São Paulo: Futura, 1997. p. 53.

(384) SILVA, Vitor Gustavo da; VIEIRA, Almir Martins; PEREIRA, Raquel da Silva. *A gestão do teletrabalho*: nova realidade ou mera adaptação à tecnologia? Disponível em: <http://revista.grupointegrado.br/revista/index.php/perspectivascontemporaneas/article/viewFile/1864/761>. Acesso em: 14 jul. 2017.

(385) Disponível em: <http://www.planalto.gov.br/ccivil_03/decreto-lei/del5452compilado.htm>. Acesso em: maio 21.

O fato objetivo a ser aqui considerado é que a isenção de controle de jornada só ocorre se o trabalho for preponderantemente realizado fora das dependências do empregador, por meio da telemática.

Nota-se que igualmente não ocorre o enquadramento no regime de teletrabalho quando a atividade é exercida de forma descentralizada, por meio da telemática, só ocasionalmente. Nesse sentido inclusive é a parte I, item (b) da Recomendação n. 184 da OIT, que dispõe que:

> [...] uma pessoa que tenha a condição de assalariado não se considerará trabalhador em domicílio para os efeitos da presente Recomendação por realizar ocasionalmente o trabalho assalariado em seu domicílio, em vez de realizá-lo em seu lugar de trabalho habitual.(386)

No mesmo sentido, a título ilustrativo, o art. 6º (4) da Lei n. 1.221, em Colômbia, que também não reconhece como teletrabalhador aquele que realiza atividades ocasionais em seu domicílio ou em local distinto do lugar de trabalho habitual.(387)

O teletrabalho realizado de forma esporádica ou não preponderante conduz à manutenção das condições de controle de jornada, devendo ser anotado o horário das atividades em folha própria e repassada ao empregador, de forma analógica ao previsto no art. 74, § 3º da CLT.

Também cabe ser levado a efeito controle de ponto *online*, observados os termos do recém editado Decreto n. 10.854, art. 31, que possibilita o uso das novas tecnologias no registro de jornada (reconhecimento facial, digital, celular, dentre outros), desde que atendidos os requisitos técnicos estabelecidos pelo Ministro de Estado e Previdência, de modo a coibir fraudes(388), o que parece ter sido regulamentado por meio da Portaria n. 671, de 8.11.2021, art. 75 e seguintes.

---

(386) (b) *una persona que tenga la condición de asalariado no se considerará trabajador a domicilio a los efectos de la presente Recomendación por el mero hecho de realizar ocasionalmente su trabajo como asalariado en su domicilio, en vez de realizarlo en su lugar de trabajo habitual.* Disponível em: <https://www.mintic.gov.co/portal/604/articles-3703_documento.pdf>. Acesso em: 14 jul. 2017.

(387) *Idem.*

(388) Art. 31. O registro eletrônico de controle de jornada, nos termos do disposto no art. 74 da Consolidação das Leis do Trabalho, aprovada pelo Decreto-Lei n. 5.452, de 1943, será realizado por meio de sistemas e de equipamentos que atendam aos requisitos técnicos, na forma estabelecida em ato do Ministro de Estado do Trabalho e Previdência, de modo a coibir fraudes, a permitir o desenvolvimento de soluções inovadoras e a garantir a concorrência entre os ofertantes desses sistemas.
§ 1º Os procedimentos de análise de conformidade dos equipamentos e sistemas de que trata o *caput* considerarão os princípios da temporalidade, da integridade, da autenticidade, da irrefutabilidade, da pessoalidade e da auditabilidade, na forma estabelecida em ato do Ministro de Estado do Trabalho e Previdência.
§ 2º Os equipamentos e os sistemas de registro eletrônico de jornada, sem prejuízo do disposto no *caput*, registrarão fielmente as marcações efetuadas e atenderão aos seguintes critérios:
I — não permitir:
a) alteração ou eliminação dos dados registrados pelo empregado;
b) restrições de horário às marcações de ponto; e
c) marcações automáticas de ponto, tais como horário predeterminado ou horário contratual;
II — não exigir autorização prévia para marcação de sobrejornada; e
III — permitir:

No entanto, sendo prevalecente o regime de teletrabalho, o art. 62, inciso III da CLT é expresso ao isentar o teletrabalhador do controle de jornada, ainda que haja comparecimento na empresa. Tal teve o objetivo de não isolar o teletrabalhador, além de permitir o contato mais próximo para efeito de acompanhamento e reuniões.

É de se notar que o art. 62, inciso III da CLT possui regra diversa do inciso I do mesmo dispositivo legal, na medida em que exclui o teletrabalhador do regime do capítulo II da CLT, que trata da jornada de trabalho, independente da possibilidade de controle.(389)

Essa diferença é relevante na medida em que, comparando com o art. 62, inciso I da CLT, percebe-se que este exclui o trabalhador externo do capítulo II, desde que tal seja incompatível com a fixação de horário de trabalho, anotando-se tal condição na CTPS (agora digital) e Ficha de Registro de Empregado.(390) Ou seja, para o trabalhador externo importa se há condições objetivas de controlar a jornada cumprida pelo empregado.

No entanto, para o teletrabalhador, ainda que haja possibilidade de controle de jornada, o enunciado legal conduz à inaplicabilidade do capítulo II da CLT que trata do regime de jornada de trabalho. A conclusão em uma leitura literal é de que o teletrabalhador nunca terá direito a horas extras.

Contudo, teletrabalho nada mais é do que forma de prestação do contrato de trabalho, e, portanto, sujeito ao princípio da primazia da realidade. Logo, se

---

a) pré-assinalação do período de repouso; e

b) assinalação de ponto por exceção à jornada regular de trabalho.

Art. 32. Para fins de fiscalização, os sistemas de registro eletrônico de jornada de que trata o art. 31 deverão:

I — permitir a identificação de empregador e empregado; e

II — possibilitar a extração do registro fiel das marcações realizadas pelo empregado.

Disponível em: <http://www.planalto.gov.br/ccivil_03/_Ato2019-2022/2021/Decreto/D10854.htm>. Acesso em: 30 nov. 2021.

(389) OLIVEIRA NETO, Celio Pereira. Lei n. 13.467/2017: flexibilidade, simplificação e outras repercussões na jornada de trabalho. In: AGUIAR, Antonio Carlos (Coord.). *Reforma Trabalhista*. Aspectos jurídicos relevantes. São Paulo: Quartier Latin, 2017. p. 59.

(390) *Art. 62. Não são abrangidos pelo regime previsto neste capítulo: (Redação dada pela Lei n. 8.966, de 27.12.1994)*

I — os empregados que exercem atividade externa incompatível com a fixação de horário de trabalho, devendo tal condição ser anotada na Carteira de Trabalho e Previdência Social e no registro de empregados; (Incluído pela Lei n. 8.966, de 27.12.1994)

II — os gerentes, assim considerados os exercentes de cargos de gestão, aos quais se equiparam, para efeito do disposto neste artigo, os diretores e chefes de departamento ou filial. (Incluído pela Lei n. 8.966, de 27.12.1994)

III — os empregados em regime de teletrabalho. (Incluído pela Lei n. 13.467, de 2017) (Vigência)

Parágrafo único. O regime previsto neste capítulo será aplicável aos empregados mencionados no inciso II deste artigo, quando o salário do cargo de confiança, compreendendo a gratificação de função, se houver, for inferior ao valor do respectivo salário efetivo acrescido de 40% (quarenta por cento). (Incluído pela Lei n. 8.966, de 27.12.1994)

houver controle de jornada, por evidente não será aplicável o art. 62, inciso III da CLT, até porque nada impede que o empregador estabeleça controle de jornada e remunere as horas extras, já que tal representa concretização do princípio da progressividade dos direitos sociais inserido no art. 7º da CF.

A título de exemplo, em Itália, o Instituto Nazionale di Previdenza Sociale montou várias sedes descentralizadas a fim de possibilitar o acesso ao trabalho em local mais próximo dos trabalhadores, mantendo o controle sobre a atividade.(391)

A Colômbia, embora reconheça a ausência de direito a horas extras do trabalhador, faculta ao empregador o controle e paga destas, nos termos do art. 6º, parágrafo único do Código Substantivo do Trabalho e da Seguridade Social.(392)

Tal hipótese, no entanto, é de fácil solução. O problema pode ser maior quando se trata da efetiva ausência de controle de jornada, combinada com a possibilidade de controle do tempo de trabalho, ainda que a distância.

Tal conjetura remeteria ao questionamento de a possibilidade de controle de jornada conduzir à inaplicabilidade do art. 62, inciso III da CLT, e, por consequência, deferimento de horas extras, se a jornada for extrapolada.

Vez mais, a resposta seria fácil se o dispositivo legal contivesse igual disposição ao art. 62, inciso I da CLT quanto à impossibilidade de controle de jornada. Contudo, este não é o caso, de sorte que duas conclusões se tornam possíveis.

A primeira é de que, em nenhuma hipótese se cogita do pagamento de horas extras, se não houver efetivo controle, eis que o teletrabalhador está afastado da aplicação do capítulo que trata da jornada de trabalho, e a ênfase do legislador tem a sua razão de ser, afinal, como permitir o livre e autogerenciamento dos horários de trabalho se o empregador ficar sujeito a realizar a fiscalização e pagamento de horas extras.

Se o empregado resolve assistir a um jogo de futebol — Final da *Champions League* — no período da tarde, e trabalhar na madrugada, o empregador nem terá como manter o contato e muito menos controlar tal atividade laborativa, ainda que tenha meios de saber o horário da atividade.

---

(391) DE MASI, p. 214.

(392) PARÁGRAFO. *Cuando el teletrabajo sea ejecutado donde sea verificable la jornada laboral, y el teletrabajador a petición del empleador se mantiene en la jornada laboral mas de lo previsto en el artículo 161 del* Código *Sustantivo del Trabajo y de la Seguridad Social, o le asigna* más *trabajo del normal, el pago de horas extras, dominicales y festivos se le dará el mismo tratamiento de cualquier otro empleado.* Disponível em: <https://www.mintic.gov.co/portal/604/articles-3703_documento.pdf>. Acesso em: 24 jul. 2017.

Vale aqui a lição de Domenico de Masi que distingue as condições de realização do trabalho intelectual do manual, explicando que:

> [...] "ainda aplicamos ao trabalho intelectual regras que foram pensadas para o trabalho material. Mas o trabalho material, como já vimos, requer quase sempre uma unidade de tempo e lugar — a fábrica — enquanto o trabalho imaterial não exige nem copresença física, nem sincronismo."[393]

Em outro trecho, o autor tece crítica quanto ao estabelecimento de controles, mormente de horários, quando se trata de trabalho criativo, tal como o imaterial:

> "Por duzentos anos a empresa manufatureira aperfeiçoou a sádica arte do controle sobre tudo e todos: hora de entrada e de saída, despesas, ritmos e biorritmos. Hoje se tenta fazer a mesma coisa com as pessoas que exercem trabalhos criativos, que, ao contrário, requerem motivação."

Valendo-se do abordado no item 2.2.1, o tempo é imediato, não precisa mais ser controlado, já foi "aniquilado" ou "suicidou-se",[394] afinal, a produção não é mais em linha, tempo a tempo, rotinizada, perdendo sentido a sua medição.

A flexibilidade e autogestão dos tempos e métodos demonstra que o trabalho a distância por meio da telemática não deve ser tratado como sujeito ao controle de jornada, sob pena de perder parte significativa da sua própria essência.

Em regime de teletrabalho, em regra inexiste preocupação com o tempo, mas com a entrega contratada. Não importa ao empregador o número de horas de trabalho, ainda que menor do que as usuais, na medida em que o escopo é o resultado entregue.

Nesse sentido, ao tratar das mudanças do poder de direção na sociedade da informação, Antonio Carlos Aguiar leciona:

> [...] "às empresas, atualmente, não é mais imprescindível o controle direto sobre as atividades desenvolvidas. Surge um estágio diferenciado, em que há maior autonomia e divisão de responsabilidades para confecção do que é ao final esperado: o resultado (e não mais só o processo de execução)".[395]

A gestão do tempo passa a ser muito mais qualitativa do que quantitativa, desaparecendo a necessidade de controle das horas, de modo assemelhado ao trabalho autônomo, no que se refere à autogestão e flexibilidade de tempos e métodos.

---

(393) DE MASI, Domenico. *Ócio criativo*. Entrevista a Maria Serena Palieri; tradução de Léa Manzi. Rio de Janeiro: Sextante, 2000. p. 232.

(394) "Teria o tempo, depois de matar o espaço enquanto valor, cometido suicídio? Não teria o espaço apenas a primeira baixa na corrida do tempo para a autoaniquilação?" — Conforme BAUMAN, p.150-151.

(395) AGUIAR, Antonio Carlos. *Negociação coletiva de trabalho*. São Paulo: Saraiva, 2011. p. 25.

A preocupação do gestor deve ser, pois, com o resultado, muitas vezes revelado pelo cumprimento de metas, planejamento ou projeto entabulado, e não de controle sobre o tempo, que passa a ser do teletrabalhador, a quem cabe gerenciar os horários de trabalho(396) e os momentos de aproximação com o núcleo familiar, ou mesmo desenvolvimento de outras atividades extra-laborais, tudo de acordo com o seu biorritmo.(397)

Marilia de Gonzaga Lima e Silva Tose realizou pesquisa empírica, explorando os aspectos qualitativos e as dificuldades do regime de teletrabalho, por meio da tomada do depoimento de vinte e um teletrabalhadores que atuavam em duas empresas que adotaram o regime de teletrabalho em programas estruturados.(398)

No que se refere à gestão do tempo nos programas em análise, a autora diagnosticou a liberdade dos teletrabalhadores, e observou que os objetivos empresariais quando da implantação do programa eram voltados ao reconhecimento por produtividade, redução do tempo gasto com deslocamento dos trabalhadores e das despesas daí decorrentes, assim como maior flexibilidade e administração do próprio tempo, associadas com maior autonomia, melhora da qualidade de vida e realização do trabalho de modo descentralizado.(399)

Ao avaliar o desenvolvimento do programa, durante as entrevistas dos vinte e um trabalhadores, a autora pôde perceber que de fato os teletrabalhadores se tornaram senhores dos seus tempos, tendo a maioria apontado que "não há jornada fixa; parte deles diz cumprir um horário estabelecido por eles mesmos; parte diz que a atual jornada é menor e apenas um diz que é maior do que aquela exercida na empresa".(400)

Dentro desse espírito de liberdade, um dos trabalhadores entrevistados, quando questionado quanto à jornada de trabalho, diz que "não, não é fixa [a jornada de trabalho]. Tem dias que não são muito produtivos, tem dia que estou de 'saco cheio', vou tocar meu violão, vou no parquinho com meu filho".(401)

---

(396) OLIVEIRA NETO, Célio Pereira. Em regime de teletrabalho, o empregado sempre estará isento do controle de jornada? Há risco de condenação em horas extras? In: CALCINI, Ricardo; MENDONÇA, Luiz Eduardo Amaral de (coords.) *Perguntas e respostas sobre a lei da reforma trabalhista*: obra coletiva por ocasião dos 2 anos da Lei n. 13.467/2017. São Paulo: LTr, 2019. p. 183.

(397) OLIVEIRA NETO, Célio Pereira. Lei n. 13.467: Flexibilidade, Simplificação e Outras Repercussões na Jornada de Trabalho. *In*: AGUIAR, Antonio Carlos (coord.). *Reforma Trabalhista*: aspectos jurídicos. São Paulo: Quartier Latin, 2017.

(398) SILVA TOSE, Marilia de Gonzaga Lima e. *Teletrabalho*: a prática do trabalho e a organização subjetiva dos seus agentes. Tese de Doutorado em Ciências Sociais. Pontifícia Universidade Católica de São Paulo, 2005. p. 54.

(399) *Idem*.

(400) *Ibidem*, p. 129.

(401) *Idem*.

É claro que não se acredita que este teletrabalhador não exerça as suas atividades laborais em outro momento, porém, de acordo com o seu ritmo, no momento em que se sente mais produtivo e menos estafado.

Outro teletrabalhador entrevistado, ao ser questionado se trabalha menos ou mais do que na empresa, após informar que consegue laborar mais centrado em casa, com menos interrupções, explica que:

> [...] "... na hora em que começo, vai embora que você nem vê a hora passar. Mas o meu dia fica reduzido, se eu contar as horas do dia com as atividades que eu tenho pela manhã, que eu faço as atividades administrativas, coisas que não exigem muita concentração e com a minha agenda à tarde, vamos dizer que eu trabalhe duas horas pela manhã, e quatro horas à tarde."

Trabalhador diverso ainda complementa, "na maior parte das vezes a empresa nem sabe o que estou fazendo".(402) O teletrabalhador se torna, portanto, empoderado, dono do seu tempo.

Marilia de Gonzaga Lima e Silva Tose aduz que: [...] "as respostas dos teletrabalhadores levam à conclusão de que não há uma jornada fixa e de que eles têm domínio sobre esse aspecto", assim como que, "essa liberdade parece conduzir a uma melhor performance dos trabalhadores e, consequentemente, da empresa".

A autora, após transcrever uma série de entrevistas que demonstram até mesmo uma mistura da vida pessoal e profissional, aponta que "percebe-se, assim, a flexibilidade que o trabalho em casa permite àqueles que o exercem, pelo fato de não haver separação rígida entre trabalho pago, trabalho não pago, remunerado e lazer".(403)

O conceito é de empoderamento do trabalhador, mitigação da subordinação e autogerenciamento da atividade, de sorte que a vontade do legislador parece inequívoca quanto à ausência de aplicação dos dispositivos legais que regem a duração da jornada de trabalho.

Destarte, o deferimento de horas extras, adicional noturno ou horas decorrentes de intervalos representaria desestímulo à contratação de uma forma de prestação do trabalho que o legislador parece interessado em incitar em prol do trabalhador, das empresas e da sociedade de um modo geral.

A segunda possibilidade deriva de uma interpretação ampliativa. Com efeito, se combinados os incisos I e III do art. 62 da CLT — o que não parece uma interpretação correta —, abre-se a possibilidade de aplicação do regime de jornada, e,

---

(402) SILVA TOSE, Marilia de Gonzaga Lima e. *Teletrabalho*: a prática do trabalho e a organização subjetiva dos seus agentes. Tese de Doutorado em Ciências Sociais. Pontifícia Universidade Católica de São Paulo, 2005. p. 160.
(403) *Ibidem*, p. 164.

por consequência, deferimento de horas extras, adicional noturno e outros, ao teletrabalhador, quando da possibilidade de controle de jornada.

É de conhecimento que tal regra é aplicada pela jurisprudência trabalhista no que se refere ao trabalho externo, porém, a base é o art. 62, inciso I da CLT, que prevê expressamente a necessidade de incompatibilidade de controle de jornada como meio hábil para a aplicabilidade do regime de exceção da jornada.

Com efeito, a jurisprudência consagrou a possibilidade de controle de jornada como suficiente a ensejar a descaraterização da exceção de controle quando se trata de atividade externa, mas também por vezes para o exercente de cargo de confiança, inobstante a ausência de previsão no art. 62, inciso II da CLT.

Nessa esteira de raciocínio, é de se observar o teor do Enunciado 21 da Comissão 3 do XIX CONAMAT, que embora sem efeito vinculativo, prevê:

> 21. **Teletrabalho. Controle de Jornada**
>
> REFORMA TRABALHISTA — ART. 62, INCISO III/CLT — CONTROLE EFETIVO DA JORNADA. NOS CASOS EM QUE FOR POSSÍVEL O ACOMPANHAMENTO OU CONTROLE INDIRETO DA JORNADA DE TRABALHO PELO EMPREGADOR, AINDA QUE POR MEIOS INFORMATIZADOS OU TELEMÁTICOS, O PRINCÍPIO DO CONTRATO REALIDADE IMPÕE A INTERPRETAÇÃO DO DISPOSITIVO EM EPÍGRAFE DE ACORDO COM O DISPOSTO NO ART. 7º, INCISO XIII DA CF/88, ART. 7º, "D" DO PIDESC E DO ART. 7º "G" PROTOCOLO DE SAN SALVADOR, GARANTINDO AO TRABALHADOR O DIREITO ÀS HORAS EXTRAS TRABALHADAS.

Já a condição é diversa quando não há possibilidade de controle da jornada do empregado, e este atua com autonomia e liberdade visando a consecução do objeto contratado, distribuindo horários ao seu bel-prazer, de acordo com a sua conveniência e oportunidade.

Nesta hipótese, diante do estabelecimento de conexão *offline*, e de tarefas compatíveis com o tempo necessário para a realização dentro das 44h semanais,[404] a adoção do regime de exceção previsto pelo art. 62, inciso I da CLT já se revelava mais do que adequada (antes mesmo da inserção do inciso III da CLT), caracterizando-se à época analogicamente o labor em atividade externa não sujeita ao controle de jornada.

Em suma, com a Lei n. 13.467/2017 há a criação de dispositivo legal expresso a fim de enquadrar o teletrabalho na exceção do controle de jornada, e, mais do que isso, sem a condicionante da possibilidade ou não de controle de jornada, ressalvado o risco de a jurisprudência entender que a mera condição de ser possível o controle da jornada conduza à inaplicabilidade da exceção legal.

---

(404) A título de subsídio quanto às atividades serem compatíveis com a jornada ordinária, vale menção à Recomendação n. 184 da OIT, *parte VIII — 23. El plazo fijado para terminar un trabajo no debería privar al trabajador a domicilio de la posibilidad de disfrutar de un tiempo de descanso diario y semanal comparable al que tienen los otros trabajadores. 24. La legislación nacional debería fijar las condiciones en las cuales los trabajadores a domicilio deberían disfrutar de días festivos retribuidos, vacaciones anuales remuneradas y licencias de enfermedad pagadas, al igual que los otros trabajadores.*

Vale notar que a redação atual do art. 62, inciso I da CLT é de 1994. De lá para cá, houve elevado avanço tecnológico, mormente no que tange à telemática.[(405)]

Para se ter uma ideia, tal como mencionado no capítulo 2, foi em 1994 que Tim Berners Lee obteve a indexação de páginas, criando a *web* com base nos escritos de um visionário chamado Vannevar Bush, e em seguida Alan Turing aperfeiçoou o motor de busca[(406)]. Neste mesmo ano foi fundado o Yahooo, assim como a Amazon. O Google só foi criado em 1998 e o Youtube em 2005.

Eram tempos de uso dos disquetes, em que sequer havia difusão da internet discada.

Atualmente, tudo é controlável. Como é de conhecimento geral, o aparelho de celular registra trajetos diários e os armazena, chegando a indicar o tempo que será utilizado no percurso que o aplicativo julga que será percorrido, com base no histórico.

Em recente artigo, o juiz Rodrigo Trindade abordou a falácia da impossibilidade do controle de jornada em se tratando de teletrabalho ao argumento de que a evolução tecnológica permite o controle a distância[(407)]. E o faz com razão, no que tange à aventada possibilidade.

Fácil notar que, desde a redação atual do art. 62, inciso I da CLT até o presente momento, a evolução da teconologia permitiu que de fato houvesse possível controle sobre grande parte das atividades da vida diária.

A questão é que não se deve colocar holofotes na possibilidade de acompanhamento e/ou possibilidade de controle da jornada, afinal, na sociedade da informação quase tudo é passível de controle.

Não à toa o art. 62, inciso III da CLT, na dicção da norma, exclui o teletrabalhador do regime do capítulo II da CLT, que trata da jornada de trabalho, independentemente da possibilidade de controle.

5.4.1. *Novo paradigma*

A análise tem que estar calcada na efetiva existência de controle ou determinação de cumprimento de horários fixos, sem autogerenciamento.[(408)] Ou seja, há

---

(405) Texto adaptado, OLIVEIRA NETO, Celio Pereira. Controle de Jornada (?) e teletrabalho. Disponível em: <https://www.amazon.com.br/Reflex%C3%B5es-Trabalhistas-os-Impactos-Pandemia-ebook/dp/B08QZYF2R5>.

(406) Alan Turing (homenageado com a impressão de sua face na cédula de 50 libras), já havia auxiliado os ingleses a decifrar os códigos usados pelos alemães na Segunda Grande Guerra.

(407) Disponível em: <http://revisaotrabalhista.net.br/2020/07/05/teletrabalho-panotipo-e-grande-irmao-programas-e-aplicativos-desmentem-o-mito-da-impossibilidade-de-controle-de-jornada-mas-reavivam-duas-perigosas-alegorias/>. Acesso em: maio 2021.

(408) Texto adaptado, OLIVEIRA NETO, Célio Pereira. A aplicação prática do art. 62, inciso III da CLT. (Coord. ZAVANELLA, Fabiano e PINTO, Luis Otávio Camargo). *22 anos da SOBRATT*: A Evolução do Teletrabalho: Tomo I: Aspectos Jurídicos. Campinas, SP: Lacier Editora, 2021.

de se investigar se o teletrabalhador efetivamente atua com liberdade de horários e autogestão do tempo, ou fica atrelado às determinações de horário do empregador.

Ao invés de se preocupar com a possibilidade de controle de jornada, os questionamentos devem ser voltados à existência ou não de determinação de cumprimento de horários fixos.

Essa esteira de raciocínio conduz a inquirições, tais como: há determinação do empregador para cumprimento de horários certos e determinados? O empregado está vinculado ao cumprimento de horários nos mesmos tempos do relógio do empregador? Se assim o for, inexistirá a alforria do relógio da fábrica (leia-se do empregador) e o controle de jornada deve ser mantido.

Exemplo clássico de manutenção do controle é o teleatendimento, que pode ser exercido a distância por meio da telemática, e nem por isso o teletrabalhador estará livre para gerir os seus tempos de atividade, afinal, por evidente o teleatendente não poderá escolher os horários de seus atendimentos, tendo em regra período certo e determinado para exercício de seu mister.

Por outro lado, sem a determinação de horários por parte do empregador, o trabalhador é dono do seu próprio relógio, ditando a sua jornada, de acordo com o seu biorritmo, conforme a sua conveniência e oportunidade, atuando com autonomia e liberdade, visando a consecução do objeto contratado.

Basta um dispositivo móvel e o trabalho é carregado para onde for mais conveniente.

Trata-se de novo paradigma, que promove o câmbio do controle e fiscalização pela confiança e autonomia; da exigência de jornadas certas e determinadas pelas jornadas flexíveis; e da cobrança de horários pela entrega de resultados.

Nessa visão de busca por resultados, cumpre observar a previsão do art. 1º da Resolução n. 6.770 do STF, aplicável em âmbito interno, que estabelece *"modelo diferenciado de gestão de atividades voltado para a entrega de resultados nos trabalhos realizados nos formatos presencial e a distância..."*.[409]

A própria OIT assim reconhece:

> Esta nueva era del teletrabajo requerirá un uso mucho más amplio de un nuevo tipo de gestión — basado en la confianza y en la obtención de resultados — y una nueva forma de trabajar — más autónoma, más flexible y mejor adaptada a las circunstancias y preferencias individuales de los trabajadores.[410]

---

(409) Disponível em: <http://www.stf.jus.br/arquivo/cms/noticiaNoticiaStf/anexo/Resolucao677.pdf>. Acesso em: maio 2021.
(410) Disponível em: <https://www.ilo.org/wcmsp5/groups/public/—ed_protect/—protrav/—travail/documents/publication/wcms_758007.pdf>. Acesso em: 15 nov. 2021.

O art. 62, inciso III da CLT, reflete, pois, o DNA do regime de teletrabalho ao enquadrá-lo na exceção do controle de jornada, e, mais do que isso, sem a condicionante da possibilidade ou não de controle de jornada.

5.4.2. *Cautela*

Inobstante o autogerenciamento que é da essência do teletrabalho, recomenda-se cautela, especialmente quando da existência de conexão permanente *online* é aconselhável que o empregador avalie a possibilidade de limitar a extensão da jornada, predeterminar os horários de trabalho, inclusive dos intervalos, se for o caso limitando acesso fora dos horários contratados, sob pena de gerar um sem número de horas extras, na hipótese de a jurisprudência se inclinar pela tese da possibilidade de controle de jornada como apta a excluir a aplicação do art. 62, inciso III da CLT.

Ademais, por evidente, se o teletrabalho presencial predominar, ou os horários de trabalho permanecerem sendo cumpridos exatamente tal como contratados e fiscalizados, a recomendação é de manutenção do regime de controle.

Em suma, se houver controle de jornada ou determinação de cumprimento de horários fixos, não será aplicável o art. 62, inciso III da CLT, até porque nada impede que o empregador estabeleça controle de jornada e remunere as horas extras.

Acresça-se, se o empregado permanecer em regime de plantão, cabendo ser chamado a qualquer tempo, abre-se ampla possibilidade de ser caracterizada a hora de sobreaviso, nos termos da Súmula n. 428 do TST.

Outrossim, tramitam no Congresso diversos projetos de lei que pretendem revogar o art. 62, inciso III da CLT, de tal sorte que a realização de teletrabalho, ainda que preponderante, se aprovado, *v. g.*, o PL 3.512, de 2020, terá controle das horas trabalhadas, de modo diverso ao espírito desse regime de trabalho que é de autogerenciamento.

De toda sorte, ainda que inserido na regra do art. 62, inciso III, há de se respeitar os dias de descanso semanal remunerado e feriados, não se ativando no labor como se não houvesse amanhã, afinal, a ausência de controle de jornada não macula o direito constitucional ao gozo do descanso semanal remunerado, ou das férias e feriados.

Por falar em repouso semanal remunerado, o Enunciado 71, da Anamatra, ainda que sem efeito vinculativo, assim dispõe:

> **71. TELETRABALHO: HORAS EXTRAS**
>
> **SÃO DEVIDAS HORAS EXTRAS EM REGIME DE TELETRABALHO**, ASSEGURADO EM QUALQUER CASO O **DIREITO AO REPOUSO SEMANAL REMUNERADO**. INTERPRETAÇÃO DO ART. 62, III E DO PARÁGRAFO ÚNICO DO ART. 6º DA CLT CONFORME O ART. 7º, XIII E XV, DA CONSTITUIÇÃO DA REPÚBLICA, O ART. 7º, "E", "G" E "H" PROTOCOLO ADICIONAL À CONVENÇÃO AMERICANA SOBRE DIREITOS HUMANOS EM MATÉRIA DE DIREITOS ECO-

NÔMICOS, SOCIAIS E CULTURAIS ("PROTOCOLO DE SAN SALVADOR"), PROMULGADO PELO DECRETO N. 3.321, DE 30 DE DEZEMBRO DE 1999, E A RECOMENDAÇÃO 116 DA OIT.

Na mesma esteira o Enunciado 22, da Comissão 3 do XXIX Conamat:

22. O TELETRABALHO E O ART. 62 DA CLT. DIREITO COMPARADO E MUTAÇÃO CONSTITUCIONAL

ART. 62 DA CLT. INCONSTITUCIONALIDADE POR MUTAÇÃO DO ART. 7º, XIII. TELETRABALHO. DETURPAÇÃO DA FONTE DE DIREITO COMPARADO. I — **O ART. 62 DA CLT É DEFINITIVAMENTE INCONSTITUCIONAL, FACE À MUTAÇÃO CAUSADA PELAS TERCEIRA E QUARTA FASES DA REVOLUÇÃO TECNOLÓGICA, QUE, ARRASTANDO OS INCISOS I E II, UNIVERSALIZARAM O TRABALHO "NORMAL" E AMPLIARAM O ALCANCE DO ART. 7º, XIII, DA CARTA REPUBLICANA, CARACTERIZANDO TODAS AS ATIVIDADES LABORAIS, SEM EXCEÇÃO, COMO SUSCETÍVEIS A CONTROLE DE JORNADA. II — O INCISO III DO ART. 62 DA CLT DESVIRTUA O ESCOPO DO CÓDIGO DE TRABALHO PORTUGUÊS, FONTE DE DIREITO COMPARADO DA QUAL SE ORIGINA A DISCIPLINA BRASILEIRA DO TELETRABALHO,** GERANDO CONFLITO COM O *CAPUT* E O PARÁGRAFO ÚNICO DO ART. 6º DA CLT, A SER DIRIMIDO À LUZ DO PRINCÍPIO DA NORMA MAIS FAVORÁVEL AO TRABALHADOR.

Aproveitando-se da menção levada a efeito pelo Enunciado 22 do Conamat, reconhece-se que de fato o direito **português**(411) preserva o direito ao controle e apontamento das horas em teletrabalho, consoante redação dos arts. 165º e 169º.

---

(411) A Assembleia da República em Portugal acaba de aprovar diversos projetos de lei no mês de novembro de 2021 que alteram o Código de Trabalho de Portugal. O texto foi promulgado pelo Presidente da República, valendo a referência de que a redação do art. 166º, especialmente em seu item 4, faz uso do vocábulo "período normal do trabalho diário e semanal", e também "horário de trabalho", deixando ainda mais patente a observância à jornada contratual, o que é reforçado pela redação do art. 169º.

Art. 166.

Acordo para prestação de teletrabalho

1. Pode exercer a atividade em regime de teletrabalho um trabalhador da empresa ou outro admitido para o efeito.

2. A implementação do regime de teletrabalho depende sempre de acordo escrito, que pode constar do contrato de trabalho inicial ou ser autónomo em relação a ele.

3. O acordo de teletrabalho define o regime de permanência ou de alternância de períodos de trabalho a distância e de trabalho presencial.

4. O acordo define, nomeadamente:

a) Identificação, assinaturas e domicílio ou sede das partes;

b) o local em que o trabalhador realizará habitualmente o seu trabalho, o qual será considerado, para todos os efeitos legais, o seu local de trabalho;

c) o período normal do trabalho diário e semanal;

d) o horário de trabalho;

e) A atividade contratada, com indicação da categoria correspondente;

f} A retribuição a que o trabalhador terá direito, incluindo prestações complementares e acessórias;

g) A propriedade dos instrumentos de trabalho, bem como o responsável pela respetiva instalação e manutenção;

h) A periodicidade e o modo de concretização dos contactos presenciais a que se refere a alínea c) do n. 1 do art. 169º-B.

5. (anterior n. 7).

Art. 165. ... 5 — O contrato está sujeito a forma escrita e deve conter:

... c) Indicação do período normal de trabalho;

Art. 169.

Igualdade de tratamento de trabalhador em regime de teletrabalho

1 — O trabalhador em regime de teletrabalho tem os mesmos direitos e deveres dos demais trabalhadores, nomeadamente no que se refere a formação e promoção ou carreira profissionais, **limites do período normal de trabalho** e outras condições de trabalho, segurança e saúde no trabalho e reparação de danos emergentes de acidente de trabalho ou doença profissional.

A **Espanha**, por meio da Lei n. 10/2021, art. 7, alínea "c" disciplina que o acordo de trabalho a distância deve contemplar o horário de labor, e se for o caso regras de disponibilidade. O tema vem regrado no art. 14 que trata do direito ao registro dos efetivos tempos de trabalho, ao mesmo tempo que permite a flexibilidade[412] — flexibilidade esta contemplada no art. 13 e vinculada aos horários previstos em contrato e norma coletiva, respeitados os horários de disponibilidade obrigatórios e as disposições legais sobre tempo de trabalho e descanso.[413]

---

6. Se a proposta de acordo de teletrabalho partir do empregador, a oposição do trabalhador não tem que ser fundamentada, não podendo a recusa constituir causa de despedimento ou fundamento da aplicação de qualquer sanção.
7. No caso de a atividade contratada pelo trabalhador ser, em si mesma, no modo por que esteja inserida no processo de funcionamento da empresa, e tendo em conta os recursos de que esta dispõe, compatível com o exercício em regime de teletrabalho, a proposta de acordo feita pelo trabalhador só poderá ser recusada pelo empregador por escrito e com indicação do fundamento da recusa.
8. O local de trabalho previsto no acordo de teletrabalho pode ser alterado pelo trabalhador mediante acordo escrito com o empregador.
9. O empregador pode definir, por regulamento interno publicitado, e com observância do Regulamento Geral de Proteção de Dados, as atividades e as condições em que a adoção do teletrabalho na empresa poderá ser por ele aceite.
Art. 169º Igualdade de direitos e deveres
0 trabalhador em regime de teletrabalho tem os mesmos direitos e deveres dos demais trabalhadores da empresa com a mesma categoria ou com função idêntica, nomeadamente no que se refere a formação, promoção na carreira, ***limites da duração do trabalho, períodos de descanso,*** *incluindo férias pagas, proteção da saúde e segurança no trabalho, reparação de acidentes de trabalho e doenças profissionais, e acesso a informação das estruturas representativas dos trabalhadores...* Disponível em: <https://www.parlamento.pt/ActividadeParlamentar/Paginas/DetalheIniciativa.aspx?BID=110716>. Acesso em: 16 nov. 2021.

(412) **Artículo 14. Derecho al registro horario adecuado.**
El sistema de registro horario que se regula en el artículo 34.9 del Estatuto de los Trabajadores, de conformidad con lo establecido en la negociación colectiva, deberá reflejar fielmente el tiempo que la persona trabajadora que realiza trabajo a distancia dedica ala actividad laboral, sin perjuicio de la flexibilidad horaria, y deberá incluir, entre otros, el momento de inicio y finalización de la jornada.

(413) **Artículo 13. Derecho al horario flexible en los términos del acuerdo.**
De conformidad con los términos establecidos en el acuerdo de trabajo a distancia y la negociación colectiva, respetando los tiempos de disponibilidad obligatoria y la normativa sobre tiempo de trabajo y descanso, la persona que desarrolla trabajo a distancia podrá flexibilizar el horario de prestación de servicios establecido.

O **Acordo Quadro Europeu sobre Teletrabalho** consigna que, na forma das negociações coletivas e regras empresariais, o teletrabalhador gerencia a organização do seu tempo de trabalho, mas a carga horária e os padrões de desempenho são equivalentes aos presenciais.(414)

Em **Bolívia**, o Decreto Supremo n. 4.218 prevê em seu art. 7º que o teletrabalhador deverá cumprir com a jornada efetiva de trabalho nos horários previstos pelo empregador ou entidade pública, não podendo exceder às horas estabelecidas.

> ***ARTÍCULO 7. (JORNADA DE TRABAJO).*** *El teletrabajador deberá mantenerse a disposición y cumplir con la jornada efectiva de trabajo en los horarios dispuestos por el empleador o entidad pública, no pudiendo exceder en horas a las establecidas en la normativa vigente.*(415)

Na mesma esteira, a recente Lei Federal **Argentina** n. 27.555/2020, que prevê que a jornada de trabalho deve ser pactuada previamente e por escrito, respeitando os limites legais e as convenções coletivas vigentes.

> *Artículo 4° Jornada laboral. La jornada laboral debe ser pactada previamente por escrito en el contrato de trabajo de conformidad con los límites legales y convencionales vigentes, tanto en lo que respecta a lo convenido por hora como por objetivos.*(416)

O que se percebe, portanto, é que embora o DNA do teletrabalho seja de autogerenciamento, a maioria das novas legislações tem mantido o controle de jornada, de sorte que a manutenção do controle, porém, com liberdade ou flexibilidade de horário pode ser uma alternativa na busca da melhor conformação.

5.4.2.1. Trabalho noturno

O capítulo II da CLT (Da Duração do Trabalho) está dividido em 6 seções, a saber: Seção I — Disposição Preliminar; Seção II — Da Duração do Trabalho; Seção III — Dos Períodos de Descanso; Seção IV — Do Trabalho Noturno; Seção V — Do Quadro de Horário; Seção VI — Das Penalidades.

---

(414) WITHIN the framework of applicable legislation, collective agreements and company rules, the teleworker manages the organisation of his/her working time.
The workload and performance standards of the teleworker are equivalent to those of comparable workers at the employers premises.
The employer ensures that measures are taken preventing the teleworker from being isolated from the rest of the working community in the company, such as giving him/her the opportunity to meet with colleagueson a regular basis and access to company information. Disponível em: <https://www.etuc.org/en/framework-agreement-telework>. Acesso em: 5 dez. 2021.

(415) Disponível em: <https://www.ilo.org/dyn/natlex/docs/ELECTRONIC/110283/137110/F1400292675/DEC%204218%20BOL.pdf>. Acesso em: 15 nov. 2021.

(416) Disponível em: <https://www.boletinoficial.gob.ar/detalleAviso/primera/233626/20200814>. Acesso em: 15 nov. 2021.

Nota-se que o trabalho noturno se encontra na Seção IV do Capítulo II da CLT. Guarde-se essa informação e leia-se em combinação com o art. 62, inciso III da CLT, que expressamente consigna:

"Art. 62. Não são abrangidos pelo regime previsto neste capítulo:

...

III — os empregados em regime de teletrabalho.

Observa-se que o art. 62 está inserido na Seção II — Da Duração do Trabalho, no bojo do Capítulo II da CLT, onde também se encontra o trabalho noturno, tal como exposto.

A conclusão é que o art. 62, inciso III exclui os empregados em regime de teletrabalho da abrangência do capítulo II da CLT, e, por consequência, do direito ao adicional noturno. Portanto, em regra, o empregado enquadrado em regime de teletrabalho não possui direito ao adicional noturno.

Caso, no entanto, o empregado tenha horário fixo e determinado para o exercício do trabalho, quer parecer que não se deve aplicar a regra do art. 62, inciso III da CLT, afinal, inexistirá liberdade e autogerenciamento da jornada.

Nessa mesma linha, se o empregado é contratado para trabalhar exclusivamente no período noturno, tal como serviços de manutenção de rede ou atendimento de mercado com fuso horário diverso, ainda que isento do controle de jornada, é recomendável remunerar tais horas com o adicional noturno, pois restará inequívoca a prestação do trabalho sempre entre 22h e 5h.

O raciocínio aqui é constitucional, haja vista o contido no art. 7º, inciso IX que prevê a remuneração do trabalho noturno superior ao diurno.

Para estabelecer uma analogia na construção desse entendimento, vale observar que o repouso semanal remunerado — constitucionalmente previsto — consta do título II da CLT, sendo que (rememora-se) o título II da CLT não se aplica ao regime de teletrabalho.

Como se sabe, a exclusão da aplicação do capítulo II não implica na ausência de gozo do repouso semanal remunerado, seja para o teletrabalhador, seja para o exercente de cargo de confiança, seja para o trabalhador externo.

Na hipótese de pagamento do adicional noturno, se a isenção de controle de jornada for mantida, o ideal é que assim seja levado a efeito mediante instrumento coletivo a fim de oferecer maior segurança jurídica.

Na conjetura, no entanto, de se não julgar oportuno o pacto coletivo, é possível inserir previsão na Política de Teletrabalho, consignando como justificativa-mor a ampliação dos direitos sociais, sem que tal conduza necessariamente à inaplicabilidade do art. 62, inciso III da CLT, quando da isenção de controle.

5.5. Teletrabalho e o Direito de Desconexão

Tal como já exposto, o teletrabalho representa enormes vantagens para todos, porém, não deixa de trazer alguma desvantagem ao diminuir a fronteira entre a vida privada e a profissional, o que se agrava consideravelmente se o direito de desconexão não for respeitado.

Não se pode deixar de observar, contudo, que preservada a essência do regime, em regra é o teletrabalhador quem gerencia o seu tempo, de sorte que cabe a este zelar pelo gozo do direito de lazer e descanso, estando a empresa, na maior parte das vezes, sem a possibilidade de exercer qualquer controle nesse sentido.

Ou seja, a jornada de trabalho é cumprida em termos qualitativos, sem a fiscalização de outrora, cabendo ao teletrabalhador dimensionar o tempo e ditar os ritmos, de acordo com o seu relógio biológico e conveniência.

Nas entrevistas objeto do trabalho de Marilia de Gonzaga Lima e Silva Tose, o que se percebeu foi a existência dessa autogestão, consoante frases ou explicações do tipo:

> [...] "eu controlo a minha vida. Tem muitos casos que, às vezes, eu tenho algumas atividades a serem feitas que é dentro do horário de trabalho, eu paro para fazer o que eu tenho que fazer, que são coisas pessoais às vezes, e depois volto à atividade e compenso este tempo trabalhando. Eu me considero dono do meu tempo."(417)

Outro teletrabalhador diz, "eu diria que hoje está melhor nestes pontos que eu ressalto novamente. É a flexibilidade do horário, você poder dimensionar a carga de trabalho de acordo com a necessidade".(418)

Ou ainda, diverso teletrabalhador disse que:

> [...] "efetivamente, eu trabalho umas seis horas por dia. Trabalho num projeto, faço alguma coisa que renda, uma determinada documentação para a empresa, no máximo, seis horas por dia, e o restante fico estudando. Ou às vezes menos, eu trabalho quatro horas e o restante fico estudando. Depende muito do projeto que você está envolvido, não dá para especificar. Às vezes eu trabalho quinze horas; dependendo do projeto, preciso trabalhar quinze horas, mas não existe um horário fixo."(419)

---

(417) SILVA TOSE, Marilia de Gonzaga Lima e. *Teletrabalho*: a prática do trabalho e a organização subjetiva dos seus agentes. Tese de Doutorado em Ciências Sociais. Pontifícia Universidade Católica de São Paulo, 2005. p. 119.

(418) *Ibidem*, p. 119.

(419) SILVA TOSE, Marilia de Gonzaga Lima e. *Teletrabalho*: a prática do trabalho e a organização subjetiva dos seus agentes. Tese de Doutorado em Ciências Sociais. Pontifícia Universidade Católica de São Paulo, 2005. p. 121.

Este mesmo teletrabalhador informa que consegue fazer em cinco horas o que antes demandava oito horas, apresentando um rendimento muito maior, e que procura trabalhar nas horas de maior rendimento, o que também representa menor fadiga intelectual, segundo relata.(420)

Nessa mesma linha, outro teletrabalhador diz, "nós gostamos do que fazemos e acabamos esquecendo de olhar o relógio, mas se não estamos com vontade de trabalhar [naquele momento], não trabalhamos e vamos fazer nossas coisas particulares".(421)

Em regime de trabalho a distância, cabe ao teletrabalhador, se desejar, fracionar o tempo de trabalho, tornando a atividade mais prazerosa e menos exaustiva, gerando maior saúde e bem-estar, consoante bem demonstraram os depoimentos supratranscritos.

O que se dessume é que devem ser respeitados os limites impostos pelo ordenamento jurídico, valendo a autodeterminação e liberdade do trabalhador no gozo do seu tempo de descanso e lazer, que deve ser efetivo com o teletrabalho. Ou seja, há de prevalecer a maturidade social de parte a parte, agindo-se com lealdade e boa-fé também nas relações virtuais, respeitando-se, assim, o direito de desconexão.

A geração Z já nasceu conectada, se realiza boa parte das vezes por meio das redes sociais. Ou seja, goza dos seus direitos da personalidade com bastante ênfase no ciberespaço. Por vezes, chega a se sentir infeliz e/ou frustrada se perde o contato com as redes sociais.

Esses elementos colocam em dúvida até mesmo se existe um direito ao lazer e descanso durante o horário de trabalho, afinal, como exigir que a sociedade da informação, especialmente a geração Z, trabalhe 8 horas seguidas, observado o tempo para intervalo no meio da jornada, como seus antepassados.

Como visto, trata-se de uma nova era, onde tudo mudou, e essa geração não parece disposta a cumprir as mesmas regras, de sorte que se torna discutível o direito à alienação ao trabalho durante o horário de trabalho.

Com efeito, o trabalhador de hoje tem os seus direitos personalíssimos reconhecidos mesmo durante a realização do trabalho, e essa alienação durante o horário dedicado ao empregador pode ser discutida.

Vozes portentosas podem levantar e dizer: "o empregador está remunerando a hora, portanto, deve receber a dedicação integral do trabalhador". De outro

---

(420) SILVA TOSE, Marilia de Gonzaga Lima e. *Teletrabalho*: a prática do trabalho e a organização subjetiva dos seus agentes. Tese de Doutorado em Ciências Sociais. Pontifícia Universidade Católica de São Paulo, 2005.p. 122 e 145.
(421) *Ibidem*. p. 149.

lado, deve-se observar que a produção já não obedece ao cronômetro de Taylor, inserindo-se em uma nova dinâmica de ordem criativa.

As empresas de tecnologia cada dia se preocupam menos com a jornada e mais com o resultado, do que são paradigmas Google e Facebook. Não se está aqui a defender um mundo mágico como parece ser o trabalho naquelas empresas.

E nem teria como, pois nas mencionadas empresas trabalha-se duro, certamente mais do que nos métodos tradicionais. Todavia, de uma forma diferente, que mais se aproxima do ócio criativo.

Na teoria de Domenico de Masi:

> [...] "o futuro pertence a quem souber libertar-se da ideia tradicional do trabalho como obrigação ou dever e for capaz de apostar numa mistura de atividades, onde o trabalho se confundirá com o tempo livre, com o estudo e com o jogo, enfim, o ócio criativo."(422)

Entenda-se aqui jogo como diversão, de sorte que o ócio criativo representa a mistura e entrelaçamento do lúdico e das atividades criativas, divertidas e produtivas, de sorte a sempre se gerar um valor. Domenico de Masi sustenta que:

> [...] "quando dá uma aula ou uma entrevista, quando assiste um filme ou discute animadamente com os amigos, deve sempre existir a criação de um valor e, junto com isso, divertimento e formação."

É justamente isso que ele chama de ócio criativo, e que vem como reação ao modelo tradicional de trabalho, mormente diante da produção taylorista da 2ª Revolução Industrial, que mecanizou o trabalhador, não o permitindo pensar, tornando a atividade laborativa linear e tediosa.

Aponta que o camponês e o artesão viviam no mesmo local onde trabalhavam, misturando as atividades, e que foi a indústria que separou o lar do trabalho, a vida das mulheres da vida dos homens e o cansaço da diversão, sustentando que "a plenitude da atividade humana é alcançada somente quando nela coincidem, se acumulam, se exaltam e se mesclam o trabalho, o estudo e o jogo... isto é quando nós trabalhamos, aprendemos e nos divertimos, tudo ao mesmo tempo".(423)

Ao distinguir o ócio criativo do ócio, o autor prega que "existe um ócio criativo, no qual a mente é muito ativa, que faz com que nos sintamos livres, fecundos, felizes e em crescimento. Existe um ócio que nos depaupera e outro que nos enriquece".(424)

---

(422) DE MASI, Domenico. *Ócio criativo*. Entrevista a Maria Serena Palieri; tradução de Léa Manzi. Rio de Janeiro: Sextante, 2000. p. 111.
(423) DE MASI, p. 153.
(424) DE MASI, p. 242.

Trata também da diferença de satisfação entre o trabalho intelectualizado e o repetitivo, em que na primeira hipótese o homem chega a adorar o trabalho de modo neurótico, e na segunda não vê a hora de terminar aquela atividade tediosa.(425)

O trabalho subordinado e repetitivo do chão de fábrica foi em grande parte substituído, ficando o trabalhador empoderado mediante a inserção de novos processos de gestão, de índole colaborativa, onde o trabalhador tem muito mais autonomia, relativizando a subordinação.

Antes da pandemia da Covid-19, o tema desconexão possuía normativa ainda mais pobre do que a atual, mesmo no plano internacional. A França merecia destaque ao tutelar expressamente o respeito à vida privada do teletrabalhador, dispondo que cabe ao empregador em consulta ao empregado fixar os momentos que este pode ser contatado, devendo respeitar tal ajuste(426), tal como abordado no capítulo 3, item 3.4 desta obra.

Em **Colômbia**, a redação do art. 6º (1) da Lei n. 1.221 previa que dada a natureza especial das atividades, não são aplicáveis as disposições sobre jornada de trabalho, horas extras e trabalho noturno, entretanto, cabe ao Ministério da Proteção Social exercer vigilância especial para garantir que os teletrabalhadores não sejam submetidos a cargas de trabalho excessivas.(427)

O regramento do trabalho ágil, objeto da Lei n. 81 de 2017, em **Itália**, contemplava a previsão da identificação dos tempos de descanso dos trabalhadores, assim como a adoção de medidas ténicas e organizacionais necessárias para garantir a desconexão do trabalhador dos instrumentos tecnológicos de trabalho.(428)

---

(425) DE MASI, p. 327.

(426) *Respect de la vie privée. L'employeur est tenu de respecter la* ***vie privée du télétravailleur****. A cet effet, il fixe, en concertation avec le salarié, les plages horaires durant lesquelles il peut le contacter. Si un moyen de surveillance est mis en place, il doit être pertinent et proportionné à l'objectif poursuivi et le télétravailleur doit en être informé. La mise en place, par l'employeur, de tels moyens doit faire l'objet d'une information et d'une consultation préalable du comité d'entreprise ou, à défaut, des délégués du personnel dans les entreprises qui en sont dotées.* Disponível em: <https://www.entreprises.cci-paris-idf.fr/web/reglementation/developpement-entreprise/droit-social/le-teletravail>. Acesso em: 24 nov. 2017.

(427) *1. A los teletrabajadores, dada la naturaleza especial de sus labores no les serán aplicables las disposiciones sobre jornada de trabajo, horas extraordinarias y trabajo nocturno. No obstante la anterior, el Ministerio de la Protección Social deberá adelantar una vigilancia especial para garantizar que los teletrabajadores no sean sometidos a excesivas cargas de trabajo.* Disponível em: <https://www.mintic.gov.co/portal/604/articles-3703_documento.pdf>. Acesso em: 14 jul. 2017.

(428) **Art. 19.** *Forma e recesso*

1. L'accordo relativo alla modalità di lavoro agile è stipulato per iscritto ai fini della regolarità amministrativa e della prova, e disciplina l'esecuzione della prestazione lavorativa svolta all'esterno dei locali aziendali, anche con riguardo alle forme di esercizio del potere direttivo del datore di lavoro ed agli strumenti utilizzati dal lavoratore. L'accordo individua altresì i tempi di riposo del lavoratore nonché le misure tecniche e organizzative necessarie per assicurare la disconnessione del lavoratore dalle strumentazioni tecnologiche dlavoro.

2. L'accordo di cui al comma 1 può essere a termine o a tempo indeterminato; in tale ultimo caso, il recesso può avvenire con un preavviso non inferiore a trenta giorni. Nel caso di lavoratori disabili ai

Durante o cenário pandêmico, no entanto, o tema ganhou maior relevância no plano normativo, do que Portugal, Espanha, Argentina e Chile são alguns exemplos.

Consoante noticiado[(429)], a Assembleia da República de **Portugal** promoveu e aprovou alterações na legislação do teletrabalho, já promulgadas pelo Presidente da República, com notáveis disposições no que tange ao respeito do direito de desconexão, consoante redação dos arts. 169º-B[(430)], alínea "b", que contempla deveres especiais, e, especialmente, no art. 199º-A que institui dever de abstenção de contato:

> Art. 199º-A
>
> Dever de abstenção de contacto
>
> 1. O empregador tem o dever de se abster de contactar o trabalhador no período de descanso, ressalvadas as situações de força maior.

---

sensi dell'articolo 1 della *legge 12 marzo 1999, n. 68*, il termine di preavviso del recesso da parte del datore di lavoro non può essere inferiore a novanta giorni, al fine di consentire un'adeguata riorganizzazione dei percorsi di lavoro rispetto alle esigenze di vita edi cura del lavoratore. In presenza di un giustificato motivo, ciascuno dei contraenti può recedere prima della scadenza del termine nel caso di accordo a tempo determinato, o senza preavviso nel caso di accordo a tempo indeterminato.

(429) Atualidade — Página Oficial da Presidência da República Portuguesa (presidencia.pt). Acesso em: 30 nov. 2021.

(430) Artigo 169º-B Deveres especiais

1. Sem prejuizo dos deveres gerais consagrados no Código do Trabalho, o regime de teletrabalho implica, para o empregador, os seguintes deveres especiais:

a) Informar o trabalhador, quando necessário, das caracteristicas e do modo de utilização de todos os dispositivos, programas e sistemas adotados para acompanhar a distância a sua atividade;

b) Abster-se de contactar o trabalhador no período de descanso nos termos a que se refere o art. 199°- A;

c) Diligenciar no sentido da redução do isolamento do trabalhador, promovendo, com a periodicidade estabelecida no acordo de teletrabalho, ou, em caso de omissão, com intervalos não superiores a dois meses, contactos presenciais dele com as chefias e demais trabalhadores;

d) Garantir ou custear as ações de manutenção e de correção de avarias do equipamento e dos sistemas utilizados no teletrabalho, nos termos do n. 2 do art. 168º, independentemente da sua propriedade;

e) Consultar, por escrito, o trabalhador antes de introduzir mudanças nos equipamentos e sistemas utilizados na prestação de trabalho, nas funções atribuídas ou em qualquer caracteristica da atividade contratada.

f) Fornecer ao trabalhador a formação de que este careça para o uso adequado e produtivo dos concretos equipamentos e sistemas que serão utilizados no teletrabalho.

1. Sem prejuízo dos deveres gerais consagrados pelo Código do Trabalho, o teletrabalho implica, para o trabalhador, os seguintes deveres especiais:

a) Informar atempadamente a empresa de quaisquer avarias ou defeitos de funcionamento dos equipamentos e sistemas utilizados na prestação de trabalho;

b) Cumprir as instruções do empregador no respeitante à segurança da informação utilizada ou produzida no desenvolvimento da atividade contratada;

Respeitar e observar as restrições e os condicionamentos que o empregador defina previamente, no tocante ao uso para fins pessoais dos equipamentos e sistemas de trabalho fornecidos por aquele.

Observar as diretrizes do empregador em matéria de saúde e segurança no trabalho.

1. Para além de responsabilidade disciplinar, as infrações dos deveres indicados no número anterior podem implicar responsabilidade civil, nos termos gerais.

2. Constitui contraordenaçao grave a violação dos deveres dispostos no n. 1 deste artigo.

2. Constitui ação discriminatória, para os efeitos do artigo 25.°, qualquer tratamento menos favorável dado a trabalhador, designadamente em matéria de condições de trabalho e de progressão na carreira, pelo facto de exercer o direito estabelecido no número anterior.

3. Constitui contraordenação grave a violação do disposto no n. 1 deste artigo."

A **Espanha** passou a regulamentar o tema por meio da Lei n. 10/2021, forte do art. 18, que estabelece o direito à desconexão digital fora do horário de trabalho nos termos da Lei Orgânica n. 3/2018,[431] assim como, em apertadíssima síntese, o dever de o empregador garantir este direito mediante limitação da utilização dos meios tecnológicos de comunicação durante os períodos de descanso, assim como respeito à duração máxima da jornada, cabendo à empresa, ouvida a representação dos trabalhadores, desenvolver política interna, incluindo cargos de chefia.[432]

A **Argentina** editou a Lei n. 27.555/2020 que expressamente dispõe que "as plataformas e/ou os sistemas fornecidos pelo empregador para o teletrabalho devem conter controles para a jornada laboral, impedindo a conexão fora da jornada legal contratada, assim como o direito de não ficar conectado aos dispositivos digitais fora de sua jornada de trabalho e nos períodos de licença".[433]

---

(431) A Lei Orgânica n. 3/2018, de 5 de dezembro, trata da proteção de dados pessoais e garantia dos direitos digitais.

(432) **Artículo 17. Derecho a la intimidad y a la protección de datos.**

1. La utilización de los medios telemáticos y el control de la prestación laboral mediante dispositivos automáticos garantizará adecuadamente el derecho a la intimidad y a la protección de datos, en los términos previstos en la Ley Orgánica 3/2018, de 5 de diciembre, de Protección de Datos Personales y garantía de los derechos digitales, de acuerdo con los principios de idoneidad, necesidad y proporcionalidad de los medios utilizados.

2. La empresa no podrá exigir la instalación de programas o aplicaciones en dispositivos propiedad de la persona trabajadora, ni la utilización de estos dispositivos en el desarrollo del trabajo a distancia.

3. Las empresas deberán establecer criterios de utilización de los dispositivos digitales respetando en todo caso los estándares mínimos de protección de su intimidad de acuerdo con los usos sociales y los derechos reconocidos legal y constitucionalmente. En su elaboración deberá participar la representación legal de las personas trabajadoras.

Los convenios o acuerdos colectivos podrán especificar los términos dentro de los cuales las personas trabajadoras pueden hacer uso por motivos personales de los equipos informáticos puestos a su disposición por parte de la empresa para el desarrollo del trabajo a distancia, teniendo en cuenta los usos sociales de dichos medios y las particularidades del trabajo a distancia.

(433) *Artículo 4º- Jornada laboral. La jornada laboral debe ser pactada previamente por escrito en el contrato de trabajo de conformidad con los límites legales y convencionales vigentes, tanto en lo que respecta a lo convenido por hora como por objetivos.*

Las plataformas y/o software utilizados por el empleador a los fines específicos del teletrabajo, y registrados según lo establecido en el artículo 18 de la presente, deberán desarrollarse de modo acorde a la jornada laboral establecida, impidiendo la conexión fuera de la misma.

Artículo 5°- Derecho a la desconexión digital. La persona que trabaja bajo la modalidad de teletrabajo tendrá derecho a no ser contactada y a desconectarse de los dispositivos digitales y/o tecnologías de la información y comunicación, fuera de su jornada laboral y durante los períodos de licencias. No podrá ser sancionada por hacer uso de este derecho.

El empleador no podrá exigir a la persona que trabaja la realización de tareas, ni remitirle comunicaciones, por ningún medio, fuera de la jornada laboral. Disponível em: <https://www.argentina.gob.ar/normativa/nacional/ley-27555-341093/texto>. Acesso em: 23 out. 2021.

Igualmente a lei do país vizinho contempla a regra de que o empregado não poderá ser penalizado por fazer valer este direito, devendo o empregador eximir-se de enviar comandos ou orientações fora da jornada do empregado.

O **Chile** igualmente tutela o direito de desconexão, por meio da sua recente Lei n. 21.220/2020, ao prever que, mesmo nos casos em que o trabalhador é livre para fixar sua jornada, possui o direito a desconectar-se por 12 (doze) horas a cada 24 (vinte e quatro) horas do dia, ou seja, atribui-se ao empregado o direito de regular sua jornada, assim como quando deva desconectar-se. O empregador, a seu turno, deve eximir-se de enviar comunicações ou contatos com o empregado quando este estiver em licenças, férias ou afastamentos (art. 152, Quáter J).(434)

No **Brasil**, de modo semelhante ao Chile, o Projeto de Lei n. 4.044/2020 procura assegurar a observância ao direito de desconexão ao menos durante as férias, propondo a inserção do art. 133-A da CLT, mediante retenção dos aparelhos portáteis do trabalho pelo empregador, exclusão do empregado dos grupos de trabalho de serviço de mensageria e exclusão de aplicativos exclusivos do trabalho, visando evitar que o empregador entre em contato com o empregado durante as férias deste.

---

(434) *Artículo 152 quáter J.- La modalidad de trabajo a distancia o teletrabajo podrá abarcar todo o parte de la jornada laboral, combinando tiempos de trabajo de forma presencial en establecimientos, instalaciones o faenas de la empresa con tiempos de trabajo fuera de ella.*
El trabajo a distancia estará sujeto a las reglas generales de jornada de trabajo contenidas en el Capítulo IV del Libro I, con las excepciones y modalidades establecidas en el presente artículo. El empleador, cuando corresponda, deberá implementar a su costo un mecanismo fidedigno de registro de cumplimiento de jornada de trabajo a distancia, conforme a lo prescrito en el artículo 33.
Si la naturaleza de las funciones del trabajador a distancia lo permite, las partes podrán pactar que el trabajador distribuya libremente su jornada en los horarios que mejor se adapten a sus necesidades, respetando siempre los límites máximos de la jornada diaria y semanal, sujetándose a las normas sobre duración de la jornada de los artículos 22 y 28 y las relativas al descanso semanal del Párrafo 4º del Capítulo IV del Libro Primero.
Con todo, en el caso del teletrabajo las partes podrán acordar que el trabajador quede excluido de la limitación de jornada de trabajo de conformidad con lo señalado en el inciso cuarto del artículo 22. Sin embargo, se presumirá que el trabajador está afecto a la jornada ordinaria cuando el empleador ejerciere una supervisión o control funcional sobre la forma y oportunidad en que se desarrollen las labores.
En aquellos casos en que se pacte la combinación de tiempos de trabajo de forma presencial en establecimientos, instalaciones o faenas de la empresa con tiempos de trabajo fuera de ella, podrán acordarse alternativas de combinación de dichos tiempos por los que podrá optar el trabajador, quien deberá comunicar la alternativa escogida con a lo menos una semana de anticipación.
Tratándose de trabajadores a distancia que distribuyan libremente su horario o de teletrabajadores excluidos de la limitación de jornada de trabajo, el empleador deberá respetar su derecho a desconexión, garantizando el tiempo en el cual ellos no estarán obligados a responder sus comunicaciones, órdenes u otros requerimientos. El tiempo de desconexión deberá ser de, al menos, doce horas continuas en un periodo de veinticuatro horas. Igualmente, en ningún caso el empleador podrá establecer comunicaciones ni formular órdenes u otros requerimientos en días de descanso, permisos o feriado anual de los trabajadores. Disponível em: <https://www.bcn.cl/leychile/navegar?idNorma=1143741>. Acesso em: 15 nov. 2021.

Nesse sentido, o autor do projeto explica:

> No art. 133-A, propomos obrigações mais rigorosas quando se tratar de período de férias: retenção dos aparelhos portáteis do trabalho pelo empregador, exclusão do empregado dos grupos de trabalho de serviço de mensageria (WhatsApp, Telegram etc.) e exclusão de aplicativos exclusivos do trabalho (correio eletrônico etc.). Essas medidas visam prevenir que o empregador entre em contato com o trabalhador durante o gozo de suas férias.

E de maneira hábil, prevê a inserção do art. 65-A[(435)] a fim de aplicar as disposições relativas ao Capítulo II, Seção III — Dos Períodos de Descanso aos casos de teletrabalho, ainda que a modalidade seja parcial, aí inclusa qualquer forma de comunicação entre empregador e empregado atinente ao trabalho e realizada por meio de ferramentas telemáticas.

O projeto de lei em tela trata igualmente da inserção do art. 72-A na CLT, a fim de proibir o empregador de acionar o empregado por qualquer meio telemático, na ausência de acordo prévio de sobreaviso, observadas as exceções do art. 61 da CLT.

5.6. Instruções quanto às doenças e acidentes

O art. 75-E da CLT[(436)] trata da obrigação de o empregador instruir os empregados, de maneira expressa e ostensiva, quanto às precauções para evitar doenças e acidentes de trabalho, colhendo inclusive a assinatura do empregado — na forma do disciplinado em seu parágrafo único — em termo de responsabilidade pelo qual o teletrabalhador se compromete ao cumprimento das instruções recebidas.

Tal regra deriva da obrigação constitucional do empregador de redução dos riscos inerentes ao trabalho, conforme previsão do art. 7º, inciso II, que deve ser combinado com o art. 225, *caput*, que trata do direito ao meio ambiente equilibrado e art. 200, inciso VIII que cuida da proteção do meio ambiente, nele compreendido o do trabalho.

Na lição de Manoel Jorge e Silva Neto, "a Constituição de 1988 persegue a salubridade e a segurança do meio ambiente do trabalho, razão por que o inciso XXII do art. 7º explicita como direito dos trabalhadores a redução dos riscos inerentes ao trabalho, por meio de normas de saúde, higiene e segurança".[(437)]

---

(435) Quer parecer, no entanto, s.m.j., que seria mais adequada a inserção no art. 66-A da CLT.

(436) Art. 75-E. O empregador deverá instruir os empregados, de maneira expressa e ostensiva, quanto às precauções a tomar a fim de evitar doenças e acidentes de trabalho. Parágrafo único. O empregado deverá assinar termo de responsabilidade comprometendo-se a seguir as instruções fornecidas pelo empregador.

(437) SILVA NETO, Manoel Jorge e. *Curso de direito constitucional*: atualizado até a EC n. 109, de 15 de março de 2021. 10. ed. Rio de Janeiro: Lumen Juris, 2021. p. 968.

O vetor de aplicabilidade no ordenamento infraconstitucional se encontra no capítulo V da CLT — Da Segurança e Medicina do Trabalho — em especial no art. 157 da norma consolidada e seus incisos, que preveem que cabe às empresas:

> I — cumprir e fazer cumprir as normas de segurança e medicina do trabalho;
>
> II — instruir os empregados, através de ordens de serviço, quanto às precauções a tomar no sentido de evitar acidentes do trabalho ou doenças ocupacionais;
>
> III — adotar as medidas que lhes sejam determinadas pelo órgão regional competente;
>
> IV — facilitar o exercício da fiscalização pela autoridade competente.

Cabe ainda ressaltar o disposto no § 3º do art. 119 da Lei n. 8.213/91, que, ao tratar do acidente de trabalho, consigna que é dever da empresa prestar informações pormenorizadas sobre os riscos da operação a executar.

Dentre as normas de saúde e segurança, destaque para as Normas Regulamentadoras do Ministério do Trabalho e Emprego, em especial a NR-17 que trata da ergonomia, tema crítico quando se trata de teletrabalho.

5.6.1. *Doenças, acidentes e fiscalização*

A questão da responsabilidade do empregador quanto às doenças e acidentes do empregado em regime de teletrabalho ainda suscita muito debate, todavia a tendência é que o empregador responda, sobretudo por doenças ou acidentes decorrentes do exercício do trabalho.

Isso porque muda o local da prestação do trabalho, contudo, permanece a vinculação ao ambiente de trabalho.

Valem aqui os ensinamentos de Raimundo Simão de Melo, que, ao tratar da abrangência do meio ambiente do trabalho, nele os enquadra "os **instrumentos de trabalho**, o **modo da execução** das tarefas e a maneira como o trabalhador é tratado pelo empregador ou tomador de serviço e pelos próprios colegas de trabalho".(438)

Nota-se, pois, que os instrumentos e meios de execução do trabalho estão inexoravelmente ligados ao ambiente de trabalho, que, a seu turno, devem ser tutelados pelo empregador, a fim de que o empregado goze do direito à prestação das atividades laborais em ambiente equilibrado, seguro e saudável.

Na ampla definição de Guilherme Guimarães Feliciano, meio ambiente do trabalho "é o conjunto (= sistema) de condições, leis, influências e interações de ordem física, química, biológica e psicológica que incidem sobre o homem em sua atividade laboral, esteja ou não submetido ao poder hierárquico de outrem".(439)

---

(438) SIMÃO DE MELO, Raimundo. Direito ambiental do trabalho e a saúde do trabalhador. 2013. Disponível em: <http://www.ltr.com.br/loja/folheie/4738.pdf> Acesso em: 16 nov. 2021

(439) FELICIANO, Guilherme Guimarães. O meio ambiente do trabalho e a responsabilidade civil patronal: reconhecendo a danosidade sistêmica. In: *Direito ambiental do trabalho*; v.1: Apontamen-

Nessa esteira, a título meramente ilustrativo, cumpre mencionar que o Tribunal de Justiça do País Basco reconheceu o enfarto como acidente de trabalho. Ressalta-se, contudo, que a decisão decorre da presunção de vinculação ao trabalho, que, na compreensão do julgado, à luz da legislação basca não queda diante da obesidade ou tabagismo. Ou seja, o tribunal basco estabelece espécie de concausa do trabalho com a fatalidade.

> *Destaca la Sala en el fallo de su sentencia que la jurisprudencia actual es unánime cuando se trata de establecer la operatividad de la presunción de laboralidad de eventualidades sobrevenidas por síndromes cardiovasculares agudos que se exteriorizan de modo repentino cuando el trabajador está en su lugar de trabajo en horario laborable. Por ello la sentencia establece que* ***en estos casos se valora el trabajo como factor desencadenante de una crisis*** *y no tanto la acción del trabajo como motivo de la lesión cardíaca sufrida por el trabajador.*(440)

No cenário brasileiro, a própria definição de acidente de trabalho do art. 19 da Lei n. 8.213/1991 contempla, no que interessa ao presente estudo, os seguintes elementos: a) exercício do trabalho; b) a serviço da empresa; c) provocando lesão corporal ou perturbação funcional; d) que cause a morte ou a perda ou redução, permanente ou temporária da capacidade para o trabalho(441); e) a equiparação do acidente de trabalho à doença do trabalho(442).

---

tos para uma teoria geral: saúde, ambiente e trabalho: novos rumos da regulamentação jurídica do trabalho / Feliciano, Guilherme Guimarães, João Urias (coord.) – São Paulo: LTr, 2013.

(440) Disponível em: <https://www.economistjurist.es/actualidad-juridica/jurisprudencia/se-considera-accidente-laboral-el-fallecimiento-por-infarto-teletrabajando/>. Acesso em: 14 nov. 2021.

(441) Art. 19. Acidente do trabalho é o que ocorre pelo exercício do trabalho a serviço de empresa ou de empregador doméstico ou pelo exercício do trabalho dos segurados referidos no inciso VII do art. 11 desta Lei, provocando lesão corporal ou perturbação funcional que cause a morte ou a perda ou redução, permanente ou temporária, da capacidade para o trabalho. *(Redação dada pela Lei Complementar n. 150, de 2015)*

§ 1º A empresa é responsável pela adoção e uso das medidas coletivas e individuais de proteção e segurança da saúde do trabalhador.

§ 2º Constitui contravenção penal, punível com multa, deixar a empresa de cumprir as normas de segurança e higiene do trabalho.

§ 3º É dever da empresa prestar informações pormenorizadas sobre os riscos da operação a executar e do produto a manipular.

§ 4º O Ministério do Trabalho e da Previdência Social fiscalizará e os sindicatos e entidades representativas de classe acompanharão o fiel cumprimento do disposto nos parágrafos anteriores, conforme dispuser o Regulamento.

(442) Art. 21. Equiparam-se também ao acidente do trabalho, para efeitos desta Lei:

I — o acidente ligado ao trabalho que, embora não tenha sido a causa única, haja contribuído diretamente para a morte do segurado, para redução ou perda da sua capacidade para o trabalho, ou produzido lesão que exija atenção médica para a sua recuperação;

II — o acidente sofrido pelo segurado no local e no horário do trabalho, em consequência de:

a) ato de agressão, sabotagem ou terrorismo praticado por terceiro ou companheiro de trabalho;

b) ofensa física intencional, inclusive de terceiro, por motivo de disputa relacionada ao trabalho;

Sem adentrar na apreciação do instituto para efeito de caracterização ou de suas excludentes, o objetivo é somente fazer notar que a doença ou acidente ocorrido em teletrabalho não foge ao conceito tradicional de acidente de trabalho, o que muda é o tradicional ponto da prestação dos serviços, com mitigação da capacidade de fiscalização, gerando a dificuldade de saber se o infortúnio ocorreu em decorrência do trabalho ou não, classificando-o ou não como acidente de trabalho.

Enfrentando essa questão, ainda que sem efeito vinculativo, a Comissão 3 do XXIX Conamat, por meio do Enunciado 24, estabelece a presunção relativa de acidente de trabalho, quando ocorrido onde o trabalho é prestado.

> **24. TELETRABALHO. ACIDENTE DE TRABALHO. PRESUNÇÃO RELATIVA DE OCORRÊNCIA NO LOCAL ONDE O TRABALHO É EXERCIDO.**
>
> O ACIDENTE OCORRIDO NO LOCAL ONDE O TELETRABALHO É EXERCIDO DURANTE A ATIVIDADE PROFISSIONAL DO TELETRABALHADOR É PRESUMIDO COMO ACIDENTE DE TRABALHO (ART. 8º DA CLT C/C ART. L1222-9 DO CÓDIGO DO TRABALHO FRANCÊS).

A Lei n. 27.555 na vizinha Argentina possui igual diretriz:

> *Artículo 14. Higiene y seguridad laboral. La autoridad de aplicación dictará las normas relativas a higiene y seguridad en el trabajo con el objetivo de brindar una protección adecuada a quienes trabajen bajo la modalidad laboral del teletrabajo. El control del cumplimiento de esta normativa deberá contar con participación sindical. Asimismo la autoridad de aplicación determinará la inclusión de las enfermedades causadas por esta modalidad laboral dentro del listado previsto en el artículo 6°, inciso 2, de la ley 24.557.* ***Los accidentes acaecidos en el lugar, jornada y en ocasión del teletrabajo, se presumen accidentes en los términos del artículo 6°, inciso 1, de la ley 24.557.***[(443)]

Quer parecer que tais informações são suficientes para que o empregador se cerque de cuidados ainda maiores no estabelecimento de regras e diretrizes

---

c) ato de imprudência, de negligência ou de imperícia de terceiro ou de companheiro de trabalho;
d) ato de pessoa privada do uso da razão;
e) desabamento, inundação, incêndio e outros casos fortuitos ou decorrentes de força maior;
III — a doença proveniente de contaminação acidental do empregado no exercício de sua atividade;
IV — o acidente sofrido pelo segurado ainda que fora do local e horário de trabalho:
a) na execução de ordem ou na realização de serviço sob a autoridade da empresa;
b) na prestação espontânea de qualquer serviço à empresa para lhe evitar prejuízo ou proporcionar proveito;
c) em viagem a serviço da empresa, inclusive para estudo quando financiada por esta dentro de seus planos para melhor capacitação da mão de obra, independentemente do meio de locomoção utilizado, inclusive veículo de propriedade do segurado;
d) no percurso da residência para o local de trabalho ou deste para aquela, qualquer que seja o meio de locomoção, inclusive veículo de propriedade do segurado.
§ 1º Nos períodos destinados a refeição ou descanso, ou por ocasião da satisfação de outras necessidades fisiológicas, no local do trabalho ou durante este, o empregado é considerado no exercício do trabalho.
§ 2º Não é considerada agravação ou complicação de acidente do trabalho a lesão que, resultante de acidente de outra origem, se associe ou se superponha às consequências do anterior

(443) Disponível em: <https://www.boletinoficial.gob.ar/detalleAviso/primera/233626/20200814>. Acesso em: 15 nov. 2021.

na prestação do trabalho a distância, ainda que a fiscalização seja mitigada, mas não eliminada. É necessário, pois, informar os trabalhadores dos riscos, observar o direito à integridade física e promoção da correção dos riscos ambientais.(444)

Destarte, as normas de saúde e segurança devem ser cumpridas e fiscalizadas, inclusive mediante inspeção no local onde o teletrabalho é realizado, prevenindo a ocorrência de doenças e acidentes, havendo amparo constitucional a tanto.

Cumpre registrar a Recomendação n. 184 da **OIT**, que, embora trate do trabalho em domicílio, por aplicação analógica pode ser estendida para o regime geral do trabalho a distância realizado por meio da telemática.

A parte III da Recomendação n. 184, no item 8, disciplina que na medida em que seja compatível com a legislação nacional e as práticas nacionais relativas à vida privada, os inspetores do trabalho ou outros funcionários encarregados de velar pela aplicação das disposições que regem o trabalho em domicílio deverão estar autorizados a entrar nos cômodos do domicílio ou outro local privado em que se preste o trabalho.(445)

A parte VII da Recomendação n. 184, que trata da segurança e saúde no trabalho, em seu número 19 disciplina que a autoridade competente deverá assegurar a difusão de diretrizes relativas às disposições regulamentares e às precauções que os empregadores e os trabalhadores deverão observar em matéria de segurança e saúde.(446)

O número 20 atribui aos empregadores as obrigações de: a) informar aos trabalhadores em domicílio a respeito de qualquer risco relacionado ao trabalho, que o empregador conheça ou deveria conhecer, assinalando as precauções que se façam necessárias, segundo procedimentos a serem adotados; b) garantir que as máquinas, ferramentas ou outros equipamentos que facilitem os trabalhadores em domicílio estejam providos de dispositivos de segurança adequados, assim como

---

(444) Adaptação da lição de Guilherme Guimarães Feliciano, que, ao tratar do meio ambiente do trabalho em sentido geral, aborda: 1. O direito à vida e à integridade psicossomática. 2. O direito à promoção da correção dos riscos ambientais. 3. O direito de domínio público. 4. O direito à informação. 5. O direito de resistência. 6. O direito à indenidade (patrimonial). FELICIANO, Guilherme Guimarães. O meio ambiente do trabalho e a responsabilidade civil patronal: reconhecendo a danosidade sistêmica. In: *Direito ambiental do trabalho*; v.1: Apontamentos para uma teoria geral: saúde, ambiente e trabalho: novos rumos da regulamentação jurídica do trabalho / Feliciano, Guilherme Guimarães, João Urias (coord.) – São Paulo: LTr, 2013.

(445) 8. *En la medida en que sea compatible con la legislación y la práctica nacionales relativas al respeto de la vida privada, los inspectores de trabajo u otros funcionarios encargados de velar por la aplicación de las disposiciones que rigen el trabajo a domicilio deberían estar autorizados a entrar en las partes del domicilio o de otro local privado en las que se realiza ese trabajo.*

(446) 19. *La autoridad competente debería asegurar la difusión de directrices relativas a las disposiciones reglamentarias y las precauciones que los empleadores y los trabajadores a domicilio habrán de observar en materia de seguridad y salud. Siempre que sea posible, estas directrices deberían ser traducidas a los idiomas que comprendan los trabajadores a domicilio.*

adotar medidas razoáveis para a correta manutenção; c) fornecer gratuitamente os equipamentos de proteção necessários aos trabalhadores em domicílio.[(447)]

O número 21 da Recomendação n. 184 da OIT também merece leitura, desta feita quanto às obrigações do empregado no que se refere à saúde e segurança, nos seguintes termos: "Os trabalhadores em domicílio deverão ter a obrigação de: a) respeitar as medidas prescritas em matéria de saúde e segurança; b) cuidar razoavelmente de sua segurança e saúde, assim como das outras pessoas que puderem ser afetadas por seus atos ou omissões no trabalho, incluída a correta utilização dos materiais, máquinas, ferramentas e outros equipamentos postos à sua disposição".[(448)]

Como se nota, parte das disposições não são de aplicação geral em regime de teletrabalho, ficando mais atreladas a um trabalho manufatureiro, todavia, nem por isso deixam de merecer menção para aplicação analógica.

O número 22 (1) da Recomendação n. 184 regulamenta a negativa pelo trabalhador de realização de um trabalho que o coloque em risco, e o item (2) merece especial menção por fazer referência à presença do inspetor do trabalho ou outro encarregado da segurança no domicílio do empregado.[(449)]

O **Acordo Quadro Europeu sobre Teletrabalho**, em seu item 8, dispõe acerca da responsabilidade do empregador de proteção ocupacional quanto à saúde e segurança do teletrabalhador, em conformidade com a Diretiva 89/391 e outras daí derivadas, assim como legislação nacional e acordos coletivos, cabendo ao empregador informar as políticas empresariais adotadas, assim como dispõe acerca da inspeção que poderá ser realizada pelo empregador a fim de verificar as questões relativas à saúde e segurança no exercício do teletrabalho, observados os

---

(447) 20. *Los empleadores deberían tener la obligación de: (a) informar a los trabajadores a domicilio acerca de cualquier riesgo relacionado con su trabajo, que conozca o debería conocer el empleador, señalarles las precauciones que fuese necesario adoptar y, según proceda, facilitarles la formación necesaria; (b) garantizar que las máquinas, herramientas u otros equipos que faciliten a los trabajadores a domicilio estén provistos de los dispositivos de seguridad adecuados y adoptar medidas razonables con el fin de velar por que sean objeto del debido mantenimiento; (c) facilitar gratuitamente a los trabajadores a domicilio el equipo de protección personal necesario.*

(448) 21. *Los trabajadores a domicilio deberían tener la obligación de: (a) respetar las medidas prescritas en materia de seguridad y salud; (b) cuidar razonablemente de su seguridad y su salud, así como de las de otras personas que pudieran verse afectadas por sus actos u omisiones en el trabajo, incluida la correcta utilización de los materiales, máquinas, herramientas y otros equipos puestos a su disposición.*

(449) 22. (1) *El trabajador a domicilio que se niegue a realizar un trabajo respecto del cual tenga motivos razonables para considerar que presenta un peligro inminente y grave para su seguridad o su salud, debería ser protegido de las consecuencias indebidas de un modo compatible con la legislación y las condiciones nacionales. El trabajador debería informar cuanto antes al empleador acerca de la situación. (2) En caso de peligro inminente y grave para la seguridad o la salud del trabajador a domicilio, de su familia o del público, constatado por un inspector del trabajo u otro funcionario encargado de la seguridad, debería prohibirse la continuación del trabajo hasta que se adopten las medidas apropiadas para remediar la situación.*

limites da legislação nacional e os acordos coletivos, e mediante prévia notificação do teletrabalhador, que deverá exarar o seu de acordo.(450)

Fazendo uso da fonte internacional, ainda que de forma mitigada, é cabível, pois, a inspeção do posto de atividade do empregado em regime de teletrabalho, em prol da saúde e segurança do próprio trabalhador.

Nessa esteira, em **Argentina**, o *PROPET — Programa de Promocion del Empleo en Teletrabajo*, instituído muito antes da crise sanitária da Covid-19, tratava da elaboração de manual básico de segurança e higiene do trabalho, assim como visitas para verificação das condições do trabalho.

Em **Colômbia**, a Lei n. 1.221, de 2008, art. 6º (9) prevê que o empregador deve tutelar o posto de trabalho do teletrabalhador em conformidade com os programas de saúde ocupacional, e ainda assim contar com uma rede de atendimento emergencial na hipótese de acidente ou enfermidade na execução do trabalho.(451)

Em **Costa Rica**, o Decreto n. 3.7695-MP-MTSS também prevê o acesso ao local de desenvolvimento da atividade, mesmo que na casa do servidor, para inspeções relativas à ergonomia, segurança e higiene do posto de teletrabalho, mediante prévia notificação e conhecimento do servidor.(452)

O Código de Trabalho de **Portugal**, em seu art. 170º, ao tratar da privacidade do trabalhador em regime de teletrabalho, no item 2, disciplina que:

> "sempre que o trabalho seja realizado no domicílio do trabalhador, a visita ao local de trabalho só deve ter por objecto o controlo da actividade laboral, bem como dos instrumentos de trabalho e apenas pode ser efectuada entre as 9 e as 19 horas, com a assistência do trabalhador ou de pessoa por ela designada."(453)

---

(450) The employer is responsible for the protection of the occupational health and safety of the teleworker in accordance with Directive 89/391 and relevant daughter directives, national legislation and collective agreements.
The employer informs the teleworker of the company's policy on occupational health and safety, in particular requirements on visual display units. The teleworker applies these safety policies correctly. In order to verify that the applicable health and safety provisions are correctly applied, the employer, workers' representatives and/or relevant authorities have access to the telework place, within the limits of national legislation and collective agreements. If the teleworker is working at home, such access is subject to prior notification and his/her agreement.
The teleworker is entitled to request inspection visits. Disponível em: <https://www.etuc.org/en/framework-agreement-telework>. Acesso em: 5 dez. 2021.

(451) 9. *El empleador, debe contemplar el puesto de trabajo del teletrabajador dentro de los planes y programas de salud ocupacional, así mismo debe contar con una red de atención de urgencias en caso de presentarse un accidente o enfermedad del teletrabajador cuando esté trabajando.* Disponível em: <https://www.mintic.gov.co/portal/604/articles-3703_documento.pdf>. Acesso em: 14 nov. 2017.

(452) Disponível em: <http://www.ilo.org/dyn/natlex/docs/ELECTRONIC/94875/111506/F313548990/CRI94875.pdf>. Acesso em: 14 nov. 2017.

(453) Disponível em: <https://dre.pt/legislacao-consolidada/->. Acesso em: 23 out. 2021.

A recente alteração promovida pela Assembleia da República de Portugal e promulgada pelo Presidente da República contempla disposição no item 4 do art. 170º-A, mantendo a visita para inspeção, ampliando o local que não fica limitado ao domicílio, mas onde o trabalho é realizado.

O trabalhador faculta o acesso ao local onde presta trabalho aos profissionais designados pelo empregador que, nos termos da lei, têm a seu cargo a avaliação e o controlo das condições de segurança e saúde no trabalho, em período previamente acordado, entre às 9 e 19 horas, dentro do horário de trabalho.

No particular, cabe observar que a legislação portuguesa a ser publicada contempla regra de indicação do local ordinário de prestação do teletrabalho, consoante disposição do art. 166º, item 4, alínea "b"[(454)], que pode ser alterado na forma do item 8 do mesmo artigo.[(455)]

E ainda, a nova redação do art. 171º prescreve regras para a fiscalização pelo setor competente do Ministério responsável pela área do trabalho, dentre as quais a anuência do trabalhador e a comunicação prévia com antecedência mínima de 48 (quarenta e oito) horas.[(456)]

No **Chile**, a recém editada Lei n. 12.221/2020 trata do tema enunciando que o empregador pode pedir que a autoridade ocupacional avalie e valide o local de trabalho do empregado, consoante redação do art.152, M.[(457)]

Em **Espanha**, o art. 7, alínea "f", da Lei n. 10/2021 contempla a previsão contratual de indicação do local onde o trabalho será prestado[(458)], complementado pelo art. 16 que trata da avaliação dos riscos e planejamento da atividade preventiva do trabalho remoto, que deve considerar os riscos próprios desta modalidade, com especial atenção aos fatores psicossociais, ergonômicos e organizacionais,

---

(454) O acordo define, nomeadamente:
... b) o local em que o trabalhador realizará habitualmente o seu trabalho, o qual será considerado, para todos os efeitos legais, o seu local de trabalho...

(455) O local de trabalho previsto no acordo de teletrabalho pode ser alterado pelo trabalhador mediante acordo escrito com o empregador.

(456) Artigo 171º Fiscalização
1. Cabe ao serviço com competência inspetiva do Ministério responsável pela área do trabalho fiscalizar o cumprimento das normas reguladoras do teletrabalho, incluindo a legislação relativa à segurança e saúde no trabalho, e contribuir para a prevenção dos riscos profissionais inerentes a essa forma de prestação de trabalho.
2. As ações de fiscalização que impliquem visitas de autoridades inspetivas ao domicílio do trabalhador requerem a anuência do trabalhador e a comunicação da sua realização com a antecedência mínima de 48 horas.

(457) Disponível em: <https://www.bcn.cl/leychile/navegar?idNorma=1143741>. Acesso em: 23 out. 2021.

(458) Lugar de trabajo a distancia elegido por la persona trabajadora para el desarrollo del trabajo a distancia.

abrangendo somente a área autorizada para a prestação de serviços, não se dirigindo às demais áreas da residência ou local escolhido para o desenvolvimento das atividades.(459)

Na continuidade, o art. 16 prescreve que a visita só pode ocorrer por alguém que detenha poderes preventivos, elaborando-se relatório escrito a ser entregue ao trabalhador, justificando a finalidade. E, caso o trabalhador não permita a visita, o desenvolvimento da atividade preventiva será levado a efeito com base na determinação dos riscos decorrentes da informação recebida do próprio trabalhador.

O Enunciado 23, da Comissão 3, do XXIX CONAMAT, ainda que sem efeito vinculativo, assim dispõe:

> COMISSÃO 3
>
> **23. TELETRABALHO. FISCALIZAÇÃO DO MEIO AMBIENTE LABORAL. OBRIGAÇÃO DO EMPREGADOR. LIMITES**
>
> SEMPRE QUE O TELETRABALHO SEJA REALIZADO NO DOMICÍLIO DO TRABALHADOR, A VISITA AO LOCAL DE TRABALHO PARA FINS DE FISCALIZAÇÃO DO MEIO AMBIENTE LABORAL, DEVERÁ SE DAR:
>
> (I) COM A ANUÊNCIA E PRESENÇA DO EMPREGADO OU DE ALGUÉM POR ELE INDICADO;
>
> (II) A VISITA AO LOCAL DE TRABALHO SÓ DEVE TER POR OBJETO O CONTROLE DA ATIVIDADE LABORAL, BEM COMO DOS INSTRUMENTOS DE TRABALHO;
>
> (III) EM HORÁRIO COMERCIAL SEGUNDO OS USOS E COSTUMES DO LOCAL;
>
> (IV) COM RESPEITO AOS DIREITOS FUNDAMENTAIS — INTIMIDADE E VIDA PRIVADA — DO EMPREGADO.

---

(459) **Artículo 16. Evaluación de riesgos y planificación de la actividad preventiva.**
La evaluación de riesgos y la planificación de la actividad preventiva del trabajo a distancia deberán tener en cuenta los riesgos característicos de esta modalidad de trabajo, poniendo especial atención en los factores psicosociales, ergonómicos y organizativos y de accesibilidad del entorno laboral efectivo. En particular, deberá tenerse en cuenta la distribución de la jornada, los tiempos de disponibilidad y la garantía de los descansos y desconexiones durante la jornada.
La evaluación de riesgos únicamente debe alcanzar a la zona habilitada para la prestación de servicios, no extendiéndose al resto de zonas de la vivienda o del lugar elegido para el desarrollo del trabajo a distancia.
La empresa deberá obtener toda la información acerca de los riesgos a los que está expuesta la persona que trabaja a distancia mediante una metodología que ofrezca confianza respecto de sus resultados, y prever las medidas de protección que resulten más adecuadas en cada caso.
Cuando la obtención de dicha información exigiera la visita por parte de quien tuviera competencias en materia preventiva al lugar en el que, conforme a lo recogido en el acuerdo al que se refiere el artículo 7, se desarrolla el trabajo a distancia, deberá emitirse informe escrito que justifique dicho extremo que se entregará a la persona trabajadora y alas delegadas y delegados de prevención.
La referida visita requerirá, en cualquier caso, el permiso de la persona trabajadora, detratarse de su domicilio o del de una tercera persona física.
De no concederse dicho permiso, el desarrollo de la actividad preventiva por parte de la empresa podrá efectuarse en base a la determinación de los riesgos que se derive de la información recabada de la persona trabajadora según las instrucciones del servicio de prevención.

Se de um lado, a privacidade e a intimidade (art. 5º, X, CF) são direitos fundamentais; de outro, o meio ambiente saudável e equilibrado (art. 225, CF), incluso o do trabalho (art. 200, VIII, CF), com a redução dos riscos inerentes ao labor (art. 7º, XXII, CF), igualmente figura como direito fundamental dos trabalhadores, resultando no dever de prevenção do empregador, que se obriga a manter o meio ambiente do trabalho saudável e equilibrado, minimizando riscos inerentes ao labor.

Como se nota, quando se trata de inspeção na casa do teletrabalhador, para efeitos de verificação do cumprimento de normas de saúde e segurança no trabalho, há uma colisão de direitos fundamentais, sendo que parte deste choque se dá diante de direitos do próprio trabalhador (privacidade e intimidade x saúde e segurança), de sorte que um dos direitos deve ceder diante do outro, no caso concreto, com base nos subprincípios da adequação, necessidade e proporcionalidade em sentido estrito, sempre respeitando o núcleo essencial do direito preterido.

A Carta Magna (CF/88) é una e indivisível, não pode ser lida às tiras, mas sim combinada, ponderando-se diferentes valores principiológicos em uma situação concreta de vida, tal como na circunstância em tela.

Nessa esteira, orienta-se pelo princípio da unidade da Constituição, que ordena que as normas e, sobretudo, os princípios jurídico-políticos sejam interpretados evitando-se contradições, antinomias e antagonismos(460) – analisados no conjunto do sistema, e não isoladamente.(461)

De igual sorte, o princípio da eficácia integradora promove a manutenção da unidade política, exigindo que a solução dos problemas jurídico-constitucionais seja levada a efeito mantidas a integração, a unidade política e social, estando intimamente ligada ao princípio da unidade antes mencionado.

Logo se nota que os princípios de interpretação constitucional dialogam e interagem. Aqui, para não fugir ao tema, sem desprezar os demais princípios sequer mencionados, pede-se licença para tratar somente do princípio da concordância prática. Isso porque este se concretiza por meio da aplicação do princípio da proporcionalidade, cuja aplicação aqui se sustenta.

Pois bem, inicie-se a apreciação do princípio da proporcionalidade sob a luz do subprincípio da adequação – também chamado de princípio da pertinência ou da validade do fim, pelo qual a medida restritiva tem de ser apta ou adequada para a proteção do outro direito ou bem protegido por normas constitucionais. (462)

---

(460) CANOTILHO, José Joaquim Gomes. *Direito Constitucional.* 5. ed. Coimbra: Almedina, 1991.
(461) OLIVEIRA NETO, Célio Pereira. *Cláusula de não concorrência no contrato de emprego:* efeitos do princípio da proporcionalidade. São Paulo: LTr, 2015.
(462) *Idem.*

Passa-se ao subprincípio da necessidade – também conhecido como princípio da exigibilidade ou menor interferência possível, do meio mais suave, do meio mais moderado, da proibição do excesso – que consiste em avaliar se a medida da restrição adotada é de fato necessária para garantir a efetividade do direito protegido.(463)

Chega-se, por fim, à aplicação do subprincípio da proporcionalidade em sentido estrito, cuja diferenciação conceitual dos anteriores reside na exigência de aferição de cunho valorativo, tendo como objeto de avaliação o núcleo da limitação adotada, enquanto nos primeiros a análise é restrita ao plano técnico.

O subprincípio da proporcionalidade busca certo equilíbrio entre os benefícios advindos da limitação e os prejuízos gerados para o direito que sofreu intervenção, de tal sorte que gere mais benefícios do que prejuízos, ou seja, ocorra um justo equilíbrio, sob pena de a medida não justificar o fim, revelando-se desproporcional.(464)

Tratando-se da situação em tela, a inspeção poderá, pois, ser realizada, se por força da aplicação do subprincípio da adequação, a vistoria tiver alguma força para proteger o direito ao meio ambiente do trabalho saudável; mediante aplicação do princípio da necessidade, não existir outro meio menos invasivo, com a mesma eficácia, para proteção do direito; e na aplicação do subprincípio da proporcionalidade *stricto sensu*, no sopesamento do conflito, haja menos prejuízo do que vantagens à coletividade, sempre respeitado o núcleo essencial do direito preterido, no caso, a privacidade e a intimidade.

---

(463) OLIVEIRA NETO, Célio Pereira. *Cláusula de não concorrência no contrato de emprego*: efeitos do princípio da proporcionalidade. São Paulo: LTr, 2015.
(464) *Idem*.

6. TELETRABALHO TRANSNACIONAL E TRANSREGIONAL

Longe e aqui são conceitos desestruturados pela sociedade da informação, que rompe barreiras de distância, afinal, a clássica noção de liberdade passa a ser virtual, sem limitação física e desmaterializada.(465)Nesse cenário, antes da pandemia da Covid-19 já existiam inúmeros exemplos diários de serviços tomados e prestados de forma transfronteiriça, por meio da telemática, ou seja, comunicação mais informação e/ou informática. O que a pandemia fez foi escancarar ao mundo que grande parte da produção na sede ou estabelecimento das empresas já não era necessária, e com isso demonstrar que o labor poderia ser prestado de qualquer lugar — *anywhere office* (escritório de qualquer lugar).

Alguns países perceberam grandes oportunidades com a virtualização do trabalho, do que a Estônia(466) é exemplo, assim como Barbados — ilha situada no caribe — que logo ao início da pandemia já lançou o programa "*Barbados Welcome Stamp*", que permite a concessão de visto para morar na paradisíaca ilha do Caribe durante um ano, trabalhando para empresas de qualquer lugar do mundo de forma remota.(467) Com o crescimento dos números da pandemia, outras nações seguiram o modelo de Barbados, do que é exemplo Bermudas e Ilhas Cayman (ambas no Caribe), além da Geórgia e outras iniciativas para nômades digitais, tais como os programas do México e Espanha (este último visto de autônomo).

Deve-se compreender por teletrabalho transnacional aquele prestado de forma descentralizada, portanto, fora do local padrão, a partir de país diverso do qual se situa o tomador dos serviços, cujo resultado é entregue por meio da telemática (comunicação mais informação e/ou informática). Adotando o mesmo raciocínio, teletrabalho transregional: aquele que é prestado de forma descentralizada, portanto, fora do local padrão, a partir de região diversa da que se situa o tomador dos serviços, cujo resultado é entregue por meio da telemática (comunicação mais informação e/ou informática). Para delimitação do tema, a análise se dará exclusivamente com base nas relações de telessubordinação, independente da modalidade (*anywhere office, home office,* misto, nômade ou outra classificação).

---

(465) Texto adaptado de: OLIVEIRA NETO, Célio Pereira. Reflexões sobre o teletrabalho transnacional. *Revista LTr*, ano 85, número 8, agosto de 2021, São Paulo, Brasil, p. 984.

(466) Disponível em: <https://www.etiasvisa.com/br/noticias/nomades-digitais-ue>. Acesso em: 20 jul. 2021.

(467) Disponível em: <https://barbadoswelcomestamp.bb/>. Acesso em: 20 jul. 2021.

Com o objetivo de aferir a legislação a ser aplicada, deve-se verificar qual o elemento de conexão apto a ser utilizado no caso do teletrabalho transnacional ou transfronteiriço, ou mesmo a norma coletiva quando se trata do teletrabalho transregional.

Partindo dos critérios tradicionais, no campo trabalhista, a doutrina contempla diversas possibilidades, dentre as quais a aplicação da legislação:

a) que seja mais favorável ao trabalhador;

b) do local da prestação dos serviços;

c) do local da tomadora dos serviços;

d) eleita em contrato.

Ainda que de maneira singela, serão avaliadas cada uma das hipóteses aventadas, a fim de verificar se há uma regra clara a ser seguida, e quando não — o que parece ser o caso — gerar reflexões sobre o tema.

6.1. Norma mais favorável ao trabalhador

6.1.1. Teletrabalho transregional — Indagações iniciais

Inicia-se apresentando alguns breves questionamentos relativos à possível aplicação do critério da norma mais favorável no que tange ao teletrabalho transregional.

Se considerado o plano presencial, a regra da aplicação da norma mais favorável faz total sentido se a prestação de serviços ocorrer simultaneamente em mais de uma localidade. Na mesma esteira de raciocínio, inequívoca a impossibilidade de aplicação da norma mais favorável de local onde inexiste prestação de serviços.

Transpondo a realidade presencial para o ambiente virtual, alguns questionamentos terão de ser formulados, tais como:

a) o trabalho é todo em ambiente virtual, inexistindo na espécie qualquer atividade presencial?

b) pode ser considerado como local da prestação de serviços uma localidade em que a empresa sequer possui e/ou desenvolve qualquer atividade, portanto não há sindicato que a representa?

c) pode ser considerado como local da prestação de serviços uma localidade em que a empresa sequer possui e/ou desenvolve qualquer atividade numa situação em que o empregado foi contratado em ambiente virtual para desenvolver atividades exclusivamente a distância por meio da telemática?

d) pode ser considerado como local da prestação de serviços uma localidade em que a empresa sequer possui e/ou desenvolve qualquer atividade numa situação em que o empregado simplesmente decidiu alterar seu domicílio, laborando exclusivamente em teletrabalho, com a mera aquiescência do empregador?

e) tem alguma relevância onde o trabalhador está se a contratação ocorreu na nuvem ou o trabalhador se mudou por vontade própria, desenvolvendo as suas atividades totalmente a distância por meio da telemática?

f) o elemento de conexão mais forte não seria o local onde está o centro da subordinação?

h) o local onde o trabalho é recebido e apropriado é mais relevante do que aonde ele é desenvolvido, quando em ambiente totalmente virtual?

Julga-se que esses questionamentos são necessários para começar a pensar se faz sentido o uso da norma mais favorável no teletrabalho transregional.

6.1.2. Teletrabalho transnacional

Este item abordará a aparente incompatibilidade da Lei n. 7.064/82 ao teletrabalho transnacional, sem desprezar a análise quanto à possibilidade de aplicação da norma mais favorável como elemento de conexão apto a indicar a legislação a ser aplicada, lançando em seu entremeio pitada de dúvida quanto à existência de conflitos de normas, se comparados regramentos jurídicos de países distintos.

6.1.2.1. Incompatibilidade da Lei n. 7.064/82

Quando se trata de expatriação de empregado brasileiro por empresas atuantes em qualquer atividade econômica, a norma a ser aplicada é a mais favorável ao trabalhador, consoante expressamente disciplinado pelo art. 3º, inciso II da Lei n. 7.064/82, com as alterações da Lei n. 11.962/2009.

Importante pontuar que a Lei n. 7.064/82 regulamenta a situação de empregados nas seguintes situações:

(i) removidos para o exterior, cujos contratos estavam sendo executados em território brasileiro;

(ii) cedidos à empresa sediada no estrangeiro, para trabalhar no exterior, desde que mantido o vínculo trabalhista com o empregador brasileiro;

(iii) contratados por empresa sediada no Brasil para trabalhar a seu serviço no exterior, excetuando-se o empregado designado para prestar serviços de natureza transitória por até noventa dias que: (a) tenha ciência expressa da transitoriedade e (b) receba, além da passagem de ida e volta, diárias durante o período de trabalho no exterior.

Quando da expatriação, portanto, com exceção dos casos em que a transferência do empregado brasileiro para o exterior seja inferior a 90 dias, a Lei n. 7.064/1982 deverá ser aplicada.

De acordo com o diploma legal em referência, a sociedade responsável pelo contrato de trabalho do empregado transferido ao exterior deve lhe assegurar, independentemente da legislação do local da prestação dos serviços, os direitos ali previstos e a aplicação da legislação trabalhista brasileira sempre que esta for mais favorável ao empregado quando comparada à legislação do local da prestação dos serviços, levando-se em conta o conjunto de normas em cada matéria.

Ocorre que, em regra, não há transferência ou cessão de empregado quando a contratação ocorre em ambiente virtual e o resultado da atividade é entregue por meio da telemática.

Com efeito, a Lei n. 7.064/82 garante a aplicação da legislação brasileira sempre que esta for mais favorável, além de uma série de direitos que soam incompatíveis com um processo de recrutamento e seleção aberto em ambiente virtual para prestação de serviços a partir de qualquer local do mundo para ser entregue por meio da telemática para a empresa que está tomando o serviço.

Algumas pinceladas:

a) não há transferência, nem expatriação na espécie, portanto, não se justifica o adicional de transferência ou a carta de expatriação;

b) não há que se falar em garantia de benefícios anteriores, pois inexiste remoção, muito menos contratação anterior;

c) não se cogita de abordar o direito ao gozo de férias no Brasil ou arcar com custos de viagem de retorno ao Brasil após dois anos, afinal, inexiste transferência ou cessão.

Em suma, a Lei n. 7.064/82 não seria o melhor referencial para o teletrabalho transnacional.

6.1.2.2. Conflito de normas (?)

Antes de abordar os critérios de apreciação da norma mais favorável, cabe a menção que na aparente colisão de legislações de países diversos não parece existir propriamente conflito de mais de uma norma jurídica, mas sim conflito de sistemas.

Com efeito, ao solver questão envolvendo trabalhador marítimo, citando Délio Maranhão, a 4ª Turma do TST, em acordão de lavra do Ministro Alexandre Luiz Ramos, consignou:

> "... em face de o princípio da norma mais favorável não ter aplicação ao caso concreto, pois não há concorrência entre regras a serem aplicáveis. Não se revela demasiado transcrever os ensinamentos de Délio Maranhão (*Instituições de Direito do Trabalho*. 22. ed., p. 173/174), no tocante à incidência do direito mais favorável nos conflitos de lei no espaço, *verbis*: 'Questão interessante é a aplicação do direito mais favorável ao trabalhador, em caso de conflito de leis. **Concordamos com a opinião de Krotoschinm quando sustenta que a primazia do direito mais favorável deve limitar-se ao mesmo ordenamento jurídico, não sendo admissível sua extensão ao terreno internacional, porque, nessa hipótese, ver-se-ia o juiz, muitas vezes, ante a dificuldade, praticamente insuperável, de determinar qual dos ordenamentos, considerados em conjunto, o mais favorável**, já que não seria possível submeter uma só relação jurídica a direitos distintos'."(468)

Essa dificuldade de comparar diferentes legislações, por sinal, é assunto que será abordado ao longo deste estudo, mas antes cabe a sucinta apresentação acerca dos critérios de aferição da norma mais favorável.

6.1.2.3. Critérios de aferição da norma mais favorável

A apropriação de qual venha a ser a norma mais favorável pode ser levada a efeito por diferentes critérios, consideradas as teorias da cumulação e conglobamento. Com efeito, se somado direito a direito, estar-se-á diante da teoria da cumulação, que representa o acréscimo da maior gama de direitos coletados das legislações em debate, de sorte a formar uma terceira legislação, com tudo o que há de mais benéfico ao trabalhador.

Na explicação de Mauricio Godinho Delgado,

> "a teoria da acumulação propõe como procedimento de seleção, análise e classificação das normas cotejadas, o fracionamento do conteúdo dos textos normativos, retirando-se os preceitos e institutos singulares de cada um que se destaquem por seu sentido mais favorável ao trabalhador. À luz dessa teoria acumulam-se, portanto, preceitos favoráveis ao obreiro, cindindo-se diplomas normativos postos em equiparação."(469)

---

(468) TST-RR-1829-57.2016.5.13.0005. Disponível em: <https://tst.jusbrasil.com.br/jurisprudencia/670812509/recurso-de-revista-rr-18295720165130005/inteiro-teor-670812529>. Acesso em: 20 jul. 2021.

(469) DELGADO, Mauricio Godinho. *Direito coletivo do trabalho*. 3. ed. São Paulo: LTr, 2008. p. 153.

Se aplicada a teoria do conglobamento puro, a escolha se dá por somente uma das legislações, a mais benéfica no seu conjunto, desprezando-se por completo a preterida.

Em conflitos que envolvem a aplicação de diferentes legislações, entretanto, têm prevalecido a aplicação da teoria do conglobamento mitigado, que implica em considerar somente um dos ordenamentos jurídicos por matéria analisada.

Diferentemente da teoria da cumulação, onde a comparação se dá artigo a artigo — e da teoria do conglobamento puro, onde se considera o conjunto do ordenamento jurídico —, o conglobamento mitigado implica na apreciação de todos os artigos relativos ao tema em debate, escolhendo-se a norma mais favorável ao trabalhador no conjunto daquela matéria.

Nessa esteira, a doutrina de Ronaldo Lima Santos:

> "Um instituto jurídico identifica-se com as matérias disciplinadas por um conjunto de normas. Os institutos jurídicos também são conhecidos como os complexos de normas que disciplinam determinadas matérias, formando um agrupamento que se fundamenta pela afinidade de conteúdos progressivos e de crescente compreensão ..."(470)

E prossegue, *"no direito do trabalho temos diversos institutos jurídicos como o das horas extras, o do trabalho noturno, dos períodos de descanso, todos abrangidos por um instituto jurídico maior correspondente ao de duração do trabalho"*.

A título exemplificativo, pode ser adotado comparativo entre as legislações de Brasil e França no que tange ao tema jornada de trabalho, aplicando-se somente uma das legislações. Ao mesmo tempo, a verificação da norma mais favorável deverá ser levada a efeito em outros temas, tais como o capítulo que trata das férias anuais, na hipótese concreta.

Sem a necessidade de recorrer à Lei n. 7.064/82, pode-se sustentar a vinculação do princípio da progressividade dos direitos sociais e não retrocesso, previsto pelo art. 7º, *caput*, da Carta Magna, como elemento a fundamentar a aplicação da norma mais favorável também quando do teletrabalho transnacional.

De igual sorte, possível defender a eficácia da vinculação imediata dos direitos fundamentais com fulcro no art. 5º, inciso II c/c art. 4º, incisos II e IX — ambos da Carta Magna, de sorte a impedir a diminuição de direitos de trabalhador brasileiro por outro estado, até por aplicação analógica do art. 19, inciso VIII da Constituição da OIT.(471)

---

(470) SANTOS, Ronaldo Lima dos. *Teoria das normas coletivas*. São Paulo: LTr, 2007. p. 285.

(471) FINCATO, Denise Pires; BITENCOURT, Manoela de. *Ciber como local de trabalho*: o problema (ou a solução?) do teletrabalho transnacional. Disponível em: <https://www.e-publicacoes.uerj.br/index.php/quaestioiuris/article/view/20954/15329>. Acesso em: 19 jul. 2021.

O trabalho transfronteiriço tem, por sinal, potencial para diminuir o patamar de dignidade do trabalho prestado nas contratações por empresas sediadas em "paraísos trabalhistas", entendidos como tais locais onde a legislação possui parcos direitos, permitindo longas jornadas de trabalho combinadas com rasos cuidados com a saúde e segurança do trabalhador.(472)

No particular, e sem outras valorações, é possível que, enquanto não houver uma regulamentação a nível internacional, somente a observância da norma mais favorável impeça a precarização quando da contratação em "paraísos trabalhistas".

Denise Pires Fincato e Manoela de Bitencourt reconhecem que a aplicação da norma mais favorável pode, entretanto, gerar problemas na aplicação da isonomia, propondo a análise de possível colisão de direitos fundamentais, mediante aplicação do princípio da proporcionalidade.(473)

E sustentam que, na análise do caso concreto, deve ser aplicada a norma mais favorável quando se tratar de teletrabalho em que o tomador se encontra em país com direitos trabalhistas mínimos.

> "que, em alguns casos, o princípio da igualdade possui menor peso que o da norma mais favorável, como, por exemplo, no caso de trabalho realizado em países com direitos trabalhistas mínimos, sendo terreno fértil para a ocorrência de *dumping* social. Nesse caso, opina-se pela não aplicação ao teletrabalhador da mesma norma que se aplica aos demais trabalhadores da mesma empresa ou àqueles que laboram no mesmo território, e sim, da norma que for mais favorável, no seu conjunto, ao teletrabalhador, podendo ser a lei do país de origem do obreiro (por exemplo, se for brasileiro, a lei trabalhista brasileira)."(474)

Nessa condição, tal como abordam Denise Pires Fincato e Manoela de Bitencourt, a tentativa de conferir tratamento isonômico pode gerar precarização, configurando a chancela de "iniciativas empresariais que configurariam verdadeiro *dumping* social".(475)

---

(472) PINO ESTRADA, Manuel Martin. *O teletrabalho transfronteiriço no Direito brasileiro e a globalização*. Disponível em: <https://www.conjur.com.br/2002-dez-30/teletrabalho_ transfronteirico_direito_brasileiro?pagina=2#:~:text=O%20teletrabalho%20transfronteiri%C3%A7o%20no%20Direito%20brasileiro%20e%20a%20globaliza%C3%A7%C3%A3o&text=Quando%20o%20teletrabalhador%20n%C3%A3o%20mant%C3%A9m,de%20ter%20recebido%20as%20instru%C3%A7%C3%B5es>. Acesso em: 19 jul. 2021.

(473) FINCATO, Denise Pires; BITENCOURT, Manoela de. *Ciber como local de trabalho*: o problema (ou a solução?) do teletrabalho transnacional. Disponível em: <https://www.e-publicacoes.uerj.br/index.php/quaestioiuris/article/view/20954/15329>. Acesso em: 19 jul. 2021.

(474) *Ibidem*.

(475) *Ibidem*.

Por outro lado, as autoras sustentam que, em se tratando de "territórios com leis mais protecionistas ao trabalhador, deve prevalecer o princípio da igualdade, aplicando-se a lei do local da prestação dos serviços que também é aplicada aos demais trabalhadores da empresa".(476)

Nessa esteira de raciocínio, seria possível pensar em estabelecer rol de direitos mínimos para efeitos do teletrabalho transnacional? Caso positivo, quais seriam estes? Todos os direitos trabalhistas, dado o viés social do contrato de emprego?

Fazendo uso de parte dos conceitos trazidos, qual seria o critério objetivo para qualificar o *dumping* social? Talvez a tarefa fosse simples, se consideradas nações que reconhecidamente não garantem direitos mínimos aos trabalhadores. Mas, e outros países que estivessem em zona tênue? Qual critério poderia ser adotado?

Qual a alternativa? Seria possível pensar na aplicação da norma mais favorável quando não houvesse o respeito a um patamar mínimo de direitos, considerados como tais os previstos pela Carta Magna, nos incisos do art. 7º?

Quanto às férias (art. 7º, inciso XVII), estas deveriam ser concedidas, claro, mas na forma da legislação do país que está tomando o serviço, e se não houver o terço?

E o 13º salário (art. 7º, inciso VIII), se não for direito previsto na legislação alienígena, até porque a remuneração pode ser calculada de modo anual, como compatibilizar?

Como aplicar uma regra de direitos mínimos diante de possível contratação de emprego em país de primeiro mundo, com patamar salarial muito superior ao brasileiro, onde não é incomum a ausência de previsão de 13º salário ou depósitos em Fundo de Garantia por Tempo de Serviço?

Se pensada na lista curta da OIT como elemento a indicar o respeito dos estados membros a direitos dos trabalhadores, como se sabe até recentemente nesta o Brasil se encontrava relacionado.(477)

E se a apreciação fosse a partir das diretrizes da Organização Internacional do Trabalho, da mesma forma, o Brasil não ratificou a Convenção n. 87 da OIT, de sorte que por aqui não vigora a ampla liberdade sindical.

Qual a segurança jurídica nesse cenário de incertezas?

Não há necessidade de maior esforço para perceber o quanto seria complexo estabelecer o que poderia representar o mínimo existencial aceitável para que

---

(476) FINCATO, Denise Pires; BITENCOURT, Manoela de. *Ciber como local de trabalho*: o problema (ou a solução?) do teletrabalho transnacional. Disponível em: <https://www.e-publicacoes.uerj.br/index.php/quaestioiuris/article/view/20954/15329>. Acesso em: 19 jul. 2021.
(477) Disponível em: <https://noticias.portaldaindustria.com.br›brasil-fora-da>. Acesso em: 20 jul. 2021.

a norma mais favorável cedesse diante da aplicação da legislação atinente ao país em que está localizado o tomador dos serviços, ou mesmo quais relações poderiam ser reconhecidas como *dumping* social.

Acresça-se que eventual comparação entre as normas a fim de aferir a mais favorável não pode desprezar as condições salariais de contratos muitas vezes firmados em dólar ou outra moeda de maior valor, quando se trata de pactos de teletrabalho transnacional.

Menos ainda fechar os olhos para ajustes firmados com trabalhadores brasileiros, que por vontade própria comunicam ao empregador e se mudam para o exterior, entregando os serviços, mediante concordância do tomador, da mesma forma que anteriormente o faziam no Brasil, porém, agora por meio da telemática, de forma descentralizada, em ambiente totalmente virtual.

Como é de conhecimento, a própria aplicação da norma mais favorável já sofreu mitigação em âmbito coletivo ante a nova regra do art. 620 da CLT. Não que tal fator seja determinante, até porque não diz respeito aos direitos individuais, salvo em se tratando de empregados autossuficientes.

De toda sorte, a menção a essa alteração legislativa não deve passar em branco, até porque o teletrabalho transnacional gera elevado potencial de contratação de trabalhadores com formação superior e salários maiores, que poderiam inclusive enquadrar-se no conceito do parágrafo único do art. 444 da CLT, no caso concreto.

6.2. Local da prestação dos serviços

O local da prestação dos serviços será analisado incialmente numa relação de trabalho a distância por meio da telemática, onde empregado e empregador estão no Brasil, e posteriormente transposto para uma realidade transnacional ou transcontinental.

6.2.1. *Teletrabalho transregional*

Em âmbito nacional, disciplina o art. 651 da CLT — que trata de competência relativa[(478)] — que a competência das Varas do Trabalho "é determinada pela

(478) Na lição de Francisco Antonio de Oliveira, "a competência *ratione loci* é relativa e por isso poderá ser modificada pelas partes. A competência na Justiça do Trabalho se firma, como regra, no local onde o trabalhador desenvolveu as suas atividades durante todo o tempo. Assim, se trabalhou somente em Campinas, não poderá ajuizar ação em São Paulo, só porque se mudou para lá ou porque o seu advogado é de São Paulo. Entretanto, se ajuizar a ação em São Paulo e se por ocasião da defesa o empregador não impugnar a competência da Vara de São Paulo, a competência, antes

localidade em que o empregado, reclamante ou reclamado, prestar serviços ao empregador, ainda que tenha sido contratado noutro local ou no estrangeiro".(479)

Para efeitos do direito interno, no que tange às regras de competência, logo se nota que na forma do *caput* do art. 651 CLT ordinariamente não importa o local da contratação do serviço, mas sim onde este é efetivamente prestado.

Portanto, em âmbito presencial, se o trabalho é contratado a partir do Chuí (RS), mas o empregado presta serviços no Oiapoque (AP), a competência para apreciação da demanda será da Justiça do Trabalho de Macapá (AP), assim como serão aplicadas as normas coletivas firmadas pelos sindicatos convenentes representantes das categorias profissional e econômica no Oiapoque (AP).

Mantendo o exemplo dos extremos desse país continental, se uma empresa sediada no Chuí (RS) inicia processo de recrutamento e seleção em ambiente virtual a fim de contratar os serviços de empregado em teletrabalho, sem a necessidade de qualquer comparecimento à sede da empresa para prestação do labor, e acaba culminando por ser contratado um trabalhador que reside no Oiapoque (AP), qual o foro competente e qual a norma coletiva a ser seguida?

Poderia ser sustentada a hipótese de foros concorrentes prevista pelo art. 651, § 3º da CLT, que contempla a possibilidade de o empregado ajuizar a ação tanto no local do contrato quanto no local da respectiva prestação de serviços, quando tais forem distintos? O local onde o trabalhador está, quando da contratação na nuvem, tem relevância?

Parece ter mais senso a aplicação analógica da regra do art. 651, § 1º que prevê a competência da Vara da localidade em que a empresa tenha agência ou filial e a esta o empregado esteja vinculado, quando se trate de empregado agente ou viajante, aplicando-se igualmente as normas coletivas do Chuí (RS).

Ainda que se aceitasse a propositura da demanda como regra de facilitação do acesso à jurisdição(480) em Macapá (AP), não parece adequada a aplicação das normas coletivas do Oiapoque (AP), onde inexistiu qualquer trabalho presencial, na medida em que se estabelece a subordinação ao centro do comando em Chuí, no Rio Grande do Sul.

---

relativa, se firma como absoluta e o tema não poderá mais ser questionado, nem na Vara, nem em recurso. Temos aí uma modificação de competência. In: OLIVEIRA, Francisco Antonio de. *Tratado de direito processual do trabalho*, v. 1. São Paulo: LTr, 2008, p. 401.

(479) SUPIONI Junior, Claudimir. *Teoria da eficácia ultraterritorial das normas coletivas de trabalho*, p. 215. Tese de Doutorado, PUC/SP. Disponível em: <https://tede2.pucsp.br/handle/handle/20655>. Acesso em: 20 jul. 2021.

(480) O que poderia ocorrer inclusive em ambiente virtual, por meio de audiência telepresencial a fim de garantir o amplo acesso à Justiça, podendo se valer inclusive da faculdade do juízo 100% digital.

O elemento de conexão de maior robustez parece ser o local em que o serviço é tomado, ou seja, onde se situa a organização empresarial que se beneficia do serviço contratado em regime de subordinação.

Aqui vale a lição de Claudimir Supioni Junior, para quem:

> "nos contratos executados em âmbito domiciliar ou predominantemente em ambiente externo ao estabelecimento empresarial, conduzidos sob a direção remota do empregador, presume-se que a relação de emprego possua conexão mais estreita com as normas coletivas vigentes no local em que está situada a unidade empresarial à qual o empregado está vinculado, ainda que este tenha sido contratado em outro local ou execute a prestação de serviços em localidade que integra a base territorial de entidade sindical diversa."(481)

É razoável pensar, pois, que a desterritorialização do trabalho desvincula o local de onde está o trabalhador, gerando elemento de conexão mais estreito com o local da entrega do serviço, ou seja, sede de quem está tomando o serviço.

6.2.2. Teletrabalho transnacional

O art. 198 do Código de Direito Internacional Privado — conhecido como Código de Bustamante(482), reconhecido pelo Brasil, forte do Decreto n. 18.871, de 1929 — disciplina que é territorial a legislação sobre acidentes do trabalho e proteção social do trabalhador.

É bem verdade que a jurisprudência brasileira acabou em grande parte conferindo interpretação extensiva, ao compreender que o Código Bustamante teria elencado a lei do local da execução como elemento de conexão, o que foi objeto da crítica de Claudimir Supioni Junior, que sustentou a necessidade de uso de regras dinâmicas de conexão.(483)

> "O país, portanto, é livre para estabelecer, por exemplo, *a lex locus contractus, a lex locus executionis* ou o local da sede do empregador como elemento de conexão de sua legislação acidentária e de proteção social de trabalhadores."(484)

---

(481) SUPIONI Junior, Claudimir. *Teoria da eficácia ultraterritorial das normas coletivas de trabalho.* Tese de Doutorado, PUC/SP. Disponível em: <https://tede2.pucsp.br/handle/handle/20655>. Acesso em: 20 jul. 2021.

(482) Elaborado pelo jurista cubano Antonio Sánchez de Bustamante y Sirvén.

(483) SUPIONI Junior, Claudimir. *Teoria da eficácia ultraterritorial das normas coletivas de trabalho.* p. 73. Disponível em: <https://tede2.pucsp.br/handle/handle/20655>. Acesso em: 20 jul. 2021.

(484) SUPIONI Junior, Claudimir. *Teoria da eficácia ultraterritorial das normas coletivas de trabalho.* Tese de Doutorado, PUC/SP, p. 70. Disponível em: <https://tede2.pucsp.br/handle/handle/20655>. Acesso em: 20 jul. 2021.

A lei do local da execução dos serviços, de toda sorte, era unanimemente aplicada pela jurisprudência trabalhista, em detrimento da legislação vigente no local da contratação, consoante redação da Súmula n. 207 do TST.[485]

A Lei n. 7.064/82, a seu turno, nas exclusivas hipóteses de empregados de empresas prestadoras de serviços de engenharia e correlatos, determinava a aplicação da legislação brasileira, quando a prevista no ordenamento do local da prestação dos serviços fosse menos favorável ao trabalhador expatriado.

No entanto, com a globalização dos mercados e crescente ampliação do fluxo de empregados brasileiros para o exterior, a jurisprudência passou a aplicar as disposições da lei em referência também para expatriação de empregados brasileiros por empresas que atuavam em outros setores econômicos, de tal arte a fazer uso da legislação brasileira, nas hipóteses em que a legislação do local da prestação de serviços se revelasse menos favorável ao trabalhador expatriado.

Na continuidade, em 3 de julho de 2009, foi promulgada a Lei n. 11.962, que alterou a redação do art. 1º da Lei n. 7.064/1982 a fim de estender as regras deste diploma legal a todas as empresas que viessem a contratar ou transferir trabalhadores para prestar serviços no exterior.

Considerada a ampliação do alcance da Lei n. 7.064/82 e a própria jurisprudência que a antecedia nos tribunais trabalhistas pátrios, o enunciado da Súmula n. 207 do TST ficou superado, culminando com o cancelamento desta pelo Tribunal Pleno em 2012.

Nota-se, pois, que, em caso de expatriação, deve ser considerada a legislação brasileira, quando a prevista no local da execução dos serviços fosse menos favorável ao trabalhador.

Contudo, tal como já exposto, a Lei n. 7.064/82 regula o trabalho do expatriado, ou seja, quando o empregado passa a laborar fisicamente na sede da empresa contratante no exterior, o que não é o caso do teletrabalho.

Com efeito, fazendo uso da mesma esteira de raciocínio do item anterior, se uma empresa na França abre vagas por meio de processo de recrutamento e seleção *online*, podendo realizar inclusive provas criptografadas, desprovida de preocupação quanto à nacionalidade dos que prestarão os serviços, até porque as atividades serão totalmente executadas em ambiente virtual, a distância, sem necessidade de deslocamento ou mudança de domicílio, por meio de conexão bidirecional, mediante acesso ao servidor da empresa, e acaba por contratar uma

---

(485) Súmula n. 207 do TST
CONFLITOS DE LEIS TRABALHISTAS NO ESPAÇO. PRINCÍPIO DA "*LEX LOCI EXECUTIONIS*" (cancelada) - Res. 181/2012, DEJT divulgado em 19, 20 e 23.04.2012
A relação jurídica trabalhista é regida pelas leis vigentes no país da prestação de serviço e não por aquelas do local da contratação.

trabalhador brasileiro e um francês, deverá ela obedecer a legislação da moradia do trabalhador, ou tal não representa o melhor elemento de conexão? A título argumentativo, se considerados os domicílios dos trabalhadores como elemento de conexão, ocorrerá a seguinte situação: (i) o trabalhador brasileiro ficará sujeito à legislação brasileira; (ii) o trabalhador francês estará sujeito à legislação francesa.

E se um trabalhador estivesse domiciliado em um país com poucas regras ou ausência de proteção trabalhista, teria ele maiores chances mercadológicas de ser contratado em razão de a legislação do país em que está domiciliado ter grau de proteção bem menor?

Parece razoável pensar, pois, que a desterritorialização do trabalho desvincula o ponto de onde está o trabalhador, gerando elemento de conexão mais próximo com o local em que se situa o tomador dos serviços em relação de subordinação.

6.3. Local da tomadora dos serviços

Seguindo a mesma lógica do item anterior, passa-se a abordar a prestação de teletrabalho transregional e, posteriormente, transnacional, utilizando-se do local da tomadora dos serviços como elemento de conexão apto a indicar a legislação a ser utilizada.

6.3.1. Teletrabalho transregional

No plano nacional, tal como anteriormente abordado, o que importa é o local da execução dos serviços. Mas, que local é esse quando o trabalho é prestado a distância, por meio da telemática?

Onde deve ser considerado o local da prestação de serviços, se o empregado mora em Florianópolis, mas oferece sua força de trabalho para a empresa à qual está subordinado, cujo serviço é entregue todo ele por meio da telemática na cidade de São Paulo, sem qualquer labor presencial?

Como poderá a empresa contratante estar atrelada às normas coletivas firmadas pelo sindicato da categoria econômica, em localidade que esta não possui representação, e nem há atividade?

O empregado estará sujeito a normas coletivas distintas dos colegas com os quais divide as salas de ambiente virtual em reuniões, compartilha tarefas e desenvolve as mesmas atividades para o tomador que os subordina?

Como se sabe, a Carta Maior garante a isonomia de tratamento, consoante se extrai do art. 5º, assim como tal princípio tem seus valores reverberados na legislação infraconstitucional, do que são exemplos os arts. 6º, 83 e 461, todos da CLT.

Com a desmaterialização da produção, o local da execução dos serviços seria a sede da empresa onde o serviço é tomado, onde se localiza o próprio servidor que recebe os resultados do trabalho entregue e serve de *link* para as demandas, onde se encontra o centro de comando? Por proximidade, estaria aí o vínculo de conexão mais robusto?

A possibilidade de trabalhar a distância é realidade no âmbito interno do próprio Poder Judiciário, conforme se observa da Resolução n. 570 do CJF, de 7 de agosto de 2019, que permite ao magistrado cumprir as suas atividades de local distinto da sua lotação em caso de deficiência ou por motivo de saúde, em interesse próprio ou no interesse de cônjuge, companheiro ou dependente.

Ora, na condição da Resolução n. 570 não é considerado o local em que o magistrado está cumprindo as suas atividades, mas sim a jurisdição para a qual a entrega do trabalho está sendo realizada.

6.3.2. *Teletrabalho transnacional*

O art. 9º da Lei de Introdução às Normas do Direito Brasileiro (LINDB) disciplina que "para qualificar e reger as obrigações, aplicar-se-á a lei do país em que se constituírem".

Mas, qual deve ser considerado o país em que as obrigações se constituem quando se trata de contratação em âmbito virtual?

O § 1º do art. 9º, a seu turno, ordena que se a obrigação for executada no Brasil e dependendo de forma essencial, esta deverá ser observada, admitidas as peculiaridades da lei estrangeira quanto aos requisitos extrínsecos do ato. De outro lado, o § 2º comanda que "a obrigação resultante do contrato reputa-se constituída no lugar em que residir o proponente".

Quer parecer, pois, que, ao oferecer emprego a brasileiro, quando do labor a distância, por meio da telemática, em ambiente totalmente virtual, a empresa estrangeira seria o local de residência do proponente, constituindo-se como lugar de constituição da obrigação, nos termos do art. 9º, § 2º da LINDB.

O raciocínio de uso da residência do proponente faz total sentido em se tratando de contratação para trabalho a distância por meio da telemática, afinal, o elemento de conexão mais próximo se dará com a empresa que tomará o serviço, a qual o trabalhador estará telessubordinado.

Claro que se houver alteração quanto à sede da empresa que está tomando o serviço, modificará o local da entrega da prestação dos serviços, mas não o elemento de conexão, que deverá se dar com o verdadeiro empregador, ou seja, unidade que está tomando o serviço em condição de subordinação — sem prejuízo da análise da norma mais favorável se houver prestação para mais de uma sede na forma de teletrabalho transnacional.

Na mesma esteira, em se tratando de empresa brasileira que oferece posto de trabalho para estrangeiro laborar por meio remoto ou teletrabalho, sem atividade presencial no local do país do teletrabalhador, o Brasil deverá ser considerado como lugar da constituição da obrigação.

Por sinal, a aplicação da legislação do local do tomador dos serviços ao qual o empregado está subordinado representaria iguais possibilidades de contratação para candidatos em nações diversas, independente do país em que o teletrabalhador está.

O uso da legislação do local de quem toma o serviço seria, pois, apto para que fosse dado tratamento isonômico aos trabalhadores residentes em diferentes países, assim como representaria maior segurança jurídica.

Manuel Martin Pino Estrada aborda a possibilidade de conferir "outra interpretação do *'lex loci laboris'* no trabalho conectado, ou também chamado de 'interativo'", de modo a aplicar a lei do local do tomador dos serviços.

> "a lei a ser aplicada não seria do lugar onde se encontrar fisicamente o teletrabalhador, senão a do país no qual está sendo recebida a prestação. Deste ponto de vista o direito aplicável seria do país estrangeiro, mesmo que o teletrabalhador não tivesse saído do lugar de origem."(486)

Tal solução parece ser justa ao conferir tratamento igual aos trabalhadores vinculados àquela unidade produtiva, tal como assevera o autor.(487) A subordinação ao centro de quem está tomando o serviço seria, pois, o elemento de conexão mais estreito a indicar a legislação a ser aplicada.

Antes da pandemia da Covid-19 já era comum que empregados — especialmente jovens atuando em empresas de TI — solicitassem às suas empregadoras que pudessem laborar a partir de locais distantes, de forma totalmente virtual, parte das vezes em outros países.

Soma-se que o teletrabalho parece amoldar-se mais às condições da lei do pavilhão, relativas ao trabalho marítimo (Código de Bustamante) do que à Lei n. 7.064/82 que faz uso da norma mais favorável como elemento de conexão.

---

(486) PINO ESTRADA, Manuel Martin. *O teletrabalho transfronteiriço no Direito brasileiro e a globalização*. Disponível em: <https://www.conjur.com.br/2002-dez-30/teletrabalho_transfronteirico_direito_brasileiro?pagina=2#:~:text=O%20teletrabalho%20transfronteiri%C3%A7o%20no%20Direito%20brasileiro%20e%20a%20globaliza%C3%A7%C3%A3o&text=Quando%20o%20teletrabalhador%20n%C3%A3o%20mant%C3%A9m,de%20ter%20recebido%20as%20instru%C3%A7%C3%B5es>. Acesso em: 19 jul. 2021.

(487) *"Considerando o mencionado não pareceria razoável que trabalhadores que prestam serviços em um país determinado fiquem submetidos a legislações diferentes."* *Ibidem.*

Com efeito, a Convenção das Nações Unidas sobre o Direito do Mar, que foi ratificada pelo Brasil, vincula ao cumprimento da legislação social da bandeira do navio, independente da nacionalidade dos diferentes trabalhadores a bordo.

Bem ou mal comparando, há um contingente de trabalhadores que podem ser contratados em qualquer parte do mundo, portanto, trabalhadores de nacionalidades distintas, que possivelmente estarão num mesmo ciberespaço (nuvem), entregando o resultado de seu trabalho no mesmo local por meio virtual, ao mesmo tomador e dirigidos por este (empresa contratante), em relação de subordinação.

O direito internacional reconheceu a lei do pavilhão como elemento de conexão, ou seja, a bandeira do navio como definidora da legislação social a ser aplicada a tantos quantos forem os trabalhadores de diferentes nacionalidades.

> "Art. 274. A nacionalidade dos navios prova-se pela patente de navegação e a certidão do registro, e tem a bandeira como sinal distintivo aparente.
>
> ...
>
> Art. 279. Sujeitam-se também à lei do pavilhão os poderes e obrigações do capitão e a responsabilidade dos proprietários e armadores pelos seus atos.
>
> ...
>
> Art. 281. As obrigações dos oficiais e gente do mar e a ordem interna do navio subordinam-se à lei do pavilhão."(488)

Pois bem, num cenário em que o trabalho está em ambiente virtual, a troca de mensagens, uso da intranet e servidor da empresa se assemelham a um navio com marinheiros de diversas nacionalidades subordinados ao comando do capitão, representado pelo poder diretivo da empresa tomadora dos serviços.

Vale aqui a lição de Luciano Martinez, que aponta, na visão do legislador, "segundo a qual o trabalhador encontra-se fisicamente ausente da sede do empregador, mas virtualmente nela inserido. Não há, exatamente por isso, um trabalho externo, mas um **trabalho interno virtual** e *sui generis*".(489)

---

(488) ***CAPITULO I***
DE LOS BUQUES Y AERONAVES
Artículo *274. La nacionalidad de las naves se prueba pro la patente de navegación y la certificación del registro, y tiene el pabellón como signo distintivo aparente.*
...
Artículo *279. Se sujetan también a la ley del pabellón los poderes y obligaciones del capitán y la responsabilidad de los propietarios y navieros por sus actos.*
...
Artículo *281. Las obligaciones de los oficiales y gente de mar y el orden interno del buque se sujetan a la ley del pabellón.* Disponível em: <https://www2.camara.leg.br/legin/fed/decret/1920-1929/decreto-18871-13-agosto-1929-549000-publicacaooriginal-64246-pe.html>. Acesso em: 15 nov. 2021.
(489) MARTINEZ, Luciano. *Curso de direito do trabalho*: relações individuais, sindicais e coletivas do trabalho. 12. ed. São Paulo: Saraiva Educação, 2021. p. 262.

Por certo que a contratação de trabalhadores com mais direitos ou menos do que outros provocaria situações de desconforto de difícil administração interna, afinal, estão todos no mesmo navio (nuvem), cumprindo por vezes atividades similares senão iguais em prol do mesmo contratante.

E ainda que os trabalhos não sejam sequer similares, como justificar férias de 15 (quinze) dias para um trabalhador e de 30 (trinta) dias para outro? O direito não pode fechar os olhos à realidade, sob pena de dificultar o acesso ao mercado de trabalho, num cenário volátil, em que as empresas têm a oportunidade de contratar em qualquer local do mundo e receber o trabalho de forma instantânea.

O elemento de conexão mais estreito, na espécie, parece mais próximo da observância das condições dos demais colegas de trabalho, no mesmo ambiente virtual, do que na legislação do país em que o trabalhador reside.

Aliás, o elemento de conexão é ainda muito mais estreito no teletrabalho do que no direito marítimo, onde a bandeira do navio não está necessariamente ligada ao lugar onde o trabalho é efetivamente apropriado.

Por todas essas razões, o local da sede do tomador dos serviços não pode ser desprezado, sendo sério candidato ao posto de mais robusto elemento de conexão a indicar a legislação a ser aplicada.

6.4. Eleição em contrato

A competência territorial do juiz "liga-se aos limites geográficos do exercício da juridição"[(490)]. Ainda que eventual eleição das regras de direito material não vinculem necessariamente ao mesmo foro (território) de onde estas regras emanam, tal procedimento, além de usual, confere maior segurança jurídica às partes na medida em que estarão frente a um magistrado que em tese detém maior conhecimento na aplicação dos institutos, especialmente quando se tratam de ordenamentos jurídicos distintos.

De toda sorte, o critério da eleição do foro em contrato não parece ser compatível com as relações de emprego, dada a relação de desequilíbrio material entre as partes.[(491)] Similar raciocínio vale para as regras de eleição de normas a serem aplicadas ou mesmo ordenamentos.

---

(490) RODRIGUES PINTO, José Augusto. *Processo trabalhista de conhecimento*. 7. ed., São Paulo: LTr, 2005. p. 159.

(491) Na lição de Carolina Tupinambá, "via de regra, o Direito Processual Trabalhista não admite a instituição do foro de eleição, compreendido este o foro constante de termo contratual firmado *a priori*, por entenderem, a maioria dos juristas, que, no mínimo, o momento da ´eleição´, ou seja, quando da contratação do empregado, este estaria com sua vontade, digamos, comprometida". *In:* TUPINAMBÁ, Carolina. *Competência da Justiça do Trabalho à luz da reforma constitucional.* Rio de Janeiro, Forense: 2006. p. 266.

6.4.1. *Teletrabalho transregional*

Em âmbito interno, sequer o foro da contratação pode ser utilizado como elemento definidor da competência(492) ou mesmo dos instrumentos coletivos a serem aplicados, se houver prestação de serviços em local distinto.

Com efeito, por força do art. 651 da CLT, a competência se dá na localidade em que o empregado prestar serviço ao empregador, ainda que tenha sido contratado noutro.

Inexiste espaço, pois, para eleição de foro de contratação ou eleição de normas coletivas a serem aplicadas, se a localidade não corresponder a um dos pontos onde ocorrer a prestação de serviços.

Em sede de teletrabalho, a regra não tem razão de sofrer alteração, afinal, como cogitar da aplicação de instrumentos coletivos de local onde o trabalhador não se encontra representado pelo sindicato da sua base.

6.4.2. *Teletrabalho transnacional*

Em que pese inaplicável ao Brasil, cabe mencionar que o art. 6º da Convenção de Roma, de 1980 (80/934/CEE), dispõe que as partes podem escolher o foro de contratação(493), desde que o trabalhador não seja privado da proteção que lhe garante as disposições imperativas da lei.

Dispõe ainda a Convenção de Roma que na falta da escolha, o contrato deve ser regulado pela lei do país em que regularmente se preste o trabalho; e quando não houver local habitual, a lei do país em que se situa o estabelecimento contratante, salvo se houver elemento de conexão mais estreito.(494)

---

(492) Ressalvada a hipótese de foros concorrentes prevista pelo art. 651, § 3º da CLT, que contempla a possibilidade de o empregado ajuizar a ação tanto no local do contrato quanto no local da respectiva prestação de serviços, quando tais forem distintos.

(493) Art. 6º *Contrato individual de trabalho*

1. Sem prejuízo do disposto no art. 3º, a escolha pelas partes da lei aplicável ao contrato de trabalho, não pode ter como consequência privar o trabalhador da protecção que lhe garantem as disposições imperativas da lei que seria aplicável, na falta de escolha, por força do n. 2 do presente artigo.

2. Sem prejuízo do disposto no art. 4º e na falta de escolha feita nos termos do art. 3º, o contrato de trabalho é regulado: a) Pela lei do país em que o trabalhador, no cumprimento do contrato, presta habitualmente o seu trabalho, mesmo que tenha sido destacado temporariamente para outro país, ou b) Se o trabalhador não prestar habitualmente o seu trabalho no mesmo país, pela lei do país em que esteja situado o estabelecimento que contratou o trabalhador, a não ser que resulte do conjunto das circunstâncias que o contrato de trabalho apresenta uma conexão mais estreita com um outro país, sendo em tal caso aplicável a lei desse outro país

(494) *Liberdade de escolha 1. O contrato rege-se pela lei escolhida pelas partes. Esta escolha deve ser expressa ou resultar de modo inequívoco das disposições do contrato ou das circunstâncias da causa. Mediante esta escolha, as partes podem designar a lei aplicável à totalidade ou apenas a uma parte do contrato.* Disponível em: <http://publications.europa.eu/resource/cellar/22cc5c49-2b36-4962-aa60-e928a52efa66.0011.01/DOC_1>. Acesso em: 20 jul. 20.

O art. 444 da CLT, por sinal, permite que se estabeleçam disposições contratuais no interesse das partes, desde que não contravenham as disposições de proteção ao trabalho, aos contratos coletivos e às decisões das autoridades competentes.

A eleição em contrato representa valorização da autonomia da vontade, permitindo que os contratantes manifestem as suas vontades, ajustando de acordo com os seus interesses, portanto, foge das regras de natureza estática, para estabelecer elemento dinâmico de resolução da questão.

Em que pese o texto do art. 444 da CLT, no entanto, a eleição da legislação se torna tarefa mais complexa em se tratando de relações individuais de trabalho, dada a assimetria de forças existente entre as partes.

Tal opção parece sucumbir, pois, à aplicação da norma mais favorável, se adotado o pensamento tradicional — tal como no ambiente presencial — até para evitar a precarização.

Da mesma forma, a eleição da legislação pelas partes parece não resistir ao comparativo com o uso da lei do país em que está situado o empregador como elemento de conexão mais próximo.

Isso porque a aplicação da legislação do local de onde se situa o tomador privilegia a isonomia entre os trabalhadores da mesma empresa, permite igualdade de oportunidades, e ainda confere maior segurança jurídica.

6.5. Inexistência de critério legal

Inexiste regra legal a determinar de modo indene de dúvidas o critério a ser eleito para obtenção da legislação a ser aplicada em se tratando do teletrabalho transnacional.

Por sinal, sequer há regra inequívoca quanto ao instrumento coletivo a ser adotado quando do teletrabalho prestado a partir de local distinto do município em que se situa o empregador, se a representação sindical for diversa.

O critério da norma mais favorável tradicionalmente aplicado ao direito do trabalho não parece ser a melhor solução diante da dificuldade de aplicação nas situações práticas diuturnas, revelando-se ensejadora de elevada insegurança jurídica, podendo, ademais, conduzir não só a tratamentos não isonômicos, mas especialmente a perda de oportunidades de trabalhadores interessados em entregar sua força de trabalho por meio da telemática para tomadores localizados em países diversos do que se encontram.

O elemento de conexão mais próximo parece ser o do local em que se dá a subordinação do empregado para com o tomador dos serviços, ou seja, onde a atividade é efetivamente entregue, quando assim o é por meio da telemática, em regime de teletrabalho transnacional ou mesmo transregional.

7. TELETRABALHO TRANSNACIONAL NA PRÁTICA

Nesse contexto de inexistência de regra legal abordado no capítulo 6, o próximo passo será investigar a aplicação prático-jurídica e desafios do teletrabalho transnacional, o que se faz mediante caso hipotético de trabalhador brasileiro que, por vontade própria, altere sua residência do Brasil para Portugal, no entanto permaneça prestando serviços ao seu empregador no Brasil, sem ruptura no contrato de emprego, exclusivamente por meio do teletrabalho.[495]

A partir da conjetura lançada, serão testados os empregos dos diferentes elementos de conexão: a) norma mais favorável ao trabalhador; b) norma do local da prestação dos serviços; c) norma do local da tomadora dos serviços; d) norma eleita em contrato.

Nessa esteira, seja para efeito de adoção da norma prevista na legislação portuguesa ou brasileira, quanto para investigação da legislação mais favorável, faz-se mister iniciar investigando ao menos o básico dos ordenamentos jurídicos de Portugal e do Brasil, no que tange ao objeto desta pesquisa.

7.1. Normas legais

7.1.1. Previsões da legislação lusitana

O art. 4º do Código do Trabalho de Portugal contempla regra de igualdade de tratamento de trabalhador estrangeiro ou apátrida, de modo a garantir os mesmos direitos de que goza o trabalhador português, quando se trata de trabalho subordinado, o que faz nos seguintes termos:

> *Sem prejuízo do estabelecido quanto à lei aplicável ao destacamento de trabalhadores e do disposto no artigo seguinte, o trabalhador estrangeiro ou apátrida que esteja autorizado a exercer uma actividade profissional subordinada em território português goza dos mesmos direitos e está sujeito aos mesmos deveres do trabalhador com nacionalidade portuguesa.*[496]

---

(495) Texto adaptado de: OLIVEIRA NETO, Célio Pereira. Teletrabalhador brasileiro em Portugal: Aspectos Jurídicos e desafios a serem enfrentados. *Revista LTr*, ano 85, número 11, outubro de 2021, São Paulo, Brasil, p. 1367-1381.

(496) Disponível em: <https://dre.pt/legislacao-consolidada/-/lc/34546475/view?w=2017-10-02>. Acesso em: 22 set. 2021.

O art. 5º do Código do Trabalho de Portugal disciplina a forma e conteúdo de contrato com trabalhador estrangeiro ou apátrida, contemplando, dentre suas regras, a comunicação ao serviço de competência de inspeção na área laboral.

O empregador deve comunicar ao serviço com competência inspectiva do ministério responsável pela área laboral, mediante formulário electrónico:

a) A celebração de contrato de trabalho com trabalhador estrangeiro ou apátrida, antes do início da sua execução ... (497)

Aqui já surge uma primeira questão, pois quer parecer que o diploma português está a determinar que o empregador que exerça atividade econômica em Portugal leve a efeito o comunicado ao ministério responsável pela área laboral, mas, afinal, na prática, como poderia ser operada a comunicação por empresa que não tem atividade em terras lusitanas, nem na União Europeia?

7.1.1.1 (In)aplicabilidade do Regime de Destacamento

O art. 6º do Código do Trabalho de Portugal, por meio de suas alíneas "a", "b" e "c" do item 1, considera regime de destacamento quando o trabalhador contratado por empregador estabelecido noutro Estado presta sua atividade em território português em uma das seguintes hipóteses: a) execução de contrato entre o empregador e o beneficiário que exerce a atividade, desde que o trabalhador permaneça sob a autoridade e direção daquele; b) em estabelecimento do mesmo empregador, ou empresa de outro empregador com o qual exista uma relação societária de participações recíprocas, de domínio ou de grupo; c) ao serviço de um tomador, à disposição do qual o trabalhador foi colocado por empresa de trabalho temporário ou outra empresa.

O art. 6º, item 2 do Código do Trabalho de Portugal estabelece que:

O regime é também aplicável ao destacamento efectuado nas situações referidas nas alíneas a) e b) do número anterior por um utilizador estabelecido noutro Estado, ao abrigo da respectiva legislação nacional, desde que o contrato de trabalho subsista durante o destacamento.(498)

Duarte Abrunhosa e Sousa(499) explica que o art. 6º prescreve o destacamento como a situação em que um empregador de outro país envia um trabalhador para Portugal por um dos seguintes motivos:

(i) como parte de um acordo de serviço com uma empresa nacional;

---

(497) Disponível em: <https://dre.pt/legislacao-consolidada/-/lc/34546475/view?w=2017-10-02>. Acesso em: 22 set. 2021.

(498) Disponível em: <https://dre.pt/legislacao-consolidada/-/lc/34546475/view?w=2017-10-02>. Acesso em: 22 set. 2021.

(499) SOUSA, Duarte Abrunhosa. Posting of workers before Portuguese courts, Posting of workers before national courts, Ed. Zane Rasnaca e Magdanela Bernaciak, ETUI , Bruxelas, 2020, pp. 199-206, também disponível em: <https://www.etui.org/sites/default/files/2020-06/20-Posting%20of%20workers-WEB%20version_Corrig%C3%A9e-June%202020-GH_1.pdf>. Acesso em: 21 set. 2021.

(ii) para trabalhar para uma empresa do mesmo grupo empresarial;

(iii) para realizar um contrato de agência temporária.

O art. 8º do Código do Trabalho de Portugal, a seu turno, trata do destacamento de trabalhador português para outro Estado.

Nesse sentido, Duarte Abrunhosa e Sousa esclarece que também ocorre o instituto do destacamento quando o trabalhador é destacado de Portugal, sempre sob o manto de um contrato de emprego.

As condições de que tratam o destacamento dizem respeito, s.m.j., ao trabalho presencial, prestado por trabalhador português fora do país, ou estrangeiro em Portugal.

Nessa esteira de raciocínio, ao abordar as regras específicas aplicáveis aos cidadãos que trabalham em dois ou mais Estados-Membros da União Europeia, Suzana Fernandes da Costa e Conceição Soares pontuam que

> *o art. 12º do Regulamento trata o regime especial aplicável às situações de destacamento, ou seja, os casos em que uma determinada pessoa exerce uma atividade por conta de outrem num Estado-Membro ao serviço de um empregador que normalmente exerce as suas atividades nesse Estado-Membro, e que seja destacada por esse empregador para realizar um trabalho por conta deste noutro Estado-Membro.*[500]

Vê-se, pois, que o destacamento ocorre quando uma pessoa exerce atividade em um Estado-Membro da União Europeia a serviço de um empregador que normalmente exerce suas atividades econômicas nesse mesmo Estado-Membro, e é deslocada para trabalhar a favor deste empregador em outro país membro da União Europeia.

Tal também se extrai da leitura dos ensinamentos de Duarte Abrunhosa e Sousa[501], que ao traçar o panorama europeu, analisando a questão da Polônia, sustenta que de acordo com a legislação da Comunidade Europeia os novos regulamentos se aplicam principalmente a empregadores estrangeiros que destacam seus trabalhadores para a Polônia e, até certo ponto, também para empresas polonesas que destacam seus trabalhadores para países da UE ou países que têm um acordo com a União Europeia para implementar as Diretivas 96/71 / CE e 2014/67.

---

(500) COSTA, Suzana Fenandes e SOARES, Conceição. Teletrabalho a partir do estrangeiro — algumas questões em torno da fiscalidade, segurança social e legislação laboral. Disponível em: <https://cije.up.pt/client/files/0000000001/5-suzana-costa_1678.pdf>. Acesso em: 23 set. 2021.

(501) SOUSA, Duarte Abrunhosa. Posting of workers before Portuguese courts, Posting of workers before national courts, Ed. Zane Rasnaca e Magdanela Bernaciak, ETUI , Bruxelas, 2020, pp. 199-206, também disponível em: <https://www.etui.org/sites/default/files/2020-06/20-Posting%20of%20workers-WEB%20version_Corrig%C3%A9e-June%202020-GH_1.pdf>. Acesso em: 21 set. 2021.

Mais adiante explica que a lei visa garantir um nível adequado de proteção para trabalhadores destacados **de e para** o território da República da Polônia, dentre os quais: jornada e pagamento de horas extras; descanso ininterrupto; remuneração mínima; segurança e saúde ocupacional; proteção de empregadas grávidas e proteção durante a licença-maternidade.

Retomando o cenário lusitano, o art. 7º do Código do Trabalho de Portugal garante a aplicação da norma mais favorável constante da lei ou do contrato de trabalho, prescrevendo ainda o direito do trabalhador destacado às condições de labor previstas na lei e em regulamentação coletiva de trabalho, quando digam respeito à: segurança no emprego; duração máxima do tempo de trabalho; períodos mínimos de descanso; férias; retribuição mínima e pagamento de trabalho suplementar; cedência (cessão) de trabalhadores por parte de empresa de trabalho temporário; cedência (cessão/transferência) ocasional de trabalhadores; segurança e saúde no trabalho; proteção na parentalidade; proteção de trabalho de menores; igualdade de tratamento e não discriminação.

Duarte Abrunhosa e Sousa leciona que de acordo com a legislação portuguesa, a intenção é garantir condições mínimas idênticas para trabalhadores destacados em Portugal como todos os outros trabalhadores, até para que empresas que operam no mesmo mercado ou dentro do mesmo setor possam competir de forma justa e equilibrada a fim de evitar o dumping social.

Por sinal, a Diretiva 96/71/CE igualmente tem por escopo garantir condições mínimas de trabalho, quando do destacamento, conceituando como trabalhador destacado "*qualquer trabalhador que, por um período limitado de tempo, trabalhe no território de um Estado-Membro diferente do Estado onde habitualmente exerce a sua atividade*".[502]

Para Duarte Abrunhosa e Sousa[503], não há definição clara quanto ao instituto do destacamento, consignando que a jurisprudência se revelou confusa e casuística.

Aponta que a comparação entre a jurisprudência dos Tribunais do Trabalho e Administrativos revela inconsistências no que tange à definição de destacamento, inexistindo clareza quanto à diferença entre destacamento de trabalhadores e uma viagem de negócios ao exterior.

Ao que se nota, não parece adequado o enquadramento como destacamento quando inexiste deslocamento do trabalhador para a prestação de serviços em

(502) Disponível em: <https://eur-lex.europa.eu/legal-content/PT/TXT/?uri=celex%3A31996L0071>. Acesso em: 22 set. 2021.

(503) SOUSA, Duarte Abrunhosa. Posting of workers before Portuguese courts, Posting of workers before national courts, Ed. Zane Rasnaca e Magdanela Bernaciak, ETUI , Bruxelas, 2020, pp. 199-206, também disponível em: <https://www.etui.org/sites/default/files/2020-06/20-Posting%20of%20workers-WEB%20version_Corrig%C3%A9e-June%202020-GH_1.pdf>. Acesso em: 21 set. 2021.

outro Estado-Membro por determinação do empregador, mas mera alteração de local de moradia por escolha própria do empregado que labora ou passa a laborar em ambiente virtual, sem limitação física e materialidade, podendo cumprir seu mister a partir de qualquer nação.

Portanto, em princípio, quer parecer que a hipótese analisanda não poderia ser enquadrada como destacamento à luz do direito português.

7.1.1.2. Convenção de Roma

Se não enquadrado em regime de destacamento, mister reconhecer a ausência de norma na legislação laboral portuguesa a disciplinar o direito a ser aplicado em se tratando de teletrabalho transnacional.

Diferentemente do Brasil, contudo, a Convenção de Roma aplica-se à Portugal. Nesse sentido, tratando de entidade empregadora sediada em Portugal e trabalhador que atua remotamente a partir do estrangeiro, Suzana Fernandes da Costa e Conceição Soares lecionam:

> no que respeita à lei aplicável à relação laboral em que a entidade empregadora se localiza em Portugal e o trabalhador trabalha remotamente a partir do estrangeiro, o Código do Trabalho é omisso. No entanto, a Convenção de Roma relativa à lei aplicável às obrigações contratuais, estabelece no seu art. 3º *que o contrato se rege pela lei escolhida pelas partes e que essa escolha deve ser expressa ou resultar de modo inequívoco das disposições do contrato ou das circunstâncias da causa."*[504]

Com efeito, e rememorando, o art. 6º da Convenção de Roma, de 1980 (80/934/CEE), dispõe que as partes podem escolher o foro de contratação[505], desde que o trabalhador não seja privado da proteção que lhe garante as disposições

---

(504) Disponível em: <https://cije.up.pt/client/files/0000000001/5-suzana-costa_1678.pdf>. Acesso em: 25 ago. 2021.

(505) Art. 6º *Contrato individual de trabalho*

1. Sem prejuízo do disposto no art. 3º, a escolha pelas partes da lei aplicável ao contrato de trabalho, não pode ter como consequência privar o trabalhador da protecção que lhe garantem as disposições imperativas da lei que seria aplicável, na falta de escolha, por força do n. 2 do presente artigo.

2. Sem prejuízo do disposto no art. 4º e na falta de escolha feita nos termos do art. 3º, o contrato de trabalho é regulado: a) Pela lei do país em que o trabalhador, no cumprimento do contrato, presta habitualmente o seu trabalho, mesmo que tenha sido destacado temporariamente para outro país, ou b) Se o trabalhador não prestar habitualmente o seu trabalho no mesmo país, pela lei do país em que esteja situado o estabelecimento que contratou o trabalhador, a não ser que resulte do conjunto das circunstâncias que o contrato de trabalho apresenta uma conexão mais estreita com um outro país, sendo em tal caso aplicável a lei desse outro país. Disponível em: <http://publications.europa.eu/resource/cellar/22cc5c49-2b36-4962-aa60-e928a52efa66.0011.01/DOC_1>. Acesso em: 20 jul. 21.

imperativas da lei[506], e na falta da escolha, o contrato deve ser regulado pela lei do país em que regularmente se preste o trabalho; e quando não houver local habitual, a lei do país em que se situa o estabelecimento contratante, salvo se houver elemento de conexão mais estreito.[507]

7.1.2. Previsões da legislação brasileira

A Convenção de Roma não é aplicável ao Brasil. Todavia, a Convenção Interamericana sobre Direito Aplicável aos Contratos Internacionais, do qual o Brasil é signatário, outorga autonomia às partes para escolherem o direito a reger as suas relações.[508]

7.1.2.1. (In)aplicabilidade da Convenção Interamericana sobre Direito Aplicável aos Contratos Internacionais

Não ocorrendo a escolha do direito a ser aplicado para reger a relação entre as partes, a Convenção Interamericana sobre Direito Aplicável aos Contratos Internacionais prevê a regência pelo direito do Estado com vínculos mais estreitos, devendo ser considerados, para tanto, elementos objetivos e subjetivos que depreendam do contrato.[509]

---

(506)[...] *a escolha pelas partes da lei aplicável não pode ter como consequência privar o consumidor privado da protecção que lhe garantem as disposições imperativas da lei do país em que tenha a sua residência habitua.* Disponível em: <http://publications.europa.eu/resource/cellar/22cc5c49-2b36-4962-aa60 e928a52efa66.0011.01/DOC_1>. Acesso em: 23 set. 21.

(507) *Liberdade de escolha 1. O contrato rege-se pela lei escolhida pelas partes. Esta escolha deve ser expressa ou resultar de modo inequívoco das disposições do contrato ou das circunstâncias da causa. Mediante esta escolha, as partes podem designar a lei aplicável à totalidade ou apenas a uma parte do contrato.* Disponível em: <http://publications.europa.eu/resource/cellar/22cc5c49-2b36-4962-aa60-e928a52efa66.0011.01/DOC_1>. Acesso em: 20 jul. 21.

(508) ***Art. 7***. *O contrato rege-se pelo direito escolhido pelas partes. O acordo das partes sobre esta escolha deve ser expresso ou, em caso de inexistência de acordo expresso, depreender-se de forma evidente da conduta das partes e das cláusulas contratuais, consideradas em seu conjunto. Essa escolha poderá referir-se à totalidade do contrato ou a uma parte do mesmo.*
A eleição de determinado foro pelas partes não implica necessariamente a escolha do direito aplicável.
Art. 8. *As partes poderão, a qualquer momento, acordar que o contrato seja total ou parcialmente submetido a um direito distinto daquele pelo qual se regia anteriormente, tenha este sido ou não escolhido pelas partes. Não obstante, tal modificação não afetará a validade formal do contrato original nem os direitos de terceiros.* Disponível em: <http://www.oas.org/juridico/portuguese/treaties/b-56.htm>. Acesso em: 22 set. 2021.

(509) ***Art. 9***. *Não tendo as partes escolhido o direito aplicável, ou se a escolha do mesmo resultar ineficaz, o contrato reger-se-á pelo direito do Estado com o qual mantenha os vínculos mais estreitos. O tribunal levará em consideração todos os elementos objetivos e subjetivos que se depreendam do contrato, para determinar o direito do Estado com o qual mantém os vínculos mais estreitos. Levar-se-ão também em conta os princípios gerais do direito comercial internacional aceitos por organismos internacionais.*

Quer parecer, no entanto, que a Convenção Interamericana sobre Direito Aplicável aos Contratos Internacionais não possui aptidão a ser utilizada no âmbito das relações do trabalho, menos ainda de forma direta, **a um** em razão do seu escopo ser voltado aos contratos internacionais, especialmente no que tange ao comércio internacional, consoante se extrai do preâmbulo, onde os Estados reiteram a *"conveniência de harmonizar as soluções para as questões relacionadas com o comércio internacional"*[(510)]; **a dois** porque, como se sabe, a relação de emprego é materialmente desigual, o que em regra mitiga a força do empregado em escolher a norma que lhe seja mais oportuna.

Soma-se que o art. 1º da Convenção Interamericana sobre Direito Aplicável aos Contratos Internacionais determina a sua regência a *contratos celebrados entre Estados ou em que forem partes Estados, entidades ou organismos estatais, a menos que as partes no contrato a excluam expressamente.*[(511)]

Portanto, a Convenção Interamericana sobre Direito Aplicável aos Contratos Internacionais não parece estar credenciada a reger a relação de que se está a analisar neste estudo.

7.1.2.2. (In)aplicabilidade da Lei n. 7.064/1982[(512)]

O uso da legislação relativa à norma mais favorável tem previsão no cenário brasileiro, consoante expressamente disciplinado pelo art. 3º, inciso II da Lei n. 7.064/1982, com as alterações da Lei n. 11.962/2009, para o expatriado, e não para a hipótese em tela, tal como abordado no item 6.1.2.1 da presente obra.

Rememorando: não há transferência ou cessão de empregado quando a contratação ocorre em ambiente virtual, e o resultado da atividade é entregue por meio da telemática.

7.1.2.3. Lei de Introdução às Normas do Direito Brasileiro

Consoante exposto no item 6.3.2 ao qual se faz remissão, e em apertadíssima síntese: a) à luz do art. 9º da Lei de Introdução às Normas do Direito Brasileiro

---

Não obstante, se uma parte do contrato for separável do restante do contrato e mantiver conexão mais estreita com outro Estado, poder-se-á aplicar a esta parte do contrato, a título excepcional, a lei desse outro Estado. Disponível em: http://www.oas.org/juridico/portuguese/treaties/b-56.htm. Acesso em: 22 set. 2021.

(510) Disponível em: <http://www.oas.org/juridico/portuguese/treaties/b-56.htm>. Acesso em: 22 set. 2021.

(511) Disponível em: <http://www.oas.org/juridico/portuguese/treaties/b-56.htm>. Acesso em: 22 set. 2021.

(512) Texto adaptado. Maiores explicações em: OLIVEIRA NETO, Célio Pereira. Reflexões sobre o teletrabalho transnacional. *Revista LTr*, ano 85, número 8, agosto de 2021, São Paulo, Brasil, p. 984.

(LINDB), especialmente o § 2º que comanda que *"a obrigação resultante do contrato reputa-se constituída no lugar em que residir o proponente."*,[513] faz sentido considerar o uso da residência do proponente em se tratando de teletrabalho, pois ao que se nota o elemento de conexão mais próximo se dará com a empresa que tomará o serviço, a qual o trabalhador estará telessubordinado[514]; b) o teletrabalho parece amoldar-se mais às condições da lei do pavilhão.[515]

7.2. Breve esforço comparativo

Do que até aqui exposto, tomada por apoio a Convenção de Roma, já há a percepção de que Portugal tende a aceitar a escolha da norma do foro de contratação, desde que o trabalhador não seja privado da proteção que lhe garante as disposições imperativas da lei[516]; ao passo que no Brasil pode-se valer da Lei de Introdução às Normas do Direito Brasileiro para entender pela aplicação da lei relativa ao local do tomador do serviço, sempre observando, no entanto, a tendência de aplicação da norma mais favorável no cenário laboral, dado o caráter principiológico desta.

Nota-se que nenhuma das legislações confere ampla segurança jurídica na escolha, e o cenário fica ainda mais complexo na aplicação prática de que se está a tratar.

---

(513) Disponível em: <http://www.planalto.gov.br/ccivil_03/decreto-lei/del4657compilado>. Acesso em: 23 set. 2021.

(514) *"a lei a ser aplicada não seria do lugar onde se encontrar fisicamente o teletrabalhador, senão a do país no qual está sendo recebida a prestação. Deste ponto de vista o direito aplicável seria do país estrangeiro, mesmo que o teletrabalhador não tivesse saído do lugar de origem.*

PINO ESTRADA, Manuel Martin. *O teletrabalho transfronteiriço no Direito brasileiro e a globalização.* Disponível em: <https://www.conjur.com.br/2002-dez-30/teletrabalho_transfronteirico_direito_brasileiro?pagina=2#:~:text=O%20teletrabalho%20transfronteiri%C3%A7o%20no%20Direito%20brasileiro%20e%20a%20globaliza%C3%A7%C3%A3o&text=Quando%20o%20teletrabalhador%20n%C3%A3o%20mant%C3%A9m,de%20ter%20recebido%20as%20instru%C3%A7%C3%B5es>. Acesso em: 23 set. 2021.

(515) *a Convenção das Nações Unidas sobre o Direito do Mar, que foi ratificada pelo Brasil, vincula ao cumprimento da legislação social da bandeira do navio, independente da nacionalidade dos diferentes trabalhadores a bordo.*

O direito internacional reconheceu a lei do pavilhão como elemento de conexão, ou seja, a bandeira do navio como definidora da legislação social a ser aplicada a tantos quantos forem os trabalhadores de diferentes nacionalidades.

Pois bem, num cenário em que o trabalho está em ambiente virtual, a troca de mensagens, uso da intranet e servidor da empresa se assemelha a um navio com marinheiros de diversas nacionalidades subordinados ao comando do capitão, representado pelo poder diretivo da empresa tomadora dos serviços.

Aliás, o elemento de conexão é ainda muito mais próximo no teletrabalho do que no direito marítimo, onde a bandeira do navio não está necessariamente ligada ao lugar onde o trabalho é efetivamente apropriado.

(516) Na falta da escolha, o contrato deve ser regulado pela lei do país em que regularmente se preste o trabalho; e quando não houver local habitual, a lei do país em que se situa o estabelecimento contratante, salvo se houver elemento de conexão mais estreito, tal como já anteriormente exposto.

Nesse contexto, na conjetura lançada, o próximo passo será testar a aplicação dos diferentes elementos de conexão: a) norma mais favorável ao trabalhador; b) norma do local da prestação dos serviços; c) norma do local da tomadora dos serviços; d) norma eleita em contrato.

Pois bem, se adotado o critério de aplicação da norma mais favorável ao trabalhador (tal como prevê a recente Lei Federal Argentina n. 27.555)[517], por evidente será necessário comparar as legislações brasileira e portuguesa, na hipótese de trabalhador brasileiro atuando exclusivamente em ambiente virtual em Portugal em prol da sua contratante no Brasil.

De igual sorte, se adotado como elemento de conexão o local da prestação de serviços, será necessário definir qual deverá ser entendido como o local da prestação dos serviços, quando em ambiente exclusivamente virtual.

Caso se adote o critério do local da tomadora dos serviços, na hipótese analisanda, fica mais fácil e seguro, afinal será utilizada a legislação brasileira.

Já em se tratando do critério de eleição em contrato, no mínimo as partes deverão conhecer o que cada legislação prevê.

Portanto, não há como evitar o breve estudo das legislações de Brasil e Portugal, primeiro na esfera das principais matérias trabalhistas, e após debruçando-se sobre a regulamentação do teletrabalho em ambas as nações, para efeito comparativo

7.2.1. Comparação das normas gerais trabalhistas

Rápida e apertada comparação entre a legislação brasileira e as previsões do Código do Trabalho de Portugal demonstram que:

a) a licença parental exclusiva do pai em Portugal é de 20 dias úteis, seguidos ou não, nas seis semanas seguintes ao nascimento da criança (art. 43º), havendo previsão de licença parental (pai e mãe) complementar ampliada, por 3 meses (art. 51º), inclusive licença para assistência a filho (arts. 52º e 53º), e redução de tempo de trabalho para assistência a filho menor com deficiência ou doença crônica (art. 54º), ao passo que no Brasil garante-se licença-paternidade de 05 dias (art. 7º, XIX, da CF c/c art. 10, § 1º, do Ato das Disposições Constitucionais Transitórias — ADCT), inexistindo disposição legal expressa quanto aos demais direitos;

---

(517) Artículo 17. *Prestaciones transnacionales. Cuando se trate de prestaciones transnacionales de teletrabajo, se aplicará al contrato de trabajo la ley del lugar de ejecución de las tareas o la ley del domicilio del empleador, según sea más favorable para la persona que trabaja. Em caso de contratación de personas extranjeras que no residen en el país, se requerirá la autorización previa de la autoridade de aplicación. Los convênios colectivos, acorde a la realidade de cada actividad deberán establecer un tope máximo para estas contrataciones.* Disponível em: <https://www.boletinoficial.gob.ar/detalleAviso/primera/233626/20200814>. Acesso em: 25 set. 2021.

b) a jornada de trabalho é de 8h diárias e 40h semanais em Portugal (art. 203º), ao passo que de 8h diárias e 44h semanais no Brasil (art. 7º, XIII, CF e art. 58, CLT);

c) o intervalo de descanso intrajornada em Portugal (art. 213º) é o mesmo ordinariamente aplicado no Brasil, de 1h a 2h (art. 71, CLT), assim como o intervalo interjornadas de 11h (art. 214º, CT e art. 66, CLT);

d) o Código do Trabalho de Portugal prevê isenção de controle de jornada, por acordo escrito, em se tratando, dentre outros de exercício de cargo de administração ou direção, funções de confiança, fiscalização ou apoio a titular desses cargos, assim como teletrabalho e outros executados fora do estabelecimento (art. 218º), devendo, no entanto, ser acordado entre as partes a não sujeição aos limites máximos do período normal de trabalho, a possibilidade de determinado aumento do período normal por dia ou semana; ou a observância do período normal — situações diversas do cenário brasileiro onde há somente previsão de isenção de controle de jornada (art. 62);

e) o Código do Trabalho de Portugal prevê que o trabalhador isento de horário de trabalho tem direito a retribuição estabelecida por instrumento coletivo de trabalho, ou na falta deste, não inferior a uma hora suplementar; ou de duas horas de trabalho suplementar por semana, quando se trate de regime de isenção de horário com observância do período normal de trabalho, embora o trabalhador que exerça cargo de administração ou direção possa renunciar à tal retribuição (art. 265º) — o que parece ser menos amplo do que a previsão de mero exercício de chefia de que trata a 2ª parte do art. 62, inciso II da CLT, somando-se que no cenário brasileiro inexiste regra legal de paga de hora suplementar para trabalhador isento do controle de jornada;

f) em Portugal, a hora suplementar é paga com base no valor/hora com os seguintes acréscimos: (I) 25% pela primeira hora ou fração desta e 37,5% por hora ou fração subsequente, em dia útil; (ii) 50% por cada hora ou fração, em dia de descanso semanal obrigatório ou complementar, ou em feriado, enquanto no Brasil a previsão é de 50% (art. 7º, XVI, CF e art. 59, §1º, CLT) de acréscimo para os dias normais e 100% (art. 9º, Lei n. 605/49) para os feriados — podendo ambas serem majoradas por instrumento coletivo;

g) em Portugal, na ausência de norma coletiva, o período noturno é das 22h às 7h (art. 223º, item 2), enquanto no Brasil das 22h às 5h quando se trata de trabalhador urbano (art. 73, § 2º, CLT), muito embora jurisprudência pacificada reconheça como trabalho noturno a continuidade do labor após às 5h (Súmula n. 60, TST);

h) o adicional de trabalho noturno em Portugal é de 25% (art. 266º), enquanto a CLT prevê adicional de 20% (art. 73);

i) os feriados obrigatórios em Portugal são 13 ao ano (art. 234º), sendo que 5 deles (1º de janeiro, sexta-feira santa; domingo de páscoa; 1º de maio e 25 de dezembro) coincidem com os feriados nacionais brasileiros;

j) as férias em Portugal têm a duração mínima de 22d úteis, considerados como tais os dias da semana de segunda à sexta-feira, com exceção de feriados (art. 238º, item 1) e não estão condicionadas à assiduidade (art. 237º, item 2), ao passo que a legislação brasileira prevê 30d corridos, fixadas reduções de acordo com as faltas (art. 130, CLT);

k) as faltas justificadas têm prazos e algumas condições semelhantes às brasileiras, porém as previstas no Código do Trabalho de Portugal são mais amplas, tais como licença casamento de 15d seguidos (art. 249º) contra 3d consecutivos no Brasil (art. 473, II, CLT), ou mesmo falecimento de cônjuge de 5d (art. 251º) contra 2d consecutivos no Brasil (art. 473, I, CLT);

l) em Portugal, não se consideram retribuição as importâncias a título de ajuda de custo, abonos de viagem e outras a serviço do empregador, assim como gratificações ou prêmios dos bons resultados obtidos pela empresa, desde que estas não sejam pagas por força do contrato ou normas que o regem (art. 260º), de modo assemelhado ao Brasil que prevê que as

> "importâncias, ainda que habituais, pagas a título de ajuda de custo, auxílio-alimentação, vedado seu pagamento em dinheiro, diárias para viagem, prêmios e abonos não integram a remuneração do empregado, não se incorporam ao contrato de trabalho e não constituem base de incidência de qualquer encargo trabalhista e previdenciário"[(518)] (art. 457, § 2º, CLT),

e que considera

> "prêmios as liberalidades concedidas pelo empregador em forma de bens, serviços ou valor em dinheiro a empregado ou a grupo de empregados, em razão de desempenho superior ao ordinariamente esperado no exercício de suas atividades"[(519)] (art. 457, § 4º, CLT);

m) o subsídio de natal em Portugal, quando integral, é equivalente a um mês de retribuição (art. 263º), tal como previsto no direito brasileiro (art. 7º, VIII, CF);

n) em terras lusitanas, as férias possuem valor igual ao que teria direito se em trabalho efetivo, considerado o conjunto das retribuições (art. 264º), tal como no Brasil, que a seu turno prevê o direito ao terço de férias (art. 7º, XVII e art. 142, CLT);

o) o Código do Trabalho de Portugal contempla princípios gerais em matéria de segurança e saúde no trabalho (art. 281º), assim como a responsabilidade pela reparação dos danos emergentes de doenças profissionais assumida pela seguridade social, que fica sub-rogada nos direitos do trabalhador (art. 283º), com

---

(518) Disponível em: <http://www.planalto.gov.br/ccivil_03/decreto-lei/del5452.htm>. Acesso em: 25 set. 2021.

(519) Disponível em: <http://www.planalto.gov.br/ccivil_03/decreto-lei/del5452.htm>. Acesso em: 25 set. 2021.

contornos que possuem alguma semelhança com a ação regressiva proposta pelo INSS no Brasil em face do empregador que der causa à pensionamentos vitalícios em casos de acidentes/doenças do trabalho com perda da capacidade laborativa;

p) o Código do Trabalho de Portugal possui disposições expressas tratando de direitos da personalidade, consoante Subseção II, a partir do artigo 14 — situação não prevista no cenário brasileiro que se socorre, no entanto, dos vetores constitucionais, especialmente do art. 5º, incisos IV a XII da CF e do artigo 11 e seguintes do Código Civil;

q) vale ainda menção à proteção de dados pessoais relativa à candidato a emprego, prevista no art. 17º do Código do Trabalho de Portugal, assim como nota ao art. 18º que regulamenta o trato de dados biométricos do trabalhador - situações não previstas de forma expressa na legislação laboral brasileira.

A brevíssima comparação traçada demonstra contornos de similaridade, mas ao mesmo tempo uso de critérios distintos, com aparente prevalência da legislação portuguesa, muito embora deva ser recordado que a aplicação da norma mais favorável tem sido levada a efeito por matéria ou instituto, e não no conjunto de todo o ordenamento, ou seja, conglobamento mitigado.

Pense-se na hipótese de a empresa contratante no Brasil, por cautela ou outro motivo, manter o controle de jornada de seu empregado teletrabalhando em Portugal por meios alternativos de controle, tais como aplicativos de celular ou mesmo intranet.

A mera aplicação do instituto da hora extra já se revela complexa, afinal a hora extra legal no Brasil (50%) é superior a de Portugal (25%). No entanto, a jornada semanal legal em Portugal é inferior (4h menos) e a hora noturna mais extensa do que a brasileira, assim como o adicional noturno é de 25%.

Como comparar o capítulo II da CLT — Da Duração do Trabalho com o disciplinado no Código do Trabalho de Portugal, e na casuística, eleger a norma mais favorável? Tarefa complexa, que implica em insegurança jurídica!

7.2.2. Comparação da legislação em teletrabalho

Se comparadas as disposições do Código do Trabalho de Portugal com as poucas regras da Consolidação das Leis do Trabalho em matéria de teletrabalho, em apertadíssima síntese, constata-se que:

a) enquanto o código lusitano considera teletrabalho a prestação laboral realizada com subordinação jurídica, **habitualmente** fora da empresa, por meio de recursos da telemática (art. 165º) , e por força da recente alteração exclui o vocábulo habitualmente, de sorte que qualquer trabalho prestado em regime de subordinação jurídica, em local não determinado pelo empregador, por meio da telemática se configura como teletrabalho; a CLT não considera teletrabalho quando a atividade fora da empresa exercida por meio da telemática não for preponderante (art. 75-B) — o que no caso nada altera quando se trata da hipótese lançada de teletrabalho *full time*, somente modificando quando se trata de teletrabalho em regime híbrido, o que não se coaduna com o teletrabalho transnacional;

b) ambas as legislações exigem que o contrato de teletrabalho seja escrito — o que requer aditivo ao contrato de trabalho já existente;

c) o código português disciplina que deve constar do contrato (art. 166º, item 5)[(520)]: (i) identificação, assinaturas e domicílio ou sede das partes; (ii) indicação da atividade a ser realizada, tal como previsto na CLT; (iii) indicação do período normal de trabalho (substituído agora por força da legislação a ser publicada: período normal do trabalho diário e semanal, e incluso horário de trabalho), situação distinta da regra da CLT que prevê a isenção do controle de jornada quando se trata de teletrabalho (art. 62, III, CLT); (iv) indicação das atividades a serem exercidas após o regime de teletrabalho, se este não comtemplar a jornada integral — inexistindo igual disposição no cenário brasileiro; (v) indicação da propriedade dos instrumentos de trabalho, assim como a indicação do responsável pela instalação, manutenção e pagamento das despesas de consumo e utilização — situação semelhante à prevista no art. 75-D da CLT, que a seu turno acrescenta ainda o reembolso das despesas arcadas pelo empregado, quanto previstas em contrato, observado que a promulgada e ainda não publicada legislação lusitana disciplina de forma pormenorizada a questão dos gastos com a realização do teletrabalho, impondo ao empregador a responsabilidade pela disponibilização ao trabalhador dos equipamentos e sistemas necessários ao trabalho, incluindo compensação de todas as despesas, inclusive energia e da internet;

d) na ausência de disposição contratual, na forma do art. 168º do Código do Trabalho de Portugal, se presume que pertencem ao empregador os equipamentos

---

(520) Com a recente alteração legislativa, ainda não publicada, os elementos a serem disciplinados em acordo (contrato) passam a ser disciplinados no art. 166º, item 4, nos seguintes termos: O acordo define, nomeadamente:
a) Identificação, assinaturas e domicílio ou sede das partes:
b) o local em que o trabalhador realizará habitualmente o seu trabalho, o qual será considerado, para todos os efeitos legais, o seu local de trabalho;
c) o período normal do trabalho diário e semanal;
d) o horário de trabalho;
e) a atividade contratada, com indicação da categoria correspondente;
f) a retribuição a que o trabalhador terá direito, incluindo prestações complementares e acessórias;
g) a propriedade dos instrumentos de trabalho, bem como o responsável pela respectiva instalação e manutenção;
h) A periodicidade e o modo de concretização dos contactos presenciais a que se refere a alínea c) do n. 1 do art. 169º-B.

de tecnologias de informação e comunicação utilizados para o trabalho, devendo o empregador assegurar a instalação, manutenção e pagamentos das despesas inerentes — inexistindo igual disposição na legislação brasileira;

e) identificação do estabelecimento ou departamento da empresa em cuja dependência fica o trabalhador, assim como quem, este deve contatar no âmbito da prestação de trabalho — inexistindo igual disposição expressa no cenário brasileiro;

f) o Código de Trabalho de Portugal prevê ainda o retorno ao regime presencial a título definitivo ou por período determinado, mediante acordo escrito (art. 166º, item 6), situação mais ampliada na nova redação do art. 167º[(521)], que prevê a cessação quando do acordo de teletrabalho por tempo indeterminado mediante aviso de 60 dias por qualquer das partes, assim como a denúncia nos primeiros 30 dias da execução do contrato — ao passo que no ordenamento jurídico brasileiro, o retorno ao regime presencial não necessita de concordância do trabalhador, podendo ser determinado pelo empregador, desde que mediante aviso por escrito com 15 dias de antecedência (art. 75-C, § 2º, CLT);

g) o Código do Trabalho de Portugal prevê a possibilidade de transferência de localidade, quando vítima de violência doméstica, garantindo o exercício do teletrabalho quando compatível com a atividade desempenhada (art. 166º, item 2 c/c art. 195º)[(522)] — disposição até o momento inexistente na legislação brasileira;

h) o diploma português concede o direito ao exercício do teletrabalho para o trabalhador com filho de idade de até 3 anos, quando tal seja compatível com a atividade desempenhada e a entidade patronal dispuser de recursos e meios para

---

(521) Artigo 167º. Duração e cessação do acordo de teletrabalho
7. O acordo de teletrabalho pode ser celebrado com duração determinada ou com duração indeterminada.
8. Sendo o acordo de teletrabalho celebrado com duração determinada, este não pode exceder seis meses, renovando-se automaticamente por iguais períodos, se nenhuma das partes declarar por escrito, até 15 dias antes do término, não pretender a sua renovação.
9. Sendo o acordo de duração indeterminada, qualquer das partes pode fazê-lo cessar mediante comunicação escrita à outra, que produzirá efeitos no 60º dia posterior.
10. Qualquer das partes pode denunciar o acordo, de duração determinada ou de duração indeterminada, durante os primeiros 30 dias da sua execução.
Cessando o acordo de teletrabalho no âmbito de um contrato de trabalho de duração indeterminada, ou cujo termo não tenha sido atingido, o trabalhador tem o direito de retomar a atividade em regime presencial, sem prejuízo da sua categoria, antiguidade e quaisquer outros direitos reconhecidos aos trabalhadores em regime presencial com funções e duração do trabalho idênticas.
11. [anterior n. 4].

(522) Com a alteração na legislação portuguesa, a partir de janeiro de 2022 o tema deverá ser tratado no art. 166º-A, mantida a sua essência: "Verificadas as condições previstas no n. 1 do artigo 195º, o trabalhador tem direito a passar a exercer a atividade em regime de teletrabalho, quando este seja compatível com a atividade desempenhada".

tanto (art. 166º, item 3) podendo chegar a 8 anos nos termos da nova legislação portuguesa a ser publicada[(523)] — disposição inexistente na legislação brasileira, mas que na hipótese analisanda nada modifica, pois o trabalho será prestado a distância, em ambiente exclusivamente virtual;

i) quando se trata de trabalhador já vinculado anteriormente ao empregador, o código português prevê prazo inicial não superior a 3 anos para o regime de teletrabalho (art. 167º), ou o prazo estabelecido em instrumento de regulamentação coletiva de trabalho, permitida a denúncia do contrato nos primeiros 30 dias da prestação laboral[(524)] — ao passo que a CLT não estabelece prazo limite para o exercício do teletrabalho, quer em regime de experiência, quer final;

j) o trabalhador em regime de teletrabalho tem os mesmos direitos e deveres dos demais trabalhadores, nomeadamente no que se refere à formação e promoção ou carreira profissionais, limites do período normal de trabalho e outras condições de trabalho, segurança e saúde no trabalho, além de reparação de danos emergentes de acidente de trabalho ou doença profissional (art. 169º)[(525)] — tais previsões vão bem além do contido na CLT, que não contempla a necessidade de

---

(523) Com a alteração na legislação portuguesa, a partir de janeiro de 2022 o tema deverá ser tratado no art. 166º-A, mantida a sua essência e prevista ampliação até os 8 anos nos seguintes termos: Além das situações referidas no número anterior, o trabalhador com filho com idade até três anos tem direito a exercer a atividade em regime de teletrabalho, quando este seja compativel com a atividade desempenhada e o empregador disponha de recursos e meios para o efeito.
3. O direito previsto no número anterior pode ser estendido até aos 8 anas nas seguintes situações:
a) Nos casos em que ambos os progenitores reúnem condições para o exercício da atividade em regime de teletrabalho, desde que este seja exercido por ambos em períodos sucessivos de igual duração num prazo de referência máxima de 12 meses;
b) Famílias monoparentais ou situações em que apenas um dos progenitores, comprovadamente, reúne condições para o exercício da atividade em regime de teletrabalho;
4. O empregador não pode opor-se ao pedido do trabalhador nos termos dos números anteriores.

(524) O texto aprovado pela Assembleia da República e promulgado pelo Presidente, a ser publicado, prevê a contratação por tempo indeterminado, e quando determinado limitado a 6 meses.

(525) A nova legislação que deverá ser publicada mantém a mesma essência: Artigo 169º Igualdade de direitos e deveres
1. O trabalhador em regime de teletrabalho tem os mesmos direitos e deveres dos demais trabalhadores da empresa com a mesma categoria ou com função idêntica, nomeadamente no que se refere a formação. promoção na carreira, limites da duração do trabalho, períodos de descanso, incluíndo férias pagas, proteção da saúde e segurança no trabalho, reparação de acidentes de trabalho e doenças profissionais, e acesso a informação das estruturas representativas dos trabalhadores.
2. O trabalhador em regime de teletrabalho tem direito, no mínimo, a retribuição equivalente à que auferiria em regime presencial, com a mesma categoria e função idêntica.
3. O trabalhador em regime de teletrabalho tem o direito de participar presencialmente em reuniões que se efetuem nas instalações da empresa mediante convocação das comissões sindicais e intersindicais ou da comissão de trabalhadores, nos termos da lei aplicável.
4. O trabalhador em regime de teletrabalho integra o número de trabalhadores da empresa para todos os efeitos relativos a estruturas de representação coletiva, podendo candidatar-se a essas estruturas.

formação, assim como isenta a obrigatoriedade do controle de jornada (art. 62, III), e não trata de forma expressa a respeito da reparação por acidente de trabalho ou doença profissional em regime de teletrabalho;

k) a isenção de controle de jornada prevista em Portugal não prejudica o direito ao repouso semanal remunerado, feriado ou descanso diário — ao passo que a regulamentação expressa da CLT numa interpretação literal parece excluir o teletrabalhador da aplicação do capítulo II denominado Duração do Trabalho[(526)]

l) o diploma lusitano é manifesto ao tratar da privacidade do trabalhador em regime de teletrabalho, além de contemplar o respeito aos períodos de tempo de descanso e de repouso da família, disciplinando também a visita ao local de trabalho (art. 170º) — situações não previstas na CLT;

m) o Código de Trabalho de Portugal é expresso ao tratar da participação e representação coletiva dos teletrabalhadores, podendo fazer uso das tecnologias de informação e comunicação para reunir-se com a representação dos trabalhadores — situações não expressamente previstas no cenário brasileiro no que se refere ao teletrabalhador;

n) Portugal só admite a coleta de imagens e vigilância a distância para efeitos de garantir a proteção e segurança das pessoas e bens ou quando as particulares exigências inerentes à natureza das atividades o justificarem (art. 20º), devendo-se atentar com o cuidado no que se refere à vídeovigilância, monitoramento das atividades e/ou controle de desempenho profissional não previstas na CLT, mormente quando a distância;

o) por sinal, os arts. 20º e 21º do Código do Trabalho de Portugal tratam dos meios de vigilância a distância e utilização destes, vedando o controle do desempenho profissional do trabalhador — situações caras ao teletrabalho, porém, igualmente não previstas no ordenamento jurídico laboral brasileiro.

7.2.3. Linha de raciocínio

Quanto mais se comparam diferentes legislações, maior fica a percepção quanto à considerável dificuldade de aplicação de duas normas distintas, mormente se adotada a teoria do conglobamento mitigado, ou seja, comparadas as legislações por matéria ou instituto, a fim de aferir a norma mais favorável.

---

5. O trabalhador pode utilizar as tecnologias de informação e de comunicação afetas à prestação de trabalho para participar em reunião promovida no local de trabalho por estrutura de representação coletiva dos trabalhadores.
6. Qualquer estrutura de representação coletiva dos trabalhadores pode utilizar as tecnologias referidas no número anterior para, no exercício da sua atividade, comunicar com o trabalhador em regime de teletrabalho, nomeadamente divulgando informações a que se refere o n. 1 do art. 465º.
7. Constitui contraordenação grave a violação do disposto neste artigo.

(526) Tema abordado no item 5.4. deste livro.

De toda sorte, tanto para a adoção das normas do direito português, quanto em se tratando do uso da norma mais favorável por matéria ou no todo, quer parecer que o comparativo supra apresentado sirva como amparo.

E a linha de raciocínio até aqui traçada pode ser seguida para efeito da análise prática das diferentes situações entre países distintos, quando se trate de teletrabalho transnacional.

Contudo, as questões não param por aí, afinal também se faz cogente verificar quanto à possível necessidade de adaptação dos benefícios contratuais, assim como daqueles disciplinados em norma coletiva.

7.3. Benefícios

É provável que a cesta de benefícios prevista na norma coletiva brasileira não tenha o condão de atender as necessidades do teletrabalhador transnacional, já que voltada a quem labora e reside no Brasil.

O caminho é a adoção de acordo coletivo de trabalho disciplinando o câmbio dos benefícios constantes da cesta por outros que façam mais sentido, considerada a possibilidade de empregados fixarem residência em país diverso do empregador.

Em se tratando da negociação coletiva, por sinal, o ideal é negociar parte dos benefícios a título de indenização por despesas relativas ao teletrabalho — discriminadas item a item — tal como: *x* a título de internet, *y* a título de luz e assim por diante, sempre tomando o cuidado de não criar regra para somente um empregado, pois tal deverá ser estendida a todos os que trabalhem em iguais condições.

No caso, em princípio, a isonomia consistirá em considerar em iguais condições todos os que laboram exclusivamente a distância por meio da telemática, seja em regime de teletrabalho transnacional, seja transregional, para efeito de indenização pelos custos com o teletrabalho.

A priori até se poderia cogitar de oferecer benefícios mais acentuados no teletrabalho transnacional, no entanto, em análise mais apurada essa escolha parece não ser justificada quando parte do trabalhador a mudança de residência para local diverso da contratação.

Não se pode perder de vista que qualquer valor pago diretamente ao trabalhador sem expressa discriminação de seu conteúdo indenizatório tenderá a ser declarada como natureza salarial.

Significa dizer, não é recomendável pagar ao empregado eventual compensação, mas sim disciplinar em instrumento coletivo, em que, de preferência o empregado possa optar por cesta de benefícios, de sorte que ao final, cada quantia tenha uma referência de verba indenizatória que a vincule.

7.4. Seguridade Social

No que tange à seguridade social, é necessário iniciar investigando quais as regras de aplicação quando se trata de trabalhador de outro país no local de destino, na hipótese em Portugal, a fim de posteriormente verificar se tal situação pode ou não ser enquadrada quando em teletrabalho.

Para os Estados-Membros do Espaço Econômico Europeu e a Suiça, tem-se adotado como critérios indicativos o tempo de trabalho em cada Estado-Membro e/ou a remuneração. Nesse sentido, Suzana Fernandes da Costa e Conceição Soares explicam que

> "a regra é da aplicação da Segurança Social do Estado-Membro onde o trabalhador irá prestar trabalho (no caso o da sua residência, por se tratar de teletrabalho) e só será aplicável o regime português da Segurança Social caso uma parte substancial da atividade seja prestada em Portugal."(527)

E complementam, com base em situação hipotética de trabalhador português laborando em outro Estado-Membro, que

> "temos de apurar se o trabalhador vai ou não desempenhar uma parte substancial da sua atividade no estrangeiro. Se for previsível que nos próximos 12 meses, o trabalhador trabalhará remotamente no estrangeiro, será de aplicar a legislação do Estado-Membro do país da residência. Se, por outro lado, for previsível que o trabalhador apenas esteja fora do país um curto espaço de tempo e regresse à prestação habitual do seu trabalho em Portugal, será de aplicar a lei portuguesa."(528)

Tratando-se, no entanto, de países que não compõe a Comunidade Econômica Europeia e a Suíça, a tarefa é verificar se foi celebrado pacto de cooperação. Nesse sentido, Suzana Fernandes da Costa e Conceição Soares explicam o procedimento e indicam a existência de instrumento de ajuste com o Brasil.

---

(527) COSTA, Suzana Fenandes e SOARES, Conceição. Teletrabalho a partir do estrangeiro — algumas questões em torno da fiscalidade, segurança social e legislação laboral. Disponível em: <https://cije.up.pt/client/files/0000000001/5-suzana-costa_1678.pdf>. Acesso em: 23 set. 2021.

(528) COSTA, Suzana Fenandes; SOARES, Conceição. *Teletrabalho a partir do estrangeiro* — algumas questões em torno da fiscalidade, segurança social e legislação laboral. Disponível em: <https://cije.up.pt/client/files/0000000001/5-suzana-costa_1678.pdf>. Acesso em: 23 set. 2021.

No caso de se tratar de países fora do Espaço Económico Europeu e da Suíça, tem de ser feita uma análise casuística, pois é necessário verificar se Portugal celebrou com esses países alguma Convenção ou Acordo ao nível da coordenação e mobilidade internacional. Neste momento, Portugal tem Convenção ou Acordo com Andorra, Argentina, Austrália, Brasil ..."[529]

Pois bem, Brasil e Portugal celebraram Acordo de Segurança Social com vistas a contribuir para melhorar a situação dos nacionais dos dois países no domínio social. Tal acordo entrou em vigor em 16 de abril de 1995, substituindo ao anterior Acordo de Previdência Social de 1969.[530]

O acordo abrange tanto nacionais portugueses, quanto brasileiros, podendo alcançar outros nacionais que tenham contribuído para a segurança social em um dos países.

Segundo se extrai das Informações sobre o Acordo de Segurança Social entre Portugal e Brasil, a igualdade é um dos princípios fundamentais, de sorte que as pessoas a quem se aplicam o acordo têm os mesmos direitos e obrigações que os nacionais do Estado em cujo território se encontram.

A legislação aplicável, em geral, é a do país do lugar de trabalho, assim como a carência de um Estado para atribuição de determinado benefício poderá levar em conta as contribuições realizadas no outro Estado.

Dentre os benefícios da segurança social portuguesa, encontram-se assistência médica, pensão por invalidez, velhice ou morte, acidente de trabalho e doença profissional.

O Consulado Geral de Portugal em São Paulo informa que em caso de acidente de trabalho poderão ser concedidas prestações a cargo da Companhia de Seguros, para a qual a entidade patronal é obrigada por lei a transferir a sua responsabilidade.[531]

Na mesma esteira, informa o Consulado que havendo incapacidade, temporária ou permanente, ou mesmo morte, atribuível a doença relacionada na lista

---

(529) COSTA, Suzana Fenandes; SOARES, Conceição. *Teletrabalho a partir do estrangeiro* — algumas questões em torno da fiscalidade, segurança social e legislação laboral. Disponível em: <https://cije.up.pt/client/files/0000000001/5-suzana-costa_1678.pdf>. Acesso em: 23 set. 2021.

(530) Disponível em: Informações sobre o acordo de Segurança Social entre Portugal e Brasil | Consulado Geral de Portugal em São Paulo (<consuladoportugalsp.org.br>) Acesso em: 27 ago. 2021.

(531) *Acidente de trabalho:*
Em caso de ocorrência de acidente de trabalho que provoque incapacidade, temporária ou permanente, ou que provoque a morte, poderão ser concedidas prestações a cargo da Companhia de Seguros para a qual a entidade patronal é obrigada por lei a transferir a sua responsabilidade. As prestações na forma de pensões serão fixadas pelo Tribunal do Trabalho competente. Disponível em: Informações sobre o acordo de Segurança Social entre Portugal e Brasil | Consulado Geral de Portugal em São Paulo (<consuladoportugalsp.org.br>) Acesso em: 27 ago. 2021.

de doenças profissionais, poderão ser concedidas prestações pelo Centro Nacional de Protecção contra os Riscos Ocupacionais.(532)

A questão é: como o teletrabalhador gozaria do benefício em caso de acidente em Portugal, quando a vinculação permanece com o empregador no Brasil, na medida em que o trabalho está na "nuvem", entregue no Brasil, e não em Portugal? Como gozar da prestação a cargo da Companhia de Seguros, se o empregador não levou a efeito qualquer recolhimento em Portugal?

Quer parecer que o Acordo de Segurança Social a tanto serviria, adotando-se a seguinte sistemática(533): em Portugal será requerido benefício exclusivo brasileiro, mediante preenchimento do formulário BR/PT 09 e apresentação ao Centro de Pensões de Portugal, realizando-se perícia em Portugal.(534)

A partir daí, a autoridade de seguridade social lusitana preencherá Formulário de Solicitação das Prestações de Benefício, BR/PT 07 — Acordo de Previdência Social entre a República Federativa do Brasil e a República Portuguesa e encaminhará toda essa documentação à agência do INSS centralizada em São Paulo.

Ato seguinte, a perícia médica no Brasil fará a verificação de conformidade dos dados, se cumpridos os requisitos de concessão do benefício, segundo a legislação brasileira. Se concedido, o benefício será recebido em Portugal.

Portanto, eventual afastamento do trabalhador seria realizado pela autarquia previdenciária brasileira (INSS), tal como qualquer empregado que atua fisicamente no Brasil, com grande diferença, entretanto, na forma de realização da perícia.

Pensando numa hipótese de ausência de acordo de seguridade social — apenas para reflexão — como alternativa, em regime de exceção, a fim de evitar o deslocamento, quer parecer possível pleitear a perícia indireta, que seria realizada mediante a remessa da documentação necessária e exames para o INSS no Brasil.

Para tanto, como precedente se poderia valer da Lei n. 14.131, de 30.03.2021, que em razão da pandemia da Covid-19 autorizou o INSS a conceder o benefício de auxílio por incapacidade temporária (auxílio-doença) até 31 de dezembro de 2021, mediante apresentação de atestado médico e de documentos complementares pela internet, sem necessidade de perícia médica presencial, conforme requisitos

(532) *Doença profissional:*
Em caso de incapacidade, temporária ou permanente, ou de morte, atribuível a doença que figure na lista de doenças profissionais, poderão ser concedidas prestações a cargo do Centro Nacional de Protecção contra os Riscos Profissionais. Disponível em: Informações sobre o acordo de Segurança Social entre Portugal e Brasil | Consulado Geral de Portugal em São Paulo (<consuladoportugalsp.org.br>) Acesso em: 27 ago. 2021.

(533) Informações obtidas em entrevista ao autor concedida por Manoela Lebarbenchon Massignan, na data de 02.12.2021.

(534) Formulários disponíveis em: https://www.gov.br/trabalho-e-previdencia/pt-br/assuntos/acordos-internacionais/formularios/formularios-brasil-portugal. Acesso em: 05.dez.2021.

estabelecidos em ato conjunto da então Secretaria Especial da Previdência e Trabalho do Ministério da Economia e do INSS.(535)

É bem verdade que a Portaria Conjunta 32 da Secretaria Especial de Previdência e Trabalho e do INSS, de 31.03.2021, prevê na forma de seu art. 2º, a concessão do benefício sem necessidade de perícia presencial nas seguintes situações:

> impossibilidade de abertura das agências devido à adoção de medidas de isolamento, quarentena ou restrição à circulação de pessoas determinada em ato dos Estados, do Distrito Federal ou dos Municípios, ou em decisão judicial, ou outra razão que impeça o regular funcionamento dos serviços da Perícia Médica Federal;
>
> redução da força de trabalho dos servidores da Perícia Médica Federal disponível para atendimento presencial acima de 20% da capacidade operacional da unidade;
>
> agendamento para atendimento presencial pelo serviço da Perícia Médica Federal com tempo de espera superior a 60 dias.(536)

Todavia, a perícia indireta não tem previsão fora do cenário pandêmico, e ainda conta com o óbice dos peritos médicos. Com efeito, a Associação Nacional dos Peritos Médicos Federais (ANMP) se posicionou contra a decisão do INSS de realização das teleperícias para enfrentamento da Covid-19, ainda em 16 de novembro de 2020.(537)

---

(535) Art. 6º *Fica o Instituto Nacional do Seguro Social (INSS) autorizado, até 31 de dezembro de 2021, a conceder o benefício de auxílio por incapacidade temporária de que trata o art. 59 da Lei n. 8.213, de 24 de julho de 1991, mediante apresentação pelo requerente de atestado médico e de documentos complementares que comprovem a doença informada no atestado como causa da incapacidade.*
§ 1º Os requisitos para a apresentação e a forma de análise do atestado médico e dos documentos complementares referidos no **caput** *deste artigo serão estabelecidos em ato conjunto da Secretaria Especial de Previdência e Trabalho do Ministério da Economia e do INSS.*
§ 2º O procedimento estabelecido no **caput** *deste artigo será adotado em caráter excepcional e a duração do benefício por incapacidade temporária dele resultante não terá duração superior a 90 (noventa) dias.*
§ 3º O INSS cientificará o requerente, no momento do requerimento, de que o benefício concedido com base neste artigo não está sujeito a pedido de prorrogação e de que eventual necessidade de acréscimo ao período inicialmente concedido, ainda que inferior a 90 (noventa) dias, estará sujeita a novo requerimento. Disponível em: <https://www.in.gov.br/en/web/dou/-/lei-n-14.131-de-30-de-marco-de-2021-311647165>. Acesso em: 22 set. 2021.

(536) Disponível em: <https://www.in.gov.br/en/web/dou/-/portaria-conjunta-seprt/me/inss-n-32-de-31-de-marco-de-2021-311666440>. Acesso em: 22 set. 2021.

(537) *"Não existe calamidade no âmbito da perícia médica federal e a prova disso é que as agendas de atendimento dos peritos médicos federais de todo o país estão frequentemente vazias ou incompletas", diz a nota. A ANMP explicou ainda que Conselho Federal de Medicina (CFM) "possui inúmeros atos que proíbem peremptoriamente a utilização de recursos tecnológicos na perícia médica". A Secretaria Especial de Previdência e Trabalho respondeu que "está preparada para dar início às Perícias Médicas com Uso da Telemedicina (PMUT)..."* Disponível em: <https://fdr.com.br/2020/11/17/telepericia-do-inss-como-posso-participar-do-exame-por-video-chamada/>. Acesso em: 22 set. 2021.

Portanto, enquanto a questão não for regulamentada, quando se tratar de teletrabalho transnacional, e na ausência de acordo de seguridade social, o requerimento dirigido ao INSS tende a não ser acatado, podendo gerar discussão administrativa, quando não judicial provocada pelo interessado.

Oportuno, pois, o Projeto de Lei n. 1.998/2020, de autoria da deputada Adriana Ventura e outros, que autoriza e regulamenta a prática da telemedicina, conceituando, em seu art. 4º, como tal *dentre outros, a transmissão segura de dados e informações médicas, por meio de texto, som, imagens ou outras formas necessárias para a prevenção, diagnóstico, tratamento, incluindo prescrição medicamentosa, e acompanhamento de pacientes"*(538), cabendo ao órgão competente "*regulamentar os procedimentos mínimos a serem observados para a prescrição medicamentosa no âmbito da telemedicina.*" (539)

O art. 5º elenca as atividades que podem ser enquadradas como telemedicina, em *numerus apertus.*(540) Consta expressamente do inciso I o uso das tecnologias da informação e comunicação, ou seja telemática, portanto, os mesmos artifícios dos quais se vale o teletrabalho.

Aproveita-se a oportunidade para sugerir a inclusão de nova alínea prevendo expressamente a realização de exames admissionais, ocupacionais e demissionais a distância, quando se trata do teletrabalho transnacional, sem prejuízo de inserir

---

(538) Disponível em: <https://www.camara.leg.br/proposicoesWeb/prop_mostrarintegra;jsessionid=-node01jqvgwj689oz1g10059c8amoe2968921.node0?codteor=1883996&filename=PL+1998/2020>. Acesso em: 22 set. 2021.

(539) Disponível em: <https://www.camara.leg.br/proposicoesWeb/prop_mostrarintegra;jsessionid=-node01jqvgwj689oz1g10059c8amoe2968921.node0?codteor=1883996&filename=PL+1998/2020>. Acesso em: 22 set. 2021.

(540) *Art. 5º Poderão ser considerados atendimentos por telemedicina, dentre outros: I — a prestação de serviços médicos, por meio da utilização das tecnologias da informação e comunicação, em situações em que os profissionais da saúde ou pacientes não estão no mesmo local; II — a consulta médica remota mediada por tecnologia com médico e paciente localizados em diferentes espaços geográficos; III — a troca de informações e opiniões entre médicos, com ou sem a presença do paciente, para auxílio diagnóstico ou terapêutico, clínico ou cirúrgico; IV — o ato médico a distância, geográfica ou temporal, com a transmissão de gráficos, imagens e dados para emissão de laudo ou parecer; V — a realização de procedimento cirúrgico remoto, mediado por tecnologias interativas seguras, com médico executor e equipamento robótico em espaços físicos distintos; VI — a triagem com avaliação dos sintomas, a distância, para definição e referenciamento do paciente ao tipo adequado de assistência que necessita ou a um especialista; VII — o monitoramento para vigilância a distância de parâmetros de saúde e doença, por meio de aquisição direta de imagens, sinais e dados de equipamentos ou dispositivos agregados ou implantáveis nos pacientes em regime de internação clínica ou domiciliar, em comunidade terapêutica, em instituição de longa permanência de idosos ou no translado de paciente até sua chegada ao estabelecimento de saúde; VIII — a orientação realizada por um médico para preenchimento a distância de declaração de saúde e para contratação ou adesão a plano privado de assistência à saúde; IX — a consultoria mediada por tecnologias entre médicos e gestores, profissionais e trabalhadores da área da saúde, com a finalidade de esclarecer dúvidas sobre procedimentos, ações de saúde e questões relativas ao processo de trabalho.*

igual previsão na CLT no capítulo relativo ao teletrabalho, e na própria Lei n. 8.213/1991, Capítulo II, a partir do art.21-A quando trata de perícia médica.

Visando mitigar os riscos no ambiente de trabalho, observados os princípios constitucionais da prevenção/precaução, mostra-se salutar efetivamente capacitar e conscientizar o empregado para laborar em observância às normas regulamentadoras, com especial atenção às questões de ergonomia, trabalho repetitivo, doenças da visão e excesso de horas de trabalho, assim como em atenção às demais regras de saúde e segurança a serem instituídas pelo empregador no âmbito de uma Política de Teletrabalho, que dentre as suas disposições contemple Política de Prevenção à Saúde e Segurança em Teletrabalho.

Igualmente deve ser elaborado documento pelo qual o empregado declara ter sido treinado, orientado e que está amplamente capacitado para o exercício do teletrabalho, tendo plena ciência de todas as regras relativas à saúde e medicina do trabalho a fim de evitar doenças e/ou acidentes, anexando-se, por evidente a documentação comprobatória de todas as medidas adotadas.

7.5. Convenção para evitar bitributação

Em regra, quando do teletrabalho transnacional, não se pode desprezar o risco de o trabalhador ter seus rendimentos advindos de um país tributados quando da remessa de recursos ao outro.

Necessário, pois, na hipótese analisanda, investigar como Portugal trata da matéria, e se há convenção para evitar bitributação.

Nessa esteira, com base nos ensinamentos de Suzana Fernandes da Costa e Conceição Soares, observa-se que a Convenção Modelo OCDE (CMOCDE), nos termos do art. 15º assim disciplina:

> "Com ressalva do disposto nos arts. 16º, 18º e 19º, os salários, ordenados e remunerações similares obtidos de um emprego por um residente de um Estado contratante só podem ser tributados nesse Estado, a não ser que o emprego seja exercido no outro Estado contratante. Se o emprego for aí exercido, as remunerações correspondentes podem ser tributadas nesse outro Estado".(541)

Tal regra tem por objetivo impedir a bitributação, de sorte que,

> "temos assim, como regra, a tributação no estado da residência do rendimento mundial do trabalhador. Quanto à exceção referida na parte final do artigo, ela sofre limitações (devolvendo o direito a tributar ao

(541) COSTA, Suzana Fenandes; SOARES, Conceição. *Teletrabalho a partir do estrangeiro* — algumas questões em torno da fiscalidade, segurança social e legislação laboral. Disponível em: <https://cije.up.pt/client/files/0000000001/5-suzana-costa_1678.pdf>. Acesso em: 23 set. 2021.

estado de residência) quando o beneficiário permanece no Estado onde não reside durante períodos que não excedam, no total, 183 dias (al. a); quando as remunerações forem pagas por uma entidade patronal ou em nome de uma entidade patronal que não seja residente do outro Estado (al. b) — estado da fonte — ou quando as remunerações não forem suportadas por um estabelecimento estável ou por uma instalação fixa que a entidade patronal tenha no referido Estado da fonte (al. a c).(542)

Deve-se, contudo, analisar se há convenção de dupla tributação entre Portugal e o Brasil, pois na ausência aplica-se o Código do Imposto sobre o Rendimento das Pessoas Singulares no âmbito do teletrabalho. Nesse sentido:

> "Como decorre do princípio do primado do direito internacional convencional, o conteúdo das convenções de dupla tributação prevalece sobre o conceito do CIRS (Código do Imposto sobre o Rendimento das Pessoas Singulares) — regra que o Supremo Tribunal Administrativo voltou a reforçar muito recentemente, no Processo n. 3/2020 de 2020-10-069. Não havendo convenção de dupla tributação entre Portugal e o país a partir do qual está a ser realizado o teletrabalho, aplicar-se-á o CIRS."(543)

Investigando as relações entre Brasil e Portugal, no particular, percebe-se a existência do Decreto n. 4.012, de 13 de novembro de 2001, que

> promulga a Convenção entre a República Federativa do Brasil e a República Portuguesa Destinada a Evitar a Dupla Tributação e a Prevenir a Evasão Fiscal em Matéria de Impostos sobre o Rendimento, celebrada em Brasília, em 16 de maio de 2000.(544)

Há, pois, regra a evitar a dupla tributação que se aplica às pessoas residentes no Brasil, em Portugal ou em ambos(545), no que se refere ao Imposto Federal sobre a Renda no caso do Brasil, e ao Imposto sobre o Rendimento de Pessoas Singulares (IRS), Imposto sobre o Rendimento de Pessoas Coletivas (IRC) e a derrama, no caso de Portugal, assim como impostos de natureza idêntica ou similar que entrem posteriormente à Convenção em vigor e acresçam ou substituam os impostos mencionados.(546)

---

(542) COSTA, Suzana Fenandes; SOARES, Conceição. *Teletrabalho a partir do estrangeiro* — algumas questões em torno da fiscalidade, segurança social e legislação laboral. Disponível em: <https://cije.up.pt/client/files/0000000001/5-suzana-costa_1678.pdf>. Acesso em: 23 set. 2021.

(543) COSTA, Suzana Fenandes; SOARES, Conceição. *Teletrabalho a partir do estrangeiro* — algumas questões em torno da fiscalidade, segurança social e legislação laboral. Disponível em: <https://cije.up.pt/client/files/0000000001/5-suzana-costa_1678.pdf>. Acesso em: 23 set. 2021.

(544) Disponível em: <http://www.planalto.gov.br/ccivil_03/decreto/2001/D4012.htm>. Acesso em: 23 set. 2021.

(545) Art. 1º *Pessoas Visadas*
Esta Convenção aplica-se às pessoas residentes de um ou de ambos os Estados Contratantes

(546) Art. 2º *Impostos Visados*
1.Os impostos atuais aos quais se aplica esta Convenção são:
a) no caso do Brasil:
- o Imposto Federal sobre a Renda, (doravante denominado "imposto brasileiro");

E o art. 15º da Convenção trata das profissões dependentes, prescrevendo que os salários, ordenados e outras remunerações similares obtidas de um emprego por residente de um Estado Contratante só podem ser tributados nesse Estado, a não ser que o emprego seja exercido no outro Estado Contratante[(547)], com as ressalvas das remunerações de membro da direção, do conselho de administração, do conselho fiscal ou de qualquer outro órgão similar, assim como pensões[(548)] e remunerações públicas.[(549)]

---

b) no caso de Portugal:
- o Imposto sobre o Rendimento das Pessoas Singulares (IRS);
- o Imposto sobre o Rendimento das Pessoas Coletivas (IRC);
- a derrama; (doravante denominados "imposto português").
2. A presente Convenção será também aplicável aos impostos de natureza idêntica ou similar que entrem em vigor posteriormente à data da assinatura da Convenção e que venham a acrescer aos atuais ou a substituí-los.
As autoridades competentes dos Estados Contratantes comunicarão uma à outra as modificações substanciais introduzidas nas respectivas legislações fiscais.

(547) Art. 15º *Profissões Dependentes*
1. Com ressalva do disposto nos Arts. 16º, 18º e 19º, os salários, ordenados e outras remunerações similares obtidos de um emprego por um residente de um Estado Contratante só podem ser tributados nesse Estado, a não ser que o emprego seja exercido no outro Estado Contratante. Se o emprego for aí exercido, as remunerações correspondentes podem ser tributadas nesse outro Estado.
2. Não obstante o disposto no n. 1, as remunerações obtidas por um residente de um Estado Contratante de um emprego exercido no outro Estado Contratante só podem ser tributadas no Estado primeiramente mencionado se:
a) o beneficiário permanecer no outro Estado durante um período ou períodos que não excedam, no total, 183 dias em qualquer período de doze meses com início ou termo no ano fiscal em causa;
b) as remunerações forem pagas por uma entidade patronal ou em nome de uma entidade patronal que não seja residente do outro Estado; e
c) as remunerações não forem suportadas por um estabelecimento estável que a entidade patronal tenha no outro Estado.
3. Não obstante as disposições anteriores deste Artigo, as remunerações de um emprego exercido a bordo de um navio ou de uma aeronave explorados no tráfego internacional, podem ser tributadas no Estado Contratante em que estiver situado o local de direção efetiva da empresa.

(548) Art. 18º *Pensões*
1. Com ressalva do disposto no n. 2 do Art. 19, as pensões e remunerações similares pagas a um residente de um Estado Contratante em conseqüência de um emprego anterior só podem ser tributadas nesse Estado.
2. Não obstante o disposto no n. 1 deste Artigo, as pensões e remunerações similares pagas nos termos da legislação relativa à segurança ou seguridade social de um Estado Contratante ou de uma das suas subdivisões políticas só podem ser tributadas nesse Estado.

(549) Art. 19º *Remunerações Públicas*
1. As remunerações pagas por um Estado Contratante ou por uma das suas subdivisões políticas ou autarquias locais, quer diretamente, quer através de fundos por eles constituídos, a uma pessoa singular ou física, em conseqüência de serviços prestados a esse Estado ou a essa subdivisão ou autarquia, no exercício de funções públicas, podem ser tributadas nesse Estado.
2. Não obstante o disposto no n. 1, as remunerações, incluindo as pensões, pagas por um Estado Contratante ou por uma das suas subdivisões políticas ou autarquias locais, quer diretamente, quer através de fundos por eles constituídos, a uma pessoa singular ou física que tenha a nacionalidade desse Estado, em conseqüência de serviços prestados a esse Estado ou a essa subdivisão ou autarquia, no exercício de funções públicas, só podem ser tributadas nesse Estado.

Já o art. 23º comanda a dedução de impostos em valor equivalente ao pago sob o mesmo título no outro Estado, a fim de evitar a bitributação nas relações entre Brasil e Portugal.

> Quando um residente de um Estado Contratante obtiver rendimentos que, de acordo com o disposto nesta Convenção, possam ser tributados no outro Estado Contratante, o primeiro Estado mencionado deduzirá do imposto sobre os rendimentos desse residente uma importância igual ao imposto sobre o rendimento pago nesse outro Estado.(550)

Observa-se, todavia, que o imposto sobre a renda em Portugal inicia em 14,5% e chega em 48% a depender do salário(551), de sorte que há potencial de que o teletrabalhador com salários elevados tenha de pagar minimamente a diferença de tributação sobre a renda, se comparada com o Brasil.

Destarte, é importante fazer constar de aditivo contratual que o empregador não possui qualquer responsabilidade quanto à eventual tributação que possa o empregado sofrer em Portugal, haja vista a escolha própria deste em fixar residência em país diverso da contratação e da entrega das atividades, onde originalmente são levados a efeito todos os recolhimentos previdenciários e fiscais.

7.6. Cenário legislativo

E nas casas legislativas, existem projetos de lei que possam diminuir o espectro da insegurança jurídica?

Passa-se a abordar o cenário legislativo de Brasil e Portugal, no que tange ao teletrabalho, nomeadamente no que tange ao teletrabalho transnacional.

7.6.1. Brasil

No Brasil tramitam ao menos 25 (vinte e cinco) projetos de lei que tratam do teletrabalho, dentre os quais, três abordam o teletrabalho transnacional.(552)

O primeiro dos que trata do teletrabalho transnacional é o Projeto de Lei n. 4.505/2008 — de autoria do Deputado Luiz Paulo Vellozo Lucas — que por meio do seu art. 9º procura regulamentar o teletrabalho transnacional, mediante aplicação

---

3. O disposto nos Arts. 15º e 18º aplica-se às remunerações e pensões pagas em conseqüência de serviços prestados em relação com uma atividade comercial ou industrial exercida por um dos Estados Contratantes ou por uma das suas subdivisões políticas ou autarquias locais.

(550) Disponível em: DOU Seção I — 14.11.2001 Atos do poder Executivo | Consulado Geral de Portugal em São Paulo (<consuladoportugalsp.org.br>). Acesso em: 27 ago. 2021.

(551) Disponível em: <https://www.remessaonline.com.br/blog/imposto-de-renda-em-portugal/>. Acesso em: 26 set. 2021.

(552) Projetos de Lei ns. 4.793/2012, 4.505/2008, 4.653/2016, 8.501/2017, 5.772/2019 sendo em 2020 os seguintes Projetos de Lei ns. 561, 655, 1247, 1420, 2058, 2217, 2251, 3312, 3325, 3869, 3907, 3915, 4816, 4831, 4931, 5003, 10283,

da lei do local da prestação do serviço. A dúvida a ser esclarecida é: qual deve ser considerado o local da prestação do serviço se o trabalho está no ambiente virtual, prestado a distância, por meio da telemática?

Em outubro de 2020, o deputado Pedro Paulo propôs o Projeto de Lei n. 4.931/2020, que possui caráter bem mais amplo, possivelmente até mesmo dada a experiência da Covid-19.

Primeiro conceitua teletrabalho transnacional, por meio da inserção do art. 75-I na CLT, nos seguintes termos:

> "transnacional o teletrabalho quando o empregado estiver em país diverso do qual se localiza o estabelecimento da empresa ao qual esteja vinculado."[553]

Depois insere também o § 1º no art. 75-I, a fim de expressamente dispor que a Lei n. 7.064/1982 não se aplica ao regime de teletrabalho transnacional, salvo na hipótese de transferência por interesse da empresa, reconhecendo assim que a expatriação não merece a mesma regra do trabalhador que por conta própria altera sua residência para laborar exclusivamente em ambiente virtual.

Em seguida, deixa indene de dúvidas que deve ser aplicada a lei do local do estabelecimento da empresa ao qual o empregado está vinculado, nos termos do § 2º do art. 75-I:

> "no caso de teletrabalho transnacional, aplicar-se-ão as leis do local da prestação de serviços, assim entendido como o sendo o local do estabelecimento da empresa ao qual o empregado se encontrar vinculado."[554]

E ainda mediante inserção no mesmo artigo trata expressamente das hipóteses de mudança de país por iniciativa do empregado[555] e de contratação de trabalhador estrangeiro para fins de teletrabalho transnacional, atribuindo respectivamente responsabilidades ao empregado (§ 3º) e ao empregador (§ 4º).

Já a inserção do § 4º ao proposto art. 75-I prevê outorgar às partes a possibilidade de pactuarem a substituição de benefícios por outros equivalentes ou por ajuda de custo indenizatória, na impossibilidade material de fruição de benefícios normativos e contratuais.

Quanto ao foro para reclamação, o PL n. 4.931/2020 pretende a inserção do § 4º ao art. 651 da CLT, de sorte a assegurar ao empregado o ajuizamento da

---

(553) Disponível em: <https://www.camara.leg.br/proposicoesWeb/prop_mostrarintegra?codteor=1936282>. Acesso em: 26 set. 2021.

(554) Disponível em: <https://www.camara.leg.br/proposicoesWeb/prop_mostrarintegra?codteor=1936282>. Acesso em: 26 set. 2021.

(555) *§ 4º Na hipótese de alteração do local de trabalho que resulte na impossibilidade material de fruição de benefícios normativos e contratuais, as partes poderão pactuar a substituição destes benefícios por outros equivalentes ou por ajuda de custo de natureza indenizatória, enquanto perdurar a impossibilidade.*

ação no foro do estabelecimento da empresa a que o empregado foi vinculado ou sua residência — ambos no Brasil — em caso de empregado que por vontade própria passa a residir no exterior, mantendo o vínculo de emprego em regime de teletrabalho.

E também inclui o § 5º ao art. 651 da CLT, a fim de assegurar ao empregado em caso de teletrabalho transnacional, o ajuizamento da ação no foro do estabelecimento a que foi vinculado no Brasil.

O Projeto de Lei n. 5.581/2020, a seu turno dispõe que, salvo disposição contratual diversa, expressa acerca da inaplicabilidade da Lei n. 7.064/1982 para o teletrabalho transnacional quando o empregado for contratado por empregador constituído, sediado e administrado sob as leis brasileiras, aplicando-se a legislação brasileira, e não sendo devido adicional de transferência em caso de mudança para o exterior ou vice-versa, o que fez nos seguintes termos:

> "Art. 75-A.... Parágrafo único. Salvo se ajustado diversamente entre as partes, ao empregado em regime de teletrabalho integral no Exterior, contratado por empregador constituído, sediado e administrado sob as leis brasileiras, aplica-se a legislação nacional, sem incidência da Lei n. 7.064/82 ou outras leis que a substituam ou alterem, não sendo devido adicional de transferência em caso mudança do Brasil para Exterior ou vice-versa, quando tal mudança for acordada entre as partes."[556]

7.6.2. Portugal

Apurou-se que há dez Projetos de Lei[557] tratando do teletrabalho em Portugal, quanto a aspectos diversos, tais como: instituição do regime de teletrabalho por iniciativa de qualquer das partes, por acordo; previsão de celebração por tempo indeterminado ou a termo; conceito de teletrabalho a tempo completo, parcial e intermitente; regime de trabalho flexível; fixação de horário de trabalho; período de reversibilidade; direito ao teletrabalho para quem tenha a seu cargo filho ou outro dependente menor de doze anos ou, independente da idade, com deficiência ou doença crônica; reforço à privacidade e proteção de dados pessoais; e alargamento do conceito de local de trabalho quando este ocorre em domicílio a fim de ampliar o regime de reparação de acidente de trabalho; doenças profissionais; indenização das despesas e doenças profissionais. [558]

Em especial, o que se observa de recorrência nos projetos de lei diz respeito à indenização das despesas arcadas pelo trabalhador, assim como o direito à des-

---

(556) Disponível em: <https://www.camara.leg.br/proposicoesWeb/prop_mostrarintegra?codteor=1953710&filename=PL+5581/2020>. Acesso em: 14 nov. 2021.

(557) Projetos de Lei ns. 745/XIV/2ª; 765/XIV/2ª; 791/XIV/2ª; 806/XIV/2ª; 808/XIV/2ª; 811/XIV/2ª; 812/XIV/2ª; 535/XIV/2ª; 790/XIV/2ª e 797/XIV/2ª. Disponível em: <https://www.parlamento.pt/Paginas/2021/maio/regime-teletrabalho-debate.aspx>. Acesso em: 23 set. 2021.

(558) Disponível em: <https://www.parlamento.pt/Paginas/2021/maio/regime-teletrabalho-debate.aspx>. Acesso em: 23 set. 2021.

conexão, que constam, por sinal, das pautas de partidos diversos, dentre os quais verde, comunistas, bloquistas, socialistas e sociais-democratas, cada qual com a sua proposta de regulamentação e/ou alteração.

Tais temas, por sinal, foram recentemente objeto de decreto da Assembleia da República no mês de novembro de 2021, e promulgado pelo Presidente da República de Portugal, embora ainda não publicado, devendo entrar em vigor no mês de janeiro de 2022.

Outrossim, constata-se em princípio que em nenhum dos projetos de lei tramitando em Portugal há menção ao teletrabalho transnacional.

7.7. Considerações

Inexiste regra legal a determinar de modo indene de dúvidas o critério para adoção da legislação a ser aplicada em se tratando do teletrabalho transnacional.

A conjetura lançada envolvendo trabalhador brasileiro em Portugal teve por escopo demonstrar as dificuldades prático-jurídicas e desafios que envolvem o teletrabalho transnacional, procurando traçar alguns caminhos possíveis.

O critério da norma mais favorável tradicionalmente aplicado ao direito do trabalho é o que oferece menor risco de passivo trabalhista, se adotado. Todavia, não parece ser a melhor solução diante da dificuldade de aplicação nas situações práticas diuturnas, tal como na conjetura lançada.

O elemento de conexão mais próximo parece ser o do local em que se dá a subordinação do empregado para com o tomador dos serviços, ou seja, o centro da subordinação, onde a atividade é efetivamente entregue, quando assim o é por meio da telemática, em regime de teletrabalho transnacional.

Quanto aos benefícios previstos em norma coletiva de trabalho ou mesmo anteriormente instituídos a critério do empregador, o caminho é a adoção de acordo coletivo de trabalho disciplinando o câmbio dos benefícios constantes da cesta por outros que façam mais sentido, considerada a possibilidade de empregados fixarem residência em país diverso do empregador.

São algumas reflexões colocadas para apreciação, a fim de que possa ser percorrido o caminho desses novos desafios impostos pelo teletrabalho transnacional com menos solavancos, almejando a construção de um direito mais harmônico, solidário, justo e que ofereça segurança jurídica, o que s.m.j. não será tarefa plenamente possível enquanto não houver uma convenção da Organização Internacional do Trabalho a tutelar o teletrabalho transnacional, com a ratificação maciça dos Estados-Membros.

8. TELETRABALHO E REPRESENTAÇÃO DE TRABALHADORES

Historicamente o movimento de representação sindical não enxergava o teletrabalho com bons olhos. Isso porque pensavam os sindicatos não conseguirem a mesma aproximação que o ambiente das fábricas permitia com os trabalhadores, entendendo que haveria uma precarização do movimento sindical. Todavia, começaram a perceber que é possível organizar os trabalhadores com ainda mais eficácia em ambiente virtual.

Muito antes da pandemia da Covid-19, no ano de 2007, já houve uma greve em ambiente virtual, por meio de uma plataforma chamada Second Life, dentro da IBM italiana.[(559)]

O Brasil bem conheceu a força das redes sociais em meio aos protestos populares de 2015, e tantos outros que se sucederam, assim como o cenário de confinamento demonstrou o alcance ainda maior que as redes podem propiciar.

8.1. Direito à efetiva representação

A Recomendação n. 184 da **OIT**, parte V, número 11 trata da preservação do direito de sindicalização e do direito à negociação coletiva em regime de trabalho em domicílio, podendo ser aplicada de modo mais amplo para o regime geral de teletrabalho.

A mesma Recomendação, em seu item 12, representa fomento à negociação coletiva para efeito de fixar condições de trabalho e emprego para os trabalhadores em domicílio, o que faz nos seguintes termos:

> Deberían adoptarse medidas destinadas a fomentar la negociación colectiva como medio para fijar las condiciones de empleo y de trabajo de los trabajadores a domicilio.

Consoante já exposto, trabalho em domicílio não é necessariamente teletrabalho, atrelando-se muito mais ao trabalho manufatureiro prestado durante as primeiras revoluções industriais a partir de casa.

---

(559) Diponível em: <https://www.esquerda.net/content/trabalhadores-da-ibm-it%C3%A1lia-levam-greve-ao-mundo-virtual>. Acesso em: 20 nov. 2021.

Nem por isso, contudo, o item 12 da Recomendação n. 184, deve passar desapercebido, a um porque pode ser utilizado de modo analógico; a dois porque o conteúdo da Recomendação n. 184 é mais amplo, tendo por escopo o fomento à negociação coletiva em sentido lato.

Portanto, ainda que a Recomendação n. 184 não seja vinculativa, serve no campo orientativo a fim de empregar valor ao campo das negociações coletivas, fomentando-as a fim de fixar condições de trabalho e emprego.

O **Acordo Quadro Europeu sobre Teletrabalho**, em seu item 11, contempla a igualdade dos direitos coletivos, disciplinando que os teletrabalhadores não podem sofrer obstáculos na comunicação com os seus representantes, devendo gozar das mesmas condições para participar e concorrer às eleições de representação dos trabalhadores, fixando-se a sede do empregador à qual estarão vinculados, devendo ainda ser levada a efeito consulta aos representantes dos trabalhadores sobre a introdução do teletrabalho, de acordo com a regulação europeia e nacional, assim como acordos coletivos e usos e costumes.[560]

Na legislação estrangeira, diversos países tutelam expressamente o direito dos teletrabalhadores ao exercício sindical, seja na constituição de sindicato, seja no que tange ao direito de associação, do que são meros exemplos Colômbia, Portugal e Espanha.

Com efeito, em **Colômbia**, a Lei n. 1.221, de 2008, em seu item 6, alínea "a" expressamente consigna: *El derecho de los teletrabajadores a constituir o a afiliarse a las organizaciones que escojan y a participar en sus atividades.*[561]

O direito **espanhol** garante que os trabalhadores a distância poderão exercer os direitos de representação coletiva, devendo estar relacionados a um local de trabalho da empresa, consoante previsão do art. 13 (5) do Real Decreto-ley n. 3/2012.[562]

---

(560) TELEWORKERS have the same collective rights as workers at the employers premises. No obstacles are put to communicating with workers representatives.
The same conditions for participating in and standing for elections to bodies representing workers or providing worker representation apply to them. Disponível em: https://www.etuc.org/en/framework-agreement-telework. Acesso em: 05.dez.2021.
Teleworkers are included in calculations for determining thresholds for bodies with worker representation in accordance with European and national law, collective agreements or practices. The establishment to which the teleworker will be attached for the purpose of exercising his/her collective rights is specified from the outset.
Worker representatives are informed and consulted on the introduction of telework in accordance with European and national legislations, collective agree- ments and practices.

(561) COLOMBIA Disponível em: <https://www.mintic.gov.co/portal/604/articles-3703_documento.pdf>. Acesso em: 10 nov. 2017.

(562) *5. Los trabajadores a distancia podrán ejercer los derechos de representación colectiva conforme a lo previsto en la presente Ley. A estos efectos dichos trabajadores deberán estar adscritos a un centro de trabajo concreto de la empresa.* Disponível em: <https://www.boe.es/buscar/act.php?id=BOE-A-2012-2076)>. Acesso em: 7 nov. 2017.

Por sinal, em Espanha, a recente Lei n. 10/2021, art. 19 trata dos direitos coletivos dos que trabalham a distância, garantindo o mesmo conteúdo e âmbito do trabalho presencial, sendo que a negociação coletiva poderá observar as particularidades do trabalho remoto, sempre respeitada a igualdade de tratamento e de oportunidades. Cumpre destacar que a empresa deve permitir que a representação de trabalhadores tenha acesso aos elementos necessários para o exercício da representação, dentre os quais acesso às comunicações e endereços eletrônicos, inclusive quadro de avisos virtual, se houver, de modo a garantir a comunicação entre a representação e os trabalhadores.(563)

A vizinha **Argentina**, em sua recém-editada Lei n. 27.555/2020, por meio do art. 3º da Lei n. 27.555/2020 garante a igualdade de direitos e obrigações entre trabalhadores presenciais e em teletrabalho, cabendo às negociações coletivas a previsão de condições adequadas para cada modalidade.(564)

A legislação do país vizinho, expressamente consigna, em seu art. 12º, que os teletrabalhadores gozam de todos os direitos coletivos e serão considerados, para fins de representação sindical, como parte do conjunto dos trabalhadores presenciais.(565)

---

(563) **Artículo 19. Derechos colectivos de las personas que trabajan a distancia.**
1. Las personas trabajadoras a distancia tendrán derecho a ejercitar sus derechos de na-turaleza colectiva con el mismo contenido y alcance que el resto de las personas trabaja-doras del centro al que están adscritas.
A estos efectos, la negociación colectiva podrá establecer las condiciones para garantizarel ejercicio de los derechos colectivos de las personas trabajadoras a distancia, en aten- ción a las singularidades de su prestación, con respeto pleno al principio de igualdad de trato y de oportunidades entre la persona trabajadora a distancia y la que desempeñe ta-reas en el establecimiento de la empresa.
2. La empresa deberá suministrar a la representación legal de las personas trabajadoras los elementos precisos para el desarrollo de su actividad representativa, entre ellos, el ac-ceso a las comunicaciones y direcciones electrónicas de uso en la empresa y la implanta- ción del tablón virtual, cuando sea compatible con la forma de prestación del trabajo a distancia.
Deberá asegurarse que no existen obstáculos para la comunicación entre las personas tra-bajadoras a distancia y sus representantes legales, así como con el resto de personas trabajadoras.
3. Deberá garantizarse que las personas trabajadoras a distancia pueden participar de manera efec-tiva en las actividades organizadas o convocadas por su representación legal o por el resto de las personas trabajadoras en defensa de sus intereses laborales, en par-ticular, su participación efectiva presencial para el ejercicio del derecho a voto en las elec-ciones a representantes legales.

(564) *Artículo 3º Derechos y obligaciones. Las personas que trabajen contratadas bajo esta modalidad, en los términos del artículo 102 bis del Régimen de Contrato de Trabajo aprobado por la ley 20.744 (t.o. 1976) y sus modificatorias, gozarán de los mismos derechos y obligaciones que las personas que trabajan bajo la modalidad presencial y su remuneración no podrá ser inferior a la que percibían o percibirían bajo la modalidad presencial. Los convenios colectivos deben, acorde a la realidad de cada actividad, prever una combinación entre prestaciones presenciales y por teletrabajo.* Disponível em: <https://www.boletinoficial.gob.ar/detalleAviso/primera/233626/20200814>. Acesso em: 15 nov. 2021

(565) *Artículo 12. Derechos colectivos. Las personas que se desempeñen bajo la modalidad de teletrabajo, gozarán de todos los derechos colectivos. Serán consideradas, a los fines de la representación sindical, como parte del conjunto de quiénes trabajen en forma presencial.* Disponível em: <https://www.argentina.gob.ar/normativa/nacional/ley-27555-341093/texto>. Acesso em: 26 out. 2021.

A lei argentina prevê ainda em seu art. 13º, que a representação sindical se dá por meio da associação sindical da atividade a que os trabalhadores prestam serviços, devendo para tanto, ser considerados pelo empregador num centro de trabalho, unidade produtiva ou área específica da empresa para efeito de eleger ou ser eleito a fim de integrar os órgãos do sindicato ou associação sindical.[566]

Como se nota, a Argentina não só garante expressamente o exercício da representação sindical, como o direito de eleger e ser eleito, vinculando o trabalhador e a própria representação à uma unidade produtiva, presumindo-se que tal seja a tomadora do serviço, o que por sinal é muito relevante para efeito de aplicação do teletrabalho transregional ou mesmo transnacional.

Com efeito, a combinação dos arts. 12 e 13 da recente Lei Argentina n. 27.555/2020 parece vincular o trabalhador à entidade sindical que representa o conjunto dos trabalhadores daquela unidade tomadora, reforçando o conceito de que a conexão mais estreita se dá com a sede que recebe a prestação de serviços, consoante abordado no capítulo 6.

E para que a representação seja efetivamente exercida, faz-se mister que os trabalhadores tenham não só a ciência, mas o contato telemático com o sindicato que os representa.

Nesse sentido, o Código de Trabalho de **Portugal**, em seu art. 171º, tutela expressamente o uso das tecnologias de informação e comunicação para reunião com a representação de trabalhadores.[567] Ou seja, o direito português contempla norma que garante o uso dos instrumentos de trabalho da empresa (computador, internet e infraestrutura) para atuação na representação dos trabalhadores[568]

---

(566) *Artículo 13. Representación sindical. La representación sindical será ejercida por la asociación sindical de la actividad donde presta servicios, en los términos de la ley 23.551. Las personas que trabajan bajo esta modalidad deberán ser anexadas por el empleador a un centro de trabajo, unidad productiva o área específica de la empresa a los efectos de elegir y ser elegidas, para integrar los órganos de la asociación sindical.* Disponível em: <https://www.boletinoficial.gob.ar/detalleAviso/primera/233626/20200814>. Acesso em: 16 nov. 2021.

(567) Disponível em: <https://dre.pt/legislacao-consolidada/-/lc/75194475/201707240900/73439941/diploma/indice>. Acesso em: 26 out. 2021.

(568) Art. 171º Participação e representação coletivas de trabalhador em regime de teletrabalho. 1 — O trabalhador em regime de teletrabalho integra o número de trabalhadores da empresa para todos os efeitos relativos a estruturas de representação coletiva, podendo candidatar-se a essas estruturas. 2 — O trabalhador pode utilizar as tecnologias de informação e de comunicação afetas à prestação de trabalho para participar em reunião promovida no local de trabalho por estrutura de representação coletiva dos trabalhadores. 3 — Qualquer estrutura de representação coletiva dos trabalhadores pode utilizar as tecnologias referidas no número anterior para, no exercício da sua atividade, comunicar com o trabalhador em regime de teletrabalho, nomeadamente divulgando informações a que se refere o n. 1 do art. 465. 4 — Constitui contraordenação grave a violação do disposto nos ns. 2 ou 3. Disponível em: <http://cite.gov.pt/asstscite/downloads/legislacao/CT25092017.pdf#page=64>. Acesso em: 15 nov. 2017.

Com a recente alteração no Código de Trabalho de Portugal, passou-se a contemplar também o direito a participar presencialmente em reuniões nas instalações da empresa mediante convocação das comissões sindicais e intersindicais ou comissão de trabalhadores, realocando-se as disposições do art. 171º para o art. 169º, que tratou expressamente da igualdade de direitos e deveres com os demais trabalhadores.[(569)]

No **Brasil**, o art. 6º da CLT relativo ao trabalho remoto (categoria na qual se insere o teletrabalho) contempla a inexistência de distinção entre o trabalho realizado no domicílio do empregado e o realizado a distância, inexistindo regra expressa garantindo o uso do computador e internet dos empregadores, pelos empregados quando do trabalho a distância por meio da telemática, seja para efeito de exercício da representação sindical, seja no que tange à norma que explicite o local de vinculação do trabalhador.

Registra-se, no entanto, que o uso da infraestrutura concedida pelo empregador quando do teletrabalho, também para conexão com o sindicato representante da categoria profissional, parecer ser corolário lógico da concretização do direito constitucional à representação sindical. Afinal, diante do trabalho a distância por meio da telemática, uma interpretação conforme a Constituição não parece indicar caminho diverso.

8.2. Qualificação e (Re)capacitação

O primeiro ponto de atuação de um sindicato[(570)] conformado à sociedade da informação deve ser a própria proteção dos postos de trabalho, mediante for-

---

(569) Artigo 169º Igualdade de direitos e deveres
8. O trabalhador em regime de teletrabalho tem os mesmos direitos e deveres dos demais trabalhadores da empresa com a mesma categoria ou com função idêntica, nomeadamente no que se refere a formação, promoção na carreira, limítes da duração do trabalho, períodos de descanso, incluindo férias pagas, proteção da saúde e segurança no trabalho, reparação de acidentes de trabalho e doenças profissionais, e acesso a informação das estruturas representativas dos trabalhadores.
9. O trabalhador em regime de teletrabalho tern direito, no mínimo, a retribuição equivalente a que auferiria em regime presencial, com a mesma categoria e função idêntica.
10. O trabalhador em regime de teletrabalho tem o direito de participar presencialmente em reuniões que se efetuem nas instalações da empresa mediante convocação das comissões sindicais e intersindicais ou da comissão de trabalhadores, nos termos da lei aplicável.
11. O trabalhador em regime de teletrabalho integra o número de trabalhadores da empresa para todos os efeitos relativos a estruturas de representação coletiva, podendo candidatar-se a essas estruturas.
12. O trabalhador pode utilizar as tecnologias de informação e de comunicação afetas à prestação de trabalho para participar em reunião promovida no local de trabalho por estrutura de representação coletiva dos trabalhadores.
13. Qualquer estrutura de representação coletiva dos trabalhadores pode utilizar as tecnologias referidas no número anterior para, no exercício da sua atividade, comunicar com o trabalhador em regime de teletrabalho, nomeadamente divulgando informações a que se refere o n. 1 do artigo 465º.
14. Constitui contraordenação grave a violação do disposto neste artigo.

(570) A reforma trabalhista não tratou da reforma sindical, o fez apenas por remendo que gerará precarização e modernização. Pode parecer bastante contraditória a posição ora externada, todavia, é a visão

mação, capacitação e recapacitação dos trabalhadores, em cenário de exponenciais transformações provocadas, sobretudo, pela Quarta Revolução Industrial.

Com efeito, o sindicato pode e deve implementar programas que permitam não só a ampliação do conhecimento técnico do trabalhador, mas principalmente exercitem a capacidade de adaptação do profissional e contínuo aperfeiçoamento para laborar em ambientes diferentes e de formas diversas, atuando na formação de trabalhadores multifuncionais, que possam se manter em estado de empregabilidade frente à escalada da automação e mais recentemente da inteligência artificial.

Nessa esteira, cabe ao sindicato representante da categoria profissional atuar firmemente, no sentido de capacitar os trabalhadores para atuar por meio das novas tecnologias, renovando diuturnamente os conhecimentos e capacidades destes, possibilitando assim o exercício do teletrabalho para maior fatia de trabalhadores.

A economista da empresa de recrutamento Business ZipRecruiter, Julia Pollak, estima que as contratações na modalidade de trabalho remoto têm potencial para aumentar o emprego real nos Estados Unidos da América em até 10%, ou seja capacidade de gerar cerca de 15.000.000 (quinze milhões) de novos postos de trabalho na próxima década.[(571)]

Segundo o portal Rede Brasil Atual, "de acordo com a Organização para Cooperação e Desenvolvimento Econômico (OCDE), cerca de um quarto dos empregos formais pelo mundo estão sendo realizados remotamente", e "a previsão é que esse número poderá chegar a mais de 40% em breve".[(572)]

Nota-se, pois, que as novas tecnologias não só ceifam postos de trabalho, como também abrem outros, ainda que usualmente em proporção menor, mormente nos países de menor desenvolvimento econômico, onde não há investimentos mais largos em educação e qualificação do trabalhador.

---

que se permite. Com efeito, embora não previsto no PL n. 6.787, o Substitutivo apresentado no Senado, e que representa a redação dos arts. 545, 578 e 579 da CLT, contemplou a extinção da compulsoriedade da contribuição sindical, o que, por evidente retira receita dos sindicatos, e levará à precarização das negociações nos setores em que os sindicatos não são representativos, olvidando dos interesses da classe.O enfraquecimento destes sindicatos no primeiro momento, pois, conduzirá à precarização das condições de trabalho negociadas. Porém, também deverá ter por efeito conduzir à futura extinção destes sindicatos. Na outra ponta, há os sindicatos que são efetivamente representativos e que não necessitam da famigerada contribuição sindical, que continuarão negociando de maneira séria visando a defesa dos interesses dos seus representados, e deverão ganhar espaço. Há uma ponta solta, contudo. Veja-se que ao mesmo tempo em que a obrigatoriedade da contribuição sindical é extinta, o sindicato continua representando todos os trabalhadores, associados ou não. A consequência é que, bem representando ou não aos seus representados, o sindicato só aufere receita de seus associados. O cenário descrito conduz à inequívoca necessidade de empoderamento do trabalhador, que deverá crescer perante o sindicato que o representa cobrando mudanças de postura e efetiva representação.

(571) Disponível em: <https://www.infomoney.com.br/carreira/efeito-home-office-pode-criar-15-milhoes-de-empregos-na-proxima-decada-nos-eua/>. Acesso em: 26 out. 2021.

(572) IndustriALL e Renault assinam 1º acordo global sobre teletrabalho no setor (<redebrasilatual.com.br>). Acesso em: 14 nov. 2021.

No panorama que se projeta é bem possível que haja um contingente de trabalhadores sem ocupação, e ao mesmo tempo postos de trabalho vazios por ausência de pessoal qualificado para ocupá-los.

O teletrabalho, por sinal, na sua origem e desenvolvimento, volta-se à trabalhadores mais intelectualizados, que atuam com maior autonomia, distante dos olhos do empregador.

Tanto assim o é que a Pesquisa Home Office SAP 2020 em parceria com a SOBRATT, no âmbito de 554 (quinhentos e cinquenta e quatro) empresas, num universo de 1.465.255 (um milhão, quatrocentos e sessenta e cinco mil, duzentos e cinquenta e cinco trabalhadores), indicou a concentração das empresas em teletrabalho nas regiões mais ricas do Brasil.

Com efeito, 68% das empresas pesquisadas estavam concentradas no Sudeste, 18% no Sul, 6% no Nordeste, 6% no Centro-Oeste e 2% na região Norte.

No entanto, com a pandemia da Covid-19 e considerando o exemplo americano e da própria OCDE quanto à possível abertura de novos postos de trabalho, pode-se lançar perspectivas mais otimistas, no sentido de que o trabalhador brasileiro seja formado, capacitado e recapacitado a fim de atuar a distância.

O **Acordo Quadro Europeu sobre Teletrabalho** consigna, na forma do item 10, o direito de acesso do teletrabalhador ao mesmo treinamento e desenvolvimento do demais trabalhadores, com o mesmo grau de oportunidadades e sujeito às mesmas políticas de avaliação. Consigna o direito ao recebimento do adequado treinamento para uso dos equipamentos técnicos colocados à sua disposição e as características desta forma de organização do trabalho, o que se estende ao supervisor do trabalho, merecendo destaque a menção ao treinamento quanto à forma de gestão.(573)

Em **Espanha**, a Lei n. 10/2021, por meio do seu art. 4 intitulado igualdade de oportunidades e não discriminação, contempla no item 1 o direito à formação e promoção profissional(574), assim como dedica os arts. 9 e 10 especial e respectiva-

(573) TELEWORKERS have the same access to training and career development opportunities as compa rable workers at the employer's premises and are subject to the same appraisal policies as these other workers.
Teleworkers receive appropriate training targeted at the technical equipment at their disposal and at the characteristics of this form of work organisation. The teleworker's supervisor and his/her direct colleagues may also need training for this form of work and its management.

(574) 1. Las personas que desarrollan trabajo a distancia tendrán los mismos derechos que hu-bieran ostentado si prestasen servicios en el centro de trabajo de la empresa, salvo aque-llos que sean inherentes a la realización de la prestación laboral en el mismo de manera presencial, y no podrán sufrir perjuicio en ninguna de sus condiciones laborales, inclu- yendo retribución, estabilidad en el empleo, tiempo de trabajo, formación y promoción profesional.

mente para a tutela destes direitos, no sentido de que a empresa deverá garantir às pessoas que trabalham a distância a formação necessária para o adequado desenvolvimento tanto do trabalho a distância, como se houver alteração dos meios e tecnologias utilizadas, assim como os mesmos direitos do pessoal presencial quanto à promoção, devendo ser informadas de forma expressa e por escrito a respeito das possibilidades.(575)

Na **Argentina**, a Lei n. 27.555, em seu art. 11, dispõe que compete ao empregador garantir a correta capacitação do empregado nas novas tecnologias, o que poderá se dar em conjunto com o sindicato e Ministério do Trabalho, Emprego e Seguridade Social do país.(576)

Por evidente, o empregador pode e deve ter essa incumbência, para com os seus empregados, tal como previsto na lei argentina, mas, e anteriormente? Qual poderia ser a ação antes de se formar o contrato de emprego?

Quer parecer necessária a firme atuação dos sindicatos representantes dos empregados, mas não isolada, e sim combinada num grande esforço social, com a participação de sindicatos de empresas, organizações e governo visando o bem social, considerado como tal uma sociedade justa e solidária, no caso representada por trabalhadores qualificados e aptos a ocupar postos de trabalho a serem gerados, proporcionando riqueza e renda para todos.

Por sinal, pode-se negociar coletivamente o favorecimento de regiões menos desenvolvidas no país, por meio do trabalho a distância, com a criação de telecentros comunitários, ou mesmo decorrentes de parceria entre os sindicatos das categorias econômica e profissional.

---

(575) **Artículo 9. Derecho a la formación.**

1. Las empresas deberán adoptar las medidas necesarias para garantizar la participación efectiva en las acciones formativas de las personas que trabajan a distancia, en términos equivalentes a las de las personas que prestan servicios en el centro de trabajo de la empresa, debiendo atender el desarrollo de estas acciones, en lo posible, a las características de su prestación de servicios a distancia.
2. La empresa deberá garantizar a las personas que trabajan a distancia la formación necesaria para el adecuado desarrollo de su actividad tanto al momento de formalizar el acuerdo de trabajo a distancia como cuando se produzcan cambios en los medios o tecnologías utilizadas.

Artículo 10. Derecho a la promoción profesional.

Las personas que trabajan a distancia tendrán derecho, en los mismos términos que lasque prestan servicios de forma presencial, a la promoción profesional, debiendo la em- presa informar a aquellas, de manera expresa y por escrito, de las posibilidades de ascenso que se produzcan, ya se trate de puestos de desarrollo presencial o a distancia.

(576) *Artículo 11. Capacitación. El empleador deberá garantizar la correcta capacitación de sus dependientes en nuevas tecnologías, brindando cursos y herramientas de apoyo, tanto en forma virtual como presencial, que permitan una mejor adecuación de las partes a esta modalidad laboral. La misma no implicará una mayor carga de trabajo. Podrá realizarla en forma conjunta con la entidad sindical representativa y el Ministerio de Trabajo, Empleo y Seguridad Social de la Nación* Disponível em: <https://www.argentina.gob.ar/normativa/nacional/ley-27555-341093/texto>. Acesso em: 23 out. 2021.

8.3. Integração, Prevenção e Inclusão

A **integração** na empresa e a prevenção quanto às doenças e acidentes de trabalho são temas de responsabilidade dos empregadores, que devem ser inseridos no âmbito de um programa estruturado de teletrabalho, a ser tratado detalhadamente em políticas complementares, consoante será abordado no capítulo 11 da presente obra.

Contudo, como até o momento a maior parte das organizações não implementou um teletrabalho estruturado, atuando ao invés de modo precário, parece haver fértil terreno para que a representação sindical dos trabalhadores negocie a obrigação de as empresas implementarem políticas de teletrabalho, e quando não estabelecendo regras mínimas visando promover a efetiva integração do teletrabalhador no âmbito da empresa, prevenindo a ocorrência de acidentes e doenças do trabalho.

Assim, quando o teletrabalho é executado na mesma localidade da empresa, a representação sindical deve negociar um período interno de integração, a fim de que o teletrabalhador conheça os colegas, e tenha uma visão geral da empresa, com o escopo de diminuir o sentimento de isolamento.

De igual sorte, quando o trabalho é desenvolvido em localidade distinta da sede, a negociação coletiva pode prever reunião de integração, além do uso de canais de comunicação e outros meios para que o teletrabalhador seja efetivamente integrado.

Como se sabe, contudo, o sindicato tende a avaliar as necessidades setoriais, não olhando muitas vezes de modo específico para as particularidades de cada empresa. Já a comissão de trabalhadores — prevista pelo art. 11 da CF/88,(577) e regulamentada pelo art. 510-A e seguintes da CLT — tem maior proximidade com as condições reais e efetivas da empresa cujos empregados representa.

Assim, a comissão interna tem potencial para servir de importante ferramenta para o estabelecimento do diálogo social,(578) contribuindo significativamente para conformação das situações envolvendo o teletrabalho, nomeadamente no processo de integração, no sentido da melhor adaptação ao cenário de teletrabalho.

---

(577) O art. 11 da CF/88 assegura, nas empresas com mais de 200 empregados, a eleição de três representantes dos trabalhadores com o escopo de promover o entendimento direto com o empregador. A representação de que trata o art. 11 está em conformidade com a Recomendação n. 135 da OIT e representa medida destinada a valorização do trabalho e da dignidade do trabalhador como ser humano, que se sente valorizado por suas ideias e participações na vida da empresa — afinal, o homem moderno dedica boa parte de sua vida às suas atividades profissionais. Levando-se em consideração o fim social da empresa, também parece justo que o trabalhador possa participar da tomada de decisões ou, ao menos ser ouvido, em questões que lhe digam respeito.

(578) SIQUEIRA NETO, José Francisco. *Liberdade Sindical e Representação dos Trabalhadores nos Locais de Trabalho*. São Paulo: LTr, 2000. p. 158.

Por evidente, sem concorrer com o sindicato,[579] mas observada a sua maior proximidade, possui condições de tratar com maior celeridade das dificuldades decorrentes do regime de teletrabalho, inclusive propondo períodos de adaptação e integração, além de reuniões de trabalho e encontros festivos entre os trabalhadores presenciais e os que laboram a distância.

A título ilustrativo, durante a pandemia, o portal g1Globo, de 13.04.2020, noticiou que o Tribunal Regional Eleitoral do Mato Grosso (TRE/MT) promoveu plantão psicológico a fim de auxiliar seus servidores na adaptação ao teletrabalho e isolamento social.[580]

O sindicato representante da categoria profissional deve negociar coletivamente a adoção de políticas de **prevenção**, a fim de que o teletrabalhador seja orientado em temas como ergonomia na execução das atividades, trabalho repetitivo, número de horas na frente da tela do computador, separação entre família e trabalho, cuidados para evitar acidentes em casa, assim como observância dos períodos de descanso.

No particular, vale como modelo a Resolução n. 227 do Conselho Nacional da Justiça (CNJ), que em seu item 12, prevê que os tribunais promoverão a difusão de conhecimentos relativos ao teletrabalho e de orientações para saúde e ergonomia, por meio de cursos, palestras, oficinas e outros meios.[581]

Visando um teletrabalho perene, estruturado, está aberta à representação sindical a possibilidade de negociar a integração do trabalhador, assim como, em especial, de pactuar treinamento e capacitação visando a prevenção de doenças e acidentes no teletrabalho.

Outrossim, no que tange ao dever geral do empregador de inspeção quanto ao cumprimento das normas de ergonomia e demais elementos relativos à saúde e segurança no trabalho — bastante mitigado, mas não eliminado em teletrabalho — cabe observar, por seu teor, o Enunciado n. 23, da Comissão 3, do XXIX CONAMAT, que serve de importante referencial para as negociações coletivas ao prever a inspeção na casa do teletrabalhador, respeitando-se a privacidade e intimidade.

Ou seja, há fértil campo para que a negociação coletiva preveja meios e formas de como poderá ser levada a efeito a inspeção das condições de trabalho, quando na casa do teletrabalhador.

---

(579) A representação interna dos trabalhadores não exclui e nem colide com a representação sindical.

(580) Disponível em: <https://g1.globo.com/mt/mato-grosso/noticia/2020/04/13/tre-faz-plantao-psicologico-para-auxiliar-servidores-na-adaptacao-de-teletrabalho-e-isolamento-social-em-mt.ghtml>. Acesso em: 24 out. 2021.

(581) Disponível em: <https://atos.cnj.jus.br/files/resolucao_227_15062016_17062016161058.pdf>. Acesso em: 23 out. 2021.

A **inclusão** social é outro elemento que deve representar preocupação do sindicato representante dos trabalhadores, que deve negociar políticas de inserção. Nesse cenário, o sindicato deve lutar pela ampliação do direito ao teletrabalho, como medida de concretização dos direitos fundamentais, visando maior inclusão das pessoas com deficiência ou que residem com idosos ou pessoas que requerem cuidado especial, evidentemente, quando a atividade contratada assim o permitir.

Por sinal, a Lei Federal n. 27.555 na vizinha Argentina, confere direito a horários compatíveis com as tarefas nos cuidados de menores de 13 (treze) anos ou pessoas com deficiência, que requerem assistência específica, assim como a possibilidade de interrupção da jornada em caso de necessidade, podendo as negociações coletivas preverem tais pausas.(582)

Em seu novo papel, pois, o sindicato deve fomentar a contratação de pessoas com deficiência, com isso reduzindo o deslocamento ao trabalho, que requer uso do precário transporte público e ingresso em prédios públicos e privados grande parte das vezes sem a necessária acessibilidade.

E ainda, visando a adoção de práticas que permitam à mulher o crescimento efetivo no mercado profissional, almejando uma igualdade real, deve ser inserido o teletrabalho pós-licença-maternidade no âmbito das negociações sindicais, e inclusive o teletrabalho pós-licença-paternidade — sempre que as atividades assim o permitirem.

No que tange às políticas antidiscriminação, o pacto coletivo deve ir além das questões tradicionais, mas voltar-se às oportunidades de promoção e progressão funcional dos que atuam em teletrabalho, sobretudo quando em regime integral, devendo ser mantidas as mesmas oportunidades do trabalho presencial, tal como previsto no Decreto n. 37.695 em Costa Rica.(583)

8.4. Ausência ou controle de jornada e direito à desconexão

Consoante exposto nos itens 4.1 e 5.4, no cenário jurídico nacional não se qualifica como teletrabalho quando a atividade não é preponderantemente realizada a distância, o que torna recomendável a negociação coletiva para efeito

---

(582) *Artículo 6° Tareas de cuidados. Las personas que trabajen bajo esta modalidad y que acrediten tener a su cargo, de manera única o compartida, el cuidado de personas menores de trece (13) años, personas con discapacidad o adultas mayores que convivan con la persona trabajadora y que requieran asistencia específica, tendrán derecho a horarios compatibles con las tareas de cuidado a su cargo y/o a interrumpir la jornada. Cualquier acto, conducta, decisión, represalia u obstaculización proveniente del empleador que lesione estos derechos se presumirá discriminatorio resultando aplicables las previsiones de la ley 23.592.*

(583) i) *Los teletrabajadores tienen el mismo acceso a la formación y a las oportunidades de desarrollo de la carrera administrativa y profesional que sus homólogos que laboran en las instalaciones de su institución empleadora.*

de reconhecer a aplicação de todas as regras do título II-A da CLT, ainda que as atividades a distância por meio da telemática não sejam preponderantes.

Oportunidade aos sindicatos para que façam constar das normas coletivas a aplicação das regras do título II-A da CLT, especialmente quanto aos arts. 75-D e 75-E da CLT, relativos ao ônus da atividade e à prevenção para evitar doenças e acidentes de trabalho. independente de o teletrabalho ser preponderante, ressalvada a não aplicação do art. 62, inciso III da CLT.

Por falar em controle de jornada, há atividades em que o horário se mantém fixo, determinado e fiscalizado sem nenhuma autogestão do tempo, porém com a isenção do registro de ponto, tal como tratado no item 5.4.2.

Nessas condições, deve o sindicato representante da categoria profissional negociar a inserção de regras em instrumentos coletivos que contemplem a manutenção do controle de jornada.

Para outras atividades em que o controle seja mantido, e quando a função e funcionamento da organização ou empresa permitir, existe campo para negociar a inserção de jornadas flexíveis, que mais atendam aos interesses dos trabalhadores, sem perder de vista os interesses do empregador Nessa linha, tomando por base o direito estrangeiro, podem ser pactuadas regras, tais como tempo livre modular, compensação e flexibilidade de horários, consoante paradigma da Diretiva Europeia 91/533/CE.(584)

Ainda que inserido na regra do art. 62, inciso III, tal como mencionado do item 5.4.2 e será tratado no item 9.3.5. a ausência de controle de jornada não macula o direito constitucional ao gozo do descanso semanal remunerado, ou das férias e feriados. Deve-se observar, pois, o direito à desconexão, afinal como pensar em total desligamento das atividades laborais quando um alerta de nova mensagem ou e-mail já convoca novamente ao trabalho?

Para tanto, o sindicato tem campo vasto para negociar que as empresas implementem regras internas que contemplem disposições relativas ao não encaminhamento de e-mails ou outras formas de mensagens e/ou contatos fora do horário usual de trabalho, seja por parte dos gestores, seja por seus subordinados, e que se houver encaminhamento estes não devem ser respondidos.

Por sinal, vale lembrar que foi na negociação coletiva que o direito de desconexão ganhou expressão, no ano de 2014 na França, consoante mencionado no item 3.4 deste estudo.

A título colaborativo, veja-se minuta de proposta de projeto de lei, tratando do direito de desconexão, apresentada ao final desta obra:

---

(584) Disponível em: <http://www.secola.org/db/3_20/91-533-ewg-pt.pdf>. Acesso em: 11 nov. 2017.

Art. 66-A. O direito de que trata o caput do art. 66 da CLT, assim como os direitos previstos pelos arts. 67 e 142 da CLT pressupõe o não encaminhamento de e-mails ou outras formas de comunicação virtual a respeito do trabalho nos períodos de lazer e descanso do empregado, salvo em situação extraordinária devidamente justificada.

§ 1º Caso o empregado receba e-mail e outras formas de comunicação virtual nestes períodos de descanso, terá o direito de não responder até que retorne às atividades normais de trabalho.

§ 2º Na hipótese de o empregador insistir no encaminhamento de e-mail e outras formas de comunicação virtual, por si ou seus prepostos, a situação poderá ensejar a atribuição de pena de multa administrativa por infração à(s) regra(s) do(s) artigo(s) correspondente(s) sem prejuízo de responder por dano extrapatrimonial decorrente da violação ao direito de desconexão, se este representar dano existencial na forma do art. 223-B da CLT.

§ 3º O empregado que insista no encaminhamento de e-mail e outras formas de comunicação virtual a colegas de trabalho, de qualquer nível hierárquico, ou mesmo ao empregador, após expressa e ostensivamente orientado, poderá ser penalizado pelo empregador.

Como se percebe, especialmente enquanto não editada lei a dar efetividade ao direito a desconectar-se do trabalho, por meio do estabelecimento de regras mínimas, há vasto campo para que os sindicatos representantes dos trabalhadores negociem balizas que tenham por escopo tutelar o constitucional direito ao lazer e descanso, representado na espécie pelo direito de desconexão.

8.5. Ônus da atividade

O art. 75-D da CLT outorga às partes, assim como o art. 4º da MP n. 927[585] e art. 3º da MP n. 1046[586] ao tempo das suas vigências, estabelecer em contrato "*disposições relativas à responsabilidade pela aquisição, manutenção ou fornecimento dos equipamentos tecnológicos*", assim como "*da infraestrutura necessária e adequada à prestação de trabalho remoto ou trabalho a distância.*[587] E ainda, no que tange "*ao reembolso de despesas arcadas pelo empregado*", sendo que as utilidades não integram a remuneração.

É senso comum que historicamente o direito do trabalho impõe ao empregador o ônus da atividade, forte no princípio da alteridade[588], de modo que a literalidade do dispositivo legal em referência no mínimo flexibiliza norma de proteção do trabalhador.

---

(585) Disponível em: <https://www.in.gov.br/en/web/dou/-/medida-provisoria-n-927-de-22-de-marco-de-2020-249098775>. Acesso em: 25 out. 2021.

(586) Disponível em: <https://www.in.gov.br/en/web/dou/-/medida-provisoria-n-1.046-de-27-de-abril-de-2021-316265470>. Acesso em 25 out. 2021.

(587) art. 75-D, CLT

(588) Na lição de Luciano Martinez, "alter é palavra latina que significa 'outro', 'alheio', porque, sendo o emprego um 'trabalho prestado por conta alheia, não está o empregado adstrito à expectativa de o empregador alcançar uma margem mínima de lucratividade para que seu salário seja pago. *In:* MARTINEZ, Luciano. *Curso de direito do trabalho:* relações individuais, sindicais e coletivas do trabalho, 12ª ed. São Paulo: Saraiva Educação, 2021. p. 175.

Como já se sabe, trata-se de tema em aberto, com amplo espaço de atuação para o campo das negociações coletivas de trabalho, de modo a disciplinar regras mínimas, tais como se haverá indenização, a que título, e em que bases.

8.6. Proteção de dados

Dado o potencial de violação de direitos da personalidade decorrente do **monitoramento a distância**, a ser tratado no item 10.5, e observado o direito de as empresas estabelecerem regras razoáveis e equilibradas em seus regulamentos internos, há amplo campo de atuação sindical no sentido de conformar as relações tecnológicas com os direitos da personalidade, a fim de negociar regras mínimas que:

a) sejam aptas a preservar os direitos à intimidade e privacidade do teletrabalhador, especialmente quando se trata da captação de sons e imagens;

b) tenham o condão de preservar os direitos à intimidade e privacidade, e ao livre desenvolvimento da personalidade quando se trata da análise do desempenho profissional do teletrabalhador, via coleta de dados;

c) sejam suficientes para a proteção contra o tratamento de metadados coletados em razão da geolocalização, especialmente com o recurso da inteligência artificial quando o regime permitir o trabalho de qualquer lugar *(anywhere office)*.

Vale como paradigma a Lei argentina n. 27.555/2020, que disciplina que os sistemas de controle e supervisão destinados a proteger os bens e informações da empresa deverão ser firmados com participação sindical para salvaguardar a intimidade e privacidade do domicílio do teletrabalhador.[589] Por falar em desempenho profissional e inteligência artificial (IA), está aí outra excelente matéria a ser objeto de negociação coletiva, quando a análise de desempenho é realizada por meio da IA ou automatizada, visando evitar discriminação, ou mesmo tratamento não isonômico.

Aqui deve valer-se da regra do art. 20 da Lei Geral de Proteção de Dados (LGPD) que confere o direito à revisão da decisão automatizada, e mais do que isso, cabendo ao controlador dos dados (em regra empregador, quando em relação de emprego), sempre que solicitado, a prestação de informações claras e adequadas a respeito dos critérios e procedimentos utilizados para a decisão automatizada, observados os segredos comercial e industrial.[590]

---

(589) *Artículo 15. Sistema de Control y Derecho a la Intimidad. Los sistemas de control destinados a la protección de los bienes e informaciones de propiedad del empleador deberán contar con participación sindical a fin de salvaguardar la intimidad de la persona que trabaja bajo la modalidad de teletrabajo y la privacidad de su domicilio.* Acesso em: 15 nov. 2021.

(590) Art. 20. O titular dos dados tem direito a solicitar a revisão de decisões tomadas unicamente com base em tratamento automatizado de dados pessoais que afetem seus interesses, incluídas as

A negociação de regras mínimas no uso da decisão automatizada, por algoritmos, ou mesmo inteligência artifical é campo a ser explorado desde a fase do recrutamento e seleção, a fim de evitar processos discriminatórios, afinal o algoritmo aprende com o histórico, reproduzindo comportamentos anteriores, conforme será abordado no item 10.3.

É claro que tais disposições valem para a negociação da proteção de dados do trabalhador nas situações gerais das relações de trabalho, o que alcança os meios físicos e digitais, mas neste estudo se está a tratar do teletrabalho, oferecendo-se destaque para as questões que envolvem a coleta de dados no monitoramento a distância, geolocalização e avaliação de desempenho.

Quer parecer, no entanto, não ser permitido ao sindicato dar o **consentimento** em nome do trabalhador, seja quanto às informações coletadas, o monitoramento ou a avaliação de desempenho, até porque existem outras hipóteses de tratamento de dados (bases legais) nas relações de trabalho.

Ademais, o consentimento deve ser livre, informado e inequívoco, o que significa que deve ser de modo pessoal, mantendo o trabalhador no controle dos seus próprios dados em respeito à autodeterminação informativa, consoante será abordado no item 10.4.

Deve, no entanto, o ente sindical negociar a necessária proteção ao consentimento, a fim de que o protagonismo deste seja acompanhado da tutela dispensada às relações de desigualdade, dando efetividade à autodeterminação informativa.

O papel do sindicato, quer parecer, deve ser de negociar trajetos e passos a serem seguidos quando a base for o consentimento a fim de que este seja: a) livre, ou seja não viciado; b) informado, a fim de que o trabalhador tome a decisão com base em informações claras e adequadas, assim como suficientes e ostensivas; c) inequívoco, ou seja não haja dúvidas quanto às manifestações de vontades, sendo estas voltadas à finalidades determinadas, vedadas autorizações genéricas.

8.7. Reforma Trabalhista

Os sindicatos conectados à sociedade atual devem tratar de temas como: adaptação e conformação às novas tecnologias; reorganização do trabalho; jorna-

---

decisões destinadas a definir o seu perfil pessoal, profissional, de consumo e de crédito ou os aspectos de sua personalidade. *(Redação dada pela Lei n. 13.853, de 2019)* Vigência

§ 1º O **controlador deverá fornecer, sempre que solicitadas, informações claras e adequadas a respeito dos critérios e dos procedimentos utilizados para a decisão automatizada**, observados os segredos comercial e industrial.

§ 2º Em caso de não oferecimento de informações de que trata o § 1º deste artigo baseado na observância de segredo comercial e industrial, a autoridade nacional poderá realizar auditoria para verificação de aspectos discriminatórios em tratamento automatizado de dados pessoais.

das flexíveis; teletrabalho; direito de desconexão; (re)qualificação do trabalhador; políticas antidiscriminação e inclusivas; participação em códigos de ética e de conduta; proteção à saúde e meio ambiente do trabalhador.[591]

Afora os temas tratados ao longo deste capítulo, com a Reforma Trabalhista, nos termos do previsto pelo art. 611-A da CLT, de forma exemplificativa, passam a ser negociados diversos direitos, sobre os quais fazem-se breves comentários, no que interessa ao tema deste estudo.

A possibilidade de negociação coletiva das regras de teletrabalho está expressa, nos termos do art. 611-A, inciso VIII da CLT e também se aplica ao empregado autossuficiente, nos termos do parágrafo único do art. 444 da CLT.[592]

A facilidade de ajustar plano de cargos, salários e funções sem a necessidade de validação pelo Ministério do Trabalho e Previdência, permite ao sindicato a negociação de condições especiais no planejamento de carreira nos termos do art. 611-A, inciso V da CLT, o que se aplica ao teletrabalhador, que pode pactuar particularidades do trabalho a distância.

A ampliação do campo negocial leva à possibilidade de avaliar quais cargos na empresa representam funções que se enquadram como cargo de confiança,[593] consignando tal caracterização junto aos instrumentos coletivos. Tal disposição

---

(591) Leciona Andréa Presas Rocha: "Outra função importante é a assistencial, que deve ser entendida como a atribuição conferida pela lei ou pelos estatutos para que o sindicato preste serviços aos seus associados. Nesse sentido, vejam-se os arts. 477, 500, 513, 514 e 592, da CLT, nos quais estão arroladas as diversas atividades assistenciais prestadas pelo sindicato aos seus representados, a exemplo de serviços de homologação administrativa das rescisões contratuais, de colocação no mercado de trabalho, de **qualificação profissional**, de educação, saúde, lazer e jurídicos. Trata-se, como visto, de prerrogativas que podem ser assumidas pela entidade sindical, não importando, de modo algum, deveres impostos.. In ROCHA, Andréa Presas. **Atividade sindical e abuso do direito sindical.** Disponível em: <https://jus.com.br/artigos/14905/atividade-sindical-e-abuso-do-direito-sindical>. Acesso em: 13 out. 2017.

(592) Empregado autossuficiente (possui curso superior e tem remuneração em patamar igual ou superior ao dobro do teto estabelecido pela Previdência Social, atualmente no importe de R$ 11.062,62). Art. 444. Parágrafo único. A livre estipulação a que se refere o *caput* deste artigo aplica-se às hipóteses previstas no art. 611-A desta Consolidação, com a mesma eficácia legal e preponderância sobre os instrumentos coletivos, no caso de empregado portador de diploma de nível superior e que perceba salário mensal igual ou superior a duas vezes o limite máximo dos benefícios do Regime Geral da Previdência Social."

(593) Essa ampliação conduz a duas possíveis consequências. Uma em que a autonomia negocial das partes não permitirá qualquer interferência do Poder Judiciário nos aspectos materiais negociados, se entendido que a limitação da análise da Justiça do Trabalho ao conteúdo chegar ao ponto de não avaliar se, na prática, aquele cargo é mesmo ou não de confiança — o que parece um pouco além, pois fere de morte o princípio da primazia dos fatos, olvidando que o contrato de trabalho é um contrato-realidade. A segunda possibilidade é no sentido de avaliar as atividades que se enquadram na regra do art. 62, inciso II da CLT, embora, se houver desvirtuamento caiba à Justiça do Trabalho reconhecer a inaplicabilidade no caso concreto.

vale para o teletrabalho, afinal nada impede que um teletrabalhador exerça cargo de confiança, desde que por evidente preencha os requisitos de que trata o art. 62, inciso II da CLT, seja em sua primeira parte, seja na segunda.

A possibilidade de participação no regulamento empresarial por meio da negociação coletiva, não só confere maior segurança jurídica ao regramento da empresa, como acima de tudo, no que tange ao estudo em curso, permite ao sindicato participar da discussão e elaboração de regras para o teletrabalho.

As condições de prestação do teletrabalho e remuneração podem ser negociadas por meio de diversas cláusulas, dentre as quais: sobreaviso, trabalho intermitente, remuneração por produtividade, remuneração por desempenho, pagamento de prêmios, modalidade de registro de jornada (se for o caso) e participação nos lucros e/ou resultados.

O sobreaviso em regime de teletrabalho, quando objeto de negociação, o deve ser preservando o direito ao lazer e descanso, impedindo que o empregado possa ser chamado a qualquer tempo indeterminadamente, de modo que o projeto de vida do trabalhador não seja prejudicado, e nem a sua vida de relações com amigos e familiares.

O trabalho intermitente, de igual modo aplicável ao regime de teletrabalho, é tema a ser negociado de acordo com as especificidades dos diversos setores, que vivem realidades diferentes, de modo que o sindicato possa reivindicar remuneração mínima, ajustando condicionantes para a inaplicabilidade da multa de que trata o art. 452-A, § 4º da CLT se o empregado não atender ao chamado.

Quanto aos resultados do teletrabalhador, por evidente, diante da ausência de fiscalização direta, e em contexto que a busca é pelo resultado, o sindicato pode vindicar o estabelecimento de políticas de reconhecimento que premiem o teletrabalhador pelo atingimento de metas e produtividade, com a cautela de que isso não seja estímulo à prorrogação da jornada de trabalho.

A remuneração por produtividade permite ao sindicato negociar políticas justas, que não fiquem ao arbítrio do empregador. O tema é central quando se trata de teletrabalho, afinal o trabalhador deve entregar o resultado, inexistindo a mesma fiscalização da atividade presencial. Portanto, aqui podem ser negociadas condições que bem observem as especificidades do labor descentralizado da sede, em ambiente virtual.

De igual modo, a remuneração por desempenho institui a possibilidade de os sindicatos negociarem a meritocracia, de modo a permitir a modernização das relações de trabalho concebendo maiores ganhos aos empregados com melhores resultados, o que se potencializa no regime de trabalho a distância, entregue por meio da telemática.

A negociação permitindo o pagamento de prêmios em bens ou serviços por parte da empresa, por meio de programas de incentivo, também se amolda muito bem ao regime de trabalho a distância, já que a maior preocupação deve ser com o resultado da entrega.

A tradicional negociação de Programa de Participação nos Lucros, Programa de Participação nos Resultados, ou Programa de Participação nos Lucros e Resultados é tema que, por evidente, pode constar da pauta da negociação em regime de teletrabalho.

A modalidade de registro de jornada pode ser negociada, cogitando-se da jornada mista, em parte controlada, quando presencial, e em parte isenta quando do teletrabalho, dando-se assim maior fôlego para a instituição do regime de trabalho a distância na modalidade híbrida, tal como contemplado no PLS n. 274/2013 abordado no item 12.1.1.

O rol de direitos que podem ser negociados é amplo, sendo a lista do art. 611-A apenas exemplificativa *(numerus apertus).*

As possibilidades de atuação do sindicato são inúmeras, na medida em que a reforma trabalhista ampliou muito a autonomia coletiva das partes, colocando nas mãos do órgão de representação sindical a enorme responsabilidade de negociar os direitos de seus representados até mesmo aquém do previsto em lei.[(594)]

Já o rol dos direitos cuja negociação está vedada é taxativo *(numerus clausus),* nos termos do art. 611-B da CLT, de tal arte que não só há vasto campo para a negociação coletiva ampliando as matérias objeto de expressa autorização, como se podem negociar melhores condições sobre direitos em que há proibição de retrocesso.

(594) Consoante já exposto, sem o custeio da contribuição sindical compulsória, o que obrigará os sindicatos a exercerem a efetiva representação, sem o que ficarão sem fonte de recursos para a manutenção das suas atividades.

9. COVID-19 E O TELETRABALHO

No dia em que todas as pessoas
Do planeta inteiro
Resolveram que ninguém ia sair de casa
Como que se fosse combinado em todo o planeta
Naquele dia, ninguém saiu de casa, ninguém

O empregado não saiu pro seu trabalho
Pois sabia que o patrão também não 'tava **lá´**
Dona de casa não saiu pra comprar pão
Pois sabia que o padeiro também não 'tava **lá'**
E o guarda não saiu para prender
Pois sabia que o ladrão, também não 'tava **lá´**
E o ladrão não saiu para roubar
Pois sabia que não ia ter onde gastar

No dia em que a Terra parou

Raul Seixas[(595)]

E quando a ficção científica se torna realidade, em menos de 4 (quatro) meses o mundo é atingido por uma pandemia.

As principais bolsas de valores do mundo são derrubadas sem dó nem piedade, por inimigo quase oculto.

Viver em isolamento passa a representar orientação da Organização Mundial da Saúde para o bem próprio e da coletividade. O ser humano passa a ficar mais conectado do que nunca por meio da telemática em meio ao caos, trabalhando em casa.

Ainda que momentaneamente, o petróleo passa a ser cotado no mercado futuro com preço negativo, pois não há consumo e a maior potência mundial não tem mais capacidade de estocar.

---

(595) O Dia em que a Terra Parou. Trecho da música de Ral Seixas. Disponível em: <https://www.vagalume.com.br/raul-seixas/o-dia-em-que-a-terra-parou.html>. Acesso em: 15 nov. 2021.

Parte significativa das vezes, não há trabalho porque a atividade a qual a empresa se dedica não tem demanda, e nada disso é ficção, mas a pura, dura, nua e crua realidade, só prevista pelo poeta Raul Seixas, que anteveu o dia em que a terra parou.

A sociedade não estava preparada. Os governos não estavam. E claro, o direito não estava preparado. O palco era o cenário do caos, e não o ambiente ameno e tranquilo próprio das CNTP (condições normais de temperatura e pressão) e sob tal ótica o direito passou a ser apreciado, sendo editada sucessiva legislação de emergência.

A iniciar pela Lei n. 13.979, de 6 de fevereiro de 2020 que dispôs sobre as medidas para enfrentamento da emergência de saúde pública de importância internacional decorrente do coronavírus responsável pelo surto de 2019, inserindo, dentre outros, os conceitos de isolamento e quarentena.

Por sinal, embora ambos justificassem a falta ao serviço (art. 3º, § 3º), o isolamento era aplicado para separação de pessoas doentes, ao passo que o isolamento para suspeito de contaminação, tal como o empregado que retornava de viagem ao exterior.

Nesse contexto, houve a apresentação de atestados médicos no curso da pandemia que recomendaram a quarentena (restrição das atividades ou separação de pessoas suspeitas de contaminação das pessoas que não estejam doentes ... de maneira a evitar a possível contaminação ou propagação do vírus), consignando expressamente que o empregado estava apto ao labor e poderia desenvolver as atividades em regime de trabalho a distância se as atividades a tanto permitissem.

Em 20.03.2020 foi editado o Decreto Legislativo 6, reconhecendo o estado de calamidade pública até 31.12.2020, nos termos da solicitação encaminhada pelo Presidente da República por meio da Mensagem no. 93, de 18.03.2020.

No campo trabalhista, as ações emergenciais adotadas pelo Governo foram consubstanciadas especialmente nas Medidas Provisórias ns. 927, 936, 944, 945, 1045 e 1046, além da Lei n. 14.020, tendo por escopo oferecer alternativas de gestão operacional e financeira, visando a preservação do emprego e da renda.

A MP n. 927 editada em 22.03.2020, logo ao início da pandemia, dispunha sobre as medidas trabalhistas para enfrentamento do estado de calamidade pública reconhecido pelo Decreto Legislativo n. 6, de 20 de março de 2020, e da emergência de saúde pública de importância internacional decorrente do Coronavírus (Covid-19), prevendo, dentre outras: a) simplificação do regime de teletrabalho; b) antecipação e desburocratização para concessão de férias individuais e coletivas; c) aproveitamento e antecipação de feriados; d) banco de horas de 18 meses; d) diferimento do recolhimento do FGTS; e) regras de jornada elastecida para estabelecimentos de saúde; f) enquadramento do coronavírus como doença não ocupacional, salvo quando comprovado nexo causal.

Faltava naquele momento, no entanto, uma participação do Estado no custeio de medidas para salvaguardar as empresas e os empregos. Tal ocorreu somente no dia 1º.04.2020, com a edição da MP n. 936, que contemplava o benefício emergencial para preservação do emprego e renda, seguida da Lei n. 14.020, de 06.07.2020.

9.1. Teletrabalho precário

O teletrabalho(596) viveu o seu maior momento de protagonismo diante da crise da Covid-19, contribuindo decisivamente para que significativa parte das empresas, organizações e trabalhadores continuassem exercendo as suas atividades, mesmo em meio às ameaças iminentes que a pandemia representava à saúde das pessoas. Por sinal, visando a preservação da saúde dos trabalhadores, a OIT chegou a defender o direito ao teletrabalho, quando as atividades desenvolvidas fossem compatíveis com o trabalho a distância.

> dados los riesgos para la **salud, todos los trabajadores que realizan tareas y actividades laborales que son compatibles con los acuerdos de teletrabajo deberían tener derecho a teletrabajar durante esta crisis, incluidos aquellos que tengan un empleo temporal y los pasantes**(597)

Em Espanha, a Lei n. 10/2021, que entrou em vigor em 1º.10.2021 aponta em sua exposição de motivos a contribuição do teletrabalho como mecanismo eficaz de manutenção das atividades durante a pandemia.

> De otro lado, la crisis sanitaria ha hecho que el trabajo a distancia se mostrara como el mecanismo más eficaz para asegurar el mantenimiento de la actividad durante la pandemia y para garantizar la prevención frente al contagio. Durante la crisis sanitaria no solo se ha reforzado la tendencia a la normalización del trabajo a distancia que ya se anticipaba con anterioridad a la misma, sino que incluso su utilización se ha llegado a configurar como preferente.(598)

---

(596) Ressalva-se que no item 9.1 manteve-se a originalidade das fontes de pesquisa, sem a preocupação de verificar o acerto no uso da nomenclatura. O item 4.1 já abordou os conceitos de teletrabalho e home office, o que também foi tratado em outros momentos do estudo, inclusive serão apresentados novos conceitos no item 9.2.

(597) Disponível em: <https://www.ilo.org/wcmsp5/groups/public/—ed_protect/—protrav/—travail/documents/publication/wcms_758007.pdf>. Acesso em: 15 nov. 2021.

(598) Disponível em: <https://www.boe.es/buscar/doc.php?id=BOE-A-2021-11472>. Acesso em: 3 dez.2021.

E complementa abordando a importância das tecnologias da comunicação como ferramenta chave para reduzir o impacto das medidas de contenção e restrição à atividade produtiva, favorecendo trabalhadores e empresas, além da possível contribuição para eficiência das empresas, ampliação das oportunidades de empregos, somada à aceleração econômica no meio rural.

> En suma, las tecnologías de la comunicación han constituido una herramienta clave parareducir el impacto de las medidas de contención y restricciones a la actividad productiva, lo cual favorece a personas trabajadoras y empresas, hace posibles empresas eficientes y con una alta especialización, permite la aceleración económica de las zonas rurales e incrementalas posibilidades de empleo.(599)

O cenário vivido, no entanto, desde o início da pandemia da Covid-19 é de teletrabalho precário, eis que em sua imensa maioria desestruturado e completamente fora do quadrante das CNTP — "condições normais de temperatura e pressão."

Com efeito, quase 4 bilhões de pessoas foram colocadas em alguma espécie de distanciamento social, de supetão, sem planejamento, convivendo com a ameaça da doença cada vez mais próxima de seus entes queridos, quando não atingindo a família, e ceifando milhares de vidas.(600)

Além do medo da doença e ausência de planejamento, nesse modelo de teletrabalho precário tudo acontecia junto e misturado. O *home schooling* passou a fazer parte do cenário familiar, onde conviviam cônjuges e filhos, grande parte das vezes, em poucos cômodos, sem espaço destinado ao trabalho. Nesse sentido, a OIT aponta

> Hay que destacar que para los padres y cuidadores que trabajan, el cierre de escuelas y de otros centros de atención ha hecho que el trabajo desde el hogar sea un desafío. De acuerdo con la última encuesta de Eurofound, entre quienes trabajan desde el hogar como medida de distanciamiento físico, el 26 por ciento vive en hogares con niños menores de 12 años y otro 10 por ciento vive con niños de 12 a 17 años (Eurofound, 2020b). A estos trabajadores les resulta difícil equilibrar sus responsabilidades laborales y de cuidado y están experimentando nuevas dinámicas en la gestión del equilibrio entre el trabajo y la vida privada.(601)

---

(599) Disponível em: <https://www.boe.es/buscar/doc.php?id=BOE-A-2021-11472>. Acesso em: 3 dez.2021.

(600) Até o dia 24.10.21, segundo o portal de notícias g1, foram mais de 606 mil mortes. Disponível em: <https://especiais.g1.globo.com/bemestar/coronavirus/estados-brasil-mortes-casos-media-movel/>. Acesso em: 26 out. 2021.

(601) Disponível em: <https://www.ilo.org/wcmsp5/groups/public/—ed_protect/—protrav/—travail/documents/publication/wcms_758007.pdf>. Acesso em: 15 nov. 2021.

A mesa das refeições, o sofá da sala, e muitas vezes os quartos passaram a ser os locais de desenvolvimento do trabalho, sem maior atenção às questões de ergonomia, e mesmo ao direito de desconexão.

Os espaços eram disputados por toda a família, sendo comum cônjuges desenvolvendo as suas atividades profissionais e crianças assistindo aulas no mesmo local. Quando não, um cônjuge em momento de lazer, enquanto outro trabalhava, ao tempo em que uma criança assistia aula e a outra à televisão — tudo junto e embaralhado, num cenário que não permitia organização e misturava trabalho e lazer de modo demasiado.

Nessa esteira, a revista Isto É Dinheiro, de 27.05.2020, apontou pesquisa realizada pelo LinkedIn em que teletrabalhadores indicaram partes negativas do teletrabalho, as relacionando e distribuindo percentualmente nos seguintes tópicos: distração com notícias sobre a Covid-19 (34%); dificuldades em conciliar trabalho e cuidado com os filhos (20%); desafios em trabalhar com o parceiro em casa (22%).[602]

A dificuldade era tanta que os hotéis (quase sem hóspedes), enxergaram a oportunidade de redirecionar os seus negócios, surgindo o *room office*, que consiste na conversão de quartos de hotéis para escritórios equipados com toda infraestrutura necessária ao desenvolvimento do trabalho.

A Organização Internacional do Trabalho (OIT) reconheceu que à medida em que as infecções pela Covid-19 avançavam pelo mundo, os países trataram de dar instruções aos empregadores para encerrar suas operações, e, se possível instituir o teletrabalho em tempo integral. E isso com muito pouco tempo de preparação tanto para os empregadores, quanto para os trabalhadores. Algo que se planejou como uma solução temporária e a curto prazo acabou se sucedendo por meses.

> Entre enero y marzo de 2020, a medida que las infecciones por COVID-19 se extendieron por todo el mundo, los países dieron instrucciones a los empleadores de cerrar sus operaciones y, de ser posible, aplicar el teletrabajo a tiempo completo para sus trabajadores, **con muy poco tiempo de preparación tanto para los empleadores como para los trabajadores**. *Algo que* **se planeó como una solución temporal y a corto plazo ha estado sucediendo desde hace meses**.[603]

---

(602) Disponível em: <https://www.istoedinheiro.com.br/home-office-esta-afetando-a-saude-dos-trabalhadores-diz-pesquisa-do-linkedin/>. IstoÉ Dinheiro, 27.05.2020. Acesso em: 24 out. 2021.

(603) *El teletrabajo durante la pandemia de COVID-19 y después de ella — Guía práctica Oficina Internacional del Trabajo — Ginebra: OIT, 2020.* Disponível em: <https://www.ilo.org/wcmsp5/groups/public/—ed_protect/—protrav/—travail/documents/publication/wcms_758007.pdf>. Acesso em: 26 out. 2021.

Abordando a precariedade da situação em Portugal, Duarte Abrunhosa e Sousa explana que

> "o regime de teletrabalho, derivado da pandemia da Covid-19, foi **utilizado em Portugal de forma intensiva num contexto emergencial**. Houve, por isso, uma **aplicação em massa sem grande cuidado com cada situação específica dos trabalhadores**. Deste modo, constatamos que **em muitos casos não havia condições ideais para 'levar' o escritório para casa**."

Dentre diversos números, a título meramente exemplificativo, nota-se que a OIT indicou como resultado do confinamento, que na Finlândia cerca de 60% dos empregados passaram a trabalhar em casa, enquanto em Luxemburgo, nos países baixos, Bélgica e Dinamarca, o número superou 50%, e em Itália, Áustria, Irlanda e Suécia o percentual foi de cerca de 40% de empregados teletrabalhando.[(604)] Tais percentuais só reforçam a dimensão quantitativa do teletrabalho a nível mundial.

Contudo, a pretensão aqui não é apurar o número de teletrabalhadores na pandemia, mas indicar a precariedade das condições, e é com esse escopo que se traça comparativo no cenário nacional, no que tange ao teletrabalho estruturado antes da pandemia e durante.

Com efeito, antes da pandemia, dados da Pesquisa Home Office SAP 2018, realizada em parceria com a Sociedade Brasileira de Teletrabalho e Teleatividades (SOBRATT), revelaram que 45% das empresas adotavam o teletrabalho.

Como se sabe, naquele momento, o teletrabalho não gozava da difusão e conhecimento da sociedade de um modo geral que a pandemia lhe outorgou, no entanto, a maioria das empresas que adotavam o teletrabalho antes da Covid-19 o faziam de modo estruturado, parte significativa das vezes no âmbito de programas instituídos de teletrabalho.

Tanto assim o é que a nova Pesquisa Home Office SAP, em parceria com a SOBRATT, realizada nos meses de setembro a novembro de 2020, revelou que das empresas que adotavam o teletrabalho, 46% o faziam de maneira estruturada.

Ora, se 45% das empresas adotavam o teletrabalho em 2018, e a nova pesquisa relevou que no curso da pandemia somente 46% das empresas em teletrabalho o faziam de modo estruturado[(605)], percebe-se que o percentual de adoção de teletrabalho de 2018 é quase igual ao de teletrabalho estruturado em

---

(604) *El teletrabajo durante la pandemia de COVID-19 y después de ella — Guía práctica Oficina Internacional del Trabajo — Ginebra: OIT, 2020.* Disponível em: <https://www.ilo.org/wcmsp5/groups/public/—ed_protect/—protrav/—travail/documents/publication/wcms_758007.pdf>. Acesso em: 26 out. 2021.

(605) Disponível em: <https://sapconsultoria.com.br/wp-content/uploads/2020/12/pesquisahomeoffice2020.pdf.>, p. 9. Acesso em: 23 out. 2021.

2020, fazendo no mínimo pressupor que tais empresas já atuavam em regime estruturado de teletrabalho antes da pandemia, o que resta confirmado por outro dado da pesquisa que mostra que 46% das empresas adotaram um projeto piloto antes da implementação da política.(606)

Patente, pois, que a maioria dos trabalhadores, empresas e organizações atuaram em um regime de teletrabalho precário durante a pandemia da Covid-19.

9.1.1. Aprovação e necessidade de conformação

Mesmo em meio a esse quadro precário, as empresas e organizações tiveram ganho de produtividade, do que a Agência Nacional de Energia Elétrica (ANEEL) é mero exemplo. Com efeito, a área que cuida da pesquisa e desenvolvimento da agência analisou 210% de projetos a mais, e a área de projetos de eficiência energética teve acréscimo de 111% de projetos avaliados, se comparados aos mesmos períodos de 2019 e 2020.(607)

Por sinal, se considerados os 5 (cinco) primeiros meses do ano de 2020, a ANEEL obteve uma economia de R$ 15.100.000,00 (quinze milhões e cem mil reais), diante da redução dos gastos nos escritórios da agência, em razão da adoção do teletrabalho.

Os resultados decorrentes da maior produtividade no trabalho descentralizado por meio da telemática, tal como já defendia o filósofo italiano Domenico de Masi(608), combinados com a redução de despesas nas organizações conduzem à previsão de manutenção do teletrabalho, seja em regime *full time* (integral), seja *part time* (híbrido).

Nesse sentido, em 08.06.2020, em matéria do Valor(609), o Presidente da Petrobrás afirmou que a pandemia demonstrou ser possível trabalhar com 50% do efetivo nos escritórios, tendo em seguida a Revista Época Negócios(610) noticiado que a Petrobrás decidiu manter cerca de metade da sua equipe administrativa trabalhando permanentemente em casa.

---

(606) Disponível em: <https://sapconsultoria.com.br/wp-content/uploads/2020/12/pesquisahomeoffice2020.pdf.>, p. 39. Acesso em: 23 out. 2021.

(607) Disponível em: <https://g1.globo.com/economia/blog/ana-flor/post/2020/06/08/na-aneel-teletrabalho-aumenta-produtividade-e-economiza-r-15-milhoes.ghtml >. Acesso em: 24 out. 2021.

(608) Disponível em: <https://g1.globo.com/sp/ribeirao-preto-franca/noticia/2021/08/27/domenico-de-masi-considera-home-office-aliado-do-ocio-criativo-mas-alerta-quem-exagera-sao-neuroticos.ghtml>. Acesso em: 26 out. 2021.

(609) Disponível em: <https://exame.com/negocios/podemos-trabalhar-com-50-dos-funcionarios-em-casa-diz-ceo-da-petrobras/>. Acesso em: 26 out. 2021.

(610) Disponível em: <https://epocanegocios.globo.com/Empresa/noticia/2020/06/petrobras-mantera-metade-do-pessoal-administrativo-em-home-office-permanente.html>. Acesso em: 24 out. 2021.

O metrô de São Paulo (Companhia do Metropolitano de São Paulo), após projeto frustrado de teletrabalho, retomou os planos com força total, inclusive programando a venda de um imóvel e a entrega de outros dois alugados, desocupando ao final três prédios, o que deve refletir numa economia anual de R$ 9.000.000,00 (nove milhões de reais).[(611)]

A multinacional suíça Lafarge Holcim também anunciou que os 150 (cento e cinquenta) empregados que trabalhavam na área administrativa, no escritório localizado no centro do Rio de Janeiro, não voltarão aos seus postos presenciais ao final da pandemia, havendo o planejamento de que o trabalho passe a ser realizado em regime de home office, o que representará economia estimada de R$ 2.000.000,00 (dois milhões de reais) por ano mediante a entrega do imóvel, diante da redução de gastos com aluguel, condomínio, estacionamento, copa, manutenção e recepcionista.[(612)]

No Banco do Brasil (BB), segundo o veículo de comunicação Valor PRO[(613)], há planos de manter cerca de 10.000 (dez mil) empregados de áreas administrativas em jornada parcialmente remota, considerados os 32.000 (trinta e dois mil) empregados que atuaram a distância por meio da telemática, no curso da pandemia.

Aliás, segundo dados internos do Banco do Brasil, a economia projetada é de R$ 180.000.000 (cento e oitenta milhões de reais) por ano em despesas com imóveis, se considerada redução de custos de aluguel e manutenção, mediante implementação de teletrabalho, na modalidade home office, de acordo com os planos de alcançar 10.000 (dez mil) empregados.[(614)]

Na mesma linha, o jornal El País[(615)], de 22.05.2020, anunciou que o Facebook espera que metade da sua equipe trabalhe a distância na próxima década.

Na área de viagens e turismo, a CVC tinha anteriormente apresentado plano inicial de alocar 400 (quatrocentos) dos seus 4000 (quatro mil) empregados, considerados Brasil e exterior, em regime de home office. Contudo, após a experiência provocada pela Covid-19, a empresa indica que este número deve dobrar.[(616)]

---

(611) Disponível em: <https://www.metrocptm.com.br/pandemia-faz-metro-de-sao-paulo-aderir-ao-home-office-permanente/>. Acesso em: 24 out. 2021.

(612) Disponível em: <https://valorinveste.globo.com/objetivo/empreenda-se/noticia/2020/06/08/companhias-ja-aderem-ao-home-office-permanente.ghtml>. Acesso em: 24 out. 2021.

(613) Disponível em: <https://cnf.org.br/sistema-home-office-podera-ser-permanente-nos-bancos/.> Acesso em: 24 out. 2021.

(614) Disponível em: <https://cnf.org.br/sistema-home-office-podera-ser-permanente-nos-bancos/>. Acesso em: 24 out. 2021.

(615) Disponível em: <https://brasil.elpais.com/tecnologia/2020-05-22/facebook-espera-que-metade-da-sua-equipe-trabalhe-a-distancia-na-proxima-decada.htm>. Acesso em: 24 out. 2021.

(616) Disponível em: <https://vocerh.abril.com.br/voce-rh/cvc-coronavirus/>. Acesso em: 24 out. 2021.

A Pirelli antes da pandemia reduziu a sua área de escritório em aproximadamente 2.000 m2 (dois mil metros quadrados). Muito embora o projeto da fabricante de pneus estivesse voltado à qualidade de vida dos empregados, acabou tendo o efeito complementar de significativa economia com redução de custos de aluguel, mobiliário, serviço de apoio e infraestrutura.(617)

Estudos da Fundação Getúlio Vargas (FGV) apontam que o número de empresas que preferem empregar teletrabalhadores deve aumentar pelo menos 30% ao final da pandemia do Coronavírus.(618)

Alguns exemplos de vagas em home office foram dados pela Localiza, mediante abertura de 200 (duzentos) postos de trabalho, cuja seleção e integração ocorreram *online(619)*, assim como pela Stone que ofereceu oportunidades principalmente para desenvolvedores de software e designs, cuja candidatura foi levada a efeito pelo LinkedIn e site da Gupy.(620)

Do lado dos trabalhadores, a seu turno, matéria do veículo de comunicação Valor(621) revelou que, segundo análise da Fundação Dom Cabral com a Grant Thornton, realizada com 705 (setecentos e cinco) profissionais, 54% destes devem solicitar aos gestores para trabalharem remotamente após a crise.

Em 2020, a LogMeIn Inc. divulgou pesquisa anual encomendada pela GoTo by LogMeIn, conduzida pela OnePoll, que indicou os principais pontos destacados pelos trabalhadores no teletrabalho durante a pandemia, na ordem percentual que segue: 84% de economia de tempo; 70% de economia de dinheiro; 68,8% mais tempo com a família e amigos; 58% ganhos reais na produtividade; 54% maior felicidade.(622)

A pesquisa também apontou que cada empregado poderia economizar, em média, 50,32 (cinquenta vírgula trinta e dois minutos) por dia no trânsito, observando-se que segundo o estudo, o trânsito é responsável por 73,2% de aumento do estresse em relação ao trabalho para os brasileiros.

---

(617) Informações prestadas em palestra ministrada por Giusepe Giorg, Diretor de RH da Pirelli para América Latina, no Painel Novas Perspectivas, no dia 10.05.2019, durante o 3º Seminário Internacional de Segurança e Saúde no Trabalho. Disponível em: <https://agenciafiep.com.br/2019/04/29/curitiba-recebe-o-3o-seminario-internacional-de-seguranca-e-saude-no-trabalho/>. Acesso em: 15 nov. 2021.

(618) Disponível em: <https://webitcoin.com.br/covid-19-pode-mudar-permanentemente-a-forma-como-trabalhamos-hoje/>. Acesso em: 24 out. 2021.

(619) Disponível em: <https://exame.com/carreira/localiza-abre-200-vagas-de-tecnologia-com-home-office-e-inicio-imediato/>. Acesso em: 24 out. 2021.

(620) Disponível em: LinkedIn ou pelo site da Gupy.

(621) Disponível em: <http://feittinf.org.br/funcionarios-desejam-continuar-no-home-office-apos-pandemia-diz-estudo/>. Acesso em: 24 out. 2021.

(622) Disponível em: <https://www.ciclocontadoresassociados.com.br/home-office-veja-as-principais-vantagens-segundo-os-brasileiros/>. Acesso em: 24 out. 2021.

Portanto, ainda que num quadro de teletrabalho precário, as empresas, organizações e trabalhadores aprovaram o trabalho a distância por meio da telemática, o que indica não só a continuidade, mas a perenidade do regime.

Entretanto, ainda que aprovado, há muito a ser conformado. Tanto assim o é que, segundo o Jornal O Globo, de 08.05.2020, 73% dos brasileiros disseram preferir não trabalhar em tempo integral em casa após a Covid-19.(623)

E não à toa, afinal pesquisa realizada pelo LinkedIn com 2000 (dois mil) profissionais em home office indicou que(624):

a) 62% dos entrevistados revelaram estar mais ansiosos e estressados do que quando do trabalho presencial, muito embora 33% se sentisse mais produtivo em razão de ter menos distrações do que na sede da empresa;

b) 24% disseram estar mais pressionados a responder mensagens imediatamente, permanecendo *online* por tempo maior do que quando do trabalho no escritório;

c) 27% dos entrevistados revelaram enviar e-mails fora do horário de expediente apenas para mostrar que estavam trabalhando;

d) 39% disseram se sentir solitários em casa;

e) 20% revelaram insegurança quanto ao que está acontecendo na empresa em que trabalham e com os seus colegas;

f) 30% dos entrevistados relataram estresse pela falta de descontração no trabalho;

g) além do dado já mencionado relativo à preocupação com as notícias sobre a Covid-19 (34%), as dificuldades em conciliar trabalho e cuidado com os filhos (20%) e os desafios em trabalhar com o parceiro em casa (22%).

Na mesma esteira, pesquisa realizada pelo Banco Original em parceria com a Consultoria 4CO mostrou que, para 57% dos brasileiros, o home office está mais cansativo, apesar de a rotina ser menos agitada.(625)

Há diversos desafios a serem enfrentados, a iniciar pelo direito à formação profissional e igualdade de oportunidades, passando pelo respeito à desconexão, controle ou ausência de controle de jornada, normativas para monitoramento a distância, observância da saúde e segurança no teletrabalho, privacidade e intimidade, proteção de dados pessoais, ajustes quanto ao ônus da atividade e outros,

---

(623) Disponível em: <https://veja.abril.com.br/ciencia/73-dos-brasileiros-nao-querem-home-office-integral/>. Acesso em: 24 out. 2021.

(624) Disponível em: <https://www.istoedinheiro.com.br/home-office-esta-afetando-a-saude-dos-trabalhadores-diz-pesquisa-do-linkedin/>. IstoÉ Dinheiro, 27.05.2020. Acesso em: 24 out. 2021.

(625) Disponível em: <https://calltocall.com.br/pesquisa-banco-original-e-4co-sobre-trabalho-remoto-na-quarentena/>. Acesso em: 24 out. 2021.

que podem ter alguma conformação via negociação coletiva como tratado no capítulo 8, e também por meio de políticas empresariais de prevenção em ambiente virtual a serem abordadas no capítulo 11.

9.2. Novos conceitos

Em meio à pandemia, em junho de 2020, a Organização Internacional do Trabalho (OIT) divulgou a COVID-19: *Guidance for labour statics data collection*(626), contemplando a definição e significado de *remote work* (trabalho remoto), *telework* (teletrabalho), *work at home* (trabalho em casa) e *home-based work* (trabalho baseado em casa).

No conceito apresentado pela OIT, **trabalho remoto** deve ser compreendido como aquele realizado total ou parcialmente num local alternativo que não o padrão, ou seja de modo descentralizado. Na visão da OIT, o trabalho remoto pode ser realizado em variedade de possíveis locais, sempre vistos como alternativos ao local onde normalmente se esperaria a realização do trabalho.

Para a OIT, o **teletrabalho** representa subcategoria do trabalho remoto. Ou seja, o trabalho remoto diz respeito a algo maior dentro do qual se insere o teletrabalho, este último quando composto por trabalhadores que usam as TICs (tecnologias da informação e comunicação) para realizar o trabalho remotamente.

Segundo a OIT, o teletrabalho é semelhante ao trabalho remoto, na medida em que realizado em local diverso do padrão, ou seja descentralizado. O que o diferencia, no entanto, é que a execução do teletrabalho ocorre por meio de dispositivos de uso pessoal, ou seja computadores pessoais, *notebooks*, *smartphones* e outros aparelhos de utilidade pessoal por meio das TICs.

O **home office**, a seu turno, é aquele realizado dentro da própria residência do trabalhador, seja total ou parcialmente. Significa dizer, trata-se de modalidade de trabalho remoto, enquadrada como teletrabalho, e qualificada como home office quando total ou parcialmente realizada da residência do trabalhador, por meio da telemática, desde que o local padrão não seja a casa do teletrabalhador.

Valendo-se das explicações da OIT, tanto o trabalho remoto quanto o teletrabalho podem ser realizados total ou parcialmente de um ou mais locais de trabalho alternativos, diversos do padrão, sendo que o primeiro representa algo maior dentro do qual se insere o teletrabalho.

Trabalho remoto é o trabalho descentralizado em si; enquanto teletrabalho representa subcategoria(627) que permite o trabalho por dispositivos de uso pessoal de

---

(626) Disponível em: <https://www.ilo.org/wcmsp5/groups/public/—dgreports/—stat/documents/publication/wcms_747075.pdf>. Acesso em: 03 dez.2021.

(627) No curso deste estudo, foi adotado o conceito de teletrabalho como subcategoria do trabalho a distância ou trabalho remoto, e o home office como espécie de teletrabalho.

qualquer lugar (*anywhere office*); ao passo que home office representa espécie da subcategoria teletrabalho, quando realizado a partir da residência do trabalhador.

Já o ***home based work*** é o trabalho prestado de um local que é o mesmo do centro de produção, ou seja, não representa descentralização produtiva, tal como o autônomo que tem o seu escritório baseado em casa — o que não constitui objeto deste estudo.

Fazendo uso, pois, dos conceitos da OIT, observa-se que não se considera teletrabalhador aquele que trabalha baseado em casa, quando inexiste outro local de exercício da atividade, ou seja, a atividade não é exercida de modo descentralizado. Exemplo: advogado que não possui escritório estabelecido, atendendo somente da sua casa, não está descentralizado, portanto se enquadra na categoria de *home based work*.

No entanto, advogado com escritório estabelecido, mas que atua em casa, está descentralizado, portanto em teletrabalho, na modalidade home office.

9.2.1. Enquadramento do teletrabalho frente às plataformas digitais

Nesse mesmo guia: COVID-19: *Guidance for labour statics data collection*, a OIT deixa claro que o conceito de teletrabalho geralmente não inclui aqueles que atuam em plataformas digitais ou economia de trabalho esporádico.

> *La definición de teletrabajo no suele incluir a los que trabajan en la economía de plataformas o de trabajo esporádico; por ejemplo, un trabajador independiente que trabaja principalmente desde su casa no puede clasificarse como teletrabajador sino como trabajador a domicilio, según los términos del Convenio sobre el trabajo a domicilio, 1996 (núm. 177).*[(628)]

Na definição de Marcelo Rodrigues Prata, a tarefa sob demanda via aplicativos, "em sentido amplo, é aquela atividade gerenciada algoritmicamente por meio de plataformas de trabalho digitais, que distribuem tarefas a profissionais previamente cadastrados, com base em sua geolocalização, facilitando assim a proximidade entre prestadores e destinatários finais do serviço.[(629)]

André Gonçalves Zipperer explica que a economia por compartilhamento pode ser do tipo comercial e não comercial, assim como crowdsourcing (multiterceirização), que a seu turno se subivide em *crowdsourcing on-line* e *off-line*.[(630)]

---

(628) Disponível em: <https://www.ilo.org/wcmsp5/groups/public/—ed_protect/—protrav/—travail/documents/publication/wcms_758007.pdf>. Acesso em: 15 nov. 2021.

(629) PRATA, Marcelo Rodrigues. *Uberização nas relações de trabalho:* trabalho sob demanda via aplicativos, impactos da pandemia da Covid-19. Ed. Juruá: Curitiba, 2021, p. 67.

(630) ZIPPERER, André Gonçalves. *A intermediação de trabalho via plataformas digitais:* repensando o direito do trabalho a partir das novas realidades do século XXI, São Paulo: LTr, 2019, p. 53.

> "A multiterceirização (crowdsourcing) *online* tem como principal característica o fato de que todo o trabalho pode ser executado praticamente sem qualquer encontro físico com o provedor de serviços. O trabalhador não possui local físico de trabalho adequado"(631), na medida em que "a tarefa é disponibilizada em plataforma virtual aceita pelo trabalhador da multidão *online*, que a realiza geralmente dentro de prazos e valores preestabelecidos."(632) Nessa modalidade, "o trabalho é executado, portanto, de forma virtual e global."(633)

Mais adiante o autor sustenta que, "a multiterceirização *off-line* exige implementação física do trabalho, ou seja, faz-se necessário que a pessoa esteja no lugar certo no tempo certo", portanto "de forma não virtual e pessoalmente"(634), apontando que "esta é a modalidade dos aplicativos de transporte como o *Uber* e *Cabify*, além de outros que envolvem entregas, treinamento pessoal, montagem de móveis, serviço doméstico, por exemplo."

Dos conceitos apresentados, percebe-se o acerto da OIT quanto à não caracterização ordinária do teletrabalho quando do uso das plataformas digitais, apresentando-se a ressalva de que tal enquadramento pode ocorrer na multiterceirização *online*, fora do quadrante do emprego, quando o trabalho é contratado e entregue mediante o uso da telemática, tal como a disponibilização da atividade na nuvem para um contingente indeterminado de trabalhadores, contratando-se determinado escopo de um destes, a partir de local distante, de forma descentralizada do local padrão onde se encontra o tomador dos serviços.

9.3. Medidas Provisórias ns. 927 e 1046

No quadro nacional, foram editadas as Medidas Provisórias ns. 927 e 1046, a fim de regulamentar o teletrabalho emergencial, em cenário de surto pandêmico, mediante a inserção de regras especiais, que flexibilizaram a adoção do regime a fim de estimulá-lo como poderosa ferramenta de distanciamento social.

A MP n. 927 foi publicada na data de 22.03.2020 e dispunha sobre as medidas trabalhistas que poderiam ser adotadas pelos empregadores, durante o prazo de cento e vinte dias, para a preservação do emprego, a sustentabilidade do mercado de trabalho e o enfrentamento das consequências da emergência de saúde pública de importância internacional decorrente do coronavírus (Covid-19) relacionadas a trabalho e emprego, tratando no Capítulo II de regras emergenciais a serem aplicadas ao teletrabalho em seus arts. 4º, 5º e 33.

---

(631) ZIPPERER, André Gonçalves. *A intermediação de trabalho via plataformas digitais:* repensando o direito do trabalho a partir das novas realidades do século XXI, São Paulo: LTr, 2019, p 57

(632) *Idem.*

(633) *Ibidem*, p. 58

(634) *Idem.*

Em que pese a MP n. 927 tenha cumprido a sua finalidade, não houve consenso, e o Senado retirou a medida da pauta, expirando o seu prazo de vigência em 19.07.2020.

Antes de tratar da MP n. 1.046, cabe observar que a Portaria n. 10.486, forte do art. 4º, § 3º trouxe regras para regulação quando do uso da medida de redução de jornada e salários — objeto da MP n. 936 — para quem estava isento do controle de jornada, hipótese em que se enquadra o teletrabalho (art. 62, III).

Seguindo a linha de regulação, dispôs que o Benefício Emergencial (Bem) não seria devido caso ocorresse a manutenção do mesmo nível de exigência de produtividade ou efetivo desempenho do trabalho, nos seguintes casos: a) empregados isentos do controle de jornada; b) empregados que percebam remuneração variável.

Significa dizer, a redução de jornada e salário proporcionais poderia ser aplicada aos empregados isentos de controle de jornada — como sói de ser, até porque o empregado sem controle de horário fica vinculado a uma redução da carga de atividades, e não a horários pré-estabelecidos.

Contudo, haveria de se ter a cautela de que o empregado isento de controle (art. 62 e incisos — trabalho externo, cargo de confiança e teletrabalho) ou mesmo do art. 224, § 3º da CLT (direção e cargo de confiança bancária, v.g.) não poderia manter o mesmo grau de atividades, de tal sorte que a carga final de trabalho fosse minorada nos termos do pacto de redução firmado, sob pena de exclusão do direito ao Bem.

O mesmo se poderia dizer de empregado em teletrabalho, que tivesse parte da remuneração calculada de modo variável, caso mantido o mesmo nível de atividades.

Essa eliminação do direito ao BEm implicaria na responsabilização da empresa para com todos os valores do benefício, observado o caráter salarial, além de todos os demais valores, como se não houvesse a instituição do programa, a teor da previsão do art. 14, parágrafo único, da MP n. 936.[635]

Retornando às medidas que trataram diretamente do teletrabalho, a MP n. 1.046 mantendo a essência da sua antecessora, editada na data de 27.04.2021, dispunha sobre as medidas trabalhistas que poderiam ser adotadas pelos empregadores, durante o prazo de 120 (cento e vinte) dias, também para a preservação do

---

(635) Art. 14. *Na hipótese de indeferimento do BEm ou de seu arquivamento por não atendimento de exigências de regularização das informações, empregador ficará responsável pelo pagamento da remuneração no valor anterior à redução ou à suspensão, inclusive dos respectivos tributos, contribuições e encargos devidos*
Parágrafo único. Aplica-se o disposto no caput para os casos de cessação de BEm motivados por ***ato atribuível ao empregador e*** *para os* ***períodos cujos pagamentos tenham sido considerados indevidos.***

emprego, a sustentabilidade do mercado de trabalho e o enfrentamento das consequências da emergência de saúde pública de importância internacional decorrente do coronavírus (Covid-19) relacionadas a trabalho e emprego, contemplando regras emergenciais para o teletrabalho em seus arts. 3º, 4º e 30, perdendo a sua vigência em 25.08.2021.

Não tendo sido editado decreto legislativo a regular as relações jurídicas constituídas durante a vigência das MPs em referência, as regras destas mantêm validade e eficácia no período de suas vigências, forte do art. 62, § 11, da CF, e até se poderia sustentar a continuidade do regime de exceção durante o estado de calamidade pública, porém, a melhor recomendação - dado o caráter de prestações sucessivas das relações do trabalho - seria a observância da íntegra das regras da CLT.

Na mesma esteira, com ainda muito mais ênfase, inexorável a necessidade de que os novos pactos, fora da vigência das medidas provisórias, cumprissem a integralidade das condições previstas pela CLT em seu título II-A, consoante regras abordadas no capítulo 5 desta obra.

9.3.1. Conceito

A MP n. 927 de 22.03.2020, e a MP n. 1.046 de 27.04.21 conceituaram o teletrabalho de forma ampliativa, inserindo a categoria trabalho remoto e o trabalho a distância juntamente com a subcategoria (no conceito da OIT) teletrabalho.

Nesses termos a redação do art. 4º, § 1º da MP n. 927:

> § 1º Para fins do disposto nesta Medida Provisória, considera-se teletrabalho, trabalho remoto ou trabalho a distância a prestação de serviços preponderante ou totalmente fora das dependências do empregador, com a utilização de tecnologias da informação e comunicação que, por sua natureza, não configurem trabalho externo, aplicável o disposto no inciso III do *caput* do art. 62 da Consolidação das Leis do Trabalho, aprovada pelo Decreto-Lei n. 5.452, de 1943.

E, na mesma esteira de raciocíonio, a redação do art. 3º, § 1º da MP n. 1.046:

> Art. 3º. § 1º Para fins do disposto nesta Medida Provisória, considera-se teletrabalho, trabalho remoto ou trabalho a distância a prestação de serviços preponderante ou totalmente fora das dependências do empregador, com a utilização de tecnologias da informação e comunicação que, por sua natureza, não configurem trabalho externo, hipótese em que se aplica o disposto no inciso III *caput* do art. 62 da Consolidação das Leis do Trabalho, aprovada pelo Decreto-Lei n. 5.452, de 1º de maio 1943.[636]

No plano prático, o texto das medidas provisórias não parece representar algo inovador ou que altere as regras da CLT, ainda que na vigência das MPs ns. 927 e 1046.

---

(636) Disponível em: <https://www.in.gov.br/en/web/dou/-/medida-provisoria-n-1.046-de-27-de-abril-de-2021-316265470>. Acesso em: maio/2021.

O trabalho a distância já tinha a sua previsão desde a Lei n. 12.551, de 2011, consoante art. 6º da CLT.(637) De toda sorte, cumpre retomar os conceitos iniciais de que o trabalho a distância e o trabalho remoto são algo mais amplo que o teletrabalho, o que pode abrir a possibilidade de inserção de outras formas de trabalho exercidas a distância no mesmo enquadramento jurídico da subcategoria teletrabalho, durante a vigência das medidas provisórias em análise.

9.3.2. Mudança de regime e reversibilidade

Durante a pandemia da Covid-19, por força da edição das Medidas Provisórias ns. 927 e 1.046, foi flexibilizada a adoção do regime presencial para o teletrabalho, inexistindo necessidade de concordância do trabalhador para o trabalho a distância.

Como medida de enfrentamento da Covid-19, bastava, pois, a comunicação do empregador ao empregado com 48 (quarenta e oito) horas de antecedência, por escrito ou meio eletrônico para que se iniciasse o labor em regime de teletrabalho.

Na lição de Luciano Martinez, "destaque-se que ao dizer 'meio eletrônico', o legislador legitimou a informação mediante simples mensagem dirigida ao e-mail do empregado ou mesmo um rápido texto encaminhado via WhatsApp, Messenger ou Direct. O importante apenas era fazer a prova da recepção do aviso, nada mais que isso".(638)

Nesse sentido, o art. 4º, *caput* e § 2º da MP n. 927:

> Art. 4º Durante o estado de calamidade pública a que se refere o art. 1º, o empregador poderá, a seu critério, alterar o regime de trabalho presencial para o teletrabalho, o trabalho remoto ou outro tipo de trabalho a distância e determinar o retorno ao regime de trabalho presencial, independentemente da existência de acordos individuais ou coletivos, dispensado o registro prévio da alteração no contrato individual de trabalho.
>
> ...
>
> § 2º A alteração de que trata o caput será notificada ao empregado com antecedência de, no mínimo, quarenta e oito horas, por escrito ou por meio eletrônico.

E também o art. 3º, *caput* e § 2º da MP n. 1.046 que seguiu a mesma linha:

> Art. 3º O empregador poderá, a seu critério, durante o prazo previsto no art. 1º, alterar o regime de trabalho presencial para teletrabalho, trabalho remoto ou outro tipo de trabalho a

---

(637) **Art. 6º** *Não se distingue entre o trabalho realizado no estabelecimento do empregador, o executado no domicílio do empregado e o realizado a distância, desde que estejam caracterizados os pressupostos da relação de emprego. (Redação dada pela Lei n. 12.551, de 2011)*
Parágrafo único. Os meios telemáticos e informatizados de comando, controle e supervisão se equiparam, para fins de subordinação jurídica, aos meios pessoais e diretos de comando, controle e supervisão do trabalho alheio. *(Incluído pela Lei n. 12.551, de 2011)*

(638) MARTINEZ, Luciano. *Curso de direito do trabalho:* relações individuais, sindicais e coletivas do trabalho, 12. ed. São Paulo: Saraiva Educação, 2021. p. 266.

> distância, além de determinar o retorno ao regime de trabalho presencial, independentemente da existência de acordos individuais ou coletivos, dispensado o registro prévio da alteração no contrato individual de trabalho.
>
> § 2º A alteração de que trata o caput será notificada ao empregado com a antecedência de, no mínimo, quarenta e oito horas, por escrito ou por meio eletrônico.

Com o fim de vigência do período de exceção, retomam-se as regras normais, não podendo o teletrabalho ser imposto de forma unilateral, e quando ajustado entre as partes, seguido do imediato e respectivo aditivo ao contrato de trabalho, tal como tratado no capítulo 5, item 5.2 deste estudo.

9.3.3. Ônus da Atividade

As Medidas Provisórias ns. 927 e 1046 mantiveram a regra prevista pela CLT, no que tange à necessidade de dispor em contrato a quem cabe o custeamento dos equipamentos e infraestrutura, flexibilizando, no entanto, ao conferir o prazo de 30 (trinta) dias para tal inserção em instrumento escrito.

Nesse sentido, veja-se o teor do § 3º do art. 4º da MP n. 927:

> § 3º As disposições relativas à responsabilidade pela aquisição, pela manutenção ou pelo fornecimento dos equipamentos tecnológicos e da infraestrutura necessária e adequada à prestação do teletrabalho, trabalho remoto ou trabalho a distância e ao reembolso de despesas arcadas pelo empregado serão previstas em contrato escrito, firmado previamente ou no prazo de trinta dias, contado da data da mudança do regime de trabalho.

Contemplavam também regra de que se o empregado não possuir os equipamentos e infraestrutura necessários para a execução do trabalho, o empregador poderá fornecê-los em regime de comodato, tal como previsto pelo art. 4º, inciso I da MP n. 927.

> § 4º Na hipótese de o empregado não possuir os equipamentos tecnológicos e a infraestrutura necessária e adequada à prestação do teletrabalho, do trabalho remoto ou do trabalho a distância:
>
> I — o empregador poderá fornecer os equipamentos em regime de comodato e pagar por serviços de infraestrutura, que não caracterizarão verba de natureza salarial; ou

Outrossim, por força do art. 4º, inciso II da MP n. 927, se o empregado tivesse sido encaminhado para casa, seja em razão do regime de quarentena previsto pelo art. 3º, inciso II da Lei n. 13.979, seja por liberalidade do empregador, sem que tenha a condição tecnológica de realizar o teletrabalho, ficaria isento do cumprimento da jornada, sem prejuízo do salário, afinal se encontraria à disposição do empregador, consoante art. 4º da CLT.

> II — na impossibilidade do oferecimento do regime de comodato de que trata o inciso I, o período da jornada normal de trabalho será computado como tempo de trabalho à disposição do empregador.

Embora com mínimas alterações de texto, e realocação dos artigos, a MP n. 1.046 manteve exatamente o mesmo sentido da sua antecessora, nos termos do § 3º e § 4º, incisos I e II — ambos do art. 3º.(639)

Com o encerramento do período de vigências das medidas provisórias, se o regime de teletrabalho for a opção das partes, o aditivo deverá ser firmado de imediato prevendo a responsabilidade pelos equipamentos tecnológicos e infraestrutura, tal como abordado no item 5.3 desta obra.

9.3.4. Controle de jornada/Ausência

A MP n. 927, forte do art. 4º, § 1º expressamente manteve a isenção de controle de jornada de que trata o art. 62, inciso III da CLT.

> § 1º Para fins do disposto nesta Medida Provisória, considera-se teletrabalho, trabalho remoto ou trabalho a distância a prestação de serviços preponderante ou totalmente fora das dependências do empregador, com a utilização de tecnologias da informação e comunicação que, por sua natureza, não configurem trabalho externo, aplicável o disposto no inciso III do *caput* do art. 62 da Consolidação das Leis do Trabalho, aprovada pelo Decreto-Lei n. 5.452, de 1943.

A MP n. 1.046, com supedâneo no art. 3º, § 1º(640), com redação muito semelhante e a mesma essência, de forma expressa manteve a isenção de controle de jornada de que trata o art. 62, inciso III da CLT.

O cuidado aqui a ser tomado é que parte significativa das empresas permaneceram determinando o cumprimento de horários de seus empregados e/ou controlando, tal como no regime presencial, ainda que sem registro, o que tem potencial de gerar enorme quantidade de demandas trabalhistas.

Isso porque o contrato de emprego é regido pela primazia da realidade, de sorte que se a prática demonstrou a exigência de cumprimento de horários, certos e determinados, a atitude do empregador pode ter ido de encontro ao texto legal que manteve a isenção de controle.

---

(639) Art. 3º ... *§3º As disposições relativas à responsabilidade pela aquisição, pela manutenção ou pelo fornecimento dos equipamentos tecnológicos e da infraestrutura necessária e adequada à prestação de teletrabalho, trabalho remoto ou trabalho a distância e as disposições relativas ao reembolso de despesas arcadas pelo empregado serão previstas em contrato escrito, firmado previamente ou no prazo de trinta dias, contado da data da mudança do regime de trabalho.*
§ 4º Na hipótese de o empregado não possuir os equipamentos tecnológicos nem a infraestrutura necessária e adequada à prestação de teletrabalho, trabalho remoto ou trabalho a distância:
I — o empregador poderá fornecer os equipamentos em regime de comodato e pagar por serviços de infraestrutura, que não caracterizarão verba de natureza salarial; ou
II — o período da jornada normal de trabalho será computado como tempo de trabalho à disposição do empregador, na impossibilidade do oferecimento do regime de comodato de que trata o inciso I.
(640) § 1º Para fins do disposto nesta Medida Provisória, considera-se teletrabalho, trabalho remoto ou trabalho a distância a prestação de serviços preponderante ou totalmente fora das dependências do empregador, com a utilização de tecnologias da informação e comunicação que, por sua natureza, não configurem trabalho externo, hipótese em que se aplica o disposto no inciso III caput do art. 62 da Consolidação das Leis do Trabalho, aprovada pelo Decreto-Lei n. 5.452, de 1º de maio 1943.

Oportuna a lição de Guilherme Guimarães Feliciano, que ao tratar da inaplicabilidade das regras de teleatendimento, aborda a questão do controle de jornada pelo empregador, mesmo com a isenção prevista pela medida de emergência.

> Cumpre destacar, contudo, que essa ausência de limite da jornada é uma regra geral, oriunda da presunção de inexistência de controle do período efetivo de labor do teletrabalhador; ela é, portanto, afastada em caso de prova de que a jornada era efetivamente controlada pelo empregador.
>
> Distinta não poderia ser a conclusão, sob pena de se consagrar situação de ficção jurídica (de ausência de controle da jornada que, na realidade, existia), contrária a princípio essencial do Direito do Trabalho, da primazia da realidade.(641)

Com o fim da vigência das medidas provisórias, mantém-se a validade e eficácia das regras, nesta previstas para aqueles que praticaram o ato ao tempo da sua vigência, observando a máxima "o tempo rege o ato".

Para a continuidade das regras do período emergencial, quando se trata de prestações sucessivas, recomendável firmar negociação coletiva disciplinando a manutenção das condições ou semelhantes às estabelecidas na vigência das medidas provisórias, com base no art. 611-A da CLT.

O que se projeta a partir da experiência de teletrabalho precário que a Covid-19 propiciou é a reformulação de escritórios, que deverão ter postos de trabalho a serem ocupados em rodízio de dias, com a inserção do teletrabalho de um a três dias na semana.

Há forte tendência, pois, de adoção do teletrabalho em regime *part time*, ou seja, parte do tempo de forma descentralizada, e não *full time*, tal como a sociedade foi conduzida de supetão durante o enfrentamento do estado de calamidade pública a fim de enfrentar a Covid-19.

Nessa condição, observada a regra do art. 75-B da CLT, não se cogita de isenção de controle de jornada se o teletrabalho não for preponderante, ou seja, se a maior parte das atividades não for descentralizada, por meio da telemática.

Já nas hipóteses onde o regime de teletrabalho for preponderante, deve-se não só aditar o contrato de trabalho nos termos previstos pelo título II-A da CLT, como manter especial atenção à questão da manuntenção ou não do controle de jornada, a depender da forma e liberdade como o trabalho irá se desenvolver, não se recomendando o uso da exceção legal para aqueles trabalhadores que manterão jornada certa e determinada a ser cumprida e fiscalizada, assim como respeitando o direito de desconexão, consoante abordado no item 5.4 desta obra.

---

(641) Disponível em: <https://revistalaborare.org/index.php/laborare/article/view/61/86>. Acesso em: 16 nov. 2021.

9.3.5. *Direito de Desconexão*

As medidas provisórias trouxeram perigosos contornos flexibilizadores ao tratar do uso de aplicativos e programas de comunicação fora da jornada normal de trabalho.

Com efeito, a MP n. 927 forte do art. 4º, § 5º tinha previsão no sentido de que:

> "o tempo de uso de aplicativos e programas de comunicação fora da jornada de trabalho normal do empregado não constitui tempo à disposição, regime de prontidão ou de sobreaviso, exceto se houver previsão em acordo individual ou coletivo."

Na mesma linha, e acrescentando o uso de softwares, ferramentas digitais ou de aplicações de internet, a redação do art. 3º, § 5º da MP n. 1.046:

> § 5º O tempo de uso de equipamentos tecnológicos e de infraestrutura necessária, assim como de softwares, de ferramentas digitais ou de aplicações de internet utilizados para o teletrabalho fora da jornada de trabalho normal do empregado, não constitui tempo à disposição, regime de prontidão ou de sobreaviso, exceto se houver previsão em acordo individual ou em acordo ou convenção coletiva de trabalho.

As medidas provisórias podem ter prestado um desserviço, no que tange ao direito de desconexão. Com efeito, a MP n. 927 fazia referência ao tempo de uso de aplicativos e programas de comunicação; ao passo que a MP n. 1.046 foi ainda mais abrangente fazendo menção ao tempo de uso de equipamentos tecnológicos e de infraestrutura necessária, assim como de softwares, de ferramentas digitais ou aplicações de internet para o teletrabalho — tendo por ponto comum em ambas, a previsão de que o tempo de uso destes fora da jornada normal do empregado não constitui tempo à disposição, regime de prontidão ou de sobreaviso, exceto se houver previsão em acordo individual ou instrumento coletivo.(642)

Tais dispositivos devem ser lidos com alguma reserva, não parecendo razoável outra interpretação se não a de que o uso do ferramental tecnológico fora da jornada normal, para outros fins que não o trabalho, não representará tempo à disposição, prontidão ou sobreaviso.

Recomendável, pois, que o empregador tivesse o cuidado de não confundir o uso de aplicativos pelo empregado ou ocasional encaminhamento de correios eletrônicos fora do horário de trabalho, com a realização de trabalho constante por meio de aplicativos ou outros meios de comunicação em horário diverso do contratado.(643)

---

(642) OLIVEIRA NETO, Célio Pereira. *A aplicação prática do art. 62, inciso III da CLT*. (Coord. ZAVANELLA, Fabiano; CAMARGO PINTO, Luis Otávio). 22 anos da SOBRATT: A Evolução do Teletrabalho: Tomo I: Aspectos Jurídicos. Campinas, SP: Lacier Editora, 2021.

(643) OLIVEIRA NETO, Célio Pereira. Em regime de teletrabalho, o empregado sempre estará isento do controle de jornada? Há risco de condenação em horas extras? *In*: CALCINI, Ricardo; MENDONÇA, Luiz Eduardo Amaral de (coords.). *Perguntas e respostas sobre a lei da reforma trabalhista*: obra coletiva por ocasião dos 2 anos da Lei n. 13.467/2017. São Paulo: LTr, 2019. p. 183.

Quando não, que o uso, em horários variados, pelo teletrabalhador isento de controle de jornada, na forma do art. 62, inciso III, não constitui tempo de trabalho — afinal inexiste controle. Mas, não de que estariam autorizadas as atividades laborativas a todo tempo, desrespeitando inclusive dias de descanso semanal remunerado e feriados.

Isso porque, ainda que isento do controle de jornada (se assim o for), há de se ter precaução com o respeito aos dias de descanso semanal remunerado e feriados, não se ativando no labor como se não houvesse amanhã. Deve-se observar, pois, o direito de desconexão, entendido como tal direito ao lazer e ao descanso em oposição ao trabalho.

O mesmo se diga quanto ao regime de plantão — mormente quando da manutenção de regime de plantão já ordinário — afinal, se o empregado permanecer em regime de plantão fixo, cabendo ser chamado a qualquer tempo, abre-se ampla possibilidade de ser caracterizada a hora de sobreaviso, nos termos da Súmula n. 428 do TST.

De toda sorte, com o fim da vigência das regras de emergência, consignadas nas medidas provisórias, o empregador deve ter ainda mais cautela, observando o direito de desconexão, na forma abordada no item 5.5.

9.3.6. *Estagiários e Aprendizagem*

O art. 5º da MP n. 927 previa a aplicação do regime de teletrabalho, trabalho remoto ou trabalho a distância também para estagiários e aprendizes.

> Art. 5º Fica permitida a adoção do regime de teletrabalho, trabalho remoto ou trabalho a distância para estagiários e aprendizes, nos termos do disposto neste Capítulo.

A redação da MP n. 1.046, no particular, seguiu *ipsis literis* os termos da MP n. 927, com a única distinção que a disciplinou no art. 4º.

No cenário atual, com o término da vigência das medidas provisórias, as regras da CLT voltaram a prevalecer na sua integralidade. A partir daí duas são as interpretações possíveis no que tange aos estagiários.

A primeiras delas, mais conservadora, não permite a realização do teletrabalho por parte de estagiários, por ausência de previsão legal.

A segunda, quer parecer ser a mais adequada, admite a adoção do regime de teletrabalho para estagiários.

Embora a Lei n. 11.788/08 (Lei do Estágio) não trate da possibilidade de adoção do teletrabalho para o estagiário, diante da pandemia provocada pela Covid-19, deve ser adotada toda e qualquer medida para evitar o contágio e a propagação do vírus.

Considerando esse fator de excepcionalidade, é plenamente defensável a adoção/manutenção do teletrabalho para o estagiário, desde que observada a legislação do estágio. Ou seja, a unidade concedente de estágio deve garantir que:

(i) o supervisor do estágio efetivamente acompanhe as atividades dos estagiários, assim como esteja à disposição para orientações (via e-mail, skype, *hangouts* ou qualquer outra ferramenta de comunicação virtual a distância);

(ii) as atividades executadas devem ser as mesmas previstas no termo de compromisso de estágio;

(iii) a carga horária do teletrabalho deve ser a mesma prevista no termo: no máximo 6h diárias para estágio extracurricular e 8h para estágio curricular obrigatório.

Claro que a adoção ou manutenção do teletrabalho deve ser adotada mediante assinatura de termo aditivo ao contrato de estágio.

A título argumentativo, cabe observar que ao tratar dos aprendizes, a Portaria n. 18.775, de 7 de agosto de 2020, autoriza a execução das atividades teóricas e práticas dos programas de aprendizagem profissional na modalidade a distância, durante o estado de calamidade pública reconhecido pelo Decreto Legislativo n. 6 de 2020, cujo prazo expirou em 31 de dezembro de 2020.

Feitas essas considerações, enquanto a pandemia representar risco elevado à coletividade, o teletrabalho poderá ser utilizado como solução para mitigação de risco, inclusive nas atividades de aprendizagem e estágio, observadas as demais regras legais aplicáveis para os respectivos contratos.

Por sinal, mesmo após a pandemia da Covid-19, o teletrabalho *part time* (híbrido) deve ser incentivado inclusive para estagiários, durante ao menos um dia na semana.

Se o programa cumprir com todas as suas finalidades, mediante a competente supervisão, s.m.j., a falta de previsão legal não representa razão para conduzir a declaração de nulidade do contrato de estágio.

No entanto, a cautela recomenda que a matéria seja objeto de negociação coletiva, com o que se ampliará a segurança jurídica.

9.3.7. Inaplicabilidade das Regras de Teleatendimento e Telemarketing

Tanto a MP n. 927 quanto a MP n. 1.046 foram claras ao dispor que as regras relativas ao teleatendimento e telemarketing não se aplicam aos teletrabalhadores, consoante redação dos arts. 33 e 31, respectivamente, que tiveram exatamente o mesmo texto:

Não se aplicam aos trabalhadores em regime de teletrabalho, nos termos do disposto nesta Medida Provisória, as regulamentações sobre trabalho em teleatendimento e *telemarketing*, dispostas na Seção II do Capítulo I do Título III da Consolidação das Leis do Trabalho, aprovada pelo Decreto-Lei n. 5.452.

O objetivo aqui não parece ter sido outro se não deixar claro que o fato de estar inserido em regime de teletrabalho, por si só não implica em aplicação das regulamentações destinadas ao teleatendimento e telemarketing , nomeadamente anexo II da NR-17.

Tal não representa, e nem poderia representar descuido com a ergonomia, mas de toda sorte, por evidente, não chega ao ponto de se exigir a observância das regras aplicáveis aos que atuam em teleatendimento e telemarketing.

As precauções pós-medidas provisórias permanecem as mesmas, fazendo-se remissão ao tratado no item 5.6 deste livro, com a inserção da política a que se refere o item 11.3.

9.4. Ministério Público do Trabalho — Nota Técnica n. 17/2020

Diante da adoção em grande escala do teletrabalho por conta da emergência provocada pelo avanço da Covid-19, o Ministério Público do Trabalho, por meio do Grupo de Trabalho GT Covid-19 e do Grupo de Trabalho Nanotecnologia emitiu a Nota Técnica n. 17/2020, estabelecendo diretrizes visando a proteção da saúde e demais direitos fundamentais dos trabalhadores em trabalho remoto ou *home office*.(644)

Passa-se a fazer rápida abordagem sobre alguns dos temas sobre os quais o *parquet* demonstrou preocupação, na forma que segue:

a) **Privacidade:** o empregador deve garantir e preservar a intimidade, privacidade e a segurança pessoal e familiar em relação à obtenção, armazenamento e compartilhamento de dados fornecidos pelos empregados.

b) **Aditivo ao Contrato de Trabalho:** a prestação de serviços em regime de teletrabalho deve estar regulamentada *"por meio de contrato de trabalho aditivo por escrito, tratando de forma específica sobre a duração do contrato, a responsabilidade e a infraestrutura para o trabalho remoto, bem como o reembolso de despesas relacionadas ao trabalho realizadas pelo empregado, nos termos da legislação trabalhista"*.

c) **Ergonomia:** o empregador deverá observar parâmetros de ergonomia relacionados a aspectos físicos (como mobiliário) e cognitivos (design das pla-

(644) Disponível em: <https://mpt.mp.br/pgt/noticias/nota-tecnica-n-17-sobre-trabalho-remoto-gt-covid-19-e-gt-nanotecnologia-1.pdf?fbclid=IwAR0qlu5h61T9U4VH-7IxcDmDfNEbXcUATUR-tUYamM_p7WLnzE0aaHw9q4Uc>. Acesso em: 15 nov. 2021.

taformas de trabalho *online*). Orienta ainda que deverá haver reembolso dos bens necessários ao atendimento dos parâmetros em questão.

d) **Direito de Desconexão:** o empregador deve orientar a adoção de modelos de *"etiqueta digital"* quanto à especificação de horários para atendimento virtual da demanda, assegurando os repousos legais e o direito à desconexão,

e) **Bullying:** medidas que evitem a intimidação sistemática (bullying) no ambiente de trabalho;

f) **Tecnologia:** o empregador deve oferecer apoio tecnológico, orientação técnica e capacitação aos trabalhadores em regime de teletrabalho.

9.5. Breve apreciação da Lei n. 14.151.

A Lei n. 14.151 foi editada em 12.05.2021, e dispõe sobre o afastamento da empregada gestante do trabalho presencial durante a pandemia do novo coronavírus.

Nesse sentido, o art. 1º da lei disciplina o afastamento da gestante sem prejuízo da remuneração:

> Art. 1º Durante a emergência de saúde pública de importância nacional decorrente do novo coronavírus, a empregada gestante deverá permanecer afastada das atividades de trabalho presencial, sem prejuízo de sua remuneração.

Ao passo que o Parágrafo único da Lei n. 14.151, de forma bastante simplista, insere o teletrabalho, trabalho remoto ou outra forma de trabalho a distância como alternativa para manutenção da prestação das atividades laborativas.

> Parágrafo único. A empregada afastada nos termos do *caput* deste artigo ficará à disposição para exercer as atividades em seu domicílio, por meio de teletrabalho, trabalho remoto ou outra forma de trabalho a distância.

Claro que a finalidade da lei é nobre, afinal visa a proteção da maternidade e do nascituro, consoante se orienta a partir dos arts. 196, 201, inciso II, e 227 da Constituição Federal, e na forma da Convenção n. 103 da OIT. Todavia, o texto legal não se preocupou com a concreta possibilidade de as atividades não serem passíveis de realização a distância por meio da telemática.

Na ocasião era possível de comum acordo, as partes implementarem as medidas previstas pela MP n. 1.045 (redução de jornada e salário e/ou suspensão de contrato de trabalho), desde que observada a regra de preservação do salário integral da empregada somada à garantia de emprego, ambas previstas respectivamente pelos arts. 7º e 8º da MP n. 1.045.

Patente, pois, que diante da incompatibilidade da realização das tarefas à distância, a única alternativa seria a suspensão dos contratos de trabalho, cuja prática era duvidosa diante da regra do art. 1º da Lei n. 14.151 de que não houvesse prejuízo à remuneração integral.

Soma-se que ao final do período da vigência da MP n. 1.045, quando da impossibilidade do trabalho a distância por meio da telemática, não caberia ao empregador arcar com esse ônus, haja vista que, na lição de Fabiano Zavanella e Raphael Miziara,

> a partir do momento em que o legislador reconhece que o estado gravídico é uma condição de risco, atrai para o Estado o ônus de proteger referido grupo vulnerável e, para que tal se concretize, oferece, ainda, ferramentas adotáveis pelo empregador, quando possíveis à luz de suas dificuldades e limitações (banco de horas, antecipação de férias, licença remunerada, redução proporcional de jornada e salário e suspensão do contrato de trabalho), e, na hipótese do não cabimento latente, resta que se trata de uma das modalidades que dão azo ao pagamento do auxílio para incapacidade temporária (doença) pelo Instituto Nacional do Seguro Social (INSS).(645)

Nesse contexto, diante da responsabilidade de as empresas afastarem as gestantes das atividades laborativas presenciais, e quando da impossibilidade do trabalho a distância, passaram a ser ajuizadas ações perante a Justiça Federal em face do INSS e da União Federal, requerendo o reconhecimento do direito aos salários-maternidade em favor das empregadas gestantes durante todo o período de afastamento da emergência de saúde pública decorrente da Covid-19, além da compensação do valor dos salários-maternidade quando do pagamento das contribuições sociais previdenciárias, nos termos do arts. 72, § 1º, da Lei n. 8.213/91, 94 do Decreto n. 3.048/99 e 86 da Instrução Normativa RFB n. 971/09.

Em apertada síntese, o principal argumento é de que o custo da prevenção ao risco de contágio à Covid-19 não pode ser imposto ao empregador, mas à toda coletividade, de forma analógica ao previsto no § 3º do art. 394-A da CLT(646) — fruto da Reforma Trabalhista — que criou a hipótese de concessão de salário-maternidade antecipado.

Soma-se o art. IV, item 8, da Convenção n. 103 da Organização Internacional do Trabalho (OIT), quando prevê que "*em hipótese alguma, deve o empregador*

---

(645) Disponível em: <https://www.conjur.com.br/2021-mai-14/opiniao-obrigatoriedade-afastamento-empregada-gestante>. Acesso em: 01 dez. 2021.

(646) "Art. 394-A. *Sem prejuízo de sua remuneração, nesta incluído o valor do adicional de insalubridade, a empregada deverá ser afastada de: I — Atividades consideradas insalubres em grau máximo, enquanto durar a gestação; II — Atividades consideradas insalubres em grau médio ou mínimo, quando apresentar atestado de saúde, emitido por médico de confiança da mulher, que recomende o afastamento durante a gestação; III — atividades consideradas insalubres em qualquer grau, quando apresentar atestado de saúde, emitido por médico de confiança da mulher, que recomende o afastamento durante a lactação. [...] § 3º Quando não for possível que a gestante ou a lactante afastada nos termos do* ***caput*** *deste artigo exerça suas atividades em local salubre na empresa, a hipótese será considerada como gravidez de risco e ensejará a percepção de salário-maternidade, nos termos da Lei n. 8.213, de 24 de julho de 1991, durante todo o período de afastamento.*"

ser tido como pessoalmente responsável pelo custo das prestações devidas às mulheres que ele emprega", ratificado pelo Brasil.(647)

E ainda, a Solução de Consulta n. 287 da COSIT, ao dispor que "segundo a previsão legal objeto do art. 394-A, e § 3º, da CLT, ao contribuinte é permitido o direito à dedução integral do salário-maternidade, durante todo o período de afastamento..."

Ademais, o Pleno do Supremo Tribunal Federal já se pronunciou na ADI 6327, cuja relatoria coube ao Ministro Edson Fachin, no sentido de que a ausência de previsão de fonte de custeio não constituiu óbice para extensão da licença à maternidade e do salário-maternidade nos casos de alta hospitalar do nascituro e/ou de sua mãe, o que ocorrer por último, quando o período de internação exceder o prazo do art. 392, § 2º, da CLT.

9.6. Hipóteses de negociação coletiva de teletrabalho

Com a pandemia, as negociações coletivas envolvendo o teletrabalho aumentaram significativamente no cenário nacional, já se fazendo presentes em 15,9% dos pactos firmados no ano de 2020 contra 2,4%, se comparado ao ano anterior, do que são exemplos: acordo firmado pela Federação Nacional dos Trabalhadores em Telecomunicações e TIM, e pacto coletivo entre a Confederação Nacional dos Trabalhadores do Ramo Financeiro e o Bradesco.(648)

A operadora TIM firmou acordo de home office para cerca de 2 mil empregados que atuam nos call centers do Rio de Janeiro e Santo André. O acordo prevê regras relativas ao direito de desconexão, respeito aos intervalos de descanso e refeição, além do compromisso de realizar eventos periódicos a fim de manter e reforçar a interação entre os colaboradores. Pelo acordo, a TIM deve fornecer equipamentos e mobiliário necessários, tais como desktop, monitor, teclado, mouse, sistemas de biometria, mesa, conjunto de fone e microfone, conexão à internet, além de ajuda de custo mensal de R$ 80,00 (oitenta reais).(649)

O acordo coletivo de trabalho firmado pelo Banco Bradesco, Confederação Nacional dos Trabalhadores do Ramo Financeiro — CONTRAF e diversas federações, contempla disposições muito ricas(650), que justificam a menção de alguns de seus artigos.

---

(647) Disponível em: <http://www.planalto.gov.br/ccivil_03/_Ato2019-2022/2019/Decreto/D10088.htm#art5>. Acesso em: 16 nov. 2021.
(648) Valor Econômico, 26.10.2020.
(649) <https://www.infomoney.com.br/carreira/tim-adota-home-office-definitivo-para-call-center-proprio/>. Acesso em: 15 nov. 2021.
(650) https://spbancarios.com.br/09/2020/bancarios-do-bradesco-aprovam-acordo-de-teletrabalho-com-9335-dos-votos. Acesso em: 30 nov.2021.

Com efeito, o art. 1º, *caput*, segue a linha sustentada ao longo deste estudo quanto à caracterização de teletrabalho, independente da preponderância do regime de trabalho a distância por meio da telemática, o que o faz nos seguintes termos:

> **CLÁUSULA 1ª — DA DEFINIÇÃO DE TELETRABALHO**
>
> Considera-se teletrabalho, para fins desta norma coletiva, toda e qualquer prestação de serviços realizada remotamente, **de forma preponderante ou não**, fora das dependências do banco, com a utilização de tecnologias da informação e comunicação que, por sua natureza, não configurem trabalho externo (art. 62, I, da CLT).

Possivelmente de modo a evitar e prevenir demandas trabalhistas que versem sobre a aplicação das regras previstas no Anexo II da NR-17, o § 1º do art. 1º expressamente dispõe que "o regime de teletrabalho não se equipara, para nenhum efeito, ao telemarketing ou teleatendimento".

Na mesma esteira da prevenção de contendas, em razão de possível pleito de gastos pelo retorno às atividades presenciais, e especialmente decorrente de comparecimento do empregado para reuniões ou outras atividades na execução do regime de teletrabalho, o § 3º da cláusula 2ª disciplina que "o banco não arcará com o custeio de nenhuma despesa do retorno à atividade presencial ou do comparecimento do empregado às dependências do banco".

Quanto à jornada, foi negociada a manutenção do registro de jornada, instituindo-se a possibilidade de uso do ponto por exceção:

> O banco **deverá utilizar equipamento e/ou programa de computador para o registro dos horários de trabalho** dos seus empregados, e **poderá adotar o registro de ponto por exceção à jornada** regular de trabalho. Nesta hipótese, considerar-se-á cumprida integralmente a jornada de trabalho regular, com observância dos intervalos para refeição e períodos de descanso.
>
> **Parágrafo primeiro** — O disposto no *caput* se aplica ao empregado em teletrabalho, inclusive quando, eventualmente, estiver prestando serviços no estabelecimento do empregador.

No que tange aos empregados isentos do controle de jornada em razão de uma das exceções do art. 62 da CLT — não incluso o teletrabalho — o acordo coletivo firmado prevê que a possibilidade de fiscalização direta ou indireta não afasta a exceção (cls. 3ª, § 2º).[651]

---

(651) Parágrafo segundo - Para os empregados considerados isentos de controle de jornada pelo banco que estiverem em regime de teletrabalho, a possibilidade de fiscalização direta ou indireta da jornada, por qualquer meio, não afasta a aplicação das exceções previstas no artigo 62 da CLT.

E de forma semelhante às previsões das Medidas Provisórias ns. 927 e 1.046, há previsão quanto à não caracterização como regime de prontidão, sobreaviso ou tempo à disposição em razão do uso de equipamentos tecnológicos.[652] Contudo, além da manutenção do controle de jornada, foi expressamente resguardado o direito à desconexão, nos seguintes termos:

> **Parágrafo quarto** — O empregado em regime de **teletrabalho não está obrigado a atender demanda do empregador**, e o **empregador não poderá obrigar o empregado a fazê-lo**, independentemente do meio utilizado (ex.: ligações de áudio/vídeo, mensagens escritas) **ou a realizar atividade laboral durante os intervalos para refeição e os períodos de descanso**.
>
> **Parágrafo quinto** — **O empregado em regime de teletrabalho tem direito à desconexão** e deverá compatibilizar o exercício de suas atividades profissionais com os intervalos para refeição e os demais períodos de descanso, de forma que os desfrute por inteiro.

A cláusula 4ª trata da ajuda de custo para cadeira que atenda aos requisitos da NR-17, contemplando, em apertada síntese, recurso com natureza indenizatória em dinheiro, pago em parcela única no primeiro e no segundo ano, caso o Banco Bradesco não conceda cadeira que cumpra os requisitos da NR-17 em regime de comodato — direito que só foi convencionado em prol dos que atuarem em mais do que 50% do tempo em regime de teletrabalho.[653]

Também foi disciplinado o fornecimento, quando aplicável, de notebook ou desktop, mouse, teclado independente e headset, ficando o empregado responsável

---

(652) Parágrafo terceiro — O uso de equipamentos tecnológicos, assim como de softwares, de aplicativos, de ferramentas digitais ou de aplicações de internet, pelo empregado em teletrabalho, não caracteriza regime de prontidão ou sobreaviso ou tempo à disposição do empregador.

(653) CLÁUSULA 4ª — DA AJUDA DE CUSTO

O banco concederá uma ajuda de custo em dinheiro, mediante pagamento direto ou reembolso, no valor mínimo de R$ 1.080,00 (um mil e oitenta reais) pago de uma única vez, no primeiro ano, no prazo de até 60 dias a contar da formalização do teletrabalho, se não conceder em comodato a cadeira e, no valor de R$ 960,00 (novecentos e sessenta reais) no ano subsequente, que poderá ser pago de uma só vez ou parcelado em até 12 (doze) vezes, a critério do banco.

Parágrafo primeiro — Caso conceda em comodato a cadeira, a ajuda de custo será no valor de R$ 960,00 (novecentos e sessenta reais), no primeiro ano e no subsequente, que poderá ser pago de uma só vez ou parcelado em até 12 (doze) vezes, a critério do banco.

Parágrafo segundo — A ajuda de custo prevista no *caput* e no parágrafo primeiro não integrará a remuneração do empregado.

Parágrafo terceiro - A ajuda de custo prevista nesta Cláusula será devida exclusivamente para o empregado em regime de teletrabalho em mais de 50% (cinquenta por cento) da duração do trabalho mensal.

Parágrafo quarto — A cadeira para utilização no exercício das atividades deverá ter as características recomendadas pela NR-17, independentemente da responsabilidade pela aquisição. O empregado é responsável pela sua guarda, conservação e, no caso de concessão em comodato, devolução.

pela guarda. E a possibilidade de o Banco Bradesco conceder ajuda de custo em dinheiro para aquisição de equipamentos para o trabalho, caso não os forneça (cls. 5ª).(654)

O acordo contempla regras relativas às precauções para promoção da saúde e outras disposições, cabendo ao Banco Bradesco orientar a todos os empregados sobre as medidas destinadas à prevenção de doenças e acidentes do trabalho, por meio físico ou digital ou treinamentos à distância, nomeadamente nos seguintes pontos: Ambiente do Trabalho, Equilíbrio da vida pessoal/profissional; Saúde emocional e Ergonomia.

Vale menção, outrossim, à previsão da cláusula 7ª que trata da confidencialidade; ao contido na cláusula 8ª de que o teletrabalho deve ser prestado de modo pessoal, o que demonstra a preocupação de que as atividades não sejam repassadas para terceiros; ao disposto na cláusula 9ª no sentido de que o Banco Bradesco "avaliará o pedido de alteração do regime de trabalho, apresentado pela empregada que for vítima de violência doméstica"; assim como às cláusulas 10ª e 11ª, que mantém as mesmas regras da Convenção Coletiva de Trabalho no que se refere aos auxílios-refeição e alimentação, e cessa a concessão do vale-transporte nos dias de teletrabalho, respectivamente.

Importante ainda mencionar que há regra expressa de que o acordo coletivo firmado não se aplica ao regime de teletrabalho no período de emergência pública provocada pela Covid-19.

E por fim, insta registrar que o acordo com vigência até 14 de setembro de 2022 prevê a adesão de qualquer banco, mediante mero encaminhamento do termo de adesão às diversas entidades sindicais das bases em que se localizam os estabelecimentos que adotarão o teletrabalho.(655)

Como se nota, o acordo coletivo firmado pelo Banco Bradesco, Confederação Nacional dos Trabalhadores do Ramo Financeiro – CONTRAF e diversas federações serve de importante referencial pelas matérias tratadas, sobretudo pode ser um marco ao permitir a adesão de qualquer banco aos termos negociados.

---

(654) **CLÁUSULA 5ª — DOS EQUIPAMENTOS DE INFORMÁTICA**
O banco fornecerá, quando aplicável, notebook ou desktop, mouse, teclado independente e headset, ficando o empregado responsável pela guarda, conservação e devolução.
Parágrafo único — O banco poderá conceder uma ajuda de custo em dinheiro, mediante pagamento direto ou reembolso, para aquisição dos equipamentos, a qual não se confunde com aquela prevista na Cláusula 4ª, e que não integrará a remuneração do empregado.

(655) **CLÁUSULA 16 — ADESÃO A ESTE ACORDO COLETIVO DE TRABALHO**
Fica permitida a adesão a este Acordo Coletivo de Trabalho por parte de outros bancos, mediante encaminhamento de termo de adesão às entidades sindicais das bases em que se localizam os estabelecimentos que adotarão o teletrabalho.

Por falar em negociação com larga abrangência, em abril do corrente ano (2021), a montadora de automóveis Renault firmou acordo global com a IndustriALL Global Union, estabelecendo direitos e garantias específicos para os teletrabalhadores.

Segundo noticiado, trata-se do primeiro acordo global firmado por uma multinacional do setor industrial, estimando que deve alcançar cerca de 50.000 (cinquenta mil) trabalhadores, ou seja mais de 30% da força de trabalho total da montadora francesa.[656]

Dentre outras disposições, o acordo prevê: a) voluntariedade e reversibilidade do regime de teletrabalho; b) proteção da privacidade, segurança e saúde ocupacional dos trabalhadores; c) respeito aos horários de trabalho e observância ao direito de desconexão; d) contato dos sindicatos com os trabalhadores por meio remoto.

Conforme informado pelo secretário-geral da IndustriALL, o acordo vale para os trabalhadores lotados na fábrica de São José dos Pinhais/PR, devendo ser adaptado às realidades locais.

Releva notar que o acordo foi firmado por meio de reunião em ambiente virtual, consoante extraído do site da CUT/RS (Central Única dos Trabalhadores, Rio Grande do Sul)[657]

---

(656) IndustriALL e Renault assinam 1º acordo global sobre teletrabalho no setor (<redebrasilatual.com.br>). Acesso em: 14 nov. 2021.
(657) CUTRS acordo industriALL Renault — Pesquisar (bing.com)

10. PROTEÇÃO DE DADOS DO TRABALHADOR EM AMBIENTE VIRTUAL: REFLEXÕES INICIAIS

"Como as novas tecnologias poderiam extrapolar limites e invadir a esfera da privacidade?"

A pergunta não é nova, pelo contrário. Ao que se tem notícia foi feita pela primeira vez no Ensaio de Samuel Warren e Louis Brandeis denominado *"The Rigt do Privacy"*, quando em 1890, diante da fotografia passou-se a compreender a privacidade sob a ótica de um direito do indivíduo.[658]

A Diretiva 95/46/CE do Parlamento Europeu e do Conselho, de 24.10.1995, tutelava o tratamento de dados pessoais e a circulação desses dados. No mesmo sentido, a Diretiva 97/66/CE que diz respeito ao tratamento de dados pessoais e à proteção da privacidade no setor de telecomunicações.

Em 25.05.2018, o Regulamento Geral de Proteção de Dados (RGPD) revogou a Diretiva 95/46/CE, a substituindo.

Fabiano Zavanella recorda de 2013,

> quando foram identificadas violações gravíssimas feitas pelos Estados Unidos em sistemas brasileiros de comunicação, tendo inclusive afetado contas de correio eletrônico da então presidente Dilma Roussef. Depois de um feroz discurso da presidente na Assembleia Geral das Nações Unidas, o governo brasileiro propôs e o Congresso Nacional aprovou, em 2014, o Marco Civil da Internet, e, em 2018, Lei Geral de Proteção de Dados (Lei n. 13.709), que segue o modelo do Regulamento Geral sobre a Proteção de Dados da União Europeia.[659]

Numa sociedade em que os dados são mundialmente reconhecidos como o recurso mais valioso[660], entre idas e vindas, após período de vacância e quase

(658) Disponível em: <https://groups.csail.mit.edu/mac/classes/6.805/articles/privacy/Privacy_brand_warr2.html>. WARREN, Samuel; BRANDEIS, Louis. "The Right to Privacy". *Harvard Law Review*, V. IV, n. 5, 1890

(659) O mundo do trabalho em debate: estudos em homenagem ao professor Georgenor de Sousa Franco Filho/José Claudio Monteiro de Brito Filho ... [et al.]... São Paulo: LTr, 2019.

(660) Disponível em: <https://www.economist.com/leaders/2017/05/06/the-worlds-most-valuable-resource-is-no-longer-oil-but-data>. Acesso em: set/2020.

intermináveis discussões legislativas quanto ao início de vigência, no dia 18.09.2020 entrou em vigor(661) no Brasil a Lei n. 13.709/18 — Lei Geral de Proteção de Dados (LGPD), que visa proteger os direitos da liberdade e da privacidade e o livre desenvolvimento da personalidade da pessoa natural.

Os episódios envolvendo a Cambridge Analytyca na eleição americana e no Brexit bem mostraram a força do uso dos dados quando de modo dirigido. Trata-se de um processo de informação massiva, mas que consegue ser personalizada, que desnuda o indivíduo quanto aos seus interesses, gostos, preferências e, o pior, ódios.

Nesse contexto, ainda que represente mais uma obrigação a ser cumprida pelas pessoas jurídicas públicas e privadas ou pessoa que desenvolva atividade econômica, a LGPD vem em boa hora. Isso porque, além de proteger dados que se relacionam à personalidade de cada um, coloca o país num cenário de maior competitividade, pois confere ao Brasil ambiente mais seguro de negócios.

Muito embora cada vez mais, tudo esteja armazenado nas redes, a proteção de dados não contempla somente o ambiente virtual, englobando os meios físico e digital. Portanto, tudo o que se passará a abordar abarca o ambiente virtual de trabalho, mas não só este.

Para melhor compreensão do tema, é importante dizer que a proteção de dados pessoais deve ser entendida como direito fundamental e autônomo do titular.

10.1. Direito fundamental e autônomo

O julgado da Lei do Censo na Alemanha foi o primeiro a reconhecer o direito à proteção de dados como direito fundamental e autônomo, o que veio posteriormente a ser reconhecido de forma expressa no art. 8º, número 1 da Carta dos Direitos Fundamentais da União Europeia e no art. 16º, número 1 do Tratado sobre o Funcionamento da União Europeia, constando como tal no Considerando 1 do RGPD.(662)

Debruçar os olhares sobre o cenário europeu é salutar no que tange à proteção de dados, a um porque a Europa possui diretiva desde 1995, sendo que em algumas nações(663), tais como Alemanha, Suécia, Dinamarca e França, as primeiras leis são da década de 1970; a dois porque em torno de 90% do texto da LGPD toma por base o *General Data Protection Regulation* (GDPR) da Comunidade Europeia, traduzido para Regulamento Geral da Proteção de Dados (RGPD).

---

(661) Com a sanção da Lei n. 14.058, fruto da conversão da MP n. 959.
(662) Disponível em: <https://eur-lex.europa.eu/legal-content/PT/TXT/HTML/?uri=CELEX:32016R0679>. Acesso em: 23 out. 2021.
(663) Disponível em: <http://www.lex.com.br/doutrina_24316822_A_DIRETIVA_EUROPEIA_SOBRE_PROTECAO_DE_DADOS_PESSOAIS__UMA_ANALISE_DE_SEUS_ASPECTOS_GERAIS.aspx#:~:text=Em%201970%2C%20o%20Estado%20alem%C3%A3o,primeira%20lei%20sobre%20essa%20mat%C3%A9ria.&text=Desde%201977%2C%20a%20Alemanha%20tem,uso%20il%C3%ADcito%20de%20dados%20pessoais>. Acesso em: set/20.

Nessa linha, a Convenção n. 108 do Conselho da Europa, tratou da proteção dos direitos fundamentais dos indivíduos no processamento automático dos dados pessoais[664].

A Carta dos Direitos Fundamentais da União Europeia, a seu turno, em seu art. 8º enuncia a proteção de dados de caráter pessoal, disciplinando que tais devem ser objeto de tratamento legal, para fins específicos e com o consentimento da pessoa interessada ou outros fundamentos legítimos previstos por lei, dentre outras disposições.[665]

Já a Carta de Direitos Humanos e Princípios para a Internet garante o direito de não ser vigiado, privacidade *online*, criptografia e anonimato *online*.[666]

No Brasil, a privacidade, a intimidade e o livre desenvolvimento da personalidade foram consignados como fundamentos da LGPD, que estão por evidente diretamente atrelados à dignidade da pessoa humana.

O Supremo Tribunal Federal (STF) ao apreciar as ADIs 6387 a 6390, que tratavam da suspensão da eficácia da MP n. 954/2020, relativa ao compartilhamento de dados pelas companhias de telefonia fixa e móvel dos usuários de telecomunicações com o Instituto Brasileiro de Geografia e Estatística (IBGE), para fins estatísticos durante a pandemia da Covid-19, entendeu que tal determinação violava garantias fundamentais, dentre as quais a de sigilo de dados.

Há ainda a PEC n. 17/2019, já aprovada pela Câmara dos Deputados, no mês de outubro de 2021, sendo reencaminhada ao Senado, a fim de alterar a Constituição para incluir a proteção de dados pessoais entre os direitos e garantias fundamentais, além de fixar a competência da União para legislar sobre proteção e tratamento de dados pessoais.[667]

10.2. Fundamentos para aplicação no contexto laboral

A Recomendação n. 89(2) do Conselho da Europa,[668] ainda que sem caráter vinculativo aos estados-membros, trata dos dados pessoais do empregado no

(664) Disponível em: <https://www.europarl.europa.eu/ftu/pdf/pt/FTU_4.2.8.pdf>. Acesso em: 26 out. 2021.

(665) Disponível em: <http://www.europarl.europa.eu/charter/pdf/text_pt.pdf>. Acesso em: set/20.

(666) Disponível em: <https://itsrio.org/wp-content/uploads/2017/01/IRPC_booklet_brazilian-portuguese_final_v2.pdf>. Acesso em: 26 out. 2021.

(667) Disponível em: <https://www.gov.br/anpd/pt-br/assuntos/noticias/senado-federal-aprova-proposta-de-emenda-a-constituicao-17-pec-17-2019-que-inclui-a-protecao-de-dados-pessoais-no-rol-de-direitos-e-garantias-fundamentais#:~:text=O%20Senado%20aprovou%20na%20quarta,de%20legislar%20sobre%20o%20tema>. Acesso em: 24 out. 2021.

(668) ITALIA. *Raccomandazione*. Disponível em: <http://194.242.234.211/documents/10160/10704/Consiglio+UE+Raccomandazione+%2889%29+2.pdf>. Acesso em: 30 jul. 2017.

ambiente de trabalho, indicando uma série de cuidados, que se iniciam com a orientação de que o empregador deve informar os trabalhadores acerca dos dados da vida privada destes a serem inseridos em sistemas informatizados, podendo verificar a correção destes.

Recomenda também que as informações devem ser obtidas preferencialmente junto ao trabalhador, e que, se assim não for possível por justificados e fundados motivos, o trabalhador deverá ser informado acerca dos dados colhidos.(669)

A informação relativa ao trabalhador fica restrita ao uso interno e voltada a atender ao interesse pela qual foi colhida, não podendo ocorrer desvirtuamento. Em se tratando de encaminhamento externo, os dados do trabalhador só podem ser enviados aos organismos públicos para atender ao escopo pelo qual foram solicitados, salvo se houver aquiescência do trabalhador ou mesmo o ato estiver baseado em direito próprio do estado-membro.

A OIT já se posicionou por meio do seu Repertório de Recomendações Práticas sobre a Proteção de Dados Pessoais*, do que são exemplos:*

> "**Em razão do progresso da tecnologia da informação**, o poder diretivo — decorrente das prerrogativas do *jus variandi* — foi ampliado. O empregador passou a realizar o tratamento de dados pessoais dos trabalhadores, valendo-se sobretudo das facilidades oferecidas pela Internet. Desta sorte, **tornou-se possível conhecer importantes informações sobre suas vidas, que servirão de critérios para tomada de decisão sobre eventual contratação, manutenção da relação laboral ou desligamento da organização.**"(670)

> "Os dados que os empregadores coletam sobre trabalhadores e candidatos para um trabalho servem a vários propósitos: (...) O uso de (...) **sistemas de informação automatizados com pessoal, vigilância eletrônica e testes genéticos e toxicológicos colocam de manifesto a necessidade de disposições para proteger os dados que referem especificamente a utilização de dados pessoais dos trabalhadores**, a fim de salvaguardar a dignidade destes, proteger a sua privacidade e garantir o exercício de seu direito fundamental de decidir quem pode usar certos dados, para que fins e em que circunstâncias."(671)

---

(669) IMPERIALI, Rosario; IMPERIALI, Riccardo. *Controlli sul lavoratore tecnologie.* Milano: Giuffrè Editore, 2012. p. 14-15.

(670) Suíça. Oficina Internacional del Trabajo. Repertorio de recomendaciones prácticas sobre la protección de los datos personales de los trabajadores. Disponível em: <http://www.ilo.org/public/libdoc/ilo/1997/97B09_118_span.pdf>. Acesso em: 29 ago. 2019, p. 1.

(671) *Ibidem.*

Vale observar o art. 8º da Lei de Informática e Liberdades, em **França**, no que se refere aos dados sujeitos à proteção, elencando os que dizem respeito às origens raciais, étnicas, opiniões políticas, filosófica, religiosas, associação sindical, relativos à saúde ou vida sexual.(672)

O Código do Trabalho francês trata da proteção de dados do trabalhador, dispondo que as informações solicitadas de candidatos só podem ter por finalidade a ocupação do posto oferecido, assim como possuir relação direta com este, bem como determina que as empresas com mais de cinquenta empregados devem preservar o anonimato de seus empregados em seus arquivos.(673)

A Constituição da República de **Portugal**, por meio de seu art. 35º, relativo à utilização da informática, confere o direito de acesso a dados informatizados a todos os cidadãos, cujos dados lhes digam respeito, assim como o direito de conhecer a finalidade à que se destinam.(674)

O Código do Trabalho de Portugal, em seu art. 17º prevê a proteção específica de dados pessoais do empregado, e determina que o acesso a informações privadas só se justifica em casos excepcionais, quando absolutamente necessário para o exercício da atividade profissional, e ainda assim mediante apresentação de justificação por escrito.(675)

Em **Espanha**, a Lei n. 10/2021, art. 7, alínea "j" prescreve que devem constar do acordo de trabalho a distância as orientações empresariais quanto à proteção de dados, especificamente aplicáveis ao teletrabalho, e que tal deve contar com a participação da representação de trabalhadores.(676)

---

(672) WEINSCHENKER, Marina Santoro Franco. *A vida laboral e extralaboral do empregado*: a privacidade no contexto das novas tecnologias e dos direitos fundamentais. São Paulo: LTr, 2013. p. 72.
(673) *Ibidem*, p. 79.
(674) **Art. 35º Utilização da informática.** 1. Todos os cidadãos têm o direito de acesso aos dados informatizados que lhes digam respeito, podendo exigir a sua rectificação e actualização, e o direito de conhecer a finalidade a que se destinam, nos termos da lei. 2. A lei define o conceito de dados pessoais, bem como as condições aplicáveis ao seu tratamento automatizado, conexão, transmissão e utilização, e garante a sua protecção, designadamente através de entidade administrativa independente. 3. A informática não pode ser utilizada para tratamento de dados referentes a convicções filosóficas ou políticas, filiação partidária ou sindical, fé religiosa, vida privada e origem étnica, salvo mediante consentimento expresso do titular, autorização prevista por lei com garantias de não discriminação ou para processamento de dados estatísticos não individualmente identificáveis. 4. É proibido o acesso a dados pessoais de terceiros, salvo em casos excepcionais previstos na lei. 5. É proibida a atribuição de um número nacional único aos cidadãos. 6. A todos é garantido livre acesso às redes informáticas de uso público, definindo a lei o regime aplicável aos fluxos de dados transfronteiras e as formas adequadas de protecção de dados pessoais e de outros cuja salvaguarda se justifique por razões de interesse nacional. 7. Os dados pessoais constantes de ficheiros manuais gozam de protecção idêntica à prevista nos números anteriores, nos termos da lei
(675) WEINSCHENKER, Marina Santoro Franco. *A vida laboral e extralaboral do empregado*: a privacidade no contexto das novas tecnologias e dos direitos fundamentais. São Paulo: LTr, 2013. p. 81.
(676) Instrucciones dictadas por la empresa, con la participación de la representación legal delas personas trabajadoras, en materia de protección de datos, específicamente aplicables en el trabajo a distancia.

A seu turno, o art. 17 da lei espanhola disciplina que o uso dos meios telemáticos e o controle por meio de dispositivos deverão preservar o direito à privacidade e proteção de dados, nos termos da Lei Orgânica 3/2018[(677)], observados os princípios da idoneidade[(678)], necessidade e proporcionalidade dos meios utilizados, vedando-se à empresa exigir a instalação de programas ou aplicativos em dispositivo de propriedade do trabalhador, e estabelecendo o dever de a organização empresarial implementar critérios para a utilização dos dispositivos digitais, com a participação sindical, respeitados os padrões mínimos de proteção.[(679)]

Arion Sayão Romita aponta diversos dispositivos no direito estrangeiro que regulam o direito à proteção dos dados do empregado, de onde se extraem alguns exemplos: Lei n. 477, de 08.06.2001, da Finlândia, dispõe sobre a proteção da integridade no emprego, inclusa a proteção à privacidade e à obtenção de informações relativas ao trabalho; Lei de 02.08.2002, de Luxemburgo, alterada pela Lei de 27.07.2007, que diz respeito ao fornecimento de dados de caráter pessoal; e Lei n. 1.330, de 2004, da Suécia, que altera a Lei n. 546, de 2002, regulando o acesso a informações pessoais sobre atividades políticas no mercado de trabalho.[(680)]

Em **Argentina**, o item 7 do *PROPET — Programa de Promocion del Empleo en Teletrabajo*[(681)] de adesão voluntária das empresas, prevê que "a empresa deverá respeitar a vida privada do teletrabalhador. Em consequência, todos os sistemas

---

(677) A Lei Orgânica 3/2018, de 05 de dezembro, trata da proteção de dados pessoais e garantia dos direitos digitais.

(678) Aqui acredita-se possa utilizar-se da adequação, haja vista que - em apertadíssima síntese - esta implica na coleta do dado para a finalidade especificada, verificando-se a compatibilidade do tratamento com as finalidades informadas, ou seja, é necessária a existência de relação entre a informação solicitada e o fim à que se destina.

(679) **Artículo 17. Derecho a la intimidad y a la protección de datos.**

La utilización de los medios telemáticos y el control de la prestación laboral mediante dispositivos automáticos garantizará adecuadamente el derecho a la intimidad y a la protección de datos, en los términos previstos en la Ley Orgánica 3/2018, de 5 de diciembre,de Protección de Datos Personales y garantía de los derechos digitales, de acuerdo con losprincipios de idoneidad, necesidad y proporcionalidad de los medios utilizados.

La empresa no podrá exigir la instalación de programas o aplicaciones en dispositivos propiedad de la persona trabajadora, ni la utilización de estos dispositivos en el desarrollodel trabajo a distancia.

Las empresas deberán establecer criterios de utilización de los dispositivos digitales respetando en todo caso los estándares mínimos de protección de su intimidad de acuerdocon los usos sociales y los derechos reconocidos legal y constitucionalmente. En su elabo- ración deberá participar la representación legal de las personas trabajadoras.

Los convenios o acuerdos colectivos podrán especificar los términos dentro de los cuales las personas trabajadoras pueden hacer uso por motivos personales de los equipos infor- máticos puestos a su disposición por parte de la empresa para el desarrollo del trabajo a distancia, teniendo en cuenta los usos sociales de dichos medios y las particularidades deltrabajo a distancia.

(680) ROMITA, Arion Sayão. *Direitos Fundamentais nas Relações de Trabalho*. 3. ed. São Paulo: LTr, 2009. p. 45-46.

(681) ARGENTINA. Disponível em: <http://www.trabajo.gob.ar/downloads/teletrabajo/res_595-2013_PROPET.pdf>. Acesso em: 10 jul. 2017.

de controle destinados a proteção dos bens e informações de propriedade da empresa deverão salvaguardar a intimidade do trabalhador e a privacidade de seu domicílio".(682)

Aliás, na Lei n. 27.555/2020 que regulamentou o teletrabalho no país vizinho, há expressa disposição de que o empregador deve garantir a proteção de dados utilizados ou processados pelo empregado para a sua atividade, não podendo fazer uso de sistemas que violem a intimidade do trabalhador.(683)

O Enunciado n. 404 da V Jornada de Direito Civil, no **Brasil**, ainda que não dirigido às relações do trabalho, pode por meio de um diálogo interdisciplinar, ser utilizado como subsídio para a proteção dos dados do trabalhador.

> V Jornada de Direito Civil — Enunciado n. 404. A tutela da privacidade da pessoa humana compreende os controles espacial, contextual e temporal dos próprios dados, sendo necessário seu expresso consentimento para tratamento de informações que versem especialmente o estado de saúde, a condição sexual, a origem racial ou étnica, as convicções religiosas, filosóficas e políticas.

Rememora-se que a Diretiva 95/46/CE do Parlamento Europeu e do Conselho, tutelava o tratamento de dados pessoais e a circulação desses dados, até que foi revogada pelo Regulamento Geral de Proteção de Dados (RGPD).

Pois bem, o art. 88º do RGPD é dedicado exclusivamente ao tratamento de dados no contexto laboral, disciplinando que cabe aos Estados-Membros estabelecer em seus ordenamentos ou em convenções coletivas normas mais específicas para garantir a defesa dos direitos e liberdades no tratamento de dados de trabalhadores para efeitos de recrutamento, execução do contrato, igualdade e diversidade, saúde e segurança e cessação contratual, dentre outros.(684)

---

(682) 7. *Vida privada: "LA EMPRESA" deberá respetar la vida privada del TELETRABAJADOR. En consecuencia, todos los sistemas de control destinados a la protección de los bienes e informaciones de propiedad de "LA EMPRESA" deberán salvaguardar la intimidad del TELETRABAJADOR y la privacidad de su domicilio.* Disponível em: <http://www.trabajo.gob.ar/downloads/teletrabajo/res_595-2013_PROPET.pdf>. Acesso em: 10 jul 2017.

(683) *Artículo 16. Protección de la Información Laboral. El empleador deberá tomar las medidas que correspondan, especialmente en lo que se refiere a software, para garantizar la protección de los datos utilizados y procesados por la persona que trabaja bajo la modalidad de teletrabajo para fines profesionales, no pudiendo hacer uso de software de vigilancia que viole la intimidad de la misma.* Disponível em: <https://www.boletinoficial.gob.ar/detalleAviso/primera/233626/20200814>. Acesso em: 15 nov. 2021.

(684) 1. Os Estados-Membros podem estabelecer, no seu ordenamento jurídico ou em convenções coletivas, normas mais específicas para garantir a defesa dos direitos e liberdades no que respeita ao tratamento de dados pessoais dos trabalhadores no contexto laboral, nomeadamente para efeitos de recrutamento, execução do contrato de trabalho, incluindo o cumprimento das obrigações previstas no ordenamento jurídico ou em convenções coletivas, de gestão, planeamento e organização do trabalho, de igualdade e diversidade no local de trabalho, de saúde e segurança no trabalho, de

A Lei n. 13.709/18, no entanto, não possui dispositivo tratando expressamente do tratamento de dados no contexto das relações do trabalho, tal como o RGPD.

O que não significa, contudo, que a LGPD não se aplique às relações de emprego, afinal a Lei n. 13.709/18 possui aplicação geral, e como tal representa fonte subsidiária do direito do trabalho, sequer se fazendo necessário o uso do art. 8º da CLT ante a aplicação do método do diálogo das fontes.

Ademais, as relações de emprego não estão inseridas nas excludentes do art. 4º da LGPD, sendo os fundamentos, princípios e bases legais da Lei n. 13.709/18 plenamente aplicáveis às relações de trabalho, até porque a norma constitucional enuncia como princípio maior a dignidade da pessoa humana (art. 1º, III, CF), assim como garante a igualdade (art. 5º, *caput*), a inviolabilidade da intimidade, vida privada, honra e imagem (art. 5º, X), e o direito à livre expressão (art. 5º, IX), dentre outros direitos expressamente previstos na Carta Maior e na legislação infraconstitucional, esta última com destaque para o Capítulo II, a partir do art. 11 e ss. do CC que elencam os direitos da personalidade, sem olvidar da Lei n. 12.965/14 (Marco Civil da Internet).

Antes mesmo da Lei n. 13.709/18, pois, a responsabilidade da empresa para com os dados do trabalhador já tinha amparo na legislação, inclusive merecia aplicação das cláusulas gerais, dentre as quais a boa-fé objetiva e seus deveres colaterais, tais como cuidado e proteção para com as informações e dados pessoais do empregado, até mesmo por conta do princípio da não discriminação tão caro à sociedade contemporânea, sobretudo às relações laborais. [(685)].

Soma-se que nas relações de emprego são coletados dados pessoais diretos (que identificam a pessoa, tais como CPF, RG) e indiretos (que tornam a pessoa identificável, tais como CEP), e, mesmo sensíveis (passíveis de gerar discriminação, tais como filiação sindical, dados relativos à saúde ou biométricos).

Rafael Mosele apresenta alguns exemplos de tratamento de dados pessoais no âmbito das relações de emprego:

---

proteção dos bens do empregador ou do cliente e para efeitos do exercício e gozo, individual ou coletivo, dos direitos e benefícios relacionados com o emprego, bem como para efeitos de cessação da relação de trabalho.

2. As normas referidas incluem medidas adequadas e específicas para salvaguardar a dignidade, os interesses legítimos e os direitos fundamentais do titular dos dados, com especial relevo para a transparência do tratamento de dados, a transferência de dados pessoais num grupo empresarial ou num grupo de empresas envolvidas numa atividade económica conjunta e os sistemas de controlo no local de trabalho.

3. Os Estados-Membros notificam a Comissão das disposições de direito interno que adotarem nos termos do n.o 1, até 25 de maio de 2018 e, sem demora, de qualquer alteração subsequente das mesmas. Disponível em: <https://eur-lex.europa.eu/eli/reg/2016/679/oj>. Acesso em: set/20.

(685) Lembrando-se inclusive da Lei n. 9.029/1995.

"a) Seleção e recrutamento; b) Gestão administrativa de pessoal; c) Gestão da remuneração e cumprimento das formalidades administrativas relacionadas; d) Organização do trabalho; e) Acompanhamento de carreira e mobilidade; f) Treinamento; g) Manutenção dos registros obrigatórios e relações com órgãos representativos dos trabalhadores; h) Fornecimento de ferramentas profissionais ao trabalhador; i) Gestão da saúde e segurança no trabalho."(686)

Por sinal, a proteção de dados pessoais contempla tanto os empregados diretos do Controlador (em regra empregador), como também dos trabalhadores de empresas terceirizadas.(687) Portanto, indene de dúvidas que a proteção de dados prevista pela LGPD se aplica às relações do trabalho, a partir da fase pré-contratual, o que enseja adequação desde os processos de recrutamento e seleção, mormente quando em ambiente virtual diante do potencial de amplitude da violação.

10.3. Novo Paradigma

De um lado, o dado como direito e patrimônio; de outro a disponibilização inocente em sites de navegação e redes sociais, a troca de dados por mínimos descontos, a captação de padrão de navegação, buscas, compras e mensagens, a exibição no mundo dos heróis em troca de uma curtida e a indústria de coleta, tratamento e transação comercial de dados *(data brokers).*(688)

Diante do poder de cruzamento de dados, em entrevista à Dom Total, José Eduardo de Resende Chaves Júnior, questiona:

> Por que tanto interesse pelos dados pessoais? Por que valem tanto? Porque, a partir deles, de seu tratamento por algoritmos e sistemas de inteligência artificial cada vez mais eficazes no processamento de quantidades gigantescas de informações, é possível conhecer e prever nossos comportamentos, gostos, opiniões, emoções, fraquezas, etc. E a partir desse conhecimento e previsão, é possível, com o auxílio da neurociência e da psicologia comportamental, manipular nossos sentimentos e atitudes — tanto para fins econômicos quanto políticos.(689)

Os princípios da LGPD são 10 (dez), possuem caráter transversal, dialogam e se complementam. Podem parecer complexos, mas não o são. É salutar conhecê-los,

---

(686) LGPD e Compliance Trabalhista / Rafael Mosele, et al.; Fernanda Perregil (Organizadora), Ricardo Calcini (Organizador) – Leme-SP: Mizuno, 2021, p. 161-180

(687) Lembrando que ambos podem ter contato com dados pessoais de clientes da empresa controladora.

(688) Disponível em: <https://domtotal.com/noticia/1481541/2020/11/a-lgpd-e-o-direito-como-limite-ao-determinismo-tecnologico/>. Acesso em: 16 nov. 2021.

(689) *Ibidem*.

pois indicam o caminho a ser seguido no tratamento, a começar pelo princípio da finalidade, pelo qual deve haver um propósito explícito, específico e informado que justifique o tratamento do dado pessoal.(690)

O princípio da adequação é simples, requer compatibilidade do tratamento com as finalidades informadas, ou seja, é necessária a existência de relação entre a informação solicitada e o fim à que se destina.

O princípio da necessidade preconiza que a coleta deve ser limitada ao mínimo necessário para o alcance da finalidade, minimizando-se o uso de dados e o tempo de conservação.

Só pela leitura dos três primeiros princípios, já se percebe que há uma mudança de paradigma desde o processo de recrutamento e seleção de candidatos, a iniciar pela minimização da coleta de dados dos candidatos, especialmente no que se refere à vida privada ou mesmo dados passíveis de discriminação, passando pela necessidade de informação quanto à finalidade da coleta do dado e tempo de manutenção deste.

O currículo não mais poderá adormecer em arquivos físicos ou digitais, pois tal procedimento por si só, independente de vazamento, já representa desconformidade à LGPD. (691)

Para efeito de exemplo da demonstração de mudança do paradigma vale-se da hipótese de um processo de recrutamento e seleção de candidatos em ambiente virtual (embora valha para o presencial e físico).

Com efeito, na abertura do processo de seleção devem ser consignadas informações aos candidatos, de preferência via site ou canal utilizado para divulgação, quanto à finalidade da coleta e tempo de manutenção do currículo, até mesmo em atendimento a outro princípio, o da transparência, que enseja a garantia de informações claras, precisas e acessíveis, observados os segredos comercial e industrial.

Pelo teor desta obra, sem espaço para apreciação de todos os princípios, vale aqui tratar de mais um princípio da LGPD, o da não discriminação, que consiste na impossibilidade de tratamento de dados pessoais para fins discriminatórios, ilícitos ou abusivos, impondo ao empregador a adoção de medidas que eliminem a possibilidade de discriminação.

Como se sabe, no Brasil, o art. 373-A da CLT procura evitar a discriminação no mercado de trabalho, desde o momento da fase de recrutamento, bem como para efeitos de promoção ou manutenção no emprego. De igual sorte, a Lei n. 9.029/95

---

(690) Disponível em: <https://www.conjur.com.br/2020-set-24/pratica-trabalhista-adequacao-lgpd-recrutamento-selecao-candidatos-emprego>.

(691) Em que pese não deva ser descartado de imediato, consoante será adiante exposto.

proíbe a exigência de atestados de gravidez e esterilização, além de outras práticas discriminatórias, para efeitos admissionais ou de manutenção do contrato.

Vale observar o art. 17º, item 1, do Código de Trabalho de Portugal que prevê que o empregador não pode exigir de candidato a emprego ou trabalhador que preste informações relativas: a) à sua vida privada, salvo quando estritamente necessárias e relevantes para avaliar a aptidão à execução do contrato de trabalho e seja fornecida por escrito a respetiva fundamentação; b) à sua saúde ou estado de gravidez, salvo quando particulares exigências inerentes à natureza da atividade profissional o justifiquem e seja fornecida por escrito a respetiva fundamentação.[692]

Na direção apontada, é lícito investigar no LinkedIn as atividades profissionais do candidato, porém não se mostra adequado o descarte de um candidato em razão deste participar de grupos extratrabalho por vezes não aceitos no ambiente corporativo, tais como hipoteticamente "Odeio Segunda-feira", "Bebo até cair", ou mesmo investigar comportamentos em eventos sociais ou festivos.

Por falar em discriminação, se a seleção for levada a efeito por meio de inteligência artificial (IA), o princípio da transparência aplica-se com ainda mais ênfase, tal como previsto no art. 20 da LGPD, que prevê a revisão da decisão tomada unicamente com base no tratamento automatizado de dados que afetem os interesses do titular, fazendo menção às destinadas a definição de perfil pessoal, profissional, de consumo e de crédito ou os aspectos de sua personalidade.

E mais, o § 1º do art. 20 prevê que o controlador (nas relações do trabalho, em regra leia-se empregador) deverá fornecer, sempre que solicitadas, informações claras e adequadas a respeito dos critérios e procedimentos utilizados para a decisão automatizada, observados os segredos comercial e industrial.

A questão é que se a decisão for tomada por algoritmo — diante da opacidade destes, verdadeiras caixas pretas — muitas vezes sequer o programador conseguirá

---

(692) *1 — O* ***empregador não pode exigir a candidato a emprego ou a trabalhador que preste informações relativas****: a) À sua vida privada,* ***salvo quando*** *estas sejam estritamente* ***necessárias e relevantes para avaliar da respetiva aptidão no que respeita à execução do contrato*** *de trabalho* ***e seja fornecida por escrito a respetiva fundamentação****; b) À sua saúde ou estado de gravidez,* ***salvo quando particulares exigências inerentes à natureza da atividade profissional o justifiquem*** *e seja* ***fornecida por escrito a*** *respetiva* ***fundamentação****. 2 — As* ***informações*** *previstas na* ***alínea b) do número anterior são prestadas a médico****, que* ***só pode comunicar ao empregador se o trabalhador está ou não*** *apto a desempenhar a atividade. 3 —* ***O candidato a emprego ou o trabalhador que haja fornecido informações de índole pessoal goza do direito ao controlo dos respetivos dados*** *pessoais,* ***podendo tomar conhecimento do seu teor e dos fins*** *a que se destinam,* ***bem como exigir a sua retificação e atualização****. 4 — Os* ***ficheiros e acessos informáticos utilizados pelo empregador para tratamento de dados*** *pessoais* ***do candidato a emprego ou trabalhador ficam sujeitos à legislação em vigor relativa à proteção de dados*** *pessoais. 5 — Constitui contraordenação muito grave a violação do disposto nos ns. 1 ou 2.*

decifrar como se deu o processo decisório, ficando complexa a tarefa de atender ao princípio da transparência incrustado no dispositivo legal supra.

Ademais, a leitura adotada pelo algoritmo possivelmente adotará um padrão, que poderá ser discriminatório, se não observada igualdade de oportunidades em razão de raça, sexo e outros dados passíveis de discriminação, que a LGPD nomeia como sensíveis. Exemplo prático é o caso da Amazon, que com base no histórico de contratações, conduziu a discriminação de mulheres na seleção pela ferramenta utilizada.(693)

Valem as disposições da OCDE(694) que estabelece que uma IA ética e confiável deve ser transparente, ter supervisão humana e algoritmos seguros e confiáveis, sujeitos a regras de privacidade e proteção de dados, elencando como principais requisitos:

a) Intervenção e supervisão humana: não diminuir, limitar ou desorientar a autonomia humana;

b) Robustez e segurança: algoritmos seguros, confiáveis e robustos o suficiente para lidar com erros ou inconsistências durante todas as fases do ciclo de vida dos sistemas de IA;

c) Privacidade e governança de dados: os cidadãos devem ter controle total sobre seus próprios dados;

d) Transparência: a rastreabilidade dos sistemas de IA deve ser assegurada;

e) Diversidade, não discriminação e equidade: devem considerar toda a gama de habilidades e requisitos humanos e garantir a acessibilidade;

f) Bem-estar social e ambiental: melhorar a mudança social positiva e aumentar a sustentabilidade e a responsabilidade ecológica;

g) Prestação de contas: mecanismos devem ser colocados em prática para garantir a responsabilidade pelos sistemas de IA e seus resultados.

Vê-se, pois, a cautela que deve ser adotada na tomada de decisões automatizadas, mormente quando assim o for por meio da inteligência artificial, o que desde logo faz recomendar a elaboração de Relatório de Impacto — não obrigatório em geral — mas, imprescindível à medida em que aumenta o potencial de o algoritmo tomar decisões que possam violar a LGPD.

---

(693) Disponível em: <https://tecnoblog.net/meiobit/391571/ferramenta-de-recrutamento-amazon-ai-discriminava-mulheres/>. Acesso em: set/20.

(694) Organização para a Cooperação e Desenvolvimento Econômico (OCDE). Disponível em: <https://www.migalhas.com.br/depeso/330983/inteligencia-artificial--principios-e-recomendacoes-da-ocde>. Acesso em: 16 nov. 2021.

Por sinal, cumpre observar que a legislação brasileira não contempla a revisão humana da decisão automatizada, diferentemente do RGPD. Já em terras lusitanas, a Deliberação 840/2010 da CNPD, prevê que:

> "não são admitidas decisões que produzam efeitos na esfera jurídica do trabalhador ou que o afectem de modo significativo, tomadas exclusivamente com base num tratamento automatizado de dados destinado a avaliar determinados aspectos da sua personalidade, designadamente a sua capacidade profissional."

A ausência de previsão na LGPD de revisão humana da decisão automatizada amplifica o desafio no uso de uma inteligência artificial ética, num cenário em que a IA pode ser usada para mapear as emoções do candidato ao emprego quando das entrevistas.

E terminado o processo seletivo, em caso de não contratação, o currículo não deve ser eliminado de imediato, dada a possibilidade de propositura de ações trabalhistas pleiteando indenização pela perda de uma chance ou alegação de procedimento discriminatório na contratação.

Amostra que ganhou a mídia foi a notificação enviada pelo jogador de futebol Thiago Neves contra o Clube Atlético Mineiro, pois segundo o jogador a contratação teria sido combinada, porém a agremiação teria voltado atrás depois da manifestação de torcedores em contrário, requerendo indenização da ordem de 20 milhões de reais.(695)

A recomendação, portanto, é manter o currículo pelo período determinado no programa de adequação a ser implementado (sugeridos 2 anos), utilizando-se para tanto da base legal exercício regular de direitos em processo judicial, administrativo ou arbitral. Por sinal, essa é a base legal que autoriza a manutenção de documentos relativos ao contrato de emprego após a rescisão pelo período prescricional, diante do risco de demanda judicial.

Nessa mudança de cultura, importante ainda recomendar que terminado o processo seletivo, mesmo que não contratado, é vedado que o currículo do candidato circule em grupos de RH, sob pena violação à Lei Geral de Proteção de Dados.

A **terceirização** igualmente requer especiais cuidados, devendo ser mantido cadastro mínimo a fim de atender às disposições do art. 5º-A da Lei n. 6.019/74, que prevê a responsabilidade subsidiária do tomador dos serviços por inadimplência de verbas trabalhistas, assim como o art. 31 da Lei n. 8.212/91 que prevê a retenção do valor do INSS na fatura.

Soma-se que o Supremo Tribunal Federal firmou tese na *ADPF 324, no sentido de que*:

---

(695) Disponível em: <https://ge.globo.com/futebol/times/atletico-mg/noticia/apos-80-dias-relacao-thiago-neves-x-atletico-mg-para-em-notificacao-que-nao-virou-acao-judicial.ghtml>. Acesso em: 16 nov. 2021.

"É lícita a terceirização de toda e qualquer atividade, meio ou fim, não se configurando relação de emprego entre a contratante e o empregado da contratada; ii) responder subsidiariamente pelo descumprimento das normas trabalhistas, bem como por obrigações previdenciárias, na forma do art. 31 da Lei n. 8.213/1993."(696)

A Deliberação n. 840, da Comissão Nacional de Proteção de Dados (CNPD) em Portugal, serve como paradigma, ao dispor que o contrato entre o responsável e o subcontratante deve contemplar: (i) *objeto e duração do tratamento; (ii) natureza e finalidade do tratamento; (iii) tipo de dados pessoais e categoria dos titulares dos dados; (iv) obrigações e direitos do responsável pelo tratamento; (v) que o subcontratante apenas atua mediante instruções do responsável pelo tratamento e que lhe incumbe adotar as medidas técnicas e organizativas necessárias a garantir a segurança da informação.*(697)

O trabalhador terceirizado deve ser informado, pois, que haverá compartilhamento do dado, assim como ter ciência acerca da finalidade, que no caso, em princípio, deverá ser o cumprimento de obrigação legal, haja vista sobretudo a previsão do 5º-A da Lei n. 6.019/74.

10.4. Uso da base legal consentimento nas relações de trabalho

Consentir significa estar de acordo, manifestando a vontade de forma livre em assunto já suficientemente esclarecido, tendo a condição de ponderar, e se for o caso recusar o consentimento.(698)

O art. 5º da LGPD define consentimento como "manifestação livre, informada e inequívoca pela qual o titular concorda com o tratamento de seus dados pessoais para uma finalidade determinada"

O uso da base legal consentimento para a coleta de dados do trabalhador pode parecer tentador, no entanto, nada pode ser mais temerário, pois com a revogação do consentimento, seguida de pedido de exclusão, o controlador (no caso, empregador) terá de excluir todas as informações que possui, ficando sem documentos caso venha a enfrentar uma ação trabalhista.

Para que o consentimento seja válido, deve ser manifestado de modo livre, informado e inequívoco pelo trabalhador. Entenda-se por:

a) livre, o consentimento que não é viciado, sem a influência de quem detém o poder;

---

(696) Disponível em: <https://www.trt6.jus.br/portal/jurisprudencia/temas-e-precedentes/20039>. Acesso em: 16 nov. 2021.

(697) Disponível em: <https://www.in.gov.br/en/web/dou/-/deliberacao-n-840-de-18-de-dezembro-de-2019-234332115>. Acesso em: 16 nov. 2021.

(698) [...] Além do indispensável consentimento (vontade livre, esclarecida e ponderada). *In:* MARTINEZ, Luciano. *Curso de direito do trabalho:* relações individuais, sindicais e coletivas do trabalho — 7. ed. — São Paulo: Saraiva, 2016. p. 268.

b) informado, o consentimento cuja informação é fornecida com qualidade (clara e de modo adequado), de forma suficiente sob o aspecto quantitativo;

c) inequívoco, o consentimento não pode ser tácito, deve ser formal e ostensivo.(699)

E isso após o empregador ter dado ciência acerca da finalidade da coleta do dado, forma e duração do tratamento, contato do controlador, se haverá compartilhamento e com qual finalidade, as responsabilidades dos agentes de tratamentos, direitos do empregado como titular dos dados (*v. g.*, acesso, atualização, revogação), além de riscos e medidas adequadas — sempre observada a regra da granularidade, ou seja, o consentimento não deve ser geral, mas sim item a item.

O Considerando 42 do RGPD, na Comunidade Europeia dispõe que:

> "para que o consentimento seja dado com conhecimento de causa, o titular dos dados deve conhecer, pelo menos, a identidade do responsável pelo tratamento e finalidades a que o tratamento se destina. Não se deve considerar que o consentimento foi dado de livre vontade se o titular dos dados não dispuser de uma escolha verdadeira ou livre ou não pode recusar nem retirar o consentimento sem ser prejudicado."

O consentimento está diretamente atrelado aos fundamentos e princípios que regem a proteção de dados. Contudo, como se sabe numa relação de desequilíbrio material, a manifestação do consentimento pode ser viciada, o que enseja especial cuidado, consoante se passa a abordar.

10.4.1. Consentimento e Autodeterminação Informativa nas relações de trabalho

Senso comum que os dados pessoais circulam, sobretudo em ambiente virtual. Todavia, o titular deve ter o controle sobre essa circulação.

A autodeterminação informativa, em apertada síntese, consiste no direito de o titular dos dados ter o controle sobre os seus próprios dados.

Na definição de Manoel Jorge e Silva Neto,

> "o direito fundamental à autodeterminação informativa é a faculdade que tem o indivíduo, oponível ao estado, de proteger os dados pessoais captados por órgãos públicos e privados, exercitável por meio de ações preventivas (direito de defesa) ou para exigir ações positivas, de natureza individual ou coletiva, apto a impugnar desvios de finalidade nos atos de captação, tratamento e divulgação de dados pessoais por instituições públicas."(700)

---

(699) Disponível em: <https://brunobioni.com.br/wp-content/uploads/2019/05/TIC_eGOV_2017_livro_eletronico-55-62.pdf>. Acesso em: 24 out. 2021.

(700) SILVA NETO, Manoel Jorge e. *Curso de Direito Constitucional*: Atualizado até a EC n. 109, de 15 de março de 2021. 10. ed. Rio de Janeiro: Lumen Juris, 2021. p. 909.

E esse direito alcança o seu ápice quando exercido por meio do consentimento.

Segundo Bruno Bioni, se no passado a relação era pessoa-informação-sigilo; o presente assume outra feição, estabelecendo-se na forma pessoa-informação-circulação-controle.(701)

Ocorre, no entanto, que em relações de desequilíbrio material, é possível que o consentimento não possa ser livremente exercido. Nesse sentido, na Comunidade Europeia, o Considerando 43 do Regulamento Geral de Proteção de Dados (RGPD) assim dispõe:

> "a fim de assegurar que o *consentimento* **é** dado de livre vontade, este **não deverá constituir fundamento jurídico válido** para o tratamento de dados pessoais **em casos** específicos **em que exista um desequilíbrio manifesto entre o titular dos dados e o responsável** pelo seu tratamento, nomeadamente quando o responsável pelo tratamento é uma autoridade pública **pelo que é improvável que o consentimento tenha sido dado de livre vontade em todas as circunstâncias associadas à situação específica em causa**. *Presume-se que o consentimento não é dado de livre vontade se não for possível dar consentimento separadamente para diferentes operações de tratamento* de dados pessoais, ainda que seja adequado no caso específico, ou se a execução de um contrato, incluindo a prestação de um serviço, depender do consentimento apesar de o consentimento não ser necessário para a mesma execução."

Fazendo uso do direito comparado, nota-se que ao disciplinar o RGPD em âmbito interno, Portugal o fez por meio da Lei n. 58/2019, que em seu art. 28 contempla expressamente as relações laborais, definindo que o empregador pode tratar os dados de seus empregados em conformidade com a finalidade e limites definidos no Código do Trabalho e demais legislações aplicáveis, inclusive para efeito de tratamento efetuado por subcontratante, desde que ao abrigo de um contrato de prestação de serviços.

O item 3 do art. 28 da Lei n. 58/2019 disciplina que, salvo norma legal em contrário, o consentimento do trabalhador não constitui requisito de legitimidade do tratamento dos seus dados pessoais: a) se do tratamento resultar uma vantagem jurídica ou económica para o trabalhador; b) se esse tratamento estiver abrangido pelo disposto na alínea b) do n. 1 do art. 6º do RGPD (este último necessário para execução de um contrato ou diligências pré-contratuais). Todavia, pela aplicação do item 3 do art. 28 da Lei n. 58/2019, o trabalhador português poderia estar sendo alijado do direito à autodeterminação informativa, que consiste no direito ao controle sobre os seus próprios dados.

O debate se acirrou, pois se de um lado preservou-se o trabalhador de sofrer danos diante do consentimento; de outro retirou-se o direito à autodeterminação informativa, instaurando-se claro conflito no exercício de direitos fundamentais do próprio trabalhador.

---

(701) BIONI, Bruno Ricardo. Proteção de dados pessoais: a função e os limites do consentimento. 2. ed. Rio de Janeiro: Forense, 2021.

A autoridade portuguesa para proteção de dados — Comissão Nacional de Proteção de Dados, por força da Deliberação 2019/494, entendeu pela Desaplicação da Lei n. 58/2019 nos casos em que o fosse apreciar no particular, destacando-se o seguinte argumento:

> Não obstante admitir-se a natureza não paritária da relação laboral, **decorre do princípio da dignidade da pessoa humana a necessidade de reconhecer ao indivíduo, mesmo no contexto de relações jurídicas em que, por regra, ele carece de proteção em relação à outra parte, o mínimo de livre arbítrio para gozar do seu direito fundamental à autodeterminação informacional** — portanto, na dimensão jus-fundamental de controlo dos dados que lhe digam respeito —, reconhecido no art. 35º da CRP e no art. 8º da Carta dos Direitos Fundamentais da União Europeia.[702]

E concluiu mediante o uso do princípio da proporcionalidade e seus subprincípios da adequação e necessidade, nos seguintes termos:

> "Em suma, **por traduzir uma restrição não adequada, desnecessária e excessiva do direito fundamental à autodeterminação informacional ou à proteção dos dados enquanto direito ao controlo dos seus próprios dados**, para lá do que é necessário à salvaguarda dos direitos e interesses dos trabalhadores, a alínea a) do n. 3 do art. 28º da Lei n. 58/2019 restringe o âmbito de aplicação da alínea a) do n. 1 do art. 6º e da alínea a) do n. 2 do art. 9º do RGPD. Com esse fundamento, a CNPD, de forma a assegurar a plena efetividade do RGPD, desaplicará a referida norma nas situações que venha a apreciar."

A CNPD reconheceu que embora a relação laboral não seja paritária, deve-se conceder ao trabalhador um mínimo de livre arbítrio para gozar do direito à autodeterminação informacional.

Ou seja, a CNPD entendeu que ceifar a possibilidade de o empregado consentir em qualquer situação na qual poderia obter vantagem representaria ferir de morte o núcleo essencial de outro direito igualmente fundado na dignidade da pessoa humana, que corresponde à autodeterminação informativa.

Colocando um tempero no debate, observa-se que tendo por base o julgado relativo à Lei do Censo em 1983, a Corte Constitucional Alemã entendeu que a autodeterminação informacional não implica primazia do consentimento, pois numa relação assimétrica a *contrario sensu* o consentimento pode retirar a efetividade da autodeterminação informacional.

---

(702) Disponível em: <https://observatorio.almedina.net/index.php/2021/01/29/considerandos-sobre-o-controlo-de-temperatura-corporal-dos-trabalhadores/>. Acesso em: 16 nov. 2021.

O que se conclui é que nos casos concretos, via uso do princípio da proporcionalidade e seus subprincípios, deve-se analisar os direitos do próprio trabalhador em colisão, questionando se: a) com base no subprincípio da adequação, o uso da base legal consentimento cumpre com a finalidade pretendida; b) com base no subprincípio da necessidade, há outro meio de proteger o direito eleito com a mesma eficácia, ou seja se é possível o uso de outra base legal ou a adoção de outro meio que atinja o fim pretendido com a mesma eficácia; c) e, por fim, com base no subprincípio da proporcionalidade em sentido estrito, há mais benefícios ou prejuízos diante do direito *prima facie* eleito, sempre respeitado o núcleo essencial do direito fundamental – análise que não cabe em abstrato.

10.5. Monitoramento e Vigilância a distância do teletrabalhador

A pandemia da Covid-19 acelerou o reconhecimento da sociedade quanto às facilidades do teletrabalho. Nesse cenário, parte dos gestores deu azo à autonomia de suas equipes, gerindo resultados, enquanto outra parte passou a preocupar-se com o monitoramento destes trabalhadores.

Nesse sentido são anunciados programas que prometem durante o período de trabalho a distância não só medir a entrega e produtividade, mas também os períodos de inatividade, sites navegados, dentre outros, flertando perigosamente com a invasão desmedida da privacidade.

Como se sabe, o poder diretivo é limitado, não estando autorizada entrada na esfera dos direitos personalíssimos, dos quais o trabalhador não se despe no curso de uma relação laboral.

Valendo-se dos ensinamentos de Lélia Guimarães Carvalho Ribeiro,

> por isso mesmo, havendo colisão de direitos fundamentais, deve o julgador, em regra, atentar para o princípio da unidade do ordenamento jurídico, o que o obriga a uma tarefa de otimização para com os bens periódicos em conflito, sugerindo, sempre que, por meio de um critério de proporcionalidade, seja dado e reconhecido como prevalente o bem de maior envergadura jurídica e que não fira a dignidade da pessoa do trabalhador.[(703)]

Significa dizer, o empregador pode monitorar resultados e metas, mas não tem a faculdade de fiscalizar o trabalhador em si durante todo o curso do trabalho, auferindo *pari passo* a execução das atividades, haja vista que a vigilância à distância pode invadir a esfera da privacidade, e as novas tecnologias combinadas com aplicativos, permitem que o controle por vezes vá além inclusive daquele presencialmente exercido.

---

(703) RIBEIRO, Lélia Guimarães Carvalho. *A Monitoração Audiovisual e Eletrônica no Ambiente de Trabalho e seu Valor Probante*. São Paulo: LTr, 2007. p. 66.

Não ao acaso o Estatuto dos Trabalhadores, em **Itália**, contempla a partir do art. 3º, sobretudo no art. 4º, a preocupação com o monitoramento a distância(704), assim como o Código de Trabalho de Portugal é expresso ao prever que a vigilância a distância só pode ser exercida de forma lícita a fim de garantir a proteção e segurança de pessoas e bens ou quando particulares exigências inerentes à natureza da atividade o justifiquem.(705)

Com efeito, o Código de Trabalho de **Portugal** prevê em seu art. 20, a vedação ao uso de meios de vigilância a distância no local de trabalho, mediante o emprego de equipamento tecnológico, com a finalidade de controlar o desempenho profissional do trabalhador, só considerando tal procedimento como lícito quando tenha por finalidade resguardar a proteção e segurança de pessoas e bens ou quando particulares exigências o justifiquem.

---

(704) **Art. 3º** (Personale di vigilanza)
I nominativi e le mansioni specifiche del personale addetto alla vigilanza dell'attività lavorativa debbono essere comunicati ai lavoratori interessati.
Art. 4º (Impianti audiovisivi e altri strumenti di controllo)
1. Gli impianti audiovisivi e gli altri strumenti dai quali derivi anche la possibilità di controllo a distanza dell'attività dei lavoratori possono essere impiegati esclusivamente per esigenze organizzative e produttive, per la sicurezza del lavoro e per la tutela del patrimonio aziendale e possono essere installati previo accordo collettivo stipulato dalla rappresentanza sindacale unitaria o dalle rappresentanze sindacali aziendali. In alternativa, nel caso di imprese con unità produttive ubicate in diverse province della stessa regione ovvero in più regioni, tale accordo può essere stipulato dalle associazioni sindacali comparativamente più rappresentative sul piano nazionale. In mancanza di accordo, gli impianti e gli strumenti di cui al primo periodo possono essere installati previa autorizzazione delle sede territoriale dell'Ispettorato nazionale del lavoro o, in alternativa, nel caso di imprese con unità produttive dislocate negli ambiti di competenza di più sedi territoriali, della sede centrale dell'Ispettorato nazionale del lavoro. I provvedimenti di cui al terzo periodo sono definitivi.
2. La disposizione di cui al comma 1 non si applica agli strumenti utilizzati dal lavoratore per rendere la prestazione lavorativa e agli strumenti di registrazione degli accessi e delle presenze.
3. Le informazioni raccolte ai sensi dei commi 1 e 2 sono utilizzabili a tutti i fini connessi al rapporto di lavoro a condizione che sia data al lavoratore adeguata informazione delle modalità d'uso degli strumenti e di effettuazione dei controlli e nel rispetto di quanto disposto dal decreto legislativo 30 giugno 2003, n. 196. Disponível em: <http://www.di-elle.it/leggi-voce-menu/117-l-300-70-statuto-dei-diritti-dei-lavoratori>. Acesso em: 26 out. 2021.
(705) **Art. 20º Meios de vigilância a distância.**
1 — O empregador **não pode utilizar meios de vigilância a distância** no local de trabalho, **mediante o emprego de equipamento tecnológico, com a finalidade de controlar o desempenho profissional** do trabalhador.
2 — A utilização de equipamento referido no número anterior é **lícita sempre que tenha por finalidade a proteção e segurança de pessoas e bens** *ou* quando **particulares exigências inerentes à natureza** da atividade **o justifiquem**.
3 — Nos casos previstos no número anterior, o **empregador informa o trabalhador sobre a existência e finalidade dos meios de vigilância** utilizados, **devendo** nomeadamente **afixar nos locais** sujeitos os seguintes dizeres, consoante os casos: "Este local encontra-se sob vigilância de um circuito fechado de televisão" ou "**Este local encontra-se sob vigilância de um circuito fechado de televisão, procedendo-se à gravação de imagem e som", seguido de símbolo identificativo**.
4 — Constitui contraordenação muito grave a violação do disposto no n. 1 e constitui contraordenação leve a violação do disposto no n. 3.

Nessas hipóteses, prevê o código português que o empregador deve informar sobre a existência e finalidade dos meios de vigilância, com o que se dá cumprimento ao princípio da transparência, que implica na garantia do oferecimento de informações claras, precisas e facilmente acessíveis ao titular.

Seguindo essa esteira, a Comissão Nacional de Proteção de Dados (CPND), em Portugal, redigiu orientações sobre o controle a distância em regime de teletrabalho, enunciando que a "regra geral de proibição de utilização de meios de vigilância a distância, com a finalidade de controlar desempenho profissional do trabalhador, é plenamente aplicável à realidade do teletrabalho", inadmitindo soluções tecnológicas para o controle a distância do desempenho.

Em suas razões, a CNPD fez constar que:

> "soluções tecnológicas para controlo a distância não são admitidas. São disso exemplo os softwares que, para além do rastreamento do tempo de trabalho e de inatividade, registram as páginas de internet visitadas, a localização do terminal em tempo real ... fazem a captura de imagem do ambiente de trabalho"[(706)]

Prossegue a CNPD dispondo que

> "não é admissível impor ao trabalhador que mantenha a câmera de vídeo permanentemente ligada, nem, em princípio, será de admitir a possibilidade de gravação de teleconferências entre o empregador (ou dirigentes) e os trabalhadores"[(707)]

Nesse sentido, a **Carta de Direitos Fundamentais na Era Digital**, em seu art. 17, veda a utilização de imagens para controle do desempenho profissional, expressamente dispondo, em seu item 1, que:

> "A utilização de captação de imagens a distância no local de trabalho é permitida apenas para detetar situações ou acontecimentos que de forma acidental ponham em causa a segurança de pessoas e bens, não podendo ter a finalidade de controlar o desempenho profissional."[(708)]

Consigna ainda, em seu item 2, que *"a captação de imagens só pode ter lugar em situações de risco para a segurança de instalações, pessoas e bens e com respeito aos princípios da adequação e necessidade."*

E, na forma do item 3, que *"as condições de utilização dos equipamentos devem ser estabelecidas por escrito, seja por via contratual ou regulamento interno"*.

A autoridade **francesa** de proteção de dados — Commission Nationale de l'Informatique et des Libertés (CNIL — Comissão Nacional de Informática e

---

(706) Disponível em: <https://www.cnpd.pt/media/zkhkxlpx/orientacoes_controlo_a_distancia_em_regime_de_teletrabalho.pdf>. Acesso em: 26 out. 2021.

(707) Disponível em: <https://www.cnpd.pt/media/zkhkxlpx/orientacoes_controlo_a_distancia_em_regime_de_teletrabalho.pdf>. Acesso em: 26 out. 2021.

(708) Disponível em: <https://adcecija.pt/direitos-na-era-digital-direito-a-desconexao-desligar-telemovel-e-computador-fora-do-horario-trabalho-pode-vir-a-ser-um-direito-dos-trabalhadores/>. Acesso em: 23 out. 2021.

Liberdades), no entanto, já adota postura mais consentânea com a prática diária ao responder questionamento relativo à possibilidade de o empregador impor ou não a ativação da câmera durante uma reunião.

Com efeito, para a CNIL, a abertura da câmera confere maior fluidez à comunicação e contribui para o convívio, no entanto, constitui processamento de dado pessoal, e com potencial para divulgação de informações íntimas. Nesse sentido, orienta a adoção de soluções tecnológicas que desfoquem o fundo, preservando a casa ou local onde está o teletrabalhador.[709]

A autoridade francesa de proteção de dados, por sinal, quando questionada se *"o empregador pode controlar a atividade dos empregados em casa?"*, em apertada síntese responde que sim, pois possui o poder de supervisionar e controlar a execução das tarefas, alerta, no entanto, para que não haja abuso de poder, de modo que o empregador deve sempre justificar que as medidas implementadas são proporcionais ao objetivo perseguido, assim como respeitam os direitos e liberdades dos empregados, especialmente a vida privada.[710]

---

(709) ***Visioconférence: un employeur peut-il obliger un salarié à activer sa caméra lors d'une réunion?***

L'activation des caméras dans une visioconférence peut faciliter la fluidité de la communication et participer à la convivialité de la réunion. Cependant, elle constitue un traitement de données personnelles, régi par le RGPD, qui peut conduire à révéler des informations intimes.

Dans toute la mesure du possible, le recours à la visioconférence depuis leur domicile ne devrait pas conduire les salariés à révéler davantage d'informations personnelles que lors d'une réunion sur leur lieu de travail. La CNIL invite donc les employeurs à privilégier les solutions de visioconférence qui permettent aux utilisateurs de flouter l'arrière-plan, afin de permettre aux participants de ne pas faire apparaître dans la visioconférence les images de leur domicile (qui peuvent révéler des informations privées) ou les tiers qui passeraient dans le champ de vision de la caméra. Lorsqu'un tel dispositif est en place, l'employeur peut demander à ses salariés d'activer leur caméra pendant une réunion, afin que ceux-ci soient visibles comme ils le seraient si la réunion se déroulait sur le lieu de travail.

Lorsqu'il n'est pas possible ou souhaitable de recourir à un dispositif de floutage, l'employeur ne peut pas imposer systématiquement l'activation de leur caméra aux salariés en télétravail qui participent à des visioconférences. Son activation doit donc en principe être laissée à l'appréciation des salariés dans la mesure où, dans la plupart des cas, une participation via le micro est suffisante.

*Néanmoins, **dans des cas particuliers** (tels qu'un entretien « RH », une rencontre avec des clients extérieurs ou la présentation de nouveaux arrivants etc.), **l'employeur peut imposer le déclenchement de la caméra.** Lorsque c'est possible, il est préférable d'en avoir au préalable informé le ou les salariés qui pourront s'organiser en conséquence (choix d'une pièce adéquate, etc.).*

Les questions-réponses de la CNIL sur le télétravail | CNIL

(710) **L'employeur peut-il contrôler l'activité des salariés en télétravail ?**

Oui, si cela ne porte pas atteinte aux droits et libertés des salariés et en respectant certaines règles.

Le télétravail n'étant qu'une modalité d'organisation de travail, l'employeur conserve, au même titre que lorsque le travail est effectué sur site, le pouvoir d'encadrer et de contrôler l'exécution des tâches confiées à son salarié.

Néanmoins, si le pouvoir de contrôle de l'employeur est une contrepartie normale et inhérente au contrat de travail, les juridictions ont rappelé de manière constante que ce pouvoir ne saurait être exercé de manière excessive.

Em **Espanha**, o art. 20 da Lei 10/2021 trata da faculdade de organização, direção e controle empresarial no trabalho a distância, prescrevendo que os trabalhadores devem cumprir as instruções estabelecidas pela empresa no âmbito da proteção de dados(711), o que deve ser lido em conjunto com o art. 7, alínea "j", pelo qual se aplicam ao trabalho a distância as instruções empresariais quanto à proteção de dados disciplinadas em contrato, com a participação sindical(712).

O art. 22 regula o controle empresarial, permitindo a adoção de medidas que se estime mais adequadas de vigilância e controle a fim de verificar o cumprimento das obrigações e deveres do empregado, inclusa a utilização dos meios telemáticos, preservada a dignidade do trabalhador (aqui entendida por privacidade e intimidade), e observadas as circunstâncias do caso concreto, como a ocorrência de uma deficiência.(713)

Portanto, em respeito aos direitos da personalidade, e fazendo uso de normas, fontes e costumes do direito comparado, é recomendável que o empregador adote os seguintes procedimentos: a) se houver uso de programas de monitoramento, controlar metas e resultados, mas não os momentos de inatividade; b) informar ao trabalhador eventual monitoramento, justificando o motivo pelo qual este se dá, sem abuso de poder; c) criar política de teletrabalho, impondo ao empregado a obrigação de colocar um fundo de tela se desejar preservar a intimidade do seu lar; d) implementar política de adequação à Lei Geral de Proteção de dados pessoais, visando a tutela dos dados dos trabalhadores.

L'employeur doit donc toujours justifier que les dispositifs mis en œuvre sont strictement **proportionnés à l'objectif poursuivi** et ne portent pas atteinte excessive au respect des droits et libertés des salariés, particulièrement le droit au respect de leur vie privée.

Nul ne peut apporter aux droits des personnes et aux libertés individuelles et collectives de restrictions qui ne seraient pas justifiées par la nature de la tâche à accomplir ni proportionnées au but recherché. — article L. 1121-1 du Code du travai

Télétravail: les règles et les bonnes pratiques à suivre | CNIL. Acesso em: 16 nov. 2021.

(711) **Facultades de organización, dirección y control empresarial en el trabajo adistancia**
Artículo 20. Protección de datos y seguridad de la información.

Las personas trabajadoras, en el desarrollo del trabajo a distancia, deberán cumplir las instrucciones que haya establecido la empresa en el marco de la legislación sobre protección de datos, previa participación de la representación legal de las personas trabajadoras.

Las personas trabajadoras deberán cumplir las instrucciones sobre seguridad de la información específicamente fijadas por la empresa, previa información a su representación legal en el ámbito del trabajo a distancia.

(712) j) Instrucciones dictadas por la empresa, con la participación de la representación legal delas personas trabajadoras, en materia de protección de datos, específicamente aplicables en el trabajo a distancia.

(713) **Artículo 22. Facultades de control empresarial.**

La empresa podrá adoptar las medidas que estime más oportunas de vigilancia y control para verificar el cumplimiento por la persona trabajadora de sus obligaciones y deberes laborales, incluida la utilización de medios telemáticos, guardando en su adopción y aplica ción la consideración debida a su dignidad y teniendo en cuenta, en su caso, sus circunstancias personales, como la concurrencia de una discapacidad.

11. PREVENÇÃO EMPRESARIAL EM AMBIENTE VIRTUAL

Para que parte dos desafios sejam superados, mormente visando a continuidade do trabalho a distância, deve-se iniciar pela implementação de um programa de teletrabalho estruturado, que contempla não só a política de teletrabalho a ser construída, mas também as conexas, com destaque para o enfrentamento das seguintes situações: a) sensação de isolamento do teletrabalhador; b) confusão de papéis familiares e profissionais do teletrabalhador; c) doenças e acidentes em regime de teletrabalho; d) liberdade de expressão em ciberespaço quando atinge a higidez do ambiente de trabalho; e) proteção de *know-how* e informações sigilosas de propriedade do empregador; f) proteção de dados do trabalhador, quando virtualmente armazenados.

11.1. Política de Teletrabalho

O projeto estruturado de teletrabalho contempla minimamente as seguintes etapas: 1) criação de um comitê de implementação e gestão; 2) diagnóstico dos processos e tecnologias organizacionais; 3) criação de políticas de teletrabalho; 4) criação de políticas conexas; 5) capacitação e treinamento dos envolvidos; 6) início de projeto piloto, que tem sido dispensado após a Covid-19, dadas as experiências colhidas.

Inicialmente deve ser realizada reunião com a direção de alinhamento quanto às expectativas do programa. Após, o passo a ser dado é a formação do Comitê de Teletrabalho, seguido do diagnóstico dos elegíveis.

Por sinal, na fase do diagnóstico, a recomendação é fazer uso da vivência durante a Covid-19, aplicando-se questionário a fim de obter informações importantes para o programa, tais como:

a) se o trabalhador atuou em teletrabalho durante a pandemia;

b) o número de dias por semana que o empregado atuou em teletrabalho durante a pandemia;

c) qual o sentimento do trabalhador quanto ao teletrabalho;

d) se entende que as suas atividades podem ser executadas em regime de teletrabalho após a Covid-19;

e) se na função ocupada, o contato físico é ou não essencial;

f) se teve maior contato familiar;

g) se teve maior qualidade de vida;

h) se conseguiu concentrar-se mais no trabalho;

i) se teve maior produtividade;

j) se reduziu o estresse no trabalho;

k) se teve maior controle sobre os ritmos de trabalho;

l) se sentiu dificuldades na confusão de papéis entre trabalho e família;

m) se passou excesso de horas em frente à tela do computador;

n) se as reuniões em ambiente virtual foram mais cansativas;

o) se recebeu muitas mensagens fora do horário de trabalho;

p) se recebeu ajuda na execução das atividades a distância;

q) se teve dificuldades de falar com colegas, subordinados ou superiores hierárquicos;

r) se teve sentimento de isolamento;

s) se teve dificuldade de conexão com a internet e de quantos megas é a rede que utiliza;

t) se a sua estrutura física é adequada para a execução das atividades em teletrabalho;

u) se sentiu ausência de ergonomia na execução das atividades;

v) qual o kit utilizado em teletrabalho (notebook, suporte para o note, mouse, mouse pad, cadeira ergonômica, teclado, apoio de pés e outros);

w) indicação de pontos positivos que observou durante a experiência;

x) apontamento de pontos negativos durante a experiência;

y) se tem sugestões para melhoria das condições de trabalho a distância;

z) se tem interesse em participar de programa estruturado de teletrabalho;

aa) qual o número de dias que, no seu entendimento, seria o ideal para adoção do teletrabalho no exercício da sua função, consideradas as suas atividades.

Com base nas informações acima, é possível ter uma temperatura acerca da maturidade da empresa quanto ao teletrabalho, podendo ser traçado primeiro diagnóstico das funções elegíveis ao trabalho a distância por meio da telemática.

E o primeiro passo após a instauração do comitê e o diagnóstico dos elegíveis é promover um *kick-off* abordando benefícios, perspectivas e desafios na implementação do teletrabalho, seguido de reuniões para construção da política de teletrabalho mediante discussão e deliberação de pontos chave.

Alguns pontos são relevantes na política de teletrabalho, tais como:

(i) definição do período de vigência, sugerindo-se período experimental de 6 (seis) meses;

(ii) as premissas do programa, baseadas sobretudo na confiança mútua entre gestores e colaboradores;

(iii) a definição das condições de elegibilidade;

(iv) a disciplina de quais são os cargos elegíveis;

(v) a disciplina quanto ao número de dias, se haverá teletrabalho ocasional diante de situações de crise de transporte público, pandemia ou outros, e em que condições;

(vi) a definição se haverá teletrabalho transregional ou mesmo transacional, estabelecendo premissas específicas e prestando as correspondentes orientações a tanto;

(vii) o estabelecimento do que compõe o kit de teletrabalho, se a empresa fornecer;

(viii) a definição se haverá ajuda compensatória, e a que título;

(ix) o estabelecimento da política de benefícios, se haverá alguma alteração, e se há necessidade de negociação coletiva, ou mesmo ajustes e orientações em se tratando de teletrabalho transnacional;

(x) a definição se o teletrabalho será prestado na modalidade *home office* ou *anywhere office* (escritório de qualquer lugar);

(xi) a definição da política de segurança da informação, mormente diante dos riscos de acesso por rede pública (se permitido);

(xii) a possível inserção de programas de teletrabalho pós-licença-maternidade e paternidade, além de políticas inclusivas para portadores de deficiência;

(xiii) a definição de regras para reuniões em ambiente virtual, e mesmo esclarecimentos quanto às determinações de comparecimento quando das reuniões presenciais (afora quando se trate de trabalho prestado a partir de cidade distinta, ou mesmo regras de comparecimento, se assim o for);

(xiv) o estabelecimento de regras de manutenção, isenção ou flexibilidade de controle de jornada, com base na operação e prática da empresa;

(xv) a medição de resultados e se haverá exigência de maior produtividade;

(xvi) e, por evidente, o caráter voluntário de participação no programa.

Construída a política principal, com o necessário apoio jurídico ao Comitê de Teletrabalho, deve-se discutir e validar a redação final, após o que, com base na política adotada, os contratos de trabalho e aditivos contratuais deverão ser minutados.

A adequação, todavia, não para por aí, devendo vir acompanhada de políticas complementares, consoante segue.

11.2. Política de Integração e Adaptação do Teletrabalhador

A sensação de isolamento, com perda da visão geral da empresa, pode ser atenuada, mediante a implementação de programas que façam o teletrabalhador sentir-se parte da equipe,[(714)] mantendo o olhar global para a empresa.

Tal preocupação deve ser ainda maior quando a contratação já ocorre em regime de trabalho a distância, na medida em que se mostra recomendável maior período de integração, a fim de que o teletrabalhador conheça a cultura da empresa, fluxos de informação e processos, setores e colegas de trabalho, com o escopo de que realmente se sinta integrado, parte da empresa, e não uma ilha isolada.

Fazendo uso do conceito de pertencimento de Zygmunt Bauman, consiste no reconhecimento de identidades semelhantes, "significa dar abrigo longe da influência ou dominação, um sentimento de liberdade, de pertencimento que amenize a sensação de solidão ou abandono".[(715)]

Em âmbito presencial, pois, os gestores podem valer-se de reuniões de trabalho, além de festas, eventos comemorativos e simples encontros agendados para gerar maior sinergia na equipe e sentimento de pertencimento ao teletrabalhador.

A implementação de canais internos de comunicação e bate-papo, tal como o *workplace* (espécie de facebook corporativo), além de *conference calls* e vídeo conferências, também podem contribuir para maior aproximação e sentimento de pertencimento do teletrabalhador.

---

(714) A título exemplificativo, na legislação portuguesa há previsão no sentido de que o empregador evite o isolamento do teletrabalhador, por meio de contatos regulares com a empresa e demais trabalhadores, consoante redação do art. 169, n. 3. — "O empregador deve evitar o isolamento do trabalhador, nomeadamente através de contactos regulares com a empresa e os demais trabalhadores". Disponível em: <http://cite.gov.pt/asstscite/downloads/legislacao/CT25092017.pdf#page=64>. Acesso em: 15 nov. 2017.

(715) BAUMAN, Zygmunt. *Modernidade líquida*. Tradução Plinio Dentzien. Rio de Janeiro: Zahar, 2001. 2005. p. 37.

É de se notar que muito antes da Covid-19, as gerações mais antigas já tinham aderido às formas de comunicação virtual, o que se dirá dos jovens. Portanto, a comunicação não foge muito ao padrão já utilizado nos dias atuais nos relacionamentos com os amigos.

Na visão de Adam Schaff:

> [...] "é difícil estabelecer se uma pessoa que trabalha em casa com documentos recebidos comodamente via terminal e que se comunica livremente com outras pessoas interessadas no seu próprio trabalho encontrará mais satisfação do que experimenta hoje trabalhando em escritórios apertados e barulhentos, onde os contatos com os colegas são mais ilusórios do que reais, e se a presença de outros resulta mais num prazer que num incômodo. Deve-se acrescentar a este respeito que tal tipo de isolamento das pessoas, gerado pela tecnologia moderna, poderia ser atenuado pela extraordinária riqueza de contatos hoje impensáveis graças aos novos meios de comunicação. Trata-se, naturalmente, de um problema psicológico que só pode ser resolvido na prática."(716)

A sociedade da informação se relaciona com maior número de pessoas, e conhece mais o dia a dia de seus amigos de rede do que os seus antepassados que interagiam presencialmente em seu círculo social.

Com efeito, as relações nos dias atuais tomaram dimensão virtual, de tal arte que as amizades são eleitas, e os contatos podem ser mais frequentes e prazerosos quando mantidos com pessoas a milhares de quilômetros de distância do que com o próprio vizinho de casa, que não foi escolhido.

Hodiernamente, os meios de tecnologia permitem não só a escolha do que comprar dentro dos moldes do gosto do consumidor, como que tipo de informação consumir, quanto com quem se relacionar, adaptados os interesses, gostos e preferências que possam notabilizar aquele grupo.

As pessoas com interesses afins podem estar em qualquer lugar do mundo, inexistindo fronteiras, de sorte que talvez faça mais sentido uma amizade mantida a milhares de quilômetros de distância do que com o colega de escritório. E isso é ainda muito mais forte nas novas gerações, que já nasceram em meio a esse relacionamento conectado. Portanto, não parece complexo o estabelecimento de eficientes canais de comunicação virtual, de sorte que o teletrabalhador se sinta integrado à equipe.

Ao ser questionado sobre o sentido de mundo virtual, Domenico de Masi fala da sensação de reunião dos que estão interagindo como se estivessem em

---

(716) SCHAFF, Adam. *A sociedade informática*: as consequências da segunda revolução industrial. Tradução Carlos Eduardo Jordão Machado e Luiz Arturo Obojes. São Paulo: Brasiliense, 2007.

uma mesma sala, ainda que em diferentes cantos do mundo[717] — o que bem demonstra o quanto o ambiente virtual pode não representar tanto isolamento como se possa inferir.

No dia a dia, é de se observar que mesmo no trabalho presencial boa parte das informações são obtidas no sistema, e não mais junto ao colega de trabalho, ou sob os olhares e direção do chefe que marcaram as produções tayloristas.

No entanto, a necessidade de *feedback* do superior hierárquico é cultural, de tal arte que a empresa precisa ter o cuidado de dar retorno ao trabalhador com ainda mais ênfase em cenário de teletrabalho, a fim de não só criar, mas demonstrar a existência de condições para que o teletrabalhador possa galgar degraus na carreira dentro da organização, minimizando o sentimento de isolamento.

Nesse contexto, é importante que o teletrabalhador entenda que está na empresa, embora o ambiente agora seja virtual, diante de uma nova sistemática de produção gerada pelo avanço da tecnologia, que tem o potencial de tornar o trabalho menos penoso do que nas anteriores revoluções industriais.

Ademais, pode-se combinar a realização de trabalhos na sede da empresa, já que a Reforma Trabalhista é expressa ao prescrever que o comparecimento à sede da empresa não desvirtua a condição de exceção de controle de jornada.

Assim, é recomendável que mediante o estabelecimento de tarefas específicas, visando manter o sentido de pertencimento, que se montem grupos de trabalho com encontro presencial mensal, até mesmo para permitir a aprendizagem informal.

Em âmbito administrativo, a Resolução n. 227 do CNJ, por meio do art. 11 prevê: entrevista individual anual, no primeiro ano de realização do teletrabalho; oficina anual de capacitação e de troca de experiências; acompanhamento individual e de grupo, sempre que se fizer necessário.

Outra alternativa é a instituição do regime de teletrabalho *part time* (híbrido), cujos exemplos são encontrados dentro do Poder Judiciário, consoante relatado no capítulo 4 que mencionou a título exemplificativo, que o TRF-4 e o TJ-PE permitem o regime de teletrabalho híbrido.[718]

Há de se verificar a adaptação, de sorte que é salutar a instituição de um programa de teletrabalho prevendo período de experiência, ao final do qual o teletrabalhador poderá verificar a sua condição de adaptação às atividades laborais fora da sede da empresa. Caso esta não tenha sido boa, passada a experiência, é recomendável permitir ao trabalhador o retorno ao trabalho presencial.

---

(717) DE MASI, p. 272. "A um mundo construído com a ajuda determinante das tecnologias informáticas e que, até o momento, nenhuma outra reprodução havia proporcionado com um grau tão elevado de verossimilhança ... os interlocutores têm a impressão de estarem reunidos numa única sala e não espalhados pelos quatro cantos do planeta".

(718) De acordo com o abordado no capítulo III, a Lei n. 13.467/2017 não concede autorização para a isenção de controle de jornada, quando não predominantes as atividades a distância.

A mesma situação de adaptação vale para a confusão de papéis da vida profissional e privada, haja vista que não são todos que terão fácil adaptação ao modelo de trabalho a distância. É de se reconhecer, todavia, que no período pré-industrial, o trabalho era desenvolvido em casa, e de certo modo havia essa mistura de papéis, o que requer um novo desenho, reconstruindo as relações durante a Quarta Revolução Industrial.

O estudo de Marília de Gonzaga Lima e Silva[719] confirmou a possibilidade de confusão de papéis, e de interferência do trabalho na vida familiar, porém de forma muito mais aguda ficou notabilizada a aproximação do núcleo familiar, diante da flexibilidade da gestão do tempo, o que permitiu aos teletrabalhadores cumprirem tarefas simples, prazerosas do dia a dia, que se revelavam impossíveis na rotina anterior.

No entanto, há aspectos negativos confirmados no estudo, a começar que o local de trabalho quando em casa, por vezes causa desconforto para os demais familiares. Com efeito, na empresa há um território demarcado para o trabalhador, no mínimo correspondente à sua mesa, ou nas empresas mais modernas às estações livres, ao passo que o âmbito familiar se desacostumou da presença do pai ou mãe no meio do expediente.

O teletrabalhador passa, em ocasiões, a competir com o espaço antes ocupado pelos filhos ou cônjuge, gerando necessidade de ajustes, desde o uso do computador até a hora de passar o aspirador, uso do liquidificador, ou outras tarefas do lar.

Os depoimentos, no entanto, revelam que em regra, os aspectos positivos superam as dificuldades, na medida em que relatam a participação maior dos teletrabalhadores na vida dos filhos, desde levar a criança para a escola, fazer uma pausa durante o horário de trabalho para dar atenção a uma situação diferenciada que venha a ser gerada pelos filhos, ou encerrar a jornada de trabalho às 18h quando do retorno da escola.

Um dos testemunhos revela interessante negociação entre pai e filho, em que o teletrabalhador combinou com a criança que quando estiver de crachá é porque está trabalhando, veja-se:

> "[...] quando ele [o filho] está em casa, ele não incomoda: eu já combinei com ele, que, quando eu ponho o crachá, é porque eu estou trabalhando, mas sempre tem um brinquedo que ele não consegue desmontar e diz: 'olha, eu deixo aqui e quando você puder você conserta.'"[720]

---

(719) Tal como mencionado no capítulo anterior, em sua tese de Doutorado em Ciências Sociais, Silva Tose realizou pesquisa empírica, explorando os aspectos qualitativos e as dificuldades do regime de teletrabalho, por meio do depoimento de vinte e um teletrabalhadores que atuavam em duas empresas que implementaram essa modalidade de trabalho a distância.

(720) SILVA TOSE, Marilia de Gonzaga Lima e. *Teletrabalho*: a prática do trabalho e a organização subjetiva dos seus agentes. Tese de Doutorado em Ciências Sociais. Pontifícia Universidade Católica de São Paulo, 2005. p. 86.

Outro depoimento faz notar a flexibilidade que permite a interrupção do trabalho para participação em momentos familiares com maior intensidade — algo impensável quando se trabalha na sede da empresa.

> "Quando percebo que vale a pena interromper [o trabalho] para gerar melhor sinergia com a família, interrompo e retorno uma ou duas horas depois; caso contrário, lembro à família que estou trabalhando e solicito que resolvam a questão sozinhos ou aguardem algumas horas."

As declarações também demonstram maior troca de atividades e ajuda mútua entre os cônjuges, o que por evidente gera maior aproximação e cumplicidade, fortalecendo os laços matrimoniais tão destroçados num mundo em que tudo é efêmero e se liquefaz.

Mediante a apropriação da tecnologia e reorganização do espaço e tempo, o teletrabalho, quando em domicílio, não só aproxima o homem do lar, como também tem o condão de reagrupar o núcleo familiar, afinal "a esposa, os filhos e o cachorro, antes presentes apenas na fotografia, agora estão ao vivo".(721)

Tais constatações por si só já demonstram o quanto o teletrabalho pode ser valoroso como ferramenta para concreção dos direitos fundamentais, servindo mais ao propósito de unir o núcleo familiar do que para causar dificuldades no cumprimento dos papéis de pai ou mãe e teletrabalhador.

De toda sorte, tal como já exposto, a ideia nem é que todos deixem de sair de suas casas, ou de se dirigir à sede da empresa. Essa modalidade deve ser utilizada pelos que melhor se adaptem, a fim de exercerem com ainda mais ênfase os seus direitos da personalidade.

Tanto assim o é, que Marília de Gonzaga Lima e Silva Tose constatou que uma das empresas que pesquisou teve o cuidado de identificar as condições necessárias para atuação em regime de teletrabalho, preocupando-se essencialmente com a dinâmica familiar e a infraestrutura das residências.(722)

Nesse sentido, a entrevista de um dos candidatos que se tornou um teletrabalhador:

> "Foi tranquilo. Eles fizeram de uma forma muito organizada, passamos por entrevistas com psicólogas para avaliação de perfil de cada pessoa, se tínhamos realmente condições de trabalhar em casa, tivemos a visita de uma assistente social para verificar se a família gostaria, se nós teríamos realmente condições de estrutura para realizar um trabalho em casa. Eles tiveram a preocupação de oferecer toda uma infraestrutura,

---

(721) SILVA TOSE, Marilia de Gonzaga Lima e. *Teletrabalho*: a prática do trabalho e a organização subjetiva dos seus agentes. Tese de Doutorado em Ciências Sociais. Pontifícia Universidade Católica de São Paulo, 2005. p. 142.
(722) *Ibidem*, p. 59-60.

por exemplo, as pessoas que não tinham móveis, ganharam alguns, telefone, acesso rápido da Internet. Então, eu diria que foi bom, foi um processo tranquilo que não teve problemas."

Tal não representa uma invasão desmedida da privacidade, mas o cuidado do empregador em verificar se há condições físicas e materiais para desempenho do regime de teletrabalho naquele ambiente, seja de espaço físico e adaptações, seja no que tange à concordância dos demais membros da residência a fim de não causar desconforto no núcleo familiar.

É recomendável, pois, que a empresa se preocupe em avaliar se há condições de realizar o teletrabalho no caso concreto, dando ênfase à verificação das questões de saúde e segurança do teletrabalhador. Igualmente relevante averiguar se o local destinado ao trabalho, quando na casa do trabalhador não romperá com o direito de lazer da própria família.

Passada a fase da verificação das condições para o exercício do teletrabalho, é salutar preparar o teletrabalhador para o processo de mudança, mormente quando se trata da migração da empresa para o lar, mediante o oferecimento de cursos e seminários sobre essa forma de trabalho, combinada com a entrega de material explicativo, abordando inclusive depoimento de teletrabalhadores, dando especial ênfase a temas como ergonomia, autonomia, auto-direção, auto-disciplina, flexibilidade e cuidados na confusão de papéis.(723)

Nesse sentido, digna de aplausos é a iniciativa do Tribunal de Justiça de Minas Gerais, que em abril de 2016, não somente iniciou projeto piloto de teletrabalho com servidores, mas o fez por meio da indicação de gestores, observados os perfis profissionais, oferecendo curso de formação quanto à administração do tempo e orientações sobre ergonomia, dentre outros temas.(724)

Nos Estados Unidos da América, o *Telework Enhancement Act of 2010* que determina que todas as agências executivas estabeleçam e implementem política que autorize os seus empregados a atuarem em regime de teletrabalho, preconiza, dentre diversas disposições, a nomeação de alguém para o cargo de gerente do trabalho a distância *(TMO — Telework Managing Officer)*, assim como fornecimento de completo treinamento interativo aos teletrabalhadores.(725)

De toda sorte, o art. 75-C, § 1º da CLT garante ao empregado o direito de escolha, não podendo o empregador impor o regime de teletrabalho, até porque, por mais que o regime se revele essencialmente favorável ao trabalhador, haverá

---

(723) SILVA TOSE, Marilia de Gonzaga Lima e. *Teletrabalho*: a prática do trabalho e a organização subjetiva dos seus agentes. Tese de Doutorado em Ciências Sociais. Pontifícia Universidade Católica de São Paulo, 2005. p. 62 e 101.

(724) ANAJUSTRA, s/p.

(725) ESTADOS UNIDOS. Disponível em: <https://www.telework.gov/guidance-legislation/telework-legislation/telework-enhanc>. Acesso em: 14 nov. 2017.

situações que causarão enorme desconforto ou mesmo prejuízo, quando os aspectos subjetivos atinentes ao teletrabalho não puderem ser superados.

11.3. Política de Prevenção de Doenças e Acidentes para o Teletrabalhador

As doenças do trabalho crescem no ambiente corporativo, e podem tomar volume ainda mais danoso aos trabalhadores, empresa e sociedade no labor a distância, fazendo-se cogente a adoção de medidas preventivas a fim de evitar a lesão por esforços repetitivos (LER), doenças osteomoleculares relacionadas ao trabalho (DORT), prejuízo à visão, depressão decorrente do isolamento do teletrabalhador ou mesmo burnout.

Em regime de teletrabalho, é possível — ainda que de forma mitigada — que o empregador cumpra com a obrigação de fiscalizar as normas de saúde e segurança, mesmo quando em domicílio. É claro que, para tanto, há uma limitação no exercício do direito fundamental à privacidade e à intimidade.

Contudo, tal restrição tem por escopo resguardar outro direito fundamental em colisão, que diz respeito ao direito de o empregado usufruir de um meio ambiente do trabalho saudável e seguro — condição aliás que decorre de responsabilidade constitucional do empregador.

As tutelas maiores devem ser dedicadas à fiscalização no que tange à ergonomia da execução das atividades e dos equipamentos de trabalho, atentando-se ao trabalho repetitivo, ao excesso de jornada e ao número de horas em frente à tela do computador, mormente diante das dificuldades de controle.

Aqui é cabível, pois, mediante regras claras, e visando à preservação da saúde do empregado, que o empregador forneça mobiliário e equipamentos adequados ao desempenho das atividades, e ao empregado cabe aceitá-los até o limite em que viole de modo demasiado o seu direito à intimidade e privacidade, ou ataque outros direitos da personalidade, tal como o direito ao lazer.

Na linha do cumprimento dos deveres de saúde e segurança, o empregador deve treinar e orientar quanto à postura e uso dos equipamentos que disponibilizar para o trabalho, não se eximindo da realização dos exames de admissão, periódicos e de demissão, nos termos das normas regulamentadoras em conformidade com o PMCSO e PPRA da empresa, adequados ao posto de trabalho efetivamente ocupado pelo empregado.

Por sinal, primando pela prevenção, o CNJ, em esfera administrativa, consoante art. 12 da Resolução n. 227 prevê que os tribunais promoverão a difusão de conhecimentos relativos ao teletrabalho e de orientações para saúde e ergonomia, por meio de cursos, palestras, oficinas e outros meios.

Marília de Gonzaga Lima e Silva Tose relata os cuidados que uma das empresas objeto da investigação de suas pesquisas tomou com a saúde dos empregados, prestando esclarecimentos de como deve funcionar um escritório ergonomicamente adequado, com iluminação, ventilação, e demais medidas básicas de prevenção quanto à saúde e segurança.[726]

Os teletrabalhadores entrevistados informaram inclusive que houve visita de uma assistente social, que dentre outros aspectos, avaliou as condições para instalação da estrutura necessária para o desenvolvimento das atividades com saúde e segurança.[727]

Tais medidas aparentemente funcionaram na empresa pesquisada, pois não houve relato de trabalhadores que tenham apresentado problema de LER/DORT ou estresse relacionados ao trabalho. Pelo contrário, mencionaram inclusive melhora nas condições de trabalho.[728]

Em outra empresa objeto da pesquisa empírica, constatou-se a existência de uma circular interna tratando da segurança no trabalho, orientando quanto à disposição dos móveis, local arejado, instalações elétricas e iluminação.[729]

O modo como a fiscalização será exercida, seja pelo empregador, seja pelo Ministério do Trabalho e Previdência deve visar a máxima eficácia dos direitos constitucionais e ponderação de conflitos dos direitos fundamentais à privacidade, intimidade, saúde e segurança no trabalho.

A sociedade tem cedido parte do seu direito fundamental à privacidade, seja em troca de segurança, seja em câmbio pelo entretenimento nas redes sociais onde são abertos elementos pessoais e familiares. Essa exposição tende a aumentar, não só com o crescimento exponencial da rede, mas também pela oferta de produtos e de informações que, em troca de seus benefícios exigem maior exposição da privacidade mediante a entrega de dados pessoais.

Hoje é possível o oferecimento de produtos e serviços de acordo com o gosto e necessidade que o usuário manifestou historicamente em seu uso na internet, e

---

(726) SILVA TOSE, Marilia de Gonzaga Lima e. *Teletrabalho*: a prática do trabalho e a organização subjetiva dos seus agentes. Tese de Doutorado em Ciências Sociais. Pontifícia Universidade Católica de São Paulo, 2005. p. 60.
(727) *Idem*, p. 158.
(728) "No meu caso em particular, em casa tenho condições ergonômicas até melhores do que tinha no escritório, como por exemplo pude colocar o laptop em lugar mais alto de modo a não ter que ficar curvado para olhá-lo e tenho uma cadeira com braços ajustáveis e um teclado externo. Então, na minha opinião, o fato de trabalhar em casa diminui o risco de LER/DORT. "Outro teletrabalhador ... "o fato de não ter que transportar o laptop todo o dia para o trabalho, pendurado no ombro esquerdo (em torno de 2.0 kg incluindo aí cadernos e documentos), eliminou uma dor que vinha sentindo há algum tempo no ombro esquerdo". In: SILVA TOSE, p. 61.
(729) SILVA TOSE, Marilia de Gonzaga Lima e. *Teletrabalho*: a prática do trabalho e a organização subjetiva dos seus agentes. Tese de Doutorado em Ciências Sociais. Pontifícia Universidade Católica de São Paulo, 2005. p. 159.

seu comportamento como consumidor, mas bem além disso, deve ganhar espaço o crescimento do mercado de dispositivos vestíveis, que poderão monitorar a saúde do usuário, dentre outras utilidades.

Tal constatação se faz necessária para demonstrar que já há uma limitação ao direito fundamental à privacidade na forma de se relacionar na sociedade atual, e que esta limitação não só tende a aumentar, como se faz necessária para a instituição de políticas conexas de teletrabalho, que contemplem a prevenção de doenças e acidentes em teletrabalho.

O objeto dessa política, fundamentalmente, deve ser a tutela de outro direito fundamental do próprio trabalhador, representado pela saúde e segurança, mediante o cumprimento de normas regulamentadoras do trabalho, em especial regras de ergonomia, representadas pela NR-17 do então Ministério do Trabalho e Emprego.

Claro que fica mitigada a fiscalização do trabalho em si, empoderando-se o teletrabalhador, que, na maior parte das vezes entrega o resultado, inexistindo acompanhamento ou fiscalização sobre a execução ou *modus operandi* da atividade.

Orienta-se, no entanto, na linha da Recomendação n. 184 da OIT, parte VII, número 20 a informar aos trabalhadores a respeito de qualquer risco relacionado ao trabalho, que o empregador conheça ou deveria conhecer, assinalando as precauções que se façam necessárias, segundo procedimentos a serem instaurados pelo empregador.

Ainda assim, e observado o disposto no item 5.6 deste livro, é recomendável que o programa de teletrabalho do empregador tenha disposição no sentido de que haverá inspeção quanto às condições de saúde e segurança no local em que o trabalho será desenvolvido, cumulada a determinação de exames ocupacionais semestrais no que tange às doenças que mais acometem os que laboram mediante o uso intensivo do computador, tais como lesão por esforços repetitivos, doenças osteomoleculares relacionadas ao trabalho e doenças da visão.

Por evidente, de modo preventivo, antes do início dos trabalhos a distância, e também em reciclagem anual, o teletrabalhador deve ser orientado e treinado quanto aos cuidados a serem tomados para manter a saúde física e mental.

11.4. Política de Uso das Redes Sociais

A observância dos direitos da personalidade não significa que estes adquiram caráter absoluto perante outro direito fundamental ou de âmbito constitucional, até porque com as redes sociais verifica-se interessante fenômeno que exige que tanto o empregado quanto o empregador limitem o grau de exposição de seus conhecimentos e opiniões, quando passíveis de causar lesão ao patrimônio material ou imaterial do outro.

Mesmo as liberdades protegidas não são definitivas, afinal inexistem direitos absolutos. Ou seja, as liberdades devem ser exercidas sem abuso, pois de modo contrário passam a representar o exercício de um não direito, que muitas vezes frustra o direito de outro.

Seguindo nessa esteira de raciocínio, observa-se o teor do Enunciado n. 139 da III Jornada de Direito Civil, que ao tratar da limitação dos direitos da personalidade, disciplina que "os direitos da personalidade podem sofrer limitações, ainda que não especificamente previstas em lei, não podendo ser exercidos com abuso de direito de seu titular, contrariamente à boa-fé objetiva e aos bons costumes."(730)

Como acréscimo de argumento quanto à limitação dos direitos da personalidade, vale registrar o teor do Enunciado n. 274 da IV Jornada de Direito Civil;

> Os direitos da personalidade, regulados de maneira não-exaustiva pelo Código Civil, são expressões da cláusula geral de tutela da pessoa humana, contida no art. 1º, inc. III, da Constituição (princípio da dignidade da pessoa humana). Em caso de colisão entre eles, como nenhum pode sobrelevar os demais, deve-se aplicar a técnica da ponderação.

Aqui é necessário um diálogo entre as diferentes fontes do direito. Com efeito, na hipótese em concreto de que se está a tratar, fazendo uso da teoria do diálogo das fontes,(731) deve-se combinar as fontes do direito civil, penal e do trabalho, de forma sistêmica e complementar, visando a máxima efetividade do direito ao tempo da sua aplicação, observados os valores da Carta Magna.

No crescente uso das redes sociais, a sociedade da informação precisa se dar conta das diferenças entre expor uma opinião para um amigo, e divulgá-la em uma rede social.

Quando se trata da expressão de opinião com caráter difamatório, injurioso ou calunioso, a questão é de fácil resolução, já que tais condutas são inaceitáveis, existindo previsão de punição, consoante arts. 138 a 140 do Código Penal Brasileiro. De igual modo, o diploma penal criminaliza a violação de segredo de empresa, nos termos do art. 154.

Fica, pois, vedada a exposição de opiniões pelo empregado ou empregador que representem as violações apontadas.

O cenário se torna um pouco mais complexo quando se trata de opiniões manifestadas pelos empregados nas redes socais sem conteúdo de difamação, injúria ou calúnia, e nem relativa à violação de segredos de negócio ou de empresa.

---

(730) BRASIL. *Conselho da Justiça Federal*. Disponível em: <http://www.cjf.jus.br/enunciados/pesquisa/resultado>. Acesso em: 3 dez. 2017.
(731) MARQUES, Cláudia Lima (Coord.). *Diálogo das fontes*. Do conflito à coordenação de normas do direito brasileiro. São Paulo: Revista Tribunais, 2012. p. 29.

Para Cristiane Maria Freitas de Mello,

> [...] "não se pode negar, ao amparo do texto constitucional, que o trabalhador possa discutir as condições de trabalho, inclusive expressando críticas, nos limites do respeito da verdade objetiva, sempre atentando para não gerar danos econômicos à empresa."(732)

Deve-se incluir na limitação do direito de expressão, não somente a questão do dano econômico, mas também o dano extrapatrimonial, aí incluso o dano ao meio ambiente do trabalho.

Ademais, quando se trata da manutenção do saudável meio ambiente do trabalho, não é difícil pensar em hipóteses que possam gerar prejuízos à higidez do local, como o empregado que posta comentários maliciosos sobre um(a) colega de trabalho, ou *v. g.*, manifesta opiniões sobre a orientação sexual de um par de trabalho.

Essa manifestação é contrária às regras mais elementares do direito, e representa abuso do direito de expressão, devendo, por corolário lógico, ser restringida. Dado o efeito dessa exposição no ambiente de trabalho, o empregador não deve se manter inerte.

Quando se trata de danos ao empregador, a título meramente exemplificativo, há o caso de empregado de empresa de consultoria que criou blog com as perguntas mais idiotas do dia.(733) E ainda de empregado que criou comunidade no Orkut, designando a empresa como "manicômio" e "a mais porcaria do Brasil."(734) Neste último, o TRT da 2ª Região condenou o empregado a indenização por danos morais, por ato atentatório à imagem da empresa, dadas as publicações ofensivas e depreciativas,(735) ou seja em manifesto abuso do direito de manifestação.

Ora, tal situação deixa bem claro que o uso da liberdade de expressão não pode ser ilimitado, pois é vedado que macule a imagem ou direitos de terceiros, sendo evidente o prejuízo extrapatrimonial do empregador quando o cliente se

---

(732) MELLO, Cristiane Maria Freitas de. *A liberdade de expressão nas redes sociais*: Direito de crítica do empregado x Imagem e honra do empregador. Tese de Mestrado em Direito do Trabalho, Pontifícia Universidade Católica de São Paulo, São Paulo, 2014. p. 103.

(733) BRASIL. *Mau uso da internet gera ação judicial*. In: Boletim da Ordem dos Advogados do Brasil — Seccional de São Paulo. Disponível em: <http://www.oabsp.org.br/subs/santoanastacio/institucional/artigos/mau-uso-da-internet-gera-acao-judicial>. Acesso em: 30 jul. 2017.

(734) MELLO, p. 114.

(735) DANO MORAL CONTRA PESSOA JURÍDICA — PUBLICACÃO EM REDE SOCIAL, POR EX-EMPREGADA DENEGRINDO A IMAGEM DA EX-EMPREGADORA — POSSIBILIDADE — SÚMULA N. 227, DO C. STJ. É cabível a indenização por danos morais, em favor de pessoa jurídica, por ato atentatório à sua imagem, praticado por ex-empregada, em decorrência de publicações ofensivas e depreciativas em rede social — Orkut. In: BRASIL. Tribunal Regional do Trabalho. 2ª Região. 15ª Turma. RO 20244820105020 SP 00020244820105020461 A28. Relator Jonas Santana de Brito. São Paulo, SP. Julgamento: 08.08.2013. Publicação: 20.08.2013.

depara com um blog onde constam as perguntas mais idiotas do dia, mormente se um questionamento que fez estiver lançado no blog. Nessa hipótese, não parece crível que o cliente se preocupe em separar o que é opinião pessoal e o que tem cunho institucional.

Assim, o direito de expressão do empregado, em regra, não sofre nenhuma limitação nas suas manifestações pessoais, salvo no que tange às relações do trabalho, quando cause dano ao saudável meio ambiente do trabalho, ou prejuízo ao empregador.

Nessas hipóteses de abuso de direito, por evidente, a liberdade de expressão deve ser mitigada. Com efeito, se de um lado o empregado tem o direito à manifestação do pensamento; de outro o empregador possui o direito à preservação da sua imagem, reputação, e preservação do saudável ambiente de trabalho, com ainda mais ênfase nos ambientes virtuais dada a amplitude alcançada pela informação postada.

Conforme lição de Alexandre Agra Belmonte, "cuida-se da atuação dos princípios do juízo de ponderação e da dimensão de peso e importância."(736) A antinomia jurídica ou colisão de direitos torna necessária a aplicação do juízo de ponderação, de modo a impor o mínimo sacrifício aos direitos violados e máxima eficácia do direito protegido.

Acresça-se a obrigação de o empregador preservar o ambiente de trabalho seguro e hígido, e a responsabilidade pelos atos de seus prepostos nos termos do art. 932 do CC, sendo inócua qualquer cláusula de isenção de responsabilidade. Por outro lado, o art. 52 do CC também determina a aplicação dos direitos da personalidade, no que couber, à pessoa jurídica, e a Lei n. 13.467/2017 inclui o art. 223-G da CLT, que trata do dano à pessoa jurídica.

Políticas preventivas têm o condão de estabelecer regras que podem alcançar momentos em que o trabalho não está sendo prestado, no que tange à possível limitação dos direitos de expressão do empregado até o necessário à proteção dos direitos do empregador e à manutenção do saudável meio ambiente do trabalho, sem que isso represente ferir o núcleo essencial dos direitos da personalidade do empregado.

Portanto, a limitação das manifestações na forma apontada não se restringe ao horário de trabalho, alcançando, com supedâneo nas cláusulas gerais da boa-fé objetiva e função social do contrato, não só os períodos em que o labor não está sendo prestado, como até mesmo o momento *post pactum finitum*.

---

(736) BELMONTE, Alexandre Agra. *O monitoramento da correspondência eletrônica nas relações de trabalho*. São Paulo: LTr, 2009. p. 77.

Observadas tais disposições, deve o empregador implementar política de uso das redes sociais vedando o desrespeito entre colegas, e na mesma política tratar das regras de civilidade, urbanidade e respeito entre todos, tais como nas relações com o empregador, fornecedores, parceiros e clientes.

A política de uso das redes sociais deve ser clara no sentido de que o empregado tem a liberdade de se manifestar nas redes sociais, como e quando quiser, cabendo observar os direitos de terceiros, e não causar mácula ao ambiente de trabalho, evitando comentários que possam ser prejudiciais ao empregador ou contrários às regras de uso das redes sociais estabelecidas pela organização.

Nessa linha, a opinião pessoal do empregado pode ser cerceada, se vinculada aos clientes, ao empregador, ou a matérias relativas ao negócio, mormente quando passível de causar dano direto ou indireto ao empregador. De igual modo, a limitação deve ocorrer se tiver o condão de gerar violação ao saudável meio ambiente do trabalho. Para tanto, imperioso que o empregado seja orientado e capacitado.

11.5. Política de Uso de Recursos Eletrônicos

O estabelecimento de regras empresariais é crucial para o negócio, e amplamente justificado, para prevenir a ocorrência de violações de direito, tais como: ofensas a clientes, fornecedores ou parceiros; abusos sexuais e discriminação; danos morais e materiais a terceiros; proteção de informações confidenciais e o próprio *know how* do negócio; prevenção de fraudes; disseminação de vírus e congestionamento da rede interna — que podem ser violados com maior facilidade em ambiente virtual.

Como mero exemplo, menciona-se o *case* do técnico americano de 40 anos que contratou por 1/5 do seu salário trabalhadores chineses para desenvolver a sua atividade, e passava o dia navegando na internet. Tal conduta só foi descoberta quando rastreada a origem do vazamento de informações confidenciais da empresa.(737)

---

(737) "PROGRAMADOR DE SOFTWARE AMERICANO TERCEIRIZA TRABALHO NA CHINA. Rio — Um programador de software americano foi demitido após a empresa em que trabalhava ter descoberto que ele 'terceirizava' seu trabalho na China. O funcionário, com pouco mais de 40 anos, estaria pagando menos de um quinto de seu salário a programadores baseados na cidade chinesa de Shenyang para que fizessem seu trabalho. Segundo a empresa, em vez de trabalhar, ele passava os dias assistindo a vídeos no YouTube e surfando na internet, principalmente em sites como Reddit e eBay. A notícia virou piada na internet com a imagem acima onde se lê: "terceirizar trabalho para a China". A farsa foi descoberta após a companhia pedir uma auditoria a uma empresa de segurança de telecomunicações Verizon, para investigar suspeitas de que seus sistemas estavam sendo vítimas de hackers da China. Análises mais aprofundadas no computador do empregado revelaram centenas de documentos com faturas para o pagamento do trabalho terceirizado. Conforme os investigadores, o empregado era 'inofensivo e calado', mas apontado como programador talentoso capaz em várias linguagens de programação e que gastava menos de um quinto de seu alto salá-

O ocorrido dá a dimensão da necessidade de implementação de políticas claras, regulamentando o uso dos recursos eletrônicos. O empregador, tem, pois, o direito de resguardar informações privadas que digam respeito ao seu *know how*, tais como lista de clientes, política de preços, planos de marketing, transações e dados comerciais, estratégias do negócio, segredos de indústria e de negócios, fórmulas e técnicas de produção, novos inventos e métodos de fabricação, além de informações pessoais de clientes.

É mister que a política de uso de recursos eletrônicos informe que os equipamentos eletrônicos são fornecidos para a execução do trabalho, prevendo a segurança das informações e preservação de segredos, bem como o expresso cumprimento dos demais deveres atinentes à lealdade, boa-fé e função social do contrato, afinal o empregado é responsável pela guarda das informações recebidas do empregador, não podendo divulgá-las ou valer-se delas em proveito próprio ou de terceiro.

Deve ficar igualmente expressa, de modo indene de dúvidas, a possibilidade de monitoramento formal e material dos correios eletrônicos e demais dispositivos de comunicação, quando corporativos, assim como o monitoramento formal quando do uso de equipamentos da empresa em correios pessoais.

O correio corporativo pode ser comparado a um papel timbrado da empresa, já que o empregado está fazendo uso de equipamentos fornecidos para o trabalho, de propriedade do empregador, no horário de trabalho.

Nesse sentido, quando do uso do correio corporativo, o empregado não tem expectativa de privacidade, até porque e-mail e redes sociais corporativos não se equiparam ao conceito constitucional de correspondência, de tal sorte que não se cogita de violação ao direito de sigilo das correspondências.[(738)]

---

rio para pagar uma firma chinesa para fazer o trabalho para ele". (Jornal "O Dia"). Disponível em: <http://odia.ig.com.br/portal/economia/programador-de-software-americano-terceiriza-trabalho-na-china-1.537338>. Acesso em: 4 nov. 2017.

(738) Nesse sentido, célebre caso que ofereceu contornos à jurisprudência trabalhista, envolvendo demissão por justa causa de empregado do HSBC, cuja ementa foi de lavra do Ministro João Oreste Dalazen: PROVA ILÍCITA — E-MAIL CORPORATIVO — JUSTA CAUSA — DIVULGAÇÃO DE MATERIAL PORNOGRÁFICO — 1. Os sacrossantos direitos do cidadão à privacidade e ao sigilo de correspondência, constitucionalmente assegurados, concernem à comunicação estritamente pessoal, ainda que virtual (e-mail particular). Assim, apenas o e-mail pessoal ou particular do empregado, socorrendo-se de provedor próprio, desfruta da proteção constitucional e legal de inviolabilidade. 2. Solução diversa impõe-se em se tratando do chamado e-mail corporativo, instrumento de comunicação virtual mediante o qual o empregado louva-se de terminal de computador e de provedor da empresa, bem assim do próprio endereço eletrônico que lhe é disponibilizado igualmente pela empresa. Destina-se este a que nele trafeguem mensagens de cunho estritamente profissional. Em princípio, é de uso corporativo, salvo consentimento do empregador. Ostenta, pois, natureza jurídica equivalente à de uma ferramenta de trabalho proporcionada pelo empregador ao empregado para a consecução do serviço. 3. A estreita e cada vez mais intensa vinculação que passou a existir, de uns tempos a esta

Isso não quer dizer que o empregador tenha livre e desmedido acesso ao conteúdo dos correios corporativos, na medida em que a fiscalização material deve ser geral e impessoal, exercida de preferência por meio de palavras-chave.

A empresa pode e deve exercer o poder de vigilância e fiscalização, desde que de modo generalizado e impessoal, somente fazendo uso da verificação de conteúdo em caso de necessidade de acesso a determinada informação institucional na ausência do empregado, ou em razão de fundadas suspeitas de má utilização.(739)

Já o uso do correio pessoal, mesmo no ambiente de trabalho mediante recursos do empregador, não está sujeito ao monitoramento material, somente formal. Pode-se até punir, se proibido o uso, mas ao conteúdo das mensagens o empregador não terá acesso direto, na medida em que o correio pessoal só pode ser vasculhado mediante autorização judicial ou inequívoca autorização do empregado.

Após o estabelecimento das regras, estas devem ser objeto de palestras educativas apresentando os problemas, as medidas, casos práticos, a posição da doutrina e do judiciário, com o que não só se orienta o empregado, como também este se sente parte do processo, na medida em que inserido no meio.

---

parte, entre Internet e/ou correspondência eletrônica e justa causa e/ou crime exige muita parcimônia dos órgãos jurisdicionais na qualificação da ilicitude da prova referente ao desvio de finalidade na utilização dessa tecnologia, tomando-se em conta, inclusive, o princípio da proporcionalidade e, pois, os diversos valores jurídicos tutelados pela lei e pela Constituição Federal. A experiência subministrada ao magistrado pela observação do que ordinariamente acontece revela que, notadamente o e-mail corporativo, não raro sofre acentuado desvio de finalidade, mediante a utilização abusiva ou ilegal, de que é exemplo o envio de fotos pornográficas. Constitui, assim, em última análise, expediente pelo qual o empregado pode provocar expressivo prejuízo ao empregador. 4. Se se cuida de e-mail corporativo, declaradamente destinado somente para assuntos e matérias afetas ao serviço, o que está em jogo, antes de tudo, é o exercício do direito de propriedade do empregador sobre o computador capaz de acessar à Internet e sobre o próprio provedor. Insta ter presente também a responsabilidade do empregador, perante terceiros, pelos atos de seus empregados em serviço (Código Civil, art. 932, inciso III), bem como que está em xeque o direito à imagem do empregador, igualmente merecedor de tutela constitucional. Sobretudo, imperativo considerar que o empregado, ao receber uma caixa de e-mail de seu empregador para uso corporativo, mediante ciência prévia de que nele somente podem transitar mensagens profissionais, não tem razoável expectativa de privacidade quanto a esta, como se vem entendendo no Direito Comparado (EUA e Reino Unido). 5. Pode o empregador monitorar e rastrear a atividade do empregado no ambiente de trabalho, em e-mail corporativo, isto é, checar suas mensagens, tanto do ponto de vista formal quanto sob o ângulo material ou de conteúdo. Não é ilícita a prova assim obtida, visando a demonstrar justa causa para a despedida decorrente do envio de material pornográfico a colega de trabalho. Inexistência de afronta ao art. 5º, incisos X, XII e LVI, da Constituição Federal. 6. Agravo de Instrumento do Reclamante a que se nega provimento. (TST — RR 613/00.7/10ª R. — 1ª T. — Rel. Min. João Oreste Dalazen — DJU 10.06.2005 — p. 901) JCF.5 JCF.5.X JCF.5.XII JCF.5.LVI. Extraído do repositório eletrônico autorizado Juris Síntese IOB.

(739) BELMONTE, Alexandre Agra. *O Monitoramento da Correspondência eletrônica nas relações de Trabalho*. São Paulo: LTr, 2009. p. 86.

11.6. Política de Proteção de Dados do Trabalhador

Em cenário no qual tudo está armazenado na rede, a proteção dos dados pessoais do empregado merece tutela, desde o momento em que se candidata ao emprego, quanto no desenvolvimento do trabalho, como também no desligamento e após o contrato de emprego.

Durante a pandemia da Covid-19 houve 14.000% (quatorze mil por cento) de aumento em ataques de spam e phishing[(740)], o que reforça a necessidade de coesa política de proteção, tanto da propriedade imaterial quanto de dados pessoais.

Vale registrar que 91% dos ataques cibernéticos iniciam em campanha de phishing, e que em regra os lares não têm o mesmo nível de segurança das empresas.

A The Shift4 publicou uma matéria sobre os riscos de uma "ciberpandemia" (fazendo referência a um importante estudo elaborado pelo *Cambridge Centre for Risk Studies* e pela seguradora *Lloyd's*), apontando que "*em 24 horas, um só e-mail infectado, aberto e passado adiante, poderia infectar 30 milhões de dispositivos digitais travando, os sistemas de mais de 600 mil empresas no mundo todo.*"

O custo dessa ciberpandemia seria de US$ 193 bilhões, dos quais apenas 14% teriam algum tipo de seguro contra ciberataques[(741)]

O Acordo Quadro Europeu sobre Teletrabalho dispõe, em seu item 5, que o empregador é responsável por adotar medidas adequadas à proteção dos dados dos trabalhadores, especialmente no que tange ao uso do software, devendo informar ao teletrabalhador acerca de aspectos relevantes da legislação e as regras empresariais adotadas, com destaque para quaisquer restrições no uso de equipamentos de TI ou internet, assim como sanções em caso de descumprimento.[(742)]

Com o escopo de proteger os dados pessoais, pois, deve ser implementado projeto de adequação à Lei Geral de Proteção de Dados Pessoais (LGPD), a iniciar pela instituição de um comitê interno de proteção de dados pessoais constituído pelas principais áreas que tratam de dados pessoais, com destaque para os setores de

---

(740) Disponível em: <https://mailchi.mp/theshift/newsletter-theshift=-o-contextoda-ruptura12410612-?e-0cf9ad014f>.

(741) A Importância da Cybersecurity em Tempos de Home Office. Disponível em: <https://itforum.com.br/noticias/a-importancia-da-cybersecurity-em-tempos-de-home-office/>. Acesso em: 16 nov. 2021.

(742) THE EMPLOYER is responsible for taking the appropriate measures, notably with regard to software, to ensure the protection of data used and processed by the teleworker for professional purposes.

The employer informs the teleworker of all relevant legislation and company rules concerning data protection.

It is the teleworker's responsibility to comply with these rules.

The employer informs the teleworker in particular of:

— any restrictions on the use of IT equipment or tools such as the internet,

— sanctions in the case of non-compliance. Disponível em: https://www.etuc.org/en/framework-agreement-telework. Acesso em: 05.dez.2021.

recursos humanos, tecnologia da informação, contabilidade, financeiro, compras, marketing, comercial, e inclusive qualidade.

Na mesma oportunidade, é recomendável a nomeação do Encarregado pelo Tratamento de Dados Pessoais[743] ou DPO (*Data Protection Officer*), que servirá de canal de comunicação entre titular dos dados, controlador (geralmente empregador numa relação de emprego) e ANPD (Autoridade Nacional de Proteção de Dados).

Constituído o comitê e nomeado o encarregado, deve-se partir para o diagnóstico, a fim de compreender qual o nível de maturidade na coleta de dados e a exposição ao risco da organização, o que vem seguido do mapeamento de todos os dados pessoais com a indicação da correspondente base legal que autoriza o tratamento.

Só a partir daí haverá clareza o suficiente para ingressar na fase de governança, onde serão inseridas as regras e políticas de privacidade e proteção de dados, gestão do consentimento, segurança da informação e gestão de terceiros, além de gestão de incidentes e de crise, dentre outros.

O próximo passo será a revisão dos contratos firmados com empregados, prestadores de serviços, fornecedores, com destaque para atividades que envolvam compartilhamento, mormente quando se trata de dados sensíveis, tais como relativos biometria e à saúde.

Após, é claro ainda há de se preocupar, em apertadíssima síntese, com o atendimento aos direitos dos titulares, acompanhado da gestão do consentimento. Ao cabo destes, deve-se trabalhar com o monitoramento e avaliação de riscos. A revisão final contempla a revisitação de todas as fases de implementação do projeto de adequação à LGPD, identificando gaps e possíveis ações futuras, o que se recomenda seja seguido de treinamento, que tem por objetivo capacitar empregados e stakeholders para tratar os dados pessoais na forma legal, a fim de mitigar riscos para a organização, de tal sorte que o programa tenha efetividade.

11.6.1. Disposições contratuais

Visando a proteção dos dados pessoais de empregados, além das tradicionais cláusulas, especialmente quando se trata de teletrabalho, os contratos de empregos

---

(743) ***CBO — Classificação Brasileira de Ocupações***
No dia 29 de julho de 2021, após algumas reuniões, discussões e entrevistas, oficialmente foi incluída a ocupação de DPO/Encarregado de dados pelo Tratamento de Dados na CBO — Classificação Brasileira de Ocupações, que terá início em 2022.
Os Encarregados pelo tratamento de dados poderão desfrutar dos benefícios em ter a profissão reconhecida, incluindo o uso da equivalência no idioma inglês "DPO — Data Protection Officer", que se popularizou no Brasil na área, e sua tradução direta "Oficial de Proteção de Dados". Ambos os termos já estão oficializados para uso no país. Disponível em: <https://anppd.org/noticia/cargo-de-dpo-agora-tem-cbo-03-08-2021>. Acesso em: 16 nov. 2021.

devem prever: a) responsabilidade pelo uso do notebook, internet e ferramentas eletrônicas; b) regras quanto à propriedade intelectual; c) confidencialidade; d) proteção de dados; e) compromisso com a observância das políticas empresariais.

O contrato de emprego deve expressamente prever a vedação ao empregado de que este permita o acesso de terceiros aos equipamentos da empregadora, mediante cessão de login, senhas, cópias em arquivos eletrônicos do material intelectual produzido, inclusive quando estiver trabalhando a distância, cuja segurança e confidencialidade das informações deve ser observada.

Igualmente deve ser consignado que mesmo trabalhando fora do estabelecimento do empregador, o empregado continua com a mesma obrigação de confidencialidade e cuidados não só com as informações estratégicas e de negócios que venha a receber, mas também de dados pessoais, não as deixando cair em domínio público, nem as copiando ou reproduzindo sem a devida autorização e conhecimento do empregador, zelando para que os acessos tecnológicos observem rigorosamente as cautelas e prevenções quanto à segurança da informação.

Salutar a previsão de que no desenvolvimento de quaisquer atividades relacionadas com a execução do contrato, ainda que no regime de trabalho a distância, as partes obrigam-se reciprocamente e perante terceiros a garantir, promover e efetivar a proteção e preservação de dados de clientes, de potenciais clientes e/ou de empregados, em cumprimento à Lei n. 13.709/2018, assim como às regras sobre proteção de dados editadas pelos órgãos reguladores e fiscalizadores, bem como às diretrizes da Agência Nacional de Proteção de Dados (ANPD), consignando que as partes devem:

a) tratar os dados pessoais somente quando da presença de uma das bases legais, usando-os de forma compatível com a finalidade informada para a coleta, e conservando-os apenas durante o período necessário para a execução das atividades objeto da coleta ou do tratamento posterior;

b) implementar as medidas técnicas e organizativas necessárias para proteger os dados pessoais contra a destruição, acidental ou ilícita, a perda acidental, a alteração, a difusão ou o acesso não autorizado, bem como contra qualquer outra forma de tratamento ilícito dos dados;

c) informar imediatamente caso exista alguma suspeita e/ou quebra de segurança, independentemente de colocar ou não em risco a segurança e integridade dos dados pessoais, prestando toda a colaboração necessária a qualquer investigação que venha a ser realizada.

11.7. Considerações

As políticas apresentadas neste capítulo devem vir acompanhadas da capacitação dos teletrabalhadores e gestores, a iniciar pelo exercício da liderança virtual, seguida de treinamento para observância das regras de ergonomia, assim como palestra orientativas quanto à separação entre vida pessoal e profissional, e claro, apresentação de todo o programa de teletrabalho, para dar início ao projeto piloto.

Se ausente a instituição de projeto piloto, não é recomendável a adoção de um programa definitivo, revelando-se mais adequada a fixação de um tempo de validade do programa, a fim de que teletrabalhadores e empresa possam fazer as necessárias conformações, sem surpresas.

O projeto estruturado de teletrabalho, que contempla a política principal e as conexas não tem a pretensão de solucionar todos os problemas que decorrem das situações narradas no curso deste estudo, servem, todavia, desde que implementadas de modo sério e sem abuso de direito, para obter boa conformação das relações em ambiente virtual.

Existem, no entanto, projetos de lei que têm por escopo apresentar regras mais completas ao menos para o teletrabalho, o que se passará a analisar no capítulo seguinte.

12. PROPOSTA DE PROJETO DE LEI

A análise dos projetos de lei do cenário nacional será dividida em duas etapas. A primeira relativa aos projetos já tratados quando da 1ª edição desta obra, abrangendo iniciativas até o ano de 2015; e a segunda abordando todos os projetos de lei que se teve conhecimento a partir de então.

Os projetos, conjuntamente com a pesquisa da legislação estrangeira e demais análises realizadas ao longo do desenvolvimento destes estudos, no que se refere ao teletrabalho, direito de desconexão e preservação da higidez do ambiente de trabalho fundaram as bases para apresentação ao final desta obra, de proposta legislativa para o regramento de situações envolvendo o trabalho em ambiente virtual.

12.1. Estudo dos Projetos de Lei até 2015

Em pesquisa junto à Câmara dos Deputados e Senado Federal, até 2015 no Brasil havia somente três projetos de lei tratando do teletrabalho. São eles: Projeto de Lei do Senado n. 274/2013; Projeto de Lei n. 4.505/2008; e Projeto de Lei n. 4.793/2012.

12.1.1. Projeto de Lei do Senado n. 274, de 2013

O Projeto de Lei do Senado n. 274/2013, de autoria do então Senador Rodrigo Rollemberg[744] propõe regulamentação para o teletrabalho, sob a justificativa de que a Lei n. 12.551/2011 não foi suficiente para tratar do tema.

Com razão. Aliás, mesmo a Lei n. 13.467/2017 se mostra incompleta para regulamentar o teletrabalho, sendo bastante simplista, e deixando importantes matérias de lado ou sem regulamentação.

Em sua Justificação, o autor do PLS n. 274 aponta alguns pontos que merecem aplauso, tais como:

a) o insuficiente atual estágio na regulação do tema, o que permanece verdadeiro mesmo após a Lei n. 13.467, que não deu conta de regulamentar o teletrabalho de modo adequado;

(744) Governador do Distrito Federal, com mandato para o período 2015/2018.

b) a intenção de que o trabalho possa ser prestado em diversos locais descentralizados em instalações compartilhadas por empregadores diversos, inclusive por autônomos, nos telecentros e nos *telecottages* (telecentros localizados em área rural);

c) o reconhecimento de que diversas atividades administrativas, sobretudo no setor de serviços, podem ser desenvolvidas de forma não presencial;

d) a consideração de que o teletrabalho permite redução de custos do empregador, e confere possibilidade de autogestão do empregado no que se refere à rotina de trabalho;

e) o reconhecimento da disseminação global do fenômeno do teletrabalho, combinado com a informação de que o teletrabalho se constitui em um dos principais mecanismos de criação de empregos;

f) a compreensão de que as características do teletrabalho não permitem uma plena assimilação às formas gerais e tradicionais da contratação trabalhista;

g) a preocupação de que o contrato de teletrabalho não se constitua em meio de burlar direitos trabalhistas, mediante a instituição de um teletrabalho de fachada;

h) e, por fim, o reconhecimento que o universo do trabalho está em mutação.

O PLS n. 274/2013 possui uma série de disposições de muita valia para a regulamentação do regime de teletrabalho, de sorte que se passa a fazer uma abordagem geral sobre o projeto legislativo, sem a preocupação com os números dos artigos cuja redação pretende alocar na CLT, até porque não faria lógica inserir disposições sobre o teletrabalho no art. 350, se este regime foi regulamentado, por força da Reforma Trabalhista no art. 75 da CLT.

A proposta de redação para o art. 350-A considera em regime de teletrabalho, a atuação no todo ou em parte, em local alheio ao estabelecimento do empregador. Propõe, pois, que o enquadramento do teletrabalho não precisa ser eminentemente em local descentralizado da sede, validando o regime *part time* ou híbrido de trabalho a distância.

Tal modelo mantém o trabalhador em contato presencial com a sede, superior hierárquico e demais colegas de trabalho, e ao mesmo tempo permite o cumprimento de dias de trabalho a distância, tendo ainda o efeito de diminuir o fluxo urbano, melhorando a circulação de veículos nas vias públicas, dentre tantas outras vantagens para a sociedade, empregado e empresa.

O PLS n. 274, até mesmo diante da possibilidade de jornada presencial, prevê na proposta do art. 350-B, que do contrato de trabalho, conste não só a natureza do serviço prestado, mas vai bem além da regulamentação da Lei n. 13.467, ao propor a jornada de trabalho a ser cumprida pelo empregado; a proporção da jornada a ser cumprida em estabelecimento do empregador, se for o caso; os locais da prestação de trabalho, se definidos; os equipamentos a serem utilizados no trabalho e o regime de utilização; o estabelecimento ao qual o empregado esteja vinculado; e os meios e periodicidade de contato entre trabalhador e empregador.

Nota-se que a proposição legislativa apresenta preocupação com importantes aspectos próprios desse regime de contratação, inclusive indicação da sede à qual o trabalhador estará vinculado e os meios e periodicidade de contato.

A redação proposta para o art. 350-B, § 1º também trata da conversão do trabalho presencial para o regime a distância, e possibilidade de reversão a qualquer tempo. Em ambas as hipóteses, faz imperiosa a anuência do empregado. Como se sabe, o art. 75-C, § 2º da CLT não exige a concordância do empregado para o retorno ao regime presencial, tratando do tema dentro do poder diretivo do empregador. No particular, o ideal seria o estabelecimento de um período de experiência, para que empregado e empregador avaliem o desenvolvimento do trabalho a distância, facultando às partes o estabelecimento de cláusula de reversibilidade.

Anda bem o texto do art. 350-B, § 2º que determina que a contratação em regime de teletrabalho deve ser anotada na Carteira de Trabalho e Previdência Social. Embora tenha ocorrido a prevista substituição da CTPS física, é salutar a anotação do regime de trabalho junto aos registros eletrônicos, quanto em evento junto ao e-Social.

De igual modo, correta a redação proposta para o art. 350-B, § 3º que enuncia que a recusa do empregado em adotar o regime de teletrabalho não constitui causa para rescisão do contrato. No entanto, aqui parece necessária adequação, no sentido de que não constitui "justa causa" para a rescisão do contrato, já que não representa desobediência à ordem do empregador, haja vista que é faculdade do empregado a conversão em regime de teletrabalho. Nota-se, contudo, que tal não impede a rescisão do contrato na conjetura de a empresa encerrar as suas atividades presenciais, passando a operar somente em ambiente virtual, o que não é desproposital nos dias atuais.

A proposta do art. 350-C estabelece a indicação da jornada dos teletrabalhadores. Garante de acordo com o proposto para o § 2º que na ausência de indicação de jornada e de qualquer controle, direto ou indireto, para os que atuam em regime flexível, na forma do § 3º os direitos aos períodos de descanso tratados nos arts. 66 a 70 da CLT.

A redação do § 4º estabelece que o empregador deve manter os registros de conexão do empregado ao sistema pelo prazo de vinte anos, sem prejuízo ao disposto no § 2º.

Relevante a redação proposta para o art. 350-D, que reconhece a possibilidade do teletrabalho *part time*, cumprindo-se parte da jornada presencialmente na sede, e possibilitando que parte da jornada ou toda ela seja desempenhada em centros de teletrabalho.

A proposta do art. 350-D, § 1º, a propósito, conceitua centro de teletrabalho, considerando como tal, em síntese, o estabelecimento público ou privado, dotado de estrutura de informática e telecomunicações destinado à utilização de teletrabalhadores vinculados a um ou mais empregadores. Tal é de bastante relevância, na medida em que os telecentros devem ser incentivados pelo poder público.

O texto proposto para o § 2º do mesmo artigo é no sentido de impor responsabilidade subsidiária ao empregador em razão de más condições estruturais ou ambientais do telecentro.

A redação indicada para o art. 350-D, § 4º prevê a vedação de qualquer controle de jornada em telecentro, e o § 3º do mesmo artigo determina a aplicação do capítulo II, do título II da CLT, que trata da duração do trabalho prestado no estabelecimento do empregador, ou seja, controle de jornada, e direito a horas extras, adicional noturno e intervalos.

Como se nota, o PLS n. 274/2013 propõe um controle misto de jornada, quando do teletrabalho *part time* (híbrido), ou seja, inexistência de controle para o trabalho a distância e controle de jornada para as atividades presenciais. A ideia parece boa, o problema é a administração prática, eis que tal previsão permitiria o cumprimento de jornadas ordinárias na sede, e não impediria atividades extensas em teletrabalho, o que geraria prejuízo ao trabalhador.

Duas aqui seriam as opções. A melhor e mais complexa de operacionalizar seria a determinação de que os trabalhos prestados a distância representassem a mesma carga do trabalho presencial, o que requereria maturidade de parte a parte.

A outra opção, menos conformada à relação, porém mais simples, seria a de estabelecer controle de jornada também para as atividades realizadas a distância quando isso fosse possível. Caso não se verificasse essa condição, haveria direito a sobrejornada se o volume de trabalho fosse 30% superior ao realizado presencialmente.

Tal percentual se justifica também por duas razões. A primeira é de que, consoante visto ao longo deste estudo, o teletrabalho potencializa a produtividade; e a segunda é estabelecer uma margem de segurança a fim de não causar insegurança jurídica nesse regime de contratação que se quer incentivar.

O texto proposto para o art. 350-E impõe ao empregador a responsabilidade pelo fornecimento e manutenção dos equipamentos a serem utilizados pelo empregado no desempenho das atividades, e também na transmissão dos dados relativos aos serviços prestados. Consoante já abordado no curso deste estudo, tal determinação guarda respeito à melhor doutrina no que tange ao ônus da atividade ser do empregador, observado que o TST atua de modo diverso para com seus servidores.

Permite a proposição do § 1º, no entanto, a utilização de equipamentos de propriedade do empregado, mediante ressarcimento diante da comprovação das despesas, na forma do § 3º. E ainda, há a vedação do § 2º para que não seja repassada ao empregado a incumbência de compra do equipamento.

O § 4º prevê ainda que o empregado é responsável pela utilização e conservação adequadas dos equipamentos fornecidos pelo empregador para o exercício de suas funções.

O conteúdo do art. 350-E apenas pode ser complementado para apresentar previsões quanto à ergonomia dos equipamentos.

Por sinal, a redação proposta para o art. 350-F[745] trata de o dever do empregador informar as diretrizes de segurança e saúde do trabalho aplicáveis, observadas as normas regulamentadoras, e na forma do inciso I, pode fiscalizar por iniciativa própria ou do empregado, as instalações e condições de trabalho dos telecentros, e na forma do inciso II, fiscalizar as condições de trabalho no domicílio do empregado, se for o caso, desde que com a anuência deste e mediante prévia notificação. Como se nota, a redação proposta vai bem além do pobre texto do art. 75-E da CLT, que se limita à determinação de orientações expressas e ostensivas por parte do empregador.

A proposta para o art. 350-G da CLT[746] é digna de aplauso ao vedar qualquer forma de discriminação do teletrabalhador, mormente no que se refere a treinamento profissional, oportunidades de desenvolvimento na carreira e aos direitos de filiação e participação sindical. Deve-se, porém, ir adiante não só tratando da

---

(745) BRASIL. PLS n. 274, de 2013 : Art. 350-F. É dever do empregador informar o empregado das diretrizes de segurança, higiene e saúde do trabalho aplicáveis — observadas as normas regulamentadoras estabelecidas pelo Ministério do Trabalho e Emprego — e fiscalizar seu cumprimento, sem prejuízo da atuação das autoridades competentes, podendo, para tanto: I — fiscalizar, por iniciativa própria ou do empregado, as instalações e condições de trabalho dos centros de teletrabalho; II — fiscalizar as condições de trabalho no domicílio do empregado, se for o caso, desde que com a anuência deste e mediante prévia notificação. Disponível em: <https://www25.senado.leg.br/web/atividade/materias/-/materia/113558>. Acesso em: 3 dez. 2017.

(746) PLS n. 274, de 2013: Art. 350-G É vedada qualquer forma de discriminação do empregado em regime de teletrabalho, especialmente no tocante a treinamento profissional, a oportunidades de desenvolvimento na carreira e aos direitos de filiação e participação sindical. Parágrafo único. São garantidos os direitos sindicais do empregado, sendo vedado obstar seu exercício por meio de vinculação a estabelecimento do empregador que, em razão da distância ou de qualquer outro motivo, torne impossível a filiação ou participação do empregado em sindicato. Disponível em: <https://www25.senado.leg.br/web/atividade/materias/-/materia/113558>. Acesso em: 3 dez. 2017.

vedação da discriminação, mas faz-se necessária a inserção do incentivo e obrigação de treinamento para o desempenho das atividades em regime de teletrabalho.

O parágrafo único também reflete importante preocupação de garantia dos direitos sindicais, vedando a vinculação do empregado a estabelecimento do empregador que, em razão da distância ou de qualquer outro motivo, torne impossível a filiação do empregado em sindicato, o que deve, no entanto, ser visto com alguma reserva, requerendo conformação quando se trata do teletrabalho transregional ou transnacional.

Por fim, correta a proposta do art. 350-H,(747) que insere como motivo de ruptura do liame contratual por justa causa, a utilização dos equipamentos ou via de transmissão de dados cedidas pelo empregador para acesso, envio de mensagens, veiculação ou outros de conteúdo ilícito. O que se pode fazer é ampliar o conteúdo de tal proposição, inserindo regras de comportamento para o ambiente virtual como um todo, inclusas as redes sociais, para ambas as partes, tanto empregado quanto empregador.

Em que pese contemple diversas disposições de valia, o projeto foi arquivado ao final da legislatura em 2018, nos termos do §1º do art. 332 do Regimento Interno, e por ora, ao que se tem notícia, não houve requerimento de desarquivamento.(748)

12.1.2. *Projeto de Lei n. 4.505, de 2008*

O Projeto de Lei n. 4.505/2008, do então deputado Luiz Paulo Velozzo Lucas não apresenta considerandos, no entanto, contempla ampla Justificação, com destaque para os seguintes itens:

a) a relação do teletrabalho — dado o seu caráter inovador — com a proteção a automação prevista pelo art. 7º, inciso XXVII da CF, justificando a partir daí a necessidade de uma lei para tratar do teletrabalho;

b) a assertiva de que o teletrabalho é fruto da modernização tecnológica, gerando um avanço nos meios e sistemas de produção, que alteram a forma de realização do trabalho, senão o próprio trabalho;

c) o reconhecimento do teletrabalho *part time* ou híbrido;

---

(747) PLS n. 274, de 2013: Art. 350-H Constitui justa causa para a rescisão do contrato de trabalho pelo empregador — sem prejuízo do disposto no art. 482 desta Consolidação — a utilização dos equipamentos ou de vias de transmissão de dados cedidos pelo empregador para o acesso ou veiculação de páginas, mensagens, arquivos ou qualquer outro tipo de recurso que veicule conteúdo ilícito. Disponível em: <https://www25.senado.leg.br/web/atividade/materias/-/materia/113558>. Acesso em: 3 dez. 2017.

(748) <https://www25.senado.leg.br/web/atividade/materias/-/materia/113558. Acesso em: 30 nov.2021.>

d) a definição de telemática, conceituando-a como "comunicação a distância de um conjunto de serviços informáticos fornecidos através de uma rede de comunicações", combinado com o reconhecimento de que "é fruto da junção entre os recursos de telecomunicações (telefonia, satélite, cabo, fibras ópticas etc.) e da informática (computadores, periféricos, *softwares* e sistemas de rede";

e) a menção ao acordo sobre o teletrabalho, elaborado pela Comissão Europeia de Modernização das Relações de Emprego, assinado em Bruxelas, em 2002, que definiu que os países-membros deveriam encorajar o desenvolvimento do teletrabalho em suas diversas formas, visando a melhoria da qualidade dos empregos;

f) a afirmação de que o teletrabalho não estava sendo adotado em maior escala, devido à ausência de regulamentação. Como se sabe, o PL n. 4.505 é de 2008, de modo que posteriormente veio a Lei n. 12.551/2011 e a Lei n. 13.467/2017, de toda sorte, a ausência de regulamentação suficiente continua sendo realidade;

g) a dificuldade de restrição de acesso a dados, regulamentada pela Lei n. 13.709/2018;

h) o reconhecimento de que o teletrabalho pode ser desempenhado em domicílio, centros satélites ou sob forma de trabalho móvel;

i) a observação de que a "crescente preocupação com a qualidade de vida justifica uma série de medidas de adaptação dos trabalhos tradicionais ao mundo moderno";

j) o simples, porém, crucial reconhecimento de que "a informação não é um bem escasso, pelo contrário, existe em excesso";

k) a apresentação de quadro de vantagens e desvantagens para adoção do teletrabalho;

l) o reconhecimento da impossibilidade de se verificar com segurança plena a quantidade de horas trabalhadas, quando se trata de "empregados que possuem subordinação branda, que devem possuir metas de produção ou tarefas bem especificadas, mas que não se encontram submetidos às horas habituais de serviço, uma vez que distantes do local esperado da produção";

m) a consideração de que a quantidade de horas trabalhadas fica a critério do teletrabalhador, podendo suprimir ou ultrapassar a carga horária, de acordo com a sua gestão do tempo;

n) a fim de evitar abusos, a necessidade de descrição do trabalho a ser realizado, numa tentativa de garantir a realização de trabalho condizente com a carga horária normal;

o) exceção à regra de ausência de controle, ao propor a paga de horas extras se realizado trabalho extraordinário com habitualidade, atribuindo a prova do fato ao empregado.

p) independente das horas extras, a garantia dos demais direitos, relacionando exemplificativamente repouso semanal remunerado, intervalo intrajornada e associação sindical;

q) a consideração de que a eleição do regime de teletrabalho representa "abrir mão" de outras vantagens, tais como ticket alimentação e vale-transporte. No particular, cabe observar que a proposição é em parte acertada, mas deve-se advertir que o vale-alimentação não está relacionado com o trabalho presencial, somente o vale-refeição; e que devem ser preservados os vales-transporte para os dias de prestação de serviços presenciais, ou ao menos a indenização deste transporte;

r) A menção aos estudos da SOBRATT — Sociedade Brasileira de Teletrabalho e Teleatividades.

O PL n. 4.505/2008, embora sucedido por duas leis que tiveram por escopo regulamentar o teletrabalho, continua sendo bastante atual, merecendo reflexão, consoante demonstra o resumo dos principais pontos da Justificação.

O art. 1º do projeto[(749)] ao conceituar o teletrabalho, o faz não só tratando de empregador e empregado, mas também inserindo o cliente e o autônomo, o que se revela acertado já que o regime de teletrabalho subordinado é apenas uma das formas de trabalho a distância.

O mesmo art. 1º propõe reconhecer o teletrabalho quando este for desenvolvido em mais de 40% do tempo em um ou mais lugares diversos do local de trabalho regular, por meio das tecnologias informáticas e de telecomunicações, de forma a absorver o regime de teletrabalho *part time* ou híbrido, ainda que não preponderante, situação não contemplada pela Lei n. 13.467.

O parágrafo único do art. 1º traz a definição de local regular, entendendo como tal a "sede da empresa ou qualquer outro local onde normalmente ocorre a produção e/ou são normalmente esperados os resultados do exercício laborativo."

---

(749) Projeto de Lei n. 4.505/2008: Art. 1º Para os fins desta Lei, entende-se como teletrabalho todas as formas de trabalho desenvolvidas sob controle de um empregador ou para um cliente, por um empregado ou trabalhador autônomo de forma regular e por uma cota superior a quarenta por cento do tempo de trabalho em um ou mais lugares diversos do local de trabalho regular, sendo utilizadas para realização das atividades laborativas tecnologias informáticas e de telecomunicações. Parágrafo único. Entende-se por local de trabalho regular a sede da empresa ou qualquer outro local onde normalmente ocorre a produção e/ou são normalmente esperados os resultados do exercício laborativo. Disponível em: <http://www.camara.gov.br/proposicoesWeb/fichadetramitacao?idProposicao=420890>. Acesso em: 3 dez. 2017.

Seguindo a mesma linha, o art. 2º passa a reconhecer os centros de teletrabalho como locais de realização do teletrabalho, conceituando-o como

> [...] "edificações idealizadas para o teletrabalho, dotadas de aparelhos de informática e de telecomunicação, e destinadas à utilização pelos empregados de uma ou várias empresas ou pelos trabalhadores autônomos classificados como teletrabalhadores, não sendo considerados locais de trabalho regulares."

Relevante notar que o art. 3º aloca o teletrabalho como instrumento para aumento dos índices de emprego, assim como meio de inserção de trabalhadores com capacidade física reduzida e estímulo ao crescimento econômico eco-compatível.

O art. 4º é salutar, pois trata de política programática do Estado, no sentido de:

> "a) estimular a criação de postos de teletrabalho; b) potencializar a competitividade industrial incentivando a adoção do teletrabalho nas empresas privadas e na Administração Pública; c) aumentar a capacitação profissional dos trabalhadores via mecanismos tradicionais e mecanismos de formação; d) promover novas formas de organização do trabalho baseadas no teletrabalho nos setores privado e público."

Veja-se que o PL n. 4.505, embora proposto em 2008 é muito atual, e contempla política programática de muita valia. Certamente que o projeto contou com o apoio da Sociedade Brasileira de Teletrabalho e Teleatividades, observando com cuidado ímpar questões a serem incentivadas e matérias a serem regulamentadas.

O art. 5º quer parecer superado pela Lei n. 12.551, que equiparou o trabalho prestado a distância, se caracterizados os pressupostos da relação de emprego.

O art. 6º[(750)] em parte, teve regulamentação na Lei n. 12.551 e em parte na Lei n. 13.467, todavia, ainda permanece atual, merecendo ser inserido no ordenamento jurídico, no que tange à preocupação com a filiação sindical, negociação coletiva, garantia à não discriminação e acesso à qualificação e informação profissionais (alínea "a"), e no que se refere aos ressarcimentos dos gastos extraordinários decorrentes das funções inerentes ao teletrabalho (alínea "d").

O art. 6º ainda merece destaque ao contemplar a previsão de faltas por doença, o que por evidente ocorre com o teletrabalhador ainda que ausente controle

(750) PL n. 4.505/2008: Art. 6º São direitos do empregado teletrabalhador: a) igualdade de tratamento no que diz respeito à filiação sindical, participação na negociação coletiva, proteção à saúde, segurança social e estabilidade no emprego, além da garantia à não discriminação e acesso à qualificação e informação profissionais; b) proteção ao salário, férias e sua respectiva remuneração, gozo de feriados, licenças previstas na CLT e faltas por doença; c) segurança, higiene e saúde no trabalho observadas as disposições do art. 7º; d) ressarcimento dos gastos extraordinários decorrentes das funções inerentes ao teletrabalho e não previstos na remuneração, observadas as disposições do art. 7º. Parágrafo único. Em razão do caráter de controle de jornada aberta e, via de regra, de forma virtual, aos empregados teletrabalhadores não será contemplado o direito às horas extras, devendo a remuneração ajustar-se às horas normais de trabalho. Disponível em: <http://www.camara.gov.br/proposicoesWeb/fichadetramitacao?idProposicao=420890>. Acesso em: 3 dez. 2017.

de jornada, assim como licenças previstas na CLT e gozo de feriados — que pode e deve ser combinado com uma política de desconexão.

O parágrafo único do art. 6º segue a linha do art. 62, inciso III da CLT, não contemplando o teletrabalhador com o direito às horas extras, devendo a remuneração ajustar-se às horas normais de trabalho.

O art. 7º[(751)] elenca deveres do teletrabalhador, dentre os quais, em sua alínea "a", a habitualidade e pessoalidade na prestação dos serviços. Embora tais elementos sejam imprescindíveis para a relação de emprego, vale atenção à proposição legislativa na medida em que não cabe ao teletrabalhador subordinado transferir o trabalho que lhe foi confiado a um terceiro.

A alínea "b" do art. 7º prevê que o empregado deve prestar informações periódicas de acordo com as diretrizes empregatícias previamente estabelecidas, tanto na forma *on-line*, quanto *off-line*. Igual preocupação deve ser destinada para que o empregador muna o empregado de informações e forneça *feed back* das atividades, o que não está previsto no projeto.

A alínea "c" do art. 7º prevê manutenção adequada dos equipamentos e materiais disponibilizados pelo empregador, bem como conservação e asseio do ambiente de trabalho, observadas as normas de segurança, higiene e saúde no trabalho. Como se nota, a primeira parte pode complementar a legislação vigente, embora se deva refletir sobre atribuir ao empregado a responsabilidade pela manutenção dos equipamentos e materiais. Já a segunda parte se encontra albergada pelo art. 75-E da CLT. Com efeito, em que pese esta não faça menção ao asseio e conservação do ambiente de trabalho, tal disposição parece inserida nas precauções no que se refere às doenças e acidentes de trabalho, de orientação expressa e ostensiva pelo empregador.

A alínea "d" trata da prestação de contas quanto aos gastos ordinários e extraordinários decorrentes do exercício do trabalho, o que também merece indicação para ingresso no ordenamento jurídico pátrio, de modo a complementar a redação do art. 75-D da CLT.

O art. 8º propõe elencar os requisitos do contrato de trabalho, nomeadamente: direitos e deveres, bem como os relativos às especificidades do teletrabalho a ser desenvolvido; indicação, ainda que em instrução de trabalho anexa, dos bens a

---

(751) PL n. 4.505/2008: Art. 7º São deveres do empregado teletrabalhador: a) habitualidade e pessoalidade na execução de suas funções; b) informação periódica de acordo com as diretrizes empregatícias previamente estabelecidas, seja de forma *on-line* ou *off-line*; c) manutenção adequada dos equipamentos e materiais que lhe forem disponibilizados pelo empregador, bem como conservação e asseio do seu ambiente de trabalho, observadas as normas de segurança, higiene e saúde no trabalho; d) prestação de contas quanto aos gastos ordinários e extraordinários decorrentes das funções inerentes à devida execução do trabalho. Disponível em: <http://www.camara.gov.br/proposicoesWeb/fichadetramitacao?idProposicao=420890>. Acesso em: 3 dez. 2017.

serem disponibilizados ao empregado e o local de trabalho; e indicação objetiva da carga horária que não poderá ultrapassar a prevista na CLT.

O art. 8º é relevante, requer, porém, cuidado especial no que tange à sua parte final quanto à indicação da carga horária. Como se sabe, o art. 62, inciso III da CLT, isenta o teletrabalhador do controle de jornada, de sorte que a indicação de jornada pode ser interpretada como prática incompatível à ausência de controle.

Por fim, o legislador trata do teletrabalho transnacional, enunciando que deverá ser aplicada a lei do local da prestação do serviço, sem maior clareza sobre qual é este local quando se trata de trabalho em ambiente virtual, consoante já exposto no item 7.7.1 deste livro.

O projeto foi aprovado com alterações no texto em 08.12.2010, sendo posteriormente encaminhado à Mesa Diretora, tendo sido apresentado um recurso, não constando mais a existência de andamentos a partir de então.[752]

12.1.3. Projeto de Lei n. 4.793, de 2012

O Projeto de Lei n. 4.793/2012, de autoria do Deputado Carlos Bezerra, propõe regulamentação para a remuneração do trabalho realizado a distância, sob a justificativa de que a Lei n. 12.551/2011 foi silente quanto à remuneração dessa nova forma de trabalho, o que tem aumentado — segundo relata — exponencialmente o número de reclamações trabalhistas vindicando horas extras, adicional noturno e de insalubridade, além de fins de semana remunerados.

O PL n. 4.793/2012 possui apenas um artigo, que representa proposta para a inserção do art. 457-B da CLT,[753] no sentido de que as regras para a remuneração do trabalho exercido a distância ou no domicílio do empregado serão definidas em contrato individual de trabalho, convenção ou acordo coletivo de trabalho.

As disposições da proposta já foram ao menos em parte contempladas pelo art. 611-A, inciso VIII da CLT, que prevê a negociação coletiva para efeito de fixar regras relativas ao teletrabalho. O mesmo se diga para os empregados com salário superior ao dobro do teto do Regime Geral da Previdência Social, que também podem negociar individualmente as regras de teletrabalho, sem a presença do sindicato.

O ponto mais delicado é a outorga ao trabalhador individualmente, para negociação de condições de remuneração no que se refere ao teletrabalho. No particular, no entanto, fazendo-se uma leitura sistêmica e fundada nos princípios

---

(752) <https://www.camara.leg.br/proposicoesWeb/fichadetramitacao?idProposicao=420890. Acesso em: 30 nov.2021>.

(753) PL n. 4.793/2012: Art. 457-B. As regras para a remuneração do trabalho exercido a distância ou no domicílio do empregado serão definidas em contrato individual de trabalho, convenção ou acordo coletivo de trabalho. Disponível em: <http://www.camara.gov.br/proposicoesWeb/fichadetramitacao?idProposicao=562117>. Acesso em: 3 dez. 2017.

do direito do trabalho, por evidente, não se poderia negociar condição desfavorável ou em prejuízo do teletrabalhador, o que tornaria inócua a cláusula.

Com efeito, considerando o art. 611-A da CLT que já permite a negociação mediante instrumento coletivo no que tange ao teletrabalho, e que a negociação individual não poderia ser em prejuízo do teletrabalhador ou de forma não isonômica, quer parecer que o PL n. 4.793 estaria superado diante do texto da Lei n. 13.467/2017.

O projeto havia sido arquivado em 31.01.2019, tendo sido apresentado requerimento de desarquivamento, o que ocorreu em 21.02.2019, sem posterior movimentação.(754)

12.2. Projetos de lei a partir de 2015

Após a 1ª edição desta obra, sobretudo no curso da pandemia da Covid-19 foram apresentados diversos projetos de lei, de modo que, no momento há ao menos 25 (vinte e cinco) projetos tramitando, sobre os quais passa-se a fazer rápida abordagem, divididos por matéria de interesse.

Com efeito, dado o volume dos projetos, extensão de parte deles, e especialmente melhor visualização por tema, pede-se licença ao leitor para alterar a metodologia, analisando por matéria tratada, e não projeto a projeto.

Dentro das temáticas, os diferentes projetos passam a ser expostos em ordem cronológica, para ao final, ser apresentada sugestão de proposta de projeto de lei.

12.2.1. Direito ao teletrabalho e estímulo

12.2.1.1. Projeto de Lei n. 561, de 2020

O PL n. 561/2020 propõe a prioridade para prestação de serviços em regime de teletrabalho aos empregados que tenham filho com idade igual ou inferior a 3 (três) anos.

Assim o faz mediante a proposta de inserção do art. 75-F da CLT, com o objetivo de aumentar a possibilidade de convívio familiar, especialmente na fase em que a criança mais precisa de atenção.

---

(754) Disponível em: <https://www.camara.leg.br/proposicoesWeb/fichadetramitacao?idProposicao=562117>. Acesso em: 13 nov. 2021.

O PL n. 561/2020, de autoria do Deputado Antonio Brito, embora de intenção nobre, peca pela vagueza, pois se limita a abordar a prioridade para a prestação do regime de teletrabalho, sem disciplinar regras mínimas a tanto.

O PL n. 561/2020 foi apensado ao PL n. 8.501/2017, assim como o PL n. 1.790/2021, e tramita em regime de prioridade (art. 151, II, do RICD)[(755)], se encontrando desde 31.08.2021 na Comissão de Trabalho, de Administração e Serviço Público.[(756)]

12.2.1.2. Projeto de Lei n. 655 de 2020

O PL n. 655/2020 tem por objetivo obrigar as empresas a adotar medidas de proteção dos trabalhadores em situação de emergência pública, mediante a inserção do art. 169-A da CLT, que contempla, dentre outras: prestação do serviços em domicílio ou em regime de teletrabalho (inciso I); flexibilização dos horários de trabalho, a fim de possibilitar a redução do número de pessoas no mesmo ambiente e a utilização de transportes públicos fora dos horários de pico; fornecimento de equipamentos de proteção individual e materiais de higiene adequados ao enfrentamento da situação individual (inciso III); substituição de reuniões físicas por videoconferências (inciso VIII).[(757)]

A redação proposta para o inciso III pode ser correlacionada com a atual redação do art. 75-E, e com a regra geral do art. 166 — ambos da CLT, derivando do comando constitucional de redução dos riscos inerentes ao trabalho.

A proposta prevê, em seu Parágrafo único, que a medida deve ser dirigida ao maior número possível de empregados, dando-se prioridade aos integrantes de grupo de risco e os que tenham sob seus cuidados e dependência pessoa integrante de grupo de risco.

O último andamento da tramitação indicava que em 14.04.2021, o projeto de autoria da Deputada Shéridan Estérfany Oliveira de Anchieta, estava na Comissão de Seguridade Social e Família, devendo posteriormente seguir para as Comissões de Trabalho, de Administração e Serviço Público e Constituição e Justiça e de Cidadania.[(758)]

---

(755) Regimento Interno da Câmera dos Deputados. Tramitação disponível em: <https://www.camara.leg.br/proposicoesWeb/fichadetramitacao?idProposicao=2238556>. Acesso em: 13 nov. 2021.

(756) Disponível em: <https://www.camara.leg.br/proposicoesWeb/fichadetramitacao?idProposicao=2183734>. Acesso em: 13 nov. 2021.

(757) ** Não se desprezam os demais incisos, mas opta-se por rápida abordagem geral. O inteiro teor de cada um dos projetos de lei pode ser encontrado ao final desta obra.

(758) Disponível em: <https://www.camara.leg.br/proposicoesWeb/fichadetramitacao?idProposicao=2239360>. Acesso em: 13 nov. 2021.

12.2.1.3. Projeto de Lei n. 1.247 de 2020

Muito embora o PL n. 1.247 não trate de regras relativas ao direito de exercício do teletrabalho, indiretamente tem por escopo permitir que tal se realize, ao prever a isenção de IPI e redução a zero das alíquotas de PIS/Pasep e da Cofins para aquisições de equipamentos de informática por trabalhadores que comprovadamente atuem na modalidade de teletrabalho (subcategoria), ou mesmo em trabalho remoto (categoria) ou outro tipo de trabalho a distância.

Aqui não se entra no mérito de quem deve arcar com o ônus da atividade, se empregado ou empregador, até porque quer parecer que o projeto pretende beneficiar os trabalhadores em sentido lato, e não somente no quadrante da relação de emprego.

O projeto de autoria do deputado Uldurico Junior se encontra desde 20.11.2020 aguardando designação de relator na Comissão de Finanças e Tributação.(759)

12.2.1.4. Projeto de Lei n. 1.420 de 2020

O PL n. 1.420/2020 altera dispositivo da Lei n. 11.494, que regulamenta o Fundo de Manutenção e Desenvolvimento da Educação Básica e Valorização dos Profissionais da Educação — FUNDEB. Propõe a inserção do art. 22-A na Lei n. 11.494, para que, encontrando-se o país em estado de calamidade pública e as escolas fechadas, os Estados e Municípios possam manter os contratos de trabalho temporários dos profissionais de educação.

No que interessa ao presente estudo, nos termos da proposta do § 1º, poderão ser alterados os regimes de trabalho presencial para teletrabalho, trabalho remoto ou outro tipo de trabalho a distância, determinando-se o retorno ao regime presencial, independentemente da existência de acordos individuais ou coletivos, dispensado o registro prévio da alteração no contrato individual de trabalho.

Além da simplificação para alteração do regime de trabalho, a proposta contempla a inserção do § 2º na redação da Lei n. 11.494, tratando de forma ampliativa o conceito de teletrabalho, inserindo a categoria trabalho remoto ou o trabalho a distância, não se limitando à subcategoria teletrabalho de que trata o art. 75-B da CLT.

O projeto de autoria do deputado Domingos Neto está na Comissão de Trabalho, de Administração e Serviço Público, desde 10.03.2021, no momento aguardando designação de relator.(760)

---

(759) Disponível em: <https://www.camara.leg.br/proposicoesWeb/fichadetramitacao?idProposicao=2242357>. Acesso em: 13 nov. 2021.

(760) Disponível em: <https://www.camara.leg.br/proposicoesWeb/fichadetramitacao?idProposicao=2242699>. Acesso em: 13 nov. 2021.

12.2.1.5. Projeto de Lei n. 3.428 de 2020

Reconhecendo a dificuldade para cuidar dos filhos e trabalhar, o PL n. 3.428/2020 prevê o teletrabalho, trabalho remoto ou trabalho a distância de pai ou mãe de família monoparental até a reabertura da creche ou escola dos filhos com até doze anos incompletos.

Vê-se que o PL n. 3.428/2020 inclui não só a subcategoria teletrabalho, mas também a categoria trabalho remoto ou trabalho a distância na aplicação da proposta apresentada pelo Senador Fabiano Contarato, que prevê o direito à mãe ou pai de família monoparental, como também às famílias nucleares quando os pais tiverem que voltar ao trabalho presencial (hipótese esta em que apenas um deles poderá exercer o direito ao teletrabalho).

A crítica ao projeto é que ele não condiciona o direito à possibilidade de o trabalho efetivamente ter condições práticas de ser exercido a distância por meio da telemática, impondo ao empregador o ônus de alternativamente oferecer espaço adequado aos filhos do empregado, ou mesclar períodos de trabalho presencial e a distância.

Prevê ainda que em se tratando de empregado doméstico(761), as partes poderão negociar a suspensão do contrato de trabalho, nos termos da MP n. 936, e quando assim não for possível (o que é o caso, diante da extinção do período de vigência da medida provisória em referência), poderá o empregado doméstico levar o filho com até doze anos incompletos para o local de trabalho, hipótese em que o empregador, na ausência da mãe, terá responsabilidade legal de cuidado, proteção e vigilância sobre a criança.

No particular, embora a lei tenha intenção nobre, na prática impõe ao empregador a responsabilidade de cuidado, proteção e vigilância sobre o filho do empregado doméstico, o que tende a inviabilizar a aplicação prática da medida proposta, até porque em momento de crise pandêmica, possivelmente o empregador estará teletrabalhando no mesmo horário, ainda que a distância.

No dia 09.08.2021, o projeto estava no Plenário do Senado Federal, junto à Secretaria Legislativa do Senado Federal, e a pesquisa pública no site do Senado demonstrava que até 13.11.2021, 242 pessoas se posicionaram a favor da aprovação do projeto, enquanto 15 contra.(762)

---

(761) A redação do PL 3428 utiliza o termo "empregada doméstica", tendo o autor da presente obra optado pelo uso de "empregado doméstico" que abarca ambos, até para não ser discriminatório, afinal o emprego doméstico não é exclusividade das mulheres, em que pese estas sejam a imensa maioria.

(762) Disponível em: <https://www25.senado.leg.br/web/atividade/materias/-/materia/142641>. Acesso em: 13 nov. 2021.

12.2.1.6. Projeto de Lei n. 5.581 de 2020

O PL n. 5.581/2020, fruto de trabalho conjunto de diversos juristas e pesquisadores, sob coordenação e a convite do Professor Ricardo Calcini, proposto pelo deputado Rodrigo Agostinho[(763)], dentre outros se preocupa com a inclusão e educação digital, prevendo: a) a adoção do teletrabalho para aprendizes e estagiários, assim como o fomento para pessoas com deficiência ou portadora de doença grave.

Também propõe o direito ao regime de teletrabalho, diante de violência doméstica e familiar, desde que compatível com as atividades, de modo similar à previsão do direito lusitano.

O projeto foi apensado ao PL n. 3.915/2020 e se encontra desde 10.03.2021 na Comissão de Trabalho, Administração e Serviço Público.[(764)]

12.3. Gestante — Projeto de Lei n. 2.058 de 2021

O PL n. 2.058/2021 propõe a alteração da Lei n. 14.151, para disciplinar as atividades de teletrabalho, trabalho remoto ou outra forma de trabalho a distância das empregadas gestantes, prevendo nos termos do § 3º, a suspensão dos contratos de trabalho na hipótese de incompatibilidade da função desempenhada com o teletrabalho, trabalho remoto ou outra forma de trabalho a distância.

Nessa condição, propõe o gozo do Benefício Emergencial na forma da MP n. 1.045. Embora a medida provisória em referência não esteja em vigência, vale a reflexão sobre o texto do PL n. 2.058/2021, afinal não tem sido isoladas as ações movidas pelos empregadores em face do INSS e da União, visando o custeamento do afastamento da gestante pelo Instituto Nacional de Seguridade Social (INSS).

A proposta do deputado Tiago Dantas se encontra no Plenário Virtual desde 03.08.2021.[(765)]

---

(763) Por ocasião da apresentação, generosamente o deputado autor do projeto manifestou *"agradecimento especial ao Prof. Ricardo Calcini, que esteve à frente da coordenação geral do grupo de trabalho que analisou minuciosamente as questões relacionadas ao teletrabalho, bem como, aos renomados especialistas e acadêmicos, cito: Dr. Célio Neto, Dr. Guilherme Feliciano, Dra. Fernanda Perregil, Dr. Luis Otávio Camargo Filho, Dr. Patrick Maia Merisio, Dra. Cristiane Araújo, Dr. Carlos Eduardo Dantas, Dr. Leonardo Bello e Dra. Nadia Demoliner Lacerda que; e, cujas sugestões estão consubstanciadas nesta proposição"*.

(764) Disponível em: <https://www.camara.leg.br/proposicoesWeb/fichadetramitacao?idProposicao=2267606>. Acesso em: 13 nov. 2021.

(765) Disponível em: <https://www.camara.leg.br/propostas-legislativas/2285889>. Acesso em: 13 nov. 2021.

12.4. Prevenção, Ergonomia, Acidente de trabalho e Ônus da atividade

12.4.1. Projeto de Lei n. 5.772, de 2019

O PL n. 5.772/2019 pretende a transformação do Parágrafo único do art. 75-E da CLT em § 1º, e a criação do § 2º, de forma a dispor que o termo de compromisso não exime a responsabilidade do empregador, nas seguintes situações: I) se evidenciada a culpa na ocorrência das doenças e acidentes do trabalho; II) se mesmo observadas as instruções expressas e ostensivas, ficar demonstrada a relação de causalidade entre a atividade laboral e as doenças e acidentes do trabalho.

Embora o projeto de autoria do deputado Afonso Motta não mencione de quem é a culpa a que se refere o § 2º, tal deriva de interpretação lógica.

A proposta parece guardar uma apreciação consistente e adequada às regras que regem as relações trabalhistas ao inserir os elementos culpa e nexo de causalidade.

O projeto foi apensado ao PL n. 10.823/2018, e se encontra desde 12.11.2019 na Coordenação de Comissões Permanentes.(766)

12.4.2. Projeto de Lei n. 2.251, de 2020

O PL n. 2.251/2020 atribui responsabilidade objetiva ao empregador diante dos riscos em acidente na modalidade home office, assim como impõe ao empregador o ônus financeiro para custeamento da infraestrutura necessária à prestação do trabalho remoto.

O projeto de lei de autoria do deputado Cleber Verde tem o mérito de procurar resolver a um só tempo as questões da responsabilidade decorrente do acidente em teletrabalho e do custeamento da atividade.

Todavia, não se trata de atividade de risco apta a impor a responsabilidade civil do empregador, de sorte que melhor teria sido se a proposta fosse no sentido de atribuir a presunção de que se trata de acidente de trabalho, nos termos do já mencionado Enunciado n. 24, da Comissão 3, do XXIX Conamat.

O projeto foi apensado ao PL n. 8.501/2017, e se encontra desde 31.08.2021 na Comissão de Trabalho, de Administração e Serviço Público.(767)

---

(766) Disponível em: <https://www.camara.leg.br/proposicoesWeb/fichadetramitacao?idProposicao=2227737>. Acesso em: 13 nov. 2021.

(767) Disponível em: <https://www.camara.leg.br/proposicoesWeb/fichadetramitacao?idProposicao=2183734>. Acesso em: 13 nov. 2021.

12.4.3. *Projeto de Lei do Senado n. 3.512, de 2020*

O PL n. 3.512 propõe nova redação para o art. 75-D da CLT, de sorte a obrigar o empregador a fornecer ou custear equipamentos e infraestrutura para a realização do teletrabalho, com segurança, conforto ergonômico e visual do empregado. Prevê ainda que o fornecimento de equipamentos e infraestrutura poderá ser dispensado por acordo coletivo.

> "Art. 75-D. Para a realização do teletrabalho o empregador será obrigado a: I — fornecer, em regime de comodato, e manter equipamentos tecnológicos e infraestrutura necessária e adequada à prestação do trabalho, considerando a segurança e o conforto ergonômico e dos órgãos visuais do empregado; II — reembolsar o empregado pelas despesas de energia elétrica, telefonia e de uso da internet relacionadas à prestação do trabalho. § 1º O fornecimento de equipamentos e de infraestrutura que trata o inciso I poderá ser dispensado por acordo coletivo. § 2º As disposições relativas a este artigo serão previstas em contrato ou termo aditivo escrito. § 3º As utilidades mencionadas neste artigo não integram a remuneração do empregado." (NR)

A proposta de autoria do Senador Fabiano Contarato é boa, no particular, embora use o termo acordo coletivo de trabalho ao invés de instrumento coletivo de trabalho, nomeadamente convenção coletiva de trabalho ou acordo coletivo de trabalho.

O projeto se encontra desde 09.08.2021 no Plenário do Senado Federal (Secretaria Legislativa do Senado Federal), e contempla opinião sobre a matéria, contendo 54 (cinquenta e quatro) opiniões favoráveis e 5 (cinco) contrárias.(768)

12.4.4. *Projeto de Lei n. 3.915, de 2020*

Além de tratar da revogação do art. 62, inciso III da CLT (abaixo tratado no tópico próprio), o PL n. 3.915/2020 contempla expressamente a questão do ônus da atividade, impondo ao empregador a obrigação de disponibilizar infraestrutura, materiais, equipamentos de tecnologia, serviços de dados e de telefonia necessários à prestação do trabalho remoto.

Trata desse ônus, observadas as normas relativas à ergonomia do mobiliário, e com a obrigação de fazer cumprir as pausas e intervalos laborais.

O projeto, de autoria do deputado Bosco Costa, foi apensado aos Projetos de Lei ns. 4.831, 5.566 e 5.581, todos de 2020, e se encontra desde 10.03.2021 na Comissão de Trabalho, Administração e Serviço Público.(769)

---

(768) Disponível em: <https://www25.senado.leg.br/web/atividade/materias/-/materia/143001>. Acesso em: 14 nov. 2021.

(769) Disponível em: <https://www.camara.leg.br/proposicoesWeb/fichadetramitacao?idProposicao=2258556>. Acesso em: 13 nov. 2021.

12.4.5. *Projeto de Lei n. 4.816, de 2020*

O PL n. 4.816/2020 tem por escopo regular a relação laboral entre estabelecimentos de educação básica e de educação superior e seus professores que atuem no ensino remoto em substituição ao presencial.

O projeto de lei de autoria do deputado Vanderlei Macris traz uma série de disposições em seu escopo, sendo selecionado para efeito deste estudo a questão do ônus da atividade.

O projeto não impõe a obrigação ao empregador ou ao empregado, mas prevê que a regular prestação de serviços por meio de plataformas virtuais, trabalho remoto e/ou home office, preferencialmente deve ser ajustada por meio de negociação coletiva, acordo coletivo, e consignada em aditivo ao contrato de trabalho.

O aditivo, a seu turno, deverá prever de forma específica a respeito da responsabilidade pela aquisição, manutenção ou fornecimento dos equipamentos tecnológicos e da infraestrutura do trabalho remoto, bem como o reembolso de eventuais despesas.

No particular, ponto de destaque é o estímulo à negociação coletiva para regular as questões relativas ao teletrabalho, sobretudo ônus da atividade.

O projeto se encontra na Comissão de Educação, tendo sido retirado de pauta, por acordo, dada solicitação do relator deputado Átila Lira, em 06.10.2021.[770]

12.4.6. *Projeto de Lei n. 4.831, de 2020*

O PL n. 4.831/2020 que também trata da jornada, impõe expressamente ao empregador a responsabilidade pela aquisição, manutenção, fornecimento dos equipamentos tecnológicos e da infraestrutura necessária e adequada à prestação do trabalho remoto, bem como ao reembolso das despesas arcadas pelo empregado, o que o faz mediante alteração da redação do art. 75-D da CLT.

A proposta mantém a regra do Parágrafo único, no sentido de que as utilidades não integram a remuneração, porém como § 1º, criando um § 2º a fim de disciplinar que *"as alterações das disposições previstas nos artigos 75-C e do 75-D deverão ser realizadas através de Acordo ou Convenção Coletiva de Trabalho."*

O projeto, de autoria do deputado João Daniel foi apensado ao PL n. 3.915, e se encontra desde 10.03.2021 na Comissão de Trabalho, Administração e Serviço Público.[771]

---

(770) Disponível em: <https://www.camara.leg.br/propostas-legislativas/2263761>. Acesso em: 13 nov. 2021.

(771) Disponível em: <https://www.camara.leg.br/proposicoesWeb/fichadetramitacao?idProposicao=2263848>. Acesso em: 13 nov. 2021.

12.4.7. Projeto de Lei n. 5.581, de 2020

O PL n. 5.581/2020 apresentado pelo deputado Rodrigo Agostinho contempla riquíssimas disposições quanto à tutela no meio ambiente do teletrabalho. Como o espaço reservado não permite tratar de todas as disposições, destacam-se algumas delas, tais como:

> a) a implementação de condições para o bem-estar físico e psicossocial dos teletrabalhadores, contemplando uma série de preciosas regras, dentre as quais, resumidamente: (i) prevenção de danos quanto aos riscos físicos, químicos, biológicos, psíquicos ou ergonômicos; (ii) adaptação do local de trabalho; (iii) criação de código de conduta, quando da existência de mais de 50 (cinquenta) empregados, disciplinando, dentre outras, a desconexão laboral, assim como adotando medidas de combate ao *ciberbullying*, assédio moral virtual, tecnoestresse e vício em tecnologia, e também prestando orientações para conciliação das atividades de trabalho com as rotinas domésticas; (iv) a informação aos trabalhadores quanto aos riscos à saúde e segurança; (v) o fornecimento pelo empregador de equipamentos de proteção individual ou coletiva e a infraestrutura mínima necessária em condições adequadas, ou indenização das respectivas despesas, remetendo a negociação coletiva a questão do ônus da atividade quanto aos equipamentos e infraestrutura quando do trabalho híbrido; (vi) a avaliação pelo empregador do local de teletrabalho, por meio remoto ou presencial, com autorização do empregado neste último, quando necessário para execução dos programas de saúde e segurança no trabalho; (vii) a isenção de responsabilidade do empregador, se identificada a necessidade de inspeção, no entanto houver recusa do teletrabalhador; (viii) a disposição de que o empregador deve ter uma política para casos de acidente de trabalho, específica para os riscos atinentes ao teletrabalho; (ix) a disciplina de que é.
>
> "... considerado acidente de trabalho ou doença ocupacional o evento que, nos termos dos arts. 19, *caput*, e 20, I e II, da Lei n. 8.213, de 24 de julho de 1991, acometer empregado em sistema de teletrabalho, desde que o trabalhador demonstre que o acidente ou a doença decorre das atividades laborais desempenhadas no teletrabalho, tendo em vista o horário e o local especificado para esse fim, mesmo que esse último coincida com a respectiva residência."[772]

Tal como exposto, o projeto foi apensado ao PL n. 3.915/2020 e se encontra desde 10.03.2021 na Comissão de Trabalho, Administração e Serviço Público.[773]

---

(772) Disponível em: <https://www.camara.leg.br/proposicoesWeb/fichadetramitacao?idProposicao=2267606>. Acesso em: 13 nov. 2021.

(773) Disponível em: <https://www.camara.leg.br/proposicoesWeb/fichadetramitacao?idProposicao=2267606>. Acesso em: 13 nov. 2021.

12.5. Controle de jornada e revogação

12.5.1. Projeto de Lei n. 8.501 de 2017

O PL n. 8.501/2017 propõe: a) a revogação do art. 62, inciso III da CLT, com o que o teletrabalho não ficaria mais isento do controle de jornada; b) a revogação de todo o título II-A da CLT, o que, com a devida vênia, não tem nenhuma razão de ser, pois deixaria o teletrabalho sem qualquer regramento no cenário jurídico nacional, ressalvado o art. 6º da CLT que trata do trabalho remoto.

O projeto, de autoria do deputado Marco Maia, se encontra desde 31.08.2021 na Comissão de Trabalho, de Administração e Serviço Público.(774)

12.5.2. Projeto de Lei n. 10.823 de 2018

O PL n. 10.823/2018, de autoria do deputado Nelson Pellegrino igualmente ignora a realidade do teletrabalho ao propor a revogação dos arts. 75-A a 75-E da CLT, e foi apensado ao PL n. 8.501/2017, se encontrando desde 31.08.2021 na Comissão de Trabalho, de Administração e Serviço Público.(775)

12.5.3. Projeto de Lei n. 3.312 de 2020

Partindo do pressuposto de que o teletrabalho está isento do controle de jornada, e consideradas as peculiaridades da atividade da educação, o PL n. 3.312/2020 tem por objetivo autorizar o uso do banco de horas para profissionais da educação básica e aos docentes do ensino superior contratados em regime especial que se encontrem em teletrabalho em razão da pandemia da Covid-19.

O projeto parte da ideia de que não são devidas horas extras no regime de teletrabalho, o que não significa que eventual trabalho em jornada superior à contratada — especialmente em atividades antes não realizadas, tais como web conferências, repostas a e-mails, participação em encontros virtuais — possa ser desconsiderada, prevendo a compensação na forma de banco de horas.

A interessante proposta do deputado Mário Heringer também contempla como motivo de justificação, que sua aprovação poderia reduzir a judicialização de demandas judiciais relativas a jornadas extenuantes, não raro — diz o autor — superiores a 10 (dez) horas diárias.

---

(774) Disponível em: <https://www.camara.leg.br/proposicoesWeb/fichadetramitacao?idProposicao=2183734>. Acesso em 13 nov. 2021.

(775) Disponível em: <https://www.camara.leg.br/proposicoesWeb/fichadetramitacao?idProposicao=2183734>. Acesso em: 13 nov. 2021.

Desde 30.04.2021 o projeto está na Comissão de Educação, sendo que em 12.05.2021 encerrou o prazo para apresentação de emendas.(776)

12.5.4. Projeto de Lei do Senado n. 3.512 de 2020

Além de tratar do ônus da atividade, o PL n. 3.512/2020 pretende a revogação do inciso III do art. 62 da CLT, com o que o teletrabalhador não ficaria mais isento do controle de jornada.

Tal como já exposto, o projeto de autoria do senador Fabiano Contarato se encontra desde 09.08.2021 no Plenário do Senado Federal (Secretaria Legislativa do Senado Federal).(777)

12.5.5. Projeto de Lei n. 3.325 de 2020

O PL n. 3.325/2020 é bem conciso e direto, pretendendo a revogação do inciso III do art. 62 da CLT, com o que o teletrabalhador não ficaria mais isento do controle de jornada.

O projeto de autoria do deputado Capitão Alberto Neto está apensado ao PL n. 8.501/2017.(778)

12.5.6. Projeto de Lei n. 3.915, de 2020

O PL n. 3.915/2020 trata da questão do ônus da atividade (já apresentada no tópico próprio — item 12.4.4 e também propõe a revogação do inciso III do art. 62 da CLT.

O projeto de autoria do deputado Bosco Costa foi apensado aos Projetos de Lei ns. 4.831, 5.566 e 5.581, todos de 2020, e se encontra desde 10.03.2021 na Comissão de Trabalho, Administração e Serviço Público.(779)

12.5.7. Projeto de Lei n. 4.831, de 2020

Visando o controle de jornada, direito às horas extras e observância aos intervalos, o PL ns. 4.831/2020 propõe a inserção dos §§ 3º, 4º e 5º ao art. 75-C

---

(776) Disponível em: <https://www.camara.leg.br/proposicoesWeb/fichadetramitacao?idProposicao=2255180>. Acesso em: 13 nov. 2021.
(777) Disponível em: <https://www25.senado.leg.br/web/atividade/materias/-/materia/143001>. Acesso em: 13 nov. 2021.
(778) Disponível em: <https://www.camara.leg.br/proposicoesWeb/fichadetramitacao?idProposicao=2255202>. Acesso em: 13 nov. 2021.
(779) Disponível em: <https://www.camara.leg.br/proposicoesWeb/fichadetramitacao?idProposicao=2258556>. Acesso em: 13 nov. 2021.

da CLT, a fim de: a) dispor que a jornada em *home office* estará sujeita às mesmas normas do trabalho presencial, ficando expressamente proibido o extrapolamento da jornada; b) permitir a realização de atividades durante o intervalo interjornadas, diante de eminente necessidade, mediante acordo entre empregado e empregador, sendo computado o tempo de serviço como hora extra; c) a comunicação via plataformas, aplicativos ou redes sociais de caráter eminentemente privado, se disser respeito a assuntos relacionados ao trabalho e por ocasião do intervalo interjornadas, será considerada como horário de serviço e também sujeita à paga de hora extra.

O projeto de autoria do deputado João Daniel traz uma certa imprecisão ao fazer uso da nomenclatura *home office*, o que pode gerar dúvida quanto à aplicação de suas regras para o teletrabalho em sentido geral, quando não realizado em domicílio.

A proposta também trata do ônus da atividade, consoante já abordado no item 12.4.6, e se encontra desde 10.03.2021 na Comissão de Trabalho, Administração e Serviço Público, apensado ao PL n. 3.915.

12.5.8. Projeto de Lei n. 5.581, de 2020

De maneira hábil, o PL n. 5.581/2020 insere exceção na regra do art. 62, inciso III da CLT, de sorte a manter o controle de jornada quando o empregador estabelecer jornada de trabalho determinada, incluindo diversos incisos no art. 75-C da CLT, dentre os quais o inciso IV em que deverá ser indicada a existência ou não de jornada de trabalho determinada a ser cumprida, bem como o art. 75-F disciplinando que o empregador deverá indicar se o empregado terá liberdade de horário ou se deverá cumprir jornada determinada.

Consoante já exposto, o projeto foi apensado ao PL n. 3.915/2020 e se encontra desde 10.03.2021 na Comissão de Trabalho, Administração e Serviço Público.(780)

12.6. Formação profissional

12.6.1. Projeto de Lei n. 4.653, de 2016

O PL n. 4.653/2016 tem o mérito de se preocupar com a formação profissional do trabalhador, impondo tal obrigação ao empregador, mediante a inserção do § 2º ao art. 6º da CLT, o que faz nos seguintes termos:

> "O empregador deve proporcionar ao teletrabalhador formação específica para efeitos de utilização e manuseamento das tecnologias de informação e de comunicação necessárias ao exercício da respectiva prestação laboral."

---

(780) Disponível em: <https://www.camara.leg.br/proposicoesWeb/fichadetramitacao?idProposicao=2267606>. Acesso em: 13 nov. 2021.

O projeto, de autoria do deputado Cleber Verde, se encontra desde 05.10.2021 na Comissão de Trabalho, Administração e Serviço Público.(781)

12.7. Enfrentamento da Covid-19

Afora o direito ao teletrabalho já abordado nos itens 12.2.1.2 e 12.2.1.6, passa-se a abordar outros temas relativos ao enfrentamento da Covid-19.

12.7.1. Projeto de Lei n. 3.869 de 2020

O PL n. 3.869/2020 dispõe a respeito do retorno ao trabalho das gestantes, mães de filhos de até 5 (cinco) anos, de idosos e de pessoas com deficiência durante e após o estado de calamidade pública reconhecido pelo Decreto Legislativo n. 6 de 2020, e da emergência de saúde pública de importância internacional decorrente do coronavírus, de que trata a Lei n. 13.979, alterando os termos da Lei n. 14.020, mediante acréscimo do art. 17-A.

Pretendia simplificar, no período de vigência da Lei n. 14.020, o regime de instituição do teletrabalho, trabalho remoto ou outro tipo de trabalho a distância e retorno, a critério do empregador, independentemente de acordos individuais ou coletivos, dispensado o registro prévio das alterações, em se tratando de gestantes, mulheres com filhos menos de 5 (cinco) anos de idade, idosos e pessoas com deficiência, inclusive estagiários e aprendizes.

O projeto, de autoria do deputado Luiz Philippe de Orleans e Bragança, tinha por escopo restabelecer parte das condições da MP n. 927, haja vista a perda da vigência desta.

Praticamente todas as disposições do projeto foram contempladas pela MP n. 1.046, exceção ao § 6º que previa a dispensa do empregador durante o regime: a) do pagamento de alimentação e transporte estabelecido em lei ou em convenção ou acordo coletivo de trabalho; b) do cumprimento do capítulo II do título II e do § 2º do art. 389 da CLT, este último a respeito de creches para os filhos de empregadas em período de amamentação em estabelecimentos em que trabalharem ao menos 30 (trinta) mulheres com mais de 16 (dezesseis) anos de idade; c) do pagamento dos adicionais de insalubridade e periculosidade.

O projeto foi apensado ao PL n. 1.615/2020, que trata da licença de trabalhadores incluídos nos grupos de risco da Covid-19, e se encontra desde 15.04.2021 na Coordenação de Comissões Permanentes, sujeito à apreciação conclusiva pelas comissões.(782)

---

(781) Disponível em: <https://www.camara.leg.br/proposicoesWeb/fichadetramitacao?idProposicao=2078965>. Acesso em: 13 nov. 2021.

(782) Disponível em: <https://www.camara.leg.br/propostas-legislativas/2257992>. Acesso em: 13 nov. 2021.

12.7.2. *Projeto de Lei n. 3.907, de 2020*

O PL n. 3.907/2020 dispõe sobre as medidas trabalhistas para enfrentamento do estado de calamidade pública reconhecido pelo Decreto Legislativo n. 6 de 2020, e da emergência de saúde pública de importância internacional decorrente do coronavírus, e teve o seu texto incorporado pela MP n. 927.

O projeto, de autoria do deputado Celso Maldaner, foi apensado ao PL n. 968/2020, que trata de mesma matéria, e se encontra desde 26.05.2021 na Comissão de Trabalho, Administração e Serviço Público.(783)

12.7.3. *Projeto de Lei n. 2.217 de 2020*

O PL n. 2.217/2020 propõe a percepção do adicional de insalubridade em grau máximo para os profissionais de saúde, durante o estado de calamidade pública provocado pela pandemia do Coronavírus.

Na parte que interessa ao presente trabalho, o projeto de autoria do deputado Hélio Leite prevê a inaplicabilidade da proposta aos que desempenharem atividades em regime de teletrabalho, trabalho remoto ou trabalho a distância, bem como se encontrarem afastados por qualquer motivo, ressalvados os afastamentos decorrentes da infecção por coronavírus.

Em 08.04.2021, o projeto foi apensado ao PL n. 744/2020, tramitando em regime de prioridade (art. 151, II, RICD), e se encontra atualmente perante a Comissão de Seguridade Social e Família.(784)

12.8. Conceitos — Teletrabalho e home office

12.8.1. *Projeto de Lei n. 5.003, de 2020*

O PL n. 5.003/2020 não utiliza da melhor técnica ao conceituar *home office* como a "*prestação de serviços eventualmente fora das dependências do empregador, com ou sem a utilização de tecnologias de informação e de comunicação que, por sua natureza, não se constituam como trabalho externo*".

Com efeito, *home office* mesmo antes da pandemia tem sido utilizada para designar modalidade de teletrabalho, portanto, nesta condição sempre se faz presente a comunicação e/ou informática. O trabalho sem a presença da telemática pode ser enquadrado, pois, como trabalho em domicílio.

---

(783) Disponível em: <https://www.camara.leg.br/proposicoesWeb/fichadetramitacao?idProposicao=2258514>. Acesso em: 13 nov. 2021.

(784) Disponível em: <https://www.camara.leg.br/proposicoesWeb/fichadetramitacao?idProposicao=2250682>. Acesso em: 13 nov. 2021.

Observada essa atecnia, o projeto de autoria do deputado Kim Kataguiri cria regras somente para a modalidade de *home office*, o que exclui os demais locais da prestação de teletrabalho.

Dentre as disposições, algumas aparentemente equivocadas, outras coerentes, destaca-se: a) a aplicação do capítulo II, título II da CLT, ou seja, todas as regras relativas à jornada de trabalho; b) a equivocada possibilidade de o empregado em home office ter salário inferior, mediante negociação coletiva; c) a responsabilidade do empregador quanto ao custeamento das despesas relativas à aquisição, manutenção ou fornecimento dos equipamentos tecnológicos e da infraestrutura necessária e adequada à prestação do trabalho em *home office*; d) a obrigação de o empregador oferecer gratuitamente, equipamento de proteção individual adequado ao risco e em perfeito estado de conservação e funcionamento, sempre que as medidas de ordem geral não ofereçam completa proteção contra os riscos de acidentes e danos à saúde dos empregados; e) disposição com o mesmo conteúdo do atual art. 75-E e Parágrafo único, com o acréscimo de que o termo de responsabilidade e o fornecimento de equipamento de proteção individual isentam o empregador de qualquer responsabilidade por doenças e acidentes de trabalho; f) a aplicação ao *home office* da Seção XIII do Capítulo V da CLT, no que se refere à insalubridade e periculosidade.

O projeto foi apensado ao PL n. 4.931/2020, de modo que desde 10.03.2021 se encontra na Comissão de Trabalho, Administração e Serviço Público.[785]

12.8.2. Projeto de Lei n. 5.581, de 2020

O PL n. 5.581/2020, por meio do seu art. 1º, propõe a alteração do conceito de teletrabalho do art. 75-B da CLT, mediante a exclusão do vocábulo "preponderantemente", de sorte que qualquer trabalho a distância por meio da telemática seja reconhecido como teletrabalho, tanto que insere o inciso II no art. 75-C da CLT, de tal arte a que o contrato contemple se a prestação de serviços será total ou parcial na modalidade de teletrabalho mantendo-se a aplicação do título II-A da CLT ao regime híbrido, ainda que não preponderante.

12.9. Teletrabalho transnacional e outros

12.9.1. Projeto de Lei n. 4.505, de 2008

O PL n. 4.505/2008 de autoria do Deputado Luiz Paulo Vellozo Lucas procura regulamentar o teletrabalho transnacional, mediante aplicação da lei do local

---

(785) Disponível em: <https://www.camara.leg.br/proposicoesWeb/fichadetramitacao?idProposicao=2264601>. Acesso em: 13 nov. 2021.

da prestação do serviço, sem deixar claro qual deve ser considerado o local da prestação do serviço, considerando que o trabalho está no ambiente virtual.

12.9.2. Projeto de Lei n. 4.931, de 2020

O deputado Pedro Paulo propôs o PL n. 4.931/2020, que por meio da inserção do art. 75-I na CLT, conceitua *"transnacional o teletrabalho quando o empregado estiver em país diverso do qual se localiza o estabelecimento da empresa ao qual esteja vinculado."*(786)

Dispõe que a Lei n. 7.064/82 não se aplica ao regime de teletrabalho transnacional, salvo na hipótese de transferência por interesse da empresa. Em seguida, deixa indene de dúvidas que deve ser aplicada a lei do local do estabelecimento da empresa ao qual o empregado está vinculado.

E ainda trata expressamente das hipóteses de mudança de país por iniciativa do empregado(787) e de contratação de trabalhador estrangeiro para fins de teletrabalho transnacional, atribuindo respectivamente responsabilidades ao empregado (§ 3º) e ao empregador (§ 4º).

Também outorga às partes a possibilidade de pactuarem a substituição de benefícios por outros equivalentes ou por ajuda de custo indenizatória, na impossibilidade material de fruição de benefícios normativos e contratuais.

Quanto ao foro para reclamação, pretende a inserção do § 4º ao art. 651 da CLT, de sorte a assegurar ao empregado o ajuizamento da ação no foro do estabelecimento da empresa a que o empregado foi vinculado ou sua residência — ambos no Brasil — em caso de alteração do local de teletrabalho. E também o § 5º ao art. 651 da CLT, a fim de assegurar ao empregado em caso de teletrabalho transnacional, o ajuizamento da ação no foro do estabelecimento a que foi vinculado no Brasil.

12.9.3. Projeto de Lei n. 5.581, de 2020

Salvo disposição contratual diversa, prevê a expressa inaplicabilidade da Lei n. 7.064/82 para o teletrabalho transnacional quando o empregado for contra-

(786) Disponível em: <https://www.camara.leg.br/proposicoesWeb/prop_mostrarintegra?codteor=1936282>. Acesso em: 26 set. 2021.

(787) *§ 4º Na hipótese de alteração do local de trabalho que resulte na impossibilidade material de fruição de benefícios normativos e contratuais, as partes poderão pactuar a substituição destes benefícios por outros equivalentes ou por ajuda de custo de natureza indenizatória, enquanto perdurar a impossibilidade.*

tado por empregador constituído, sediado e administrado sob as leis brasileiras, aplicando-se a legislação brasileira, e não sendo devido adicional de transferência em caso de mudança para o exterior ou vice-versa.(788)

12.10. Proteção de dados, Inspeção do auditor fiscal e Multas administrativas

O PL n. 5.581/2020 trata também do respeito à privacidade e proteção de dados, o que de forma aqui muito resumida, consiste na informação ao trabalhador quanto ao monitoramento levado a efeito.

Disciplina igualmente a forma de inspeção por parte do auditor-fiscal do trabalho, condicionando a verificação na casa do teletrabalhador à autorização prévia e expressa deste, consignando que na falta de consentimento para a inspeção, ficará o empregador isento de responsabilidade administrativa.

Também disciplina multas administrativas por infração, no valor de R$ 500,00 (quinhentos reais) por trabalhador prejudicado, elevado ao dobro em caso de reincidência, limitado ao valor máximo de R$ 251.929,36 (duzentos e cinquenta e um mil, novecentos e vinte e nove reais e trinta e seis centavos).

12.11. Dia Nacional do Teletrabalho

12.11.1. Projeto de Lei n. 6.302/2019

O PL n. 6.302/2019, de autoria do Senador Veneziano Vital do Rêgo, pretende instituir o Dia Nacional do Teletrabalho.

Seguindo a mesma data de comemoração do cenário internacional, antes mesmo da pandemia da Covid-19, a proposta tinha por objetivo provocar reflexões sobre os impactos do teletrabalho nas organizações, na sociedade, no mercado de trabalho e no meio familiar, e se encontra desde 20.02.2020 com a relatoria na Comissão de Educação, Cultura e Esporte.(789)

12.12. Proposta de Projeto de Lei

Vistos e relatados pontos julgados cruciais dos projetos de lei apresentados, faz-se uso das propostas que tramitam nas casas legislativas no Brasil, visando:

---

(788) Tal como já exposto, o projeto foi apensado ao PL n. 3.915/2020 e se encontra desde 10.03.2021 na Comissão de Trabalho, Administração e Serviço Público

(789) Disponível em: <https://www25.senado.leg.br/web/atividade/materias/-/materia/140080>. Acesso em: 14 nov. 2021.

a) o reconhecimento da importância e uso das pesquisas e propostas de cada um dos projetos mencionados;

b) a exclusão de pontos já regulamentados pela legislação vigente;

c) a contribuição com experiências de outras nações;

d) alguma conformação, que se julga complementar aos projetos apresentados.

A partir dessa abordagem, propõe-se a criação de uma lei que regulamente o trabalho em ambiente virtual no Brasil. A ideia é mais ampla do que o regime de teletrabalho a distância, na medida em que o direito de desconexão e as relações de trabalho nas redes sociais também devem ser regrados, e estes não ficam restritos ao teletrabalho, mas alcançam todo o ambiente virtual e suas relações.

Seguindo essa ótica, passa-se à sistematização da proposta de regulamentação do trabalho em ambiente virtual, dividido em três seções, na seguinte ordem: (i) Teletrabalho; (ii) Direito de Desconexão; (iii) Preservação da Higidez do Ambiente de Trabalho nas Relações Virtuais.

TÍTULO I — TELETRABALHO

Capítulo I — Política Programática de Incentivo ao Teletrabalho

Considerando que:

a) o PL n. 4.505/2008 faz a menção ao acordo sobre o teletrabalho, elaborado pela Comissão Europeia de Modernização das Relações de Emprego, assinado em Bruxelas, em 2002, que definiu que os países-membros deveriam encorajar o desenvolvimento do teletrabalho, em suas diversas formas, visando a melhoria da qualidade dos empregos;

b) o PL n. 4.505/2008 reconhece que a "crescente preocupação com a qualidade de vida justifica uma série de medidas de adaptação dos trabalhos tradicionais ao mundo moderno";

c) o PL n. 4.505/2008, por meio do seu art. 3º aloca o teletrabalho como instrumento para aumento dos índices de emprego, assim como meio de inserção de trabalhadores com capacidade física reduzida e estímulo ao crescimento econômico eco-compatível;

d) o PL n. 4.505/2008, por meio do seu art. 4º trata de política programática do Estado, no sentido de:

> "a) estimular a criação de postos de teletrabalho; b) potencializar a competitividade industrial incentivando a adoção do teletrabalho nas empresas privadas e na Administração Pública; c) aumentar a capacitação profissional dos trabalhadores via mecanismos tradicionais e mecanismos de formação; d) promover novas formas de organização do trabalho baseadas no teletrabalho nos setores privado e público."

e) o PL n. 4.505/2008 reconhece que o teletrabalho pode ser desempenhado em domicílio, centros satélites ou sob forma de trabalho móvel;

f) o PL n. 4.505/2008 por meio do seu art. 2º, conceitua telecentros, como

> [...] "edificações idealizadas para o teletrabalho, dotadas de aparelhos de informática e de telecomunicação, e destinadas à utilização pelos empregados de uma ou várias empresas ou pelos trabalhadores autônomos classificados como teletrabalhadores, não sendo considerados locais de trabalho regulares."

g) o PL n. 4.505/2008, por meio do seu art. 1º, ao conceituar o teletrabalho,(790) o faz não só tratando de empregador e empregado, mas também inserindo o cliente e o autônomo, o que se revela acertado já que o regime de teletrabalho subordinado é apenas uma das formas de trabalho a distância;

h) o PL n. 274/2013 trata da intenção de que o trabalho seja prestado em diversos locais descentralizados em instalações compartilhadas por empregadores diversos, inclusive por autônomos, nos telecentros e nos *telecottages* (telecentros localizados em área rural);

i) o PLS n. 274/2013, na forma da proposta para o art. 350-D, § 1º, conceitua centro de teletrabalho, considerando como tal, em síntese, o estabelecimento público ou privado, dotado de estrutura de informática e telecomunicações destinado à utilização de teletrabalhadores vinculados a um ou mais empregadores;

j) o PLS n. 274/2013 reconhece que diversas atividades administrativas, sobretudo no setor de serviços, podem ser desenvolvidas de forma não presencial;

k) o PLS n. 274/2013 reconhece que o teletrabalho permite redução de custos do empregador, e confere possibilidade de auto-gestão do empregado no que se refere à rotina de trabalho;

l) o teletrabalho permite a maior inserção no mercado de trabalho para as pessoas que mantêm sob os seus cuidados familiar enfermo ou de idade avançada;

---

(790) Projeto de Lei n. 4.505/2008: Art. 1º Para os fins desta Lei, entende-se como teletrabalho todas as formas de trabalho desenvolvidas sob controle de um empregador ou para um cliente, por um empregado ou trabalhador autônomo de forma regular e por uma cota superior a quarenta por cento do tempo de trabalho em um ou mais lugares diversos do local de trabalho regular, sendo utilizadas para realização das atividades laborativas tecnologias informáticas e de telecomunicações. Parágrafo único. Entende-se por local de trabalho regular a sede da empresa ou qualquer outro local onde normalmente ocorre a produção e/ou são normalmente esperados os resultados do exercício laborativo. Disponível em: <http://www.camara.gov.br/proposicoesWeb/fichadetramitacao?idProposicao=420890>. Acesso em: 3 dez.2017.

m) o teletrabalho pode facilitar a inserção no mercado de trabalho de pessoas que sofrem qualquer tipo de discriminação;

n) o teletrabalho tem condições de estimular o desenvolvimento de regiões menos favorecidas;

o) o teletrabalho tende a diminuir o fluxo migratório para as grandes metrópoles;

p) o teletrabalho tem potencial para diminuir o fluxo de carros e pessoas nas cidades grandes;

q) o Real Decreto-ley n. 3/2012, em Espanha, trata de medidas urgentes para a reforma do mercado de trabalho, prevendo o teletrabalho em sua seção III, o reconhecendo como forma de organização de trabalho que se encaixa perfeitamente no modelo produtivo e econômico que objetiva, ao favorecer a flexibilidade das empresas na organização do trabalho, incrementar as oportunidades de emprego e otimizar a relação entre tempo de trabalho e vida pessoal e familiar.[791] Segundo consta do Real Decreto-ley n. 3/2012, 99,23% dos trabalhadores atuam em empresas com até 50 empregados,[792] de sorte que a Espanha procurou utilizar o regime de teletrabalho e de contrato em tempo parcial para efeito de estimular a contratação nas empresas com até 50 empregados, estabelecendo uma dedução fiscal;

r) o Decreto n. 37.695-MP-MTSS de 2013, em Costa Rica, regula o teletrabalho no serviço público, como instrumento apto a promover a modernização das organizações, a inserção laboral, a redução de gasto nas instituições públicas, o incremento da produtividade do funcionário, a economia de combustíveis, a proteção do meio ambiente e favorecimento da conciliação de vida pessoal, familiar e laboral, mediante a utilização de tecnologias da informação e as comunicações;[793]

---

(791) *El deseo de promover nuevas formas de desarrollar la actividad laboral hace que dentro de esta reforma se busque también dar cabida, con garantías, al teletrabajo: una particular forma de organización del trabajo que encaja perfectamente en el modelo productivo y económico que se persigue, al favorecer la flexibilidad de las empresas en la organización del trabajo, incrementar las oportunidades de empleo y optimizar la relación entre tiempo de trabajo y vida personal y familiar. Se modifica, por ello, la ordenación del tradicional trabajo a domicilio, para dar acogida, mediante una regulación equilibrada de derechos y obligaciones, al trabajo a distancia basado en el uso intensivo de las nuevas tecnologías.* ESPANHA. *Agencia Estatal Boletín Oficial del Estado.* Disponível em: <https://www.boe.es/buscar/act.php?id=BOE-A-2012-2076>. Acesso em: 7 nov. 2017.

(792) Disponível em: <https://www.boe.es/buscar/act.php?id=BOE-A-2012-2076)>. Acesso em: 7 nov. 2017.

(793) *Tiene por objeto promover y regular el teletrabajo en las instituciones del Estado, como instrumento para promover la modernización de las organizaciones, la inserción laboral, reducir el gasto en las Instituciones* Públicas, incrementar *la productividad del funcionario, el ahorro de com-*

s) Segundo o considerando V do Decreto n. 37.695, a nova regulamentação do teletrabalho atende ao Plano Nacional de Desenvolvimento e Inovação costa-riquenho, que apresenta como ações transversais, a promoção e a melhora do capital humano e dos processos de trabalho, por meio da utilização de ferramentas tecnológicas, com o escopo de alcançar uma sociedade mais igualitária e inclusiva, e um país com índices de produtividade crescentes.[794] O que daí se percebe é o reconhecimento do teletrabalho naquele país como instrumento de concretização do projeto de uma sociedade inclusiva, igualitária, e com produtividade crescente;

t) O *PROPET — Programa de Promocion del Empleo en Teletrabajo*[795], em Argentina, elenca dentre os seus objetivos, a melhora da empregabilidade dos teletrabalhadores e o aumento da produtividade das empresas;[796]

u) em Portugal, o teletrabalho chega a figurar como direito do trabalhador,[797] sendo uma das hipóteses relativas ao empregado que tem filho com

---

bustibles, la protección del mdio ambiente y favorecer la conciliación de la vida personal, familiar y laboral, mediante la utilización de tecnologías de la información y las comunicaciones (TIC's). Disponível em: <http://www.ilo.org/dyn/natlex/natlex4.detail?p_lang=en&p_isn=94875&p_country=CRI&p_count=482>. Acesso em: 3 dez. 2017.

(794) V — *Que el Plan Nacional de Desarrollo 2011-2014 "María Teresa Obregón Zamora", establece cuatro pilares fundamentales o ejes de gestión, que servirán de marco orientador en el quehacer del Gobierno de la República, a saber: Bienestar Social, Seguridad Ciudadana y Paz Social, Ambiente y Ordenamiento Territorial y Competitividad e Innovación. Dentro de esta propuesta de gestión* pública, se *identifican metas programáticas por sectores de actividad, como acciones transversales la promoción y el mejoramiento del capital humano y los procesos de trabajo, por medio de la utilización de herramientas tecnológicas, a fin de lograr una sociedad* más solidaria e inclusiva, y *un país con índices de productividad crecientes.* Disponível em: <http://cite.gov.pt/asstscite/downloads/legislacao/CT25092017.pdf#page=64>. Acesso em: 15 nov. 2017.

(795) ARGENTINA. *Resolución 595/2013.* Disponível em: <http://www.trabajo.gob.ar/downloads/teletrabajo/res_595-2013_PROPET.pdf>. Acesso em: 3 dez. 2017.

(796) *Que asimismo, el citado Programa tendrá los siguientes objetivos específicos: 1) impulsar la implementación de plataformas de teletrabajo en el sector privado, que posibiliten identificar dificultades prácticas y/o normativas, recogiendo diferentes experiencias de manera de difundir las buenas prácticas; 2) evaluar el impacto del teletrabajo en las relaciones laborales del sector privado, en las posibilidades de inserción socio-laboral y de mejora de la empleabilidad de los teletrabajadores, y en el aumento de la productividad de las empresas, y 3) promover, monitorear y propiciar la generación de condiciones de trabajo decente para los teletrabajadores.* Disponível em: <http://www.trabajo.gob.ar/downloads/teletrabajo/res_595-2013_PROPET.pdf>. Acesso em: 12 nov. 2017.

(797) Art. 166º Regime de contrato para prestação subordinada de teletrabalho. 1 — Pode exercer a atividade em regime de teletrabalho um trabalhador da empresa ou outro admitido para o efeito, mediante a celebração de contrato para prestação subordinada de teletrabalho. 2 — Verificadas as condições previstas no n. 1 do art. 195º, o trabalhador tem direito a passar a exercer a atividade em regime de teletrabalho, quando este seja compatível com a atividade desempenhada. 3 — Além das situações referidas no número anterior, o trabalhador com filho com idade até 3 anos tem direito a exercer a atividade em regime de teletrabalho, quando este seja compatível com a atividade desempenhada e a entidade patronal disponha de recursos e meios para o efeito. 4 — O empregador não pode opor-se ao pedido do trabalhador nos termos dos números anteriores. 5 — Omissis. Disponível em: <http://cite.gov.pt/asstscite/downloads/legislacao/CT25092017.pdf#page=64>. Acesso em: 15 nov. 2017.

idade de até 3 anos — que possui o direito a exercer a atividade em regime de teletrabalho, quando este seja compatível com a atividade desempenhada e a entidade patronal disponha de recursos e meios para tanto.

Propõe-se, a exemplo de diversos países, tais como Costa Rica, Argentina e Espanha, a criação de uma Política de Incentivo para o Teletrabalho, que deve consistir basicamente em:

1) estímulo de recursos concedidos pela União para que os Estados incentivem os Municípios à criação de telecentros compartilhados de trabalho;

2) estímulo de recursos dos Estados para que os municípios invistam em telecentros compartilhados de trabalho;

3) estímulo mediante isenções e/ou redução de tributação dos municípios para que o setor privado invista na formação de telecentros compartilhados de trabalho;

4) estímulo da União, para as empresas mediante redução de encargos, em proporção a figurar em texto legislativo, se estas instituírem o regime de teletrabalho, ainda que de forma híbrida, em percentual que atinja ao menos 20% do seu quadro diário de empregados;

5) estímulo da União, mediante redução de encargos, para todas as empresas que permitirem o regime de teletrabalho previsto pelo título II-A da CLT, quando dos retornos de licença-maternidade, paternidade ou adoção, enquanto durar o regime de trabalho a distância, limitado a um ano, a exclusivo critério da empresa, em percentual a ser estabelecido em texto legislativo;

6) os estímulos de redução de encargos propostos nos itens 4 e 5 supra são aplicados exclusivamente no que diz respeito aos empregados envolvidos no regime de trabalho a distância de que trata o art. 75-A da CLT, ainda que de forma híbrida.

Justifica-se que as economias geradas para a sociedade em razão da inserção do regime de teletrabalho suportam a diminuição de recolhimento de encargos mencionados nos itens 4 a 6, ou outros estímulos de que tratam os itens 1 a 3.

Capítulo II — Regramento complementar para o Teletrabalho

Seção I — Conceito de teletrabalho

Para efeitos de enquadramento no plano jurídico trabalhista nacional, não se considera regime de teletrabalho quando em organização descentralizada montada e gerida pelo empregador, nem em atividade externa, assim como na hipótese de o trabalho não ser preponderantemente a distância.

O fato de a atividade laborativa ser prestada por meio da telemática, de forma descentralizada em percentual inferior à realizada presencialmente na sede da empresa, não faz com que deixe de configurar teletrabalho. Com efeito, o trabalho realizado duas vezes por semana a distância (v.g.) também merece regras próprias à medida em que na acepção técnica se estará em regime de teletrabalho, em que pese o legislador assim não o enquadre.

Melhor teria sido se o legislador reformista tivesse enunciado que não se aplica a regra do art. 62, III da CLT quando o regime de teletrabalho não for preponderante, mantendo a aplicabilidade do restante do capítulo II-A da CLT.

A proposição é, pois, no sentido de caracterizar teletrabalho sempre que a atividade seja exercida de forma descentralizada, por meio da telemática. Claro que, se o teletrabalho não for preponderante, inexistirá a isenção do controle de jornada.

A título meramente exemplificativo, nota-se que a recente Lei n. 21.220, editada no Chile durante a pandemia da Covid-19, contempla expressamente o teletrabalho em caráter total ou parcial, consoante se extrai do seu art. 152-G e 152-, Quáter K, 1.[(798)]

O PL n. 5.581/2020, por meio do seu art. 1º, propõe a alteração do conceito de teletrabalho do art. 75-B da CLT, mediante a exclusão do vocábulo "preponderantemente", de sorte que qualquer trabalho a distância por meio da telemática seja reconhecido como teletrabalho, tanto que insere o inciso II no art. 75-C da CLT, de tal arte a que o contrato contemple se a prestação de serviços será total ou parcial na modalidade de teletrabalho.

Nessa esteira, propõe-se nova redação ao art. 75-B da CLT, além da conversão do Parágrafo único em § 1º e criação do § 2º, com o que a redação na CLT ficaria nos seguintes termos:

> **Art. 75-B.** Considera-se teletrabalho a prestação de serviços fora das dependências do empregador, com a utilização de tecnologias de informação e de comunicação que, por sua natureza, não se constituam como trabalho externo.
>
> § **1º** O comparecimento às dependências do empregador para a realização de atividades específicas que exijam a presença do empregado no estabelecimento não descaracteriza o regime de teletrabalho.
>
> **§ 2º Não se aplica a regra do art. 62, inciso III da CLT se o regime de teletrabalho não for preponderante, ou houver determinação pelo empregador de cumprimento de horários certos e determinados.**

---

(798) *1. Indicación expresa de que las partes han acordado la modalidad de trabajo a distancia o teletrabajo, especificando si será de forma total o parcial y, en este último caso, la fórmula de combinación entre trabajo presencial y trabajo a distancia o teletrabajo.* Disponível em: <https://www.bcn.cl/leychile/navegar?idNorma=1143741>. Acesso em: 24 out. 2021.

Seção II — Cláusula de Reversibilidade

É recomendável que o regime de teletrabalho seja ajustado mediante cláusula de reversibilidade, a fim de verificar as condições de adaptação do trabalhador, servindo de paradigmas:

a) *PROPET — Programa de Promocion del Empleo en Teletrabajo*(799) de adesão voluntária das empresas argentinas;(800)

b) a legislação colombiana, que garante ao trabalhador o direito a retornar ao trabalho presencial a qualquer momento, caso passe a laborar no modelo de trabalho a distância;(801)

c) o Decreto n. 37.695-MPT-MTSS, em Costa Rica, que prevê o retorno do servidor ao trabalho presencial em qualquer tempo;(802)

d) Código do Trabalho de Portugal, que prevê a reversão nos 30 primeiros dias de execução do trabalho a distância;(803)

e) também a Resolução Administrativa n. 1.499/2012 do TST, em seus arts. 13 e 14 que permite, em âmbito interno, a reversibilidade do regime de teletrabalho para o presencial a qualquer tempo.

---

(799) ARGENTINA. *Resolución 595/2013*. Disponível em: <http://www.trabajo.gob.ar/downloads/teletrabajo/res_595-2013_PROPET.pdf>. Acesso em: 3 dez. 2017.

(800) Tal programa, criado em 2007, gerou inclusive o *Manual de Buenas Práticas en Teletrabajo*. Disponível em: <http://www.ilo.org/wcmsp5/groups/public/—americas/—ro-lima/—ilobuenos_aires/documents/publication/wcms_bai_pub_143.pdf>. Acesso em: 20 jul. 2017.

(801) 10. *La vinculación a través del teletrabajo es voluntaria, tanto para el empleador como para el trabajador. Los trabajadores que actualmente realicen su trabajo en las instalaciones del empleador, y pasen a ser teletrabajadores, conservan el derecho de solicitar en cualquier momento, volver a la actividad laboral convencional.* Disponível em: <https://www.mintic.gov.co/portal/604/articles-3703_documento.pdf>. Acesso em: 20 jul. 2017.

(802) e) *La incorporación a la modalidad del teletrabajo es voluntaria por parte del servidor. La institución tiene la potestad para otorgar y revocar la modalidad de teletrabajo, cuando así lo considere conveniente y con fundamento en las políticas y lineamientos emitidos al efecto. El teletrabajador, siempre y cuando se siga un procedimiento elaborado al efecto, tiene el derecho para solicitar la restitución a su condición laboral habitual.* Disponível em: <http://www.ilo.org/dyn/natlex/docs/ELECTRONIC/94875/111506/F313548990/CRI94875.pdf>. Acesso em: 20 jul. 2017.

(803) Código do Trabalho. Art. 167º Regime no caso de trabalhador anteriormente vinculado ao empregador. 1 — No caso de trabalhador anteriormente vinculado ao empregador, a duração inicial do contrato para prestação subordinada de teletrabalho não pode exceder três anos, ou o prazo estabelecido em instrumento de regulamentação coletiva de trabalho. 2 — Qualquer das partes pode denunciar o contrato referido no número anterior durante os primeiros 30 dias da sua execução. 3 — Cessando o contrato para prestação subordinada de teletrabalho, o trabalhador retoma a prestação de trabalho, nos termos acordados ou nos previstos em instrumento de regulamentação coletiva de trabalho. 4 — Constitui contraordenação grave a violação do disposto no número anterior. Disponível em: <http://cite.gov.pt/asstscite/downloads/legislacao/CT25092017.pdf#page=64>. Acesso em: 15 nov. 2017.

Assim, e considerando que o art. 75-C, § 2º da CLT já prevê o retorno por convocação do empregador — não deixando de observar que o retorno ao trabalho presencial a qualquer tempo pode não ser viável — propõe-se o estabelecimento de um prazo de experiência de 60 dias, dentro do qual o empregado também poderá solicitar o retorno ao trabalho presencial, sem a necessidade de concordância por parte do empregador.

A proposta é de inserção do § 3º ao art. 75-C da CLT, com a seguinte redação:

> Art. 75-C, § 3º. Quando não contratado inicialmente em regime de teletrabalho, dentro do período de 60 dias, tido como de experiência para a inserção do regime de trabalho a distância, poderá o empregado solicitar o retorno ao regime presencial, na hipótese de não ter se adaptado ao regime de teletrabalho, tendo o empregador o prazo de 15 dias para reinserção do empregado nas atividades presenciais, mediante correspondente aditivo contratual.

Seção III — Ônus da Atividade

A redação do art. 75-D da CLT não impõe claramente ao empregador a responsabilidade pelo custeamento da aquisição e manutenção dos equipamentos tecnológicos e da infraestrutura necessária e adequada à prestação do trabalho remoto.

O ônus da atividade — forte no princípio da alteridade previsto no art. 2º da CLT — não deve ser repassado ao empregado, de modo que o dispositivo legal teria sido mais coerente se obrigasse ao empregador o custeamento da aquisição e manutenção dos equipamentos tecnológicos e da infraestrutura necessária e adequada à prestação do trabalho remoto.

O PL n. 4.505/2008, por meio do seu art. 7º, alínea "d" trata da prestação de contas quanto aos gastos ordinários e extraordinários decorrentes do exercício do trabalho.

No mesmo sentido, os Projetos de Lei ns. 2.251, 3.915, 4.831 e 5.581. Este último, por sinal remete à negociação coletiva a regulamentação quando se trata do trabalho híbrido.

Como paradigmas, pode-se citar:

a) a Recomendação n. 184 da OIT, que trata do trabalho em domicílio, não necessariamente em regime de teletrabalho;[(804)]

b) a Lei Orgânica do Trabalho, em Venezuela, ao tratar do trabalho em domicílio (não necessariamente em regime de teletrabalho);[(805)]

---

(804) 16. *Los trabajadores a domicilio deberían percibir una compensación por: (a) los gastos relacionados con su trabajo, como los relativos al consumo de energía y de agua, las comunicaciones y el mantenimiento de máquinas y equipos; (b) el tiempo dedicado al mantenimiento de máquinas y equipos, al cambio de herramientas, a la clasificación, al embalaje y desembalaje y a otras operaciones similares.*

(805) *Artículo 213. Compensaciones por gastos conexos. El patrono o patrona deberá pagar a los trabajadores y trabajadoras a domicilio, compensaciones por los gastos relacionados con su traba-*

c) o *PROPET — Programa de Promocion del Empleo en Teletrabajo,* na Argentina;[(806)]

d) a Lei n. 1.221, de 2008,[(807)] em Colômbia.

Destarte, propõe-se nova redação para o art. 75-D, §§ 1º e 2º, nos seguintes termos:

> Art. 75-D. [...]
>
> **§ 1º É do empregador o ônus de custeamento das despesas relacionadas no *caput*, sendo que** as utilidades **ali** mencionadas não integram a remuneração do empregado.
>
> § 2º Negociação coletiva poderá disciplinar regra diversa quanto ao custeamento da atividade quando do teletrabalho em regime híbrido.

Seção IV — Doenças e Acidentes

O art. 75-E da CLT determina que o empregador deverá instruir os empregados, de maneira expressa e ostensiva, quanto às precauções a tomar a fim de evitar doenças e acidentes de trabalho, ao passo que o parágrafo único do mesmo artigo prega que o empregado deverá assinar termo de responsabilidade comprometendo-se a seguir as instruções fornecidas pelo empregador.

Como se nota, a disposição legal é pobre diante da importância que se deve dar à prevenção no que tange às enfermidades decorrentes do trabalho, mormente quando longe da fiscalização do empregador.

Faz-se cogente, pois, a adoção de regras expressas que vinculem o empregador ao cumprimento de normas mínimas.

Igualmente necessária a limitação do direito à privacidade e intimidade do trabalhador, a fim de que o ambiente de trabalho possa ser fiscalizado, adotando-se como paradigmas:

---

jo, como los relativos a consumo de servicios públicos y *mantenimiento de máquinas y equipos de trabajo.* Disponível em: <http://adm-asecon.com.ve/normativas/leyorganicadeltrabajo.pdf>. Acesso em: 20 jul. 2017.

(806) 9. *Compensación por gastos: "LA EMPRESA" se compromete a compensar al TELETRABAJADOR por eventuales gastos que pudiere incurrir en ocasión del Teletrabajo, el mismo será proporcional al tiempo teletrabajado en el mes. Esta compensación será asimismo actualizable en similar proporción a los aumentos salariales colectivamente acordados en el sector de actividad y/o Empresa el que resulte aplicable.* Disponível em: <http://www.trabajo.gob.ar/downloads/teletrabajo/res_595-2013_PROPET.pdf>.

(807) 7. *Los empleadores deberán proveer y garantizar el mantenimiento de los equipos de los teletrabajadores, conexiones, programas, valor de la energía, desplazamientos ordenados por él, necesarios para desempeñar sus funciones.* Disponível em: <https://www.mintic.gov.co/portal/604/articles-3703_documento.pdf>. Acesso em: 20 jul. 2017.

a) a Recomendação n. 184 da OIT, em especial em sua parte III, item 8, que disciplina na medida em que seja compatível com a legislação nacional e as práticas nacionais relativas à vida privada, que os inspetores do trabalho ou outros funcionários encarregados de velar pela aplicação das disposições que regem o trabalho em domicílio, deverão estar autorizados a entrar nos cômodos do domicílio ou outro local privado em que se preste o trabalho.(808)

b) O número 22 da Recomendação n. 184 (2) faz referência à presença do inspetor do trabalho ou outro encarregado da segurança no domicílio do empregado.(809)

c) o *PROPET — Programa de Promocion del Empleo en Teletrabajo*, em Argentina, cuida da elaboração de manual básico de segurança e higiene do trabalho, assim como prevê visitas para verificação das condições do trabalho;

d) Em Colômbia, a Lei n. 1.221, de 2008, art. 6º (9) prevê que o empregador deve tutelar o posto de trabalho do teletrabalhador em conformidade com os programas de saúde ocupacional, e ainda assim contar com uma rede de atendimento emergencial na hipótese de acidente ou enfermidade na execução do trabalho.(810)

e) Em Costa Rica, o Decreto n. 3.7695-MP-MTSS também prevê o acesso ao local de desenvolvimento da atividade, mesmo que na casa do servidor para inspeções relativas à ergonomia, segurança e higiene do posto de teletrabalho, mediante prévia notificação e conhecimento do servidor.(811)

Observa-se ainda que o PL n. 274/2013, na forma da redação proposta para o art. 350-F(812) trata de o dever do empregador informar as diretrizes de segurança e

---

(808) 8. *En la medida en que sea compatible con la legislación y la práctica nacionales relativas al respeto de la vida privada, los inspectores de trabajo u otros funcionarios encargados de velar por la aplicación de las disposiciones que rigen el trabajo a domicilio deberían estar autorizados a entrar en las partes del domicilio o de otro local privado en las que se realiza ese trabajo.*

(809) 22. (1) *El trabajador a domicilio que se niegue a realizar un trabajo respecto del cual tenga motivos razonables para considerar que presenta un peligro inminente y grave para su seguridad o su salud, debería ser protegido de las consecuencias indebidas de un modo compatible con la legislación y las condiciones nacionales. El trabajador debería informar cuanto antes al empleador acerca de la situación. (2) En caso de peligro inminente y grave para la seguridad o la salud del trabajador a domicilio, de su familia o del público, constatado por un inspector del trabajo u otro funcionario encargado de la seguridad, debería prohibirse la continuación del trabajo hasta que se adopten las medidas apropiadas para remediar la situación.*

(810) 9. *El empleador, debe contemplar el puesto de trabajo del teletrabajador dentro de los planes y programas de salud ocupacional, así mismo debe contar con una red de atención de urgencias en caso de presentarse un accidente o enfermedad del teletrabajador cuando esté trabajando.* Disponível em: <https://www.mintic.gov.co/portal/604/articles-3703_documento.pdf>. Acesso em: 14 nov. 2017.

(811) Disponível em: <http://www.ilo.org/dyn/natlex/docs/ELECTRONIC/94875/111506/F313548990/CRI94875.pdf>. Acesso em: 14 nov. 2017.

(812) PL n. 274/2013: Art. 350-F. É dever do empregador informar o empregado das diretrizes de segurança, higiene e saúde do trabalho aplicáveis — observadas as normas regulamentadoras esta-

saúde do trabalho aplicáveis, observadas as normas regulamentadoras, e na forma do inciso I, pode fiscalizar por iniciativa própria ou do empregado, as instalações e condições de trabalho dos telecentros, e na forma do inciso II, fiscalizar as condições de trabalho no domicílio do empregado, se for o caso, desde que com a anuência deste e mediante prévia notificação.

Cabe especial menção ainda ao PL n. 5.581/2020, que trata da avaliação pelo empregador do local de teletrabalho, por meio remoto ou presencial, com autorização do empregado neste último, quando necessário para execução dos programas de saúde e segurança no trabalho, assim como a isenção de responsabilidade do empregador, se identificada a necessidade de inspeção, no entanto houver recusa do teletrabalhador.

Propõe-se, pois, a transformação do atual parágrafo único do art. 75-E da CLT em § 1º, e a inserção dos §§ 2º a 6º, ficando a redação nos seguintes moldes:

> **Art. 75-E.** O empregador deverá instruir os empregados, de maneira expressa e ostensiva, quanto às precauções a tomar a fim de evitar doenças e acidentes de trabalho.
>
> § 1º O empregado deverá assinar termo de responsabilidade comprometendo-se a seguir as instruções fornecidas pelo empregador.
>
> **§ 2º O regime de teletrabalho não isenta o empregador de cumprir com as normas de saúde e segurança do trabalho, em especial normas regulamentadoras do Ministério do Trabalho e Emprego, e em conformidade com o PMCSO e PPRA da empresa, adequados ao posto de trabalho efetivamente ocupado pelo empregado.**
>
> **§ 3º O exame ocupacional, de que trata a NR-07, deverá ser realizado a cada seis meses, ou antes disso, na hipótese de norma regulamentadora do Ministério do Trabalho e Emprego, PPRA ou PCMSO prever em período inferior.**
>
> **§ 4º O empregador poderá fiscalizar o ambiente de trabalho, ainda que em domicílio do empregado, mediante comunicado com antecedência mínima de dois dias úteis, indicando dia e horário da visita.**
>
> **§ 5º A fiscalização do ambiente de que trata o § 4º poderá ocorrer, a exclusivo critério da empresa, por meio virtual, sempre respeitada a privacidade e intimidade do trabalhador.**
>
> **§ 6º A recusa do empregado à fiscalização prevista pelo §§ 4º e 5º isenta o empregador de responsabilidade por doenças e/ou acidentes decorrentes da atividade exercida em teletrabalho.**

---

belecidas pelo Ministério do Trabalho e Emprego — e fiscalizar seu cumprimento, sem prejuízo da atuação das autoridades competentes, podendo, para tanto: I — fiscalizar, por iniciativa própria ou do empregado, as instalações e condições de trabalho dos centros de teletrabalho; II — fiscalizar as condições de trabalho no domicílio do empregado, se for o caso, desde que com a anuência deste e mediante prévia notificação. Disponível em: <https://www25.senado.leg.br/web/atividade/materias/-/materia/113558>. Acesso em: 10 nov. 2017.

Seção V — Não discriminação e Capacitação

O PL n. 274/2013, na forma da proposta para o art. 350-G da CLT[813] veda qualquer forma de discriminação do teletrabalhador, mormente no que se refere a treinamento profissional, oportunidades de desenvolvimento na carreira e aos direitos de filiação e participação sindical.

O PL n. 4.505/2008, na forma do seu art. 6º, demonstra preocupação com a filiação sindical, negociação coletiva, garantia à não discriminação e acesso à qualificação e informação profissionais.[814]

O PL n. 4.505/2008, em seu art. 6º contempla a previsão de faltas por doença, o que por evidente pode ocorrer com o teletrabalhador ainda que ausente controle de jornada, assim como outras licenças previstas na CLT.

Os riscos de discriminação no desenvolvimento da carreira de quem trabalha a distância, assim como os perigos de não observância de direitos mínimos são consideráveis, mormente em cenário de Quarta Revolução Industrial onde as tecnologias se renovam em velocidade exponencial.

A automação, a robótica e a inteligência artificial devem atuar como aliadas do homem, não lhe tolhindo o trabalho, mas tornando-o mais humano, sendo imprescindível a qualificação do trabalhador para uso das novas tecnologias.

Como paradigma estrangeiro, em Costa Rica, o art. 10 do Decreto n. 37.695-MP-MTSS prevê a capacitação e formação dos funcionários das instituições participantes do programa de teletrabalho, atribuindo à Comissão Nacional de Teletrabalho a coordenação das ações de capacitação e formação.[815]

---

(813) PL n. 274/2013: Art. 350-G É vedada qualquer forma de discriminação do empregado em regime de teletrabalho, especialmente no tocante a treinamento profissional, a oportunidades de desenvolvimento na carreira e aos direitos de filiação e participação sindical. Parágrafo único. São garantidos os direitos sindicais do empregado, sendo vedado obstar seu exercício por meio de vinculação a estabelecimento do empregador que, em razão da distância ou de qualquer outro motivo, torne impossível a filiação ou participação do empregado em sindicato.

(814) PL n. 4.505: Art. 6º São direitos do empregado teletrabalhador: a) igualdade de tratamento no que diz respeito à filiação sindical, participação na negociação coletiva, proteção à saúde, segurança social e estabilidade no emprego, além da garantia à não discriminação e acesso à qualificação e informação profissionais; b) proteção ao salário, férias e sua respectiva remuneração, gozo de feriados, licenças previstas na CLT e faltas por doença; c) segurança, higiene e saúde no trabalho observadas as disposições do art. 7º; d) ressarcimento dos gastos extraordinários decorrentes das funções inerentes ao teletrabalho e não previstos na remuneração, observadas as disposições do art. 7º. Parágrafo único. Em razão do caráter de controle de jornada aberta e, via de regra, de forma virtual, aos empregados teletrabalhadores não será contemplado o direito às horas extras, devendo a remuneração ajustar-se às horas normais de trabalho. Disponível em: <http://www.camara.gov.br/proposicoesWeb/fichadetramitacao?idProposicao=420890>. Acesso em: 3 dez. 2017.

(815) *Artículo 10. Capacitación y formación: La Comisión Nacional de Teletrabajo será el* órgano *responsable de coordinar las acciones de capacitación y formación de personal, para la implementa-*

O Código do Trabalho de Portugal serve de importante modelo já que demonstra preocupação com a formação do trabalhador, consoante se infere de amplo quadro normativo constante da Subsecção II, arts. 130 a 134.[(816)] A seu turno, o art. 169º (1)

---

ción de los programas de teletrabajo en las instituciones y organismos públicos. Los jerarcas de las instituciones del Estado facilitarán la participación de sus funcionarios en los eventos formativos y de capacitación que programe la Comisión antes citada, y tomarán las previsiones presupuestarias necesarias correspondientes. Asimismo le indicará a la Comisión Nacional de Teletrabajo el enlace institucional que nombre para la coordinación respectiva. Disponível em: <http://www.ilo.org/dyn/natlex/docs/ELECTRONIC/94875/111506/F313548990/CRI94875.pdf>. Acesso em: 3 dez. 2017.

(816) SUBSECÇÃO II Formação profissional. Art. 130º Objetivos da formação profissional. São objetivos da formação profissional: a) Proporcionar qualificação inicial a jovem que ingresse no mercado de trabalho sem essa qualificação; b) Assegurar a formação contínua dos trabalhadores da empresa; c) Promover a qualificação ou reconversão profissional de trabalhador em risco de desemprego; d) Promover a reabilitação profissional de trabalhador com deficiência, em particular daquele cuja incapacidade resulta de acidente de trabalho; e) Promover a integração socioprofissional de trabalhador pertencente a grupo com particulares dificuldades de inserção. Art. 131º Formação contínua. 1 — No âmbito da formação contínua, o empregador deve: a) Promover o desenvolvimento e a adequação da qualificação do trabalhador, tendo em vista melhorar a sua empregabilidade e aumentar a produtividade e a competitividade da empresa; b) Assegurar a cada trabalhador o direito individual à formação, através de um número mínimo anual de horas de formação, mediante ações desenvolvidas na empresa ou a concessão de tempo para frequência de formação por iniciativa do trabalhador; c) Organizar a formação na empresa, estruturando planos de formação anuais ou plurianuais e, relativamente a estes, assegurar o direito a informação e consulta dos trabalhadores e dos seus representantes; d) Reconhecer e valorizar a qualificação adquirida pelo trabalhador. 2 — O trabalhador tem direito, em cada ano, a um número mínimo de trinta e cinco horas de formação contínua ou, sendo contratado a termo por período igual ou superior a três meses, um número mínimo de horas proporcional à duração do contrato nesse ano. 3 — A formação referida no número anterior pode ser desenvolvida pelo empregador, por entidade formadora certificada para o efeito ou por estabelecimento de ensino reconhecido pelo ministério competente e dá lugar à emissão de certificado e a registo na Caderneta Individual de Competências nos termos do regime jurídico do Sistema Nacional de Qualificações. 4 — Para efeito de cumprimento do disposto no n. 2, são consideradas as horas de dispensa de trabalho para frequência de aulas e de faltas para prestação de provas de avaliação, ao abrigo do regime de trabalhador-estudante, bem como as ausências a que haja lugar no âmbito de processo de reconhecimento, validação e certificação de competências. 5 — O empregador deve assegurar, em cada ano, formação contínua a pelo menos 10% dos trabalhadores da empresa. 6 — O empregador pode antecipar até dois anos ou, desde que o plano de formação o preveja, diferir por igual período, a efetivação da formação anual a que se refere o n. 2, imputando-se a formação realizada ao cumprimento da obrigação mais antiga. 7 — O período de antecipação a que se refere o número anterior é de cinco anos no caso de frequência de processo de reconhecimento, validação e certificação de competências, ou de formação que confira dupla certificação. 8 — A formação contínua que seja assegurada pelo utilizador ou pelo cessionário, no caso de, respetivamente, trabalho temporário ou cedência ocasional de trabalhador, exonera o empregador, podendo haver lugar a compensação por parte deste em termos a acordar. 9 — O disposto na lei em matéria de formação contínua pode ser adaptado por convenção coletiva que tenha em conta as características do setor de atividade, a qualificação dos trabalhadores e a dimensão da empresa. 10 — Constitui contraordenação grave a violação do disposto nos ns. 1, 2 ou 5. Art. 132º Crédito de horas e subsídio para formação contínua. 1 — As horas de formação previstas no n. 2 do artigo anterior, que não sejam asseguradas pelo empregador até ao termo dos dois anos posteriores ao seu vencimento, transformam-se em crédito de horas em igual número para formação por iniciativa do

do Código do Trabalho de Portugal trata não somente da igualdade de tratamento, mas do direito do teletrabalhador à formação profissional e oportunidade de carreira. Por sinal, o item (1) do art. 169º é expresso (817)ao enunciar que cabe ao empregador proporcionar ao trabalhador, em caso de necessidade, formação adequada para a utilização de tecnologias de informação e de comunicação inerentes à atividade.(818)

Propõe-se, pois, nova redação para o art. 75-A da CLT, assim como a inclusão do parágrafo único, nos seguintes termos:

> **Art. 75-A**. A prestação de serviços pelo empregado em regime de teletrabalho observará o disposto neste Capítulo, **sendo aplicáveis os demais direitos do texto consolidado no que não expressamente excluídos.**
>
> **Parágrafo único. O teletrabalhador deve ser requalificado para uso das tecnologias da informação e comunicação, na medida da necessidade do desenvolvimento do seu trabalho.**

---

trabalhador. 2 — O crédito de horas para formação é referido ao período normal de trabalho, confere direito a retribuição e conta como tempo de serviço efetivo. 3 — O trabalhador pode utilizar o crédito de horas para a frequência de ações de formação, mediante comunicação ao empregador com a antecedência mínima de 10 dias. 4 — Por instrumento de regulamentação coletiva de trabalho ou acordo individual, pode ser estabelecido um subsídio para pagamento do custo da formação, até ao valor da retribuição do período de crédito de horas utilizado. 5 — Em caso de cumulação de créditos de horas, a formação realizada é imputada ao crédito vencido há mais tempo. 6 — O crédito de horas para formação que não seja utilizado cessa passados três anos sobre a sua constituição. Art. 133º Conteúdo da formação contínua. 1 — A área da formação contínua é determinada por acordo ou, na falta deste, pelo empregador, caso em que deve coincidir ou ser afim com a atividade prestada pelo trabalhador. 2 — A área da formação a que se refere o artigo anterior é escolhida pelo trabalhador, devendo ter correspondência com a atividade prestada ou respeitar as tecnologias de informação e comunicação, segurança e saúde no trabalho ou língua estrangeira. 3 — Constitui contraordenação grave a violação do disposto no n. 1. Art. 134º Efeito da cessação do contrato de trabalho no direito a formação. Cessando o contrato de trabalho, o trabalhador tem direito a receber a retribuição correspondente ao número mínimo anual de horas de formação que não lhe tenha sido proporcionado, ou ao crédito de horas para formação de que seja titular à data da cessação. Disponível em: <http://cite.gov.pt/asstscite/downloads/legislacao/CT25092017.pdf#page=64>. Acesso em: 15 nov. 2017.

(817) Art. 169º Igualdade de tratamento de trabalhador em regime de teletrabalho. 1 — O trabalhador em regime de teletrabalho tem os mesmos direitos e deveres dos demais trabalhadores, nomeadamente no que se refere a formação e promoção ou carreira profissionais, limites do período normal de trabalho e outras condições de trabalho, segurança e saúde no trabalho e reparação de danos emergentes de acidente de trabalho ou doença profissional. 2 — No âmbito da formação profissional, o empregador deve proporcionar ao trabalhador, em caso de necessidade, formação adequada sobre a utilização de tecnologias de informação e de comunicação inerentes ao exercício da respetiva atividade. 3 — O empregador deve evitar o isolamento do trabalhador, nomeadamente através de contactos regulares com a empresa e os demais trabalhadores. Disponível em: <http://cite.gov.pt/asstscite/downloads/legislacao/CT25092017.pdf#page=64>. Acesso em: 15 nov. 2017.

(818) A nova redação do art. 169º a ser publicada em Portugal mantem a mesma essência: 0 trabalhador em regime de teletrabalho tern os mesmos direitos e deveres dos demais trabalhadores da empresa com a mesma categoria ou com função idêntica, nomeadamente no que se refere a formação. promoção na carreira, limítes da duração do trabalho, períodos de descanso, incluindo férias pagas, proteção da saúde e segurança no trabalho, reparação de acidentes de trabalho e doenças profissionais, e acesso a informação das estruturas representativas dos trabalhadores..

Seção VI — Teletrabalho Transnacional

Aproveita-se de parte do conceito de teletrabalho constante do PL n. 4.931/2020[819], assim como a disposição de que a Lei n. 7.064/82 não se aplica ao regime de teletrabalho transnacional, salvo na hipótese de transferência por interesse da empresa.

Igualmente faz-se uso da disposição que outorga às partes a possibilidade de pactuarem a substituição de benefícios por outros equivalentes ou por ajuda de custo indenizatória, na impossibilidade material de fruição de benefícios normativos e contratuais.

Também não pode ser deixada de lado a importante contribuição do PL n. 5.581/2020 quanto à inaplicabilidade da Lei n. 7.064/82, assim como a disposição de não ser devido o adicional de transferência no teletrabalho transnacional, mediante inserção do Parágrafo único ao art. 75-A da CLT.

Com essas importantes contribuições, propõe-se a inserção do art. 75-F à CLT, nos seguintes termos:

> **Art. 75-F Considera-se teletrabalho transnacional a prestação de serviços exclusivamente fora das dependências do empregador, em país diverso das dependências do empregador, com a utilização exclusiva de tecnologias de informação e de comunicação que, por sua natureza, não se constituam como trabalho externo.**
>
> **§ 1º Aplica-se ao teletrabalho transnacional a legislação do local onde se situa a empresa tomadora dos serviços do empregado.**
>
> **§ 2º O empregador tem obrigação de encaminhar a convenção coletiva e/ou acordo coletivo de trabalho ao empregado em teletrabalho transnacional, podendo ser negociada individualmente a alteração de benefícios a fim de compatibilizá-los à prestação de trabalho a distância, desde que os valores dos benefícios sejam equivalentes aos disciplinados no instrumento coletivo firmado.**
>
> **§ 3º Em se tratando de teletrabalho transnacional, quando da ausência de acordo de seguridade social do Brasil com o local onde reside o trabalhador, os exames admissionais, ocupacionais e de demissão, assim como perícia médica deverão ser realizados por meio da telemedicina.**
>
> **§ 4º Ao teletrabalho transnacional não se aplicam: a) incisos do art. 75-C; b) o art. 75-E, §§ 2º ao 4º.**

Com o escopo de dar efetividade à redação do § 4º do art. 75-F, propõe-se a inserção do art. 21-B na Lei n. 8.213/91 com o mesmo conteúdo, ficando assim redigido:

> Art. 21-B. Em se tratando de teletrabalho transnacional, quando da ausência de acordo de seguridade social do Brasil com o local onde reside o trabalhador, os exames admissionais, ocupacionais e de demissão, assim como perícia médica deverão ser realizados por meio da telemedicina.

---

(819) *"transnacional o teletrabalho quando o empregado estiver em país diverso do qual se localiza o estabelecimento da empresa ao qual esteja vinculado."*

Com as proposições apresentadas de regramentos mínimos, de forma complementar ao previsto nas Leis ns. 12.551 e 13.467, o Capítulo II-A da CLT ficará assim redigido:

CAPÍTULO II-A — DO TELETRABALHO

Art. 75-A. *A prestação de serviços pelo empregado em regime de teletrabalho observará o disposto neste Capítulo,* ***sendo aplicáveis os demais direitos do texto consolidado no que não expressamente excluídos.***

Parágrafo único. O teletrabalhador deve ser requalificado para uso das tecnologias da informação e comunicação, na medida da necessidade do desenvolvimento do seu trabalho.

Art. 75-B. *Considera-se teletrabalho a prestação de serviços fora das dependências do empregador, com a utilização de tecnologias de informação e de comunicação que, por sua natureza, não se constituam como trabalho externo.*

§ 1º *O comparecimento às dependências do empregador para a realização de atividades específicas que exijam a presença do empregado no estabelecimento não descaracteriza o regime de teletrabalho.*

§ 2º Não se aplica a regra do art. 62, inciso III da CLT se o regime de teletrabalho não for preponderante, ou houver determinação pelo empregador de cumprimento de horários certos e determinados.

Art. 75-C. *A prestação de serviços na modalidade de teletrabalho deverá constar expressamente do contrato individual de trabalho, que especificará as atividades que serão realizadas pelo empregado.*

§ 1º *Poderá ser realizada a alteração entre regime presencial e de teletrabalho desde que haja mútuo acordo entre as partes, registrado em aditivo contratual.*

§ 2º *Poderá ser realizada a alteração do regime de teletrabalho para o presencial por determinação do empregador, garantido prazo de transição mínimo de quinze dias, com correspondente registro em aditivo contratual.*

§ 3º Quando não contratado inicialmente em regime de teletrabalho, dentro do período de 60 dias, tido como de experiência para a inserção do regime de trabalho a distância, poderá o empregado solicitar o retorno ao regime presencial, na hipótese de não ter se adaptado ao regime de teletrabalho, tendo o empregador o prazo de 15 dias para reinserção do empregado nas atividades presenciais, mediante aditivo contratual.

Art. 75-D. *As disposições relativas à responsabilidade pela aquisição, manutenção ou fornecimento dos equipamentos tecnológicos e da infraestrutura necessária e adequada à prestação do trabalho remoto, bem como ao reembolso de despesas arcadas pelo empregado, serão previstas em contrato escrito.*

§ 1º É do empregador o ônus de custeamento das despesas relacionadas no caput, sendo que *as utilidades* ***ali*** *mencionadas não integram a remuneração do empregado.*

§ 2º Negociação coletiva poderá disciplinar regra diversa quanto ao custeamento da atividade quando do teletrabalho regime híbrido.

Art. 75-E. *O empregador deverá instruir os empregados, de maneira expressa e ostensiva, quanto às precauções a tomar a fim de evitar doenças e acidentes de trabalho.*

§ 1º O empregado deverá assinar termo de responsabilidade comprometendo-se a seguir as instruções fornecidas pelo empregador.

§ 2º O regime de teletrabalho não isenta o empregador de cumprir com as normas de saúde e segurança do trabalho, em especial normas regulamentadoras do Ministério do Trabalho e Emprego, e em conformidade com o PMCSO e PPRA da empresa, adequados ao posto de trabalho efetivamente ocupado pelo empregado.

§ 3º O exame ocupacional, de que trata a NR-7, deverá ser realizado a cada seis meses, ou antes disso, na hipótese de norma regulamentadora do Ministério do Trabalho e Emprego, PPRA ou PCMSO prever em período inferior.

§ 4º O empregador poderá fiscalizar o ambiente de trabalho, ainda que em domicílio do empregado, mediante comunicado com antecedência mínima de dois dias úteis, indicando dia e horário da visita.

§ 5º A fiscalização do ambiente de que trata o § 4º poderá ocorrer, a exclusivo critério da empresa, por meio virtual, sempre respeitada a privacidade e intimidade do trabalhador.

§ 6º A recusa do empregado à fiscalização prevista pelo §§ 4º e 5º isenta o empregador de responsabilidade por doenças e/ou acidentes decorrentes da atividade exercida em teletrabalho.

Art. 75-F. Considera-se teletrabalho transnacional a prestação de serviços exclusivamente fora das dependências do empregador, em país diverso das dependências do empregador, com a utilização exclusiva de tecnologias de informação e de comunicação que, por sua natureza, não se constituam como trabalho externo.

§ 1º Aplica-se ao teletrabalho transnacional a legislação do local onde se situa a empresa tomadora dos serviços do empregado.

§ 2º O empregador tem obrigação de encaminhar a convenção coletiva e/ou acordo coletivo de trabalho ao empregado em teletrabalho transnacional, podendo ser negociada a alteração de benefícios a fim de compatibilizá-los à prestação de trabalho a distância, desde que os valores dos benefícios sejam equivalentes aos disciplinados no instrumento coletivo firmado.

§ 3º Em se tratando de teletrabalho transnacional, quando da ausência de acordo de seguridade social do Brasil com o local onde reside o trabalhador, os exames admissionais, ocupacionais e de demissão, assim como perícia médica deverão ser realizados por meio da telemedicina.

§ 4º Ao teletrabalho transnacional não se aplicam: a) incisos do art. 75-C; b) o art. 75-E, §§ 2º ao 4º.

TÍTULO II — DIREITO DE DESCONEXÃO

Lazer e descanso são direitos inerentes à condição de ser humano.

A Declaração Universal dos Direitos do Homem, de 1948, enuncia em seu art. 24, "todo ser humano tem direito a repouso e lazer, inclusive à limitação razoável das horas de trabalho e a férias remuneradas periódicas".

A Constituição Federal de 1988 expressamente garante: o direito ao lazer e descanso (art. 6º); jornada diária de 8h e jornada semanal de 44h (art. 7º, XIII);

jornada de 6h para o labor em turnos ininterruptos de revezamento (art. 7º, XIV); repouso semanal remunerado (art. 7º, XV); redução dos riscos inerentes ao trabalho, por meio de normas de saúde, higiene e segurança (art. 7º, XXIV) — dispositivos estes que devem ser combinados com o princípio da solidariedade (art. 3º, I), que prevê o homem como destinatário da norma.

A legislação infraconstitucional, a título exemplificativo, junto à CLT prevê o respeito aos intervalos intrajornada (art. 71), interjornadas (art. 66), o gozo do descanso semanal de 35h (11h de intervalo interjornadas + 24h de descanso remunerado) e férias remuneradas (art. 142).

As novas tecnologias estão gerando violação desse direito inerente ao ser humano, provocando inclusive doença em decorrência do esgotamento provocado pelo trabalho, conhecida como síndrome de *burnout*.

Embora profundo, o problema é recente, tanto que poucas são as legislações que enfrentam a situação, servindo de paradigma o Código do Trabalho francês que reconheceu o direito de desconexão.

A Argentina editou a Lei n. 27.555/2020 visando impedir a conexão fora da jornada legal contratada, assim como o direito de não ficar conectado aos dispositivos digitais fora de sua jornada de trabalho e nos períodos de licença.(820)

Igualmente a lei do país vizinho contempla a regra de que o empregado não poderá ser penalizado por fazer valer este direito, devendo o empregador eximir-se de enviar comandos ou orientações fora da jornada do empregado.

O Chile igualmente tutela o direito de desconexão, por meio da sua recente Lei n. 21.220/2020, ao prever que, mesmo nos casos em que o trabalhador é livre para fixar sua jornada, possui o direito a desconectar-se por 12 (doze) horas a cada 24 (vinte e quatro) horas do dia, ou seja, atribui-se ao empregado o direito de regular sua jornada, assim como quando deva desconectar-se. O empregador,

---

(820) *Artículo 4°- Jornada laboral. La jornada laboral debe ser pactada previamente por escrito en el contrato de trabajo de conformidad con los límites legales y convencionales vigentes, tanto en lo que respecta a lo convenido por hora como por objetivos*
Las plataformas y/o software utilizados por el empleador a los fines específicos del teletrabajo, y registrados según lo establecido en el artículo 18 de la presente, deberán desarrollarse de modo acorde a la jornada laboral establecida, impidiendo la conexión fuera de la misma
Artículo 5°- Derecho a la desconexión digital. La persona que trabaja bajo la modalidad de teletrabajo tendrá derecho a no ser contactada y a desconectarse de los dispositivos digitales y/o tecnologías de la información y comunicación, fuera de su jornada laboral y durante los períodos de licencias. No podrá ser sancionada por hacer uso de este derecho.
El empleador no podrá exigir a la persona que trabaja la realización de tareas, ni remitirle comunicaciones, por ningún medio, fuera de la jornada laboral. <https://www.argentina.gob.ar/normativa/nacional/ley-27555-341093/texto>. Acesso em: 23 out. 2021.

a seu turno, deve eximir-se de enviar comunicações ou contatos com o empregado quando este estiver em licenças, férias ou afastamentos (art. 152, Quáter J).(821)

No Brasil, de modo semelhante ao Chile, o Projeto de Lei n. 4.044/2020, procura assegurar a observância ao direito de desconexão ao menos durante as férias, propondo a inserção do art. 133-A na CLT, mediante retenção dos aparelhos portáteis do trabalho pelo empregador, exclusão do empregado dos grupos de trabalho de serviço de mensageria e exclusão de aplicativos exclusivos do trabalho, visando evitar que o empregador entre em contato com o empregado durante as férias deste.

O Brasil possui jurisprudência relativamente avançada tutelando o direito à desconexão, assim como a Lei n. 13.467 já inseriu expressamente a previsão de dano existencial, representado pela violação substancial do direito ao lazer e descanso, ou seja do direito de desconexão, ao ponto de não tornar possível a realização do projeto de vida ou vida de relações do empregado.

O dano ao projeto de vida, em razão do trabalho, é representado por alterações substanciais, injustas e arbitrárias que impedem o empregado de manter

---

(821) *Artículo 152 quáter J.- La modalidad de trabajo a distancia o teletrabajo podrá abarcar todo o parte de la jornada laboral, combinando tiempos de trabajo de forma presencial en establecimientos, instalaciones o faenas de la empresa con tiempos de trabajo fuera de ella.*
El trabajo a distancia estará sujeto a las reglas generales de jornada de trabajo contenidas en el Capítulo IV del Libro I, con las excepciones y modalidades establecidas en el presente artículo. El empleador, cuando corresponda, deberá implementar a su costo un mecanismo fidedigno de registro de cumplimiento de jornada de trabajo a distancia, conforme a lo prescrito en el artículo 33.
Si la naturaleza de las funciones del trabajador a distancia lo permite, las partes podrán pactar que el trabajador distribuya libremente su jornada en los horarios que mejor se adapten a sus necesidades, respetando siempre los límites máximos de la jornada diaria y semanal, sujetándose a las normas sobre duración de la jornada de los artículos 22 y 28 y las relativas al descanso semanal del Párrafo 4º del Capítulo IV del Libro Primero.
Con todo, en el caso del teletrabajo las partes podrán acordar que el trabajador quede excluido de la limitación de jornada de trabajo de conformidad con lo señalado en el inciso cuarto del artículo 22. Sin embargo, se presumirá que el trabajador está afecto a la jornada ordinaria cuando el empleador ejerciere una supervisión o control funcional sobre la forma y oportunidad en que se desarrollen las labores.
En aquellos casos en que se pacte la combinación de tiempos de trabajo de forma presencial en establecimientos, instalaciones o faenas de la empresa con tiempos de trabajo fuera de ella, podrán acordarse alternativas de combinación de dichos tiempos por los que podrá optar el trabajador, quien deberá comunicar la alternativa escogida con a lo menos una semana de anticipación.
Tratándose de trabajadores a distancia que distribuyan libremente su horario o de teletrabajadores excluidos de la limitación de jornada de trabajo, el empleador deberá respetar su derecho a desconexión, garantizando el tiempo en el cual ellos no estarán obligados a responder sus comunicaciones, órdenes u otros requerimientos. El tiempo de desconexión deberá ser de, al menos, doce horas continuas en un periodo de veinticuatro horas. Igualmente, en ningún caso el empleador podrá establecer comunicaciones ni formular órdenes u otros requerimientos en días de descanso, permisos o feriado anual de los trabajadores. <https://www.bcn.cl/leychile/navegar?idNorma=1143741>. Acesso em: 15 nov. 2021.

ou retomar o curso de vida escolhido, privando-o de suas aspirações e vocações, provocando frustração na dimensão familiar, afetiva, sexual, profissional, artística, desportiva, educacional, religiosa, dentre outras.

O dano à vida de relações, em razão do trabalho, é representado pelos prejuízos nos relacionamentos, privando o empregado do convívio e experiências humanas, impedindo-o de compartilhar pensamentos, sentimentos, emoções, ou mesmo discutir ideologias e opiniões. Há impedimento quanto à realização de hábitos e comportamentos, privação de participação em atividades culturais, religiosas, desportivas, recreativas, dentre outras, ocorrendo dano em dimensão familiar, profissional ou social.

Portanto, o dano existencial decorre da violação ao projeto de vida ou à vida de relações, em razão de abusiva privação, que usurpa a felicidade ou a paz de espírito do lesado.

Assim, propõe-se a inserção do art. 66-A na CLT, com a seguinte redação:

Art. 66-A. O direito de que trata o *caput* do art. 66 da CLT, assim como os direitos previstos pelos arts. 67 e 142 da CLT pressupõe o não encaminhamento de e-mails ou outras formas de comunicação virtual a respeito do trabalho nos períodos de lazer e descanso do empregado, salvo em situação extraordinária devidamente justificada.

§ 1º Caso o empregado receba e-mail e outras formas de comunicação virtual nestes períodos de descanso, terá o direito de não responder até que retorne às atividades normais de trabalho.

§ 2º Na hipótese de o empregador insistir no encaminhamento de e-mail e outras formas de comunicação virtual, por si ou seus prepostos, a situação poderá ensejar a atribuição de pena de multa administrativa por infração à(s) regra(s) do(s) artigo(s) correspondente(s) sem prejuízo de responder por dano extrapatrimonial decorrente da violação ao direito de desconexão, se este representar dano existencial na forma do art. 223-B da CLT.

§ 3º O empregado que insista no encaminhamento de e-mail e outras formas de comunicação virtual a colegas de trabalho, de qualquer nível hierárquico, ou mesmo ao empregador, após expressa e ostensivamente orientado, poderá sofrer aplicação de penalidade pelo empregador.

TÍTULO III — PRESERVAÇÃO DA HIGIDEZ DO AMBIENTE DE TRABALHO NAS RELAÇÕES VIRTUAIS

Considerando o potencial que as novas tecnologias de comunicação em rede possuem para violações de direitos do empregado e do empregador, visando a preservação do saudável e hígido ambiente de trabalho, propõe-se nova redação para o art. 157, inciso II da CLT, e a inserção do inciso V no dispositivo legal em referência, nos seguintes termos:

Art. 157. Cabe às empresas:

...

II — instruir os empregados, através de ordens de serviço, quanto às precauções a tomar no sentido de evitar acidentes do trabalho ou doenças ocupacionais; **instruir os emprega-**

dos mediante política interna quanto à liberdade de se manifestar nas redes sociais, como e quando quiserem, respeitados os direitos de terceiros, e de modo a não causar mácula ao ambiente de trabalho, evitando comentários que possam ser prejudiciais ao empregador ou contrários às regras estabelecidas pelo empregador.

V — respeitar a honra e privacidade dos empregados, quando das manifestações da empresa ou seus prepostos, por meio das redes sociais ou outras formas de comunicação.

Observa-se que o art. 158, e seus incisos I e II vincula o empregado à observância das instruções de que trata o art. 157, inciso II, e o art. 158, parágrafo único, considera ato faltoso do empregado a recusa injustificada das instruções expedidas pelo empregador na forma do art. 157, inciso II da CLT.

Portanto, com a nova redação proposta para o art. 157, inciso II, e a inclusão do inciso V, tanto o empregado quanto o empregador ficam vinculados ao dever de respeito mútuo nas relações em ambiente virtual.

CONCLUSÃO

Não dá para sentir saudades da grande fábrica que a todos empregou, porém, mutilou trabalhadores e os subjugou. Insere-se o ambiente virtual de trabalho, fruto da inovação tecnológica que permite reagregar as famílias em suas casas, tal como no período que antecedeu a Primeira Revolução Industrial, quando a economia era de subsistência.

Naquela época, todavia, as condições de trabalho eram arcaicas, e na maioria das vezes era entregue praticamente toda a produção ao senhor feudal em troca de pseudoproteção. Hoje, o trabalho pode ser realizado com conforto e segurança, longe das grandes fábricas da Segunda Revolução Industrial, que separaram as famílias e estabeleceram um modelo de sociedade cronometrado, no estilo taylorista.

A Quarta Revolução Industrial propicia melhora da condição da prestação de trabalho, democratização da informação e virtualização das atividades laborais. Por sinal, o ciberespaço permite que não só o capital viaje livre, leve e solto, mas também o trabalho se libere das amarras e possa ser prestado a distância.

Esse ambiente virtual provoca mudanças na forma de exercício dos direitos da personalidade, inserindo o direito ao acesso à informação por meio da internet de todas as coisas (IOT).

Outrossim, a amplitude de alcance das exposições em **redes sociais** faz com que se faça necessária a conformação da liberdade de expressão de modo que não se viole o direito de empregados, empregadores, ou terceiros nas relações de trabalho, quando em abuso de direito.

O momento atual passa a não permitir ao homem o direito de não fazer uso da tecnologia, mormente nos momentos de lazer e descanso, mantendo-o conectado *full time*.

Ocorre que o ser humano não é uma máquina, de tal arte que deve servir-se da tecnologia e não ficar escravo desta. O direito à **desconexão** não está expressamente positivado, mas nem por isso inexiste, vez que atrelado diretamente à dignidade da pessoa humana. Seu fundamento é constitucional, e detém valor de direito fundamental, até porque baseado no direito social ao lazer e descanso.

A falta de regramento do direito de desconexão não é privativa do direito brasileiro, vez que antes da pandemia da Covid-19 em nível mundial havia pouca ou quase nenhuma legislação a regular a matéria, observado o pioneirismo do Código de Trabalho francês.

A violação ao direito de lazer e descanso pode levar ao **dano existencial**, se atingido o projeto de vida ou a vida de relações em razão das atividades laborais, em face de involuntária privação. O dano existencial, a seu turno, foi objeto de positivação pelo direito infraconstitucional, consoante redação do art. 223-B, da CLT. Outrossim, as tecnologias da informática e da comunicação combinadas, podem estar levando o trabalho de volta para casa, ou mesmo locais descentralizados da empresa, por meio do **teletrabalho.**

Esse regime de trabalho se diferencia do presencial, diante da inexistência de controle físico, contato direto, pessoal e contínuo com o empregador.

As vantagens para o **teletrabalhador**, quando em domicílio, são inúmeras, destacando-se: a) comodidade de não se deslocar para o trabalho, poupando-se horas de congestionamentos; b) auto-organização dos horários, de acordo com o seu biorritmo; c) escolha da intensidade do trabalho; d) maior tempo livre para prática de atividades físicas ou outras que lhe deem prazer; e) maior aproximação com o núcleo familiar; f) chance de cuidar de um familiar enfermo ou de idade avançada, sem prejuízo das atividades de trabalho; g) maior inserção de pessoas com capacidade reduzida ou outras que sofrem discriminação; h) redução do *overtime*, e estímulo para encerramento antecipado das atividades, haja vista a maior produtividade; i) possibilidade de ampliação do convívio com recém-nascidos e adotados; j) meio de proteção à saúde diante do isolamento provocado pela Covid-19.

As **empresas** também gozam de diversas vantagens, apontando-se: i) redução do custo de infraestrutura; ii) redução de despesas de ordem administrativa e despesas de manutenção do local de trabalho; iii) redução de despesas com viagens, hospedagens e alimentação; iv) minimização de risco de acidentes de trajeto; v) contratação de trabalhadores em qualquer parte do mundo; vi) recebimento do trabalho em tempo real; vii) redução do trabalho ocioso e absenteísmo; viii) maior retenção de talentos, dada a flexibilidade e vantagens que o regime oferece ao teletrabalhador.

A **sociedade**, a seu turno, usufrui de grandes vantagens, tais como: 1) diminuição do fluxo de pessoas e veículos nas vias públicas; 2) diminuição do gasto de fontes de energia não renováveis e da poluição do meio ambiente; 3) minimização de risco de acidentes de trânsito, e por consequência redução do custo com internações, tratamentos e benefícios; 4) maior inserção de pessoas com deficiência.

O teletrabalho contribui firmemente para a preservação dos recursos naturais, e ao mesmo tempo permite a prestação de trabalho decente e com aumento de produtividade, corroborando para o cumprimento da Agenda 2030, que elenca 17 Objetivos de Desenvolvimento Sustentável.

É necessário cambiar as percepções do passado, percebendo que o empregado já não tem o mesmo grau de subordinação que marcou as anteriores revoluções industriais, e com isso, transformar a forma de gestão das empresas e representação dos trabalhadores.

Em regra, o **sindicato** laboral não é favorável à instituição do regime de teletrabalho, pois teme perder representatividade. Todavia, há fértil campo para negociação coletiva em regime de teletrabalho, desde a qualificação e (re) capacitação, integração, prevenção e inclusão, passando por questões de jornada, sobretudo pelo direito de desconexão, ônus da atividade, proteção de dados, e diversos outros temas contemplados pela reforma trabalhista.

Há situações de risco decorrentes do trabalho em ambiente virtual, destacando: a) sensação de isolamento do teletrabalhador; b) confusão de papéis familiares e profissionais do teletrabalhador; c) doenças e acidentes em regime de teletrabalho; d) liberdade de expressão em ciberespaço quando atinge a higidez do ambiente de trabalho; e) proteção de *know-how* e informações sigilosas de propriedade do empregador; f) proteção de dados do trabalhador, quando virtualmente armazenados.

Para tanto, necessária se faz a **implementação de políticas preventivas empresariais**, a iniciar pela **política de trabalho**, que deve ser acompanhada de políticas conexas, nomeadamente de: i) **integração e adaptação do teletrabalhador**, a fim de que o trabalhador conheça a cultura da empresa, colegas e fluxos de trabalho, para que seja efetivamente inserido nessa nova forma de trabalho, recebendo adequados treinamentos e orientações a respeito; ii) **prevenção de doenças e acidentes para o teletrabalhador**, com o escopo de que seja dada concreção ao direito fundamental de saúde e segurança no trabalho, adotando-se dentre outras medidas, fornecimento de mobiliário ergonomicamente adequado ao trabalho, além de treinamento e fiscalização quanto aos cuidados que deve tomar no exercício da atividade; iii) **uso das redes sociais**, para todos os trabalhadores, sejam presenciais, sejam em regime de teletrabalho, resguardado o direito de manifestação do pensamento, mas sopesado o direito à preservação da imagem, reputação, e saudável ambiente de trabalho, com ainda mais ênfase nos ambientes virtuais dada a amplitude alcançada pela informação postada; iv) **uso de recursos eletrônicos**, visando prevenir a ocorrência de violações de direito, tais como: ofensas a clientes, fornecedores ou parceiros; abusos sexuais e discriminação; danos morais e materiais a terceiros; proteção de informações confidenciais e o próprio *know-how* do negócio; prevenção de fraudes; disseminação de vírus e congestionamento da rede interna; v) **proteção de dados do trabalhador**, com o objetivo de que seja preservada e prevenida a violação de informações do empregado, resguardando a sua intimidade e vida privada.

Tais políticas têm por escopo obter alguma conformação das relações em ambiente virtual. Todavia, caberia ao Poder Legislativo regular o trabalho e suas relações em ambiente virtual.

Existem inúmeras iniciativas legislativas que objetivam apresentar regras mais completas ao menos para o teletrabalho, contudo, tais podem ser complementadas. Nessa esteira, como contribuição da Academia, foi apresentada **proposta de projeto de lei** tratando dos seguintes temas: **1) Teletrabalho:** a) Política

Programática de Incentivo ao Teletrabalho; b) Regramento complementar para o Teletrabalho: b1) Revisão do Conceito de Teletrabalho; b1) Cláusula de Reversibilidade; b2) Ônus da Atividade; b3) Doenças e Acidentes; b4) Não discriminação e Capacitação; b5) Teletrabalho Transnacional **2) Direito de Desconexão;** e **3) Preservação da Higidez do Ambiente de Trabalho nas Relações Virtuais.**

As experiências da **Covid-19**, mesmo em regime precário, demonstraram ampla aprovação do trabalho em ambiente virtual, verificando-se aumento da prestação de serviços por meio da telemática de qualquer lugar (*anywhere office*), de tal arte a conferir importância crescente ao **teletrabalho transregional** e ao **teletrabalho transnacional**.

O elemento de conexão mais estreito a definir a norma coletiva ou mesmo a legislação a ser aplicada — em se tratando respectivamente do teletrabalho transregional e o transfronteiriço — parece mais atrelado ao centro do comando, onde se situa o empregador. De toda sorte, a aplicação prática demonstrou a complexidade de uso das diferentes regras para efeito de eleição do mais robusto elemento de conexão, fazendo-se imperiosa a edição de Convenção por parte da OIT, a ser amplamente ratificada pelos Estados-Membros a fim de se obter a almejada segurança jurídica.

O que se projeta é a manutenção do teletrabalho, onde deve prevalecer o regime *part time* ou híbrido, estabelecendo-se novas configurações nos escritórios com layouts visando distanciamento em estações compartilhadas em modelo de rodízio.

Dessa forma, e após as pesquisas realizadas, com a atualização de novos acontecimentos, legislações e perspectivas, espera-se que os estudos e as proposições ora apresentadas representem de fato uma contribuição para a prática das relações do trabalho em ambiente virtual durante a Quarta Revolução Industrial.

Encerra-se a 2ª edição, parafraseando Maurício Moura em sua crônica denominada "*Tecnologia e as serras: teletrabalho na pós-pandemia*", em que o autor fazendo alusão ao personagem português (Jacinto, do romance Cidade e as Serras, de Eça de Queiroz) que vivia em Paris de forma abastada e privilegiada, um dia vai à serra e descobre a verdadeira felicidade, concluindo:

> Quem sabe descobrirão o mesmo caminho do personagem lusitano: que a felicidade pós-corona pode ser encontrada bem distante da civilização. Bastará um bom acesso à internet e o mundo estará sempre aberto. Entraremos na era do "teletrabalho", que eventualmente poderá ser conhecida como os "tempos de tecnologia e das serras".(822)

Que todos usufruam, pois, o melhor do ambiente virtual de trabalho, mediante a adequada e necessária conformação!

---

(822) Disponível em: <https://piaui.folha.uol.com.br/tecnologia-e-as-serras-teletrabalho-na-pos-pandemia/>. Acesso em: 16 nov. 2021.

POSFÁCIO

O Trabalho em ambiente virtual faz parte da vida das pessoas. As profundas mudanças tecnológicas impactam nas relações de trabalho, fazendo surgir novas formas de prestação de serviços.

Se, no passado, o trabalho era presencial, realizado no estabelecimento do empregador, em horários predeterminados, atualmente, esse modelo, em velocidade acelerada, vem perdendo espaço para o trabalho virtual, que compreende também o teletrabalho, mas a ele não se resume.

As relações em ciberespaço são, hoje, uma realidade. As tecnologias de informação e comunicação quebram as barreiras geográficas, permitindo a interação instantânea entre pessoas de qualquer parte do mundo.

A sociedade funciona conectada em tempo integral (*online e full time*), refletindo no modo do trabalho e interferindo nos períodos de descanso.

O advento da Lei da Reforma Trabalhista, que insere na CLT alguma regulamentação sobre o teletrabalho, intensifica o debate.

Nesse cenário, surge o livro Trabalho em Ambiente Virtual: causa, efeitos e conformação, de Célio Pereira Oliveira Neto, obra que aborda de forma completa questões sensíveis a respeito do conteúdo, a exemplo da possibilidade de controle da jornada e do direito a desconexão.

Trata-se de obra ímpar, primorosa e de excelente qualidade, que muito contribui para aclarar as ideias acerca do tema.

O autor apresenta o assunto com amparo em farta pesquisa e linguagem fluida, indicando os problemas e apontando soluções, de maneira que consegue, com maestria, prender a atenção do leitor do início ao fim.

O livro é indispensável a estudantes, profissionais do direito, gestores e todos aqueles que buscam compreender o trabalho em ambiente virtual em todas as suas facetas.

Andréa Presas Rocha

Juíza do Trabalho. Professora da UFBA

REFERÊNCIAS

ABRANTES, José João. *Contrato de trabalho e direitos fundamentais*. Coimbra: Coimbra, 2005.

ABRUNHOSA E SOUSA, Duarte. *O enquadramento legal do teletrabalho em Portugal*. Disponível em: <https://www.ajj.pt/publicacoes/3>. Acesso em: 1º nov. 2017.

________. *Não Matem o Teletrabalho!* — Uma Perspectiva do Teletrabalho em Portugal em 2021. *In:* As Perspectivas do Teletrabalho na França. *In:* (Coord. ZAVANELLA, Fabiano e PINTO, Luis Otávio Camargo). *22 anos da SOBRATT:* A Evolução do Teletrabalho: Tomo I: Aspectos Jurídicos. Campinas, SP: Lacier Editora, 2021.

AGUIAR, Antonio Carlos. *Negociação Coletiva de trabalho*. São Paulo: Saraiva, 2011.

________. (Coord.). *Reforma Trabalhista*. Aspectos Jurídicos. São Paulo: Quartier Latin do Brasil, 2017.

ALEMANHA. Disponível em: <https://dejure.org/gesetze/GG/2.html>. Acesso em: 24 nov. 2017.

ALEXY, Robert. *Tres escritos sobre los derechos fundamentales y la teoría de los princípios*. Tradução Carlos Bernal Pulido. 1. ed. Colômbia: Universidad Externado de Colombia, 2003.

________. *Teoria dos Direitos Fundamentais*. Trad. Virgilio Afonso da Silva. 2. ed., 3ª tiragem. São Paulo: Malheiros, 2014.

ALMEIDA, Almiro Eduardo de; SEVERO, Valdete Souto. *Direito à desconexão nas relações sociais de trabalho*. São Paulo: LTr, 2014.

ALMEIDA, Renato Rua de. *Direitos fundamentais aplicados ao direito do trabalho*. São Paulo: LTr, 2010.

________. (Coord.); SUPIONI JUNIOR, Claudimir (Org.); SOBRAL, Jeana Silva (Org.). *Direitos Laborais Inespecíficos* — os direitos gerais da cidadania na relação de trabalho. São Paulo: LTr, 2012.

ALMEIDA NETO, Amaro Alves de. Dano existencial: a tutela da dignidade da pessoa humana. *Revista dos Tribunais*, São Paulo, v. 6, n. 24, out./dez. 2005.

ALOISI, Antonio. Commoditized Workers. Case Study Research on Labour Law Issues Arising from a Set of 'On-Demand/Gig Economy' Platforms. *Comparative Labor Law & Policy Journal*, Champaign, v. 37, n. 3, p. 13, maio 2016. Disponível em: <https://ssrn.com/abstract=2637485>. Acesso em: 1º jun. 2017.

AMARAL, Júlio Ricardo de Paula. *Eficácia dos direitos fundamentais nas relações trabalhistas*. São Paulo: LTr, 2007.

ANDRADE, José Carlos Vieira de. *Os direitos fundamentais na Constituição Portuguesa de 1976*. 4. ed. Coimbra: Almedina, 2009.

ANTUNES, Ricardo. *Adeus ao trabalho?* ensaio sobre as metamorfoses e a centralidade do mundo do trabalho. 16. ed. São Paulo: Cortez, 2015.

________; BRAGA, Rui (Coord.). *Infoproletários*: degradação real do trabalho virtual. São Paulo: Boitempo, 2009.

ARGENTINA. Disponível em: <http://www.trabajo.gob.ar/downloads/teletrabajo/res_595-2013_PROPET.pdf>. Acesso em: 10 jul. 2017.

ARGENTINA. *Manual de Buenas Práticas em Teletrabajo*. Disponível em: <http://www.ilo.org/wcmsp5/groups/public/—americas/—ro-lima/—ilo>.

ARGENTINA. *Resolución 595/2013*. Disponível em: <http://www.trabajo.gob.ar/downloads/teletrabajo/res_595-2013_PROPET.pdf>. Acesso em: 3 dez. 2017.

ÁVILA, Humberto. *Teoria dos Princípios da definição à aplicação dos princípios jurídicos*. 13. ed. São Paulo: Malheiros, 2012.

BARACAT, Eduardo Milléo. *A Boa-Fé no Direito Individual do Trabalho*. São Paulo: LTr, 2008.

BARROS, Alice Monteiro de. *Proteção à Intimidade do Empregado*. 2. ed. São Paulo: LTr, 2009.

BARROSO, Luís Roberto. *Interpretação e aplicação da Constituição*: fundamentos de uma dogmática constitucional transformadora. 7. ed. São Paulo: Saraiva, 2010.

BAUMAN, Zygmunt. *Modernidade Líquida*. Tradução Plínio Dentzien. Rio de Janeiro: Zahar, 2001.

BBC Portuguese. Disponível em: <https://www.bbc.com/portuguese/internacional-49402610>. Acesso em: 20 out. 2019.

BELMONTE, Alexandre Agra. *O Monitoramento da Correspondência eletrônica nas relações de Trabalho*. São Paulo: LTr, 2009.

BETTENCOURT, Pedro Ortins de. "Os regimes do teletrabalho" in *Estudos Jurídicos em homenagem ao Professor António Motta Veiga*, Coimbra, Almedina, 2007.

BIONI, Bruno Ricardo. Proteção de dados pessoais: a função e os limites do consentimento. 2. ed. Rio de Janeiro: Forense, 2021.

BOUCINHAS FILHO, Jorge Cavalcanti. *O Dano Existencial e o Direito do Trabalho*. Disponível em: <http://www.lex.com.br/doutrina_24160224_O_DANO_EXISTENCIAL_E_O_DIREITO_DO>. Acesso em: 29 abr. 2017.

BLUM, Renato Opice; VAINZOF, Rony; MORAES, Henrique Fabretti. Data Protection Officer (encarregado). 1. ed. São Paulo: Thompson Reuters Brasil, 2020.

BRAMANTE, Ivani Contini. *Teletrabalho*: nova forma de trabalho flexível: aspectos contratuais. Dissertação de Mestrado em Direito. Pontifícia Universidade Católica de São Paulo — PUC/SP. São Paulo, 2003.

BÉLGICA. Confederation Syndicat European Trade Union. Disponível em: https://www.etuc.org/en/framework-agreement-telework. Acesso em: 05 dez.2021.

BRASIL. *I Jornada de Direito Civil*. Conselho da Justiça Federal. Disponível em: <http://www.cjf.jus.br/cjf/CEJCoedi/jornadascej/Jornada%20de%20Direito%20Civil%201.pdf/view>. Acesso em: 30 jul. 2017.

BRASIL. *ANAJUSTRA*. Associação Nacional dos Servidores da Justiça do Trabalho. Disponível em: <https://www.anajustra.org.br/noticia/11482/19/Normatizadohaumanoteletrabalho-agrada-tribunais-e-servidores>. Acesso em: 30 out. 2017.

BRASIL. *Código Civil*. Disponível em: <http://www.planalto.gov.br/ccivil_03/_ato2011-2014/2014/lei/l12965.htm>. Acesso em: 20 nov. 2017.

BRASIL. *Conselho da Justiça Federal*. Disponível em: <http://www.cjf.jus.br/enunciados/pesquisa/resultado>. Acesso em: 3 dez. 2017.

BRASIL. *Declaração Universal dos Direitos do Homem*. Unicef. Disponível em: <http://pfdc.pgr.mpf.mp.br/atuacao-e-conteudos-de-apoio/legislacao/direitos-humanos/declar_dir_homem.pdf>. Acesso em: 30 jul. 2017.

BRASIL. *Decreto n. 678*, de 6 de novembro de 1992. Ementa: Promulga a Convenção Americana sobre Direitos Humanos (Pacto de São José da Costa Rica), de 22 de novembro de 1969.

BRASIL. *Dicionário informal*. Disponível em: <http://www.dicionarioinformal.com.br/significado/mainframe/4950/>. Acesso em: 24 ago. 2017.

BRASIL. *Diferenças entre as Gerações X, Y e Z*. Disponível em: <https://www.oficinadanet.com.br/post/13498-quais-as-diferencas-entre-asgeracoes-x-y-e-z-e-como-administrar-os-conflitos>. Acesso em: 20 jul. 2017.

BRASIL. *Direito de desconexão*. Disponível em: <https://br.noticias.yahoo.com/direito-%C3%A0-desconex%C3%A3o-ao-fim-expediente-ganha-for%C3%A7a-185802394.html>. Acesso em: 24 nov. 2017.

BRASIL. Disponível em: <https://www.smartcontract.com>. Acesso em: 18 nov. 2017.

BRASIL. Disponível em: <http://www.stylourbano.com.br/tecnologia-3d-esta-revolucionando-a-industria-de-calcados/>. Acesso em: 18 nov. 2017.

BRASIL. Disponível em: <http://www.direitoshumanos.usp.br/index.php/Documentos-anteriores>. Acesso em: 20 nov. 2017.

BRASIL. Disponível em: <http://www.secola.org/db/3_20/91-533-ewg-pt.pdf>. Acesso em: 12 nov. 2017.

BRASIL. Disponível em: <http://www.pge.sp.gov.br/centrodeestudos/bibliotecavirtual/instrumentos/sanjose.htm>. Acesso em: 30 jul. 2017.

BRASIL. Disponível em: <https://brasil.elpais.com/brasil/2017/01/03/economia/1483440318_216051.html>. Acesso em: 16 nov. 2017.

BRASIL. Disponível em: <https://www.publico.pt/2017/01/06/economia/noticia/devemos-ter-o-direito-a-desligar-do-trabalho-governo-abre-debate-1757288>. Acesso em: 24 nov. 2017.

BRASIL. Disponível em: <http://quartarepublica.blogspot.com.br/2017/02/o-caminho-do-direito-desconexao.html>. Acesso em: 24 nov. 2017.

BRASIL. Disponível em: <https://www.esquerda.net/content/trabalhadores-da-ibm-it%-C3%A1lia-levam-greve-ao-mundo-virtual>. Acesso em: 20 nov. 2021.

BRASIL. *Economia da China*. Disponível em: <http://www.suapesquisa.com/geografia/economia da_china.html>. Acesso em: 13 jul. 2017.

BRASIL. *EngenhariaE*. Disponível em: <http://engenhariae.com.br/mercado/robo-faz-em-segundos-o-que-um-advogado-demorava-360-mil-horas/>. Acesso em: 13 jul. 2017.

BRASIL. Disponível em: <https://www.esquerda.net/content/trabalhadores-da-ibm-it%-C3%A1lia-levam-greve-ao-mundo-virtual>. Acesso em: 20 nov. 2021.

BRASIL. *Entrevista com o CEO da Mercedes Benz*. Disponível em: <https://www.pragaseeventos.com.br/administracao-e-associativismo/como-nossa-vida-ira-mudar-pelo-ceo-da-mercedes-benz />. Acesso em: 13 jul. 2017.

BRASIL. *Estado do Bem Estar Social*. Disponível em: <https://educacao.uol.com.br/disciplinas/sociologia/estado-do-bem-estar-social-historia-e-crise-do-welfare-state>. Acesso em: 24 jul. 2017.

BRASIL. *Gerações Y e Z*. Disponível em: <http://www4.ibope.com.br/download/geracoes%20 _y_e_z_divulgacao.pdf>. Acesso em: 20 jul. 2017.

BRASIL. *História do Taxi*. Disponível em: <http://www.taxi24horassaopaulo.com.br/sao-paulo/sessao/11599/historia-do-taxi->. Acesso em: 20 ago. 2017.

BRASIL. *IPEA*. Disponível em: <http://www.ipea.gov.br/portal/>. Acesso em: 30 ago. 2017.

BRASIL. *Jornal O Dia*. Disponível em: <http://odia.ig.com.br/portal/economia/programador-de-software-americano-terceiriza-trabalho-na-china-1.537338>. Acesso em: 4 nov. 2017.

BRASIL. *Lei n. 5.890*, de 8 de junho de 1973. Ementa: Altera a legislação de previdência social e dá outras providências.

BRASIL. *Lei n. 12.965/2014*. Ementa: Estabelece princípios, garantias, direitos e deveres para o uso da Internet no Brasil. Disponível em: <http://www.planalto.gov.br/ccivil_03/_ato2011-2014/2014/lei/l12965.htm>. Acesso em: 30 jul. 2017.

BRASIL. *Lei n. 13.467/2017*. Altera a Consolidação das Leis do Trabalho (CLT), aprovada pelo Decreto-Lei n 5.452, de 1º de maio de 1943, e as Leis ns. 6.019, de 3 de janeiro de 1974, 8.036, de 11 de maio de 1990, e 8.212, de 24 de julho de 1991, a fim de adequar a legislação às novas relações de trabalho.

BRASIL. *Manual de Midias Sociais da agencia de Notícias Reuters*. Disponível em: <http://www.webwriter.com.br/manual-de-midias-sociais-da-agencia-de-noticias-reuters/>. Acesso em: 1º nov. 2017.

BRASIL. Mau uso da internet gera ação judicial. In: Boletim da Ordem dos Advogados do Brasil — Seccional de São Paulo. Disponível em: <http://www.oabsp.org.br/subs/santoanastacio/institucional/artigos/mau-uso-da-internet-gera-acao-judicial>. Acesso em: 30 jul. 2017.

BRASIL. *Medida Provisória n. 808/2017*, de 14 de novembro de 2017. Ementa: Altera a Consolidação das Leis do Trabalho — CLT, aprovada pelo Decreto-Lei n. 5.452, de 1º de maio de 1943.

BRASIL. *Olhar Digital*. Disponível em: <https://olhardigital.com.br/noticia/nos-eua-um-robo-advogado-oferece-conselhos-legais-gratuitos-para-todos/69690>. Acesso em: 13 jul. 2017.

BRASIL. *Organização Internacional do Trabalho*. Disponível em: <http://www.ilo.org/dyn/normlex/es/f?p=NORMLEXPUB:12100:0::NO::P12100_INSTRUMENT_ID:312322>. Acesso em: 20 jul. 2017.

BRASIL. *Planalto*. Disponível em: <http://www.planalto.gov.br/ccivil_03/_Ato2019-2022/2021/Decreto/D10854.htm>. Acesso em 30.nov.2021.

BRASIL. *Previdência Social*. Disponível em: <http://www1.previdencia.gov.br/aeps 2006/15_01_03_01.asp>. Acesso em: 3 dez. 2017.

BRASIL. *Projeto de Lei do Senado 274, de 2013*. Disponível em: <https://www25.senado.leg.br/web/atividade/materias/-/materia/113558>. Acesso em: 3 dez. 2017.

BRASIL. *Projeto de Lei n. 4.505/2008*. Ementa: Regulamenta o trabalho a distância, conceitua e disciplina as relações de teletrabalho e dá outras providências. Disponível em: <http://www.camara.gov.br/proposicoesWeb/fichadetramitacao?idProposicao=420890>. Acesso em: 2 nov. 2017.

BRASIL. *Regime Geral da Previdência Social*. Disponível em: <https://sinait.org.br/docs/mp808-17_alterrefortrab_textoinicial.pdf>. Acesso em: 18 nov. 2017.

BRASIL. *Revista Você S.A. RH*, Edição 35, dez. 2014/jan. 2015.

BRASIL. *Revista Proteção*. Anuário Brasileiro de Proteção. Disponível em: <http://www.protecao.com.br/materias/anuario_brasileiro_de_p_r_o_t_e_c_a_o_2015/brasil/AJyAAA>. Acesso em: 14 nov. 2017.

BRASIL. https://revistalaborare.org/index.php/laborare/article/view/61/86. Acesso em: 16/nov/2021.

BRASIL. Câmara dos Deputados. *Projeto de Lei n. 10823*, de 2018. Revoga os arts. 75-A a 75-E, do Capítulo II-A (Do Teletrabalho) da Consolidação das Leis do Trabalho – CLT, aprovada pelo Decreto-lei n. 5.452, de 1º de maio de 1943. 2018. Disponível em: <https://www.camara.leg.br/proposicoesWeb/fichadetramitacao?idProposicao=2183734>. Acesso em: 12 nov. 2021.

BRASIL. Câmara dos Deputados. *Projeto de Lei n. 1247*, de 2020. Isenta do IPI e reduz a zero as alíquotas da Contribuição para o PIS/Pasep e da Cofins para aquisições de equipamentos de informática por trabalhadores que comprovadamente trabalhem na modalidade de teletrabalho, trabalho remoto ou outro tipo de trabalho a distância. 2020. Disponível em: https://www.camara.leg.br/proposicoesWeb/fichadetramitacao?idProposicao=2242357. Acesso em: 12 nov. 2021.

BRASIL. Câmara dos Deputados. *Projeto de Lei n. 1420*, de 2020. Altera dispositivo da Lei n. 11.494, de 20 de junho de 2007, que regulamenta o Fundo de Manutenção e Desenvolvimento da Educação Básica e de Valorização dos Profissionais da Educação — FUNDEB, de que trata o art. 60 do Ato das Disposições Constitucionais Transitórias; altera a Lei n.

10.195, de 14 de fevereiro de 2001; revoga dispositivos das Leis ns. 9.424, de 24 de dezembro de 1996, 10.880, de 9 de junho de 2004, e 10.845, de 5 de março de 2004; e dá outras providências. 2020. Disponível em: https://www.camara.leg.br/proposicoesWeb/fichadetramitacao?idProposicao=2242699. Acesso em: 12 nov. 2021.

BRASIL. Câmara dos Deputados. *Projeto de Lei n. 2217*, de 2020. Prevê a percepção de adicional de insalubridade em grau máximo, previsto no art. 192 da Consolidação das Leis do Trabalho (CLT), para os profissionais da saúde, durante o estado de calamidade pública provocado pela pandemia do Coronavírus (Covid-19), 2020. Disponível em:https://www.camara.leg.br/proposicoesWeb/fichadetramitacao?idProposicao=2250682. Acesso em: 12 nov. 2021.

BRASIL. Câmara dos Deputados. *Projeto de Lei n. 2251*, de 2020. Dispõe sobre Home office-acidente de trabalho, e por toda infraestrutura necessária e adequada à prestação do trabalho remoto, 2020. Disponível em:https://www.camara.leg.br/proposicoesWeb/fichadetramitacao?idProposicao=2250778. Acesso em: 12 nov. 2021.

BRASIL. Câmara dos Deputados. *Projeto de Lei n. 3312*, de 2020. Altera o Decreto-Lei n. 5.452, de 1 de maio de 1943, para autorizar o usufruto de banco de horas aos profissionais da educação básica e aos docentes do ensino superior contratados em regime presencial que se encontrem em regime de teletrabalho motivado pela situação de emergência decorrente da pandemia por COVID-19, e dá outras providências. 2020. Disponível em: https://www.camara.leg.br/proposicoesWeb/fichadetramitacao?idProposicao=2255180. Acesso em: 12 nov. 2021.

BRASIL. Câmara dos Deputados. *Projeto de Lei n. 3325*, de 2020. Revoga o inciso III do art. 62 da Consolidação das Leis do Trabalho – CLT. 2020. Disponível em: https://www.camara.leg.br/proposicoesWeb/fichadetramitacao?idProposicao=2255202. Acesso em: 12 nov. 2021.

BRASIL. Câmara dos Deputados. *Projeto de Lei n. 3869*, de 2020. Altera a Lei n. 14.020, de 6 de julho de 2020, para dispor sobre o retorno ao trabalho de gestantes, de mães de filhos de até cinco anos, de idosos e de pessoas com deficiência durante e após o estado de calamidade pública reconhecido pelo Decreto Legislativo n. 6, de 20 de março de 2020, e da emergência de saúde pública de importância internacional decorrente do coronavírus, de que trata a Lei n. 13.979, de 6 de fevereiro de 2020. Disponível em: https://www.camara.leg.br/proposicoesWeb/fichadetramitacao?idProposicao=2257992. Acesso em: 12 nov. 2021.

BRASIL. Câmara dos Deputados. *Projeto de Lei n. 3907*, de 2020. Dispõe sobre as medidas trabalhistas para enfrentamento do estado de calamidade pública reconhecido pelo Decreto Legislativo n. 6, de 20 de março de 2020, e da emergência de saúde pública de importância internacional decorrente do coronavírus (covid-19), e dá outras providências, 2020. Disponível em:https://www.camara.leg.br/proposicoesWeb/fichadetramitacao?idProposicao=2258514. Acesso em: 12 nov. 2021.

BRASIL. Câmara dos Deputados. *Projeto de Lei n. 3915*, de 2020. Altera a Consolidação das Leis do Trabalho – CLT, aprovada pelo Decreto-lei n. 5.452, de 1943, para dispor sobre o teletrabalho., 2020. Disponível em:https://www.camara.leg.br/proposicoesWeb/fichadetramitacao?idProposicao=2258556. Acesso em: 12 nov. 2021.

BRASIL. Câmara dos Deputados. *Projeto de Lei n. 4505*, de 2008. Regulamenta o trabalho a distância, conceitua e disciplina as relações de teletrabalho e dá outras providências. Brasília: Câmara dos Deputados, 2008. Disponível em:https://www.camara.leg.br/proposicoesWeb/fichadetramitacao?idProposicao=420890. Acesso em: 12 nov. 2021.

BRASIL. Câmara dos Deputados. *Projeto de Lei n. 4653*, de 2016. Altera a Lei n. 12.551, de 15 de dezembro de 2011 que alterou o art. 6º da Consolidação das Leis do Trabalho (CLT), aprovada pelo Decreto-Lei n. 5.452, de 1º de maio de 1943, para equiparar os efeitos jurídicos da subordinação exercida por meios telemáticos e informatizados à exercida por meio pessoais e diretos. Brasília: Câmara dos Deputados, 2016. Disponível em:https://www.camara.leg.br/proposicoesWeb/fichadetramitacao?idProposicao=2078965. Acesso em: 12 nov. 2021.

BRASIL. Câmara dos Deputados. *Projeto de Lei n. 4793*, de 2012. Acrescenta art. 457-B à Consolidação das Leis do Trabalho — CLT dispondo sobre a remuneração do trabalho exercido a distância ou no domicílio do empregado. Brasília: Câmara dos Deputados, 2012. Disponível emhttps://www.camara.leg.br/proposicoesWeb/fichadetramitacao?idProposicao=562117. Acesso em: 12 nov. 2021.

BRASIL. Câmara dos Deputados. *Projeto de Lei n. 4816*, de 2020. Dispõe sobre normas que regulam a relação laboral entre estabelecimentos de educação básica e de educação superior e seus professores que atuem no ensino remoto realizado por meios digitais, em substituição ao ensino presencial. 2020. Disponível em: https://www.camara.leg.br/proposicoesWeb/fichadetramitacao?idProposicao=2263761. Acesso em: 12 nov. 2021.

BRASIL. Câmara dos Deputados. *Projeto de Lei n. 4831*, de 2020. Acrescenta dispositivo à Consolidação das Leis do Trabalho (CLT), aprovada pelo Decreto-Lei n. 5.452, de 1º de maio de 1943, reforçando o regramento sobre Teletrabalho afim das mais garantias para o trabalhador. 2020. Disponível em: https://www.camara.leg.br/proposicoesWeb/fichadetramitacao?idProposicao=2264601. Acesso em: 12 nov. 2021.

BRASIL. Câmara dos Deputados. *Projeto de Lei n. 4931*, de 2020. Altera a Consolidação das Leis do Trabalho (CLT), para dispor e regulamentar o teletrabalho. 2020. Disponível em: https://www.camara.leg.br/proposicoesWeb/fichadetramitacao?idProposicao=2264349. Acesso em: 12 nov. 2021.

BRASIL. Câmara dos Deputados. *Projeto de Lei n. 4931*, de 2021. Altera a Lei n. 14.151, de 12 de maio de 2021, para disciplinar as atividades de teletrabalho, trabalho remoto ou outra forma de trabalho a distância de empregadas gestantes. 2021. Disponível em: https://www.camara.leg.br/proposicoesWeb/fichadetramitacao?idProposicao=2264349. Acesso em: 12 nov. 2021.

BRASIL. Câmara dos Deputados. *Projeto de Lei n. 5003*, de 2020. Revoga os arts. 75-A a 75-E, do Capítulo II-A (Do Teletrabalho) da Consolidação das Leis do Trabalho — CLT, aprovada pelo Decreto-lei n. 5.452, de 1º de maio de 1943. 2020. Disponível em: https://www.camara.leg.br/proposicoesWeb/fichadetramitacao?idProposicao=2264601. Acesso em: 12 nov. 2021.

BRASIL. Câmara dos Deputados. *Projeto de Lei n. 561*, de 2020. Acrescenta artigo à Consolidação das Leis do Trabalho, aprovada pelo Decreto-lei n. 5.452, de 1º de maio de 1943, para dispor sobre a prioridade para prestação de serviços em regime de teletrabalho aos empregados que tenham filhos com idade igual ou inferior a 3 (três) anos. 2020. Disponível em: https://www.camara.leg.br/proposicoesWeb/fichadetramitacao?idProposicao=2238556. Acesso em: 12 nov. 2021.

BRASIL. Câmara dos Deputados. *Projeto de Lei n. 5772*, de 2019. Altera os art. 75-E da Consolidação das Leis do Trabalho, aprovada pelo Decreto-Lei n. 5.452, de 1º de maio de 1943, 2019. Disponível em:https://www.camara.leg.br/proposicoesWeb/fichadetramitacao?idProposicao=2258556. Acesso em: 12 nov. 2021.

BRASIL. Câmara dos Deputados. *Projeto de Lei n. 655*, de 2020. Acrescenta o art. 169-A à Consolidação das Leis do Trabalho – CLT, para obrigar as empresas a adotar medidas de proteção dos trabalhadores em situação de emergência em saúde pública. 2020. Disponível em: https://www.camara.leg.br/proposicoesWeb/fichadetramitacao?idProposicao=2239360. Acesso em: 12 nov. 2021.

BRASIL. Câmara dos Deputados. *Projeto de Lei n. 8501*, de 2017. Altera a Consolidação das Leis do Trabalho (CLT) para revogar o teletrabalho. Brasília: Câmara dos Deputados, 2008. Disponível em:https://www.camara.leg.br/proposicoesWeb/fichadetramitacao?idProposicao=420890. Acesso em: 12 nov. 2021.

BRASIL. <https://www.camara.leg.br/proposicoesWeb/fichadetramitacao?idProposicao=420890>. Acesso em: 30.nov.2021.

BRASIL. <https://www.conjur.com.br/2021-mai-14/opiniao-obrigatoriedade-afastamento-empregada-gestante>. Acesso em: 01.dez.2021.

BRASIL. https://juslaboris.tst.jus.br/bitstream/handle/20.500.12178/123429/2019_melo_sandro_teletrabalho_controle.pdf?sequence=6&isAllowed=y. Acesso em: 16 nov. 2021.

BRASIL. https://empreendedoresdoparana.com.br/a-ampliacao-da-dupla-jornada-de-trabalho-da-mulher-na-pandemia-e-o-direito-a-desconexao/. Acesso em: 30 nov. 2021.

BRASIL. Fórum Econômico Mundal. Disponível em: <https://jornal.usp.br/atualidades/davos-e-palco-de-mais-um-forum-economico-mundial/>. Acesso em: 20 dez. 2021.

BRASIL. Fórum Econômico Mundial 2020. Disponível em: <https://epocanegocios.globo.com/Forum-Economico-Mundial/noticia/2020/01/forum-economico-mundial-saiba-quais-serao-os-temas-discutidos-em-davos-em-2020.html>. Acesso em: 20 dez. 2021.

BRASIL. Fórum Econômico Mundal 2021. Disponível em: <https://g1.globo.com/economia/noticia/2021/05/17/forum-economico-mundial-cancela-reuniao-anual-de-2021.ghtml>. Acesso em: 20 dez. 2021.

BRASIL. Fórum Econômico Mundal 2022. Disponível em: <https://g1.globo.com/economia/noticia/2021/12/20/forum-economico-mundial-de-davos-e-adiado-devido-a-omicron.ghtml>. Acesso em: 20 dez. 2021.

BRASIL. https://www.ilo.org/wcmsp5/groups/public/—dgreports/—stat/documents/publication/wcms_747075.pdf. Acesso em: 03 dez. 2021.

BRASIL. <https://www.tst.jus.br/web/guest/-/novidades-trazidas-pelo-teletrabalho-sao-destaque-no-programa-jornada?inheritRedirect=true&redirect=https%3A%2F%2Fwww.tst.jus.br%3A443%2Fweb%2Fguest%2Fteletrabalho%3Fp_p_id%3Dcom_liferay_portal_search_web_portlet_SearchPortlet%26p_p_lifecycle%3D0%26p_p_

state%3Dmaximized%26p_p_mode%3Dview%26_com_liferay_portal_search_web_portlet_SearchPortlet_redirect%3Dhttps%253A%252F%252Fwww.tst.jus.br%253A443%252Fweb%252Fguest%252Fteletrabalho%253Fp_p_id%253Dcom_liferay_portal_search_web_portlet_SearchPortlet%2526p_p_lifecycle%253D0%2526p_p_state%253Dnormal%2526p_p_mode%253Dview%26_com_liferay_portal_search_web_portlet_SearchPortlet_mvcPath%3D%252Fsearch.jsp%26_com_liferay_portal_search_web_portlet_SearchPortlet_keywords%3D12%2Bmilh%25C3%25B5es%26_com_liferay_portal_search_web_portlet_SearchPortlet_formDate%3D1638219255457%26_com_liferay_portal_search_web_portlet_SearchPortlet_scope%3Dthis-site>. Acesso em: 30 nov. 2021.

BRASIL. Senado Federal. *Projeto de Lei n. 3428*, de 2020. Prevê o teletrabalho, trabalho remoto ou trabalho a distância de pai ou mãe de família monoparental até a reabertura da creche ou escola dos filhos com até doze anos incompletos. Brasília: Senado Federal, Disponível em: https://www25.senado.leg.br/web/atividade/materias/-/materia/142641. Acesso em: 12 nov. 2021.

BRASIL. Senado Federal. https://www25.senado.leg.br/web/atividade/materias/-/materia/113558. Acesso em: 30 nov. 2021.

BRASIL. *Sociedade Brasileira de Teletrabalho* — SOBRATT. Disponível em: <http://www.sobratt.org.br/site2015/wp-content/uploads/2016/05/Estudo_HomeOffice_Consolidado_2016.pdf>. Acesso em: 24 ago. 2017.

BRASIL. https://spbancarios.com.br/09/2020/bancarios-do-bradesco-aprovam-acordo-de-teletrabalho-com-9335-dos-votos. Acesso em: 30 nov. 2021.

BRASIL. *Transformações econômicas no Brasil*. Disponível em: <http://brasilescola.uol.com.br/sociologia/transformacoes-socioeconomicas-no-brasil-decada-50.html>. Acesso em: 13 jul. 2017.

BRASIL. *Transformações socioeconômicas*. Disponível em: <http://brasilescola.uol.com.br/sociologia/transformacoes-socioeconomicas-no-brasil-decada-50.htm>. Acesso em: 8 maio 2017.

BRASIL. *Tribunal Regional do Trabalho. 2ª Região*. 15ª Turma. RO 20244820105020 SP 00020244820105020461 A28. Relator Jonas Santana de Brito. São Paulo, SP. Julgamento 08/08/2013. Publicação 20.08.2013.

BRASIL. *TRT 03ª R.* — RO 977/2009-129-03-00.7 — Rel. Juiz Conv. Jesse Claudio Franco de Alencar — DJe 26.11.2009 — p. 97.

BRASIL. *TRT 04ª R.* — RO 0000620-36.2011.5.04.0019 — 5ª T. — Relª Juíza Conv. Brígida Joaquina Charão Barcelos Toschi — DJe 13.12.2013. v105.

BRASIL. *TRT-PR 9ª* Região — 15204-2014-012-09-00-0-ACO-05286-2017. 2ª Turma. Relatora: Marlene Teresinha Fuverki Suguimatsu. Publicado no DJe 21.02.2017.

BRASIL. *TRT 24ª Região*. — RO 575-88.2012.5.24.0003 — Rel. Des. Ricardo G. M. Zandona — DJe 27.11.2012 — p. 2.

BRASIL. *TST*. RR 613/00.7/10ª R. — 1ª T. — Rel. Min. João Oreste Dalazen — DJU 10.06.2005 — p. 901) JCF.5 JCF.5.X JCF.5.XII JCF.5.LVI. Extraído do repositório eletrônico autorizado Juris Síntese IOB.

BRASIL. *Um mundo de pequenas e médias empresas*. Disponível em: <http://revistapegn.globo.com/Colunistas/Jack-London/noticia/2013/07/um-mundo-de-pequenas-e-medias-empresas.html>. Acesso em: 13 jul. 2017.

BRASIL. *UNICEF*. Disponível em: <https://www.unicef.org/brazil/pt/resources_10133.htm>. Acesso em: 10 nov. 2017.

BRASIL. *UOL Economia*. Disponível em: <https://economia.uol.com.br/noticias/efe/2016/06/16/robos-jornalistas-que-transformam-dados-em-textos-chegam-as-redacoes.htm>. Acesso em: 13 jul. 2017.

BRASIL. *Zipcar*. Matéria sobre o conceito de *car sharing* utilizado pela Zipcar. Disponível em: <http://destinonegocio.com/br/casos-de-sucesso/conceito-de-car-sharing-utilizado-pela-zipcar-e alternativa-a-locacao-de-carros/>. Acesso em: 13 jul. 2017.

CANOTILHO, José Joaquim Gomes. *Direito Constitucional*. 5. ed. Coimbra: Almedina, 1991.

CANNIZZARO, Domenico. *Il lavoro autonomo economicamente dipendente*: profili comparativi nell'esperienza normativa italiana, tedesca e spagnola. Roma: Sapienza, Streetlib. 2016. Edição do Kindle. Loc. 120-123.

CASTELLS, Manuel. *A sociedade em rede*. Tradução Roseneide Venancio Majer. Atualização para 6. ed.: Jussara Simões (A era da informação: economia, sociedade e cultura; v. 1). São Paulo: Paz e Terra, 1999.

CARMO, Paulo Sérgio do. *Sociologia e sociedade pós-industrial*: uma introdução. São Paulo: Paulus, 2007.

CASTRO, Maria do Perpétuo Socorro Wanderley de. *Terceirização*. Uma expressão do direito flexível do trabalho na sociedade contemporânea. 2. ed. São Paulo: LTr, 2016.

CHERRY, Mirriam. A Global System of Work, A Global System of Regulation?: Crowdwork and Conflicts of Law. Legal Studies Research Paper Series. No. 2019-11. *Tulane Law Review*, vol. 94, 2019. Disponível em < https://ssrn.com/abstract=3523303> Acesso em: 1º out. 2020. p. 7

CHILE. LEY 21220. MODIFICA EL CÓDIGO DEL TRABAJO EN MATERIA DE TRABAJO A DISTANCIA. Disponível em: <https://www.bcn.cl/leychile/navegar?idNorma=1143741>.

COLOMBIA. *Gobierno*. Disponível em: <https://www.mintic.gov.co/portal/604/articles-3703_documento.pdf>. Acesso em: 20 nov. 2017.

DABAS, Elina Nora. *Red de Redes* — Las práticas de la intervención em redes sociales. Buenos Aires: Paidós, 1998.

DALLEGRAVE NETO, José Affonso; KAVALKIEVICZ JÚNIOR, Ernani (Coord.). *Reforma Trabalhista ponto a ponto*: estudos em homenagem ao professor Luiz Eduardo Gunther. São Paulo: LTr, 2018.

DEGRYSE, Christophe (Ed.). *Digitalisation of the economy and its impact on labour markets. Bruxelas: Etui (eropean Trade Union Institute) Aisbl*, 2016. (Working Paper 2016.02). Disponível em: <http://www.etui.org/Publications2/Working-Papers/Digitalisation-of-the-economy-and-its-impact-on-labour-markets>. Acesso em: 25 jun. 2017.

DELBONI, Denise Poiani; JOÃO, Paulo Sérgio (Coord.). *Direito, gestão e prática*: direito empresarial do trabalho. São Paulo: Saraiva, 2012 (série GLaw).

DELGADO, Mauricio Godinho. *Curso de Direito do Trabalho*. 16. ed. São Paulo: LTr, 2017.

________. *Direito coletivo do trabalho*. 3. ed. São Paulo: LTr, 2008, p. 153.

________; DELGADO, Gabriela Neves. *A Reforma Trabalhista no Brasil com os comentários à Lei n. 13.467/2017*. São Paulo: LTr, 2017.

DE MASI, Domenico. *O Ócio Criativo*. Entrevista a Maria Serena Palieri; tradução de Léa Manzi. Rio de Janeiro: Sextante, 2000.

DI MARTINO, Vitorino; WIRTH, Linda. *Teletrabajo*: um nuevo modo de trabajo y de vida. Genebra: Revista Internacional Del Trabajo, v. 109, n. 4.

DIMOLIUS, Dimitri; MARTINS, Leonardo. *Teoria geral dos direitos fundamentais*. 3. ed. São Paulo: Revista dos Tribunais, 2011.

DONNINI, Rogério Ferraz. *Responsabilidade Civil Pós-Contratual no Direito Civil, no Direito do Consumidor, no Direito do Trabalho e no Direito Ambiental*. 2. ed. São Paulo: Saraiva, 2007.

DO VALE, Silvia Isabele Ribeiro Teixeira. *A Reforma Trabalhista e o Hipersuficiente*. Disponível em: <http://www.amatra5.org.br/images/a/A%20REFORMA%20TRABALHISTA%20E%20O%20%20HIPERSUFICIENTE_.pdf>. Acesso em: 20 jul. 2017.

DRAY, Machado Guilherme. *Direitos de Personalidade anotações ao Código Civil e ao Código do Trabalho*. Coimbra: Almedina, 2006.

ESPANHA. Disponível em: https://www.boe.es/buscar/doc.php?id=BOE-A-2021-11472. Acesso em: 3 dez. 2021.

ESPANHA. *Agencia Estatal Boletín Oficial Del Estado*. Disponível em: <http://www.boe.es/buscar/doc.php?id=BOE-A-1978-31229>. Acesso em: 30 jul. 2017.

ESPANHA. *Lei n. 1.221*, de 2008. 6. a) El derecho de los teletrabajadores a constituir o a afiliarse a las organizaciones que escojan y a participar en sus atividades. Disponível em: <https://www.mintic.gov.co/portal/604/articles-3703_documento.pdf>. Acesso em: 10 nov. 2017.

ESTADOS UNIDOS DA AMÉRICA. *5 Reasons remote work is most definitelt on the rise*. Disponível em: <https://www.flexjobs.com/blog/post/reasons-remote-work-is-not-in-decline/>

FERRAZ JUNIOR, Tércio Sampaio. *O direito entre o passado e o futuro*. São Paulo: Noeses, 2014.

________. *Teoria da Norma Jurídica*. Ensaio de Pragmática da Comunicação Normativa. Rio de Janeiro: Forense, 2009.

FERREIRA, Wolnei Tadeu. Teletrabalho e a Covid-19> Repercussões no Direito do Trabalho dos Países Vizinhos. *In:* (Coord. ZAVANELLA, Fabiano e PINTO, Luis Otávio Camargo). *22 anos da SOBRATT:* A Evolução do Teletrabalho: Tomo I: Aspectos Jurídicos. Campinas, SP: Lacier Editora, 2021.

FOGLIA, Sandra Regina Pavani. *Lazer e Trabalho*: Um enfoque sob a ótica dos direitos fundamentais. São Paulo: LTr, 2013.

FONSECA, Maria Hemília. *Direito ao Trabalho*: um direito fundamental no ordenamento jurídico brasileiro. São Paulo: LTr, 2009.

FRANÇA. Disponível em: <https://www.entreprises.cci-paris-idf.fr/web/reglementation/developpement-entreprise/droit-social/le-teletravail>. Acesso em: 24 nov. 2017.

FRANÇA. Disponível e: Télétravail: les règles et les bonnes pratiques à suivre | CNIL. Acesso em: 16 nov. 2021.

GEDIEL, José Antônio Peres. A Irrenunciabilidade a Direitos da Personalidade pelo Trabalhador. In: SARLET, Ingo Wolfgang. (Org.). *Constituição, Direitos Fundamentais e Direito Privado*. 3. ed. Porto Alegre: Livraria do Advogado, 2010.

GUERRA, Wesley S. T. *Crescimento na Europa*: Economia e tensões em alta. Disponível em: <http://www.jornal.ceiri.com.br/crescimento-na-europa-economia-e-tensoes-em-alta/>. Acesso em: 20 jul. 2017.

GUERRA FILHO, Willis Santiago. *Teoria Processual da Constituição*. São Paulo: Celso Bastos: Instituto Brasileiro de Direito Constitucional, 2000.

GUIMARÃES, Ricardo Pereira de Freitas. *CLT Comentada,* 2. ed. Rev.atual. e ampl. – São Paulo: Thomson Reuters, 2018.

HERNANDEZ, Márcia Regina Pozelli. *Novas Perspectivas das Relações de Trabalho*: O Teletrabalho. São Paulo: LTr, 2011.

HÄBERLE, Peter. *Hermenêutica Constitucional* — A sociedade aberta dos intérpretes da Constituição: contribuição para a interpretação pluralista e "procedimental" da Constituição. Tradução Gilmar Ferreira Mendes. Porto Alegre: Sergio Antonio Fabris, 1997.

HANASHIRO, Darcy Mitiko Mori e DIAS, Wellington Fonseca. *O Sistema de Teletrabalho*: Algumas implicações de um ambiente virtual. Anais do XXVI ENANPAD. Salvador: ANPAD, 2002.

IMPERIALI, Rosario; IMPERIALI, Riccardo. *Controlli sul lavoratore tecnologie.* Milano: Giuffrè Editore, 2012.

ITALIA. *Costituzione.* Disponível em: <http://www.casacultureivrea.it/costituzione/portoghese.pdf>. Acesso em: 13 jul. 2017.

ITALIA. *Raccomandazione.* Disponível em: <http://194.242.234.211/documents/10160/10704/Consiglio+UE+Raccomandazione+%2889%29+2.pdf>. Acesso em: 30 jul. 2017.

ITALIA. *La Repubblica. Archivio.* Brasillà, um inocente in cárcere la sua storia diventa uma fiction. Disponível em: <http://ricerca.repubblica.it/repubblica/archivio/repubblica/2005/02/18/barilla-un-innocente-in-carcere-la-sua.html>. Acesso em: 20 jul. 2017.

JARDIM, Carla Carrara da Silva. *O teletrabalho e suas atuais modalidades.* São Paulo: LTr, 2004.

JOÃO, Paulo Sérgio. O direito de imagem e o contrato de trabalho na Lei n. 13.467/17. In: AGUIAR, Antonio Carlos (Coord.). *Reforma Trabalhista*. Aspectos jurídicos. São Paulo: Quartier Latin do Brasil, 2017. p. 275-294.

LAVINAS, Lena (Org.). *Trabalho a domicílio*: novas formas de contratualidade. Rio de Janeiro: IPEA, 2000.

LEVI, Alberto. *Il controlo informático sull'attività del lavoratore*. Torino: G. Giappicchelli Editore, 2013.

LEVI, Alberto. Le Prospettive del Telelavoro in Italia. (Coord. ZAVANELLA, Fabiano e PINTO, Luis Otávio Camargo). *22 anos da SOBRATT:* A Evolução do Teletrabalho: Tomo I: Aspectos Jurídicos. Campinas, SP: Lacier Editora, 2021.

MAC CRORIE, Benedita Ferreira da Silva. *A vinculação dos particulares aos direitos fundamentais*. Coimbra: Almedina, 2005.

MAIOR, Jorge Luis Souto (Coord.), *et. al. Direitos Humanos*: essência do direito do trabalho. Associação Juízes para a Democracia. São Paulo: LTr, 2007.

MALDONADO, Nóbrega Viviane. LGPD: *Lei Geral de Proteção de Dados pessoais:* manual de implementação. São Paulo: Thompson Reuters Brasil, 2019.

MAÑAS, Christian Marcello. A Externalização da Atividade Produtiva: O Impacto do Teletrabalho na Nova Ordem Socioeconômica. *Revista da Faculdade de Direito da UFPR*, v. 39, 2003.

MANNRICH, Nelson. Reforma Trabalhista. Que Reforma? In: AGUIAR, Antonio Carlos (Coord.). *Reforma Trabalhista*. Aspectos jurídicos. São Paulo: Quartier Latin do Brasil, 2017. p. 231-258.

MANYIKA, James; CHUI, Michael; BUGHIN, Jacques; DOBBS, Richard; BISSON, Peter; MARRS, Alex. *Disruptives technologies:* advances that will transform life, business, and the global economy, Washington: McKinsey Global Institute, 2013.

MARCHIORI, Massimo. *Meno Internet Più Cabernet*. Itália: Rizzoli Etas, 2015.

MARQUES, Claudia Lima (Coord.). *Diálogo das Fontes*. Do conflito à coordenação de normas do direito brasileiro. São Paulo: Revista dos Tribunais, 2012.

MARTINEZ, Luciano. *Curso de direito do trabalho:* relações individuais, sindicais e coletivas do trabalho. 7. ed. São Paulo: Saraiva, 2016.

________. *Curso de direito do trabalho:* relações individuais, sindicais e coletivas do trabalho. 12. ed. São Paulo: Saraiva Educação, 2021.

MARTINS, Sergio Pinto. Teletrabalho. *Juris Síntese*, n. 83, jun. /2010.

MASI, Domenico de. *Ócio Criativo*. Tradução Carlos Irineu W. da Costa, Pedro Jorgensen Junior e Léa Manzi. São Paulo: Sextante, 2000.

MEIRELES, Edilton. *A Constituição do Trabalho*. São Paulo: LTr, 2012.

MELLO, Cristiane Maria Freitas de. *A liberdade de expressão nas redes sociais*: Direito de crítica do empregado *x* Imagem e honra do empregador. Tese de Mestrado em Direito do Trabalho. Pontifícia Universidade Católica de São Paulo. São Paulo, 2014.

MIKOS, Nádia Regina de Carvalho. *Desjudicialização do dano extrapatrimonial laboral*. Curitiba: Juruá, 2018.

MITCHELL, William J. *E-topia*: a vida urbana, mas não como a conhecemos. Ana Carmem Martins Guimarães Tradutora. São Paulo: SENAC São Paulo, 2002.

MUNÕZ, Ramón. *As redes sociais e o ambiente de trabalho*. Tradução Luiz Roberto Mendes Gonçalves. Madrid: El País.

NEGRI, Fernanda; CAVALCANTE, Luiz Ricardo. *Produtividade no Brasil*: desempenho e determinantes. Disponível em: <http://www.brasil-economia-governo.org.br/2014/12/15/produtividade-no-brasil-desempenho-e-determinantes/>. Acesso em: 21 jul. 2017.

NEGROPONTE, Nicholas. *A vida digital*. Tradução: Sergio Tellaroli. Supervisão Técnica Ricardo Rangel. São Paulo: Companhia das Letras, 1995.

NEVES, Maria Laura. Colaboração de CASTRO, Bianca. *A polêmica do home Office*. Revista Cláudia: Debate, maio 2013.

NILLES, Jack M. *Fazendo do Teletrabalho uma realidade*. São Paulo: Futura, 1997.

OCCHIPINTI, Armando. *Il Telelavoro*: aspetti economici, guiridici, sociali e tecnologici, capítulo III. Disponível em: <http://www.galileo.it/crypto/abstract/vant_svant.html>. Acesso em: 30 jul. 2017.

OLIVEIRA, Flávia de Paiva Medeiro de. Uma Nova Maneira de Trabalhar — Teletrabalho: Conceito e Lei Aplicável. *Síntese Trabalhista*, n. 171, set. 2003.

OLIVEIRA, Francisco Antonio de. *Tratado de Direito Processual do Trabalho,* vol. 1, São Paulo: LTr, 2008.

OLIVEIRA, Martha Maria Veras. *A ergonomia e o teletrabalho no domicílio*. Disponível em: <https://repositorio.ufsc.br/bitstream/handle/123456789/76935/107209.pdf?sequence=1>. Acesso em: 17 jul. 2017.

OLIVEIRA NETO, Célio Pereira. *A cláusula de não concorrência no contrato de emprego*: efeitos do princípio da proporcionalidade. São Paulo: LTr, 2015.

________. *A aplicação prática do art. 62, inciso III da CLT, in 22 Anos da Sobratt:* A evolução do teletrabalho — Tomo I — Aspectos Jurídicos. Coordenadores: Fabiano Zavanella e Luis Otávio Camargo Pinto, São Paulo: Editora Lacier, 2021.

In: MANNRICH, Nelson. (Coord.). *Diretrizes da OIT em seu centenário:* Qual o futuro do Direito do Trabalho? Porto Alegre: LexMagister, 2020.

________. Em regime de teletrabalho, o empregado sempre estará isento do controle de jornada? Há risco de condenação em horas extras? In: *Perguntas e respostas sobre a lei da reforma trabalhista*: obra coletiva por ocasião dos 2 anos da Lei n. 13.467/2017 / Ricardo Calcini, Luiz Eduardo Amaral de Mendonça, coordenadores. — São Paulo: LTr, 2019, p. 183.

________. Lei 13.467: Flexibilidade, Simplificação e Outras Repercussões na Jornada de Trabalho. In: *Reforma Trabalhista:* aspectos jurídicos. Antonio Carlos Aguiar, coordenador. São Paulo: Quartier Latin, 2017.

________. Reflexões sobre o teletrabalho transnacional. *Revista LTr*, ano 85, número 8, agosto de 2021, São Paulo, Brasil, p. 984.

________. *Trabalho em ambiente virtual:* causas, efeitos e conformação. São Paulo: Editora LTr, 2018.

________. *Direito de Desconexão frente às novas tecnologias no âmbito das relações de emprego*. Arquivos do Instituto Brasileiro de Direito Social Cesarino Júnior, v. 39, 2015.

________. Terceirização e trabalho temporário. In: DALLEGRAVE NETO, José Affonso; KAVALKIEVICZ JÚNIOR, Ernani (Coord.). *Reforma Trabalhista*. São Paulo: LTr, 2017.

________. O mundo do trabalho em debate: estudos em homenagem ao professor Georgenor de Sousa Franco Filho/José Claudio Monteiro de Brito Filho ... [et al.]... São Paulo: LTr, 2019.

PAMPLONA, Danielle Anne; FREITAS, Cínthia Obladen de Almendra. *Exercício democrático:* a tecnologia e o surgimento de um novo sujeito. Pensar (UNIFOR), v. 20, p. 82-105, 2015.

PERREGIL, Fernanda; CALCINI, Ricardo, *et al. LGPD e Compliance Trabalhista*. Leme-SP: Mizuno, 2021.

PIKETTY, Thomas. *A Economia da Desigualdade*. Tradução André Telles. 1. ed. Rio de Janeiro: Intrínseca, 2015.

PINEL, M. Fatima de L. *Teletrabalhador*. Disponível em: <http://www.teletrabalhador.com/origem.html>. Acesso em: 15 nov. 2017.

PORTUGAL. Atualidade - Página Oficial da Presidência da República Portuguesa (presidencia.pt). Acesso em: 30 nov. 2021.

PORTUGAL. Disponível em: <http://cite.gov.pt/asstscite/downloads/legislacao/CT25092017.pdf#page=64>. Acesso em: 15 nov. 2017.

PORTUGAL. *Código do Trabalho*. Disponível em: <http://cite.gov.pt/asstscite/downloads/legislacao/CT25092017.pdf#page=64>. Acesso em: 15 nov. 2017.

PORTUGAL. *Governo*. Disponível em: <http://cite.gov.pt/asstscite/downloads/legislaca/CT25092017.pdf#page=64>. Acesso em: 15 nov. 2017.

PORTUGAL. *Parlamento*. Disponível em: <https://www.parlamento.pt/Legislacao/Paginas/ConstituicaoRepublicaPortuguesa.aspx>. Acesso em: 30 jul. 2017.

PORTUGAL. Disponível em: <https://twitter.com/DigitalisHomo/status/1478094074909540354?s=20>. Acesso em: 03 jan. 2022.

PRATA, Marcelo Rodrigues. *Uberização nas relações de trabalho*: trabalho sob demanda via aplicativos, impactos da pandemia da Covid-19. Ed. Juruá: Curitiba, 2021, p. 67.

REDINHA, Maria Regina G. *O Teletrabalho*. Disponível em: <www.cije.up.pt/download-file/216>. Acesso em: 17 jul. 2017.

RIBEIRO, Lélia Guimarães Carvalho. *A Monitoração Audiovisual e Eletrônica no Ambiente de Trabalho e seu Valor Probante*. São Paulo: LTr, 2007, p. 66.

ROCHA, Andréa Presas. *Atividade sindical e abuso do direito sindical*. Disponível em: <https://jus.com.br/artigos/14905/atividade-sindical-e-abuso-do-direito-sindical>. Acesso em: 13 out. 2017.

RODRIGUES JR., Edson Beas (Org.). *Convenções da OIT e outros instrumentos de Direito Internacional Público e Privado relevantes ao Direito do Trabalho*. São Paulo: LTr, 2013.

ROMITA, Arion Sayão. *Direitos Fundamentais nas Relações de Trabalho*. 3. ed. São Paulo: LTr, 2009.

ROXO, Tatiana Bhering Serradas Bon de Sousa. *O Poder de Controle Empresarial*: suas potencialidades e limitações na ordem jurídica — o caso das correspondências eletrônicas. São Paulo: LTr, 2013.

SARLET, Ingo Wolfgang. (Org.). *Constituição, Direitos Fundamentais e Direito Privado*. 3. ed. Porto Alegre: Livraria do Advogado, 2010.

SANTOS, Rogério. *Internet, jornais eletrônicos e teletrabalho* — algumas apostas o mercado de trabalho. Disponível em: <http://bocc.ubi.pt/pag/santos-rogerio-teletrabalho.html>. Acesso em: 17 jul. 2017.

SANTOS, Ronaldo Lima dos. *Teoria das normas coletivas*. São Paulo: LTr, 2007.

SCHAFF, Adam. *A sociedade informática*: as consequências da segunda revolução industrial. Tradução Carlos Eduardo Jordão Machado e Luiz Arturo Obojes. São Paulo: Brasiliense, 2007.

SCHNEIDER, Dado. *O Mundo Mudou* ... Bem na minha vez. Palestra proferida em Curitiba, no dia 10 de agosto de 2017. Também disponível em: <https://www.youtube.com/watch?v=UPDEFYOG60Q>. Acesso em: 30 maio 2017.

SCHWAB, Klaus. *A Quarta Revolução Industrial*. Tradução Daniel Moreira Andrade. São Paulo: Edipro, 2016.

SIGNES, Adrian Todolí. *The End of the Subordinate Worker:* Collaborative Economy, On-Demand Economy, Gig Economy, and the Crowdworkers' Need for Protection. International Journal Of Comparative Labour Law And Industrial Relations, v.33, n.2, 14 jan. 2017. Disponível em: <https://ssrn.com/abstract=2899383>. Acesso em: 09 maio 2017.

SILVA, Vitor Gustavo da; VIEIRA, Almir Martins; PEREIRA, Raquel da Silva. *A gestão do teletrabalho*: nova realidade ou mera adaptação à tecnologia? Disponível em: <http://revista.grupointegrado.br/revista/index.php/perspectivascontemporaneas/article/viewFile/1864/761>. Acesso em: 14 jul. 2017.

SILVA NETO, Manoel Jorge e. *Curso de Direito Constitucional:* Atualizado até a EC n. 109, de 15 de março de 2021. 10. ed. Rio de Janeiro: Ed. Lumen Juris, 2021.

________. *Direitos fundamentais e o contrato de trabalho*. São Paulo: LTr, 2005.

SILVA TOSE, Marilia de Gonzaga Lima e. *Teletrabalho*: a prática do trabalho e a organização subjetiva dos seus agentes. Tese de Doutorado em Ciências Sociais. Pontifícia Universidade Católica de São Paulo, 2005.

SIQUEIRA NETO, José Francisco. *Liberdade sindical e representação os trabalhadores nos locais de trabalho*. São Paulo: LTr, 1999.

SOARES, Flaviana Rampazzo. *Responsabilidade civil por dano existencial*. Porto Alegre: Livraria do Advogado, 2009.

THIBAULT ARANDA, Javier. *Aspectos Jurídicos del Teletrabajo*. Madrid: Revista Del Ministerio de Trabajo y Assuntos Sociales, Economía y Sociología, n. 11, 1998.

TOFFLER, Alvin. *A terceira onda*. 5. ed. Trad. de João Távora. Rio de Janeiro: Record, 1980.

TOSE SILVA, Marilia de Gonzaga Lima e. *Teletrabalho*: a prática do trabalho e a organização subjetiva dos seus agentes. Tese de Doutorado em Ciências Sociais. Pontifícia Universidade Católica de São Paulo, 2005.

TUPINAMBÁ, Carolina. Competência da Justiça do Trabalho à luz da reforma constitucional. Rio de Janeiro, Forense: 2006

UNIÃO EUROPEIA. *Jornal Oficial das Comunidades Europeias*. Disponível em: <http://www.europarl.europa.eu/charter/pdf/text_pt.pdf>. Acesso em: 12 nov. 2017.

WARREN, Samuel; BRANDEIS, Louis. "The Right to Privacy". Harvard Law Review, V. IV, n. 5, 1890.

WEINSCHENKER, Marina Santoro Franco. *A vida laboral e extralaboral do empregado*: a privacidade no contexto das novas tecnologias e dos direitos fundamentais. São Paulo: LTr, 2013.

WEISSBBACH, Hans-Jürgen. *Telework regulation and social dialogue. Thematic report*, n. 1, Brussels: Euro-Telework, 2000.

ZAVANELLA, Fabiano e ALONSO, João Carmelo. Novas Tecnologias e o Futuro do Direito do Trabalho. In: MANNRICH, Nelson. (Coord.). Diretrizes da OIT em seu centenário: Qual o futuro do Direito do Trabalho? Porto Alegre: LexMagister, 2020.

ZIPPERER, André Gonçalves. A intermediação de trabalho via plataformas digitais: repensando o direito do trabalho a partir das novas realidades do século XXI, São Paulo: LTr, 2019.

ZERNIKOW, Marcel. As Perspectivas do Teletrabalho na França. In: (Coord. ZAVANELLA, Fabiano e PINTO, Luis Otávio Camargo). 22 anos da SOBRATT: A Evolução do Teletrabalho: Tomo I: Aspectos Jurídicos. Campinas, SP: Lacier Editora, 2021.

ANEXOS

SENADO FEDERAL

PROJETO DE LEI DO SENADO N. 274, DE 2013

Modifica a Consolidação das Leis do Trabalho (CLT), aprovada pelo Decreto-Lei n. 5.452, de 1º de maio de 1943, para dispor sobre a relação de emprego em regime de teletrabalho.

O CONGRESSO NACIONAL decreta:

Art. 1º Dê-se ao parágrafo único do art. 6º da Consolidação das Leis do Trabalho, aprovada pelo Decreto-Lei n. 5.452, de 1º de maio de 1943, a seguinte redação:

"Art. 6º ....

Parágrafo único. Os meios telemáticos e informatizados de comando, controle e supervisão se equiparam, para fins de subordinação jurídica, aos meios pessoais e diretos de comando, controle e supervisão do trabalho alheio, observado o disposto na Seção XIII-A do Capítulo I do Título III desta Consolidação" (NR).

Art. 2º Acrescente-se ao Capítulo I do Título III desta Consolidação a seguinte Seção XIII-A:

Título III

DAS NORMAS ESPECIAIS DE TUTELA DO TRABALHO

Capítulo I

DAS DISPOSIÇÕES ESPECIAIS SOBRE DURAÇÃO E CONDIÇÕES DE TRABALHO

....

Seção XIII-A

DO SERVIÇO EM REGIME DE TELETRABALHO

Art. 350-A. Considera-se serviço em regime de teletrabalho a relação de emprego, na qual o empregado desempenha regularmente suas funções, no todo ou em parte, em local alheio a estabelecimento do empregador, utilizando-se, para tanto, de recursos de informática e de telecomunicações.

§ 1º O disposto no *caput* não compreende o trabalho que, em virtude de sua natureza, possui caráter eminentemente externo, e que, em razão disso, seja desempenhado fora de estabelecimento do empregador, mesmo que com a utilização de recursos de informática e de telecomunicações.

§ 2º Ao empregado em regime de teletrabalho são aplicáveis, no que for omissa esta Seção, as disposições legais aplicáveis ao contrato de trabalho em geral.

Art. 350-B. A contratação em regime de teletrabalho deve constar expressamente do contrato de trabalho, que deverá dispor sobre:

I — a natureza do serviço prestado;

II — a jornada de trabalho a ser cumprida pelo empregado;

III — proporção da jornada a ser cumprida em estabelecimento do empregador, se o caso;

IV — locais de prestação do trabalho, se definidos;

V — equipamentos utilizados e seu regime de utilização;

VI — estabelecimento do empregador ao qual o trabalhador esteja funcionalmente vinculado;

VII — meios e periodicidade de contato entre trabalhador e empregador.

§ 1º É permitida, a qualquer momento, a conversão de contrato de trabalho regular em contrato em regime de teletrabalho, e vice-versa, mediante anuência expressa do empregado, por meio de instrumento específico adstrito ao contrato de trabalho, nos termos do *caput*.

§ 2º A contratação em regime de teletrabalho e a conversão de contrato devem ser anotadas na Carteira de Trabalho e Previdência Social.

§ 3º A recusa do empregado em aceitar a adoção de regime de teletrabalho não constitui causa para a rescisão de contrato de trabalho.

Art. 350-C. O instrumento jurídico que estabelecer regime de teletrabalho deve indicar a jornada a ser cumprida pelo empregado, sendo lícita a adoção de jornada flexível de trabalho, observadas as disposições deste artigo, sob pena de nulidade.

§ 1º A jornada estipulada não poderá ser superior, em número de horas, àquela fixada nas disposições constitucionais, legais ou convencionais aplicáveis ao empregado. § 2º Em caso de adoção de jornada flexível é vedada a adoção de qualquer tipo de monitoramento de trabalho que caracterize controle direto ou indireto da jornada, de parte do empregador.

§ 3º São aplicáveis ao trabalhador em jornada flexível as disposições referentes a períodos de descanso contidas nos arts. 66 a 70 desta Consolidação.

§ 4º O empregador deve manter os registros de conexão do trabalhador ao seu sistema, pelo prazo de vinte anos, sem prejuízo do disposto no § 2º.

Art. 350-D. O instrumento jurídico que estabelecer regime de teletrabalho pode determinar que o empregado desempenhe suas funções, em parte, em estabelecimento do empregador ou, no todo ou em parte, em centros de teletrabalho especificamente designados.

§ 1º Para os efeitos desta Lei, considera-se centro de teletrabalho o estabelecimento público ou privado, qualquer que seja a sua denominação particular, dotado de estrutura de informática e telecomunicações destinada à utilização de trabalhadores em regime de teletrabalho não necessariamente vinculados a um único empregador.

§ 2º O empregador é subsidiariamente responsável pelo dano ocorrido ao seu empregado em virtude das más condições estruturais ou ambientais do telecentro.

§ 3º Aplicam-se em relação à parcela da jornada prestada em estabelecimento do empregador as disposições do Capítulo II do Título II da Consolidação das Leis do Trabalho, aprovada pelo Decreto-Lei n. 5.452, de 1º de maio de 1943.

§ 4º É vedada a adoção de qualquer procedimento de controle da parcela da jornada de trabalho prestada em telecentro.

Art. 350-E. O empregador é responsável pelo fornecimento e manutenção dos equipamentos a serem utilizados pelo empregado e pelas despesas de transmissão dos dados necessários à prestação do serviço.

§ 1º A utilização de equipamentos de propriedade do empregado para a prestação do serviço, deve ser expressamente prevista no instrumento a que se refere o art. 2º.

§ 2º É vedada qualquer disposição contratual que determine que o empregado deverá comprar o equipamento para o exercício de suas funções do empregador ou de terceiro por ele designado.

§ 3º É devido ao empregado o ressarcimento, mediante comprovação, das despesas decorrentes do exercício de suas funções.

§ 4º O empregado é responsável pela utilização e conservação adequadas dos equipamentos fornecidos pelo empregador para o exercício de suas funções.

Art. 350-F. É dever do empregador informar o empregado das diretrizes de segurança, higiene e saúde do trabalho aplicáveis — observadas as normas regulamentadoras estabelecidas pelo Ministério do Trabalho e Emprego — e fiscalizar seu cumprimento, sem prejuízo da atuação das autoridades competentes, podendo, para tanto:

I — fiscalizar, por iniciativa própria ou do empregado, as instalações e condições de trabalho dos centros de teletrabalho;

II — fiscalizar as condições de trabalho no domicílio do empregado, se for o caso, desde que com a anuência deste e mediante prévia notificação.

Art. 350-G. É vedada qualquer forma de discriminação do empregado em regime de teletrabalho, especialmente no tocante a treinamento profissional, a oportunidades de desenvolvimento na carreira e aos direitos de filiação e participação sindical.

Parágrafo único. São garantidos os direitos sindicais do empregado, sendo vedado obstar seu exercício por meio de vinculação a estabelecimento do empregador que, em razão da distância ou de qualquer outro motivo, torne impossível a filiação ou participação do empregado em sindicato.

Art. 350-H. Constitui justa causa para a rescisão do contrato de trabalho pelo empregador — sem prejuízo do disposto no art. 482 desta Consolidação — a utilização dos equipamentos ou de vias de transmissão de dados cedidos pelo empregador para o acesso ou veiculação de páginas, mensagens, arquivos ou qualquer outro tipo de recurso que veicule conteúdo ilícito".

Art. 3º Esta Lei entra em vigor na data de sua publicação.

JUSTIFICAÇÃO

A recente edição da Lei n. 12.551, de 15 de dezembro de 2011, que modificou o art. 6º da Consolidação das Leis do Trabalho (CLT) — aprovada pelo Decreto Lei n. 5.452, de 1º de maio de 1943 — representou a primeira atuação normativa do Brasil para a regulamentação do teletrabalho. Essa Lei, como sabemos, equiparou o trabalho realizado a distância com o trabalho presencial, para fins de caracterização da subordinação jurídica e, consequentemente, da relação de emprego.

Não obstante, ainda que suas intenções sejam as mais elevadas, consideramos insuficiente o atual estágio de regulação do tema.

Com efeito, por teletrabalho podemos entender a contratação de trabalhadores para que exerçam suas funções em local diverso da localização física do empregador, e que exercem suas funções por computador e por intermédio da internet.

Trata-se de uma forma de contratação na qual o empregado não se encontra, ao menos parcialmente, adstrito a desempenhar suas funções de forma presencial.

Em vez disso, pode trabalhar em locais diversos como os telecentros — instalações compartilhadas por diversos trabalhadores, alguns, inclusive, autônomos, e diversos empregadores, sem que entre eles exista relação de qualquer espécie que não o compartilhamento de espaço e de estrutura, os *telecottages*, telecentros localizados em área rural e que tem a função de facilitar a fixação da população dessas áreas e, mesmo, no próprio lar do trabalhador ou em trânsito.

Trata-se, em suma, de forma de organização do trabalho, decorrente da evolução da informática e das telecomunicações ocorrida nas últimas duas décadas. Efetivamente, parte-se da percepção de que diversos serviços administrativos, sobretudo no setor de serviços, não demandam a presença física do trabalhador na empresa, podendo, na prática, ser desempenhado em qualquer lugar.

Essa forma de organização permite uma redução de custos do empregador, que não precisa dispor de instalações suficientemente grandes para congregar todos os seus empregados e, em princípio, confere ao trabalhador a liberdade para organizar sua própria rotina de trabalho, adequando-a a suas necessidades e interesses.

Ora, uma das principais, senão a principal característica do trabalho legislativo, é a de captar os movimentos sociais emergentes e de fornecer à sociedade os instrumentos de normatização que permitam a sua correta aplicação.

O fenômeno do teletrabalho já se encontra globalmente disseminado, constituindo-se, hoje em dia, em um dos principais mecanismos de criação de empregos.

Suas características, contudo, não permitem uma assimilação plena às formas gerais e tradicionais da contratação trabalhista.

Efetivamente, o teletrabalho possui elementos muito específicos, razão pela qual, em diversos países o fenômeno é objeto de uma legislação específica, como a que ora propomos. A simples equiparação do contrato de teletrabalho ao contrato comum de trabalho, tal como foi feita, possui uma série de inconvenientes.

Primeiramente, falha em reconhecer as características específicas do teletrabalho. A natureza de sua prestação e as implicações da adoção desse tipo de trabalho no tocante à organização da jornada e dos locais de trabalho.

Ainda, não estabelece, de forma clara, uma orientação legislativa adequada para a atuação dos agentes públicos e dos operadores do direito.

Finalmente, falha em constatar que a própria legislação trabalhista contempla situações específicas de trabalho que escapam, de alguma forma, das condições comuns do trabalho. A própria CLT contém disposições específicas sobre o trabalho em ferrovias ou em navegação, que à época da sua redação demandavam uma regulamentação que abarcasse suas características peculiares.

Tal como se encontra, a legislação não regula adequadamente as relações de teletrabalho. Essa lacuna legislativa fatalmente se refletirá na proliferação de reclamações junto aos órgãos judiciários trabalhistas, que, certamente demandará anos ou mesmo décadas para que seja obtida a necessária uniformização dos entendimentos judiciais, gerando uma indesejável instabilidade social. Destarte, apresentamos esta Proposição, destinada a oferecer uma regulamentação mais adequada do fenômeno do teletrabalho.

Busca-se a adoção de uma legislação que ofereça um equilíbrio entre as necessidades de empregadores e empregados e, para tanto, balizamos nosso trabalho em dois eixos fundamentais:

1 — trata-se da regulação de modalidade especial do contrato de trabalho, em razão de que cuidamos de dispor sobre seus caracteres específicos, que o distinguem do contrato de trabalho normal,

ressaltando-se que as disposições referentes ao contrato de trabalho regular são também aplicáveis ao contrato de teletrabalho, no tocante ao que não seja peculiar ao teletrabalho.

2 — não se admite que o contrato de teletrabalho seja utilizado para, de qualquer maneira, baldar os direitos do trabalhador, quer pela utilização de empregados disfarçados de autônomos, quer pela implementação de controles disfarçados do trabalhador, instituindo um regime de teletrabalho de fachada, ou, ainda, pela descaracterização dos direitos coletivos do trabalhador.

O universo das relações de trabalho, como sabemos todos, é atualmente um universo em mutação. È necessário que o Brasil esteja preparado para essas modificações para que não sejamos por elas sobrepujados. Por esse motivo, peço apoio a meus pares para a aprovação do projeto que ora apresento.

Sala das Sessões,

Senador **RODRIGO ROLLEMBERG**

LEGISLAÇÃO CITADA

DECRETO-LEI N. 5.452, DE 1º DE MAIO DE 1943

Aprova a Consolidação das Leis do Trabalho.

....

CONSOLIDAÇÃO DAS LEIS DO TRABALHO

TÍTULO I

INTRODUÇÃO

....

Art. 6º Não se distingue entre o trabalho realizado no estabelecimento do empregador, o executado no domicílio do empregado e o realizado a distância, desde que estejam caracterizados os pressupostos da relação de emprego. *(Redação dada pela Lei n. 12.551, de 2011)*

Parágrafo único. Os meios telemáticos e informatizados de comando, controle e supervisão se equiparam, para fins de subordinação jurídica, aos meios pessoais e diretos de comando, controle e supervisão do trabalho alheio. *(Incluído pela Lei n. 12.551, de 2011)*

....

TÍTULO II

DAS NORMAS GERAIS DE TUTELA DO TRABALHO

....

CAPÍTULO II

DA DURAÇÃO DO TRABALHO

....

SEÇÃO III

DOS PERÍODOS DE DESCANSO

....

Art. 66. Entre 2 (duas) jornadas de trabalho haverá um período mínimo de 11 (onze) horas consecutivas para descanso.

Art. 67. Será assegurado a todo empregado um descanso semanal de 24 (vinte e quatro) horas consecutivas, o qual, salvo motivo de conveniência pública ou necessidade imperiosa do serviço, deverá coincidir com o domingo, no todo ou em parte.

Parágrafo único. Nos serviços que exijam trabalho aos domingos, com exceção quanto aos elencos teatrais, será estabelecida escala de revezamento, mensalmente organizada e constando de quadro sujeito à fiscalização.

Art. 68. O trabalho em domingo, seja total ou parcial, na forma do art. 67, será sempre subordinado à permissão prévia da autoridade competente em matéria de trabalho.

Parágrafo único. A permissão será concedida a título permanente nas atividades que, por sua natureza ou pela conveniência pública, devem ser exercidas aos domingos, cabendo ao Ministro do Trabalho, Industria e Comercio, expedir instruções em que sejam especificadas tais atividades. Nos demais casos, ela será dada sob forma transitória, com discriminação do período autorizado, o qual, de cada vez, não excederá de 60 (sessenta) dias.

Art. 69. Na regulamentação do funcionamento de atividades sujeitas ao regime deste Capítulo, os municípios atenderão aos preceitos nele estabelecidos, e as regras que venham a fixar não poderão contrariar tais preceitos nem as instruções que, para seu cumprimento, forem expedidas pelas autoridades competentes em matéria de trabalho.

Art. 70. Salvo o disposto nos arts. 68 e 69, é vedado o trabalho em dias feriados nacionais e feriados religiosos, nos têrmos da legislação própria. *(Redação dada pelo Decreto-lei n. 229, de 28.2.1967)*

....

TÍTULO III

DAS NORMAS ESPECIAIS DE TUTELA DO TRABALHO

CAPÍTULO I

DAS DISPOSIÇÕES ESPECIAIS SOBRE DURAÇÃO E CONDIÇÕES DE TRABALHO

....

SEÇÃO XIII

DOS QUÍMICOS

....

SEÇÃO XIV

DAS PENALIDADES

....

TÍTULO IV

DO CONTRATO INDIVIDUAL DO TRABALHO

....

CAPÍTULO V

DA RESCISÃO

....

Art. 482. Constituem justa causa para rescisão do contrato de trabalho pelo empregador:

a) ato de improbidade;

b) incontinência de conduta ou mau procedimento;

c) negociação habitual por conta própria ou alheia sem permissão do empregador, e quando constituir ato de concorrência à empresa para a qual trabalha o empregado, ou for prejudicial ao serviço;

d) condenação criminal do empregado, passada em julgado, caso não tenha havido suspensão da execução da pena;

e) desídia no desempenho das respectivas funções;

f) embriaguez habitual ou em serviço;

g) violação de segredo da empresa;

h) ato de indisciplina ou de insubordinação;

i) abandono de emprego;

j) ato lesivo da honra ou da boa fama praticado no serviço contra qualquer pessoa, ou ofensas físicas, nas mesmas condições, salvo em caso de legítima defesa, própria ou de outrem;

k) ato lesivo da honra ou da boa fama ou ofensas físicas praticadas contra o empregador e superiores hierárquicos, salvo em caso de legítima defesa, própria ou de outrem;

l) prática constante de jogos de azar.

Parágrafo único. Constitui igualmente justa causa para dispensa de empregado a prática, devidamente comprovada em inquérito administrativo, de atos atentatórios à segurança nacional. *(Incluído pelo Decreto-lei n. 3, de 27.1.1966)*

....

LEI N. 12.551, DE 15 DE DEZEMBRO DE 2011

Altera o art. 6º da Consolidação das Leis do Trabalho (CLT), aprovada pelo Decreto-Lei n. 5.452, de 1º de maio de 1943, para equiparar os efeitos jurídicos da subordinação exercida por meios telemáticos e informatizados à exercida por meios pessoais e diretos.

....

(À Comissão de Assuntos Sociais, em decisão terminativa).

Publicado do **DSF** em 05.07.2013

Secretaria Especial de Editoração e Publicações do Senado Federal — Brasília-DF

OS: 13588/2013

PROJETO DE LEI N. 4.505, DE 2008

(Do Sr. Luiz Paulo Vellozo Lucas)

Regulamenta o trabalho a distância, conceitua e disciplina as relações de teletrabalho e dá outras providências.

O Congresso Nacional decreta:

Art. 1º Para os fins desta Lei, entende-se como teletrabalho todas as formas de trabalho desenvolvidas sob controle de um empregador ou para um cliente, por um empregado ou trabalhador autônomo de forma regular e por uma cota superior a quarenta por cento do tempo de trabalho em um ou mais lugares diversos do local de trabalho regular, sendo utilizadas para realização das atividades laborativas tecnologias informáticas e de telecomunicações.

Parágrafo único. Entende-se por local de trabalho regular a sede da empresa ou qualquer outro local onde normalmente ocorre a produção e/ou são normalmente esperados os resultados do exercício laborativo.

Art. 2º O teletrabalho poderá ser realizado em centros de teletrabalho, assim conceituados como edificações idealizadas para o teletrabalho, dotadas de aparelhos de informática e de telecomunicação, e destinadas à utilização pelos empregados de uma ou várias empresas ou pelos trabalhadores autônomos classificados como teletrabalhadores, não sendo considerados locais de trabalho regulares.

Art. 3º O teletrabalho deve servir como instrumento para o aumento dos índices de emprego, além de patrocinador a inserção de trabalhadores com reduzida capacidade física no mercado de trabalho, estimulando ainda o crescimento econômico eco-compatível.

Art. 4º O Estado brasileiro adotará as medidas necessárias para:

a) estimular a criação de postos de teletrabalho;

b) potencializar a competitividade industrial incentivando a adoção do teletrabalho nas empresas privadas e na Administração Pública;

c) aumentar a capacitação profissional dos trabalhadores via mecanismos tradicionais e inovativos de formação;

d) promover novas formas de organização do trabalho baseadas no teletrabalho nos setores privado e público.

Art. 5º A relação de emprego no teletrabalho terá como fundamentos os mesmos previstos na Consolidação das Leis do Trabalho CLT, aprovada pelo Decreto-Lei n. 5.452, de 1º de maio de 1943, atendendo aos princípios e prerrogativas ali dispostos, em especial em seu art. 3º, ressalvadas as disposições e particularidades aplicáveis ao tema e previstas nesta Lei, bem como em convenção coletiva ou acordo coletivo.

Art. 6º São direitos do empregado teletrabalhador:

a) igualdade de tratamento no que diz respeito à filiação sindical, participação na negociação coletiva, proteção à saúde, segurança social e estabilidade no emprego, além da garantia à não discriminação e acesso à qualificação e informação profissionais;

b) proteção ao salário, férias e sua respectiva remuneração, gozo de feriados, licenças previstas na CLT e faltas por doença;

c) segurança, higiene e saúde no trabalho observadas as disposições do art. 7º;

d) ressarcimento dos gastos extraordinários decorrentes das funções inerentes ao teletrabalho e não previstos na remuneração, observadas as disposições do art. 7º.

Parágrafo único. Em razão do caráter de controle de jornada aberta e, via de regra, de forma virtual, aos empregados teletrabalhadores não será contemplado o direito às horas extras, devendo a remuneração ajustar-se às horas normais de trabalho.

Art. 7º São deveres do empregado teletrabalhador:

a) habitualidade e pessoalidade na execução de suas funções;

b) informação periódica de acordo com as diretrizes empregatícias previamente estabelecidas, seja de forma *online* ou *offline*;

c) manutenção adequada dos equipamentos e materiais que lhe forem disponibilizados pelo empregador, bem como conservação e asseio do seu ambiente de trabalho, observadas as normas de segurança, higiene e saúde no trabalho;

d) prestação de contas quanto aos gastos ordinários e extraordinários decorrentes das funções inerentes à devida execução do trabalho.

Art. 8º O contrato de teletrabalho deverá ser escrito contemplando todos os direitos e deveres referenciados nesta Lei, bem como aqueles específicos à função que será exercida pelo empregado teletrabalhador, determinando, mesmo que em instrução de trabalho anexa, os bens a serem disponibilizados ao empregado e o local de trabalho, com indicação objetiva da carga horária, que não poderá ultrapassar a prevista na CLT.

Parágrafo único. A carga horária obedecerá ao disposto no art. 7º, inciso XIII, da Constituição Federal, sendo permitido o trabalho nos finais de semana, uma vez que se trata de jornada de trabalho aberta, sendo devidas, porém, as proporcionalidades referentes ao repouso semanal remunerado.

Art. 9º Nos casos de trabalho transnacional, deverá ser aplicada a lei do local da prestação do serviço, salvo disposição contratual em contrário.

Art. 10. Esta lei entra em vigor na data da sua publicação.

JUSTIFICAÇÃO

Abordagem constitucional.

A Constituição prevê em seu art. 7º, inciso XXVII, com relação aos trabalhadores, a "proteção em face da automação, na forma da lei". Trata-se de norma de eficácia contida, dependendo e incitando a criação de lei para sua regulamentação.

Uma vez admitido o caráter completamente inovador do teletrabalho, tem-se que existem apenas duas formas de lidar com a questão, sob um foco preventivo, visando à proteção às relações de trabalho ou se encara sua existência equiparando-o a formas de trabalho preexistentes, sempre submetendo a análise de questões controversas ao Judiciário ou se regulamenta de forma adequada e suficiente para dirimir os pontos controvertidos do tema de forma moderna e eficaz.

Interpretando-se o art. 7º da Constituição Federal supramencionado, observa-se claramente a preocupação e o interesse do Estado brasileiro em regulamentar as matérias de direito que possam representar risco ao trabalho. De antemão, observa-se que diante do avanço tecnológico inovador das relações de trabalho, a própria Constituição Federal já admite e reserva espaço para criação de lei específica sobre o tema.

Tem-se desde já o argumento inicial, motivador de projeto de lei que regulamente o teletrabalho: a Constituição de 1988 indica expressamente que deve existir lei específica sobre temas que digam respeito à proteção em face da automação.

Modernização dos meios de telecomunicação e informática.

Ressalta-se que o teletrabalho nada mais é do que uma inegável conseqüência da modernização tecnológica, gerando um avanço nos meios e sistemas de produção, que alteram a forma de realização do trabalho, senão o próprio trabalho. Sua conceituação é matéria de longos estudos sobre o tema, e como entendemos teletrabalho como atividade do trabalhador desenvolvida total ou parcialmente em locais distantes da sede principal da empresa, de forma telemática, é imprescindível considerar que para qualquer análise mais aprofundada sobre teletrabalho urge a existência de conhecimentos prévios do que vem a ser a referida 'forma telemática'.

A telemática é a comunicação a distância de um conjunto de serviços informáticos fornecidos através de uma rede de comunicações. É fruto da junção entre os recursos de telecomunicações (telefonia, satélite, cabo, fibras ópticas etc.) e da informática (computadores, periféricos, *softwares* e sistemas de rede). É através desse tipo de comunicação que se torna possível o processamento, a compressão, o armazenamento e a comunicação de grandes quantidades de dados (nos formatos de texto, imagem e som) em curto prazo de tempo, entre usuários de qualquer ponto do planeta.

A telemática pode ser definida como a área do conhecimento humano que reúne um conjunto e o produto da adequada combinação das tecnologias associadas à eletrônica, informática e telecomunicações aplicadas aos sistemas de comunicação e sistemas embarcados e que se caracteriza pelo estudo das técnicas para geração, tratamento e transmissão de informação na qual estão preservadas as características de ambas, porém apresentando novos produtos derivados destas.

É essencial a compreensão e a inserção no presente contexto dessa forma de comunicação, uma vez que ela será o principal vetor e mola propulsora da forma de trabalho aqui analisada.

Análise do Direito Comparado.

a) Estados Unidos.

Tendo em vista que o tema envolve as matizes do avanço tecnológico, bem como das telecomunicações, tem-se que os países mais desenvolvidos são exatamente os mesmos considerados pioneiros na abordagem do tema em voga.

Não poderia ser diferente com os Estados Unidos, grande pivô dos avanços tecnológicos de que somos testemunhas. É lá que o teletrabalho teve suas origens e vem se desenvolvendo de forma crescente até os dias atuais.

O que se observa nesse país é que mesmo antes de 1980, já havia aproximadamente 100 mil teletrabalhadores. Em 1995 houve a contabilização de 9,1 milhões de teletrabalhadores, e mais do que 13 milhões dois anos depois. Na realidade, o crescimento do teletrabalho mundial vem seguindo uma curva de epidemia: trata-se de curva amoldada que começa com crescimento anual bastante pequeno, e que, em seguida, cresce exponencialmente durante algum tempo. Depois, torna a reduzir a velocidade, e, por fim, se aproxima do valor máximo. O gráfico a seguir demonstra com clareza os dados assinalados anteriormente:

Importante ressaltar que os dados acima demonstram somente os teletrabalhadores, excluindo o trabalho em domicílio de forma geral. Considera apenas o trabalho em domicílio qualificado como teletrabalho.

b) Europa.

O mesmo ocorre com diversos países europeus, que já evoluíram bastante na discussão. O Código de Trabalho Português, por exemplo, já traz em seu bojo conceito de teletrabalho como sendo "a prestação laboral realizada com subordinação jurídica habitualmente fora da empresa do empregador e através do recurso da tecnologia de informação e de comunicação". A referida redação foi uma das definições na qual debruçamos nossos estudos para trazer no contexto da lei proposta, um conceito ajustado à realidade brasileira do que seja teletrabalho. Na realidade, em muito, inspirouse nos estudos europeus, uma vez que somos da opinião que na Europa o tema desenvolveu-se com mais propriedade, especialmente considerando o foco legislativo, alvo do nosso interesse no momento.

Em 2002, foi assinado um acordo sobre o teletrabalho em Bruxelas, elaborado pela Comissão Européia de Modernização das Relações de Emprego, atendendo ao disposto no art. 139 do Tratado da União Européia. Tal acordo definiu que os países-membros da União Européia deveriam encorajar o desenvolvimento do teletrabalho, em suas diversas formas, buscando sempre a melhoria na qualidade dos empregos, mediante a possibilidade da flexibilidade e segurança oferecidas por essa forma de labor. Ainda destaca que as relações de teletrabalho deveriam contemplar os mesmos direitos individuais e coletivos do empregador normalmente equiparado, observando-se identidade na carga horária e padrão de desempenho dos moldes tradicionais.

c) Evolução legislativa do teletrabalho no mundo.

Interessante, por fim, observar comparativamente como alguns países vêm tratando o tema em questão. Analisando o quadro abaixo, percebemos que já existe uma preocupação global na tratativa do tema, inclusive no que diz respeito à criação de leis específicas.

PAÍS	**RATIFICAÇÃO DA CONVENÇÃO N. 177 DA OIT**	**LEI DO TELETRABALHO**	**LEI DE CONTRATO** Á DOMICÍLIO	**LEI TRABALHISTA GERAL**
Argentina	Não	Não	Sim	Sim
Bélgica	Não	Não	Sim	Sim
Brasil	**Não**	**Não**	**Sim (CLT)**	**Sim**
Chile	Não	Não	Sim	Sim
Espanha	Não	Não	Sim	Sim
Itália	Não	Projeto de lei	Sim	Sim
Estados Unidos	Não	Alguns estados	Não	Sim
França	Não	Não	Sim	Sim
Finlândia	Sim (17/06/98)	Não	Não	Sim
Hong Kong	Não	Não	Sim	Sim
Irlanda	Sim (22/04/99)	Sim*	Sim	Sim
Japão	Não	Não	Sim	Sim

*Código de prática do teletrabalho

Com isso, nota-se claramente que o tema aqui esmiuçado é pertinente e necessário, uma vez que a evolução legislativa no que diz respeito ao teletrabalho tem merecido análise nas mais diversas áreas do globo, e deve ser considerado de extrema relevância nos países em que o uso de sistemas de telecomunicações e informática já se encontra amplamente difundido, como é o caso do Brasil.

d) Adoção do teletrabalho no Brasil.

Trazendo o tema para o contexto nacional, observa-se que o teletrabalho é uma realidade nas mais diversas empresas, não sendo adotado em maior escala pela falta de regulamentação. Esse é o argumento principal dos empregadores, que apontam falta de regras claras e específicas como principal empecilho para adoção do teletrabalho. Entretanto, e mesmo assim, muitas são as empresas que já incluem o trabalho *online* realizado em outros locais como forma regular de trabalho, estabelecida claramente a relação de emprego. A grande maioria reconhece a referida forma de trabalho como sendo uma espécie de *home office*, expressão em inglês que literalmente traduzida para o português seria 'escritório em casa'. Naquelas empresas em que tal forma de trabalho foi adotada, a experiência tem sido considerada de sucesso, uma vez balanceadas as vantagens e desvantagens que o envolvem.

Por se tratar de uma forma extremamente inovadora de trabalho, observa-se uma série de características, cuja análise e aprofundamento requerem rigor científico. E, da mesma forma, e talvez por essa mesma razão, para que haja regulamentação específica é necessário estudo criterioso e conclusivo sobre todos os pontos negativos e positivos para empregado, empregador e Estado, uma vez adotada tal modalidade de labor. Para isso, analisaremos, primeiramente, alguns aspectos relevantes inerentes ao teletrabalho.

e) Enquadramento do estudo do teletrabalho: relevância de estudos interdisciplinares e aspectos de Direito.

No teletrabalho, a comunicação do trabalhador com a empresa, ou com o tomador dos serviços, envolve, primordialmente, transferências de informações codificadas sob forma eletrônica, através do extenso uso das telecomunicações e da informática. Isso por si só já requereria maior atenção e certo entrosamento interdisciplinar, possibilitando assim melhor compreensão dos processos que envolvem esse tipo de trabalho. As telecomunicações e tecnologias de informação constituirão, cada vez mais, ferramentas indispensáveis ao desempenho do trabalho local ou remoto, quebrando barreiras geográficas e permitindo a partilha de informação num ambiente eletrônico mesmo que disperso.

Isso gera uma série de questionamentos sobre o tipo de informações que circularão em meios diversos daquele onde se espera encontrá-las, uma vez que não havendo controle total por parte da empresa, torna-se difícil restringir o acesso a determinados dados, especialmente por parte de quem mais acessar um dado computador ou terminal, quando ele se encontra no domicílio do empregado por exemplo.

Inclusive, esse é, sem dúvidas, o ponto crucial do dito 'trabalho a distância': o fato de que pode ser desempenhado em domicílio, em centros satélites ou sob forma de trabalho móvel, ressaltando muitos fatores de extrema importância e jamais vistos em nossa legislação, com enfoque à gama de considerações socioeconômicas a serem analisadas, em razão de ser uma forma de trabalho na qual se leva o trabalho aos trabalhadores, em vez de levá-los ao trabalho, com implicações nas concepções de espaço (desterritorialização) e de tempo (desprendido do aqui e agora). Daí a necessidade de aprofundamento, para delimitar as conseqüências dessa forma de trabalho no seio familiar e social, bem como, as peculiaridades econômicas que estarão envolvidas.

De antemão, observa-se que a crescente preocupação com a qualidade de vida justifica uma série de medidas de adaptação dos trabalhos tradicionais ao mundo moderno, provido de excelentes meios de comunicação, que possibilitam uma dinamização dos processos de um semnúmero de funções preexistentes, e outras advindas exatamente das oportunidades abertas com tais inovações. Entretanto essas ferramentas trouxeram facilidades, mas também criaram um senso de imediatismo não existente, além da inegável importância que ganhou a própria informação nos processos de trabalho. Thomas Thijssen, Diretor de Operações do Anton Dreesmann Institute for Infopreneurship, afirma que "está previsto que o centro das atenções não será mais os tradicionais fatores de produção (matérias primas, trabalho e capital), mas sim a informação. A diferença fundamental comparada com estes fatores de produção é que a informação não é um bem escasso, pelo contrário, existe em excesso".

É necessário encontrar um equilíbrio que favoreça a todos os envolvidos nos processos alcançados por essas novas tendências, considerando-se especialmente os efeitos dessa modalidade de trabalho sobre o trabalhador. Um breve adiantamento das conclusões doutrinárias já encontradas demonstra uma enorme prevalência de vantagens para o empregado que realize o trabalho dessa forma, ainda se existentes desvantagens a serem levadas em consideração. Porém alguns desses pontos positivos dizem respeito exatamente a uma melhoria considerável na qualidade de vida dos trabalhadores, bem como para todos em geral, influenciando positivamente desde o convívio familiar até o meio ambiente.

O fato é que o enfoque que se quer dar é que se deve ofertar uma legislação específica sobre o tema. E uma vez feitas as considerações acima, urge assinalar dois dos principais elementos precípuos e que, por si só, explicam a proposta legislativa em questão:

a) o crescente aumento de contratos de trabalho chamados *home office*, bem como a evolução tecnológica, tendo como vetores membros da iniciativa privada e pública, sendo já uma realidade a existência de telecentros públicos e privados.

b) a grande inovação trazida pelo tema, impossibilitando qualquer tipo de analogia legal, resultando assim na carência de regulamentação específica.

f) Vantagens e desvantagens da adoção do teletrabalho.

O estudo das vantagens e desvantagens do teletrabalho deverá ainda passar pelo crivo analítico do tempo. Afinal no Brasil ainda não foi observada experiência vasta suficiente para garantir a clareza das vantagens e desvantagens inerentes ao teletrabalho. Porém, numa perspectiva de projeção, e com base no que foi até o momento apurado, tem-se o seguinte quadro comparativo no que diz respeito aos aspectos positivos e negativos para o empregado:

Vantagens	Desvantagens
Aumento da autonomia	Dificuldade de separar a vida pessoal da profissional
Diminuição de riscos no trânsito bem como redução com gastos de transporte e combustível	Desafio em se adotar uma metodologia do trabalho sem a existência de elementos da empresa que garantam sua existência (superiores hierárquicos, colegas etc.)
Maior tempo livre para o lazer e dedicação à família	Dificuldade de adaptação para inserção no teletrabalho ou para desvencilhar-se deste
Aumento da empregabilidade de deficiente físicos e mulheres que já tenham ou pretendam ter filhos	Redução das possibilidades de socialização, privação no convívio social
Diminuição de gastos esparsos (vestuário, alimentação fora de casa etc.)	
Melhoria na qualidade de vida de maneira geral	Consequente dificuldade para associação e sindicalização

Nessa mesma seara, apresentamos o quadro comparativo de vantagens e desvantagens para o empregador:

Vantagens	Desvantagens
Aumento de produção	Dados sujeitos à invasão por pessoas estranhas
Redução dos custos imobiliários, de energia e demais despesas de estabelecimento	Dificuldades na fiscalização do ambiente de trabalho, impedindo assim a garantia de obediência a determinadas normas
Fim de problemas com relação a ausências ao trabalho por motivos externos (como greves de ônibus etc.)	Possibilidade de conflitos internos na empresa, entre os teletrabalhadores e os que não adotaram este sistema
Menor rotatividade no quadro de funcionários	

Vantagens	Desvantagens
Diminuição do número de afastamentos por problemas de saúde	
Empregados com formação cada vez mais especializada	Possibilidade de rompimento do vínculo de afeição entre empresa-empregado

Ainda é possível fazer uma comparação entre vantagens e desvantagens para o Estado:

Vantagens	Desvantagens
Diminuição do trânsito, evitando engarrafamentos e gastos com recuperação e construção de ruas e avenidas	Diminuição de contratação de mão de obra pouco especializada
Diminuição da poluição	Dificuldade de fiscalização
Criação de empregos em zonas isoladas	
Aumento de empregabilidade de deficientes físicos o que pode representar uma redução no número de pensionistas	

g) Análise da legislação brasileira preexistente e outras questões juridicamente relevantes.

Existe certa carência de tratamento legislativo que seja verdadeiramente apropriado a tratativa do tema, primeiro por ser uma modalidade de labor extremamente nova, e, segundo, por envolver uma série de características particulares, que devem ser propriamente analisadas de acordo com as possibilidades tecnológicas envolvidas no processo, bem como os fatores sócio-econômicos superficialmente apontados anteriormente.

No que tange aos aspectos jurídicos e legislativos, a questão principal sobre o tema é a jornada de trabalho e a responsabilidade pelo custeio da tecnologia e outros fatores de produção envolvidos, uma vez que o trabalho se dá fora do ambiente onde se espera que ocorra a produção. Tal fato, em um contrato de trabalho sem maiores particularidades, não ensejaria qualquer tipo de questionamento, pois definido em lei. Entretanto é exatamente o caráter particularíssimo desse tipo de labor que demanda uma regulamentação específica.

Contudo no Brasil não há ainda legislação direcionada exclusivamente ao tema, aplicando-se muitas vezes o art. 6º da CLT, que rege o trabalho em domicílio. É o que também fazem outros países sem regulamentação específica como Argentina, Bélgica, Chile, Espanha, Itália, Estados Unidos, Finlândia, França, Hong Kong, Japão e Irlanda. Entretanto, em todos esses países, já houve algum tipo de confrontação da necessidade de regramento, e estão desenvolvendo estudos voltados para o tema.

A legislação trabalhista pátria é até bastante moderna naquilo que diz respeito ao local da prestação de serviços, observada a regra do art. 6º da CLT:

"Art. 6º. Não se distingue entre o trabalho realizado no estabelecimento do empregador e o executado no domicílio do empregado, desde que esteja caracterizada a relação de emprego."

Ainda existe referência expressa no art. 83 da CLT, que dispõe:

"Art. 83. É devido o salário mínimo ao trabalhador em domicílio, considerado este como o executado na habitação do empregado ou em oficina de família, por conta de empregador que o remunere."

Porém, da análise dos artigos acima, observa-se que o art. 6º menciona apenas o desenvolvimento do trabalho em domicílio, não explicitando características que são imprescindíveis para a devida classificação como teletrabalho (utilização dos meios de telecomunicação e informática, desenvolvimento também a partir de telecentros ou de forma móvel etc.). No caso, mesmo se tratando de regra bastante moderna, deverá ser complementada para indicar que, para os fins de reconhecimento de vínculo empregatício no teletrabalho, aplicam-se às regras especiais, assim estabelecidas por lei específica.

Inicialmente pensamos em complementar a referida regra acrescendo ao artigo em voga redação indicativa da existência de lei específica em se tratando de teletrabalho. Ocorre, porém, que entendemos o teletrabalho com modalidade autônoma, muito embora espécie de trabalho que pode ter como gênero o trabalho em domicílio. O artigo não está incorreto ou carente de complementação específica. Basta levar-se em consideração que existem diversas formas de trabalho, cuja regulamentação encontra-se em leis específicas esparsas, muitas vezes anexadas à CLT.

Já que consideramos que o teletrabalho pode ser um tipo de trabalho em domicílio, entendemos pela manutenção da redação dos arts. 6º e 83 da CLT, pois acreditamos que a averiguação de existência de lei especial para tratar de dado tema é tarefa inerente ao intérprete da lei. E tal como ocorre com tantas modalidades laborativas, uma vez identificada lei especial, a regra genérica passa a ser preterida em razão de abordagem específica.

Ainda levamos em consideração questões relevantes às formas ditas normais de trabalho, e que são contempladas em qualquer contrato de trabalho, mas que, porém, poderiam vir a sofrer alterações quando confrontadas às realidades do teletrabalho.

Primeiramente, foi analisada a pertinência da aplicação do regime de horas extras no teletrabalho. Destarte a existência de modernos programas e *softwares* onde existe um controle de *log on*, tal controle não se mostra como suficiente e efetivo para que possa se garantir que a produção é proporcional a quantidade de horas utilizando-se a forma telemática, ou seja, não é possível auferir com segurança integral que o tempo despendido no equipamento será sinônimo de horas trabalhadas. Por isso optamos pela não adoção das horas extras, considerando-se o que denominamos de 'controle de jornada de trabalho aberta': nesse regime de controle, enquadra-se aqueles empregados que possuem subordinação branda, uma vez que devem possuir metas de produção ou tarefas bem especificadas, mas que não se encontram submetidos às horas habituais de serviço, uma vez que distantes do local esperado de produção.

Dessa forma, fica a critério do empregado a quantidade de horas a serem trabalhadas, podendo suprimir ou ultrapassar sua carga horária, em consonância com sua gestão pessoal de tempo. Não deixa de ser observado o art. 7º, inciso XIII, da Constituição Federal brasileira, no que diz respeito às limitações de carga horária diária e semanal, porém sob o enfoque de que o principal gestor das horas trabalhadas é o próprio empregado, e não a empresa. É nesse sentido a análise das decisões dos tribunais do trabalho sobre tema, como se observa da jurisprudência abaixo:

TRABALHO A DOMICÍLIO — INEXISTÊNCIA DE CONTROLE DE HORÁRIO — INDEVIDAS HORAS EXTRAS — O empregado que trabalha em seu próprio domicílio, sem qualquer controle de horário, não tem direito a horas extras. (Acórdão n. 120046238 — TRT 4ª R. — RO 00844.512/01-0 — 4ª T. — Rel. Juiz Ricardo Gehling — J. 19.12.2002).

HORAS EXTRAS — TRABALHO DOMICILIAR — Desempenhando as reclamantes suas funções em suas residências, no horário que fosse mais conveniente, resta impossível avaliar o período de tempo despendido, o que se alia à possibilidade de ser o trabalho realizado com auxílio de terceiros, assim incabível o pedido de horas extras (Acórdão n. 02970351077 — TRT 2ª R. — RO 02960071454 — 7ª T. — Rel. Juiz Gualdo Fórmica — J. 07.07.1997).

Observa-se que, no caso onde não há controle efetivo de jornada, não é pertinente o pagamento de horas extras.

Para que não haja abusos no que diz respeito aos critérios de produtividade a serem cobrados pelo empregador, estabeleceu-se a necessidade de descrição literal do trabalho a ser realizado em contrato de trabalho ou instrução de trabalho a ele anexada, numa tentativa de garantir assim a realização de trabalho condizente com uma carga horária normal, e cuja remuneração possa ser de alguma forma equiparada àquela praticada no local habitual de produção da empresa.

Obviamente o critério de não pagamento de horas extras não é absoluto, e uma vez que reste comprovado que o trabalho realizado ultrapassava com habitualidade a carga horária normal esperada, devem ser pagas. Entretanto o simples trabalho realizado fora do local de produção da empresa já afasta a possibilidade de prova por parte do empregador, o que nos leva à opinião que o ônus da prova deve ser de responsabilidade do reclamante nos casos em que for requerido o pagamento de horas extras, seguindo as linhas de raciocínio demonstradas no acórdão abaixo transcrito:

HORAS EXTRAS. EMPREGADO DA ELETROLUX. ATIVIDADE DE ATENDIMENTO AOS CONSUMIDORES. INAPLICABILIDADE NO CASO DO DISPOSTO NO ART. 62,1, DA CLT. Sujeição a horário de trabalho caracterizada. Ausência de incompatibilidade entre a natureza do trabalho desenvolvido e a fixação de horário de trabalho. Horas extras devidas, inclusive no período em que a empresa fechou o estabelecimento em Porto Alegre e o trabalho, sem alteração de conteúdo e extensão, passou a ser prestado "a domicílio". O trabalho no sistema chamado home office não afasta, em princípio, o direito do trabalho à limitação legal da duração da jornada. Horas extras fixadas em consonância com o que restou autorizado pela prova dos autos. Sentença reformada em parte. Recursos das partes providos parcialmente (Acórdão n. 01210-2002-020-04-00-8 TRT 4ª R. — 7ª T. — Rel. Juiz Flávio Portinho Sirangelo — J. 09.08.2006).

No que diz respeito aos demais direitos trabalhistas, tais como repouso semanal remunerado, intervalo intrajornada, benefícios em geral, associação a sindicatos, férias, dentre outros, tem-se que deverão ser contemplados, pois o fato do trabalhador não executar seus serviços na sede da empresa não exclui nenhum desses direitos. Devem-se entender tais direitos como prerrogativas de todos os trabalhadores, mesmo que sua carga horária tenha regime diferenciado. Assim sendo, deve haver pagamento proporcional que os contemple, ainda que não haja controle efetivo de sua realização ou não. Logo entender-se-á que tais direitos estão sendo gozados pelo empregado que gere seus próprios horários.

No que diz respeito aos benefícios em geral (*ticket* alimentação, vale transporte etc.), deverão os teletrabalhadores empregados observar que ao eleger essa forma de trabalho estão abrindo mão de determinadas vantagens em detrimento de outras. É claro que um empregado que se dirige a um telecentro deve receber os mesmos benefícios que um empregado que trabalha na sede da empresa recebe. Porém se o mesmo trabalha em casa, via de regra, não há necessidade de pagamento de vale transporte, por exemplo. Cada caso deverá ser analisado e firmado em contrato de forma explícita.

h) Relevância dos estudos da SOBRATT — Sociedade Brasileira de Teletrabalho e Teleatividade.

Existem no Brasil alguns estudos, inclusive jurídicos, já desenvolvidos ou em desenvolvimento sobre o teletrabalho, dando-se destaque aqueles realizados pela SOBRATT — Sociedade Brasileira de Teletrabalho e Teleatividade, fundada em 1999.

A SOBRATT é uma sociedade civil de direito privado, sem fins lucrativos, que tem por escopo o estudo, a promoção e o desenvolvimento do teletrabalho e das teleatividades, especialmente no que diz respeito ao comércio eletrônico e a educação a distância.

Sua proposta envolve a promoção de estudos, pesquisa, eventos, produtos e serviços para o desenvolvimento do teletrabalho e da teleatividade, no contexto da ética e do desenvolvimento socioeconômico, bem como a promoção e o incentivo ao contato entre os seus sócios, providenciado o apoio para as necessárias trocas de idéias e experiências entre eles, e deles com entidades que possam fornecer formação específica na área. Ainda visa proceder à divulgação periódica das diversas iniciativas locais, regionais ou nacionais efetuadas e a efetuar no âmbito da promoção e apoio ao teletrabalho e de teleatividades, bem como promover o relacionamento com organizações públicas e privadas, nacionais e estrangeiras que visem prosseguir as mesmas finalidades.

Acreditamos que a referida sociedade pode ser uma grande aliada, juntamente com as empresas que adotam o referido sistema de trabalho, para troca conjunta de experiências que amadureçam a regulamentação ora proposta, visando a melhoria integral do sistema legislativo pátrio.

Sala das Sessões, em de de 2008.

Deputado LUIZ PAULO VELLOZO LUCAS

2008_14853_Luiz Paulo Vellozo Lucas

PROJETO DE LEI N. 4.793, DE 2012

Acrescenta art. 457-B à Consolidação das Leis do Trabalho-CLT dispondo sobre a remuneração do trabalho exercido à distância ou no domicílio do empregado.

O Congresso Nacional decreta:

Art. 1º A Consolidação das Leis do Trabalho-CLT, aprovada pelo Decreto-lei n. 5452, de 1º de maio de 1943, passa a vigorar acrescida do seguinte art. 457-B:

"Art. 457-B. As regras para a remuneração do trabalho exercido a distância ou no domicílio do empregado serão definidas em contrato individual de trabalho, convenção ou acordo coletivo de trabalho".

Art. 2º Esta lei entra em vigor na data de sua publicação.

JUSTIFICAÇÃO

O trabalho a distância ou no domicílio do trabalhador vem crescendo exponencialmente nas últimas décadas. Em grande parte trata-se de trabalho autônomo, regulado pela legislação sobre prestação de serviços.

No entanto, parte significativa dos que trabalham a distância o fazem sob os mesmos pressupostos do contrato de trabalho regido pela CLT: pessoalidade, subordinação e não eventualidade.

São comuns os casos em que a atividade do empregado é realizada sempre em casa ou em plataformas de trabalho, ainda que vez por outra ele compareça na sede da empresa.

Há também os casos em que o empregado cumpre sua jornada na empresa e é acionado após o horário normal por diversos meios, inclusive telemáticos.

Buscando dar um mínimo de garantia a esses trabalhadores foi editada a Lei n. 12.551/2011, que deu ao art. 6º da CLT, a seguinte redação:

"Art. 6º Não se distingue entre o trabalho realizado no estabelecimento do empregador, o executado no domicílio do empregado e o realizado a distância desde que estejam caracterizados os pressupostos da relação de emprego.

Parágrafo único. Os meios telemáticos e informatizados de comando, controle e supervisão se equiparam, para fins de subordinação jurídica, aos meios pessoais e diretos de comando, controle e supervisão do trabalho alheio".

No entanto, a Lei em tela não fixou regras para o cálculo da remuneração dessa nova forma de trabalho, nem poderia fazê-lo, em razão das peculiaridades dos setores de atividade, das profissões, dos horários etc.

Esse fato tem aumentado exponencialmente o número de reclamações trabalhistas solicitando horas extras, adicionais noturnos e de insalubridade, fins de semanas remunerados etc.

Como não há critério objetivo fixado em lei, as decisões têm se revelado as mais díspares possíveis, gerando indesejável insegurança jurídica em áreas sensíveis da economia brasileira.

São essas as razões por que contamos com a aprovação do presente projeto de lei.

Sala das Sessões, em de de 2012.

Deputado CARLOS BEZERRA

2012_8836

PROJETO DE LEI N. 4653 DE 2016

Altera a Lei n. 12.551, de 15 de dezembro de 2011 que alterou o art. 6º da Consolidação das Leis do Trabalho (CLT), aprovada pelo Decreto-Lei n. 5.452, de 1º de maio de 1943, para *equiparar os efeitos jurídicos da subordinação exercida por meios telemáticos e informatizados à exercida por meio pessoais e diretos.*

O Congresso Nacional decreta:

Art. 1º. O art. 1º da Lei n. 12.551, de 15 de dezembro de 2011 que alterou o art. 6º da Consolidação das Leis do Trabalho (CLT), aprovada pelo Decreto- Lei n. 5.452, de 1º de maio de 1943, passa a vigorar com a seguinte alteração:

"Art. 6º Não se distingue entre o trabalho realizado no estabelecimento do empregador, o executado no domicílio do empregado e o realizado a distância, desde que estejam caracterizados os pressupostos da relação de emprego.

§ 1º Os meios telemáticos e informatizados de comando, controle e supervisão se equiparam, para fins de subordinação jurídica, aos meios pessoais e diretos de comando, controle e supervisão do trabalho alheio." (NR)

§ 2º O empregador deve proporcionar ao teletrabalhador formação específica para efeitos de utilização e manuseamento das tecnologias de informação e de comunicação necessárias ao exercício da respectiva prestação laboral.

Art. 2º Esta lei entra em vigor na data de sua publicação. Art. 3º Revogam-se as disposições em contrário.

JUSTIFICATICA

O Presente projeto de lei tem por finalidade Alterar a Lei nº Altera a Lei n. 12.551, de 15 de dezembro de 2011 que alterou o art. 6º da Consolidação das Leis do Trabalho (CLT), aprovada pelo Decreto-Lei n. 5.452, de 1º de maio de 1943, **para equiparar os efeitos jurídicos da subordinação exercida por meios telemáticos e informatizados à exercida por meio pessoais e diretos, pelos motivos apresentados:**

O teletrabalho tem vindo a ganhar importância como componente de uma solução para problemas das comunidades do Mundo de hoje, designadamente o emprego, mobilidade, poluição, competitividade, redução de riscos nos transportes, contribuindo para uma maior segurança, de entre outras.

A implementação do teletrabalho nas empresas, de forma direta leva a que aquelas possam beneficiar, por exemplo, com o seguinte:

- Diminuição do espaço físico e respectivo equipamento de mobiliário e sua conservação;

- Redução dos custos inerentes com a eletricidade, água, ar condicionado, aquecimento, conservação do equipamento, serviços de limpeza;

- Menor custo com o seguro e renda do imóvel ou sua eliminação;

- Diminuição do ruído, provocado pelo trabalho desenvolvido e inerente aos trabalhadores em sala e sua movimentação, originando em aumento de produtividade e porque não, numa proximidade entre os vários sectores produtivos;

- Maior flexibilidade do PNT (período normal de trabalho), em benefício de ambas as partes.

O teletrabalhador poupa o equivalente a três semanas de trabalho por não estar nas longas filas de automóveis nas horas de ponta casa-emprego-casa. Além disso, pode trabalhar sem ser interrompido, o que é uma vantagem incrível. Pode, ainda, dar o seu máximo nas horas em que é mais produtivo - por exemplo, à noite é, para muitos trabalhadores, o período em que são capazes de produzir mais e melhor trabalhar.

As empresas têm uma grande vantagem, em optar por esta forma descentralizada de existir:

- Se há um fogo ou uma catástrofe qualquer, a empresa não pára;

- Os teletrabalhadores, em suas casas ou nos centros de teletrabalho, encarregam-se de manter a empresa a funcionar.

Concluindo:

- Temos despoluição do ambiente;

- Redução drástica ou eliminação do *stress*;

- Diminuição do isolamento de familiares dependentes;

- Delegação de poder;

- Redução de custos;

- Resolução de problemas de espaço, para as instalações da empresa;

- Diminuição da poluição das instalações;

- Menor perturbação no trabalho;

- Possibilidade de processamento mais rápido da informação - permite estar em contato com todo o mundo;

- Possibilidade de maior qualidade e melhor planificação do trabalho;

- As equipas trabalham melhor;

- Sabem auto gerir-se;

- Mais especializados e polivalentes.

A implementação do teletrabalho nas empresas, de forma directa leva a que aquelas possam beneficiar, por exemplo, com o seguinte:

- Diminuição do espaço físico e respectivo equipamento de mobiliário e sua conservação;

- Redução dos custos inerentes com a electricidade, água, ar condicionado, aquecimento, conservação do equipamento, serviços de limpeza;

- Menor custo com o seguro e renda do imóvel ou sua eliminação;

- Diminuição do ruído, provocado pelo trabalho desenvolvido e inerente aos trabalhadores em sala e sua movimentação, originando em aumento de produtividade e porque não, numa proximidade entre os vários sectores produtivos;

- Maior flexibilidade do PNT (período normal de trabalho), em benefício de ambas as partes.

Neste sentido, solicito o apoio dos nobres pares para a aprovação da presente proposta.

Brasília,   de março de 2016.

DEPUTADO CLEBER VERDE

PRB/MA

PROJETO DE LEI N. 8501, DE 2017

Altera a Consolidação das Leis do Trabalho (CLT) para revogar o teletrabalho.

O Congresso Nacional decreta:

Art. 1º Esta lei modifica a Consolidação das Leis do Trabalho, aprovada pelo Decreto-lei n. 5.452, de 1º de maio de 1943, para revogar o teletrabalho.

Art. 2º O inciso VIII do art. 611-A da Consolidação das Leis do Trabalho, acrescido pela Lei n. 13.467, de 13 de julho de 2017, passa a vigorar com a seguinte redação:

Art. 611-A. ....

VIII — regime de sobreaviso;

.... (NR)

Art. 3º Revoguem-se o inciso III do art. 62 e o Capítulo II-A do Título II da Consolidação das Leis do Trabalho, acrescidos pela Lei n. 13.467, de 13 de julho de 2017.

Art. 4º Esta lei entra em vigor na data de sua publicação.

JUSTIFICAÇÃO

A "reforma trabalhista" recentemente aprovada traz consequências nefastas para a classe trabalhadora, uma vez que se fundamentou na agenda conservadora do atual e ilegítimo governo. Sob a justificativa de que visa à modernização das relações de trabalho, a Lei n. 13.467, de 13 de julho de 2017, resultou na precarização da situação dos trabalhadores, com a redução do custo do trabalho para as empresas.

Uma das inovações acrescidas à Consolidação das Leis do Trabalho — CLT pela dita "reforma" foi a figura do teletrabalho, que, nos termos do art. 75-B, é a "*prestação de serviços preponderantemente fora das dependências do empregador, com a utilização de tecnologias de informação e de comunicação que, por sua natureza, não se constituam como trabalho externo*".

A regulamentação do teletrabalho se afigura como uma clara intenção de desvirtuar os termos até então vigentes na CLT, segundo a qual, em seu art. 6º, "*não se distingue entre o trabalho realizado no estabelecimento do empregador, o executado no domicílio do empregado e o realizado a distância, desde que estejam caracterizados os pressupostos da relação de emprego*" para concluir que "*os meios telemáticos e informatizados de comando, controle e supervisão se equiparam, para fins de subordinação jurídica, aos meios pessoais e diretos de comando, controle e supervisão do trabalho alheio*".

A ideia contida no teletrabalho é justamente a de descaracterizar a subordinação do trabalhador nesse regime de trabalho. De início, a nova lei exclui da Seção relativa à jornada de trabalho "os empregados em regime de teletrabalho" (inciso III do art. 62), para, em seguida, discipliná-lo em um capítulo específico. Esse o motivo pelo qual a legislação não prevê nenhuma espécie de controle da jornada de teletrabalho.

O simples fato de o trabalho ser realizado fora do ambiente da empresa não gera o direito a que não haja controle do tempo à disposição do empregador, como, aliás, está previsto no art. 6º da norma consolidada. Pelo contrário, não há na nova lei qualquer garantia de direito à desconexão por parte do empregado, o que permite concluir que ele estará indefinidamente à disposição do empregador, sem que haja o consequente pagamento das horas extraordinárias.

Além disso, a legislação submete à livre negociação entre as partes a responsabilidade pelo custeio das despesas decorrentes do teletrabalho (art. 75-D). **Desse modo, o contrato poderá prever que é da responsabilidade do empregado a aquisição dos meios para realização do trabalho. Temos aqui uma clara inversão do risco da atividade empresarial, que** é **transferida do empregador para o empregado.**

Em suma, o regramento previsto para o teletrabalho representa um manifesto prejuízo aos trabalhadores, que muitas vezes se submeterão às exigências do empregador para manter o seu emprego, tornando evidente a sua condição de polo mais fraco na relação empregatícia.

Estando evidente o interesse público da matéria, estamos certos de que contaremos com o apoio necessário para a aprovação do projeto de lei que ora submetemos aos nossos ilustres Pares.

Sala das Sessões, em de de 2017.

Deputado MARCO MAIA

PROJETO DE LEI N. 10.823 , DE 2018

Revoga os arts. 75-A a 75-E, do Capítulo II-A (Do Teletrabalho) da Consolidação das Leis do Trabalho — CLT, aprovada pelo Decreto-lei n. 5.452, de 1º de maio de 1943.

O Congresso Nacional decreta:

Art. 1º Esta lei revoga os arts. 75-A a 75-E, do Capítulo II-A (Do Teletrabalho) da Consolidação das Leis do Trabalho — CLT, aprovada pelo Decreto-lei n. 5.452, de 1º de maio de 1943.

Art. 2º Esta lei entra em vigor na data de sua publicação.

JUSTIFICAÇÃO

A reforma trabalhista do governo Temer, instituída por meio da Lei n. 13.467, de 2017, instituiu, por meio dos arts. 75-A a 75-E, o regime do teletrabalho. O objetivo da medida nada mais é do que "legalizar", com roupagem moderna e tecnológica, uma relação de subordinação dos tempos da manufatura, em que o trabalhador era submetido a jornadas estafantes em seu próprio domicílio, longe, portanto, dos olhos da fiscalização trabalhista.

Não se pode admitir, em pleno século XXI, a introdução de uma forma contratual que torna absolutamente precária a relação de trabalho.

Por todo o exposto, solicitamos o apoio dos Deputados e Deputadas à aprovação deste projeto de lei.

Sala das Sessões, em 04 de setembro de 2018.

Deputado NELSON PELLEGRINO

PROJETO DE LEI N. 5772 DE 2019

Altera os art. 75-E da Consolidação das Leis do Trabalho, aprovada pelo Decreto-Lei n. 5.452, de 1º de maio de 1943.

O CONGRESSO NACIONAL decreta:

Art. 1º O art. 75-E da Consolidação das Leis do Trabalho, aprovada pelo Decreto-Lei n. 5.452, de 1º de maio de 1943, passa a vigorar com as seguintes alterações, renumerando o atual parágrafo único para § 1º:

"Art. 75-E. ....

§ 1º. ....

§ 2º. O termo de compromisso mencionado no § 1º não exime a responsabilidade do empregador:

I — quando for evidenciada a sua culpa na ocorrência das doenças e acidentes do trabalho; e

II — se, mesmo observada as instruções de que trata o caput, restar demonstrada a relação de causalidade entre a atividade laboral e as doenças e acidentes do trabalho." (NR)

Art. 2º Esta Lei entra em vigor na data da sua publicação.

JUSTIFICAÇÃO

A prestação de serviços no regime de teletrabalho tem se tornado cada vez mais presente em face da constante inovação tecnológica. Serviços antes só prestados no ambiente formal de trabalho, agora podem ser realizados da própria residência do empregado, o que acaba por trazer algumas vantagens, a exemplo da comodidade do trabalhador não ter de conviver com o trânsito cotidiano das grandes cidades, bem como a possível flexibilização do horário laboral.

Todavia, em que pesem esses benefícios, é certo que a regulamentação trazida pela Lei n. 13.647, de 13 de julho de 2017, que incluiu os arts. 75-A a 75-E na CLT, acabou por trazer riscos à precarização das relações do trabalho. E uma das regras que precisa ser revista urgentemente é o atual art. 75-E da CLT.

O caput desse artigo estabelece como obrigação do empregador instruir os seus empregados, de maneira expressa e ostensiva, quanto às precauções a serem tomadas a fim de evitar doenças e acidentes de trabalho, na hipótese em que for adotada a modalidade de teletrabalho.

Conquanto aparentemente se trate de uma norma de cunho protetivo, o parágrafo único do mesmo artigo trouxe regra obrigando o empregado a assinar termo de responsabilidade comprometendo-se a seguir as referidas instruções fornecidas pelo empregador.

Com essa regra, o que se verifica é uma tentativa de isentar o empregador pelos eventuais acidentes e doenças do trabalho aos quais está sujeito o trabalhador. Como se a simples instrução fosse suficiente para a não ocorrência de acidentes e doenças relativas ao trabalho.

Objetivando evitar maiores prejuízos à saúde do trabalhador brasileiro, apresentamos a presente emenda para incluir um novo parágrafo no art. 75-E, esclarecendo que o termo de compromisso firmado pelo empregado não exime a responsabilidade do empregador quando for demonstrada sua culpa para a ocorrência das doenças e acidentes do trabalho.

Além disso, o termo de compromisso também não deve eximir a responsabilidade do empregador quando restar evidenciada a causalidade entre a atividade laboral e as doença e acidentes frutos do trabalho. Até porque, se a própria natureza da atividade é propícia a trazer doenças incapacitantes, não é de bom grado admitir prejuízo a saúde do empregado com a isenção do empregador de sua responsabilidade.

Pelas razões expostas, na certeza de que saúde e trabalho são pautas de interesse de todos, esperamos contar com o apoio dos nobres colegas para a aprovação da presente iniciativa.

Sala das Sessões, de 2019.

Deputado AFONSO MOTTA PDT — RS

PROJETO DE LEI N. 561, DE 2019

(DA COMISSÃO DE SEGURIDADE SOCIAL E FAMÍLIA)

Acrescenta artigo à Consolidação das Leis do Trabalho, aprovada pelo Decreto-lei n. 5.452, de 1º de maio de 1943, para dispor **sobre a prioridade para prestação de serviços em regime de teletrabalho aos empregados que tenham filhos com idade igual ou inferior a 3 (três) anos.**

O Congresso Nacional decreta:

Art. 1º O Capítulo II-A do Título II da Consolidação das Leis do Trabalho, aprovada pelo Decreto-lei n. 5.452, de 1º de maio de 1943, passa a vigorar acrescida do seguinte artigo:

"Art. 75-F. Os empregados que tenham filhos com idade igual ou inferior a 3 (três) anos terão prioridade para a prestação de serviços em regime de teletrabalho."

Art. 2º Esta lei entra em vigor na data de sua publicação.

JUSTIFICAÇÃO

Este projeto de lei é fruto dos trabalhos da Subcomissão Especial de Adoção, Pedofilia e Família, criada no âmbito da Comissão de Seguridade Social e Família.

Durante os trabalhos da Subcomissão, percebemos a importância de promover políticas de conciliação entre família e trabalho, reforçando o papel do pai na responsabilidade dos cuidados com os filhos, assim como das tarefas de casa.

Nossa proposta é incluir um artigo na Consolidação das Leis do Trabalho, concedendo aos pais e mães que tenham filhos com idade de até três anos prioridade para a prestação de serviços em regime de teletrabalho. Com isso, aumentaremos a possiblidade de convívio familiar, em especial nessa fase em que a criança, que chegou para completar a nova família, precisa tanto de atenção.

Acreditamos que este projeto, em conjunto com outras propostas decorrentes dos trabalhos na Subcomissão Especial de Adoção, Pedofilia e Família, em especial a proposta de emenda à Constituição que regulamenta a licença parental, contribuirá para o maior equilíbrio nas relações trabalho-família e para a redução da discriminação contra a mulher no mercado de trabalho.

Diante do exposto, pedimos aos nobres Colegas apoio para a sua aprovação.

Sala das Sessões, em 17 de dezembro de 2019.

Deputado Antonio Brito Presidente

PROJETO DE LEI N. 655, DE 2020

Acrescenta o art. 169-A à Consolidação das Leis do Trabalho — CLT, para **obrigar as empresas a adotar medidas de proteção dos trabalhadores em situação de emergência em saúde pública.**

O Congresso Nacional decreta:

Art. 1º A Consolidação das Leis do Trabalho, aprovada pelo Decreto-lei n. 5.452, de 1º de maio de 1943, passa a vigorar com o acréscimo do seguinte art. 169-A:

"Art. 169-A. Em situação de emergência em saúde pública, as empresas deverão adotar, entre outras, as seguintes medidas de proteção dos trabalhadores, observadas as diretrizes da autoridade sanitária:

I — prestação dos serviços em domicílio ou em regime de teletrabalho;

II — flexibilização dos horários de trabalho, a fim de possibilitar a redução do número de pessoas no mesmo ambiente e a utilização de transportes públicos fora dos horários de pico;

III — fornecimento de equipamentos de proteção individual e materiais de higiene adequados ao enfrentamento da situação emergencial;

IV — restrições ao exercício de atividades que elevem os riscos de contaminação;

V — restrições ao uso de ambientes que elevem os riscos de contaminação, tais como espaços sem ventilação natural ou com aglomeração de pessoas;

VI — restrições ao compartilhamento de instrumentos de trabalho;

VII — restrições ao acesso e à circulação de pessoas nos ambientes;

VIII — substituição de reuniões físicas por videoconferências;

IX — outras providências recomendadas pela autoridade sanitária.

Parágrafo único. Quando a medida prevista no inciso I deste artigo não puder ser dirigida a todos, deverá ser concedida ao maior número de empregados possível, com prioridade para os empregados integrantes de grupos de risco e para os que tenham sob seus cuidados e dependência pessoa integrante de grupo de risco."

Art. 2º Esta Lei entra em vigor na data de sua publicação.

JUSTIFICAÇÃO

A pandemia de COVID-19, doença causada pelo novo coronavírus, evidencia a importância de que as empresas estejam preparadas para adotar medidas de proteção dos trabalhadores em situação de emergência em saúde pública.

A ação preventiva dos empregadores, nesse sentido, é fundamental para conter a propagação de doenças infecciosas, em benefício dos trabalhadores, dos empresários e de toda a humanidade.

No caso da COVID-19, assusta-nos a alta transmissibilidade do vírus, que, em poucos meses, disseminou-se por todo o mundo. Especialistas têm ressaltado que, para conter a doença, é indispensável reduzir ao máximo o contato pessoa-a-pessoa. Por isso, eventos de diversas naturezas têm sido cancelados, escolas e estabelecimentos comerciais têm sido fechados.

Mas um dos maiores desafios refere-se ao trabalho: como evitar o contato de pessoas no ambiente laboral e nos transportes que utilizam para chegar ao local de trabalho?

Sabemos que, quando necessário, devem ser adotadas pelas autoridades competentes providências drásticas, até mesmo a proibição de abertura de estabelecimentos empresariais. Mas, antes disso, há medidas menos gravosas que já poderiam estar sendo amplamente praticadas pelas empresas.

O teletrabalho e o trabalho em domicílio, por exemplo, são alternativas que permitem a continuidade dos serviços de forma segura. A importância das discussões com os empregadores sobre trabalho remoto e padrões flexíveis de trabalho foi inclusive destacada em relatório da Organização Mundial de Saúde sobre a COVID-19.(823)

Além disso, há inúmeras providências que podem ser tomadas pelas empresas (especialmente por aquelas cujas atividades não possam ser realizadas remotamente) com o fim de proteger seus trabalhadores e, assim, contribuir para a efetiva contenção de doenças.

Atentos a essa situação, estamos propondo a inclusão de dispositivo na Consolidação das Leis do Trabalho que obrigue as empresas a adotar, entre outras, as seguintes medidas de proteção dos trabalhadores, observadas as diretrizes da autoridade sanitária:

I — prestação dos serviços em domicílio ou em regime de teletrabalho;

II — flexibilização dos horários de trabalho, a fim de possibilitar a redução do número de pessoas no mesmo ambiente e a utilização de transportes públicos fora dos horários de pico;

III — fornecimento de equipamentos de proteção individual e materiais de higiene adequados ao enfrentamento da situação emergencial;

IV — restrições ao exercício de atividades que elevem os riscos de contaminação;

V — restrições ao uso de ambientes que elevem os riscos de contaminação, tais como espaços sem ventilação natural ou com aglomeração de pessoas;

VI — restrições ao compartilhamento de instrumentos de trabalho;

VII — restrições ao acesso e à circulação de pessoas no ambientes;

VIII — substituição de reuniões físicas por videoconferências;

IX — outras providências recomendadas pela autoridade sanitária. Ante o exposto, pedimos o apoio dos Parlamentares para aaprovação da matéria.

Sala das Sessões, em de de 2020.

Deputada SHÉRIDAN

PROJETO DE LEI N. 1247, DE 2020

Isenta do IPI e reduz a zero as alíquotas da Contribuição para o PIS/Pasep e da Cofins para aquisições de equipamentos de informática por trabalhadores que comprovadamente trabalhem na modalidade de teletrabalho, trabalho remoto ou outro tipo de trabalho a distância.

O Congresso Nacional decreta:

Art. 1º Até 31 de dezembro de 2020, ficam isentos do Imposto sobre Produtos Industrializados — IPI, quando adquiridos por pessoa física que comprove laborar na modalidade de teletrabalho, trabalho remoto ou outro tipo de trabalho a distância:

I — unidades de processamento digital classificadas no código 8471.50.10 da Tabela de Incidência do Imposto sobre Produtos Industrializados — TIPI, aprovada pelo Decreto n. 8.950, de 29 de dezembro de 2016;

---

(823) Disponível em https://www.who.int/docs/default-source/coronaviruse/situation-reports/20200305-sitrep-45-covid-19.pdf?sfvrsn=ed2ba78b_2, pág. 3.

II — máquinas automáticas para processamento de dados, digitais, portáteis, de peso inferior a 3,5Kg (três quilos e meio), com tela (écran) de área superior a 140 cm² (cento e quarenta centímetros quadrados), classificadas nos códigos 8471.30.12, 8471.30.19 ou 8471.30.90 da TIPI;

III — máquinas automáticas para processamento de dados, apresentadas sob a forma de sistemas, do código 8471.49 da TIPI, contendo exclusivamente 1 (uma) unidade de processamento digital, 1 (uma) unidade de saída por vídeo (monitor), 1 (um) teclado (unidade de entrada), 1 (um) mouse (unidade de entrada), classificados, respectivamente, nos códigos 8471.50.10, 8471.60.7, 8471.60.52 e 8471.60.53 da TIPI;

IV — teclado (unidade de entrada) e mouse (unidade de entrada) classificados, respectivamente, nos códigos 8471.60.52 e 8471.60.53 da TIPI, quando acompanharem a unidade de processamento digital classificada no código 8471.50.10 da TIPI.

§ 1º O disposto neste artigo somente se aplica aos bens produzidos no País segundo processo produtivo básico estabelecido pelo Poder Executivo.

§ 2º A isenção de que trata este artigo somente pode ser utilizada uma única vez.

Art. 2º Até 31 de dezembro de 2020, ficam reduzidas a 0 (zero) as alíquotas da Contribuição para o PIS/Pasep e da Cofins incidentes sobre a receita bruta de venda a varejo dos seguintes produtos, quando adquiridos por pessoa física que comprove laborar na modalidade de teletrabalho, trabalho remoto ou outro tipo de trabalho a distância:

I — unidades de processamento digital classificadas no código 8471.50.10 da Tabela de Incidência do Imposto sobre Produtos Industrializados — TIPI, aprovada pelo Decreto n, 8.950, de 29 de dezembro de 2016;

II — máquinas automáticas para processamento de dados, digitais, portáteis, de peso inferior a 3,5Kg (três quilos e meio), com tela (écran) de área superior a 140 cm² (cento e quarenta centímetros quadrados), classificadas nos códigos 8471.30.12, 8471.30.19 ou 8471.30.90 da TIPI;

III — máquinas automáticas para processamento de dados, apresentadas sob a forma de sistemas, do código 8471.49 da TIPI, contendo exclusivamente 1 (uma) unidade de processamento digital, 1 (uma) unidade de saída por vídeo (monitor), 1 (um) teclado (unidade de entrada), 1 (um) mouse (unidade de entrada), classificados, respectivamente, nos códigos 8471.50.10, 8471.60.7, 8471.60.52 e 8471.60.53 da TIPI;

IV — teclado (unidade de entrada) e mouse (unidade de entrada) classificados, respectivamente, nos códigos 8471.60.52 e 8471.60.53 da TIPI, quando acompanharem a unidade de processamento digital classificada no código 8471.50.10 da TIPI.

§ 1º O disposto neste artigo somente se aplica aos bens produzidos no País segundo processo produtivo básico estabelecido pelo Poder Executivo.

§ 2º A redução de alíquota de que trata este artigo somente pode ser utilizada uma única vez.

Art. 3º Os benefícios fiscais de que tratam os arts. 1º e 2º serão reconhecidos pela Secretaria da Receita Federal do Brasil, mediante prévia verificação de que o adquirente preenche os requisitos previstos nesta Lei.

Art. 4º A alienação dos produtos adquiridos nos termos desta Lei, antes de 1 (um) ano contado da data da sua aquisição, acarretará o pagamento pelo alienante dos tributos dispensados acompanhados de juros moratórios e multa de ofício.

Art. 5º Fica assegurada a manutenção do crédito do IPI relativo às matérias-primas, aos produtos intermediários e ao material de embalagem efetivamente utilizados na industrialização dos produtos referidos no art. 1º desta Lei.

Art. 6º Esta Lei entra em vigor na data de sua publicação.

JUSTIFICAÇÃO

Este projeto de lei traz medida urgente para amenizar consequências da pandemia de coronavírus (Covid-19) para os brasileiros: a redução dos custos dos equipamentos de informática para os empregados colocados em teletrabalho.

Em virtude do isolamento social exigido no combate à doença, milhares de trabalhadores foram colocados no regime de trabalho a distância, em que devem continuar prestando serviços em suas residências usando seus próprios computadores. Ora, é sabido que o custo dos equipamentos de informática é altíssimo no Brasil, em especial pela alta carga tributária sobre eles incidente.

Como medida emergencial, propomos a retirada dos tributos federais sobre o consumo incidentes sobre esses produtos até o final do ano de 2020. Para evitar abusos, e garantir que o benefício seja usado apenas para o propósito que foi criado, permitimos que cada trabalhador se utilize do incentivo apenas uma vez e criamos barreiras para que o equipamento não seja vendido antes de um ano. E para fomentar o crescimento da indústria nacional de eletrônicos, limitamos a benesse fiscal para os equipamentos produzidos no Brasil segundo o processo produtivo básico estabelecido pelo Poder Executivo.

O custo da renúncia fiscal dessas ações será ínfimo e absorvido pelas medidas fiscais e orçamentárias propostas para superar a crise. No ano que vem, quando a situação voltar ao normal, a tributação retornará aos patamares anteriores.

Tendo em vista a relevância e urgência desta proposição, esperamos contar com o apoio de nossos Nobres Pares para o seu aprimoramento e aprovação.

Sala das Sessões, em de de 2020.

Deputado ULDURICO JUNIOR

PROJETO DE LEI N. 1420, DE 2020

Altera dispositivo da Lei n. 11.494, de 20 de junho de 2007, que regulamenta o Fundo de Manutenção e Desenvolvimento da Educação Básica e de Valorização dos Profissionais da Educação — FUNDEB, de que trata o art. 60 do Ato das Disposições Constitucionais Transitórias; altera a Lei n. 10.195, de 14 de fevereiro de 2001; revoga dispositivos das Leis ns. 9.424, de 24 de dezembro de 1996, 10.880, de 9 de junho de 2004, e 10.845, de 5 de março de 2004; e dá outras providências.

O Congresso Nacional decreta:

Art. 1º A Lei n. 11.494, de 20 de junho de 2007 passa a vigorar acrescida das seguintes alterações:

"Art. 22. Pelo menos 60% (sessenta por cento) dos recursos anuais totais dos Fundos serão destinados ao pagamento da remuneração dos profissionais do magistério da educação básica em efetivo exercício na rede pública.

....

III — efetivo exercício: atuação efetiva no desempenho das atividades de magistério previstas no inciso II deste parágrafo associada à sua regular vinculação contratual, temporária ou estatutária, com o ente governamental que o remunera, não sendo descaracterizado por eventuais afastamentos temporários previstos em lei, com ônus para o empregador, que não impliquem rompimento da relação jurídica existente, bem como o previsto no art. 22-A.

Art. 22-A — Encontrando-se o país em estado de calamidade pública e as escolas fechadas em função disso, os Estados e Munícipios poderão manter vigentes os contratos de trabalho temporários dos profissionais de educação.

§ 1º Durante o estado de calamidade pública a que se refere o *caput*, poderão ser alterados o regime de trabalho presencial para o teletrabalho, o trabalho remoto ou outro tipo de trabalho a distância e determinar o retorno ao regime de trabalho presencial, independentemente da existência de acordos individuais ou coletivos, dispensado o registro prévio da alteração no contrato individual de trabalho.

§ 2º Para fins do disposto nesta Lei, considera-se teletrabalho, trabalho remoto ou trabalho a distância a prestação de serviços preponderante ou totalmente fora das dependências do empregador, com a utilização de tecnologias da informação e comunicação que, por sua natureza, não configurem trabalho externo, aplicável o disposto no inciso III do caput do art. 62 da Consolidação das Leis do Trabalho, aprovada pelo Decreto-Lei n. 5.452, de 1943.

§ 3º Durante o estado de calamidade pública, ficam os contratos de trabalho temporários prorrogados pelo período decretado, levando em conta a necessidade e a discricionaridade dos gestores estaduais e municipais.

Art. 2º Esta Lei entra em vigor na data de sua publicação.

JUSTIFICAÇÃO

A Lei n. 11.494 é a principal legislação que regulamenta a utilização do Fundo de Manutenção e Desenvolvimento da Educação Básica e de Valorização dos Profissionais da Educação – FUNDEB. São os recursos do FUNDEB que possibilitam aos Estados e Municípios, por exemplo, a contratação de profissionais de educação de forma temporária, para suprir as necessidades de professores nos estabelecimentos de ensino público.

Com o fechamento das escolas devido a pandemia do COVID-19, muitos docentes foram colocados em regime de teletrabalho, para que continuassem preparando as aulas, dando monitorias e realizando atividades administrativas. Essa foi a forma encontrada por governadores e prefeitos para que não haja ainda mais prejuízos no aprendizado dos alunos da rede pública de ensino.

Diante desse cenário excepcional, acreditamos que precisamos resguardar, legalmente, esse período de teletrabalho que já está sendo realizado por muitos educadores, e considerá-lo como de efetivo exercício, nos moldes do que determina a Lei do FUNDEB. Diante dessa nova realidade, faz-se mister prorrogar os contratos temporários dos educadores até 31 de dezembro de 2020, ainda que as escolas estejam fechadas.

A crise enfrentada pelo país por consequência da pandemia do COVID-19 é inevitável. Nossa responsabilidade, como representantes da população, é dirimir os efeitos perversos dessa crise trará para os diversos segmentos da sociedade brasileira.

Por meio dessa proposição, que visa atender situações emergenciais e suprir necessidades de estudantes que se encontram afetados em razão da situação de calamidade pública, os Estados e Munícipios deverão garantir a manutenção das aulas, de forma a assegurar o direito à educação previsto no art. 205 da Constituição Federal, ainda que fora do ambiente escolar.

Estamos seguros de que a relevância dessa iniciativa haverá de receber o apoio dos nobres parlamentares.

Deputado DOMINGOS NETO (PSD/CE)

PROJETO DE LEI N. 2058, DE 2021

Altera a Lei n. 14.151, de 12 de maio de 2021, para disciplinar as atividades de teletrabalho, trabalho remoto ou outra forma de **trabalho a distância de empregadas gestantes.**

O Congresso Nacional decreta:

Art. 1º Esta Lei altera a Lei n. 14.151, de 12 de maio de 2021, para disciplinar as atividades de teletrabalho, trabalho remoto ou outra forma de trabalho a distância de empregadas gestantes.

Art. 2º A Lei n. 14.151, de 12 de maio de 2021, passa a viger com as seguintes alterações:

"Art. 1º ....

§ 1º Não fará jus ao disposto no caput a empregada gestante vacinada contra a covid-19.

§ 2º A empregada afastada nos termos do caput deste artigo ficará à disposição para exercer as atividades em seu domicílio, por meio de teletrabalho, trabalho remoto ou outra forma de trabalho a distância.

§ 3º Na hipótese de a natureza da função desempenhada pela empregada gestante não ser compatível com o teletrabalho, o trabalho remoto ou outra forma de trabalho a distância, o empregador poderá suspender-lhe temporariamente o contrato de trabalho, ocasião em que a empregada fará jus ao Benefício Emergencial de Manutenção do Emprego e da Renda disposto no art. 5º e seguintes da Medida Provisória n. 1.045, de 27 de abril de 2021, enquanto perdurar a suspensão.

§ 4º O empregador informará ao Ministério da Economia a suspensão temporária do contrato de trabalho, no prazo de dez dias, contado da data da celebração do acordo.

§ 5º As convenções coletivas ou os acordos coletivos de trabalho celebrados anteriormente à suspensão temporária do acordo de trabalho poderão ser renegociados para adequação de seus termos no prazo de dez dias corridos, contado da data de publicação desta Lei.

§ 6º Ato do Ministério da Economia disciplinará a forma e o prazo de execução das disposições desta Lei.

Art. 1º-A A empregada afastada nos termos do art. 1º, enquanto não tiver início o período de licença-maternidade, sujeitar-se-á às medidas do art. 3º da Medida Provisória n. 1.045, de 27 de abril de 2021, e do art. 2º da Medida Provisória n. 1.046, de 27 de abril de 2021, ou das leis que vierem a lhes suceder." (NR)

Art. 3º Esta lei entra em vigor na data de sua publicação.

JUSTIFICAÇÃO

A presente proposição altera a Lei n. 14.151, de 12 de maio de 2021, para disciplinar as atividades de teletrabalho, trabalho remoto ou outra forma de trabalho a distância de empregadas gestantes.

A Lei n. 14.151/2021 foi editada com as melhores e mais nobres intenções: **preservar as vidas das empregadas gestantes e de seus filhos**. Afinal, é justo que os direitos à vida (art. 5º, *caput*, CRFB/88) e à dignidade da pessoa humana (art; 3º, II, CRFB/88) prevaleçam sobre quaisquer outros. Trata-se de momento extraordinário, em que uma pandemia de coronavírus ameaça todos os dias a vida de trabalhadores e, especialmente, de trabalhadoras gestantes, uma vez que fazem parte do grupo de risco da covid-19, de acordo com a Recomendação n. 39 do Conselho Nacional de Saúde — CNS, de 12 de maio de 2020.

No entanto, a opção do legislador poderia ter sido melhor ajustada: se a empregada gestante não puder realizar seu trabalho de forma remota, não parece justo atribuir os custos da sua remuneração ao empregador.

Por vezes, o que se verá (e o que já se vê) é a opção do empregador pela não contratação de mulheres, ocasião em que deliberadamente optará por critérios alegadamente discriminatórios para a contratação de novos funcionários, evitando contratar empregadas do sexo feminino.

Otavio Calvet[824], juiz do trabalho, reafirma esta tese em artigo sobre a novíssima Lei n. 14.151/21:

Aliás, a própria Convenção 103 da OIT, ao tratar do salário maternidade, dispõe neste sentido, para evitar a criação da odiosa discriminação às mulheres, protegendo sua inserção no mercado de trabalho e, assim, a própria isonomia com os homens. Entretanto, não se pode instituir um gasto público sem a fonte de custeio, muito menos por analogia ou interpretação extensiva, quiçá com suporte em valores abstratos previstos em princípios constitucionais.

Por entender que seriam injustas a atribuição deste custo ao empregador e a criação de novas despesas ou diminuição de receita — no afã de que o Estado arque com esta despesa —, **propõe-se neste projeto que recursos já disponíveis e aprovados possam ser utilizados para remunerar as empregadas gestantes cuja natureza de sua função não se adequem ao trabalho remoto: o Benefício Emergencial de Manutenção do Emprego e da Renda (BEm).**

O BEm já é operacionalizado pelo Estado, tendo inclusive sendo renovado para o ano de 2021 (vide MPV n. 1.045/2021). O BEm é custeado com recursos da União da ordem de R$ 9.977.701.233,00, via crédito extraordinário e já operacionalizado (vide MPV n. 1.044/21).

Preservar a renda dos trabalhadores é combater o choque de demanda ocasionado pela crise econômica que se avoluma e das medidas de restrição à circulação de pessoas em decorrência do novo coronavírus. Todavia, transferir este ônus para o empregador é contraproducente para o crescimento econômico e perfaz- se em medida que alimenta ainda mais o desemprego, que já atinge cerca de 14,4 milhões de brasileiros no 1º trimestre de 2021, segundo dados do IBGE.

Desta forma, propõe-se uma saída que se entende justa e fiscalmente responsável: retira-se o fardo do empregador de ter que arcar com (ainda mais) custos sem retorno durante a pandemia de covid-19, e utiliza-se recursos já aprovados, sem criação de novas despesas ou diminuição de receitas.

A presente emenda, portanto, não acarreta aumento de despesa ou diminuição de receita, razão por que não há necessidade de estimativa de impacto financeiro-orçamentário ou apontamento de fonte de compensação orçamentária, nos termos dos artigos 14 e 16 da Lei de Responsabilidade Fiscal (Lcp n. 101/2000) e do art. 113 do ADCT.

As alterações presentes deste Projeto de Lei, pelo exposto retro, merecem prosperar. Nesse sentido, solicita-se o apoio dos pares para a aprovação da presente proposta.

Sala das Sessões, de de 2021.

TIAGO DIMAS

Deputado Federal

PROJETO DE LEI N. 2217, DE DE MARÇO DE 2020

Prevê a percepção de adicional de insalubridade em grau máximo, previsto no art. 192 da Consolidação das Leis do Trabalho (CLT), para os profissionais da saúde, durante o estado de calamidade pública provocado pela pandemia do Coronavírus (Covid-19).

O **Congresso Nacional** decreta:

Art. 1º Durante o estado de calamidade pública reconhecido pelo Decreto Legislativo n. 6, de 20 de março de 2020, e da emergência de saúde pública de importância internacional provocado pelo

---

(824) CALVET, 2021. Remuneração da gestante durante a pandemia: de quem é este filho?. Publicado em: 18 maio 2021. Revista Eletrônica Consultor Jurídico. Disponível em: <https://www.conjur.com.br/2021-mai-18/trabalho-contemporaneo-remuneracao-gestante-durante-pandemia-quem-filho>. Acesso em: 31 maio 2021.

coronavírus (Covid-19), aplica-se o grau máximo de insalubridade previsto no art. 192 da Consolidação das Leis do Trabalho (CLT), aprovada pelo Decreto- Lei n. 5.452, de 1º de maio de 1943, aos profissionais da área de saúde, cujo desempenho das atividades estejam ligadas ao combate do coronavírus (Covid- 19).

Parágrafo único — O disposto no *caput* não se aplica àqueles que estão desempenhando sua jornada diária em regime de teletrabalho, trabalho remoto ou outro tipo de trabalho a distância, bem como se encontre afastado por qualquer motivo, ressalvado os afastamentos decorrentes de infecção por coronavírus (Covid-19).

Art. 2º Esta lei entra em vigor na data da sua publicação.

JUSTIFICAÇÃO

O Brasil passa por uma emergência de saúde pública de importância internacional relacionada ao Coronavírus (Covid-19), bem como se encontra em estado de calamidade pública. Países têm se mobilizado no sentindo de conter o avanço abrupto da doença ao passo em que propõem medidas econômicas e fiscais que possam dar suporte ao momento vivido, logicamente que associadas às medidas sociais. Nesse sentido, buscamos com esse projeto aplicar medida de justiça aos profissionais da saúde que se encontram na linha de frente e, portanto, mais expostos na batalha contra o coronavírus.

A todos esses profissionais que desempenham suas atividades no combate ao coronavírus (Covid-19) será pago **adicional de insalubridade em grau máximo, ou seja, 40% (quarenta por cento), previsto na Consolidação das Leis do Trabalho (CLT). Ressalta-se, somente, que não serão contemplados aqueles que estão em regime de teletrabalho, trabalho remoto ou outro tipo de trabalho a distância, bem como se encontre afastado por qualquer motivo, exatamente pelo fato de não estarem expostos ao contágio pelo coronavírus**, salvo se o afastamento decorrer do próprio contágio com a doença e necessidade de isolamento.

Sala das Sessões, de abril de 2020

DEPUTADO HÉLIO LEITE (DEM/PA)

PROJETO DE LEI N. 2251 DE 2020

Dispõe sobre Home office-acidente de trabalho, e por toda infraestrutura necessária e adequada à prestação do trabalho remoto.

O Congresso Nacional decreta:

Art. 1º Esta lei dispõe sobre a responsabilidade objetiva dos riscos em acidente de trabalho e dos custos utilizados na execução do trabalho no Home office.

"Art. 1º A empresa é responsável pelo acidente de trabalho e por toda infraestrutura necessária e adequada à prestação do trabalho remoto."

Art. 2º Esta Lei entra em vigor na data de sua publicação.

Art. 3º Revogam-se as disposições em contrário.

JUSTIFICATIVA

Grande parte dos profissionais brasileiros estão trabalhando no modelo home office, em função da pandemia do coronavírus. Contudo, fato que poucos estão se preocupando e que pode ocorrer mesmo com os colaboradores estando em casa, são os **acidentes de trabalho.**

São muitas as dúvidas relacionadas a esse tema, exemplo é **como ficam os casos de doenças ou acidentes de trabalho? Quem é responsável por essa situação, o trabalhador ou a empresa? E para empresa, como se dá o controle? Saber se o funcionário está trabalhando ou não?**

O home office começou a surgir no Brasil, ainda de forma tímida, por volta do ano de 2010 e a partir de então a cada ano temos verificado um crescente número de empresas que têm autorizado tal modalidade de trabalho. A partir de novembro de 2017, com a denominada "reforma trabalhista" o legislador inseriu esta modalidade de trabalho na CLT, o chamado "teletrabalho", passando a tratar do tema de modo mais específico.

Sem dúvida alguma, além da necessidade que passamos, ao alocar um colaborador fora do ambiente de trabalho da empresa, esta tem uma redução de custos com espaço, insumos, consumo de energia elétrica, água, dentre outras, o profissional, por sua vez, não se vê obrigado a gastar tempo com deslocamentos, transportes, etc..

Ao implementar esse sistema de trabalho as empresas devem se blindar também, pois ainda continuarão a ter responsabilidade diante a estrutura e a saúde e bem-estar dos trabalhadores.

Outro ponto previsto na lei é que o empregador deverá instruir os empregados, de maneira expressa e ostensiva, quanto às precauções a tomar a fim de evitar doenças e acidentes de trabalho.

Muito se engana quem pensa que no *home office* não existem mais regras de medicina e segurança do trabalho. Elas não só existem, como são de responsabilidade do contratante.

Isso pelo fato de que o contrato de trabalho deverá indicar o responsável pela aquisição, manutenção ou fornecimento dos equipamentos tecnológicos e da infraestrutura necessária e adequada à prestação do trabalho remoto e como será realizado o reembolso de despesas arcadas pelo empregado.

O empregador deve instruir o trabalhador, de maneira expressa e ostensiva, quanto às precauções contra doenças e acidentes de trabalho, e fornecer um termo de responsabilidade a ser assinado pelo empregado, comprometendo-se em seguir as instruções recebidas da empresa.

O empregado pode se lesionar em seu domicílio em decorrência da prestação de serviço, ao não se utilizar de equipamentos ergométricos necessários para postura correta nas horas em que passa à frente do notebook ou computador realizando as tarefas necessárias. Nesse caso a situação muda de figura e a responsabilidade pode ser da empresa.

É fundamental que empresas portadoras de trabalhadores que atuem em casa determinem firmemente seu horário de expediente. Façam isso no sentido de terem mais controle sobre a jornada laboral dos seus trabalhadores, e assim, em caso de acidente terão menos dúvidas para determinar se foi acidente de trabalho ou não.

A empresa deve atender as normas regulatórias do trabalho, mesmo em casos de home office, e treinar o trabalhador para ter certeza de que esse está em um ambiente seguro.

Neste sentido, solicito o apoio dos nobres pares para a aprovação da presente proposta.

Brasília,   de abril de 2020.

Deputado CLEBER VERDE

PROJETO DE LEI N. 3312 DE 2020

Altera o Decreto-Lei n. 5.452, de 1 de maio de 1943, para autorizar o usufruto de banco de horas aos profissionais da educação básica e aos docentes do ensino superior contratados em regime presencial que se encontrem em regime de teletrabalho motivado pela situação de emergência decorrente da pandemia por COVID-19, e dá outras providências.

O Congresso Nacional decreta:

Art. 1º Esta Lei autoriza o usufruto de banco de horas aos profissionais da educação básica e aos docentes do ensino superior contratados em regime presencial que se encontrem em regime de teletrabalho motivado pela situação de emergência decorrente da pandemia por COVID-19.

Art. 2º O art. 62 do Decreto-Lei n. 5.452, de 1 de maio de 1943, passa a vigorar acrescido de § 2º com a seguinte redação, renumerado o parágrafo único:

"Art. 62 ....

§ 1º O regime previsto neste capítulo será aplicável aos empregados mencionados no inciso II deste artigo, quando o salário do cargo de confiança, compreendendo a gratificação de função, se houver, for inferior ao valor do respectivo salário efetivo acrescido de 40% (quarenta por cento).

§ 2º Desde que comprovado o cumprimento de excedente da jornada de trabalho contratada, o usufruto do banco de horas de que trata o § 2º do art. 59 se aplica aos profissionais da educação básica, definidos nos termos do art. 61 da Lei n. 9.394, de 20 de dezembro de 1996, e aos docentes do ensino superior contratados em regime presencial que estejam em regime de teletrabalho motivado pela situação de emergência em saúde pública de que trata a Lei n. 13.979, de 6 de fevereiro de 2020." (NR)

Art. 3º Esta Lei entra em vigor na data de sua publicação.

JUSTIFICATIVA

A pandemia por COVID-19 impôs drásticas mudanças ao mundo. No Brasil, uma dessas mudanças ocorreu na área de educação, com a suspensão das aulas presenciais em escolas e instituições de ensino superior em todos os estados da Federação, desde meados de março[825].

Enquanto as aulas presenciais encontram-se suspensas por força de decretos estaduais ou municipais, boa parte das escolas privadas seguem em atividade, ministrando aulas a distância, seja em tempo real, seja por meio da postagem de vídeos e atividades em plataformas digitais, conforme autorizado por ato do Ministério da Educação. Encontram-se, pois, em plena atividade laboral não apenas os docentes, mas, igualmente, todos os profissionais de apoio à docência, como coordenadores e diretores, por exemplo.

Esses profissionais, contratados para atuarem de forma presencial, com jornada de trabalho definida em contrato próprio, passaram, da noite para o dia, a trabalhar no regime de teletrabalho, cujos direitos trabalhistas são diferentes, sobretudo no que diz respeito às compensações por excessos na jornada. Como no teletrabalho não há contrato por jornada e sim por produção e produtividade, o trabalhador nesse regime não faz jus a horas extras ou mesmo a banco de horas, sendo remunerado por outra lógica que não a do tempo trabalhado.

Todavia, os profissionais da educação de que trata este projeto de lei vivem uma situação de ambiguidade jurídica que, se não enfrentada agora pelo Poder Legislativo, poderá vir a ser judicializada futuramente: eles são contratados para o trabalho presencial, com jornada e direitos definidos, mas estão temporária e involuntariamente atuando em regime de teletrabalho, expropriados de determinados direitos trabalhistas, em virtude do disposto no art. 62 da CLT que ora proponho alteração.

---

(825) O Distrito Federal foi a primeira unidade da federação a suspender as aulas presenciais em 11 de março do ano corrente.

Os trabalhadores que lecionam, coordenam ou dirigem em tempo real seguem cumprindo suas jornadas diárias e semanais, sem usufruírem, contudo, de seus direitos trabalhistas integrais, visto que os empregadores se sentem autorizados a não pagarem horas extras, tampouco liberarem o gozo de banco de horas, devido à condição temporária do teletrabalhador. Além das aulas ministradas pelos docentes e supervisionadas pelos coordenadores, o regime de teletrabalho impõe aos profissionais da educação obrigações outrora inexistentes, que consomem tempo adicional da jornada e, anteriormente, era extra remunerado quando não compensado na forma de banco de horas: a realização de web conferências, a resposta em tempo real a e-mails de pais, alunos e superiores ou mesmo a participação obrigatória em eventos virtuais promovidos pelas instituições de ensino, atividades que, não raro, levam os profissionais a cumprirem jornadas extenuantes de mais de dez horas diárias de trabalho.

O presente projeto de lei tem por objetivo encerrar essa ambiguidade, oferecendo segurança jurídica aos trabalhadores da educação básica, aos docentes do ensino superior e a seus empregadores neste momento confuso de pandemia, com vistas a evitar futura judicialização em massa na Justiça do Trabalho. Proponho, simplesmente, que aqueles trabalhadores da educação básica e professores do ensino superior contratados para o cumprimento de jornada de trabalho presencial, que estejam atuando em regime de teletrabalho por força da pandemia de Coronavírus, possam usufruir de banco de horas, nos termos da Lei, quando comprovarem excedente de jornada. Ainda que não haja registro de ponto presencial, esse comprovação pode ser feita pelas próprias plataformas de trabalho virtual, que permitem a anotação da atividade do profissional, seja ministrando aulas em tempo real ou gravadas, seja supervisionando ou coordenando os trabalhos pedagógicos e disciplinares das instituições de ensino, seja tomando parte em web conferências, respondendo a e-mails ou participando de eventos virtuais de trabalho.

Considerando a situação financeira frágil e excepcional em que se encontram as instituições de ensino privadas, o presente projeto de lei restringe-se a garantir o usufruto de banco de horas aos profissionais de que trata, não lhes estendendo o direito ao recebimento de horas extras. Neste momento, e dadas as condições garantidas em lei para que pais e estudantes cancelem suas matrículas sem custos adicionais ou procedam à migração para a escola pública, muitas instituições de ensino privadas estão perdendo alunos e renda, o que torna financeiramente inviável terem que arcar com o pagamento de horas extras.

Trabalhista que sou e cônscio de que é preciso amparar os trabalhadores da educação neste momento delicado, peço o apoio dos pares para a aprovação da presente matéria.

Sala das Sessões, de de 2020.

Deputado **MÁRIO HERINGER PDT/MG**

PROJETO DE LEI N. 3325, DE 2020

Revoga o inciso III do art. 62 da Consolidação das Leis do Trabalho — CLT.

O Congresso Nacional decreta:

Art. 1º. Fica revogado o inciso III do art. 62 da Consolidação das Leis do Trabalho, aprovada pelo Decreto-lei n. 5.452, de 1º de maio de 1943.

Art. 2º. Esta lei entra em vigor na data de sua publicação

JUSTIFICAÇÃO

A Lei n. 13.467, de 13 de julho de 2017, alterou o art. 62 da Consolidação das Leis do Trabalho — CLT, acrescentando-lhe um inciso III, com a seguinte redação:

Art. 62 — Não são abrangidos pelo regime previsto neste capítulo:

....

III — os empregados em regime de teletrabalho.

Esse dispositivo excluiu o teletrabalho do Capítulo II do Título II do diploma consolidado, que trata da duração do trabalho. De modo objetivo, os empregadores de teletrabalhadores ficam dispensados do dever de vigilância e controle da jornada de trabalho do empregado.

Na prática, a licença dada permite que os trabalhadores possam trabalhar um número de horas excessivo, sem controle efetivo e sem possibilidade de descanso ou compensação.

Por outro lado, o art. 6º da CLT assim dispõe:

Art. 6º Não se distingue entre o trabalho realizado no estabelecimento do empregador, o executado no domicílio do empregado e o realizado a distância, desde que estejam caracterizados os pressupostos da relação de emprego.

Assim, embora o ordenamento trabalhista garanta não haver distinção entre o trabalho presencial e o trabalho remoto, o acréscimo feito ao art. 62 implica grave tratamento desigual.

O controle de jornada é essencial para garantia dos direitos do empregado. A prestação de serviços na modalidade teletrabalho não é necessariamente incompatível com essa modalidade de controle, pois as ferramentas de controle de ponto são universais e, em sua maioria, já são utilizadas de forma online. Além disso, os sistemas de "log in" e "log off", as chamadas telefônicas, as correspondências via e-mail e aplicativos de mensagem instantânea são sabidamente meios de controle e vigilância.

Além de prejudicial ao empregado, a prestação ilimitada de horas-extras causa também prejuízos à sociedade, pois atua em desfavor da abertura de novas vagas no mercado de trabalho.

Com a disseminação do trabalho remoto, especialmente a partir da pandemia causada pela Covid-19, entendemos ser importante corrigir essa grave inconsistência no ordenamento jurídico em vigor. Em razão disso, propomos o Projeto de Lei em epígrafe revogando o inciso III acrescentado ao art. 62 da CLT e pedimos aos nobres Pares o apoio necessário para a aprovação da matéria.

Sala das Sessões, em 15 de junho de 2020.

Deputado CAPITÃO ALBERTO NETO

PROJETO DE LEI N. 3869, DE 2020

Altera a Lei n. 14.020, de 6 de julho de 2020, para dispor sobre o **retorno ao trabalho de gestantes, de mães de filhos de até cinco anos, de idosos e de pessoas com deficiência durante e após o estado de calamidade pública** reconhecido pelo Decreto Legislativo n. 6, de 20 de março de 2020, e da emergência de saúde pública de importância internacional decorrente do coronavírus, de que trata a Lei n. 13.979, de 6 de fevereiro de 2020.

O Congresso Nacional decreta:

Art. 1º Esta lei altera a Lei n. 14.020, de 6 de julho de 2020, que *Institui o Programa Emergencial de Manutenção do Emprego e da Renda; dispõe sobre medidas complementares para enfrentamento do estado de calamidade pública reconhecido pelo Decreto Legislativo n. 6, de 20 de março de 2020, e da emergência de saúde pública de importância internacional decorrente do coronavírus, de que trata a Lei n. 13.979, de 6 de fevereiro de 2020; altera as Leis ns. 8.213, de 24 de julho de*

1991, 10.101, de 19 de dezembro de 2000, 12.546, de 14 de dezembro de 2011, 10.865, de 30 de abril de 2004, e 8.177, de 1º de março de 1991; e dá outras providências, para dispor sobre o retorno ao trabalho de gestantes, mães de filhos de até 5 (cinco) anos, idosos e pessoas com deficiência.

Art. 2º A Lei n. 14.020, de 6 de julho de 2020, passa a vigorar acrescida do seguinte art. 17-A:

"Art. 17-A. Durante o período a que se refere o art. 1º desta Lei, o empregador poderá, no retorno ao funcionamento dos estabelecimentos autorizado pelo poder público local, a seu critério, alterar o regime de trabalho presencial para o teletrabalho, o trabalho remoto ou outro tipo de trabalho a distância e determinar o retorno ao regime de trabalho presencial, independentemente da existência de acordos individuais ou coletivos, dispensado o registro prévio da alteração no contrato individual de trabalho, dos seguintes trabalhadores:

I — gestantes;

II — mulheres com filhos menores de 5 (cinco) anos de idade;

III — idosos;

IV — pessoas com deficiência, inclusive estagiários e aprendizes.

§ 1º Para fins do disposto neste artigo, considera-se teletrabalho, trabalho remoto ou trabalho a distância a prestação de serviços preponderante ou totalmente fora das dependências do empregador, com a utilização de tecnologias da informação e comunicação que, por sua natureza, não configurem trabalho externo, aplicável o disposto no inciso III do *caput* do art. 62 da Consolidação das Leis do Trabalho, aprovada pelo Decreto-Lei n. 5.452, de 1º de maio de 1943.

§ 2º A alteração contratual de que trata o *caput* deste artigo será notificada ao empregado com antecedência de, no mínimo, 48 (quarenta e oito) horas, por escrito ou por meio eletrônico.

§ 3º As disposições relativas à responsabilidade pela aquisição, pela manutenção ou pelo fornecimento dos equipamentos tecnológicos e da infraestrutura necessária e adequada à prestação do teletrabalho, trabalho remoto ou trabalho a distância e ao reembolso de despesas arcadas pelo empregado serão previstas em contrato escrito, firmado previamente ou no prazo de 30 (trinta) dias, contado da data da mudança do regime de trabalho.

§ 4º Na hipótese de o empregado não possuir os equipamentos tecnológicos e a infraestrutura necessária e adequada à prestação do teletrabalho, do trabalho remoto ou do trabalho a distância:

I — o empregador poderá fornecer os equipamentos em regime de comodato e pagar por serviços de infraestrutura, que não caracterizarão verba de natureza salarial; ou

II — na impossibilidade do oferecimento do regime de comodato de que trata o inciso I deste parágrafo, o período da jornada normal de trabalho será computado como tempo de trabalho à disposição do empregador.

§ 5º O tempo de uso de aplicativos e programas de comunicação fora da jornada de trabalho normal do empregado não constitui tempo à disposição, regime de prontidão ou de sobreaviso, exceto se houver previsão em acordo individual ou coletivo.

§ 6º A adoção dos regimes de trabalho previstos no *caput* deste artigo, dispensa o empregador:

I — do pagamento de auxílios de alimentação e de transporte estabelecidos em lei ou em acordo ou convenção coletiva de trabalho;

II — do cumprimento do disposto no Capítulo II do Título II e no § 2º do art. 389 desta Consolidação;

III — do pagamento dos adicionais de insalubridade e de periculosidade."

Art. 3º Esta lei entra em vigor na data de sua publicação.

JUSTIFICAÇÃO

Com a flexibilização das medidas restritivas de funcionamento dos estabelecimentos de serviços, comerciais e industriais, o retorno ao trabalho torna-se um desafio para os empregadores e os trabalhadores.

A pandemia ainda persiste e não dá mostras de que vai passar pelos próximos meses, sendo, no entanto, necessário o retorno das atividades econômicas diante de um cenário tão imprevisível de normalidade sanitária, sob pena de um cenário econômico catastrófico.

Porém é temerário o retorno ao trabalho presencial de vários trabalhadores, seja pela situação especial de sua condição física, seja pela necessidade de permanecer em casa na ausência de estrutura de suporte como o oferecimento de pré-escolas e creches, que continuam fechadas, onde as mães possam deixar seus filhos para trabalhar.

Nesse sentido, propomos, nos termos da Medida Provisória n. 927, de 2020, que perdeu sua vigência no dia 19 de julho de 2020, sem que tenha sido apreciada pelo Senado Federal, que o empregador possa, no retorno ao funcionamento dos estabelecimentos autorizado pelo poder público local, a seu critério, alterar o regime de trabalho presencial para o teletrabalho, o trabalho remoto ou outro tipo de trabalho a distância e determinar o retorno ao regime de trabalho presencial, independentemente da existência de acordos **individuais ou coletivos**, dispensado o registro prévio da alteração no contrato individual de trabalho, das gestantes; mulheres com filhos menores de 5 (cinco) anos de idade; idosos e pessoas com deficiência, inclusive estagiários e aprendizes.

Durante a vigência desta Medida Provisória, o teletrabalho, o trabalho remoto ou outro tipo de trabalho a distância se mostrou muito eficiente e produtivo em diversas atividades econômicas, inclusive de serviços. Sendo assim, já existe um ambiente propício ao início ou a permanência de tal regime de trabalho para os trabalhadores listados acima. Dados da Pesquisa Nacional por Amostra de Domicílios — Pnad, do IBGE[(826)], mostram que, na semana de 21 a 27 de junho, 8,6 milhões de trabalhadores (ou 12,4% dos ocupados) trabalhavam remotamente**,** contingente que ficou estatisticamente estável em relação à semana anterior (8,7 milhões ou 12,5%) e, também, em relação à semana de 3 a 9 de maio (8,6 milhões ou 13,4%).

Ante o exposto, apresentamos essa proposta para a análise dos ilustres Pares, contando com o seu apoio para a aprovação do presente projeto de lei que irá beneficiar milhares de trabalhadores, contribuindo para o funcionamento dos estabelecimentos em um momento tão delicado de retorno gradual das atividades em meio a uma pandemia sem precedentes na nossa história recente.

Sala das Sessões, em de de 2020.

Deputado LUIZ PHILIPPE DE ORLEANS E BRAGANÇA

PROJETO DE LEI N. 3428, DE 2020

Prevê o teletrabalho, trabalho remoto ou trabalho a distância de pai ou mãe de família monoparental até a reabertura da creche ou escola dos filhos com até doze anos incompletos.

O CONGRESSO NACIONAL decreta:

Art. 1º A mãe ou pai de família monoparental terá direito ao teletrabalho, trabalho remoto ou trabalho a distância até a reabertura da creche ou escola dos filhos com até doze anos incompletos.

---

(826) Disponível em: <https://agenciadenoticias.ibge.gov.br/agencia-sala-de-imprensa/2013-agencia-de-noticias/releases/28311-pnad-covid19-12-5-da-populacao-ocupada-estava-afastada-do-trabalho-devido- ao-distanciamento-social-entre-21-e-27-de-junho>. Acesso em: 17 jul. 2020.

Parágrafo único. Este artigo se aplica às famílias nucleares quando ambos os pais tiverem que voltar ao trabalho presencial, hipótese em que apenas um deles poderá exercer o direito previsto no art. 1º.

Art. 2º Como medidas alternativas ao art. 1º, o empregador poderá:

I — oferecer espaço adequado aos filhos das empregadas ou empregados em suas dependências;

I — propor períodos de teletrabalho, trabalho remoto ou trabalho a distância e de trabalho presencial, desde que a empregada ou empregado consiga deixar os filhos aos cuidados de terceiros durante a realização do último.

Parágrafo único. O espaço adequado de que trata o inciso I compreende área segura e equipada, inclusive com acesso à *internet*, para que a criança possa realizar as tarefas da creche ou escola a distância.

Art. 3º O empregador e a empregada doméstica provedora de família monoparental poderão acordar a suspensão do contrato de trabalho, observadas as disposições da Medida Provisória n. 936, de 1º de abril de 2020.

§ 1º Na impossibilidade de aplicação do *caput* deste artigo, decorrente de necessidade comprovada de que os serviços realizados são imprescindíveis ao empregador, em razão de sua idade ou saúde, salvo os casos de suspeita ou confirmação de doenças contagiosas, a empregada doméstica poderá levar o filho com até doze anos incompletos para o local de trabalho, hipótese em que o empregador, na ausência da mãe, terá responsabilidade legal de cuidado, proteção e vigilância sobre a criança, observado o parágrafo único do art. 2º desta Lei.

Art. 4º O empregador não reduzirá o salário da empregada ou empregado que fizer jus aos direitos previstos nos arts. 1º, 2º e 3º desta Lei nem descontará do salário as despesas decorrentes da aplicação do inciso I do art. 2º e do art. 3º, parágrafo único, desta Lei.

Parágrafo único. Esta Lei se aplica ao Poder Público.

Art. 5º Esta lei entra em vigor na data de sua publicação e vigorará enquanto perdurar o período de estado de calamidade de que trata o Decreto Legislativo n. 6, de 20 de março de 2020.

JUSTIFICAÇÃO

Muitos estados brasileiros começaram a traçar planos de reabertura gradual de alguns setores da economia, sendo que a abertura das escolas não está prevista nas primeiras etapas dos planos.

Isso gera uma situação em que muitos pais vão voltar a trabalhar presencialmente, mas seus filhos continuarão estudando remotamente.

Muitas mães, especialmente aquelas de famílias monoparentais, não têm familiares ou recursos suficientes para deixar seus filhos aos cuidados de terceiros, o que agrava a situação de sobrecarga e de desemprego dessas mulheres, como comprova a reportagem do jornal El Pais[827].

Sendo assim, é necessário que o Poder Legislativo dê apoio e suporte a essas mulheres que, em tempos "normais", já estão sobrecarregadas pelo trabalho não remunerado de afazeres domésticos e cuidados com crianças. O Instituto Brasileiro de Geografia e Estatística — IBGE revelou que, no ano de 2019, "as mulheres dedicaram quase o dobro de horas semanais (21,4) aos afazeres domésticos ou ao cuidado de pessoas, especialmente crianças, em relação aos homens (11 horas semanais)". Se as mulheres realizaram o dobro de trabalho não remunerado em relação aos homens no ano passado, a situação certamente se agravou no período de pandemia do novo coronavírus.

---

(827) Link: <https://brasil.elpais.com/brasil/2020-06-04/retomada-economica-ignora-maes-que-precisam-ir-ao- trabalho-e-nao-terao-escolas-para-deixar-os-filhos.html>.

Dessa forma, propomos a obrigatoriedade das empresas e do Poder Público em permitir que as mães e pais possam trabalhar remotamente enquanto a creche ou escola dos filhos não reabrir.

Considerando que também existem alguns casos de pai provedor de família monoparental, também os incluímos nesse Projeto de Lei.

O Projeto de Lei também permite que as medidas sejam aplicadas à família nuclear quando ambos os pais tiverem que realizar o trabalho presencial e a creche ou escola dos filhos ainda estiver fechada.

As empregadas domésticas provedoras de famílias monoparentais também foram incluídas neste Projeto de Lei, mas, pela impossibilidade de realizarem trabalho remoto, foi proposto regime diverso a esta categoria, nos termos do art. 3º.

A proposta deste Projeto de Lei vai ao encontro de outras medidas favoráveis às famílias monoparentais, tal como o auxílio emergencial em dobro à mãe provedora de família monoparental (art. 2º, § 3º, da Lei Federal n. 13.982, de e de abril de 2020).

O Projeto de Lei também é uma das respostas necessárias para combater a desigualdade de classe no país na relação patrão/empregada, que ficou evidente com a morte do menino Miguel Otávio Santana da Silva[828], filho da empregada doméstica Mirtes Renata Souza, que caiu do nono andar de um prédio luxuoso de Recife após a patroa deixá-lo sozinho no elevador. Ora, a Medida Provisória n. 936, de 1º de abril de 2020, deve ser aplicada às empregadas domésticas no que tange à suspensão do contrato de trabalho. Se não for possível, em razão de motivos absolutamente legítimos, o Poder Legislativo deve impor condições para que as empregadas domésticas mães de famílias monoparentais não fiquem prejudicadas.

A idade dos filhos foi prevista em conformidade à conceituação do art. 2º da Lei Federal n. 8.069, de 13 de julho de 1990 (Estatuto da Criança e do Adolescente).

Pelos motivos expostos, entendemos que as medidas deste Projetos de Lei são meritórias e merecedoras de apoio dos pares desta Casa.

Sala das sessões

Senador FABIANO CONTARATO (Rede/ES)

PROJETO DE LEI DE N. 3907, DE 2020

Dispõe sobre as medidas trabalhistas para enfrentamento do estado de calamidade pública reconhecido pelo Decreto Legislativo n. 6, de 20 de março de 2020, e da emergência de saúde pública de importância internacional decorrente do coronavírus (covid-19), e dá outras providências.

O Congresso Nacional decreta:

CAPÍTULO I

DAS ALTERNATIVAS TRABALHISTAS PARA ENFRENTAMENTO DO ESTADO DE CALAMIDADE PÚBLICA E DA EMERGÊNCIA DE SAÚDE PÚBLICA DE IMPORTÂNCIA INTERNACIONAL DECORRENTE DO CORONAVÍRUS (COVID-19)

Art. 1º Esta Lei dispõe sobre as medidas trabalhistas que poderão ser adotadas pelos empregadores para preservação do emprego e da renda e para enfrentamento do estado de calamidade pública

(828) Link: <https://brasil.elpais.com/brasil/2020-06-05/enquanto-as-redes-falavam-blacklivesmatter-perdemos - outra-crianca-negra-para-o-racismo-enraizado.html>.

reconhecido pelo Decreto Legislativo n. 6, de 20 de março de 2020, e da emergência de saúde pública de importância internacional decorrente do coronavírus (*covid-19*), decretada pelo Ministro de Estado da Saúde, em 3 de fevereiro de 2020, nos termos do disposto na Lei n. 13.979, de 6 de fevereiro de 2020.

Parágrafo único. O disposto nesta lei se aplica durante o estado de calamidade pública reconhecida pelo Decreto Legislativo n. 6, de 2020, e, para fins trabalhistas, constitui hipótese de força maior, nos termos do disposto no art. 501, vedada a aplicação dos art. 502 e art. 503, todos da Consolidação das Leis do Trabalho aprovada pelo Decreto-lei n. 5.452, de 1º de maio de 1943.

Art. 2º Durante o estado de calamidade pública a que se refere o art. 1º desta Lei, o empregado e o empregador poderão celebrar acordo individual escrito, a fim de garantir a permanência do vínculo empregatício, que terá preponderância sobre os demais instrumentos normativos, legais e negociais, respeitados os limites estabelecidos na Constituição.

Parágrafo único. O empregador poderá optar por celebrar acordo coletivo de trabalho ou convenção coletiva de trabalho com o sindicato da categoria profissional para dispor sobre as medidas elencadas no art. 3º desta Lei.

Art. 3º Para enfrentamento dos efeitos econômicos decorrentes do estado de calamidade pública e para preservação do emprego e da renda, poderão ser adotadas pelos empregadores, dentre outras, as seguintes medidas:

I — o teletrabalho;

II — a antecipação de férias individuais;

III — a concessão de férias coletivas;

IV — o aproveitamento e a antecipação de feriados; V — o banco de horas;

VI — a suspensão de exigências administrativas em segurança e saúde no trabalho;

VII — o diferimento dos depósitos no Fundo de Garantia do Tempo de Serviço — FGTS.

CAPÍTULO II

DO TELETRABALHO

Art. 4º Durante o estado de calamidade pública a que se refere o art. 1º desta Lei, o empregador poderá, a seu critério, alterar o regime de trabalho presencial para o teletrabalho, o trabalho remoto ou outro tipo de trabalho a distância e determinar o retorno ao regime de trabalho presencial, independentemente da existência de acordos individuais ou coletivos, dispensado o registro prévio da alteração no contrato individual de trabalho.

§ 1º Para fins do disposto nesta Lei, considera-se teletrabalho, trabalho remoto ou trabalho a distância a prestação de serviços preponderante ou totalmente fora das dependências do empregador, com a utilização de tecnologias da informação e comunicação que, por sua natureza, não configurem trabalho externo, aplicável o disposto no inciso III do *caput* do art. 62 da Consolidação das Leis do Trabalho, aprovada pelo Decreto-lei n. 5.452, de 1º de maio de 1943.

§ 2º A alteração de que trata o *caput* deste artigo será notificada ao empregado com antecedência de, no mínimo, 48 (quarenta e oito) horas, por escrito ou por meio eletrônico.

§ 3º As disposições relativas à responsabilidade pela aquisição, pela manutenção ou pelo fornecimento dos equipamentos tecnológicos e da infraestrutura necessária e adequada à prestação do teletrabalho, trabalho remoto ou trabalho a distância e ao reembolso de despesas arcadas pelo empregado serão previstas em contrato escrito, firmado previamente ou no prazo de trinta dias, contado da data da mudança do regime de trabalho.

§ 4º Na hipótese de o empregado não possuir os equipamentos tecnológicos e a infraestrutura necessária e adequada à prestação do teletrabalho, do trabalho remoto ou do trabalho a distância:

I — o empregador poderá fornecer os equipamentos em regime de comodato e pagar por serviços de infraestrutura, que não caracterizarão verba de natureza salarial; ou

II — na impossibilidade do oferecimento do regime de comodato de que trata o inciso I deste parágrafo, o período da jornada normal de trabalho será computado como tempo de trabalho à disposição do empregador.

§ 5º O tempo de uso de equipamentos tecnológicos e de infraestrutura necessária, assim como de *softwares*, ferramentas digitais ou aplicações de internet utilizadas para o teletrabalho fora da jornada de trabalho normal do empregado não constitui tempo à disposição, regime de prontidão ou de sobreaviso, exceto se houver previsão em acordo individual ou em acordo ou convenção coletiva de trabalho.

Art. 5º Fica permitida a adoção do regime de teletrabalho, trabalho remoto ou trabalho a distância para estagiários e aprendizes, nos termos do disposto neste Capítulo.

CAPÍTULO III

DA ANTECIPAÇÃO DE FÉRIAS INDIVIDUAIS

Art. 6º Durante o estado de calamidade pública a que se refere o art. 1º desta Lei, o empregador informará ao empregado sobre a antecipação de suas férias com antecedência de, no mínimo, 48 (quarenta e oito) horas, por escrito ou por meio eletrônico, com a indicação do período a ser gozado pelo empregado.

§ 1º As férias:

I — não poderão ser gozadas em períodos inferiores a 5 (cinco) dias corridos; e

II — poderão ser concedidas por ato do empregador, ainda que o período aquisitivo a elas relativo não tenha transcorrido.

§ 2º Adicionalmente, empregado e empregador poderão negociar a antecipação de períodos futuros de férias, mediante acordo individual escrito.

§ 3º Os trabalhadores que pertençam ao grupo de risco do coronavírus (**covid-19**) serão priorizados para o gozo de férias, individuais ou coletivas, nos termos do disposto neste Capítulo e no Capítulo IV desta Lei.

Art. 7º Durante o estado de calamidade pública a que se refere o art. 1º desta Lei, o empregador poderá suspender as férias ou licenças não remuneradas dos profissionais da área de saúde ou daqueles que desempenhem funções essenciais, mediante comunicação formal da decisão ao trabalhador, por escrito ou por meio eletrônico, preferencialmente com antecedência de 48 (quarenta e oito) horas.

Art. 8º Para as férias concedidas durante o estado de calamidade pública a que se refere o art. 1º desta Lei, o empregador poderá optar por efetuar o pagamento do adicional de 1/3 (um terço) de férias após sua concessão, até a data em que é devida a gratificação natalina prevista no art. 1º da Lei n. 4.749, de 12 de agosto de 1965.

Parágrafo único. O eventual requerimento por parte do empregado de conversão de 1/3 (um terço) de férias em abono pecuniário estará sujeito à concordância do empregador, aplicável o prazo a que se refere o *caput* deste artigo.

Art. 9º O pagamento da remuneração das férias concedidas em razão do estado de calamidade pública a que se refere o art. 1º desta Lei poderá ser efetuado até o 5º (quinto) dia útil do mês subsequente ao início do gozo das férias, não aplicável o disposto no art. 145 da Consolidação das Leis do Trabalho, aprovada pelo Decreto-lei n. 5.452, de 1º de maio de 1943.

Art. 10. Na hipótese de rescisão do contrato de trabalho, os valores das férias, individuais ou coletivas, ainda não adimplidos serão pagos juntamente com as verbas rescisórias devidas.

Parágrafo único. As férias antecipadas gozadas, cujo período não tenha sido adquirido, serão descontadas das verbas rescisórias devidas ao empregado no caso de pedido de demissão.

CAPÍTULO IV

DA CONCESSÃO DE FÉRIAS COLETIVAS

Art. 11. Durante o estado de calamidade pública a que se refere o art. 1º desta Lei, o empregador poderá, a seu critério, conceder férias coletivas, a todos os empregados ou a setores da empresa, e deverá notificar o conjunto de empregados afetados, por escrito ou por meio eletrônico, com antecedência de, no mínimo, 48 (quarenta e oito) horas, não aplicáveis o limite máximo de períodos anuais e o limite mínimo de dias corridos previstos na Consolidação das Leis do Trabalho, aprovada pelo Decreto-lei n. 5.452, de 1º de maio de 1943, podendo ser concedidas por prazo superior a 30 (trinta) dias.

Parágrafo único. Aplicam-se às férias coletivas o disposto no § 1º do art. 6º, no art. 8º e no art. 9º desta Lei.

Art. 12. Ficam dispensadas a comunicação prévia ao órgão local do Ministério da Economia e a comunicação aos sindicatos representativos da categoria profissional, de que trata o art. 139 da Consolidação das Leis do Trabalho, aprovada pelo Decreto-Lei n. 5.452, de 1943.

CAPÍTULO V

DO APROVEITAMENTO E DA ANTECIPAÇÃO DE FERIADOS

Art. 13. Durante o estado de calamidade pública, os empregadores poderão antecipar o gozo de feriados federais, estaduais, distritais e municipais, inclusive os religiosos, e deverão notificar, por escrito ou por meio eletrônico, o conjunto de empregados beneficiados com antecedência de, no mínimo, 48 (quarenta e oito) horas, mediante indicação expressa dos feriados aproveitados.

Parágrafo único. Os feriados a que se refere o *caput* deste artigo poderão ser utilizados para compensação do saldo em banco de horas.

CAPÍTULO VI

DO BANCO DE HORAS

Art. 14. Durante o estado de calamidade pública a que se refere o art. 1º desta Lei, ficam autorizadas a interrupção das atividades pelo empregador e a constituição de regime especial de compensação de jornada, por meio de banco de horas, em favor do empregador ou do empregado, estabelecido por meio de acordo coletivo ou individual formal, para a compensação no prazo de **12 (doze) meses**, contado da data de encerramento do estado de calamidade pública.

§ 1º A compensação de tempo para recuperação do período interrompido poderá ser feita mediante prorrogação de jornada em até 2 (duas) horas, que não poderá exceder 10 (dez) horas diárias, podendo ser realizada aos finais de semana, observado o disposto no art. 68 da Consolidação das Leis do Trabalho, aprovada pelo Decreto-Lei n. 5.452, de 1943.

§ 2º A compensação do saldo de horas poderá ser determinada pelo empregador independentemente de convenção coletiva ou acordo individual ou coletivo.

§ 3º Durante o estado de calamidade pública a que se refere o art. 1º desta Lei, as empresas que desempenham atividades essenciais poderão constituir regime especial de compensação de jornada por meio de banco de horas independentemente de interrupção de suas atividades.

CAPÍTULO VII

DA SUSPENSÃO DE EXIGÊNCIAS ADMINISTRATIVAS EM SEGURANÇA E SAÚDE NO TRABALHO

Art. 15. Durante o estado de calamidade pública a que se refere o art. 1º desta Lei, fica suspensa a obrigatoriedade de realização dos exames médicos ocupacionais, clínicos e complementares, exceto dos exames demissionais.

§ 1º Fica mantida a obrigatoriedade de realização de exames ocupacionais e treinamentos periódicos aos trabalhadores da área de saúde e áreas auxiliares em efetivo exercício em ambiente hospitalar, os quais terão prioridade para submissão a teste de identificação da covid-19 previstos em normas de segurança e saúde do trabalho ou regulamentação internacional.

§ 2º Os exames a que se refere o *caput* deste artigo serão realizados no prazo de 60 (sessenta) dias, contado da data de encerramento do estado de calamidade pública.

§ 3º Na hipótese de o médico coordenador de programa de controle médico e saúde ocupacional considerar que a prorrogação representa risco para a saúde do empregado, o médico indicará ao empregador a necessidade de sua realização.

§ 4º O exame demissional poderá ser dispensado caso o exame médico ocupacional mais recente tenha sido realizado há menos **de 60 (sessenta dias).**

§ 5º Fica dispensada a realização dos exames a que se refere o *caput* deste artigo, inclusive os demissionais, nos contratos de trabalho de curta duração e de safra.

Art. 16. Durante o estado de calamidade pública a que se refere o art. 1º desta Lei, fica suspensa a obrigatoriedade de realização de treinamentos periódicos e eventuais dos atuais empregados, previstos em normas regulamentadoras de segurança e saúde no trabalho.

§ 1º Os treinamentos de que trata o *caput* deste artigo serão realizados no prazo de 180 (cento e oitenta) dias, contado da data de encerramento do estado de calamidade pública.

§ 2º Durante o estado de calamidade pública a que se refere o art. 1º desta Lei, os treinamentos de que trata o *caput* deste artigo poderão ser realizados na modalidade de ensino a distância e caberá ao empregador observar os conteúdos práticos, de modo a garantir que as atividades sejam executadas com segurança.

Art. 17. As comissões internas de prevenção de acidentes poderão ser mantidas até o encerramento do estado de calamidade pública e os processos eleitorais em curso poderão ser suspensos, sendo retomados após o encerramento do estado de calamidade pública.

CAPÍTULO VIII

DO DIFERIMENTO DO DEPÓSITO NO FUNDO DE GARANTIA DO TEMPO DE SERVIÇO

Art. 18. Fica suspensa a exigibilidade do depósito no FGTS pelos empregadores, referente às competências de março, abril e maio de 2020, com vencimento em abril, maio e junho de 2020, respectivamente.

Parágrafo único. Os empregadores poderão fazer uso da prerrogativa prevista no *caput* deste artigo independentemente:

I — do número de empregados;

II — do regime de tributação;

III — da natureza jurídica;

IV — do ramo de atividade econômica; e

V — da adesão prévia.

Art. 19. O depósito das competências de março, abril e maio de 2020 poderá ser realizado de forma parcelada, sem a incidência da atualização, da multa e dos encargos previstos no art. 22 da Lei n. 8.036, de 11 de maio de 1990.

§ 1º Os depósitos referentes às competências mencionadas no *caput* serão realizados em até 6 (seis) parcelas mensais, com vencimento no 7º (sétimo) dia de cada mês, a partir de julho de 2020, observado o disposto no *caput* do art. 15 da Lei n. 8.036, de 1990.

§ 2º Para usufruir da prerrogativa prevista no *caput* deste artigo, o empregador fica obrigado a declarar as informações, até 20 de junho de 2020, nos termos do disposto no inciso IV do *caput* do art. 32 da Lei n. 8.212, de 24 de julho de 1991, observado que:

I — as informações prestadas constituirão declaração e reconhecimento dos créditos delas decorrentes, caracterizarão confissão de débito e constituirão instrumento hábil e suficiente para a cobrança do crédito de FGTS; e

II — os valores não declarados, nos termos do disposto neste parágrafo, serão considerados em atraso, e obrigarão o pagamento integral da multa e dos encargos devidos nos termos do disposto no art. 22 da Lei n. 8.036, de 11 de maio de 1990.

Art. 20. Na hipótese de rescisão do contrato de trabalho, a suspensão prevista no art. 18 desta Lei ficará resolvida e o empregador ficará obrigado:

I — ao depósito dos valores correspondentes, sem incidência da multa e dos encargos devidos nos termos do disposto no art. 22 da Lei n. 8.036, de 11 de maio de 1990, caso seja efetuado dentro do prazo legal estabelecido para sua realização;

II — ao depósito dos valores previstos no art. 18 da Lei n. 8.036, de 11 de maio de 1990.

Parágrafo único. Na hipótese prevista no *caput* deste artigo, as eventuais parcelas vincendas terão sua data de vencimento antecipada para o prazo aplicável ao recolhimento previsto no art. 18 da Lei n. 8.036, de 11 de maio de 1990.

Art. 21. As parcelas de que trata o art. 19 desta Lei, caso inadimplidas, estarão sujeitas à multa e aos encargos devidos nos termos do disposto no art. 22 da Lei n. 8.036, de 11 de maio 1990.

Art. 22. Fica suspensa a contagem do prazo prescricional dos débitos relativos aos depósitos no FGTS pelo prazo de **90 (noventa) dias**, contado da data de entrada em vigor desta lei.

Art. 23. O inadimplemento das parcelas previstas no § 1º do art. 19 desta Lei ensejará o bloqueio do certificado de regularidade do FGTS.

Art. 24. Os prazos dos certificados de regularidade emitidos anteriormente à data de entrada em vigor desta lei, serão prorrogados por 90 (noventa) dias.

Parágrafo único. Os parcelamentos de débito do FGTS em curso que tenham parcelas a vencer nos meses de março, abril e maio de 2020 não impedirão a emissão de certificado de regularidade.

CAPÍTULO IX

OUTRAS DISPOSIÇÕES EM MATÉRIA TRABALHISTA

Art. 25. Durante o estado de calamidade pública a que se refere o art. 1º desta Lei, é permitido aos estabelecimentos de saúde, mediante acordo individual escrito, mesmo para as atividades insalubres e para a jornada de 12 (doze) horas de trabalho por 36 (trinta e seis) horas de descanso:

I — prorrogar a jornada de trabalho, nos termos do disposto no art. 61 da Consolidação das Leis do Trabalho, aprovada pelo Decreto-Lei n. 5.452, de 1943; e

II — adotar escalas de horas suplementares entre a décima terceira e a vigésima quarta hora do intervalo interjornada, sem que haja penalidade administrativa, garantido o repouso semanal remunerado nos termos do disposto no art. 67 da Consolidação das Leis do Trabalho, aprovada pelo Decreto-Lei n. 5.452, de 1943.

Art. 26. As horas suplementares computadas em decorrência da adoção das medidas previstas nos incisos I e II do *caput* do art. 25 poderão ser compensadas, no prazo de dezoito meses, contado da data de encerramento do estado de calamidade pública, por meio de banco de horas ou remuneradas como hora extra.

Art. 27. Durante o período de 180 (cento e oitenta dias), contado da data de entrada em vigor desta lei, os prazos processuais para apresentação de defesa e recurso no âmbito de processos administrativos originados a partir de autos de infração trabalhistas e notificações de débito de FGTS ficam suspensos.

Art. 28. O disposto nesta Lei aplica-se:

I — às relações de trabalho regidas:

a) pela Lei n. 6.019, de 3 de janeiro de 1974, e

b) pela Lei n. 5.889, de 8 de junho de 1973; e

II — no que couber, às relações regidas pela Lei Complementar n. 150, de 1º de junho de 2015, tais como jornada, banco de horas e férias.

Art. 29. Não se aplicam aos trabalhadores em regime de teletrabalho, nos termos do disposto nesta Lei, as regulamentações sobre trabalho em teleatendimento e *telemarketing*, dispostas na Seção II do Capítulo I do Título III da Consolidação das Leis do Trabalho, aprovada pelo Decreto-Lei n. 5.452, de 1º de maio e 1943.

CAPÍTULO X

DA ANTECIPAÇÃO DO PAGAMENTO DO ABONO ANUAL EM 2020

Art. 30. No ano de 2020, o pagamento do abono anual de que trata o art. 40 da Lei n. 8.213, de 24 de julho de 1991, ao beneficiário da previdência social que, durante este ano, tenha recebido auxílio-doença, auxílio-acidente ou aposentadoria, pensão por morte ou auxílio-reclusão será efetuado em 2 (duas) parcelas, excepcionalmente, da seguinte forma:

I — a primeira parcela corresponderá a 50% (cinquenta por cento) do valor do benefício devido no mês de abril e será paga juntamente com os benefícios dessa competência; e

II — a segunda parcela corresponderá à diferença entre o valor total do abono anual e o valor da parcela antecipada e será paga juntamente com os benefício da competência maio.

Art. 31. Na hipótese de cessação programada do benefício prevista antes de 31 de dezembro de 2020, será pago o valor proporcional do abono anual ao beneficiário.

Parágrafo único. Sempre que ocorrer a cessação do benefício antes da data programada, para os benefícios temporários, ou antes de 31 de dezembro de 2020, para os benefícios permanentes, deverá ser providenciado o encontro de contas entre o valor pago ao beneficiário e o efetivamente devido.

CAPÍTULO XI

DISPOSIÇÕES FINAIS

Art. 32. A Lei n. 8.212, de 24 de julho de 1991, passa a vigorar com a seguinte alteração:

"Art. 47. ....

§ 5º O prazo de validade da certidão expedida conjuntamente pela Secretaria Especial da Receita Federal do Brasil e pela Procuradoria-Geral da Fazenda Nacional do Ministério da Economia, referente aos tributos federais e à dívida ativa da União por elas administrados, será de até 180 (cento e oitenta) dias, contado data de emissão da certidão, prorrogável, excepcionalmente, em caso de calamidade pública, pelo prazo determinado em ato conjunto dos referidos órgãos.

...." *(NR)*

Art. 33. A Lei n. 13.979, de 6 de fevereiro de 2020, passa a vigorar com as seguintes alterações:

"Art. 3º ....

§ 6º Ato conjunto dos Ministros de Estado da Saúde, *da Justiça e Segurança Pública e da Infraestrutura disporá sobre a medida prevista no inciso VI do caput.*

§ 6º-A O ato conjunto a que se refere o § 6º poderá *estabelecer delegação de competência para a resolução dos casos nele omissos.*

...." (NR)

Art. 36. Esta Lei entra em vigor na data de sua publicação.

Sala das Sessões, em de de 2020.

Deputado CELSO MALDANER Relator

JUSTIFICAÇÃO

O principal objetivo desse projeto de lei, além de reeditar a Medida Provisória n. 927 que caducou enquanto da sua análise no Senado, cabe também estabelecer as medidas trabalhistas que poderão ser adotadas pelos empregadores enquanto durar o estado de calamidade pública reconhecido pelo Decreto Legislativo n. 6, de 20 de março de 2020, visando a preservar o emprego e a renda dos trabalhadores, medidas essas que são reconhecidas como hipótese de força maior, tal como previsto no art. 501 da Consolidação das Leis do Trabalho — CLT (art. 1º).

Um dos principais fundamentos da MPV é o de permitir que, durante o estado de calamidade, com o intuito de garantir a manutenção do emprego, o empregador e o empregado possam celebrar acordo individual escrito que terá preponderância sobre os demais instrumentos normativos, sejam eles leis ou normas coletivas de trabalho, com exceção dos dispositivos constitucionais sobre a matéria (art. 2º).

A proposição permite que o empregado e o empregador celebrem acordo individual escrito com preponderância sobre os demais instrumentos normativos, legais e negociais observados os limites constitucionais, possibilitando a adoção, entre outras, das seguintes medidas:

a) Teletrabalho;

b) Antecipação de férias individuais;

c) Concessão de férias coletivas;

d) Aproveitamento e antecipação de feriados;

e) Banco de horas;

f) Suspensão de exigências administrativas em segurança e saúde no trabalho;

g) Direcionamento do trabalhador para qualificação e

h) Diferimento do recolhimento do Fundo de Garantia do Tempo de Serviço (FGTS)

Para os fins trabalhistas, as medidas previstas neste projeto de lei serão consideradas hipótese de força maior, nos termos do art. 501 da Consolidação das Leis do Trabalho, admitindo-se "que a pandemia do novo coronavírus é um acontecimento inevitável, em relação à vontade dos empregadores, e para o qual não concorreram, direta ou indiretamente". Para tanto, a medida propõe meios para flexibilizar as relações e as obrigações trabalhistas, tendo como eixo principal a previsão de que "os acordos individuais têm preponderância sobre os demais instrumentos normativos, respeitados os limites estabelecidos na Constituição Federal, visando garantir os vínculos empregatícios", em consonância com a redução das despesas obrigatórias e fixas das empresas.

Por fim, justifica a necessidade de, dentro das possibilidades, manter a preservação da atividade econômica, adotando medida para antecipar o pagamento do abono aos beneficiários da Previdência Social e prorrogando os prazos das certidões negativas de débito de tributos federais e da dívida ativa, "eliminando potencial óbice ao acesso a crédito em um momento de dificuldade para as empresas".

Portanto, nessa releitura da MP n. 927 que caducou, pensando nos contratos de trabalho que já foram firmados e pensando naqueles que não puderam ter a oportunidade de flexibilizar acordos com a intenção de manter empregos, estamos propondo essa nova proposta nos moldes da medida provisória com vistas a garantir o emprego e a renda.

Contamos com o apoio dos nobres pares para a aprovação desta e minimizar os efeitos econômicos e trabalhistas na vida do trabalhador brasileiro.

Sala das Sessões, em de de 2020.

Deputado CELSO MALDANER Relator

LEGISLAÇÃO CITADA

— Lei n. 8.069, de 13 de Julho de 1990 - Estatuto da Criança e do Adolescente (ECA); ECA — 8069/90 <https://www.lexml.gov.br/urn/urn:lex:br:federal:lei:1990;8069> — art. 2º — Medida Provisória n. 936 de 01.04.2020 — MPV-936-2020-04-01 — 936/20 <https://www.lexml.gov.br/urn/urn:lex:br:federal:medida.provisoria:2020;936>

PROJETO DE LEI N. 3915, DE 2020

Altera a Consolidação das Leis do Trabalho — CLT, aprovada pelo Decreto-lei n. 5.452, de 1943, para dispor sobre o teletrabalho.

O Congresso Nacional decreta:

Art. 1º O art. 75-D da Consolidação das Leis do Trabalho, aprovada pelo Decreto-lei n. 5.452, de 1º de maio de 1943, passa a viger com a seguinte redação:

"Art. 75-D. É obrigação do empregador disponibilizar a infraestrutura, os materiais, os equipamentos de tecnologia, os serviços de dados e de telefonia necessários à prestação do trabalho remoto pelo empregado, observadas as normas relativas à ergonomia do mobiliário, além de cumprir e fazer cumprir as pausas e os intervalos laborais previstos nesta Consolidação.

Parágrafo único A infraestrutura, o material e os equipamentos referidos no *caput* deste artigo não integram o valor do salário, permitindo-se o reembolso de eventuais despesas realizadas pelo empregado com sua aquisição ou reparo." (NR)

Art. 2º Fica revogado o inciso III do art. 62 da Consolidação das Leis do Trabalho, aprovada pelo Decreto-lei n. 5.452, de 1º de maio de 1943.

Art. 3º Esta lei entra em vigor na data de sua publicação.

JUSTIFICAÇÃO

A Lei n. 13.467, de 13 de julho de 2017 alterou profundamente a Consolidação das Leis do Trabalho (CLT). Dentre as alterações, destaca-se a nova disciplina do teletrabalho, por meio da criação do Capítulo II-A.

A Lei incluiu o teletrabalhador nas exceções do art. 62 da CLT, por meio do inciso III, de modo a retirar a proteção da jornada de trabalho desse empregado, desconsiderando o grande avanço tecnológico que permite atualmente aos empregadores controlar remotamente a localização exata do trabalhador, as atividades que estão sendo desempenhadas e os horários de início e fim do trabalho. Entendemos que tal dispositivo não se coaduna com as normas de proteção e saúde no trabalho e com a capacidade de o empregador cumpri-las, de modo que propomos sua revogação.

O art. 75-D em vigor estabelece que as disposições relativas à responsabilidade pela aquisição, manutenção ou fornecimento dos equipamentos tecnológicos e da infraestrutura necessária e adequada à prestação do trabalho remoto, bem como ao reembolso de despesas arcadas pelo empregado, serão previstas em contrato escrito.

Entendemos ser necessário reformular o dispositivo para deixar claro que não é lícita a transferência para o empregado das despesas relativas à atividade, pois essas são do empregador, observado o princípio da alteridade já consagrado no Direito do Trabalho.

Acrescentamos, em consonância com a revogação do inciso III do art. 62, já referido, **a obrigação de o empregador cumprir e fazer cumprir as pausas laborais previstas na Consolidação**, de modo a garantir ao trabalhador o direito à jornada norma de trabalho e aos descansos necessários à higidez laboral.

Diante das considerações acima, nota-se que a Lei n. 13.467, de 2017, não cumpriu com efetividade a finalidade de proteção jurídica ao teletrabalhador, de vez que questões essenciais como as antes destacadas foram esquecidas ou remetidas ao contrato individual entre as partes. Nesse sentido, impõe-se um aperfeiçoamento do texto vigente, com o objetivo de garantir as proteções legais mínimas já incorporadas ao patamar civilizatório nas relações entre trabalhadores e empresas.

Em razão do elevado teor social da matéria, pedimos aos nobres Pares o apoio necessário para sua aprovação.

Sala das Sessões, em de de 2020.

Deputado BOSCO COSTA

PROJETO DE LEI N. 4816, DE 2020

Dispõe sobre normas que regulam a relação laboral entre estabelecimentos de educação básica e de educação superior e seus professores que atuem no ensino remoto realizado por meios digitais, em substituição ao ensino presencial.

O Congresso Nacional decreta:

Art. 1º Esta Lei dispõe sobre normas que regulam a relação laboral entre estabelecimentos de educação básica e de educação superior e seus professores que atuem no ensino remoto, em substituição ao ensino presencial.

Parágrafo único. Para efeitos desta Lei, entende-se, como ensino remoto, aquele realizado por meios digitais.

Art. 2º Os estabelecimentos particulares de educação básica e de educação superior que adotem, em substituição ao ensino presencial, nos termos da legislação pertinente, o ensino remoto, realizado por meios digitais, ou o ensino híbrido, isto é, em parte presencial e em parte remoto, deverão no que se refere à atuação dos docentes no ensino remoto:

I — regular a prestação de serviços por meio de plataformas virtuais, trabalho remoto e/ou em home office ou trabalho remoto, preferencialmente por meio de negociação coletiva, acordo coletivo, e por contrato de trabalho aditivo por escrito, tratando de forma específica sobre a responsabilidade pela aquisição, manutenção ou fornecimento dos equipamentos tecnológicos e da infraestrutura do trabalho remoto, bem como o reembolso de eventuais despesas a cargo da(o) empregada(o), nos termos do art. 75-D da CLT, e demais aspectos contratuais pertinentes à prestação de serviços por meio de plataformas virtuais, trabalho remoto e/ou em home office;

II — adotar, preferencialmente, mediante prévia negociação coletiva, com amplo diálogo social entre sindicatos profissionais e patronais e/ou entidades educacionais, por meio de acordos e convenções coletivas de trabalho, a regulamentação geral, específica, ou de forma articulada entre as normas coletivas, as condições de trabalho pertinentes à reconversão logística da prestação de serviços presencial para o trabalho por meio de plataformas virtuais, trabalho remoto e/ou em home office, previstas nesta Lei;

III — regular a conversão de aulas presenciais em aulas gravadas, por meio de aditivo contratual, com garantia de irredutibilidade salarial;

IV — regular a quantidade máxima de alunos por turma nos mesmos limites das turmas presenciais, não sendo permitido o acúmulo de turmas de campus ou unidades educacionais distintas;

V — garantir, observado o disposto no § 1º, a irredutibilidade salarial das(os) professoras(es), independentemente da adoção de modalidade síncrona ou assíncrona para ministrar as aulas virtuais ou remotas (telepresenciais ou gravadas); e das ferramentas tecnológicas utilizadas para elaboração e compartilhamento do conteúdo pedagógico, de ministração das aulas, e de aplicação de avaliações;

VI — garantir, na hipótese de aulas gravadas, no mínimo remuneração equivalente àquela das aulas presenciais, observando-se a proporção de horas-aula e cada reprodução por turmas da(o) docente, na mesma proporção das aulas presenciais;

VII — observar parâmetros adequados de ergonomia física e condições de trabalho previstos nas normas regulamentadoras editadas pelo órgão competente, em especial quanto aos equipamentos, mesas, cadeiras, a postura física, oferecendo ou reembolsando os valores dos bens necessários à garantia da integridade física;

VII — observar os parâmetros da ergonomia organizacional, principalmente aqueles que levem em consideração as normas específicas de produção, as operações a serem realizadas, as exigências de tempo, a determinação do conteúdo de tempo, o ritmo de trabalho e conteúdo das tarefas;

IX —garantir ao corpo de docentes e discentes com deficiência acesso a todos os equipamentos, recursos de tecnologia assistiva e acessibilidade para que tenham condições plenas para aplicar e/ou acompanhar métodos e técnicas pedagógicas, bem como acesso, entre outros recursos, a intérprete da Libras, legenda oculta e audiodescrição, quando necessários;

X —observar, em relação à jornada contratual das(os) trabalhadoras(es), a adequação das atividades pedagógicas na modalidade de teletrabalho e em plataformas virtuais, considerando tanto as atividades realizadas pelo meio digital, quanto o período de capacitação, adaptação ao novo modelo de trabalho, prévio de preparação do material a ser utilizado e posterior de orientação e avaliação do aluno, de modo a não permitir jornadas de trabalho excessivas, que sobrecarreguem os profissionais;

XI — adequar, devido ao maior desgaste psicossomático da ministração de aulas por meios virtuais, a distribuição das atividades e dos tempos de trabalho, sem prejuízo da remuneração;

XII — incentivar o respectivo aumento dos intervalos para repouso, seja na extensão destes ou na quantidade, possibilitando-se, preferencialmente um intervalo entre cada aula ministrada, devendo os respectivos períodos de intervalo ser considerados como tempo de serviço para todos os efeitos, sem prejuízo da remuneração;

XIII —. disponibilizar um ambiente virtual para os períodos de intervalos regulares para refeição e repouso, e ao início e final do dia, de uso exclusivo dos docentes como forma de possibilitar a socialização;

XIV — adotar, preferencialmente, plataformas virtuais de transmissão em tempo real ou determinar previamente o período de acesso às aulas virtuais, que não ultrapasse o período correspondente ao ano letivo, sempre por meio de plataformas de acesso restrito ou plataformas produzidas pela própria instituição;

XV — oferecer apoio tecnológico e orientação técnica permanente ou capacitar o corpo docente e discente para realização dos trabalhos de forma remota e em plataformas virtuais e, caso a orientação e capacitação das(os) alunas(os) fique a cargo da(o) docente, computar essa atividade na carga horária de trabalho;

XVI — definir a reorganização do calendário escolar de forma dialogada com as(os) trabalhadoras(es), assegurando o equilíbrio entre o processo de ensino e aprendizagem e a compensação da jornada de trabalho nas atividades pedagógicas, respeitadas as orientações e diretrizes dos conselhos de educação competentes;

XVII — observar a liberdade de cátedra nos ambientes virtuais, não diferenciando-a de uma sala de aula presencial para fins de ensino e administração do ambiente educacional, devendo-se garantir a permanência exclusiva dos(as) professores(as), auxiliares ou equipe de docentes nas salas virtuais, sendo o ingresso de demais integrantes do quadro escolar somente permitido, em caráter excepcional e emergencial, com autorização prévia da(o) docente ministrante da respectiva aula;

XVIII — adotar modelos de etiqueta digital em que se orientem alunas(os), responsáveis, supervisoras(es) e diretoras(es), com especificação de horários para atendimento virtual da demanda, assegurando os repousos legais, o direito à desconexão do corpo docente e a compatibilidade entre a vida familiar e profissional;

XIX — estipular horários fixos, preferencialmente, dentro do período da própria aula virtual, ou em plantão de dúvidas com horário específico e determinado, devidamente remunerado, evitando-se o uso de aplicativos como WhatsApp, Telegram, comunicação por celular ou meios alternativos e sem horários definidos para atendimento dos discentes;

XX — adotar modelos de etiqueta digital em que se orientem alunas(os), responsáveis e supervisoras(es) sobre o respeito à liberdade de expressão e de cátedra, bem como a proibição de atos de intimidação sistemática (assédio moral, bullying), nos termos dos arts. 3º e 4º da Lei n. 13.185/2015, que podem vir a caracterizar crimes e contravenções previstas no Código Penal;

XXI — garantir o respeito ao direito de imagem e direito à privacidade do corpo docente, assegurando-lhe a realização da atividade sem exposição do ambiente doméstico, seja por meio de uso de plataformas que oferecem imagens para o plano de fundo ou outro meio que possibilite o exercício de tal direito;

XXII — proteger os direitos autorais do(a) professor(a), como o conteúdo das aulas e o material de apoio produzido para disciplina, como slides e apostilas, contra divulgação ou reprodução sem sua prévia autorização, sob pena de violação direitos autorais, tal como previsto Lei n. 9.610/1998, sobre direitos autorais;

XXIII — advertir discentes, docentes, responsáveis e supervisoras(es) e demais pessoas que tenham acesso à aula ou ao material dela decorrente, da proibição de fotografar, gravar, registrar, compartilhar ou divulgar, por qualquer outro meio, a imagem ou a voz ou o conteúdo autoral do professor, evitando-se o uso indevido de seus direitos da personalidade e/ou autorais;

XXIV — exigir consentimento prévio e expresso do docente para a produção de atividades acadêmicas a ser difundido em plataformas virtuais abertas, extracurriculares, em que sejam utilizados dados pessoais (imagem, voz, nome) ou material pedagógico produzido pelo profissional;

XXV — instruir as(os) empregadas(os), de maneira expressa, clara e objetiva, quanto às precauções a tomar a fim de evitar doenças ocupacionais, físicas e mentais, e acidentes de trabalho relacionados ao trabalho remoto, bem como a adotar medidas de segurança da informação;

XXVI — fornecer, por meio de profissionais especializados, orientações sobre exercícios de ginástica laboral, que objetivem evitar lesões decorrentes de movimentos repetitivos.

Parágrafo único. A redução da jornada de trabalho ou a suspensão do contrato de trabalho, nos termos da Lei n. 14.020, de 6 de julho de 2020, apenas são admissíveis se efetivamente houver a redução da carga horária de trabalho, com mecanismo de controle da jornada, ou a suspensão total das atividades docentes.

Art. 3º. O disposto no art. 2º aplica-se, no que couber, aos estabelecimentos públicos de educação básica e de educação superior.

Art. 4º. Esta lei entra em vigor na data de sua publicação.

JUSTIFICAÇÃO

Os impactos da pandemia da Covid-19 se fizeram fortemente presentes nas diversas dimensões da vida social. Atingiram de forma extraordinária a educação escolar, em todos os seus níveis. Com a suspensão das atividades escolares presenciais, muitos estabelecimentos de ensino passaram a adotar o chamado ensino remoto.

A oferta de atividades pedagógicas não presenciais implicou importantes modificações no trabalho docente. O uso de novas tecnologias resultou em grandes alterações nas necessidades de qualificação dos professores, bem como nas suas condições de trabalho. Esse novo cenário não está suficientemente contemplado na legislação em vigor, especialmente no que se refere à proteção dos direitos laborais do magistério.

A Lei n. 14.040, de 2020, dispõe sobre a adoção de atividades pedagógicas não presenciais (o ensino remoto) durante o período de calamidade pública decretado em decorrência da pandemia do coronavírus. Essa norma se esgota em dezembro do corrente ano.

Nada impede, porém, que a experiência desse tipo de ensino venha a ser, mais adiante, por nova mudança legislativa, adotada de modo sistemático no contexto da educação brasileira.

Por tal razão, é fundamental que se estabeleçam normas legais que assegurem, não só para o tempo presente, mas de modo intemporal, isonomia de direitos laborais aos professores que estejam ou venham a permanecer atuando no ensino remoto.

O presente projeto, teve como fundamento o estudo de Doutorado em Educação, do professor Rodrigo Parras, **intitulado "Professor, Profissional Camaleão" Pandemia, Legislação Educacional na Modalidade Remota — Olhares de Merleau-Ponty a Michel Foucault.** Apresentado nas disciplinas Epistemologia da Educação e Subjetividades da Educação Contemporânea.

Esse é o objetivo do presente projeto lei, elaborado quase que totalmente com base na Norma Técnica n. 11, de 2020, do Ministério Público do Trabalho. Embora focada no momento da pandemia, suas recomendações são oportunas e relevantes para qualquer circunstância em que o ensino remoto venha a ser adotado.

Estou seguro de que a relevância desta iniciativa haverá de ser reconhecida pelos ilustres Pares, emprestando-lhe o necessário apoio para sua aprovação.

Sala das Sessões, em de de 2020.

Deputado VANDERLEI MACRIS

PROJETO DE LEI N. 4831, DE 2020

Acrescenta dispositivo à Consolidação das Leis do Trabalho (CLT), aprovada pelo Decreto-Lei n. 5.452, de 1º de maio de 1943, reforçando o regramento sobre Teletrabalho afim das mais garantias para o trabalhador.

O Congresso Nacional decreta:

Art. 1º Esta Lei acrescenta dispositivo à Consolidação das Leis do Trabalho (CLT), aprovada pelo Decreto-Lei n. 5.452, de 1º de maio de 1943, reforçando o regramento sobre Teletrabalho afim das mais garantias para o trabalhador.

Art. 2º O Decreto-Lei n. 5.452, de 1º de maio de 1943, passa vigorar com as seguintes alterações:

"CAPÍTULO II-A DO TELETRABALHO

Art. 75-C. ....

§ 1º ....

§ 2º ....

§ 3º *A jornada de trabalho home office atenderá as mesmas normas do trabalho presencial, ficando expressamente proibido ao empregador extrapolar formal ou informalmente os limites fixados nesta Lei.*

§ 4º *Com vistas à eminente necessidade de atividades durante o intervalo interjornada, esta será permitida em acordo bilateral entre empregador e empregado, sendo computado tempo de serviço com garantia de hora-extra.*

§ 5º A comunicação com o trabalhador via quaisquer plataformas, programas, aplicativos ou redes sociais de caráter eminentemente privado, sobre assuntos relacionados ao trabalho e em ocasião de intervalo interjornada, será computado tempo de serviço com garantia de hora-extra.

Art. 75-D. *A responsabilidade pela aquisição, manutenção ou fornecimento dos equipamentos tecnológicos e da infraestrutura necessária e adequada à prestação do trabalho remoto, bem como ao reembolso de despesas arcadas pelo empregado, será de responsabilidade do empregador.* (NR)

§ 1º As utilidades mencionadas no caput deste artigo não integram a remuneração do empregado.

§ 2º As alterações das disposições previstas nos artigos 75-C e do 75-D deverão ser realizadas através de Acordo ou Convenção Coletiva de Trabalho."

Art. 3º Esta lei entra em vigor à data de sua publicação.

JUSTIFICAÇÃO

A tecnologia avançou demasiadamente nos últimos anos e transformou o mundo corporativo. Cada vez mais vemos crescer empresas que valorizam e anseiam mais a produtividade em excesso. Nesse sentido, observa-se relatos gradativos e frequentes acerca da ampliação não apenas da intensidade de trabalho, mas também do aumento da jornada informal de trabalho.

Recentemente, uma pesquisa realizada pela Consultoria Talenses, especialista em recrutamento executivo, mostrou que 55% dos trabalhadores reclamam da carga horária excessiva. Ou seja, trabalham mais, muitas vezes assumindo funções de outros funcionários que foram desligados e aumentando sua responsabilidade corporativa - estar em casa significa uma continuação das funções acumuladas.

A pandemia do coronavírus, que levou milhões de pessoas a trabalhar em suas casas, pode ter contribuído para acentuar desigualdades no acesso às tecnologias necessárias para o trabalho a distância, afirma um grupo de pesquisadores acadêmicos que estuda as políticas de combate à crise. O trabalho em casa foi estratégia adotada por 46% das empresas durante a pandemia, segundo a Pesquisa Gestão de Pessoas na Crise covid-19. O estudo elaborado pela Fundação Instituto de Administração (FIA) coletou, em abril, dados de 139 pequenas, médias e grandes empresas que atuam em todo o Brasil.

A adoção em grande escala do home office (teletrabalho) em função do isolamento social para conter o novo coronavírus tem afetado a saúde mental de profissionais brasileiros. Uma pesquisa do LinkedIn, que ouviu duas mil pessoas na segunda quinzena de abril, indica que 62% estão mais ansiosos e estressados com o trabalho do que antes. O LinkedIn é a maior rede social profissional do mundo

Além das preocupações com as atividades do trabalho, há a necessidade de conciliar o trabalho com a atenção à família e, ao mesmo tempo, gerenciar o descanso necessário à recomposição física-mental, além do, cada vez mais distante, momento de lazer e de interação social. O que vemos são trabalhadores pressionados ou coagidos à produtividade, mesmo que isso sobreponha ou aniquile as horas e garantias de tempo de suas vidas privadas.

Instrumentos particulares como redes sociais e aplicativos de uso exclusivo pessoal viraram extensão do trabalho, sem respeito à privacidade, jornada ou garantias trabalhistas.

A legislação trabalhista no Brasil regulamenta a jornada de trabalho semanal, no entanto, na prática, isto não funciona. É desmoralizante observarmos uma cultura "macunaística" corporativa no país, onde a malandragem em infringir as Leis, sob o manto da lucratividade, achaca e explora trabalhadores nos mais diversos níveis. O país que criou, em 1831, a lei de proibição do tráfico Atlântico de escravos, sob pressão da Inglaterra e apelidou, cinicamente, um termo, até hoje usado, sobre esta Lei que nunca funcionou de "pra inglês ver", continua, perversamente, atropelando Leis trabalhistas "pra inglês ver" na mais pura convicção de impunidade. Neste sentido, precisamos não apenas regulamentar e aperfeiçoar a CLT, alvo de constantes ataques organizados pela elite empresarial, mas devemos, sobretudo, reafirmar a aplicabilidade das regras para criarmos uma atmosfera de legitimidade, estabilidade e confianças nas instituições democráticas no país.

Por fim, insere-se a previsão de que qualquer alteração que contrarie os arts. 75-C e 75-D deve ser realizada através de Acordo ou Convenção Coletiva de Trabalho, assegurando a participação do Sindicato profissional na defesa e proteção de sua categoria. Vale destacar que a reforma trabalhista, implementada pela Lei n. 13.467/17, dispõe em seu artigo 611-A, inciso VIII que a convenção coletiva e o acordo coletivo de trabalho tem prevalência sobre a lei quando tratar de teletrabalho, fazendo jus ao instrumento de negociação.

Deputado João Daniel (PT/SE)

PROJETO DE LEI N. 4931, DE 2020

Altera a Consolidação das Leis do Trabalho (CLT), para dispor e regulamentar o teletrabalho.

O Congresso Nacional decreta:

Art. 1º A Consolidação das Leis do Trabalho (CLT), aprovada pelo Decreto-lei n. 5.452, de 1º de maio de 1943, passa a vigorar com as seguintes alterações:

"Art. 75-A. ....

Parágrafo único. O disposto neste Capítulo aplica-se a estagiários e aprendizes, sem prejuízo das disposições especiais relativas ao estágio e à aprendizagem previstas na Lei n. 11.788, de 25 de setembro de 2008, e nesta Consolidação." (NR)

"Art. 75-B. ....

§ 1º ....

§ 2º Equipara-se ao regime de teletrabalho, inclusive para fins de aplicação do disposto no inciso III do art. 62 desta Consolidação, o regime misto, assim considerado o que abrange, na mesma semana de trabalho, períodos em teletrabalho e períodos de prestação dos serviços nas dependências do empregador, desde que a duração destes últimos seja inferior à metade da duração semanal total do trabalho do empregado." (NR)

"Art. 75-C. A prestação de serviços na modalidade de teletrabalho deverá constar expressamente do contrato individual de trabalho, que especificará:

I — as atividades que serão realizadas pelo empregado;

II — a identificação do estabelecimento da empresa a que está vinculado o empregado.

....

§ 3º As disposições contratuais relativas ao teletrabalho poderão ser estipuladas sob a forma de documentos físicos ou sob formas eletrônicas, nos termos do art. 10 da Medida Provisória n. 2.200-2, de 24 de agosto de 2001.

§ 4º Em caso de emergência em saúde, calamidade pública, estado de defesa ou qualquer motivo de força maior que recomende temporariamente a interrupção das atividades empresariais presenciais, o empregador poderá adotar o regime de teletrabalho e determinar o retorno ao trabalho presencial, independentemente da existência de acordos individuais ou coletivos, dispensado o registro prévio da alteração no contrato individual de trabalho.

§ 5º A alteração de que trata o § 4º deste artigo será comunicada ao empregado, por qualquer meio físico ou eletrônico eficaz, e, no prazo de 5 (cinco) dias úteis, informada, por escrito, em meio físico ou eletrônico eficaz, ao sindicato representativo da categoria profissional e, quando houver, à comissão de representantes dos empregados.

§ 6º Poderá ser autorizada, no contrato de teletrabalho ou em aditivo contratual, a execução do teletrabalho pelo empregado em local diverso do lugar do estabelecimento da empresa a que ele se vincula." (NR)

"Art. 75-D. As disposições relativas à responsabilidade pela aquisição, manutenção ou fornecimento dos equipamentos tecnológicos e da infraestrutura necessária e adequada à prestação do teletrabalho serão livremente negociadas pelas partes e constarão do contrato, observadas as seguintes condições:

I — o empregador custeará os equipamentos tecnológicos e a infraestrutura necessária e adequada à prestação dos serviços em teletrabalho, podendo as partes estipular a forma de cumprimento desta obrigação e de devolução dos equipamentos e outros instrumentos fornecidos para o teletrabalho ao empregador em caso de término do contrato;

II — o empregador custeará as despesas periódicas relativas aos serviços de energia, comunicação, tecnologia e outros necessários à prestação dos serviços, na proporção de sua vinculação ao teletrabalho;

III — o empregado observará as regras de utilização e funcionamento dos instrumentos disponibilizados para o teletrabalho, adotando todos os cuidados necessários à segurança da informação;

IV — salvo acordo em contrário, o empregado não poderá dar aos instrumentos de teletrabalho disponibilizados pelo empregador uso diverso do inerente ao cumprimento de sua prestação de teletrabalho.

§ 1º Os valores relativos ao custeio das utilidades mencionadas neste artigo não integram a remuneração do empregado.

§ 2º As disposições de que trata o *caput* deste artigo serão previstas no contrato firmado previamente ou, na hipótese prevista no § 4º do art. 75-C, no prazo de 30 (trinta) dias, contado da data da mudança do regime de trabalho.

§ 3º Na hipótese de rescisão do contrato de trabalho, qualquer que seja o motivo, o empregado deverá, assim que solicitado e dentro do prazo previsto no contrato, devolver ao empregador os equipamentos tecnológicos e outros instrumentos disponibilizados para o teletrabalho, sob pena de caracterização do crime de apropriação indébita, previsto no art. 168, § 1º, inciso III, do Código Penal, salvo acordo em sentido diverso estabelecido diretamente entre as partes ou por instrumento coletivo." (NR)

"Art. 75-E. ....

§ 1º Para os fins do *caput* deste artigo, o empregador, por meio de preposto especializado em saúde e segurança do trabalho, realizará vistoria prévia no local habitual de trabalho indicado pelo empregado, observadas as seguintes condições:

I — o consentimento do empregado, caso se trate de sua residência;

II — o ajuste prévio do horário da vistoria com o empregado; e

III — a presença do empregado durante a vistoria.

§ 2º Na hipótese prevista no § 4º do art. 75-C desta Consolidação, a vistoria de que trata o § 1º deste artigo será realizada assim que possível sua execução sem riscos à saúde e à segurança, devendo ser assegurada a verificação das condições do local de trabalho pelo preposto especializado, de forma não presencial, com a utilização de tecnologias de informação e de comunicação, no prazo de 30 (trinta) dias, contado da data da mudança do regime de trabalho, quando a situação impeditiva da vistoria presencial perdurar por tempo superior a este prazo.

§ 3º O empregado deverá assinar termo de responsabilidade comprometendo-se a seguir as instruções fornecidas pelo empregador, após o local habitual de trabalho ter sido declarado apto pela vistoria.

§ 4º Quando o local habitual de trabalho for a residência do empregado e este não autorizar o ingresso de preposto designado pelo empregador, o empregado deverá providenciar e custear a realização da vistoria prévia de que trata este artigo.

§ 5º Na hipótese de alteração das condições do local habitual de trabalho ou ocorrência de fatos que possam prejudicar o cumprimento das instruções fornecidas, o empregado deverá comunicar ao empregador, o qual deverá providenciar e custear a realização de nova vistoria e promover as adequações necessárias.

§ 6º Quando a alteração do local habitual de trabalho indicado ocorrer por iniciativa e interesse exclusivo do empregado, este deverá providenciar e custear a realização de nova vistoria e promover as adequações necessárias.

§ 7º A pedido do empregado ou mediante a concordância deste, o empregador poderá realizar visitas periódicas ao local habitual de trabalho, em horário previamente ajustado com o empregado, com a finalidade exclusiva de verificar condições relacionadas ao exercício da atividade laboral." (NR)

"Art. 75-F. Sem prejuízo do disposto no art. 62, III, desta Consolidação, o empregado em regime de teletrabalho terá direito à desconexão digital, a fim de garantir o respeito a seus períodos de descanso e férias, bem como a sua intimidade pessoal e familiar.

§ 1º O dever empresarial de garantir a desconexão implica a limitação do uso dos meios tecnológicos de comunicação empresarial durante os períodos de descanso.

§ 2º O contrato individual de trabalho especificará os períodos de trabalho e de descanso, bem como as possibilidades de alteração desses períodos, observadas as seguintes condições:

I — os limites previstos no art. 7º, inciso XIII, da Constituição Federal;

II — o repouso semanal remunerado;

III — o intervalo mínimo de 11 (onze) horas consecutivas para descanso entre 2 (duas) jornadas de trabalho.

§ 3º A especificação dos períodos de trabalho e de descanso de que trata o § 2º deste artigo poderá ser substituída pela estipulação de parâmetros de produtividade, desde que se demonstre a compatibilidade do tempo médio necessário para a execução dos serviços e seus prazos de conclusão com o exercício dos direitos previstos nos incisos I a III do § 2º deste artigo.

§ 4º Poderão ser estabelecidos em negociação coletiva meios e medidas adequadas para garantir o efetivo exercício do direito à desconexão e à adequada organização do trabalho de modo a respeitar os períodos de descanso."

"Art. 75-G. Os empregados em regime de teletrabalho terão o direito de exercer seus direitos coletivos em condições de igualdade em relação aos demais empregados.

§ 1º As empresas e as entidades sindicais deverão disponibilizar meios que facilitem a comunicação dos empregados em teletrabalho com seus representantes e outros empregados.

§ 2º A empresa deverá garantir que os empregados em teletrabalho possam participar efetivamente das atividades organizadas ou convocadas pelo sindicato em defesa dos interesses dos trabalhadores.

§ 3º Negociação coletiva estabelecerá outras condições relativas ao exercício dos direitos coletivos dos empregados em regime de teletrabalho, tendo em conta as singularidades desta forma de prestação dos serviços.

§ 4° Não haverá distinção de salário e oportunidades de promoção entre os teletrabalhadores no país e os fora dele, se mantidas as funções, cargos e tarefas em igualdade de atribuições."

"Art. 75-H. Desde que haja compatibilidade com a atividade desempenhada e disponibilidade de recursos e meios do empregador, o regime de teletrabalho deverá ser concedido, a requerimento e no interesse do empregado, nas seguintes hipóteses:

I — quando for pessoa com deficiência;

II — quando a presença do empregado for indispensável para o cuidado de cônjuge, companheiro, filho, pai, mãe ou dependente declarado perante a Previdência Social, em razão de deficiência, doença ou acidente;

III — quando tiver filho menor de 3 (três) anos de idade.

Parágrafo único. Poderão ser estabelecidas em negociação coletiva outras condições para o exercício do direito previsto no caput deste artigo, bem como o estabelecimento de prioridades para a concessão do teletrabalho, vedado o tratamento diferenciado entre homens e mulheres, salvo quando houver o propósito de estimular a lactância natural ou em caso de violência de gênero."

"Art. 75-I. Considera-se transnacional o teletrabalho quando o empregado estiver em país diverso do qual se localiza o estabelecimento da empresa ao qual esteja vinculado.

§ 1º A Lei n. 7.064, de 6 de dezembro de 1982, não se aplica ao empregado em regime de teletrabalho transnacional, salvo na hipótese de transferência no interesse da empresa na forma do art. 2º da referida lei.

§ 2º No caso de teletrabalho transnacional, aplicar-se-ão as leis do local da prestação de serviços, assim entendido como sendo o local do estabelecimento da empresa ao qual o empregado se encontrar vinculado.

§ 3° Cabe ao empregado, nos casos em que a mudança de país decorrer de sua iniciativa, a regularização de toda a documentação necessária ao ingresso e à permanência no país onde irá residir, inclusive passaporte, vacinas, documentos pessoais e quaisquer outros documentos públicos ou privados que lhe forem exigidos.

§ 4º Na hipótese de alteração do local de trabalho que resulte na impossibilidade material de fruição de benefícios normativos e contratuais, as partes poderão pactuar a substituição destes benefícios por outros equivalentes ou por ajuda de custo de natureza indenizatória, enquanto perdurar a impossibilidade.

§ 5º Na hipótese de contratação de trabalhador estrangeiro para fins de teletrabalho transnacional, caberá ao empregador obter as autorizações cabíveis das autoridades brasileiras competentes."

"Art. 651 ....

§ 4º Na hipótese prevista no § 6º do art. 75-C desta Consolidação, é assegurado ao empregado em teletrabalho apresentar reclamação no foro do estabelecimento da empresa a que foi vinculado ou no local de sua residência no Brasil.

§ 5º Na hipótese de teletrabalho transnacional, é assegurado ao empregado apresentar reclamação no foro do estabelecimento da empresa a que foi vinculado no Brasil."

Art. 2º Os contratos de trabalho em curso deverão, no prazo de 90 (noventa) dias, adequar-se ao disposto nesta lei.

Art. 3º Esta lei entra em vigor na data de sua publicação.

JUSTIFICAÇÃO

Desde a reforma trabalhista, pela Lei n. 13.467, de 2017, a CLT tem um breve capítulo dedicado à disciplina do teletrabalho. Naquela época, não se imaginava a dimensão que o teletrabalho teria em nossa sociedade, notadamente após sua ampla utilização como medida emergencial para reduzir os riscos à saúde do trabalhador durante a pandemia de Covid-19.

Administração Pública e servidores, empresas e empregados e trabalhadores autônomos no mundo inteiro têm vivido intensamente a experiência do teletrabalho, com seus possíveis benefícios e prejuízos.

Entre seus notórios benefícios, destacamos: a redução de despesas dos empregadores com imóveis, a redução das despesas dos trabalhadores com deslocamento e a diminuição do tempo gasto no trânsito, a possibilidade de conciliar melhor as atividades laborais com as responsabilidades familiares e os ganhos de qualidade de vida daí resultantes.

Por outro lado, preocupam-nos os prejuízos que podem ser causados aos empregadores, pela insegurança jurídica decorrente de algumas lacunas na legislação sobre a matéria, e aos empregados, especialmente em razão dos riscos a sua saúde, nos aspectos físico e mental.

Nesse contexto, é necessário aperfeiçoar a legislação relativa ao teletrabalho, motivo pelo qual apresentamos este projeto, elaborado por grupo de trabalho conduzido por este Parlamentar e integrado pela Consultoria Legislativa da Câmara dos Deputados e pelas advogadas especialistas em Direito do Trabalho Beatriz Azevedo Martinez (OAB/RJ 208.679), Julia de Castro Tavares Braga (OAB/RJ 167.275) e Maria Luisa Souza Costa Soter da Silveira (OAB/RJ 104.714), às quais expressamos nossos agradecimentos.

O projeto foi inspirado na realidade observada em nosso país e em disposições do Acordo-Quadro Europeu sobre Teletrabalho, do Código do Trabalho de Portugal, do Estatuto dos Trabalhadores da Espanha, do Anteprojeto de Lei de Trabalho a Distância da Espanha e da lei francesa relativa ao direito à desconexão.

Em síntese, nosso projeto contém as seguintes propostas:

— possibilidade de aplicação do regime de teletrabalho a estagiários e aprendizes, sem prejuízo das disposições especiais previstas em lei para o estágio e a aprendizagem (art. 75-A, parágrafo único);

— previsão do "regime misto", assim considerado o que abrange, na mesma semana, períodos em teletrabalho e períodos de prestação dos serviços nas dependências do empregador, desde que a duração destes seja inferior à metade da duração semanal total; equiparação deste regime ao de teletrabalho, inclusive para fins de isenção de controle de jornada (art. 75-B, § 2º);

— determinação de que o contrato de teletrabalho identifique o estabelecimento da empresa a que está vinculado o empregado, norma importante para a definição dos direitos coletivos (art. 75-C, inciso II);

— disposição expressa sobre a possibilidade de estipulação das cláusulas contratuais relativas ao teletrabalho sob a forma de documentos físicos ou sob formas eletrônicas, nos termos do art. 10 da Medida Provisória n. 2.200- 2, de 2001 (art. 75-C, § 3º);

— autorização para que o empregador adote o regime de teletrabalho e determine o retorno ao trabalho presencial, independentemente de acordo, em caso de emergência em saúde, calamidade pública, estado de defesa ou qualquer motivo de força maior que recomendem temporariamente a interrupção das atividades presenciais (art. 75-C, § 4º);

— disposição expressa de que poderá ser autorizada, no contrato ou em aditivo contratual, a prestação de serviços pelo empregado em local diverso do lugar do estabelecimento da empresa a que se vincula o empregado (art. 75-C, § 6º), situação em que é assegurado ao empregado apresentar reclamação no foro do estabelecimento da empresa a que foi vinculado ou no local de sua residência no Brasil (art. 651, § 4º);

— custeio, pelo empregador, dos equipamentos tecnológicos e da infraestrutura necessária à prestação dos serviços, podendo as partes estipular a forma de cumprimento desta obrigação e das despesas periódicas relativas aos serviços de energia, comunicação, tecnologia e outros necessários à prestação dos serviços, na proporção de sua vinculação ao teletrabalho; obrigação do empregado de observar as regras de uso dos equipamentos e zelar pela segurança da informação (art. 75-D); responsabilidade do empregado pela devolução dos equipamentos ao empregador no prazo estipulado no contrato quando houver a rescisão do contrato, sob pena de se caracterizar o crime de apropriação indébito (art. 75-D, § 3º);

— para evitar doenças e acidentes de trabalho, realização de vistoria prévia e de vistorias periódicas, por preposto especializado em saúde segurança do trabalho, no local habitual de trabalho indicado pelo empregado (art. 75-E);

— direito à desconexão digital, a fim de garantir o respeito dos períodos de descanso e férias, bem como a intimidade pessoal e familiar do empregado (art. 75-F);

— dever de especificar no contrato os períodos de trabalho e de descanso, bem como as possibilidades de alteração desses períodos, observados os limites previstos no art. 7º, inciso XIII, da Constituição Federal, o repouso semanal remunerado e o intervalo mínimo de onze horas consecutivas para descanso entre duas jornadas de trabalho (art. 75-F, § 2º); possibilidade de substituir essa especificação dos períodos de trabalho e de descanso pela estipulação de parâmetros de produtividade (art. 75-F, § 3º);

— direito dos empregados em regime de teletrabalho ao exercício de seus direitos coletivos em condições de igualdade em relação aos demais empregados e garantia de meios para a concretização desses direitos (art. 75-G);

— concessão de teletrabalho a requerimento do empregado, desde que compatível com a atividade e que haja disponibilidade de recursos e meios do empregador, nas seguintes hipóteses: I — quando for pessoa com deficiência; II — quando a presença do empregado for indispensável para o cuidado de cônjuge, companheiro, filho, pai, mãe ou dependente declarado perante a Previdência Social, em razão de deficiência, doença ou acidente; III — quando tiver filho menor de três anos de idade (art. 75-H);

— regulamentação do teletrabalho transnacional (art. 75-I).

Dessa forma, buscamos disciplinar a matéria de modo a dar segurança jurídica às partes optantes pelo regime de teletrabalho, permitindo- lhes estipular contratualmente as condições de execução, desde que assegurados os direitos constitucionais dos trabalhadores, em especial as normas destinadas à proteção da saúde e da segurança no trabalho.

Sala das Sessões, em 15 de outubro de 2020.

Deputado PEDRO PAULO

PROJETO DE LEI N. 5003 DE 2020

Altera a Consolidação das Leis do Trabalho — CLT, aprovada pelo Decreto- Lei n. 5.452, de 1º de maio de 1943,para inserir o Capítulo II-B ao Título II, dispondo sobre a prestação de serviços em *Home Office*.

Art. 1º O Título II, da Consolidação das Leis do Trabalho (CLT), aprovada pelo Decreto-Lei n. 5.452, de 1º de maio de 1943, passa a vigorar acrescido do seguinte Capítulo II-B:

"Capítulo II-B — Do *home office*

Art. 75-F. Considera-se *home office* a prestação de serviços eventualmente fora das dependências do empregador, com ou sem a utilização de tecnologias de informação e de comunicação que, por sua natureza, não se constituam como trabalho externo.

Parágrafo único. O comparecimento às dependências do empregador para a realização de atividades específicas que exijam a presença do empregado no estabelecimento não descaracteriza o regime de *home office*.

Art. 75-G. A prestação de serviços na modalidade de *home office* é pactuada mediante acordo individual escrito entre empregado e empregador.

Parágrafo único. Poderá ser realizada a alteração do regime de *home office* para o presencial por determinação do empregador, garantido prazo de transição mínimo de quinze dias.

Art. 75-H. No tocante à duração do trabalho, aplica-se os empregados que prestam serviços em *home office*, o Capítulo II do Título II, desta Consolidação das Leis do Trabalho.

Art. 75-I. Empregado em *home office*, por negociação coletiva, pode ter salário inferior ao empregado presencial.

Art. 75-J. As despesas relativas à aquisição, manutenção ou fornecimento dos equipamentos tecnológicos e da infraestrutura necessária e adequada à prestação do trabalho em *home office* ou o seu reembolso serão de responsabilidade exclusiva do empregador.

§ 1º As utilidades mencionadas no *caput* deste artigo não integram a remuneração do empregado.

§ 2º As despesas arcadas pelo empregado devem ser previamente autorizadas pelo empregador, sob pena de não reembolso.

§ 3º No término do contrato de trabalho, todo equipamento fornecido, direta ou indiretamente, por meio de reembolso, será devolvido ao empregador.

Art. 75-K. O empregador deverá instruir os empregados, de maneira expressa e ostensiva, quanto às precauções a tomar a fim de evitar doenças e acidentes de trabalho.

§ 1º O empregado deverá assinar termo de responsabilidade comprometendo-se a seguir as instruções e usar os equipamentos de proteção individual fornecidos pelo empregador.

§ 2º O empregador é obrigado a fornecer aos empregados, gratuitamente, equipamento de proteção individual adequado ao risco e em perfeito estado de conservação e funcionamento, sempre que as medidas de ordem geral não ofereçam completa proteção contra os riscos de acidentes e danos à saúde dos empregados.

§ 3º O termo de responsabilidade e o fornecimento de equipamento de proteção individual isentam o empregador de qualquer responsabilidade por doenças e acidentes de trabalho.

Art. 75-L. No que concerne à insalubridade e periculosidade, aplica-se, aos empregados em *home office*, a Seção XIII, do Capítulo V, do Título II."

Art. 2º Esta Lei entra em vigor 30 (trinta) dias após a sua publicação.

KIM KATAGUIRI – Deputado Federal (DEM-SP)

JUSTIFICATIVA

O Direito do Trabalho, como qualquer disciplina do direito, é um organismo vivo, ou seja, está em constante processo de evolução. E assim deve ser, pois, o direito enquanto organismo vivo e não estático atende muito mais aos anseios de uma sociedade volátil.

Em 1943, quando as Leis Trabalhistas foram consolidadas, a prestação de serviço era basicamente rural. O trabalho urbano ainda era excipiente. Com o tempo, aliás como tudo, as formas de trabalho foram evoluindo, atendendo às demandas da sociedade.

A prova disso é o art. 75-B da CLT, que define o teletrabalho como a prestação de serviços realizada predominantemente fora das dependências da empresa com a utilização de ferramentas de tecnologia da informação e de comunicação. A diferença entre teletrabalho e trabalho da forma tradicional é que o empregado não está restrito ao espaço da empresa, tendo, portanto, a possibilidade de realizar suas atividades em outro lugar.

Assim, o teletrabalho impõe ao empregado as mesmas obrigações da prestação de trabalho tradicional, quais sejam: exclusividade na prestação dos serviços, comprometimento do profissional para com a instituição, zelo etc.

O *home office* seria, fundamentalmente, o trabalho prestado da residência do empregado. A referida modalidade não está prevista na Consolidação das Leis do Trabalho, nem tampouco há vedação constitucional ou legal.

A diferença entre teletrabalho e *home office*, substancialmente, está no fato que naquele deve-se prestar o serviço predominantemente fora das dependências da empregadora, enquanto este, eventualmente, fora das dependências da empresa. Com isso temos que, teletrabalho é gênero, enquanto *home office* é espécie de trabalho remoto.

O *home office* já era uma realidade no Brasil, contudo, tornou-se ferramenta fundamental neste período de pandemia. Sendo, talvez, a forma de contrato que manteve ativos milhões de empregos, garantindo o sustendo de milhões de famílias, bem como, o funcionamento das empresas.

O problema é a falta de regulamentação. Não é saudável para democracia brasileira que a Justiça do Trabalho, por meio de suas decisões, defina o que é *home office*, quais os direitos, deveres e limites. Isso não implica dizer que o Poder Judiciário Trabalhista seja incapaz, mas, a função típica do Poder Legislativo é justamente criar regras claras para se evitar a insegurança jurídica.

Aliás, a segurança jurídica é um dos grandes desafios dos Poderes Legislativo e Judiciário. Nas palavras de José Afonso da Silva, "a segurança jurídica consiste no conjunto de condições que tornam possível às pessoas o conhecimento antecipado e reflexivo das consequências diretas de seus atos e de seus fatos à luz da liberdade reconhecida. Uma importante condição da segurança jurídica está na relativa certeza que os indivíduos têm de que as relações realizadas sob o império de uma norma devem perdurar ainda quando tal norma seja substituída" (SILVA, J., 2006, p. 133).

Destaca-se que, nenhum direito do trabalhador será usurpado com esse Projeto de Lei, ao contrário, a positivação do trabalho *home office* está em perfeita consonância com o princípio do não retrocesso social, estampado no *caput* do art. 7º da Constituição Federal.

O objetivo central deste Projeto de Lei, como dito, é trazer segurança jurídica para as empresas contratarem nessa modalidade, uma vez que esta forma de trabalho é mais benéfica ao empregado, sob qualquer ângulo que se analise, vejamos: mais flexibilidade na jornada, aumento do convívio familiar e social, diminuição do estresse, qualidade de vida, tempo para estudar, enfim, o trabalhador terá a possibilidade, nunca antes vista, de programar melhor a sua vida, sem perda de direitos sociais. Há ainda o aumento de produtividade.

Para os empregadores, o custo operacional fica menor porque não se exige um espaço na empresa. Consequentemente, há economia de gastos com energia elétrica, material de escritório etc. É possível que, com tal economia, o produto final seja mais barato e competitivo. Portanto, ganha a empresa, os empregados e os consumidores.

No tocante aos direitos trabalhistas, salienta-se que não haverá redução. Para efeito de argumentação, lembremo-nos da Lei n. 12.551/2011, que equiparou a subordinação exercida por meios informatizados àquela exercida presencialmente, alterando a redação do art. 6º da CLT. Portanto, existindo um contrato de trabalho entre as partes, o empregado que exerce o *home office* tem, na ótica jurídica, os mesmos direitos e deveres que qualquer outro trabalhador da empresa que preste serviços presencialmente.

Observa-se que, referente à responsabilidade do empregador no fornecimento de equipamentos de proteção individual, quando necessário, está mantida, vide § 2º do art. 75-K do PL.

Quanto à representação sindical nada foi alterado.

Quando se discute flexibilização das leis trabalhistas, bem como, a sua modernização, imediatamente, vem a preocupação com a jornada de trabalho. Diferente do teletrabalho, no *home office* o Capítulo II do Título II, da CLT, será

aplicado integralmente. Podendo assim, haver compensações, controle de jornada, pagamento de horas extras, adicional noturno, banco de horas, anual e semestral etc.

O presente Projeto de Lei traz algumas inovações, além é claro de positivar o *home office*, merecendo destaque para a responsabilidade e precauções sobre doenças ocupacionais e acidentes de trabalho em *home office*.

Como dito anteriormente, o empregador é obrigado a fornecer o EPI, bem como deverá instruir os empregados, de maneira expressa e ostensiva, quanto às precauções a tomar a fim de evitar doenças e acidentes de trabalho.

Não podemos nos obliterar do fato que o poder de fiscalizar do empregador, no trabalho *home office*, diminui consideravelmente. Vejamos, os trabalhos serão executados na residência do empregado, sabe-se que a constituição federal deu tratamento especial à casa do indivíduo, afirmando se tratar de asilo inviolável, ninguém nela podendo penetrar sem consentimento do morador, salvo em caso de flagrante delito ou desastre, ou para prestar socorro, ou, durante o dia, por determinação judicial (art. 5º, XI, da Constituição Federal).

Por essa razão, o empregado deverá assinar um termo de responsabilidade comprometendo-se a seguir as instruções e usar os equipamentos de proteção individual fornecidos pelo empregador. O termo de responsabilidade e o fornecimento de equipamento de proteção individual isentam o empregador de qualquer responsabilidade por doenças e acidentes de trabalho.

O desejo das empresas é cumprir sua obrigação legal de zelar pela saúde e pela vida dos seus empregados, exaltando a dignidade da pessoa humana e os valores sociais do trabalho, cláusulas pétreas em nossa Constituição Federal (art. 1º, III, IV).

As disposições deste Projeto de Lei têm por objetivo, como dito anteriormente, trazer segurança jurídica à empresa, pois numa eventual demanda trabalhista ficará demonstrado que a empregadora adotou as medidas previstas em lei. Com isso, as empresas se sentiram seguras para contratar na modalidade *home office*. O empregado terá, previamente, a certeza de quais são os seus direitos.

Ademais, o meio mais eficaz para a empresa diminuir seus riscos jurídicos, tal e qual, o empregado ter a certeza de quais são os seus direitos é dando tratamento legal claro e objetivo. Evitando que o Poder Judiciário legisle em cada caso concreto.

Em última análise pode-se afirmar que, tendo regras claras e objetivas, diminui-se, consideravelmente, os litígios trabalhistas, o que culminará na economia do dinheiro público, dado que se exigirá menos do Poder Judiciário Trabalhista.

Pelo exposto, requer atenção dos colegas ao presente projeto.

Sala das Sessões, 22.10.2020

KIM KATAGUIRI

Deputado Federal (DEM-SP)

PROJETO DE LEI N. 5581, DE 2020

Dispõe sobre o teletrabalho, realizado fora das dependências do empregador, e altera disposições da Consolidação das Leis do Trabalho (CLT) e dá outras providências.

O Congresso Nacional decreta:

Art. 1º Considera-se teletrabalho a prestação de serviços fora das dependências do empregador, com a utilização de tecnologias de informação e de comunicação que, por sua natureza, não se constituam como trabalho externo.

CAPÍTULO I

DO MEIO AMBIENTE DO TELETRABALHO E DA SAÚDE E SEGURANÇA DO TELETRABALHADOR

SEÇÃO I

CONCEITOS, PRINCÍPIOS E DIRETRIZES

Art. 2º Para os efeitos desta Lei, considera-se meio ambiente do trabalho o microssistema de condições, leis, influências e interações de ordem física, química, biológica ou psicológica que incidem sobre o homem no seu local de trabalho ou em razão de sua atividade laboral, esteja ou não submetido ao poder hierárquico de outrem, inclusive em seu âmbito doméstico *(home office)*.

Art. 3º Obriga-se o empregador, de acordo com o estado atual da técnica, a implementar condições para o pleno bem-estar físico e psicossocial de seus teletrabalhadores, nos termos da legislação e das disposições administrativas complementares, que se prestarão notadamente à:

I — prevenção de danos, em especial pela adoção de medidas técnicas de neutralização ou redução dos riscos inerentes à atividade econômica desenvolvida e ao respectivo meio ambiente de trabalho, sejam eles físicos, químicos, biológicos, psíquicos ou ergonômicos;

II — proteção contra a degradação do meio ambiente de trabalho, inclusive no âmbito doméstico (*home office*), assim entendido o desequilíbrio decorrente de interações de ordem física, química, biológica ou psicológica, no local de trabalho e no seu entorno, que criem riscos proibidos ou incrementem os riscos inerentes à atividade econômica desenvolvida;

III — proteção bastante contra os efeitos deletérios de tensões resultantes das condições de fadiga, da duração excessiva, do ritmo, do controle, das pressões psicológicas ou dos modelos de gestão do trabalho humano;

IV — adaptação do local de trabalho, inclusive no âmbito doméstico (*home office*), incluídas suas instalações, máquinas, métodos e ferramentas, às características e capacidades física e mental dos trabalhadores;

V — divulgação idônea e suficiente de informações e documentos labor- ambientais de interesse da sociedade em geral, da categoria profissional em específico ou do trabalhador individualmente considerado.

Art. 4º No uso de seu poder regulamentar, os empregadores com mais de 50 (cinquenta) empregados instituirão, em prol dos respectivos teletrabalhadores, códigos de conduta ou regramentos equivalentes que promovam o meio ambiente do trabalho equilibrado, a sadia qualidade de vida no trabalho e a implementação das diretrizes elencadas no artigo anterior.

§ 1º Os códigos de conduta devem tratar, entre outros, dos seguintes aspectos:

I — desconexão laboral e, quando aplicáveis, os limites dos arts. 59, *caput,* 66 e 67 do Decreto-lei n. 5.452, de 1º de maio de 1943 — Consolidação das Leis do Trabalho;

II — possíveis repercussões negativas na saúde e segurança dos trabalhadores, observados os termos do artigo anterior; e

III — conscientização para que as normas relativas aos incisos I e II sejam observadas pelos trabalhadores.

§ 2º A obrigação do *caput* deverá considerar, sempre que possível, o prévio diálogo com os trabalhadores.

Art. 5º Os empregadores devem adotar medidas para redução dos riscos à saúde e segurança dos teletrabalhadores, decorrentes da prestação de serviços no seu interesse, observando, no que couber, o que decorre do art. 200 do Decreto-lei n. 5.452, de 1º de maio de 1943 — Consolidação das Leis do Trabalho.

§ 1º Empregadores devem informar e, se necessário, capacitar seus teletrabalhadores para o enfrentamento dos riscos inerentes à prestação de serviços, nos termos deste Capítulo.

§ 2º Nas hipóteses de teletrabalho integral, o empregador fornecerá os equipamentos de proteção individual ou coletiva e a infraestrutura mínima necessária, em condições ergonômicas adequadas, para a prestação dos serviços por teletrabalho; ou, alternativamente, indenizará as respectivas despesas previamente aprovadas, incorridas pelo empregado, observados os termos do § 4º.

§ 3º Nas hipóteses de regime híbrido, as obrigações do parágrafo anterior serão definidas de acordo com convenção ou acordo coletivo de trabalho ou, sucessivamente, de acordo com o contrato individual de trabalho.

§ 4º Os empregadores informarão os teletrabalhadores quanto às especificações técnicas relativas aos equipamentos e mobiliário a serem adquiridos, no caso das partes finais dos §§ 2º e 3º.

§ 5º Em caso de estações de *coworking* e similares organizadas por tomador de serviços, em regime de terceirização, a responsabilidade pelas medidas de saúde e segurança de trabalho será solidária.

§ 6º Em caso de aquisição às expensas do empregador, o teletrabalhador deverá restituir os equipamentos ao tempo da extinção do contrato individual de trabalho, não se responsabilizando pelo respectivo desgaste natural.

§ 7º A implementação dos §§ 2º e 6º poderá ser objeto de complementação por convenção ou acordo coletivo de trabalho.

SEÇÃO II

DA SAÚDE FÍSICA DO TELETRABALHADOR

Art. 6º O empregador deverá promover medidas orientadoras específicas e adequadas para a saúde física do teletrabalho, quanto ao cumprimento da legislação de saúde e segurança do trabalho, inclusive no âmbito do Programa de Controle Médico de Saúde Ocupacional, do Programa de Prevenção de Riscos Ambientais e do Programa de Gerenciamento de Riscos, ou dos que lhes sucederem.

Art. 7º O empregador efetuará a avaliação do local de teletrabalho, por meio remoto ou com visita presencial, nesse último caso com autorização expressa do empregado para cada visita, quando tal necessidade for identificada na execução dos programas de saúde e segurança do trabalho.

§ 1º As vistorias *in loco* serão sempre definidas para cada caso concreto, em se tratando de *home office*.

§ 2º A recusa do teletrabalhador às vistorias *in loco*, apesar da necessidade identificada nos termos do *caput*, implicará a isenção de responsabilidade administrativa ou civil do empregador, em relação às eventuais consequências decorrentes das visitas presenciais não realizadas.

SEÇÃO III

DA SAÚDE MENTAL DO TELETRABALHADOR

Art. 8º Empregador e teletrabalhador deverão adotar, conjunta e colaborativamente, medidas que visem à preservação da saúde mental no trabalho remoto.

§ 1º O tempo de desconexão é elemento necessário para a saúde mental do teletrabalhador.

§ 2º Os empregadores com mais de 50 (cinquenta) empregados deverão manter políticas internas de prevenção, educação e orientação para preservação da saúde mental dos teletrabalhadores, dentre elas as seguintes:

I — combate ao *cyberbullying*, assédio moral virtual, tecnoestresse e vício em tecnologia;

II — orientação do teletrabalhador acerca da moderação do consumo de álcool e outras substâncias psicoativas;

III — incentivo aos momentos de integração social, presencialmente ou a distância, a fim de minimizar o isolamento dos teletrabalhadores;

IV — orientação para conciliação das atividades de trabalho com as rotinas domésticas dos teletrabalhadores; e

V — promoção de palestras, treinamentos ou cursos de capacitação voltados à saúde do teletrabalhador, em modo presencial ou virtual, ministrados por profissionais próprios ou mediante contratação específica.

§ 3º As políticas indicadas no parágrafo anterior serão aplicadas de acordo com as condições dos empregadores e teletrabalhadores.

SEÇÃO IV

DA GESTÃO DO TELETRABALHO

Art. 9º Os empregadores com mais de 50 (cinquenta) empregados deverão manter políticas de gestão para preservação do meio ambiente de teletrabalho equilibrado, em conformidade com a Norma Regulamentadora n. 17, aprovada pela Portaria MTb n. 3.214, de 08 de junho de 1978, no que couber, ou outra que a venha substituir, e em especial no que se refere a:

I — levantamento, transporte e descarga individual de materiais;

II — mobiliário e equipamentos dos postos de teletrabalho;

III — condições ambientais de teletrabalho; e

IV — organização geral do teletrabalho.

Art.10. Para os efeitos do art. 9º, o empregador efetuará a avaliação prévia do local de teletrabalho, por meio remoto ou com visita presencial, nesse último caso com autorização expressa do empregado para cada visita, quando tal necessidade for identificada na preparação das políticas referidas no artigo anterior.

SEÇÃO V

DOS ACIDENTES DE TRABALHO E DAS DOENÇAS OCUPACIONAIS NO TELETRABALHO

Art. 11. O empregador é responsável por instruir os empregados, de maneira expressa e ostensiva, quanto às precauções a tomar a fim de evitar doenças e acidentes de trabalho.

§ 1º A instrução deve conter, no mínimo, disposições sobre o adequado uso de unidades de exibição visual, informações sobre o meio ambiente de trabalho adequado, incluídos os aspectos relativos a ruído e iluminação, características de estação de trabalho, pausas recomendáveis e orientações relativas à saúde e ao bem estar do trabalhador, inclusive quanto à postura e demais aspectos ergonômicos, conforme se indicar na Análise Ergonômica do Trabalho e decorrer das diretrizes estabelecidas no Programa de Controle Médico de Saúde Ocupacional -- PCMSO.

§ 2º O teletrabalhador deve cumprir corretamente a instrução do parágrafo anterior, assinando termo de ciência e responsabilidade e comprometendo-se a seguir fielmente os seus termos.

Art. 12. O teletrabalhador deve tomar cuidados razoáveis com a sua própria saúde e segurança e também com a saúde e segurança de outros que possam ser afetados pelo seu trabalho, cumprindo-lhe cooperar com o empregador para a implementação das políticas e programas de saúde e segurança do trabalho, bem como utilizar corretamente os equipamentos de trabalho e de proteção individual.

Art. 13. O teletrabalhador deve auxiliar o empregador na avaliação dos riscos das atividades de trabalho realizado em *home office*, reportando-os e também antecipando-os, inclusive para os fins do art. 7º desta lei.

§ 1º As avaliações devem identificar os riscos que estão presentes e sua extensão para a tomada de decisões quanto ao gerenciamento dos riscos.

§ 2º É de responsabilidade do teletrabalhador relatar ao empregador todos os riscos relacionados ao trabalho que afetem a sua saúde e a dos demais teletrabalhadores.

Art. 14. O empregador deve ter uma política para casos de acidente de trabalho, específica para os riscos próprios do teletrabalho, adotando os devidos procedimentos para colocar essa política em vigor.

§ 1º A política referida no *caput* deve constar do Programa de Prevenção de Riscos Ambientais, do Programa de Gerenciamento de Riscos ou de outro documento escrito sucedâneo, dado a conhecer ao empregado e a ele permanentemente acessível.

§ 2º O empregador deve ter linha de comunicação para que o empregado possa acessá-la imediatamente em caso de acidente no desempenho do teletrabalho.

§ 3º O teletrabalhador deve informar prontamente ao empregador a ocorrência de um acidente de trabalho.

Art. 15. Para os fins desta Lei, é considerado acidente de trabalho ou doença ocupacional o evento que, nos termos dos arts. 19, *caput,* e 20, I e II, da Lei n. 8.213, de 24 de julho de 1991, acometer empregado em sistema de teletrabalho, desde que o trabalhador demonstre que o acidente ou a doença decorre das atividades laborais desempenhadas no teletrabalho, tendo em vista o horário e o local especificado para esse fim, mesmo que esse último coincida com a respectiva residência.

§ 1º A disposição do *caput* não prejudica as hipóteses legais de presunção do nexo de causalidade, a exemplo do que dispõe o art. 21-A da Lei n. 8.213, de 24 de julho de 1991.

§ 2º O empregado envolvido em um acidente de teletrabalho ou acometido por doença ocupacional equivalente deve informar o empregador sobre as circunstâncias do acidente ou da doença e sobre a sua relação com o desempenho de suas atividades laborais.

SEÇÃO VI

DA RESPONSABILIDADE CIVIL

Art. 16. O empregador é obrigado a indenizar os danos pessoais causados ao teletrabalhador, em todos os casos, quando derivarem da conduta dolosa ou culposa de seus empregados ou prepostos, nos termos dos arts. 927, *caput,* 932, III, e 933 do Código Civil brasileiro, tendo em vista as obrigações estabelecidas no presente Capítulo.

Parágrafo único. Na hipótese de teletrabalho realizado em estações de *coworking* ou similares, impor-se-á a responsabilidade civil pelos danos pessoais causados ao teletrabalhador em razão de riscos incrementados pelo desequilíbrio no meio ambiente do trabalho, derivados do descumprimento das normas de saúde, de segurança e de higiene do trabalho, às expensas do empregador ou do tomador de serviços responsável pela organização do respectivo ambiente.

CAPÍTULO II

DAS TUTELAS ESPECIAIS

SEÇÃO I

APRENDIZES E ESTAGIÁRIOS

Art. 17. Privilegiando a inclusão e educação digital, fica permitida a adoção do regime do teletrabalho para os aprendizes e estagiários, desde que previsto no Termo de Compromisso de Estágio ou no Contrato de Aprendizagem, os quais deverão necessariamente se adequar aos parâmetros mínimos estabelecidos neste artigo, bem como na legislação trabalhista geral e na especial (Lei n. 11.788/2008).

SEÇÃO II

PESSOAS COM DEFICIÊNCIA

Art. 18. O teletrabalho deve ser fomentado de forma a favorecer às pessoas com deficiência, obtenção, conservação e progressão em um emprego, com reintegração da pessoa na sociedade, garantindo-se acessibilidade, adaptação e desenho universal, conforme art. 2º do Decreto n. 6.949/2009 (Convenção sobre os Direitos das Pessoas com Deficiência), com status de Emenda Constitucional, na forma do art. 5º, § 3º, da CRFB e Lei n. 13.146/2015.

§ 1º A pessoa com deficiência ou portadora de doença grave, ou que tenha filhos ou dependentes legais nessas condições, poderá requerer ao empregador a condição especial da modalidade de teletrabalho, desde que o teletrabalho seja compatível com a atividade desempenhada e sem prejuízo da remuneração, sendo que as partes deverão pactuar essa modalidade no contrato de trabalho ou no aditivo contratual.

§ 2º A avaliação da deficiência será feita através de laudo médico na forma da Lei n. 13.146/2015 e do art. 4º do Decreto n. 3.298/1999, e a sua revisão, cancelamento ou alteração, com o retorno à sua condição original, não será considerada alteração prejudicial do contrato de trabalho.

§ 3º Esta avaliação poderá ser revista quando não mais subsistirem os seus fundamentos, sendo que esta reavaliação não poderá ser considerada uma alteração prejudicial ao empregado.

§ 4º A condição especial do regime em teletrabalho poderá ser revista em caso de alteração da situação fática que a motivou, mediante análise da documentação prevista no parágrafo anterior, sendo que essa não será considerada uma alteração prejudicial ao empregado.

SEÇÃO III

EMPREGADO EM CONDIÇÃO TRANSITÓRIA

Art. 19. Visando ao bem-estar e à saúde do empregado, o empregador poderá propor e definir por um período a modalidade do teletrabalho, em decorrência de condição pessoal transitória do empregado, no qual o trabalho realizado fora das dependências da empresa possa lhe oferecer uma condição mais favorável no restabelecimento de sua saúde, como no caso do pós-acometimento de doenças graves, no estímulo ao convívio familiar no retorno da licença maternidade ou paternidade, após o cumprimento das respectivas licenças.

SEÇÃO IV

PESSOA VÍTIMA DE VIOLÊNCIA DOMÉSTICA E FAMILIAR

Art. 20. A pessoa vítima de violência doméstica e familiar terá direito de formular pedido por escrito ao empregador para o exercício de sua atividade em regime de teletrabalho, desde que esse seja compatível com suas atividades e sem prejuízo da remuneração.

§ 1º O empregador poderá exigir um documento que comprove a situação prevista no *caput*.

§ 2º No exercício do direito previsto no *caput*, as partes deverão pactuar a alteração por meio de aditivo contratual.

§ 3º Uma vez alterado para o regime de teletrabalho, as partes poderão estipular essas condições pelo mesmo período de duração das medidas protetivas concedidas, de acordo com o art. 23, da Lei n. 11.340/2006.

§ 4º É garantida a confidencialidade da situação que motiva as alterações contratuais deste artigo.

SEÇÃO V

DA PESSOA IDOSA

Art. 21. As empresas que adotarem uma política de regime de teletrabalho poderão oferecer essa modalidade ao idoso sempre de forma a favorecer a sua liberdade e direito ao exercício de atividade profissional, respeitadas suas condições físicas, intelectuais e psíquicas.

CAPÍTULO III

DO DIREITO À PRIVACIDADE E SEGURANÇA DA INFORMAÇÃO, EDUCAÇÃO E TREINAMENTO. DA ÉTICA e ETIQUETA DIGITAL

SEÇÃO I

DA PROTEÇÃO DA PRIVACIDADE E DOS DADOS PESSOAIS

Art. 22. O empregador deve respeitar a privacidade e proteger os dados pessoais do teletrabalhador observando a Lei Geral de Proteção de Dados Pessoais (Lei n. 13.709/2018), com a aplicação desta lei naquilo que for mais específico para a relação de trabalho.

Art. 23. O empregador poderá adotar monitoramento do teletrabalhador, por meios telemáticos e de controle da prestação de serviço com o acesso a imagens, sons e outros dados pessoais para os fins específicos da relação de trabalho, em especial para fins de segurança da informação, gestão do trabalho pelo empregador e para confirmar o cumprimento de obrigações contratuais e legais, desde que o empregador:

I — Informe ao teletrabalhador sobre local, alcance, horário e formas de monitoramento, controle e uso dos dados pessoais;

II — Oriente o teletrabalhador sobre como manter a sua privacidade e intimidade diante do monitoramento realizado;

III — Respeite adequadamente o direito à privacidade, à intimidade e à proteção de dados pessoais do teletrabalhador e de pessoas que habitem sua residência.

Art. 24. O empregador com mais de 50 empregados deverá adotar políticas internas educativas para orientação a seus empregados e gestores quanto à importância da desconexão e de boas práticas de respeito à etiqueta digital.

Art. 25. Sempre que o Teletrabalho for realizado no domicílio do teletrabalhador, a vistoria do empregador ou seus prepostos ao local de trabalho dependerá da expressa autorização do empregado e deverá ser acompanhada pelo empregado ou pessoa por ele designada.

Art. 26. Compete aos empregadores e tomadores de serviços orientar os teletrabalhadores sobre o tratamento de dados pessoais, com o objetivo de proteger os direitos fundamentais de liberdade e de privacidade e o livre desenvolvimento da personalidade da pessoa natural.

CAPÍTULO IV

DA INSPEÇÃO DO TRABALHO

SEÇÃO I

DA AÇÃO FISCAL

Art. 27. Fica instituído o Domicílio Eletrônico Trabalhista, regulamentado pela Secretaria Especial de Previdência e Trabalho do Ministério da Economia, destinado a:

I — cientificar o empregador de quaisquer atos administrativos, ações fiscais, intimações e avisos em geral;

II — receber, por parte do empregador, documentação eletrônica exigida no curso das ações fiscais ou apresentação de defesa e recurso no âmbito de processos administrativos.

Art. 28. Nas empresas que mantenham trabalhadores em regime de teletrabalho, a ação Fiscal será preferencialmente realizada na modalidade indireta, considerada aquela efetivada por meio de sistema eletrônico de notificações, nos temos do artigo anterior.

Art. 29. A verificação pelo Auditor-Fiscal do Trabalho no cumprimento das normas estabelecidas nessa lei, no âmbito do domicílio do empregado, dependerá de prévia autorização expressa do empregado para cada visita, sendo possibilitado o acompanhamento pelo empregador.

§ 1º A partir do consentimento, a visita poderá ser realizada com o acompanhamento de qualquer pessoa capaz que esteja responsável pela residência no momento da inspeção.

§ 2º A falta de consentimento do empregado para a fiscalização em seu domicílio implicará em isenção de responsabilidade administrativa do empregador por tal conduta, não configurando embaraço à fiscalização.

SEÇÃO II

DAS PENALIDADES

Art. 30. As infrações ao disposto nesse Capítulo sujeitam os respectivos infratores à multa administrativa no valor de R$ 500,00 (quinhentos reais) por trabalhador prejudicado, que será elevada ao dobro, no caso de reincidência, ficando limitada ao valor máximo de R$ 251.929,36 (duzentos e cinquenta e um mil, novecentos e vinte e nove reais e trinta e seis centavos).

Art. 31. O processo de fiscalização, notificação, autuação e imposição de multas reger-se-á pelo disposto no Título VII da Consolidação das Leis do Trabalho — CLT, aprovada pelo Decreto-Lei n. 5.452, de 1º de maio de 1943.

DAS DISPOSIÇÕES FINAIS

Art. 32. Ficam alteradas as seguintes disposições da Consolidação das Leis do Trabalho (CLT):

"Art. 62. ....

I — Os empregados em regime de teletrabalho, salvo quando o contrato de trabalho estabelecer jornada de trabalho determinada.

....

Art. 75-A. ....

Parágrafo único. *Salvo se ajustado diversamente entre as partes, ao empregado em regime de teletrabalho integral no Exterior, contratado por empregador constituído, sediado e administrado sob as leis brasileiras, aplica-se a legislação nacional, sem incidência da Lei n. 7.064/82 ou outras leis que a substituam ou alterem, não sendo devido adicional de transferência em caso mudança do Brasil para Exterior ou vice-versa, quando tal mudança for acordada entre as partes.*

Art. 75-B. Considera-se teletrabalho a prestação de serviços fora das dependências do empregador, com a utilização de tecnologias de informação e de comunicação que, por sua natureza, não se constituam como trabalho externo.

Art. 75-C. A prestação de serviços na modalidade de teletrabalho deverá constar expressamente do contrato individual de trabalho, que especificará:

I — a indicação da atividade que será desempenhada pelo empregado.

II — a prestação de serviços total ou parcial na modalidade de teletrabalho.

III — a identificação do estabelecimento a que estará vinculado o empregado, estipulando-se que na ausência deste a vinculação será com a matriz, inclusive para fins de enquadramento sindical.

IV — a existência ou não de jornada de trabalho determinada a ser cumprida.

V — as disposições relativas à infraestrutura necessária e adequada à prestação de serviços, incluindo acesso à internet, energia elétrica, telefone e mobiliário, dentre outros que serão negociadas entre as partes.

§ 1º *Com relação ao caput deste artigo, deverá ser observada a livre estipulação para o empregado portador de diploma superior e que perceba salário mensal igual ou superior a duas vezes o limite máximo dos benefícios do Regime Geral da Previdência Social, nos termos do art. 444, parágrafo* único, da *CLT.*

§ 2º As utilidades mencionadas no inciso V deste artigo, quando fornecidas *pelo empregador, não constituem base de incidência de qualquer encargo trabalhista e previdenciário.*

§ 3º Os empregados que trabalham na modalidade de teletrabalho possuem *os mesmos direitos e obrigações dos demais empregados, ressalvadas as disposições previstas em lei, acordo coletivo ou convenção coletiva ou contrato de trabalho, desde que esse último não restrinja o acesso a direitos assegurados aos demais trabalhadores, sendo permitida a adaptação da concessão de benefícios* às *condições e especificidades do regime de teletrabalho.*

Art. 75-F. O contrato de trabalho especificará se o empregado terá liberdade de horário ou se deverá cumprir jornada de trabalho determinada.

§ 1º Quando o contrato de trabalho prever o cumprimento de jornada de *trabalho determinada, a empregadora realizará o controle do horário de trabalho por qualquer meio idôneo, sendo permitida, inclusive, a utilização do controle de ponto por exceção.*

§ 2º Este artigo e parágrafos aplicam-se tanto aos dias em que o empregado *prestar serviços na modalidade de teletrabalho, quanto o trabalho for executado em regime misto.*

Art. 75-G. As empregadoras com mais de 50 (cinquenta) empregados deverão adotar políticas internas educativas para orientação a seus empregados e gestores quanto à importância da desconexão e de boas práticas de etiqueta digital."

Art. 33. Esta lei entre em vigor na data de sua publicação.

JUSTIFICATIVA

O ano de 2020 foi de uma enorme surpresa após sermos "invadidos" por um vírus que causou a morte de centenas de brasileiros, infectando milhões ao redor do mundo, denominado COVID-19, forçando a mudança drástica de postura por parte de todos nós brasileiros.

Entre as mudanças determinadas pela pandemia, muito do que era dito pelas empresas tornou-se realidade, no sentido de colocar os trabalhadores em *home office* ou teletrabalho, tendo o legislador no ano de 2017 feito sensível alteração na CLT a respeito do tema, mas sem que patrões e empregados tivessem efetivamente aderido a este estilo de trabalho.

No entanto, a partir de março de 2020, praticamente todos os brasileiros foram, digamos assim, forçados a trabalhar diretamente de suas residências, seja adaptando locais ou criando espaços em seus imóveis, bem como até mesmo mudando de lugar para poder enfrentar essa nova realidade que se avizinhava sem qualquer perspectiva de retorno a curto prazo, com exceção dos serviços definidos como "essenciais", que continuaram abertos, como supermercados e postos de combustíveis.

Assim é que as empresas passaram a manter suas atividades, agora com seus empregados em suas respectivas casas, sem qualquer regulamentação efetiva, criando-se benefícios ou incentivos por vontade própria dos empregadores, o que não podemos permitir que continue, razão pela qual referido projeto de lei vem para regulamentar todo um sistema de trabalho que está sem efetiva proteção, tanto para patrões como para os empregados.

Esta realidade, de trabalho em *home office* ou teletrabalho deverá se manter por um longo período em nosso País, sendo certo que o debate acerca da desnecessidade de retorno efetivo aos locais de trabalho ganha cada vez mais projeção, haja visto a enorme adaptação e aceitação por este "tipo" de trabalho sendo necessária a regulamentação da forma, saúde e segurança do teletrabalho.

Com efeito, a preocupação ambiental plasmou-se internacionalmente em 1972, na Declaração das Nações Unidas sobre o Meio Ambiente Humano, quando se reconhecia que o homem é duplamente natureza e modelador de seu meio ambiente e que, de todas as coisas no mundo, as pessoas são a mais preciosas, propelindo o progresso social, criando riquezas sociais e desenvolvendo a ciência e a tecnologia. A mesma tônica norteou a Declaração do Rio sobre Meio Ambiente e Desenvolvimento (1992) e a chamada "Agenda 21", que compendiou as diretrizes de desenvolvimento econômico e social para o século XXI.

Por fim, quero fazer um agradecimento especial ao Prof. *Ricardo Calcini*, que esteve à frente da coordenação geral do grupo de trabalho que analisou minuciosamente as questões relacionadas ao teletrabalho, bem como, aos renomados especialistas e acadêmicos, cito: Dr. Célio Neto, Dr. Guilherme Feliciano, Dra. Fernanda Perregil, Dr. Luis Otávio Camargo Filho, Dr. Patrick Maia Merisio, Dra. Cristiane Araújo, Dr. Carlos Eduardo Dantas, Dr. Leonardo Bello e Dra. Nadia Demoliner Lacerdaque; e, cujas sugestões estão consubstanciadas nesta proposição.

Desta forma, apresento a esta Casa de Leis, proposta de legislação para regulamentar o tema, contando com meus Pares na discussão e aprovação de futura legislação, dando segurança jurídica aos trabalhadores e às pessoas jurídicas em um tema que certamente somente ganhará maior repercussão ao logo dos anos, devendo ser devidamente regulamentado, já que ausente legislação específica até o momento vigente em nosso País.

Sala das Sessões, em de dezembro de 2020.

Deputado RODRIGO AGOSTINHO PSB/SP